Meffert · Marketingforschung und Käuferverhalten

Heribert Meffert

Marketingforschung und Käuferverhalten

2., vollständig überarbeitete und erweiterte Auflage

GABLER

Prof. Dr. Heribert Meffert ist o. Professor der Betriebswirtschaftslehre, insbesondere Marketing und Direktor des Instituts für Marketing an der Universität Münster.

Deutsche Bibliothek – CIP-Einheitsaufnahme

Meffert, Heribert:
Marketingforschung und Käuferverhalten / Heribert Meffert. –
2., vollst. überarb. und erw. Aufl. – Wiesbaden: Gabler, 1992
ISBN 3-409-23606-6

1. Auflage 1986 (unter dem Titel „Marktforschung")
2. Auflage 1992

Der Gabler Verlag ist ein Unternehmen der Verlagsgruppe Bertelsmann International.

Lektorat: Gudrun Böhler

Satz: RESchulz, Dreieich-Buchschlag
Druck und Bindung: C. W. Niemeyer, Hameln
Printed in Germany

ISBN 3-409-23606-6

Vorwort

Erfolgreiche marktorientierte Unternehmensführung zeichnet sich heute durch ein frühzeitiges Erkennen veränderter Markt- und Wettbewerbssituationen aus, um proaktiv das Marktgeschehen zu beeinflussen. Immer komplexere und dynamischere Marktbedingungen stellen die Unternehmensführung hierbei vor eine besondere Herausforderung. Die Erfassung fundierter und aktueller Erkenntnisse über die Reaktionen der Marktteilnehmer auf der Grundlage moderner computergestützter Verfahren der Informationsgewinnung und -auswertung bilden eine notwendige Voraussetzung zur Gestaltung bedürfnisgerechter Angebote und Erzielung von langfristigen Wettbewerbsvorteilen.

Der Marketingentscheider muß in diesem Zusammenhang die „richtigen Programmfragen" stellen und die Käuferverhaltens- und Marketingforschung die „richtigen Antworten" finden. Die Marketing- und Käuferverhaltensforschung sind zwei komplementäre Bereiche, die in vielfältiger Beziehung zueinander stehen. Die wissenschaftliche Erforschung der zentralen Determinanten des Kaufverhaltens setzt geeignete Meßkonzepte und Auswertungsverfahren der Marketingforschung voraus. Die Marketingforschung bedarf ihrerseits bei der Bildung und Prüfung von Hypothesen einer Theorieunterstützung.

Diesem Grundgedanken folgt der Aufbau des in der zweiten Auflage neubearbeiteten Buches. Im ersten Kapitel werden ausgehend von der Thematisierung des Stellenwertes der Informationen im Marketing-Managment die zentralen Entscheidungstatbestände der Marketingforschung und die Beziehungen zur Käuferverhaltensforschung dargestellt. Das zweite Kapitel befaßt sich mit den zentralen Ansätzen zur Erklärung und Prognose des Kaufverhaltens von Konsumenten und Organisationen. Darauf aufbauend folgt eine Darstellung der Methoden der Informationsgewinnung und -auswertung der Marketingforschung. Dabei werden insbesondere die unterschiedlichen Zielsetzungen, Verfahrensgrundlagen und Anwendungsprobleme aufgezeigt und abschließend unter einer aggregierten Perspektive quantitative und qualitative Methoden der Absatzprognosen erörtert. Für die Vertiefung der statistischen Grundlagen dieser Methoden sei der interessierte Leser auf die jeweilige Spezialliteratur verwiesen. Spezialaspekte der Marketingforschung im Bereich der Organisation, Computerunterstützung und Ethik bilden den Abschluß. Die Fragestellungen am Ende der jeweiligen Hauptkapitel und die im fünften Kapitel dokumentierten Fallbeispiele sollen es dem Leser ermöglichen, anwendungsbezogen die konkrete Umsetzung von Problemstellungen der Käuferverhaltens- und Marketingforschung zu üben.

Das Buch richtet sich an Studierende im Fach Marketing und interessierte Praktiker, die einen Einblick in die Grundlagen der Käuferverhaltens- und Marketingforschung gewinnen wollen.

Im Zusammenhang mit der Erstellung des Buches gilt mein besonderer Dank für die Durchsicht der Manuskripte, die zahlreichen konstruktiven Verbesserungen sowie wertvollen Ergänzungen Frau Dr. K. Monhemius, Herrn Dr. M. Benkenstein, Herrn Dr. M Kirchgeorg und Herrn Dipl.-Kfm. Szeliga. Für die sorgfältige Abwicklung der redaktionellen Arbeiten danke ich Herrn Dipl.-Kfm. N. Müller. Abschließend sei dem Gabler Verlag für die zügige Endredaktion des Buches gedankt.

Münster, im Frühjahr 1992 HERIBERT MEFFERT

Inhaltsverzeichnis

Erstes Kapitel
Marketing- und Käuferverhaltensforschung im System des Marketing

Zweites Kapitel
Erklärung und Prognose des Käuferverhaltens

Drittes Kapitel
Marketingforschung und Absatzprognosen

Viertes Kapitel
Spezialaspekte der Marketingforschung

Fünftes Kapitel
Fallstudien zur Marketing- und Käuferverhaltensforschung

Abbildungsverzeichnis

Kapitelübersicht

Erstes Kapitel

Marketing- und Käuferverhaltensforschung im System des Marketing

Erstes Kapitel
Marketing- un

Zweites Kapitel
Erklärung und

Drittes Kapitel
Marketingforsc

Viertes Kapitel
Spezialaspekte der Marketingforschung

Fünftes Kapitel
Fallstudien zur Marketing- und Käuferverhaltensforschung

1. Der Entscheidungs- und Informationsaspekt des Marketing-Management

Die Existenzberechtigung jeder Unternehmung hängt im marktwirtschaftlichen System davon ab, inwieweit es ihr gelingt, Marktbedürfnisse zu befriedigen. Erfolgreiche Unternehmungen zeichnen sich dadurch aus, daß sie sich frühzeitig an veränderte Marktbedingungen anpassen bzw. aktiv gestaltend das Marktgeschehen beeinflussen. Ihr Verhalten wird von der Führungsphilosophie des Marketing geprägt.

Anspruchsspektrum und **Interpretationsformen des Marketing** haben sich in den vergangenen Jahrzehnten vor dem Hintergrund dynamischer Umwelt- und Marktentwicklungen wesentlich verändert. Mit dem Wandel vom Verkäufer- zum Käufermarkt hat sich das Marketing, ausgehend von einer im arbeitsteilig organisierten Gesamtgefüge der Unternehmung auszuführenden Funktion, zu einer ganzheitlichen Führungskonzeption weiterentwickelt. Die zentralen Aspekte des modernen Marketingdenkens finden z. B. in der folgenden Definition ihren Niederschlag: „Marketing ist die konsequente Ausrichtung aller unmittelbar und mittelbar den Markt berührenden Entscheidungen an den Erfordernissen und Bedürfnissen der Verbraucher bzw. Abnehmer (Marketing als Maxime) mit dem Bemühen um Schaffung von Präferenzen und damit Erringung von Wettbewerbsvorteilen durch gezielte unternehmerische Maßnahmen (Marketing als Mittel) und mit einer systematischen, moderne Techniken nutzenden Entscheidungsfindung (Marketing als Methode) (Nieschlag, Dichtl, Hörschgen 1991, S. 8).

Stellt man den **Philosophieaspekt des Marketing** in den Vordergrund, so sind die Kunden-, die Wettbewerbs- und die Gesellschaftsorientierung als Leitgrößen marktgerichteten Handelns besonders hervorzuheben.

Die **Kundenorientierung** bildet den zentralen Bezugspunkt des Marketingdenkens. Nicht Produktion oder Verkauf, sondern die Probleme, Wünsche und Bedürfnisse aktueller und potentieller Käufer stehen am Anfang aller Überlegungen. Das gesamte Geschäftssystem ist in funktionsübergreifender Weise auf den Kundennutzen auszurichten. Im einzelnen bedeutet dies, daß Kundenbedürfnisse im Markt entdeckt, richtig definiert und interpretiert werden müssen. Nur unter dieser Voraussetzung gelingt es, Produkte, Systeme und Dienstleistungen bedürfnisgerecht zu gestalten, über geeignete Vertriebssysteme an den Kunden heranzutragen und in wirksamer Weise den Kundennutzen zu kommunizieren.

In einer Wettbewerbswirtschaft muß sich das Marktangebot gegenüber **Konkurrenten** durchsetzen, d. h. Ansatzpunkte für Wettbewerbsvorteile vorhanden sein. Das eigene Leistungsangebot ist so zu gestalten, daß der Kunde es als besser beurteilt als das des Wettbewerbers, d. h. es müssen „komparative" Wettbewerbsvorteile (Backhaus 1989) vorhanden sein. Ansatzpunkte für dauerhafte Wettbewerbsvorteile sind überlegene Fähigkeiten und

Ressourcen, die sich in Positionierungsvorteilen beim Kunden niederschlagen. Beispiele hierfür sind eine bessere Qualität, ein niedrigerer Preis und eine kürzere Lieferzeit. Solche Vorteile begründen Kundenzufriedenheit und Kundenbindung einerseits sowie eine entsprechende Erreichung ökonomischer Ziele des Anbieters (Marktanteil, Gewinn) andererseits.

Märkte sind in vielfältiger Weise in die **gesellschaftliche Umwelt** eingebunden. Abnehmer, Anspruchsgruppen und der Staat erwarten bzw. fordern häufig die Erfüllung gesellschaftlicher Bedürfnisse (z. B. Umweltschutz, Gewährleistung einer hochwertigen Produktqualität, Sicherung eines bestimmten Versorgungsniveaus). Im Sinne eines „Gleichgewichtsmarketing" (Raffée 1979) ist die Legitimation marktwirtschaftlicher Betätigung der Unternehmung über ein Beziehungsmanagement von Marktpartnern und gesellschaftlichen Anspruchsgruppen sicherzustellen.

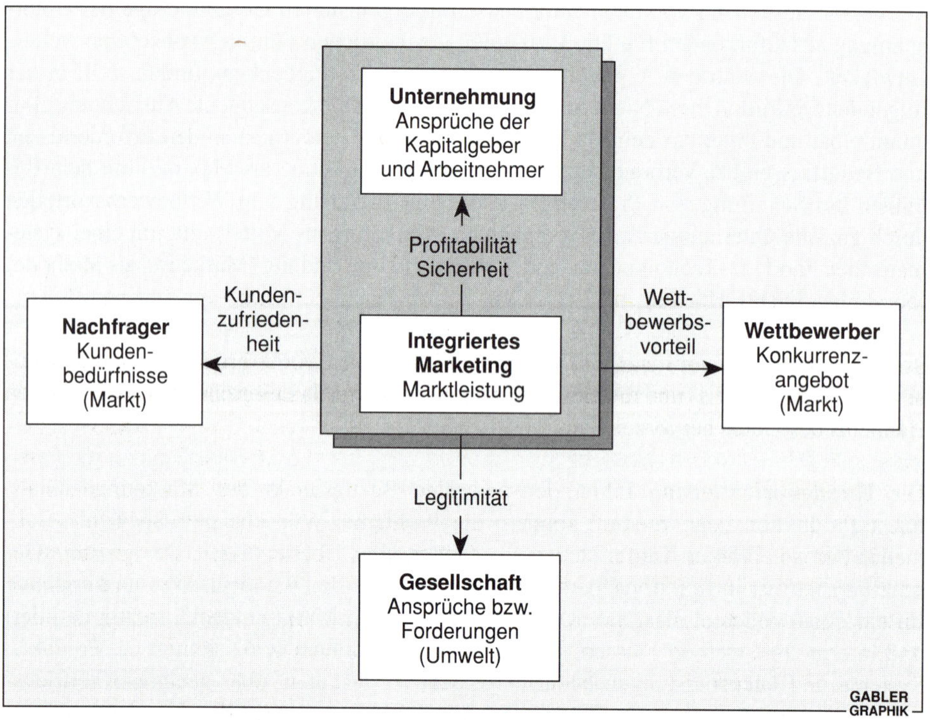

Abbildung 1: Ansprüche und Zielsetzungen des integrierten Marketing

Abbildung 1 zeigt die Ansprüche und Zielrichtungen eines integrierten Marketing als marktorientierte Führungskonzeption. Es verlangt Planung, Koordination und Kontrolle aller auf die aktuellen und potentiellen Märkte ausgerichteten Unternehmensaktivitäten mit dem Ziel, durch Wettbewerbsvorteile eine dauerhafte Befriedigung der Kundenbedürfnisse zu erreichen. Unter Einbeziehung gesellschaftlicher Ansprüche und Forderungen sollen die Unternehmensziele (Profitabilität, Sicherheit) im gesamtwirtschaftlichen Güterversorgungsprozeß sichergestellt werden.

Das Marketing-Management umfaßt als Führungsaufgabe die zielgerechte Gestaltung von Marktleistungen. **Märkte** können dabei als Beziehung zwischen Käufern und Verkäufern einer bestimmten Ware oder Dienstleistung interpretiert werden. Im Mittelpunkt des Marketing-Management steht die Aufgabe der Schaffung, Erhaltung und Weiterentwicklung von Präferenzen und Wettbewerbsvorteilen auf den Märkten. Im einzelnen sind dabei die folgenden Aufgaben zu erfüllen:

1. Identifikation der Marktchancen
2. Auswahl der Zielmärkte bzw. Marktsegmente
3. Positionierung des Leistungsangebots im Wettbewerb
4. Planung des Marketing-Mix
5. Implementierung der Marketing-Programme
6. Kontrolle des Marketingerfolges.

Die Teilaufgaben sind strategischer und operativer Natur. Sie umfassen – je nach Komplexität der Marktaufgabe – mehr oder weniger komplexe Entscheidungsprozesse und erfordern dabei den Einsatz systematischer Methoden der Entscheidungsfindung. Gedanklich erweist es sich als zweckmäßig, zwischen Marketing-Sachentscheidungen und Marketing-Informationsentscheidungen zu trennen. **Marketing-Sachentscheidungen** beziehen sich auf die „Aktionsseite" der marktorientierten Führung. Diese beinhaltet die Festlegung von Marketingstrategien und -maßnahmen. **Marketing-Informationsentscheidungen** betreffen demgegenüber Informationsprogramme zur Absicherung der Marketing-Sachentscheidungen durch die Marketingforschung. Letztere beinhaltet im weitesten Sinne die Gewinnung und Analyse zweckorientierten Wissens, das zur Identifikation und Lösung von Marketing-Problemen von Bedeutung ist. Sie bildet die Grundlage für die Erarbeitung, Implementierung und Kontrolle von Marketingkonzeptionen.

Die Informations- und Aktionsseiten des Marketing sind im **Entscheidungsprozeß** auf das engste miteinander verknüpft. Dieser Sachverhalt wird besonders deutlich, wenn man Marketingentscheidungen als systematischen Prozeß der Gewinnung und Verarbeitung von Informationen interpretiert. In den Phasen des Entscheidungsprozesses sind auf unterschiedlichen Ebenen in der Unternehmensorganisation folgende Teilaufgaben zu lösen:

1. In der **Analysephase** müssen die relevanten Marketingprobleme strategischer und operativer Art identifiziert werden. Die Marktchancen sind unter Einbeziehung aller

Elemente des Marketingsystems – Kunden – Konkurrenz – Handel – zu lokalisieren und ebenso wie das eigene Unternehmen im Hinblick auf die Wettbewerbsvorteile bzw. -nachteile zu untersuchen. Es gilt die Frage zu beantworten: **Wo steht das Unternehmen im Wettbewerb?**

2. In einem weiteren Schritt, der **Prognosephase**, sind die relevanten Marktfaktoren zu prognostizieren, um künftige Marktchancen aufzudecken und zu bewerten. Es geht dabei insbesondere um Trends im Kunden-, im Konkurrenz- und im Umweltverhalten sowie die Vorhersage von Markt- und Absatzentwicklungen. Die Aktivitäten gipfeln in der Frage: **Durch welche relevanten Entwicklungen ist der Markt gekennzeichnet?**

3. In einem dritten Schritt sind **Unternehmens- und Marketingziele** sowie die **Strategien** festzulegen. Im Mittelpunkt steht dabei die Frage der Marktabgrenzung, die Auswahl von Zielmärkten bzw. Marktsegmenten sowie die Festlegung von Wettbewerbsstrategien. In einem langfristigen **Verhaltensplan** sind die Positionen gegenüber den Wettbewerbern zu bestimmen (z. B. Qualitäts- und/oder Kostenführerschaft (Porter 1985)). Unter Einbeziehung der Ressourcen und Fähigkeiten der Unternehmung (Wertschöpfungs-, Nutzenpotentiale) ist das eigene unternehmerische Verhalten im Markt festzulegen. Es sind die Fragen zu beantworten: **Was wollen bzw. können wir erreichen? Welche Akzentsetzungen sind bei der Marktbearbeitung vorzunehmen?**

4. Marketingstrategien bilden den Rahmen für die **operative Marketingplanung**, d. h. für die kurzfristigen bzw. taktischen Marketing-Entscheidungen. Ausgehend von operationalen Subzielen ist das Marketing-Mix zu konzipieren. Im Rahmen der Maßnahmenplanung ist unter Abschätzung der Wirkung von Marketingaktivitäten die Frage zu beantworten: **Welche Maßnahmen sind im Leistungs-, Distributions-, Kommunikations- sowie im Preis- und Konditionen-Mix zu ergreifen?**

5. In der Phase der **Realisation** bzw. **Durchsetzung von Strategien und Maßnahmen** gewinnt ein leistungsfähiges Marketing-Controlling als Instrument der Vorsteuerung und Rückkopplung besonderes Gewicht. Strategische und operative Kontrollgrößen sind im Hinblick auf die Erreichung von Etappenzielen im Rahmen einer Abweichungs- und Ursachenanalyse zu überprüfen. Dabei kommt dem Aufbau eines leistungsfähigen Umfeldmonitoring (Früherkennungssystem) ein besonderer Stellenwert zu. In dieser Phase sind die Fragen zu beantworten: **Wurden die Ziele erreicht? Welche Ziel-, Strategie- und Maßnahmenanpassungen sind erforderlich?**

Geht man vereinfacht von einer Unternehmung aus, die einen sachlich, zeitlich und räumlich definierten Markt bedient und über ein marktorientiertes Zielsystem verfügt, so lassen sich grundsätzlich vier **Kategorien von Informationen** aus dem skizzierten Entscheidungsprozeß ableiten (Nieschlag, Dichtl, Hörschgen 1991, S. 14):

1. Informationen über die **Umwelt**, d. h. vor allem über Nachfrager, Konkurrenten, Absatzmittler, Lieferanten und Staat.

2. Informationen über **Instrumente** und Möglichkeiten, das Marktgeschehen zu beeinflussen, insbesondere **Präferenzen** und Wettbewerbsvorteile für die Unternehmung zu schaffen.

3. Daten über **innerbetriebliche Sachverhalte**, insbesondere Restriktionen produktionsmäßiger, finanzieller, personeller und sonstiger Art.

4. Informationen über die **Marktreaktion**, d. h. die Konsequenzen bzw. Wirkungen, mit denen beim Einsatz unterschiedlicher strategischer und operativer Handlungsoptionen in konkreten Situationen zu rechnen ist.

Die Kenntnis der Marktreaktion ist von zentraler Bedeutung für die Fundierung von Marketingentscheidungen (Steffenhagen 1978; Kuß 1991, S. 14 ff.). Es stellt sich die Frage nach dem Zusammenhang zwischen den von Unternehmungen am Markt eingesetzten Marketing-Instrumenten und dem dadurch bewirkten Verhalten potentieller Nachfrager. Die Darstellung eines solchen Zusammenhangs zwischen Aktivitätsniveaus in den absatzpolitischen Instrumenten und Ausprägungen spezifischer Reaktionen der Käufer bzw. Konsumenten erfolgt durch die Angabe von **Marktreaktionsfunktionen**. Damit ist der Bezug zur Marketingtheorie hergestellt. Die betriebswirtschaftliche **Marketingtheorie** leitet generelle Aussagen darüber ab, wie kommerzielle Transaktionen geschaffen, stimuliert, durchgeführt und bewertet werden. Ihr Ziel ist es letztlich, generell bestimmende, nomologische Hypothesen über das Marktverhalten abzuleiten. Stark vereinfacht kann zwischen einer management- und verhaltensorientierten Richtung in der Marketingtheorie unterschieden werden.

> *Die **verhaltenswissenschaftliche Marketingtheorie** umfaßt ein System von Aussagen, das dazu dient, die Wirkungen absatzpolitischer Maßnahmen auf dem Markt mit Hilfe verhaltenswissenschaftlicher Kategorien zu beschreiben und zu erklären (Howard, Sheth 1969; Kroeber-Riel 1975; Kroeber-Riel 1990, S. 15 ff.). Diese Theorieansätze erlangen ihre Bedeutung aufgrund der Tatsache, daß in allen Marketing-Entscheidungen in starkem Maße menschliches Verhalten zu berücksichtigen ist. Im Mittelpunkt des Interesses steht das Marktverhalten von Individuen, Gruppen und Organisationen. Für den Einsatz von Marketing-Aktivitäten sind insbesondere das Käuferverhalten, das Absatzmittlerverhalten und das Verhalten der Konkurrenz sowie der sonstigen Umwelt (Staat, Verbraucherorganisationen) zu erklären bzw. zu prognostizieren. Dabei wird das Verhalten in vereinfachten Modellen abgebildet. Von den Erklärungen können instrumentelle Aussagen abgeleitet werden, d. h. die verhaltenswissenschaftliche Marketingtheorie kann dazu verwendet werden, Techniken zur Steuerung des menschlichen Verhaltens zu entwickeln.*
> *Demgegenüber konzentriert sich die **managementorientierte Marketingtheorie** mit grundsätzlich normativer Zwecksetzung auf Fragen der „optimalen“ oder*

„richtigen" Gestaltung der Absatzpolitik der Unternehmung. Als führungsorientierte Theorie stellt sie Probleme der optimalen Planung, Koordination und Kontrolle marktbezogener Unternehmensaktivitäten in den Vordergrund. Die Aussagen sind darauf ausgerichtet, erwünschte kommerzielle Transaktionen mit bestimmten Käufergruppen zum Zwecke des eigenen oder beiderseitigen Vorteils herbeizuführen. Es dominiert hier die Kalkülkomponente, d. h. das systematische Abwägen von Entscheidungsalternativen. Damit steht die Konstruktion leistungsfähiger Marketing-Entscheidungsmodelle im Mittelpunkt dieses Theoriebereichs (vgl. z. B. Heinen 1978; Hammann, Erichson 1990; Nieschlag, Dichtl, Hörschgen 1991, S. 902 ff.).

Der Zusammenhang zwischen Marketing-Entscheidungen und Marketingforschung einerseits sowie Marketingtheorie und realem Marktverhalten andererseits ist in Abbildung 2 dargestellt.

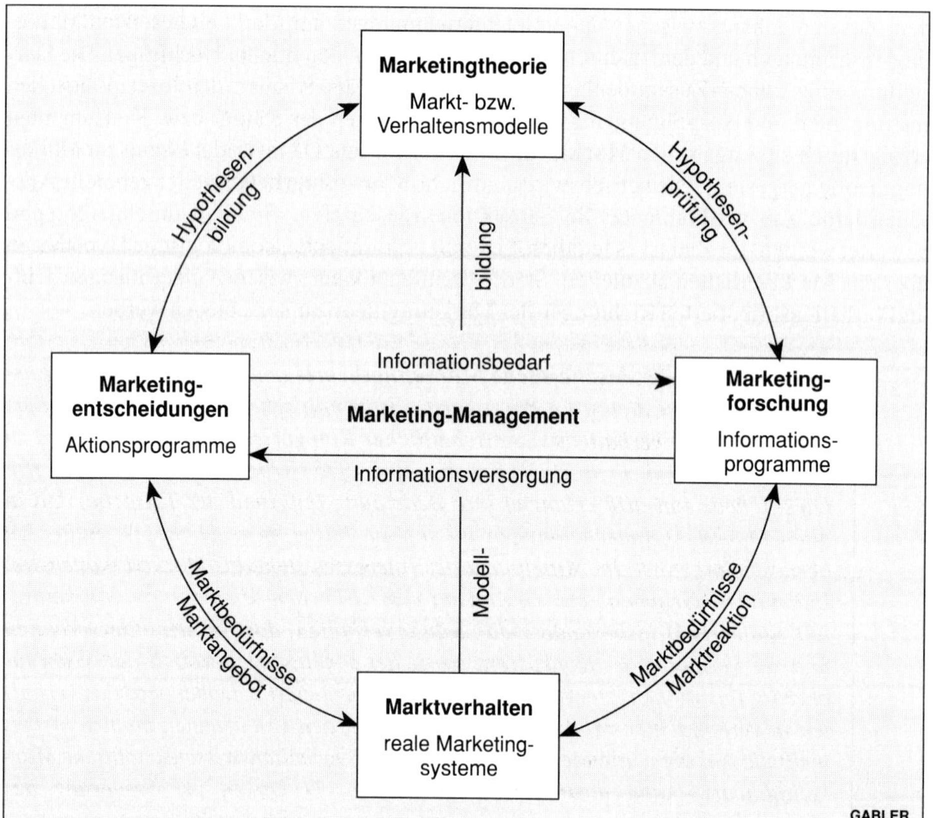

Abbildung 2: Zusammenhang zwischen Marketingtheorie, Marketingentscheidung, Marketingforschung und Marktverhalten

Ausgangspunkt bildet das reale Marktverhalten, das sich im Zusammenspiel der Elemente **realer Marketingsysteme** niederschlägt. Hier artikulieren sich konkrete Marktbedürfnisse, auf die das in Marketing-Entscheidungen festgelegte Marktangebot der Unternehmungen ausgerichtet ist. Aufgabe der **Marketingforschung** ist es, Marktbedürfnisse zu antizipieren und das konkrete Marktverhalten in Marktreaktionen (z. B. Absatzmenge, Markeneinstellungen oder Kaufabsicht) durch geeignete Methoden zu messen. Die Marketingforschung hat die laufende **Informationsversorgung** im Sinne der Qualitätsverbesserung der Marketingentscheidungen sicherzustellen. Marketingentscheidungen lösen je nach Tragweite und Komplexität einen entsprechenden **Informationsbedarf** bei der Marketingforschung aus. Die Rolle der Marketingtheorie besteht in der Zurverfügungstellung leistungsfähiger Hypothesen bzw. **Gesetzmäßigkeiten** über das Marktverhalten. Bei der Marketingentscheidung steht die Hypothesenbildung, bei der Marketingforschung die Hypothesenprüfung im Vordergrund.

Einige einfache **Beispiele** sollen diese Zusammenhänge verdeutlichen:

Ein Hersteller einer etablierten Mayonnaise-Marke stellt seit geraumer Zeit eine Stagnation seiner Absatzmengen fest. Das kalorienreiche Produkt wird in einer 250 Gramm-Tube und in einem 300 Gramm-Glasbehälter angeboten. Beide Verpackungsformen sind ebenso wie die vergleichbaren Angebote der Wettbewerber von der Stagnation betroffen. Preisgestaltung und Werbemaßnahmen wurden im Markt in den letzten Jahren nicht verändert. Allerdings führte der Handel in dieser Zeit einige preiswerte Eigenmarken ein.
Der Marketingleiter beauftragt die Marktforschung, die Ursachen der Nachfragestagnation aufzudecken. Er hat zwei Hypothesen, die zur Erklärung der Absatzstagnation beitragen können:

a) Weil das Gesundheitsbewußtsein der Konsumenten gestiegen ist, wird weniger kalorienreiche Mayonnaise verzehrt.
b) Weil die Konsumenten beim Einkauf stärker auf den Preis achten, werden die billigeren Handelsmarken bevorzugt.

Ein Automobilhersteller beobachtet Veränderungen in der Markenloyalität seiner Kunden. Der Anteil der Markenwechsler stellt sich bei einzelnen Modellen unterschiedlich dar. Bemerkenswert ist, daß „jüngere Aufsteiger", die einen Kleinwagen besitzen und zu einem Wagen der Mittelklasse wechseln wollen, stärker zu Fremdfabrikaten übergehen als „etablierte Markenbesitzer" der mittleren und gehobenen Wagenklasse. Die Marktforschung soll die Gründe für den Markenwechsel der „jüngeren Aufsteiger" feststellen. Es wird vermutet, daß

a) die Markentreue mit zunehmendem Alter wächst
b) jüngere Käufer risikobereiter sind als etablierte Markenbesitzer
c) die Produktqualität der Wettbewerber in der mittleren und gehobenen Wagenklasse von jüngeren Käufern besser eingeschätzt wird
d) das Preis-/Leistungs-Verhältnis in der mittleren und gehobenen Wagenklasse der Wettbewerber von den jüngeren Käufern besser beurteilt wird

e) die bei einem Kleinwagenmodell des Anbieters aufgetretenen technischen Mängel den Markenwechsel verursacht haben.

Ein Reiseveranstalter beabsichtigt, „exklusive Individualreisen mit Abenteuererlebnissen" in sein Programm aufzunehmen. Eine Reihe von Kunden hat ihn ermutigt, das Programmangebot (z. B. Floßfahrten im Grand Canyon, Urwaldexpedition in Südamerika) besonders hochpreisig für junge Leute zu positionieren. Er beauftragt die Marktforschung, die Hypothese einer „wachsenden Preisbereitschaft bei konsequenter Erlebnisorientierung" zu prüfen. Dabei stellt er die Forderung auf, die Erlebnisdimensionen im Wahrnehmungsraum der Konsumenten zu messen.

Ein Verbraucherberatungs-Institut stellt fest, daß zahlreiche Konsumenten ihren Urlaub relativ kurzfristig und spontan planen und buchen. Insbesondere werden die alternativen Angebote wenig systematisch ausgewertet und geprüft. Um die Konsumenten wirksam beraten zu können, wird eine Ursachenanalyse des Verhaltens vorgeschlagen. Dabei stehen mehrere Hypothesen zur Diskussion:

a) Die Konsumenten nehmen aus Preiserwägungen häufig last minute-Angebote wahr.

b) Die Konsumenten entscheiden über ihren Urlaub unter Zeitdruck.

c) Die Konsumenten informieren sich über Urlaubsangebote vorwiegend bei Freunden und Bekannten.

d) Die Konsumenten vertrauen den Empfehlungen ihres angestammten Reisebüros.

Die Beispiele machen die unterschiedliche Perspektive des Marketingentscheiders und der Marketingforschung als Informationsversorger deutlich. Der Marketingentscheider muß „richtige Programmfragen" stellen und die Marketingforschung die „richtigen Antworten" finden. Dazu bedarf es einerseits einer engen Verbindung mit dem Marktgeschehen („Hearing the voice of the market"; Barabba, Zaltman 1991), andererseits der Kenntnis gewisser Gesetzmäßigkeiten über das Verhalten der Marktteilnehmer. In diesem Sinne trägt die verhaltensorientierte Marketingtheorie zur Effizienzsteigerung bei der Formulierung des Informationsbedarfs und der Informationsversorgung bei.

2. Das Marketingsystem als Verhaltenssystem

Der Erfolg der Marketingkonzeption einer Unternehmung wird von einer Vielzahl in ihrem Zusammenwirken oft nur schwer durchschaubarer Faktoren beeinflußt. Ob die Hersteller – insbesondere von Konsumgütern – einem anonymen Massenmarkt gegenüberstehen oder darauf abzielen, den zunehmenden Individualisierungsbestrebungen der Konsumenten zu entsprechen: in jedem Falle bedürfen sie der Transparenz über die Wunschvorstellungen und Bedürfnisse aktueller und potentieller Konsumenten. Die tägliche Erfahrung mit den Vorstellungen und Wünschen der Konsumenten durch den persönlichen Kontakt ist jedoch mit wachsender Unternehmensgröße und dem Übergang zur industriellen Fertigungsweise vielfach verlorengegangen. Zugleich stieg mit der Tendenz zu oligopolistischen und internationalen Märkten der horizontale Konkurrenzdruck der Mitbewerber. Hinzu kommt eine zunehmende Erstarkung der Absatzmittler, die bei wachsender Nachfragemacht eine eigene Marketingpolitik durchzusetzen versuchen. Schließlich sehen sich die Hersteller einer kritischen und dynamischen Umwelt gegenüber, in der von verschiedenen Institutionen (Gesetzgeber, Umweltschutzinstitutionen, Verbraucherverbänden u.a.) Maßnahmen zu erwarten sind, die eine stärkere Einengung und Kontrolle der Marketingaktivitäten zur Folge haben.

Diese Sachverhalte zwingen die Unternehmungen, die Elemente eines Marketingsystems zu kennzeichnen und die wesentlichen Verhaltensweisen in ihrem Zusammenwirken aufzudecken. **Marketingsysteme** bestehen aus einer Menge aktiver Elemente (Menschen und Unternehmungen). Sie können nach verschiedenen Merkmalen (z. B. Komplexitätsgrad, Ausmaß und Art der Markttransaktionen, Zahl und Art der Systemteilnehmer, Vorhersehbarkeit des Systemverhaltens) abgegrenzt und typologisiert werden (Meffert, Steffenhagen 1977, S. 8 ff.; Steffenhagen 1991, S. 28 ff.).

Abbildung 3 zeigt ein allgemeines Beschreibungsmodell eines Marketingsystems. Es läßt sich durch aktive und passive Elemente kennzeichnen. **Aktive Elemente** stehen in Transaktionsbeziehungen miteinander, d. h. sie tauschen Güter und Informationen aus und beeinflussen sich gegenseitig. Nach dem Grad und der Art der Beteiligung am Transaktionsprozeß wird zwischen primären, sekundären und tertiären Marktteilnehmern unterschieden.

Primäre aktive Teilnehmer sind Unternehmungen, Absatzmittler und aktuelle Käufer. Es handelt sich dabei um die eigentlichen Marktpartner, zwischen denen Verträge über die Absatzleistung geschlossen werden. **Absatzmittler** sind wirtschaftlich und rechtlich selbständige Institutionen, die Ware verkaufen und kaufen, ohne sie einer nennenswerten produktionswirtschaftlichen Umwandlung zu unterziehen.

Sekundäre aktive Teilnehmer sind am Marktgeschehen nicht direkt als Käufer oder Verkäufer beteiligt. Sie werden jedoch in den Absatzprozeß als Absatzhelfer eingeschaltet. Hierzu zählen z. B. Kommissionäre, Spediteure, Werbeagenturen, Kredit- und Marktfor-

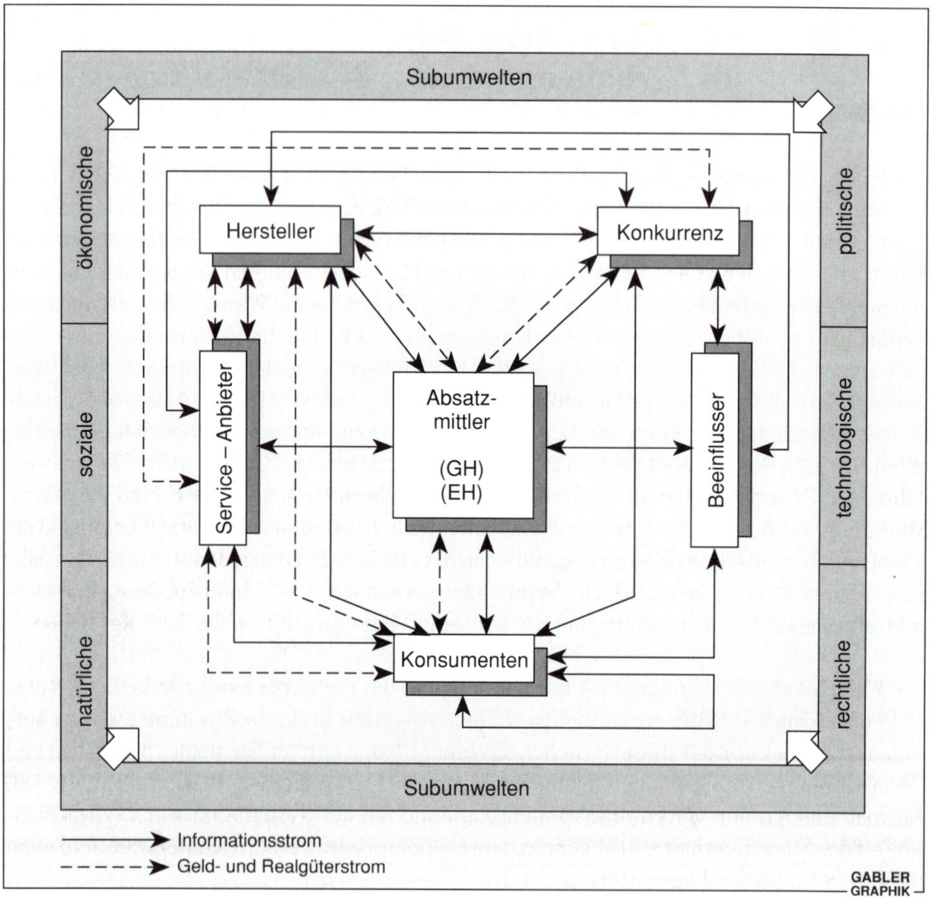

Abbildung 3: Elemente eines Marketingsystems

schungsinstitute. Da sie Dienstleistungen zur Anbahnung oder Durchführung von Markttransaktionen erbringen, werden sie auch als **Serviceanbieter** bezeichnet.

Tertiäre aktive Teilnehmer sind weder Marktpartner, noch übernehmen sie vertraglich vereinbarte Marketingfunktionen. Vielmehr handelt es sich um solche Elemente, die durch ihr Kommunikationsverhalten den Marketingprozeß beeinflussen. Man bezeichnet sie daher auch als **Beeinflusser** und Meinungsbildner. Meinungsbildner können entweder in vertraglicher Beziehung zu den primären Marktpartnern stehen (z. B. Architekten) oder zufällig Informationen über Unternehmungen und Leistungen austauschen (z. B. Mund-zu-Mund-Werbung).

Zu den passiven Elementen in einem Marketingsystem zählen vor allem die vorrätigen Marktleistungen (Läger), ferner gespeicherte Informationen über die Marktentwicklung (Marktforschungsdaten).

Zur Festlegung der **Grenzen eines Marketingsystems** sind mehrere Kriterien heranzuziehen. Aus der Sicht der planenden Unternehmung müssen mindestens diejenigen Verhaltenselemente in das System einbezogen werden, welche auf die Zielerreichung einwirken. Die Grenzziehung ist demnach generell durch die Reichweite sowohl der eigenen als auch der von anderen Marktteilnehmern ausgehenden aktiven Beeinflussung bestimmt. Hersteller und Handelsunternehmungen übernehmen Absatzaufgaben, insbesondere alle Maßnahmen zur Anbahnung und Erfüllung von Transaktionen mit Endkäufern. Diese gemeinsame Basisaktivität begründet das Distributionssystem bzw. die Mitgliedschaft im Marketingsystem. Die Basisaktivität ist meist in bezug auf ein bestimmtes Produkt oder eine Marktleistung definiert (z. B. Funktionsübernahme in vertraglichen Vertriebssystemen).

Der **Zustand eines Marketingsystems** ist durch die in einem bestimmten Zeitpunkt bestehende Beziehungsstruktur zwischen den Elementen beschrieben. Die durch Input bzw. Output hergestellten Kopplungen der aktiven Elemente werden dabei als Strukturmerkmale interpretiert. Die **Strukturanalyse** von Marketingsystemen kann unterschiedlich weit vorangetrieben werden. Zur vollständigen Kennzeichnung der Systemstruktur ist zwischen absoluten Merkmalen und relationalen Merkmalen, d. h. Wirkungsbeziehungen zwischen den Systemelementen, zu trennen. Absolute Merkmale sind z. B. Zahl und räumliche Verteilung der Marktteilnehmer, Zahl der Systemstufen und dauerhafte Ausprägungen der Basisaktivitäten (Marketingstrategien). Eine notwendige Voraussetzung für die leistungswirksame Absatz- und Marketingforschung besteht darin, das Marketingsystem im konkreten Einzelfall zu kennzeichnen und zu beschreiben.

Das eigentliche Interesse einer Analyse von Märkten gilt den Beziehungen zwischen den aktiven Elementen. Als wichtigste dauerhafte Relation im Marketingsystem sind Konkurrenz- und Kooperationsbeziehungen sowie Rollen-, Macht- und Kommunikationsbeziehungen hervorzuheben.

> ***Konkurrenzbeziehungen*** *liegen vor, wenn ein aktives Element im Marketingsystem (z. B. Hersteller, Handel) seine Ergebnisse nur zu Lasten des einen oder anderen Elements verbessern kann. Dabei ist zwischen vertikaler und horizontaler Konkurrenz zu unterscheiden.*
> ***Kooperationsbeziehungen*** *bringen die Bereitschaft von Verhaltensbeschränkungen zugunsten anderer Elemente zum Ausdruck. Anreize zu kooperativem Verhalten zwischen Marktpartnern liegen vor, wenn durch ein bewußt abgestimmtes Verhalten die Ziele der an der Kooperation beteiligten Elemente verbessert werden. Auch hier ist zwischen horizontaler und vertikaler Kooperation zu unterscheiden (z. B. Franchising).*
> ***Rollenbeziehungen*** *beinhalten Verhaltenserwartungen im Marketingsystem, die an bestimmte Teilnehmer gerichtet sind. Es handelt sich um die Aufgabenstruktur im Marketingsystem. Die Hauptaufgaben lassen sich auf vier Kategorien zurückführen, und zwar die Überbrückung des Raumes, der Zeit, der Quantität und Qualität.*

> ***Machtbeziehungen*** *kennzeichnen die Fähigkeit eines Systemelements, ein anderes zu einem Verhalten zu veranlassen, das es sonst nicht ergreifen würde. In jedem Marketingsystem finden sich bestimmte Formen der Machtausübung mit dem Zweck der Verhaltenskoordination (z. B. Marketingführerschaft).*
> *Das arbeitsteilige Zusammenspiel aller Marktpartner setzt den Austausch zweckorientierten Wissens voraus.* ***Kommunikationsbeziehungen*** *zeigen an, wer mit wem, wie häufig über was und welche Kanäle Nachrichten austauscht.*

Die Strukturanalyse des Marketingsystems ist die Grundlage für die Untersuchung dynamischer Verhaltensvorgänge, d. h. für eine **Prozeßanalyse**. Zustandsänderungen werden mittels Entscheidungsprozessen (z. B. der Konsumenten und Händler), Verarbeitungsprozessen (z. B. beim Produktverbrauch oder der Aufnahme und Verarbeitung von Informationen) und Übertragungsprozessen (z. B. Produkttransport) bewirkt. Sie beschreiben das Verhalten der aktiven Elemente des Systems.

Die Prozeßanalyse untersucht **Verhaltensänderungen** im Marketingsystem. Die Veränderungen können exogener, endogener und autonomer Natur sein. **Exogene Änderungen** werden durch Größen hervorgerufen, deren Ursprung in der Umwelt des Systems (Rahmenbedingungen) liegt (z. B. verschärfte Umweltgesetze, wirtschaftliche Stagnation, gesellschaftlicher Wertewandel). **Endogene Änderungen** werden von den Elementen innerhalb des Systems selbst verursacht (z. B. Zusammenschlüsse auf der Handelsebene, veränderte Konkurrenzstrategien, Zurückhaltung der Käufer). **Autonome Änderungen** sind durch Verhaltensänderungen der Unternehmung selbst bedingt. Sie werden durch strategische und operative Marketingentscheidungen ausgelöst (z. B. Strategiewechsel, Einführung neuer Produkte, Preissenkung, Erhöhung des Werbedrucks).

Eine der zentralen **Aufgaben der Marketingtheorie** ist es, die Verhaltensänderungen zu erfassen und ihre Auswirkungen auf die Ziele des Anbieters (z. B. Marktanteil, Umsatz, Lagerbestand) zu prognostizieren. Voraussetzung hierfür ist es, die **Reaktionszusammenhänge des Systems** hinreichend exakt in Funktionen bzw. in Marktreaktionsmodellen abzubilden. Solche Marktreaktionszusammenhänge verknüpfen die Ausprägungen von **Reaktionsvariablen** (z. B. Absatzmenge, Marktanteil, Markeneinstellungen) mit bestimmten Ausprägungen einer oder mehrerer **Instrumentalvariablen** (Marketingaktivitäten). Gehen die Aktivitäten von Unternehmungen aus, für deren Marktleistung (Produkte, Dienstleistungen, einzelne Produktmarken) die Reaktion erfaßt wird, so spricht man von **kontrollierten Variablen**. Aktivitäten von Mitbewerbern, Absatzmittlern oder Konsumenten (z. B. interpersonelle Kommunikation) sind für diese Unternehmung **nicht-kontrollierte Variablen**. Die Unternehmung kann zwar versuchen, auf das Aktivitätsniveau dieser nicht-kontrollierten Variablen Einfluß zu nehmen; es entzieht sich jedoch ihrem direkten Entscheidungsbereich. Es sind für die betrachtete Unternehmung extern kontrollierte Variablen, die neben den sonstigen nicht-kontrollierbaren Umweltbedingungen (z. B. Gesetzgebung, Naturereignisse) explizit oder implizit in Marktreaktionsmodellen erfaßt werden.

3. Marketingforschung als Intelligenzsystem

Das Erkennen und die Beurteilung dynamischer Veränderungen in den Marketingsystemen lösen beim Marketing-Management einen vielfältigen Informationsbedarf aus. Es fällt in den Aufgabenbereich der Marketingforschung, als „Intelligenzsystem" diesen Informationsbedarf in geeigneter Weise zu decken.

Marketing- bzw. Absatzforschung wird hier mit dem anglo-amerikanischen Begriff „Marketing Research" gleichgesetzt. Die American Marketing Association (AMA) definiert ***Marketingforschung*** *wie folgt: „Systematische Suche, Sammlung, Aufbereitung und Interpretation von Informationen, die sich auf alle Probleme des Marketing von Gütern und Dienstleistungen beziehen". Damit ergibt sich eine Abgrenzung zur Absatz- bzw. Markterkundung, welche lediglich das zufällige und gelegentliche Abtasten einer Marktsituation umfaßt.* ***Marktforschung*** *ist die systematisch betriebene Erforschung der Märkte (Zusammentreffen von Angebot und Nachfrage), insbesondere die Analyse der Fähigkeit dieser Märkte, Umsätze hervorzubringen.* ***Markterkundung*** *ist wiederum die zufällige und gelegentliche Analyse der Markt- und Absatzentwicklung.*

Marketing- bzw. Absatzforschung ist einerseits umfassender, andererseits enger als der Begriff der Marktforschung. Abbildung 4 zeigt, daß Marketingforschung sowohl die Gewinnung externer Daten als auch die Sammlung und Verarbeitung unternehmensinterner Informationen beinhaltet.

Umfassender ist der Begriff der Marketingforschung, weil er die gesamten zur Absatzgestaltung eines Unternehmens zu lösenden Informationsprobleme zum Gegenstand hat. Insbesondere müssen die Wirkungen von Marketingaktivitäten (z. B. Werbe-, Distributions-, Produkt-, Preis-Forschung) und die Erforschung innerbetrieblich relevanter Sachverhalte (z. B. Vertriebskosten, Lagerung, Kapazitäten) in die Betrachtung einbezogen werden. Enger als der Begriff Marktforschung ist dagegen der Begriff Marketingforschung, weil Marketingforschung nur die Absatzmärkte des Unternehmens berührt. Marktforschung bezieht sich bekanntlich auch auf die Beschaffungsmärkte.

Im folgenden werden die Begriffe Markt- und Marketingforschung synonym verwendet. Markt- und Marketingforschung stellen Instrumente und Methoden bereit, die die Unternehmensführung, insbesondere das Marketing-Management, bei der Lösung der verschiedenen aktuellen und zukünftigen Entscheidungsprobleme unterstützen.

Die Marketingforschung kann als Funktion, Institution und Prozeß interpretiert werden. Die ***Funktion*** *der Marketingforschung ergibt sich aus der Art der im Entscheidungsprozeß zu erfüllenden Informationsaufgaben (Intelligence-Ser-*

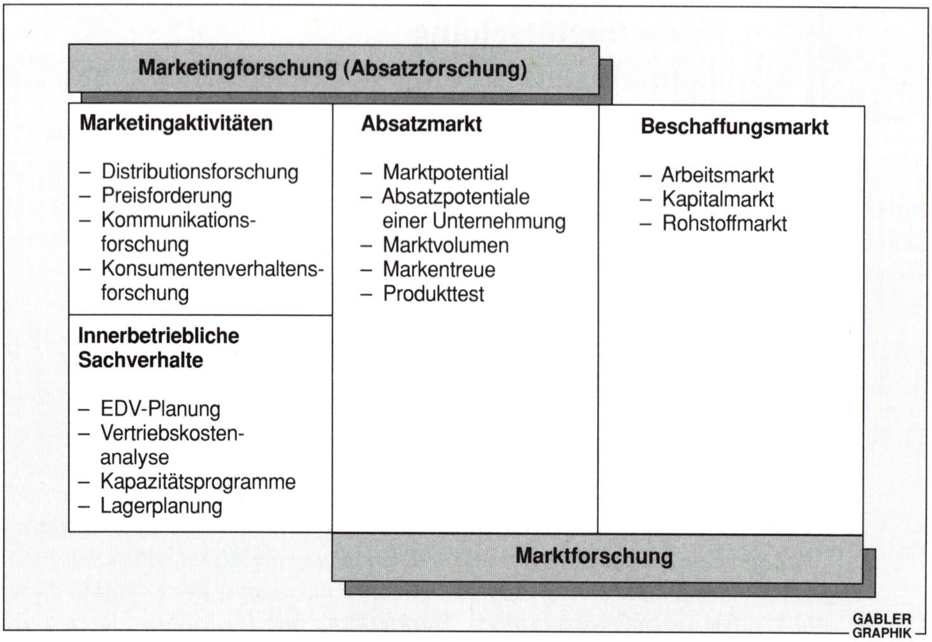

Abbildung 4: Abgrenzung zwischen Marketingforschung und Marktforschung

vice). Der ***institutionelle Aspekt*** *bezieht sich auf die Träger der Marketingforschung, insbesondere die organisatorische Einordnung der mit Marktforschungsaufgaben betrauten Personen (z. B. Marktforschungsabteilung). Die* ***prozessuale Dimension*** *betrifft die Stufen bzw. Phasen des Informationsgewinnungs- und -verarbeitungsprozesses (z. B. Definition des Informationsbedarfs, Gewinnung, Verarbeitung, Interpretation und Weitergabe von Informationen).*

Im Laufe der Entwicklung des Marketingdenkens sind die Funktionen und Träger der Marketingforschung ausgeweitet worden. Bei funktionsübergreifender Führungsphilosophie des Marketing beschränken sich die Aufgaben der Marketingforschung nicht nur auf Absatzaufgaben im engeren Sinne. Vielmehr sind alle in der Wertkette stehenden Unternehmensaktivitäten (z. B. Forschung und Entwicklung, Logistik) unter dem Gesichtspunkt der Befriedigung von Kundenbedürfnissen und Erzielung von Wettbewerbsvorteilen in die Marketingforschung einzubeziehen. Dementsprechend werden auch als Träger der Marketingforschung Personen aller Ebenen in allen Stufen des Wertschöpfungsprozesses in die Betrachtung einbezogen (vgl. Barabba, Zaltman 1991, S. 62). Darüber hinaus stellt die erweiterte prozessuale Betrachtung eine enge Verbindung zu Marketing-Informationssystemen her. Die Marketingforschung wird als Subsystem des Marketing-Informationssystems verstanden.

Stellt man den funktionalen Aspekt der Marketingforschung in den Vordergrund, so lassen sich folgende **generelle Funktionen** unterscheiden (Rogge 1981, S. 24 ff.; Schäfer, Knoblich 1978, S. 28 ff.; Hammann, Erichson 1990, S. 26 ff.; Barabba, Zaltman 1991, S. 10 ff. und S. 61 ff.):

1. Die Marketingforschung sorgt dafür, daß Risiken frühzeitig erkannt und abgeschätzt werden können (Frühwarn-Funktion).

2. Sie trägt dazu bei, daß Chancen und Entwicklungen aufgedeckt und antizipiert werden können (Innovations-Funktion).

3. Sie trägt im willensbildenden Prozeß zur Unterstützung der Arbeit der Unternehmensführung bei (Intelligenzverstärker-Funktion).

4. Sie trägt in der Phase der Entscheidungsfindung zur Präzisierung und Objektivierung der Sachverhalte bei (Unsicherheitsreduktions-Funktion).

5. Sie fördert das Verständnis bei der Zielvorgabe und die Lernprozesse in der Unternehmung (Strukturierungs-Funktion).

6. Sie sorgt dafür, daß aus der umweltbedingten Informationsflut die für die unternehmerischen Ziel- und Maßnahmenentscheidungen relevanten Informationen selektiert und aufbereitet werden (Selektions-Funktion).

Die **spezifischen Funktionen** der Marketingforschung ergeben sich aus dem Informationsbedarf strategischer und operativer Marketingentscheidungen. Auf beiden Planungsebenen sind Anregungs-, Alternativen-, Prognose- und Kontrollinformationen erforderlich.

> *Im Rahmen der* ***strategischen Planung*** *hat die Marketingforschung die Aufgabe, Informationen zur Unterstützung folgender Teilaufgaben bereitzustellen (Köhler 1986, S. 125):*
> *1. Suche nach grundsätzlichen künftigen Problemlösungsangeboten*
> *2. Auswahl von Produkt-Markt-Kombinationen („defining the business“)*
> *3. Synergetische Sicht mehrerer Geschäftsfelder (z. B. Portfolio-Analysen)*
> *4. Planung langfristiger Etappenziele*
> *5. Entwurf grundlegender Marketing-Mix-Konzeptionen*
> *6. Zwischenkontrollen und Audits.*
> *Die strategische Marktforschung ist bislang erst in Ansätzen entwickelt. Analysen des Käuferverhaltens spielen dabei eine vergleichsweise untergeordnete Rolle. Im Mittelpunkt stehen die Einschätzung genereller Rahmenbedingungen für die Wachstumsrichtung und das Wachstumsausmaß der betrachteten Märkte sowie die Analyse voraussichtlicher Wettbewerbskonstellationen. In Früherkennungssystemen soll die Marketingforschung vor allem Informationen über externe Wirkungsgrößen beisteuern (z. B. Kundenstrukturanalysen und Veränderungen des Käuferverhaltens).*

Hauptaufgabe der Marketingforschung ist die Bereitstellung von Informationen für die **operative Planung**. *Im einzelnen sind dabei hervorzuheben:*

1. *Anregungsinformationen über die Ausgestaltung laufender Marktangebote (z. B. Verpackung, Werbebotschaftsgestaltung, Kundendienst).*
2. *Informationen für die Entdeckung neuer bzw. verbesserter Angebotskonzepte (z. B. innovative Verpackungskonzepte durch Einsatz explorativer Verfahren und Kundendialoge).*
3. *Prognoseinformationen über die Wirkung veränderter Marketingmaßnahmen (z. B. Produkttests, Packungstests, Copytests in der Werbung).*
4. *Kontrollinformationen über die Erreichung taktischer Marketingziele (Soll-Ist-Abweichungen).*

Interpretiert man die strategischen und operativen Entscheidungsprozesse als (vermaschte) Regelkreise, dann läßt sich die Rolle der Marketingforschung als Unterstützung bei der **Steuerung** und **Regelung** des Marktgeschehens interpretieren. Als Sensorsystem und Intelligenzverstärker hat die Marketingforschung künftige Entwicklungen in Marketingsystemen und in der Umwelt zu antizipieren (Prognosefunktion bzw. Frühwarnfunktion durch Störgrößenaufschaltung). Als Feedback-System kommt der Marketingforschung im Rahmen der Regelung die Aufgabe zu, Soll-Ist-Abweichungen zu identifizieren und Anpassungsprozesse zu initiieren (Kontrollfunktion). Auf diese Weise trägt sie zur Förderung von **Lernprozessen** in der Unternehmung bei.

Ursprünglich stand die Kontrollfunktion in der sog. **retrospektiven** *Marketingforschung, d. h. dem Sammeln und Auswerten geeigneter Marktdaten der Vergangenheit über längere Zeiträume, im Vordergrund. Mit Hilfe solcher Daten wurde versucht, durch komplexe Markt- und Strukturbeschreibungen und die Überprüfung der Effektivität eigener und fremder Marketingmaßnahmen Gesetzmäßigkeiten bestimmter Entwicklungen abzuleiten. Die retrospektive Marketingforschung bildet eine notwendige Voraussetzung für die Aufstellung von Entwicklungsprognosen.*
Später wurde die **prospektive** *Marketingforschung als zukunftsbezogene Datenbeschaffung zur Absicherung der Entscheidungen ausgebaut. Besonderes Interesse fanden dabei Entwicklungs- und Wirkungsprognosen. Während in Entwicklungsprognosen Gesetzmäßigkeiten im Hinblick auf das Handeln der Marktteilnehmer im Zeitablauf vorhergesagt werden, erfolgt in Wirkungsprognosen unter Einbeziehung der Marketinginstrumente eine Abschätzung der Marktreaktion.*
Bei zunehmender Diskontinuität in der Umwelt, Verkürzung der Entscheidungs- und Reaktionszeiten im Markt gewinnt die **rekognoszierende** *oder absichernde Marktforschung (Just-in-time-Forschung) besonderes Gewicht. Marketingmaßnahmen und -veränderungen werden laufend auf ihre Übereinstimmung zwischen tatsächlicher und erwarteter Reaktion überprüft. Diese Form der gegenwartsbezogenen Marktforschung trägt zur Erhöhung der Anpassungsgeschwindigkeit auf den Märkten bei (vgl. zu diesen Formen der Marktforschung z. B. Rogge 1981, S. 25 f.; Hüttner 1989, S. 3 f.).*

An anderer Stelle wurde bereits hervorgehoben, daß die Bereitstellung von Marketing-Informationen einen **Prozeß** darstellt, der systematisch geplant bzw. gestaltet werden muß. Die Qualität dieses Prozesses – und damit letztlich auch der Nutzen von Marktforschungsergebnissen für die Entscheidungsunterstützung – hängt im wesentlichen davon ab, inwieweit

a) Marketingentscheidungen mit Marktforschungsaufgaben verknüpft werden (Definitionsprobleme)
b) leistungsfähige Methoden bzw. Instrumente zur Informationsgewinnung und -verarbeitung eingesetzt werden (Methodenprobleme)
c) die gewonnenen Informationen richtig interpretiert, kommuniziert und von den Entscheidungsträgern akzeptiert werden (Akzeptanzprobleme).

Abbildung 5 zeigt die zentralen Faktoren, die auf die Qualität des Prozesses der Marketingforschung Einfluß nehmen. Dabei sind zwei Dimensionen zu unterscheiden. Die erste

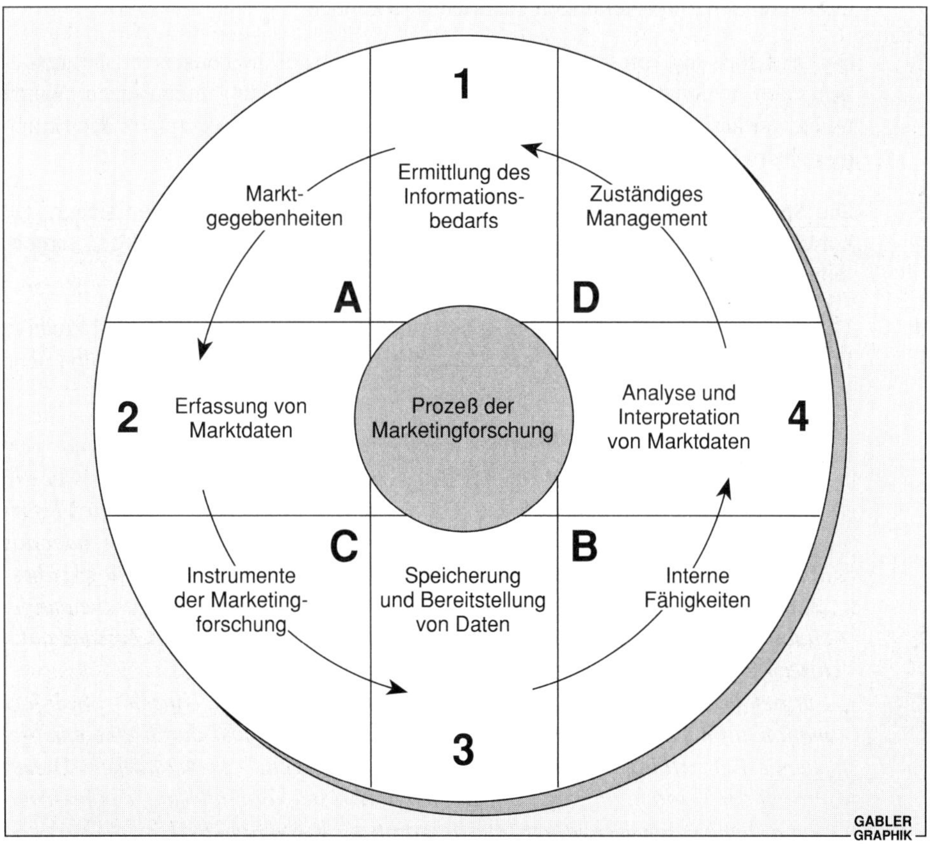

Abbildung 5: Prozeß der Marketingforschung
(in Anlehnung an Barabba, Zaltmann 1991, S. 13)

Dimension betrifft die situativen Gegebenheiten innerhalb und außerhalb der Unternehmung. Dabei sind die realen Marktgegebenheiten (A) (z. B. Kundenbedürfnisse und Wettbewerbsverhalten), die internen Fähigkeiten der Unternehmung (B) (z. B. Potentiale und Bereitschaft, die Bedürfnisse zu befriedigen bzw. dem Wettbewerber zu begegnen), die Funktionen und Instrumente der Marketingforschung (C) (z. B. Prognosen über Paneldaten) und das zuständige Management (D) (z. B. Entscheidungskompetenz für den Einsatz von Marketinginstrumenten) von besonderer Bedeutung. Voraussetzung für die Qualität der Informationsversorgung ist nicht nur ein „Dialog" zwischen dem zuständigen Marketing-Management und den Trägern bzw. Instrumenten der Marketingforschung. Vielmehr müssen auch die Marktgegebenheiten mit den internen Fähigkeiten in Einklang stehen.

Diese Voraussetzungen sind in den einzelnen **Prozeßphasen** der Marketingforschung sicherzustellen.

1. Bei der Ermittlung des Informationsbedarfs ist sicherzustellen, daß das Management in frühen Phasen des Marktforschungsprozesses einbezogen wird, um die interessierenden Fragestellungen generieren zu können.

2. Bei der Erfassung von Marktdaten sind im Hinblick auf die konkreten Marktgegebenheiten geeignete Meßmethoden der Marketingforschung einzusetzen. Valide und zuverlässige Meßkonzepte sind Voraussetzung für die Akzeptanz der Ergebnisse beim Management.

3. Die Speicherung, der Zugriff und die Präsentation der Daten stellen sicher, daß korrekt erfaßte Marktinformationen mit den internen Gegebenheiten der Unternehmung konfrontiert werden können.

4. Die Analyse und Interpretation von Marktdaten verlangt analytische und kreative Fähigkeiten des Management, um Wettbewerbsvorteile zu identifizieren und neue Problemlösungen zur Bedürfnisbefriedigung zu entwickeln.

In der Praxis ist dieses Gleichgewicht zwischen Informationsbedarf und -versorgung häufig nicht gegeben. Bei den Entscheidungen herrscht entweder ein Informationsmangel, d. h. dem Entscheidungsträger stehen die benötigten Informationen nicht in geeigneter Form oder zur rechten Zeit zur Verfügung, oder das Management wird mit wertlosen Informationen der Marktforschung „überschüttet". Die relevanten Informationen werden in konkreten Entscheidungssituationen überdeckt und das Management befindet sich in einem Zustand nutzloser Informationsüberlastung.
Für den Entscheidungsträger ist es daher unerläßlich, den „Nutzen" von Informationen im konkreten Entscheidungskontext zu sehen und durch eine entsprechende Beurteilung dieser Informationen „Intelligenz" zu verstärken. Dieser Prozeß der Verdichtung von Informationen führt bei Verminderung des Informationsvolumens sowie richtiger Interpretation zur Reduktion der Ungewißheit und damit zur erhöhten Wahrscheinlichkeit, daß „richtige" Entscheidungen getroffen werden.

Der Ausbau der Marktforschungsmethoden und der Einsatz computergestützter Informationssysteme haben zu einem veränderten Verständnis der Rolle der Marketingforschung geführt. Die traditionelle Rolle der Marketingforschung beruhte in der Aufgabe, Marketing-Daten zu sammeln und zu speichern. Sie fanden ihren Niederschlag in Berichtssystemen der laufenden Marktforschung. In diesem Sinne dienen moderne Datenbanken als Speicher für alle Marketing-Informationen, die potentiell für Marketingentscheidungen von Bedeutung sein können. Dabei war es typisch, daß der Marktforscher alle Informationen und Daten mit wenig Rücksicht auf die Relevanz für Entscheidungsprobleme des Management in **Datenbanken** aufnahm. Im Rahmen dieser Datensammlerrolle obliegt dem Marktforscher lediglich die Entscheidung, die Daten nach bestimmten Gesichtspunkten zu sortieren und zu verdichten.

Eine weiterreichende Rolle stellt der Ausbau von Marketing-Informationssystemen in Methodenbanken dar. **Methodenbanken** repräsentieren Programme für den Einsatz der besonders für das Marketing wichtigen Analyse- und Auswertungsmethoden (z. B. multiple Regressionsanalyse, Faktorenanalyse, Clusteranalyse, mehrdimensionale Skalierung). Diese Entwicklung führte zwar nicht zu einer stärkeren Integration der Marketingforschung in den Marketing-Entscheidungsprozeß, löste jedoch eine stärkere Problemorientierung beim Einsatz verschiedener Methoden aus. Ähnliche Impulse gingen von Marketingprognose- und -entscheidungsmodellen aus, deren hohe Komplexität allerdings zu Schwierigkeiten technischer Art und Akzeptanzproblemen führte.

Seit geraumer Zeit zeichnet sich eine Neuorientierung auf dem Gebiet der Entscheidungsunterstützung durch Computer ab (Gaul, Both 1990). Sie ist durch den Einsatz von Decision Support Systemen einerseits und wissensorientierten Systemen andererseits gekennzeichnet. Erstere zielen darauf ab, die Fähigkeiten der Entscheidungsträger zu erweitern und zugleich subjektive Einschätzungen bei der Problemlösung zu integrieren. Zu ihrer Verbreitung haben dabei die Entwicklungen im Bereich der Personal Computer und im Bereich der Software-Werkzeuge (z. B. Planungssprachen) gleichermaßen beigetragen. Mit dem Einsatz wissensorientierter Systeme wird die Bereitstellung von Expertenkompetenz zur Bearbeitung von Marketingproblemstellungen angestrebt. Die Tendenzen gehen dahin, beide Richtungen in sog. **integrierten Entscheidungsunterstützungssystemen** zu verbinden.

Vor diesem Hintergrund nimmt die Marketingforschung heute zunehmend die Rolle des „kooperativen Problemlösers" im Entscheidungsprozeß ein. Als „Programm-Manager für die Marktforschungsfunktion" (Barabba, Zaltman 1991, S. 73) muß der Marketingforscher nicht nur über informationstechnologische, analytische und kreative Fähigkeiten verfügen, sondern auch über psychologisches Einfühlungsvermögen im Zusammenspiel mit den verantwortlichen Marketing-Managern auf den verschiedenen Hierarchieebenen. Sie sind die „internen Kunden", denen das Serviceangebot der Marketingforschung „verkauft" werden muß.

4. Fragestellungen und Ansätze der Käuferverhaltensforschung

In allen Marketingsystemen kommt dem Käuferverhalten bei der Abschätzung von Marktreaktionen eine Schlüsselrolle zu. Dementsprechend hat sich die Käuferverhaltensforschung seit langem bemüht, die zentralen Determinanten des Verhaltens aufzudecken und leistungsfähige Erklärungsansätze zu liefern. Die dabei interessierenden Fragestellungen lassen sich im folgenden **Paradigma des Kaufverhaltens** zusammenfassen (Meffert 1971, S. 392):

1. Wer kauft (Kaufakteure, Träger der Kaufentscheidung)?
2. Was (Kaufobjekte)?
3. Warum (Kaufmotive)?
4. Wie (Kaufentscheidungsprozesse, Kaufpraktiken)?
5. Wieviel (Kaufmenge)?
6. Wann (Kaufzeitpunkt, Kaufhäufigkeit)?
7. Wo bzw. bei wem (Einkaufsstätten-, Lieferantenwahl)?

Die Kaufverhaltensforschung versucht, auf diese Fragestellungen Allgemeinaussagen (Wenn-Dann-Aussagen) unter bestimmten Bedingungen (Randbedingungen) abzuleiten. Der Gegenstandsbereich der Kaufverhaltensforschung wird dabei wesentlich von unterschiedlichen Markttypen geprägt. Dies wird deutlich, wenn man mit Kotler (1988) zwischen Konsumentenmärkten (K-Märkte), Produzentenmärkten (P-Märkte), Wiederverkäufermärkten (W-Märkte) und Märkten der öffentlichen Betriebe (Ö-Märkte) unterscheidet.

K-Märkte sind Märkte für Produkte und Leistungen, die von Einzelpersonen und Haushalten für den eigenen (nicht-gewerblichen) Gebrauch oder Verbrauch gekauft und in Anspruch genommen werden. Es werden in erster Linie persönliche Bedürfnisse oder Ziele befriedigt, der Kauf erfolgt i. d. R. durch Einzelpersonen bzw. Individuen. Je nachdem, ob es sich um Convenience-Güter (z. B. Seife), Shopping-Güter (Haushaltsgeräte) oder Speciality-Güter (z. B. Stereo-Anlagen) handelt, sind die Kaufentscheidungsprozesse unterschiedlicher Natur.

Demgegenüber bestehen **P-Märkte** aus Einzelpersonen und Organisationen, die Güter und Dienstleistungen mit dem Ziel erwerben, weitere Produkte oder Dienstleistungen zu erzeugen und diese an andere zu verkaufen bzw. zur Verfügung zu stellen. Kaufobjekte sind Investitionsgüter bzw. Wiedereinsatzgüter wie z. B. Komponenten, Roh- und Einsatzstoffe, Anlagen bzw. komplexe Systeme. Die Produkte werden i. d. R. in organisationalen, kollektiven Kaufentscheidungsprozessen erworben (vgl. z. B. Backhaus 1990, S. 25 ff.). Professionelle Einkäufer (Buying-Center) entscheiden auf der Grundlage mehr oder weniger vorbestimmter Entscheidungskriterien (z. B. technische Spezifikationen und Standards, Wirtschaftlichkeit, Lieferbereitschaft) über die Beschaffung der Produkte oder Dienstleistungen.

Der **W-Markt** besteht aus Individuen bzw. Organisationen (Händler oder Verteiler), welche Güter zum Zwecke der Gewinnerzielung durch Weiterveräußerung (z. B. Verkauf oder Vermietung) erwerben. Auch hier liegen i. d. R. kollektive Entscheidungsprozesse vor, die durch Investitionsüberlegungen (z. B. Lagerhaltung) und Aspekte der Programmgestaltung (z. B. Sortimentsbildung im Handel) gekennzeichnet sind (vgl. z. B. Hansen 1990).

Der **Ö-Markt** besteht aus Organen der öffentlichen Verwaltung (Bund, Länder, Gemeinden), die zum Zwecke der Erfüllung öffentlicher Aufgaben Güter beschaffen. Kollektive Beschaffungsentscheidungen werden unter spezifischen Zielsetzungen (z. B. Kostendeckung, Budgetaspekte) getroffen.

Ein Schwerpunkt der Käuferverhaltensforschung liegt auf dem Verhalten von Individuen in Konsumgütermärkten. Sie kann auf eine lange Tradition und vielfältige Ansätze zur Erklärung des Konsumentenverhaltens zurückgreifen (vgl. hierzu z. B. Trommsdorff 1989, Kroeber-Riel 1990, Behrens 1991, Kuß 1991). Die Ansätze lassen sich sowohl nach historischen als auch nach sachlogischen Gesichtspunkten einordnen.

Die Anfänge der Entwicklung im deutschsprachigen Raum sind durch eine ***empirisch-induktive Ausrichtung*** *der Käuferverhaltensforschung gekennzeichnet. Sie war eng mit pragmatischen Marktforschungsstudien verknüpft. Die Analyse von Verbrauchs- und Strukturdaten auf Märkten stand zunächst im Vordergrund der Untersuchungen. Es folgte die Beschäftigung mit angeblich „irrationalen" bzw. „emotionalen" Faktoren der Kaufentscheidung des Konsumenten. Dabei sind vor allem die Ansätze der Nürnberger Schule (Vershofen 1959; Bergler 1963) um die systematische Einbeziehung psychologischer Tatbestände besonders hervorzuheben (z. B. Grund- und Zusatznutzen).*
Die Phase stark ***theoretisch-deduktiver Analysen*** *des Käuferverhaltens stand unter dem Einfluß mikroökonomischer Ansätze der Haushaltstheorie . Es wurde das Menschenbild des „homo oeconomicus" angenommen, der seine Kaufentscheidung aufgrund rationaler und bewußter ökonomischer Wahlakte vornimmt. Diese Ansätze haben lange Zeit das Denken in der betriebswirtschaftlichen Absatztheorie beeinflußt (Gutenberg 1950).*
Weitere partielle, ***verhaltenswissenschaftliche Ansätze*** *zur Erklärung des Konsumentenverhaltens fanden in sozialökonomischen und sozialpsychologischen Untersuchungen ihren Niederschlag (Katona 1968; Schmölders 1966). Diese*

> *Arbeiten gehen von der Grundannahme aus, daß die Konsumentennachfrage sowohl von der Kauffähigkeit als auch von der Kaufbereitschaft abhängt. Im Zusammenhang mit der Kaufbereitschaft finden sich erste Ansätze zur psychographischen Konsumententypologisierung. Hervorzuheben sind dabei die Pionierarbeiten zum Image als zentrale Determinante des Konsumentenverhaltens (vgl. z. B. Spiegel 1970).*

Der eigentliche Durchbruch einer **verhaltensorientierten Konsumentenforschung** erfolgte erst Anfang der 70er Jahre mit der breiten Aufnahme der amerikanischen Marketinglehre in den deutschsprachigen Raum. Nach einer Phase der Übernahme und Aufarbeitung des im angelsächsischen Raum bestehenden Erkenntnisstandes zum Käuferverhalten wurden eigenständige Modellentwicklungen bzw. empirische Forschungsansätze erkennbar. Dabei hat sich – unter dem Einfluß wissenschaftstheoretischer Forderungen – das Vorgehen in empirischen Untersuchungen im Vergleich zur frühen induktiven Phase grundlegend gewandelt: An die Stelle intuitiver Methodenanwendung (z. B. Beobachtung oder Befragung) und einer „Interpretation" erhobener Datenstrukturen i. S. nachträglicher Hypothesenbildung tritt die stärker theoriegeleitete, d. h. durch vorangehende Thesenbildung geprägte Marktforschung.

Unter sachlogischen Aspekten lassen sich die Forschungsansätze nach verschiedenen Gesichtspunkten systematisieren. Maßgeblich sind dabei unterschiedliche Wissenschaftsauffassungen und Abgrenzungen des Erkenntnisobjekts (vgl. Behrens 1991, S. 4 ff.). Entsprechend der Wissenschaftsauffassung kann zwischen naturwissenschaftlich-empirisch geprägten und mikroökonomischen Ansätzen einerseits sowie nach der Abgrenzung des Erkenntnisobjekts zwischen ökonomischen, soziologischen und psychologischen Betrachtungsweisen andererseits unterschieden werden. Die gegenwärtig vorherrschende Konsumentenforschung ist durch **interdisziplinäre Ansätze** gekennzeichnet. Die Forschung ist empirisch ausgerichtet und orientiert sich an Maßstäben des sog. „Kritischen Rationalismus" (Popper). Damit müssen Theorieaussagen des Käuferverhaltens auf beobachtbare Sachverhalte reduzierbar (Operationalisierbarkeitsforderung) und möglichst leicht an der Realität überprüfbar sein (Verifizierbarkeits- bzw. Falsifizierbarkeitsforderung).

Zur Erklärung des Verhaltens von Konsumenten existiert eine Fülle von **Modellen** und Theorien, die je nach Art und Umfang einbezogener Situations- und Bedingungskonstellationen einen unterschiedlich hohen Komplexitätsgrad aufweisen. Den Modellansätzen liegen abweichende **Menschenbilder** zugrunde. In methodischer Hinsicht tragen sie in unterschiedlichem Ausmaß den Operationalisierungs- und Falsifizierungsanforderungen Rechnung.

Stark vereinfacht können behavioristische, neo-behavioristische und kognitive Forschungsansätze des Käuferverhaltens einander gegenübergestellt werden (vgl. Abbildung 6).

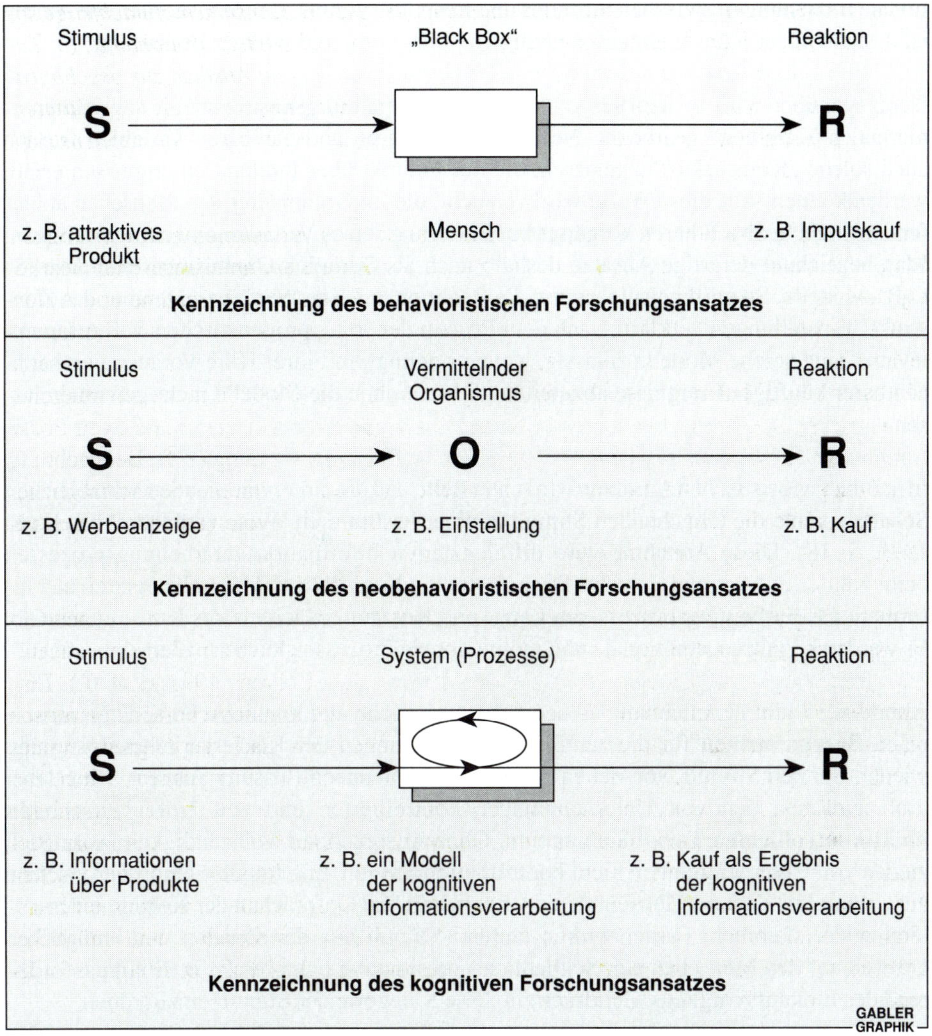

Abbildung 6: Kennzeichnung der Forschungsansätze des Käuferverhaltens (Quelle: Behrens 1991, S. 17)

Behavioristische Erklärungsansätze stellen ihre Analysen nur auf beobachtbare und meßbare Variablen des Käuferverhaltens ab. Psychische Prozesse des Konsumenten sind nicht beobachtbar und daher auch nicht Gegenstand der Untersuchungen. Das Verhalten des Menschen wird als Reaktion (R) auf beobachtbare Stimuli (S) interpretiert. Zu den Reizen zählen alle Sinneswirkungen und damit alle auf den Konsumenten ausgerichteten Marketingaktivitäten. Im einfachsten Fall wird eine Einflußgröße (z. B. attraktives Produkt oder Werbeanzeige) verändert und dann beobachtet, wie der untersuchte Konsument (Black Box) darauf reagiert (z. B. Impulskauf). Diese Vorgehensweise setzt stabile funktionale Beziehungen zwischen Stimulus und Response voraus. Der behavioristische Ansatz ist deshalb in der Konsumentenforschung von relativ untergeordneter Bedeutung.

Demgegenüber wird in **neo-behavioristischen Forschungsansätzen** mit sog. „intervenierenden Variablen“ gearbeitet. Neben beobachtbaren und meßbaren Variablen werden auch solche „Konstrukte“ zugelassen, die nur indirekt über Indikatoren empirisch erfaßt werden können. Auf diese Weise wird versucht, die im Organismus des Menschen ablaufenden, nicht beobachtbaren Vorgänge zur Erklärung seines Verhaltens zu berücksichtigen. Man bezeichnet derartige Ansätze deshalb auch als Stimulus-Organismus-Response (S-O-R)-Modelle. So wird beispielsweise die Reaktion auf eine Werbeanzeige über das Konstrukt „Einstellungen“ erklärt. Nach dem Prinzip der sog. „prognostischen Vorhersagerelevanz“ sind solche Modelle zulässig, wenn es gelingt, mit ihrer Hilfe Voraussagen beobachtbarer künftiger Ereignisse abzuleiten, die sich ohne die Modelle nicht gewinnen lassen.

In neo-behavioristischen Ansätzen wird unterstellt, daß die „intervenierenden Variablen wie Schaltelemente die eingehenden Stimuli in einer bestimmten Weise verändern“ (Behrens 1991, S. 18). Diese Annahme wird differenzierten Informationsverarbeitungsprozessen beim Käufer nur bedingt gerecht. Deshalb stellen **kognitive Erklärungsansätze** auf Informationsverarbeitungsprozesse im Lang- und Kurzzeitgedächtnis des Konsumenten ab. Es werden kognitive, emotionale und motivationale Prozesse gleichermaßen einbezogen.

Abbildung 7 gibt in Anlehnung an neo-behavioristische und kognitive Forschungsansätze einen **Bezugsrahmen** für die zentralen Fragestellungen der Käuferverhaltensforschung wieder. Bei den Stimuli, von denen eine Konsumentenbeeinflussung ausgeht, wird dabei grob zwischen den von Unternehmungen kontrollierten und **von Unternehmungen nicht-kontrollierten Variablen** getrennt. Ohne Anspruch auf Vollständigkeit lassen sich zu den von Unternehmungen nicht kontrollierten Stimuli jene Impulse einordnen, welche aus „neutralen“ Informationsquellen oder persönlichen Gesprächen der Konsumenten untereinander stammen. Ferner wirken laufend Stimuli aus der sozialen und natürlichen Umwelt auf den Menschen ein. Schließlich sind situative Faktoren (z. B. Ereignisse während des Einkaufsvorgangs, Zeitdruck) in diese Kategorie der Stimuli einzuordnen.

Zur Gruppe der **von Unternehmungen kontrollierten Stimuli** werden alle Marketingaktivitäten der Anbieter gezählt. „Kontrolliert“ bedeutet nicht, daß jeder Anbieter alle auf die Konsumenten einwirkenden Stimuli selbst steuert. Gemeint ist damit die Tatsache, daß die Hersteller und Absatzmittler mit ihren Aktivitäten eine Konstellation von Einflußgrößen selbst schaffen, unter denen sich das Konsumentenverhalten vollzieht.

Die Verbindung zwischen den Stimuli und spezifischen Konsumentenreaktionen wird durch **Informationsgewinnungs- und -verarbeitungsaktivitäten der Konsumenten** hergestellt. Dazu gehören die aktive Informationssuche im Kaufprozeß ebenso wie die passive Informationsaufnahme, z. B. Studium von Warentestergebnissen, die Aufnahme von Werbebotschaften oder die Wahrnehmung von Plazierungen im Geschäft. Im Rahmen

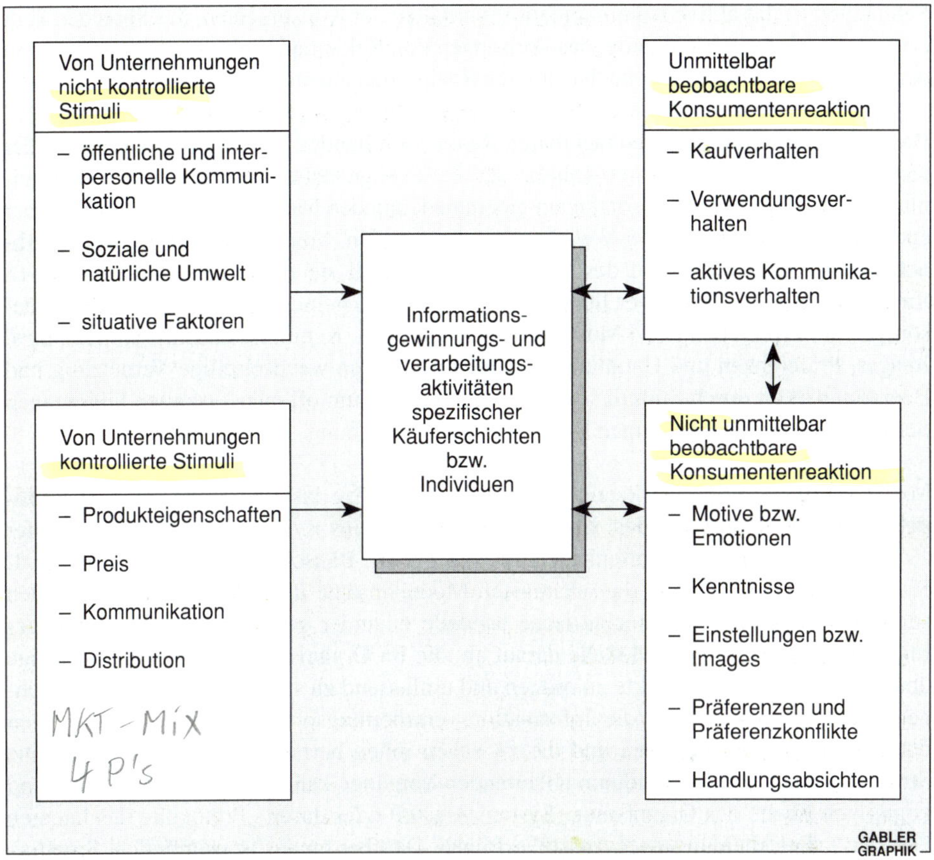

Abbildung 7: Ein Bezugsrahmen zur Käuferverhaltensforschung
(Quelle: Meffert, Steffenhagen 1979, S. 25)

der Informationsverarbeitung werden Aktivitäten im Kurzzeitgedächtnis des Konsumenten (z. B. aktive Markenbekanntheit) und Prozesse im Langzeitgedächtnis (z. B. Lernen von Werten) ausgelöst. Je nach Käuferschicht bzw. Käufertyp nehmen diese Prozesse einen unterschiedlichen Verlauf.

Im Bezugsrahmen der Abbildung 7 wird zwischen unmittelbar beobachtbaren und nicht-unmittelbar beobachtbaren Reaktionen unterschieden. Zur Kategorie des **beobachtbaren Kaufverhaltens** zählen dabei die Teilentscheidungen des Konsumenten über die zu kaufende Produktart, die Marke, die Menge, den Kaufzeitpunkt bzw. die Kaufhäufigkeit je Zeitintervall ebenso wie die Einkaufsstättenwahl. Davon zu trennen ist das Verhalten der Konsumenten beim Produktgebrauch bzw. -verbrauch. Dazu gehören z. B. der Verwendungsanlaß, die Verwendungshäufigkeit je Zeitintervall und die Verwendungsintensität bei den Konsumenten (z. B. mengenmäßige Produktverwendung bei Verbrauchsgütern).

Schließlich ist das aktive Kommunikationsverhalten der Konsumenten, das Sprechen über erfolgte Käufe bzw. Nichtkäufe, das Vorbringen von Reklamationen bzw. Beschwerden in den Katalog der unmittelbar beobachtbaren Reaktionen einzuordnen.

Bei den nicht unmittelbar beobachtbaren Reaktionen handelt es sich um Vorgänge in der menschlichen Psyche bzw. um Inhalte des Langzeitgedächtnisses, von denen man annimmt, daß sie das offene Verhalten in einem bedeutenden Maße beeinflussen, selbst aber auch vom gewählten offenen Verhalten geprägt werden. Von **„nicht unmittelbar beobachtbaren" Variablen** wird deshalb gesprochen, weil sie nur über Indikatoren (z. B. Emotionen mittels apparativer Beobachtungstechniken) gemessen werden können. Insbesondere die Erforschung von Motiven bzw. Emotionen, Kenntnissen, Einstellungen bzw. Images, Präferenzen und Handlungsabsichten und deren wechselseitige Vernetzung und Beeinflußbarkeit durch Stimuli sowie der Beziehung zum offenen Verhalten bildet einen Schwerpunkt der gegenwärtigen Käuferverhaltensforschung.

Vor dem Hintergrund der skizzierten Forschungsansätze lassen sich verschiedene **Modelltypen zur Prognose des Konsumentenverhaltens** systematisieren (Topritzhofer 1974, S. 35 ff.; Meffert, Steffenhagen 1977, S. 37 ff.; Bänsch 1989, S. 8 ff.; Kuß 1991, S. 2 ff.). Abbildung 8 zeigt die wichtigsten Modellansätze im Überblick. Dabei werden sog. Strukturmodelle und stochastische Modelle einander gegenübergestellt. **Strukturmodelle** zielen als S-O-R-Modelle darauf ab, die im Organismus ablaufenden Vorgänge über hypothetische Konstrukte zu ordnen und umfassend zu strukturieren. Sie kennzeichnen den Organismus bzw. die Informationsverarbeitungsprozesse eines Konsumenten durch sog. Zustandsvariablen und die zwischen ihnen herrschenden Beziehungen. Die Strukturierung der im Individuum ablaufenden Vorgänge kann auf der aktivierenden und kognitiven Ebene des Organismus (System-Ansatz) oder durch „Protokolle des latenten Denkens" (Entscheidungsnetz-Ansatz) erfolgen. Darüber hinaus ist es möglich, Strukturmodelle in Total- und Partialmodelle zu unterscheiden. Ein **Totalmodell** beabsichtigt, das Konsumentenverhalten unter Einbeziehung aller relevanten Variablen in allen möglichen Situationen zu erklären. Die möglichst vollständige Einbeziehung aller verhaltensrelevanten Konstrukte führt zu hochkomplexen, umfassenden Aussagesystemen, die sich nur ansatzweise empirisch bestätigen lassen und für die Herleitung konkreter Marketingmaßnahmen nur bedingt geeignet sind. Demgegenüber bilden **Partialmodelle** nur einen Ausschnitt des Konsumentenverhaltens ab und ermöglichen gezielte Einzelaussagen, beispielsweise zur Beeinflussung von Einstellungen oder Involvement durch die Werbung oder andere Marketinginstrumente. Bei den Partialmodellen lassen sich je nach Art der berücksichtigten Variablen wiederum psychologisch orientierte und soziologisch orientierte Modellansätze abgrenzen. Beispielsweise üben Meinungsführerschaft und Rollenerwartungen als Determinanten des sozialen Umfeldes unmittelbar Einfluß auf die psychologischen Konstrukte wie „Wahrnehmung", „Einstellung" oder „Lernen" und somit auf das Entscheidungsverhalten des Konsumenten aus.

Stochastische Modelle verzichten demgegenüber weitgehend auf die Modellierung der Variablen des Organismus. Als S-R-Modelle beziehen sie sich auf die wesentlichen Zu-

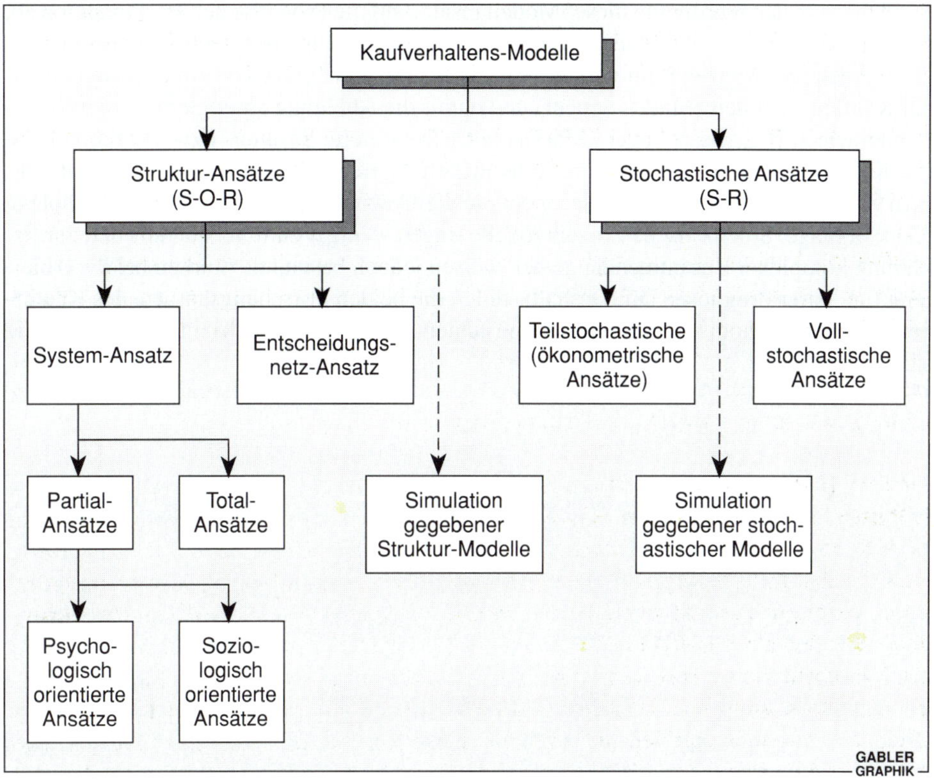

Abbildung 8: Systematisierung von Kaufverhaltensmodellen (in Anlehnung an Topritzhofer 1974 und Bänsch 1989)

sammenhänge zwischen Stimulus und Reaktion des Konsumenten. Alle weiteren Informationen über und um den Konsumenten fließen in eine Zufallskomponente ein. Das Ausmaß der Berücksichtigung der Zufallskomponente führt zur Unterscheidung in ökonometrische (teilstochastische) und vollstochastische Modelle.

Ökonometrische Modelle stellen über eine Regressionsgleichung einen direkten Zusammenhang zwischen Stimulus (z. B. Werbeeinsatz) und Reaktion (z. B. Absatzmenge) her. Nicht erfaßte Wirkungsgrößen werden durch eine stochastische Störkomponente erfaßt. Dadurch bleiben Vorgänge in der Black-box jeder Einsicht verschlossen. **Vollstochastische Modelle** gehen davon aus, daß Kaufprozesse zufallsgesteuert sind. Mit Hilfe eines stochastischen Prozesses wird die Reaktionswahrscheinlichkeit des Käufers und ihre Veränderung im Zeitablauf bestimmt. Dieser Prozeß gibt an, mit welcher Wahrscheinlichkeit unmittelbar beobachtbare Konsumentenreaktionen (z. B. Markenwahl) bei Vorliegen bestimmter nicht-kontrollierter Stimuli (z. B. Umwelteinflüsse, Situationsvariablen) gewählt werden. Im Wege der ex-post-Interpretation sind gewisse Rückschlüsse auf die Wirkungen der Stimuli möglich.

Stellt man bei der Würdigung dieser Modellansätze auf die Prognose der Marktreaktion ab, so interessiert weniger die Modellierung der Teilentscheidung des einzelnen Konsumenten als vielmehr die **Aggregation von Teilentscheidungen** der einzelnen Konsumenten in einer Käufergesamtheit (Marktsegment) und damit die Ableitung aggregierter Prognosevariablen wie z. B. „Absatz" oder „Marktanteil". Detaillierte Struktur- bzw. Prozeßmodelle des Käuferverhaltens sind meist mit erheblichen Aggregations- und Validierungsproblemen verbunden. Ihr Nutzen liegt daher eher in der Gewinnung von Einsichten in komplexe Kaufvorgänge. Stochastische Prozeßmodelle tragen weniger zum Verständnis und zur Erklärung komplexer Zusammenhänge bei, weisen jedoch besondere Stärken bei der Ableitung fundierter Prognosen auf. Deshalb stellen die beiden Forschungsansätze des Käuferverhaltens in methodischer Hinsicht keine echten Alternativen dar. Vielmehr ergänzen sie sich gegenseitig.

5. Beziehungen zwischen Marketing- und Käuferverhaltensforschung

Die bisherigen Überlegungen haben deutlich gemacht, daß Marketing- und Käuferverhaltensforschung komplementäre Bereiche sind, die in vielfältiger Beziehung miteinander stehen. Die wissenschaftliche Erforschung der zentralen Determinanten des Kaufverhaltens, die Aufdeckung von Ursache-/Wirkungs-Beziehungen setzt geeignete Meßkonzepte und Auswertungsverfahren der Marketingforschung voraus. Die Marketingforschung bedarf ihrerseits bei der Bildung und Prüfung von Hypothesen einer Theorieunterstützung.

Die folgenden Ausführungen gehen von der Vorstellung aus, daß ein theoriegestütztes Vorgehen der Marketingforschung einer datenorientierten Marketingforschung ebenso wie einer intuitiven Methodenanwendung überlegen ist. Beim theoriegeleiteten Ansatz orientieren sich Untersuchungskonzeptionen und Methodenwahl in der empirischen Forschung an den zu überprüfenden Hypothesen über menschliches Verhalten und weniger am existierenden Methoden-Know-how. Die theoriegeleitete Marketingforschung steht dabei vor der Forderung, sich intensiv mit Operationalisierungsproblemen, d. h. mit der Umsetzbarkeit von Begriffen der Verkäuferverhaltenstheorie in meßbare Sachverhalte, auseinanderzusetzen. Ebenfalls charakteristisch für theoriegeleitete Untersuchungen ist die Anwendung komplexer statistischer Auswertungstechniken in bezug auf die erhobenen Daten. Nur auf diese Weise ist es möglich, Beziehungen zwischen einbezogenen Variablen aufzudecken und abgesicherte Aussagen zu treffen.

Ausgangspunkt bilden dementsprechend nicht in erster Linie vorhandene Daten oder Methoden, sondern die sich aus den Entscheidungsaufgaben des Management ergebenden Fragestellungen. Sie resultieren aus der Beurteilung der Effizienz des Marktangebots im Spannungsfeld zwischen Käuferbedürfnissen und Wettbewerbsvorteilen in einer dynamischen Umwelt. Zu einem systematischen Vorgehen in der Marketingforschung zählen dabei folgende Arbeitsschritte:

1. Definition des Marketingproblems und der Forschungsziele

2. Informationsbedarfsformulierung und Hypothesenfindung

3. Erfassung bzw. Erhebung der Daten

4. Analyse und Auswertung der Daten

5. Präsentation und Kommunikation der Ergebnisse.

Abbildung 9 zeigt diese Vorgehensweise im Zusammenspiel zwischen Marktforscher und Marketingentscheider. Mit Hilfe des Monitoring der Marketingforschung sind Entschei-

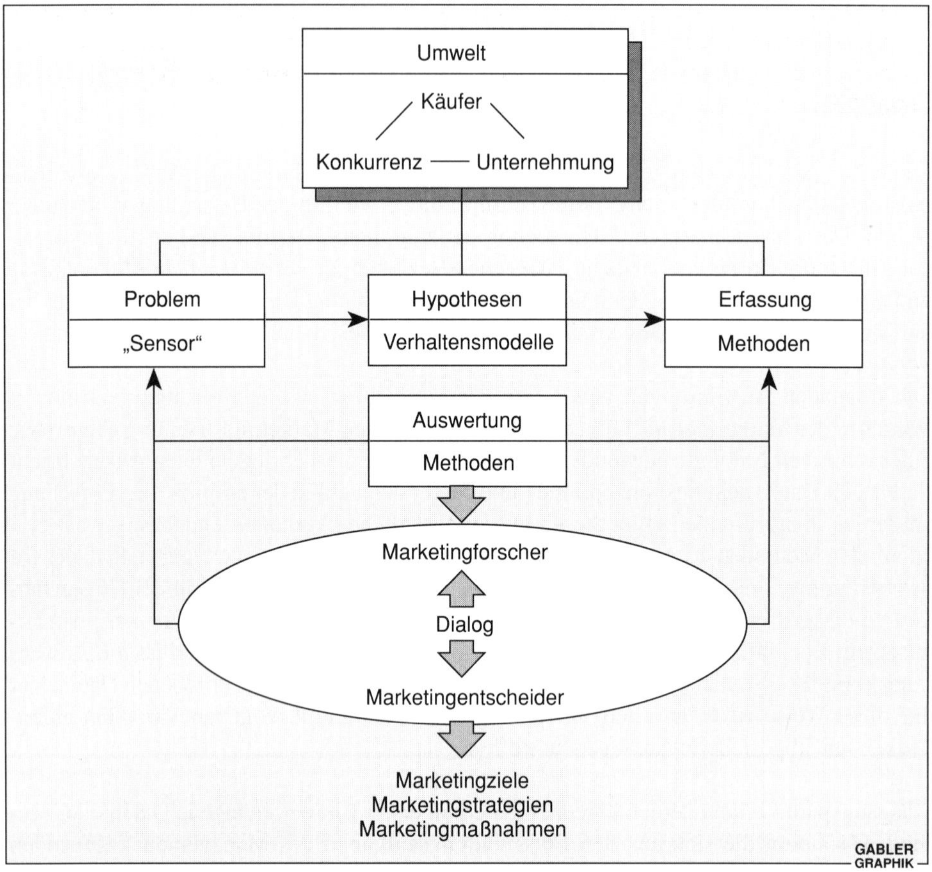

Abbildung 9: Vorgehensweise der theoriegestützten Marketingforschung

dungsprobleme frühzeitig zu erkennen und im Dialog zu präzisieren. Verhaltensmodelle der Marktpartner dienen der Unterstützung bei der Hypothesenbildung und generieren „Programmfragen" für die Marketingforschung, insbesondere den Methodeneinsatz bei der Erfassung und Auswertung der Daten. Es bedarf keiner Begründung, daß für die Gestaltung des Marktforschungsprogramms – je nach Komplexität der vorliegenden Fragestellung – detaillierte Forschungspläne unter Kosten- und Nutzenaspekten der Marketingforschung aufzustellen und zu bewerten sind.

Diesem Grundgedanken folgt der Aufbau des Buches. Es werden zunächst die zentralen Ansätze zur Erklärung und Prognose des Kaufverhaltens von Konsumenten und Organisationen dargestellt. Darauf aufbauend folgt eine Erörterung der Methoden der Informationsgewinnung und -auswertung der Marketingforschung. Dabei werden insbesondere die unterschiedlichen Zielsetzungen, Verfahrensgrundlagen und Anwendungsprobleme aufgezeigt. Darüber hinaus werden unter einer aggregierten Perspektive quantitative und qualitative Methoden der Absatzprognosen erörtert. Spezialaspekte der Marketingforschung, insbesondere Entscheidungs- und Organisationsprobleme, Ansatzpunkte der Computerunterstützung von Entscheidungen und Fragen der Ethik in der Marketingforschung bilden den Abschluß der Betrachtungen.

Kapitelübersicht

Zweites Kapitel

Erklärung und Prognose des Käuferverhaltens

1. Gegenstand und Systematik des Käuferverhaltens

Das besondere Interesse der Marketingtheorie galt immer schon den Bestimmungsfaktoren des Käuferverhaltens. Verhaltenswissenschaftliche Erklärungsmodelle sollen nicht nur Einsichten in Kaufentscheidungsprozesse vermitteln, sondern auch Anhaltspunkte über die Wirkung von Marketinginstrumenten und sonstigen Umweltfaktoren auf das Kaufverhalten geben, um Prognosen über Käufer- und Marktpotentiale zu formulieren. Insofern sind wissenschaftliche Aussagen über Kaufentscheidungen für ein zielgerechtes Verhalten verschiedener Institutionen bzw. Personen (Unternehmungen, Haushalte, Verbraucherverbände, Testinstitute, staatliche Instanzen) von Bedeutung.

1.1 Träger von Kaufentscheidungen

Die Bestimmungsfaktoren des Käuferverhaltens werden in einer fast unübersehbaren Anzahl wissenschaftlicher Veröffentlichungen analysiert. Die Erklärungsansätze lassen sich nach verschiedenen Gesichtspunkten systematisieren. So kann zum Beispiel nach der Herkunft der Aussagensysteme zwischen ökonomischen, psychologischen und soziologischen Modelltypen unterschieden werden. Daneben findet man Klassifizierungen nach dem theoretischen bzw. empirischen Status der verwendeten Konzepte.

Von grundsätzlicher Bedeutung ist auch die Einteilung nach der Art und Anzahl der bei der Modellbildung berücksichtigten Entscheidungsträger. Dementsprechend ist zwischen dem Kaufverhalten privater Haushalte und Unternehmungen bzw. öffentlicher Institutionen einerseits sowie individuellen und kollektiven Kaufentscheidungen andererseits zu trennen. Kombiniert man diese Kriterien, so ergeben sich die in Abbildung 10 dargestellten Grundtypen von Kaufentscheidungen.

Diese Grundtypen von Entscheidungen haben in der Theorie des Kaufverhaltens eine unterschiedliche Beachtung gefunden. Die größte wissenschaftliche Aufmerksamkeit wurde bisher den **individuellen Kaufentscheidungen** der Konsumenten gewidmet (Feld 1).

Ebenso wie bei individuellen Kaufentscheidungen lag die Annahme einzentriger Willensbildungen lange Zeit auch den Erklärungsversuchen von **Kaufentscheidungen in Organisationen** zugrunde (Feld 2). Analog zur ökonomischen Haushaltstheorie, die den nutzenmaximierenden Konsumenten betrachtet, galt das Interesse den Investitions- und Beschaffungsentscheidungen gewinnmaximierender Unternehmen. Dementsprechend wurden Investitions- und Beschaffungskalküle unter der wenig realistischen Annahme voll-

	Haushalt	Unternehmung bzw. Institution
Individuum	1 Kaufentscheidungen des Konsumenten	2 Kaufentscheidungen des Repräsentanten
Kollektiv	3 Kaufentscheidungen von Familien	4 Kaufentscheidungen des Einkaufsgremiums (Buying-Center)

GABLER GRAPHIK

Abbildung 10: Grundtypen von Kaufentscheidungen

ständig rationalen Verhaltens zur Prognose der Einkaufsentscheidungen herangezogen. Soweit die Annahme einer „Ein-Mann-Unternehmung" im Rahmen dieser Erklärungsansätze aufgegeben wurde, traten allenfalls der „Repräsentant" oder „Einkäufer" als Stellvertreter des Unternehmers in Erscheinung.

Entgegen der Tatsache, daß in der Empirie ein erheblicher Teil der Kaufentscheidungen in sozialen Systemen oder Gruppen gefällt wird, hat man in der wissenschaftlichen Forschung das Entscheidungskollektiv lange Zeit vernachlässigt. Probleme mehrzentriger Willensbildung wurden unter der Annahme der Teamentscheidung, d. h. homogener Präferenzen aller Beteiligten, diskutiert. Derartige einschränkende Annahmen begünstigen zwar die formale Modellanalyse, werden jedoch der Realität der Entscheidungen in den Haushalten und Unternehmungen nur bedingt gerecht (Stark 1973).

Erklärungsmodelle **kollektiven Kaufverhaltens** tragen der Tatsache Rechnung, daß mehrere Personen mit verschiedenen Zielsetzungen und möglicherweise konfliktären Bewertungskriterien am Entscheidungsprozeß teilnehmen. Die Kaufentscheidung wird arbeitsteilig vollzogen.

Dieser Sachverhalt wirft bereits bei der Analyse **familialer Kaufentscheidungen** (Feld 3) besondere Probleme auf. Obwohl ein Großteil aller Konsumentenentscheidungen im Kollektiv der Familie getroffen wird, ist den entsprechenden Einflußgrößen in Form von theoretischen Analysen erst Anfang der 80er Jahre gebührendes Interesse geschenkt worden (Dahlhoff 1980; Böcker 1987). Die vergleichsweise stiefmütterliche Behandlung dieses Problemkreises erklärt sich nicht zuletzt aus der Komplexität der Beziehungsmuster und der problematischen Ermittlung ihrer empirischen Zusammenhänge (Davis 1970; Davis, Rigaux 1974; Ruhfus 1976).

Analoges – wenn auch mit gewissen Modifikationen – gilt für die kollektiven **Kaufentscheidungen in Unternehmungen** (Feld 4). Die Ansätze dieser Entscheidungen (z. B. Robinson, Faris, Wind 1967; Webster, Wind 1972; Sheth 1973; Koch 1987, Kern 1990) versuchen, neben organisationsspezifischen Variablen (z. B. Organisationsziele, -struktur, Technologie) vor allem die interpersonellen Determinanten des Beschaffungsverhaltens und der Verhandlungsprozesse zu erfassen. Es gilt, die komplexen Gruppenprozesse aufzudecken, die für die Einkaufsentscheidungen bei investiven bzw. Wiedereinsatzgütern charakteristisch sind.

Besonderes Interesse gilt dabei dem **Einkaufsgremium** (Buying Center), das für die Durchführung der Einkaufsprozesse verantwortlich ist (Wind 1978; Wesley, Bonoma 1981; Kern 1990). Es besteht nicht nur die Schwierigkeit, den Verantwortlichen des Einkaufs festzustellen, sondern auch die Zusammensetzung des Buying Centers zu ermitteln und die darin bestehende Macht- und Autoritätsstruktur aufzudecken. Hieraus ergibt sich die Notwendigkeit, die wichtigsten formalen und informalen Rollen der Mitglieder des Buying Centers in ihrem Zusammenhang im Hinblick auf die Auswirkungen auf das Kaufverhalten zu analysieren.

1.2 Typen und Stufen von Kaufentscheidungen

Neben der Art und Anzahl von Kaufentscheidungsträgern bilden die Kaufentscheidungstypen sowie die Phasen der Kaufentscheidung einen weiteren Schwerpunkt im Rahmen der Käuferverhaltensforschung.

Die Literatur zum Konsumentenverhalten weist eine Fülle von Kaufentscheidungstypologien auf. Ein Großteil dieser Typologien stellt auf die Informationsgewinnungs- und -verarbeitungsaktivitäten des Individuums beim Kauf ab. In der Abbildung 11 sind einige dieser Ansätze aufgeführt.

Katona hatte bereits in den 50er Jahren (Katona 1968) in seiner Theorie zum Konsumentenverhalten zwei Kaufentscheidungsarten, die echten und die habituellen Kaufentscheidungen, definiert. Bei **echten oder extensiven Kaufentscheidungen** sind die kognitive Beteiligung und der Informationsbedarf des Konsumenten besonders groß. Die Identifikation individuell relevanter Entscheidungskriterien (z. B. Haltbarkeit, Sicherheit oder Prestigenutzen eines Produktes) sowie die vergleichende Beurteilung von Alternativen (z. B. Produktmarken, Einkaufsstätten) verursachen eine verhältnismäßig lange Entscheidungsdauer. Vor allem bei hochwertigen, langlebigen Gebrauchsgütern finden derartige extensive Kaufentscheidungen statt, bei denen sich der Konsument häufig nicht auf bestehende produktspezifische Erfahrungen stützen kann. Die kognitive und psychische Beteiligung des Konsumenten am extensiven Kaufentscheidungsprozeß kommt beispielsweise in seinem Involvement oder dem von ihm wahrgenommenen Risiko zum Ausdruck.

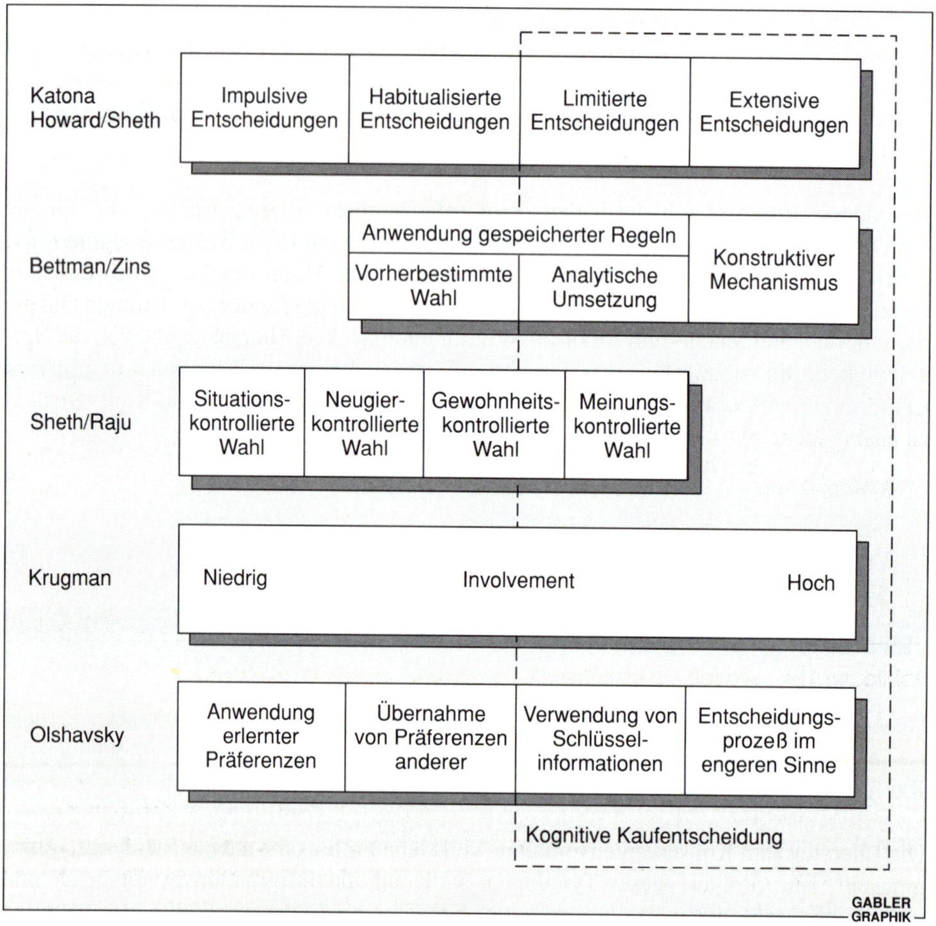

Abbildung 11: Kognitive Kaufentscheidungen
(Quelle: Kuß 1987, S. 27)

Kennzeichnend für **habituelle Kaufentscheidungen** ist die gewohnheitsmäßig getroffene Produkt- oder Markenwahl. Der Verzicht auf die Suche neuer Produktalternativen hat zur Folge, daß zwischen Stimulus und Reaktion keine Informationssuche und -verarbeitung stattfindet und die kognitive Steuerung derartiger Käufe dementsprechend gering ist. Habituelle Kaufentscheidungen betreffen insbesondere die Güter des täglichen Bedarfs.

In diesem Zusammenhang ist das **Modell des „evoked set"** von Bedeutung. Dieses Konzept versucht, die selektive Markenauswahl von Konsumenten innerhalb einer Produktgruppe zu erklären. Das von Narayana-Markin (1975) entwickelte Modell wurde von Brisoux, Laroche (1980) erweitert und ist in Abbildung 12 dargestellt.

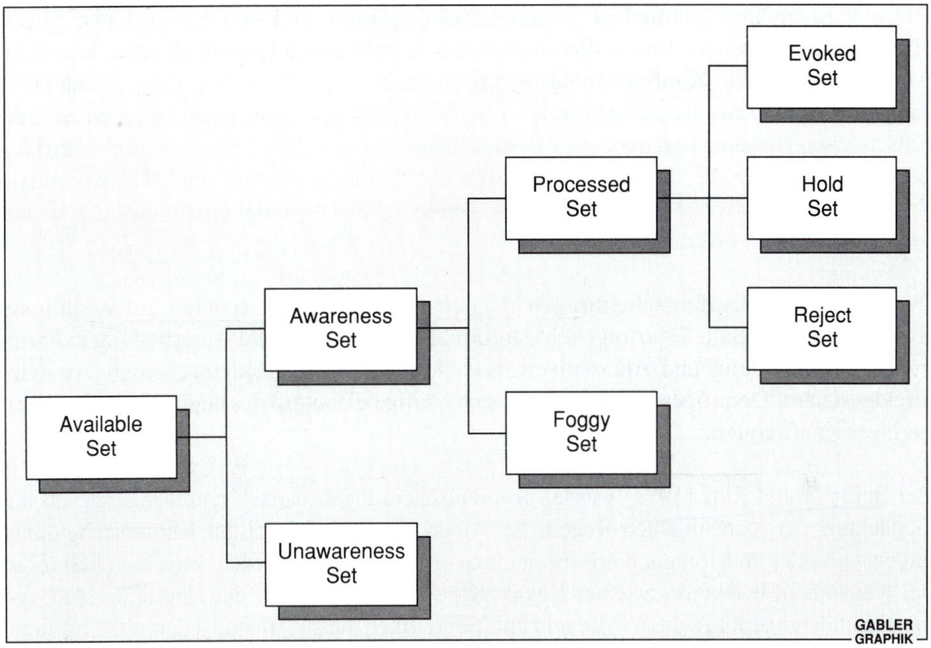

Abbildung 12: Modell zur selektiven Markenauswahl von Konsumenten (Quelle: Brisoux, Laroche 1980)

Am Anfang steht das „available-set" aller zu einem bestimmten Zeitpunkt am Markt vorhandenen Marken einer bestimmten Produktgruppe. Da dem Konsumenten normalerweise nicht alle Marken bekannt sind, gliedert sich das „available-set" in ein „awareness-set" (alle zum Kaufzeitpunkt bewußten Marken) bzw. „unawareness-set" (Marken, die zum Zeitpunkt des Kaufes nicht bewußt sind). Dieses „awareness-set" bewußter Marken wird bei Brisoux, Laroche noch in ein „processed-set" (Marken, die dem Konsumenten bewußt sind und für ihn eine besondere Bedeutung haben) und in ein „foggy-set" (Marken, die dem Konsumenten zwar bewußt sind, aber keine besondere Bedeutung für sein Kaufverhalten haben) unterteilt. Aufgrund seiner Präferenzen unterscheidet der Konsument das „processed-set" noch in „evoked-set", „hold-set" und „reject-set". Das „evoked-set" verkörpert die alternativen Marken, die der Konsument im Augenblick des Kaufes betrachtet. Es handelt sich hierbei nur um eine kleine Teilmenge des „processed-set". Während die Marken aus dem „reject-set" des Konsumenten auf die Ablehnung des Konsumenten stoßen, haben die Marken des „hold-set" lediglich für die momentane Bedürfnisbefriedigung des Konsumenten keine Bedeutung. Die Annahmen des Brisoux/Laroche-Modells wurden wiederholt überprüft und bestätigt (Brisoux, Laroche 1980).

Die extensiven und habituellen Kaufentscheidungsarten sind von Howard und Sheth (1969) um zwei weitere Typen, die limitierten und impulsiven Entscheidungen, erweitert worden. **Limitierte Kaufentscheidungen** zeichnen sich durch bewährte Problemlösungsmuster und Entscheidungskriterien aus, die durch Kauferfahrungen erworben und zur Entscheidungsfindung herangezogen werden. Es gelangen mehrere Produkte bzw. Marken in die engere Auswahl, ohne daß ein bestimmtes Produkt präferiert wird. Der kognitive Problemlösungsaufwand ist dabei begrenzt, weil lediglich Produktalternativen miteinander verglichen werden (Weinberg 1981).

Bei **impulsiven Kaufentscheidungen** reagiert der Konsument spontan auf bestimmte Reize am Point of Sale. Es erfolgt keine Informationsaufnahme und -verarbeitung in Form von Kriterienbildung und Alternativenauswahl, sondern die Kaufentscheidung ist rein affektgesteuert. Derartiges Verhalten zeigt sich häufig bei Gütern des täglichen Bedarfs mit geringer Kauffrequenz.

Bei Bettman und Zins (1977) werden Kaufentscheidungen danach unterschieden, ob im Gedächtnis der Konsumenten Regeln und Heuristiken direkt bei der Kaufentscheidung angewandt oder im Moment der Entscheidung erst entwickelt werden. Im ersten Fall folgt der Konsument beispielsweise der Regel „Kaufe Marke A" oder der Heuristik „Auf aktuelle Sonderangebote achten". Regeln und Heuristiken dieser Art sind jederzeit abruf- und anwendbar. Bei der Kaufentscheidung im zweiten Fall muß der Konsument anhand der gespeicherten Elemente von Regeln oder Heuristiken aktuelle Bewertungen vornehmen und eine Auswahl treffen.

Sheth und Raju (1979) unterscheiden vier mögliche Wahlmechanismen. Die **situationskontrollierte Wahlentscheidung** wird allein durch die situativ bedingte Motivation gesteuert. Er entspricht damit dem Impulskauf. In Analogie zur extensiven Kaufentscheidung wird die **meinungskontrollierte** Wahlentscheidung stark kognitiv gesteuert. Die **gewohnheitskontrollierte** Wahlentscheidung ähnelt stark dem habituellen Kaufverhalten. Hier findet eine Entscheidung zwischen den gewohnten und allen anderen Alternativen statt. Demgegenüber begrenzt sich der **neugierkontrollierte** Wahlmechanismus auf eine Entscheidung zwischen dem Kauf oder dem Nichtkauf einer neuartigen Alternative. Ursache für einen derartigen Kauf kann Neugier, Forschungszwang oder die Suche nach Abwechslung sein.

Bei Olshavsky (1983) steht das Problem der Präferenzbildung im Mittelpunkt seiner Überlegungen zum Kaufentscheidungsprozeß. Kann der Konsument nicht auf bereits erlernte Marken- oder Produktpräferenzen zurückgreifen, muß er die aktuelle Präferenzbildung selbst vornehmen oder an andere delegieren. Bei der letzteren Vorgehensweise kann der Konsument einer Empfehlung folgen, sich an Gruppennormen anpassen, andere imitieren oder einem Wunsch anderer nachkommen.

Die vom Konsumenten selbst durchgeführte Bewertung von Produktalternativen stützt sich auf bestimmte Schlüsselinformationen wie Preis (als Qualitätsindikator), Markenname,

Herkunftsland, Image des Herstellers, Produktdesign und Garantiezeit. In der Regel werden mehrere Informationen dieser Art bei der Präferenzbildung berücksichtigt. Bei einer weiteren Form der Präferenzbildung geht es um den „Entscheidungsprozeß im engeren Sinne“. Hier werden für eine größere Anzahl von Alternativen Bewertungen vorgenommen, die auf Informationen über die für den Konsumenten relevanten Produkteigenschaften beruhen.

Im Vergleich der fünf Typologien gibt es eine Reihe von Überschneidungen, wie z. B. zwischen „habituellem Verhalten“ bei Katona und Howard/Sheth und „gewohnheitskontrolliertem Wahlverhalten“ bei Sheth/Raju. Bettman/Zins legen den Schwerpunkt auf den kognitiven Entscheidungsprozeß, während Olshavsky die Formen der Präferenzbildung unter Einbeziehung externer Faktoren beschreibt.

Eine weitere umfassende Typologie des Kaufverhaltens von Konsumenten verknüpft die Kaufentscheidungstypen mit unterschiedlichen Merkmalen der Kaufobjekte. Abbildung 13 macht die Vorgehensweise deutlich (Ruhfus 1976, S. 22 ff.). Hauptgliederungskriterien der Kaufentscheidungstypologie sind der **Grad der Kollektivität** der Entscheidungsfindung und die **Ausprägung des Kaufprogramms**. Die Entscheidungstypen werden darüber hinaus durch bestimmte Merkmale des Entscheidungsobjektes (z. B. finanzielle Mittelbindung, soziale Sichtbarkeit bzw. Konsumdemonstration sowie Betroffenheit aller Haushaltsmitglieder) gekennzeichnet. Die Merkmalsausprägungen können jeweils auf einem Kontinuum von gering bis hoch liegen. Sie stehen dabei mit dem Kollektivitätsgrad der Entscheidung und dem Ausmaß eines vorgeprägten Kaufprogramms in Zusammenhang. Der Kollektivitätsgrad der Kaufentscheidung steigt und die Wahrscheinlichkeit eines Kaufprogramms sinkt, je weiter sich die Merkmalsausprägungen des Kaufobjektes in der Abbildung 13 nach rechts verlagern.

Insgesamt gesehen stellen Kaufentscheidungstypologien ein brauchbares Planungshilfsmittel dar. Allgemeine Typologien, die für eine Vielzahl unterschiedlicher Produkt- und Themenfelder gleichermaßen gelten sollen, eignen sich jedoch kaum zur Abgrenzung von homogenen Konsumentengruppen. Einschlägige Marktforschungsinstitute stellen daher zahlreiche Käufertypologien vor (z. B. GfK 1982, Gruner + Jahr 1990), die produkt- oder themenspezifisch ausgerichtet sind. Damit wird dem Erfordernis Rechnung getragen, daß dieselben Käufer bei bestimmten Produkt- und Themengruppen unterschiedliches Verhalten zeigen können.

Die beschriebenen Verhaltenstypen stellen auf Wirkungszusammenhänge im Verhalten des Konsumenten ab. Abhängig vom Grad der kognitiven Auseinandersetzung mit Produkten oder Themen werden in einem idealtypischen Kaufentscheidungsprozeß eine **Vielzahl von käuferverhaltensrelevanten Fragestellungen** angesprochen. Im folgenden sollen beispielhaft derartige Fragestellungen aufgezeigt werden. Dabei wird das Problemlösungsmodell von Engel, Kollat und Blackwell (1978) zugrunde gelegt, das von einer mehrphasigen Prozeßanalyse ausgeht.

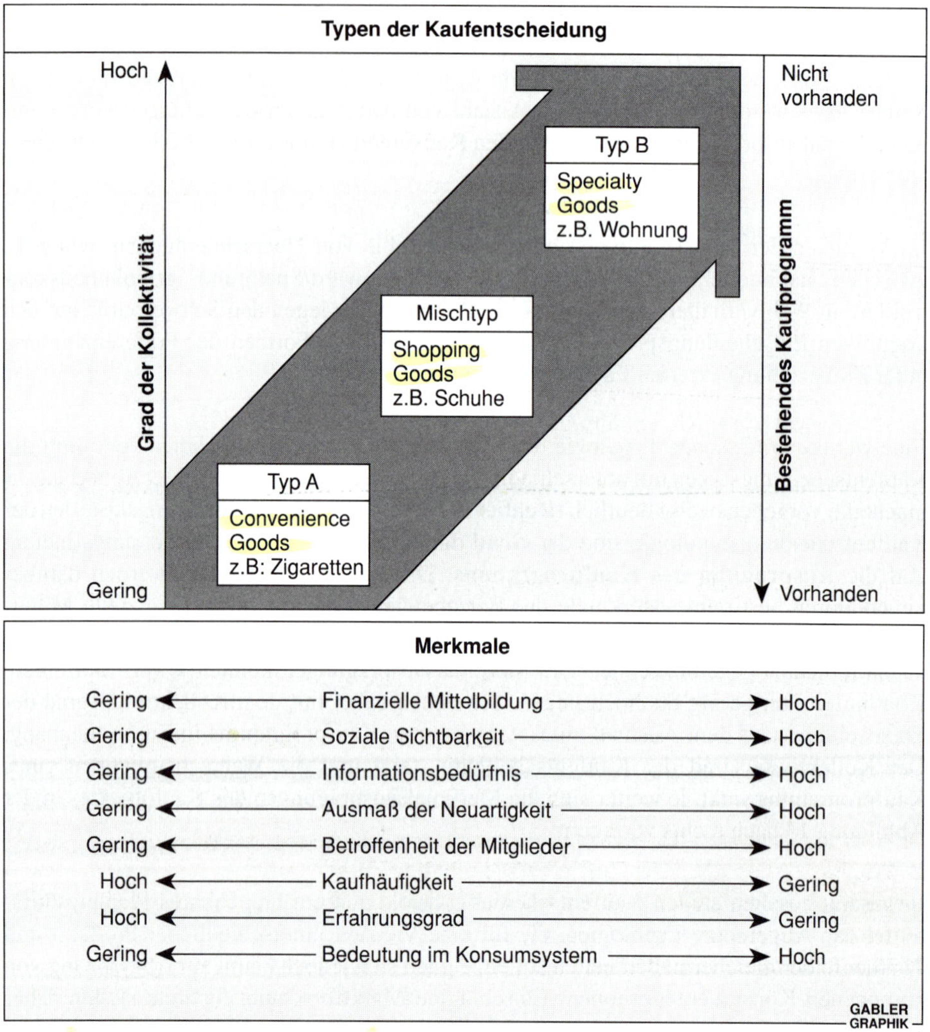

Abbildung 13: Typologie von Kaufentscheidungen des Haushalts (Quelle: nach Ruhfus 1976, S. 23)

In der **Phase der Problemerkennung** stehen folgende Fragen im Vordergrund:

- Wer interessiert sich in welchem Maße für das Produkt?
- Wer ist Produktexperte?
- Wodurch wird das Bedürfnis ausgelöst?
- Waren bedürfnisauslösende Anstöße so informativ, daß keine weiteren Informationen gesucht wurden?

In den **Phasen der Suche, Verarbeitung, Bewertung und Auswahl** von Alternativen ergeben sich ebenfalls einige typische Fragestellungen:

- Wer informiert sich?
- Wo informiert man sich? (z. B. klassische Werbeträger, interpersonelle Kommunikation)
- Worüber informiert man sich? (Produkt, Markt, Geschäft)
- Welche Glaubwürdigkeit haben die einzelnen Informationsquellen?
- Wieviele Alternativen (Marken, Geschäfte) werden betrachtet?
- Wer bestimmt die Ansprüche an das Kaufobjekt?
- Wann tritt die Entscheidungssicherheit ein?
- Wie lange dauert die Phase von der Idee bis zur Entscheidungssicherheit?
- Wie verläuft der Interaktionsprozeß?
- Wie kommt es zur Abstimmung?

In der eigentlichen **Phase des Kaufakts** geht es um den Kauf eines Produktes. Dabei interessieren folgende Fragestellungen:

- Wer ist am Kaufakt beteiligt bzw. wer ist Kaufbeauftragter?
- Wer entscheidet über den Kaufbetrag?
- Wo wird gekauft? (Geschäftstyp)
- Wann wird die Kaufentscheidung (Marke) festgelegt?

Ausgehend von der Annahme, daß in der **Phase nach dem Kauf** eine nachträgliche Bewertung des Kaufes stattfindet, interessieren vor allem folgende Fragestellungen:

- Wer gebraucht bzw. verbraucht das Produkt oder die Dienstleistung?
- Wie hoch ist der Grad der Zufriedenheit mit dem Kauf?
- Worüber informiert man sich nach dem Kauf?
- Wo informiert man sich nach dem Kauf?
- Wer informiert sich nach dem Kauf?

Zu jeder Phase sind somit Variablen von Bedeutung, die durch Einflüsse der Person, der Produktmerkmale, der Kaufsituation und der Umwelt bedingt sind. Von herausragendem Interesse sind dabei jedoch die personenbezogenen Variablen.

1.3 Fragen und Aufgaben

1. Systematisieren Sie die Grundtypen von Kaufentscheidungen nach Art und Anzahl der Entscheidungsträger!

2. Welche grundsätzlichen Unterschiede bestehen zwischen individuellen und kollektiven Kaufentscheidungen?

3. Kennzeichnen Sie unterschiedliche Ansätze zur Typologisierung des Kaufverhaltens nach dem Ausmaß der individuellen Informationsgewinnungs- und -verarbeitungsaktivitäten! Welche Besonderheiten weisen die Käufertypen im Hinblick auf ihre kognitive Beteiligung bei der Kaufentscheidung auf?

4. Es sind folgende unterschiedliche Kaufentscheidungssituationen vorgegeben:
   a) Das Ehepaar Geiz mußte lange für ein neues Auto sparen. Nun soll der Wunsch realisiert werden. Über den geplanten Neuwagen freuen sich auch die beiden halbwüchsigen Söhne der Familie.
   b) Der Einkaufsleiter eines Warenhauses verhandelt mit dem Repräsentanten einer Importfirma über den Ankauf eines Postens Reisetaschen aus Taiwan.
   c) Ein Handelsunternehmen plant die Zentralisierung und Automatisierung seines Lagers. Hierzu soll eine EDV-Anlage einschließlich Software angeschafft werden.
   d) Zum bestandenen Abitur schenken die Großeltern ihrem Enkel eine größeren Geldbetrag. Der 19jährige will sich davon ein Surfbrett kaufen.

   Zeigen Sie Unterschiede und Gemeinsamkeiten der Kaufentscheidungssituationen auf und versuchen Sie, die jeweiligen Kaufentscheidungstypen zu bilden!

5. Beschreiben Sie das Modell des evoked-set als Konzept der selektiven Markenauswahl von Konsumenten innerhalb einer Produktgruppe!

6. Beschreiben Sie die Phasen eines idealtypischen Kaufentscheidungsprozesses bei langlebigen Konsumgütern (z. B. Auto, Kühlschrank)!

2. Kaufverhalten von Konsumenten

2.1 Intrapersonale Erklärungsansätze des Käuferverhaltens

2.11 Aktivierende Determinanten

Bereits frühzeitig wurde die Bedeutung aktivierender Determinanten für das Käuferverhalten erkannt. Sie beschreiben innere Erregungszustände, die den Organismus mit Energie versorgen und in einen Zustand der Leistungsbereitschaft und Leistungsfähigkeit versetzen (Kroeber-Riel 1990, S. 55 ff.). Die Wirkung der Aktivierung auf die Leistung des Menschen wird durch die Lambda-Hypothese (oder auch umgekehrte u-Hypothese) angegeben (Abbildung 14).

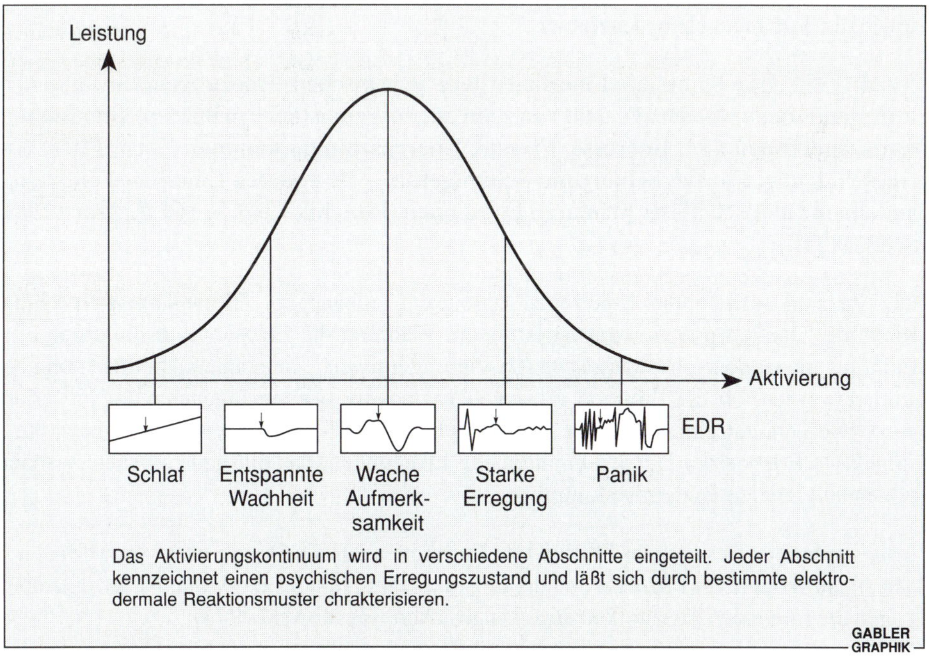

Abbildung 14: Zusammenhang zwischen Aktivierung und Leistung (Quelle: Kroeber-Riel 1990, S. 76)

Die Lambda-Hypothese besagt, daß bei zunehmender Stärke der Aktivierung zunächst die Leistung eines Individuums steigt (aufsteigender Kurvenast) und ab einer bestimmten Aktivierungsstärke wieder fällt (fallender Kurvenast). Wenngleich diese Hypothese bisher nicht umfassend bestätigt werden konnte, gibt sie Hinweis auf unterschiedliche Grade der Aktiviertheit, die sich auf sämtliche Prozesse der Informationsaufnahme und -verarbeitung von Konsumenten auswirken.

Zu den aktivierenden Komponenten zählen Emotionen, Motive und Einstellungen, die sich durch zunehmende Komplexität und Beteiligung kognitiver Vorgänge auszeichnen. Während Emotionen auf wahrgenommene innere Erregungsvorgänge abstellen, sind Motivationen zusätzlich zielorientiert. Der Einstellungsbegriff ist noch weiter gefaßt und bezieht die konkrete Beurteilung eines Objekts (z. B. Person, Produkt) ein. Insofern bauen die aktivierenden Determinanten aufeinander auf, da Motivation gleichzeitig Emotion umfaßt und in der Einstellung auch Motivation zum Ausdruck kommt.

2.111 Emotionen

Für Emotionen oder Gefühle hält die Literatur eine Fülle an Definitionen bereit, deren Übereinstimmung als relativ gering bezeichnet werden kann (Kroeber-Riel 1990, S. 99 ff. sowie die dort angegebene Literatur).

Izard (1981) bezeichnet als Emotionen jene psychischen Erregungen, die subjektiv wahrgenommen werden. Er geht von zehn angeborenen (oder primären) emotionalen Grundhaltungen aus: Interesse, Freude, Überraschung, Kummer, Zorn, Ehre, Geringschätzung, Furcht, Scham und Schuldgefühl. Alle anderen Emotionen entstehen aus einem Gemisch dieser primären Emotionen (Plutchik 1980, S. 160 ff.; Izard 1981, S. 55, 115 ff.).

Die Vielzahl auftretender Emotionen lassen sich anhand der **Dimensionen** Erregung, Richtung, Qualität und Bewußtsein erfassen. Während die Erregung auf die durch eine Emotion entstandene physiologische Aktivierung hinweist, kann anhand der Richtung bestimmt werden, ob die Emotion als angenehm/positiv oder unangenehm/negativ erlebt wird. Die Qualität einer Emotion bezieht sich auf das – mehr oder weniger bewußte – subjektive Erleben der eigenen emotionalen Erregungen, das mit gedanklichen Assoziationen und inneren Bildern verknüpft ist.

Insbesondere interessiert der Einfluß von Emotionen auf die Organisation des Verhaltens, den Ablauf kognitiver Prozesse und die Leistungsfähigkeit des Individuums. Im einzelnen gelten die folgenden Zusammenhänge als gesichert (Reykowski 1973):

1. Emotionen begünstigen den Erwerb mancher Informationen und tragen zur Bildung bestimmter Beziehungen bei (Person, Gegenstand, Situation, Ort).

2. Emotionen beeinflussen die selektive Akzentuierung und Hemmung bestimmter Prozesse. Sie tragen zu einer quantitativen Zunahme, manchmal zur Beschleunigung intellektueller Prozesse bei. Sie wirken selektiv, indem sie das Auftreten von Assoziationsprozessen fördern.

3. Emotionen sind für die Anregung von Entscheidungs- bzw. Problemlösungsprozessen von Bedeutung.

4. Mit zunehmender Stärke der Emotionen steigt zunächst die psychische Leistung, von einer bestimmten Aktivierungsstärke an fällt sie wieder ab (umgekehrte u-Funktion).

Die Annahme, daß das Erlebnis von Emotionen auch sprachlich bewußt wird und mitgeteilt werden kann, wird von der neueren ***Gehirn- und Imageryforschung*** *zunehmend in Frage gestellt (Kroeber-Riel 1986, 1990; vgl. hierzu Kapitel III 2.21). Viele Emotionen sind wenig bewußt oder nur anhand* ***innerer Bilder****, d. h. visueller Vorstellungen eines Menschen, die nicht verbalisiert werden können, nachvollziehbar. Dies hängt damit zusammen, daß emotionale Vorgänge vor allem in der rechten Gehirnhälfte ablaufen, während das menschliche Bewußtsein von den Gehirnaktivitäten der linken Hirnsphäre beherrscht wird (Kroeber-Riel 1990, S. 105 ff.). Das Auftauchen eines inneren Gedächtnisbildes, das als „gespeicherte Emotion" aufgefaßt werden kann, ist häufig der Anstoß für emotionales Verhalten (Kroeber-Riel 1986). Insofern kommt den inneren Bildern im Zusammenhang mit der Einstellung eines Konsumenten gegenüber Produktmarken und Geschäften eine besondere Bedeutung zu, da diesbezügliche Präferenzen weniger durch die kognitive Verarbeitung von Informationen als durch emotionale Eindrücke zustandekommen (Kroeber-Riel 1986, S. 84). Die emotionale Entstehung von Einstellungen läßt sich vor allem auf gesättigten Märkten beobachten, da dort Produkt- und Qualitätsunterschiede nur gering sind. In diesen Märkten bietet sich die Schaffung eines* ***emotionalen Erlebniswertes*** *an, der den Aufbau eines inneren Bildes bzw. Markenbildes (z. B. Cowboy) und dessen assoziative Verknüpfung mit einem Produkt (z. B. Marlboro) erlaubt.*
Die Erlebnisorientierung durch Bilder ist vor allem im Bereich der Werbung von Bedeutung, wo Bilder einerseits zur Schaffung eines positiven Wahrnehmungsklimas von Produktdarbietungen und andererseits zur ***Konditionierung*** *von Konsumenten eingesetzt werden, um dauerhafte emotionale Haltungen gegenüber einem Produkt zu erzeugen (Percy, Rossiter 1980; Meyer-Hentschel 1983; Kroeber-Riel 1990).*
Neben Bildern, denen sicherlich die größte Bedeutung im Marketing zukommt, bieten auch musikalische, olfaktorische, haptische und andere Reize die Möglichkeit, emotionale Erlebniswerte zu vermitteln (Kroeber-Riel 1990, S. 111 ff.).

Im Rahmen der **Emotionstheorie** werden den Emotionen neben der Antriebsfunktion menschlichen Handelns eine Nachrichten- und Kommunikationsfunktion zugesprochen

(Trommsdorff 1989, S. 53). Die Nachrichtenfunktion umfaßt solche Gefühle, die Auslöser gezielten Denkens und Handelns sein können und insofern eine innengerichtete Wirkung erzielen. Demgegenüber umfaßt die Kommunikationsfunktion alle nach außen gerichteten, körperlichen Ausdrucksformen von Emotionen wie z. B. Mimik und Gestik.

Diese Innen- und Außenorientierung von Gefühlen ist Gegenstand physiologischer und psychologischer (kognitiver) Emotionstheorien (z. B. Euler, Mandl 1983; Schmidt-Atzert 1981). Während physiologische Ansätze an Vorgängen im Zentralnervensystem anknüpfen, ordnen die kognitiv orientierten Theorien dem Verhalten Gründe bzw. Ursachen (Attribuierungstheorie) zu, die die Stärke, Richtung und Qualität der Emotionen erklären.

Bei der **Messung von Emotionen** ist den Gefühlsdimensionen (Aktivierung, Richtung, Qualität, Bewußtsein) Rechnung zu tragen (Kroeber-Riel 1990, S. 105 ff.). **Psychobiologische Messungen** dienen vor allem zur Erfassung der Intensität emotionaler Erregungen und Aktivierung. Zu nennen sind hier das Elektroenzephalogramm (EEG) zur Messung der Reaktionen des zentralen Nervensystems, die Verfahren zur Messung der mit einer Aktivierung verbundenen Veränderungen des Hautwiderstandes sowie die Messung von Pupillenerweiterungen und -verengungen, die Aussagen über Emotionsstärke und -richtung erlaubt.

Die **Messung kognitiver Vorgänge** kann verbal oder nicht-verbal erfolgen. Ein weit verbreitetes **verbales Verfahren** ist das Semantische Differential, das auf zweipoligen Ratingskalen (z. B. angenehm/unangenehm, glücklich/traurig, erregend/beruhigend) neben der Messung von Stärke und Richtung Aussagen über die Qualität der Emotionen ermöglicht (vgl. hierzu Kapitel III 2.21).

> *Abbildung 15 zeigt verschiedene Emotionsprofile, die im Wege einer repräsentativen Befragung der bundesdeutschen Bevölkerung erhoben wurden (Meffert 1986, Faehsler 1986, S. 210 ff.). Ein Vergleich der Emotionsdimensionen macht deutlich, daß die im Alltagsleben empfundenen generellen Emotionen stärker wahrgenommen werden als zukunftsbezogene oder konsumspezifische emotionale Grundhaltungen. Von den zwölf abgefragten Grundemotionen werden die positiven Gefühle wie Zufriedenheit, Interesse, Glück oder Freude häufig empfunden, während Abscheu, Verachtung, Schuld, Zorn oder Angst eine geringere Bedeutung beigemessen wird. Die Ergebnisse verdeutlichen, daß die Befragten eine relativ optimistische Grundhaltung in ihren Lebensbereichen einnehmen. Negative Emotionen werden augenscheinlich bewußt zurückgedrängt und nehmen im Entscheidungsverhalten eine eher untergeordnete Rolle ein.*

Angesichts der nicht unproblematischen Verbalisierung von Emotionen gelangen zunehmend **non-verbale Meßverfahren** in den Blickpunkt des forscherischen Interesses. Diese Verfahren zeichnen sich dadurch aus, daß direkt beobachtbare Veränderungen des Konsumenten aufgezeichnet werden (Fast 1979; Forschungsgruppe Konsum und Verhalten 1983), die Rückschlüsse auf psychologische Prozesse zulassen. Von besonderer Bedeutung

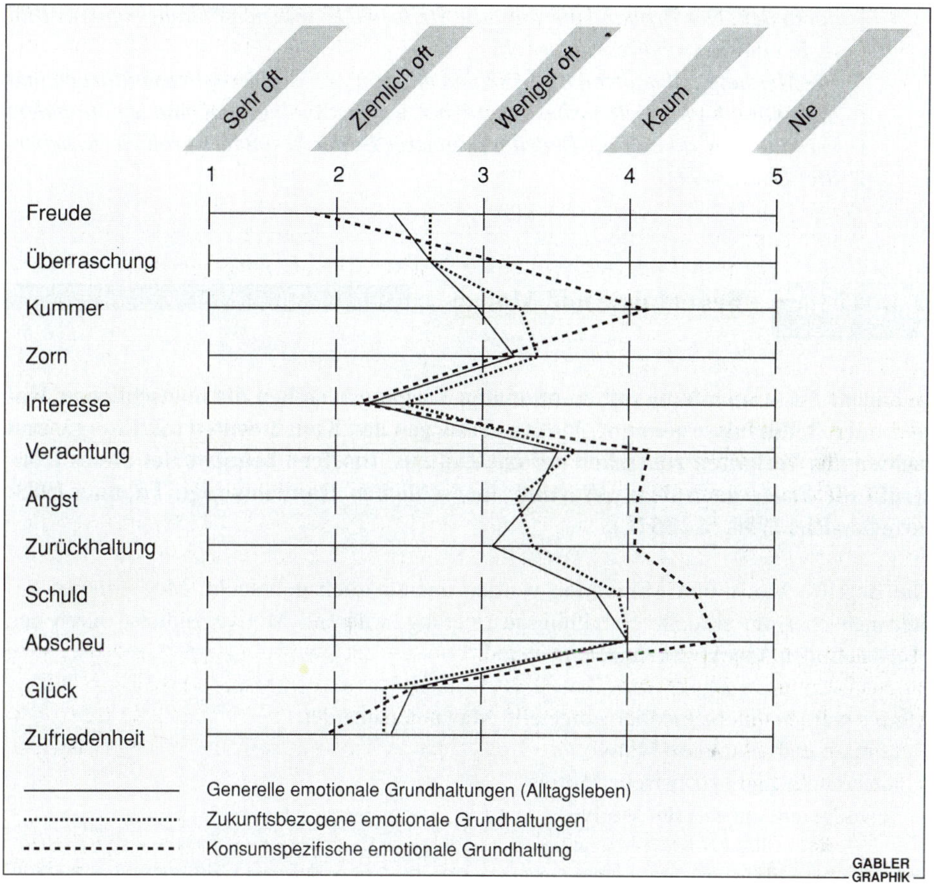

Abbildung 15: Einschätzungen emotionaler Grundhaltungen durch Konsumenten

ist dabei die Gesichtssprache (Mimik und Gestik) als non-verbales Ausdrucksverhalten (Weinberg 1986; Kroeber-Riel 1990).

In diesem Zusammenhang ist der „Programmanalysator" zur subjektiven Erlebnismessung erwähnenswert, der durch das Drücken von Tasten oder Hebeln durch den Probanden eine Feststellung spontaner emotionaler Eindrücke während einer Programmdarbietung erlaubt (Kroeber-Riel 1990, S. 108).

*Zur **Messung** verhaltenswirksamer **innerer Bilder** schlägt Kroeber-Riel eine Kombination aus verbalen Skalen und Bilderskalen vor (Kroeber-Riel 1986, S. 86 f.). Bilderskalen sind derart konstruiert, daß auf zwei Photos metaphorische Bilder (z. B. angenehm/unangenehm) einer Dimension (z. B. Gefallen) gezeigt werden und diese Photos die beiden Pole einer nicht unterteilten Ratingskala*

darstellen. Der Proband markiert die Stelle, wo er sein persönliches inneres Bild (z. B. eines Geschäftes) ansiedelt.
Die Messung anhand von Bilderskalen mit dem Ziel der Verhaltenserklärung und -prognose bietet sich insbesondere bei wenig involviertem und emotionalem Verhalten an, da hier die Bedeutung innerer Bilder besonders groß ist (Kroeber-Riel 1986, S. 92).

2.112 Bedürfnisse und Motive

In engem Zusammenhang mit emotionalen Vorgängen stehen die menschlichen Motive, auch Bedürfnisse genannt. Motive versorgen den Konsumenten mit Energie und richten das Verhalten zusätzlich auf ein Ziel aus. Insofern beantwortet dieses Konstrukt die Frage nach dem „Warum" menschlichen Handelns (vgl. Thomae 1983; Kroeber-Riel 1990, S. 136 ff.).

Die Begriffe Motiv und Motivation werden uneinheitlich gebraucht. Motivationen bezeichnen eher die aktuelle Handlungsausrichtung, während Motive zumeist durch den überdauernden Aspekt gekennzeichnet sind.

Motive werden unterschiedlich eingeteilt. Man unterscheidet:
- primäre und sekundäre Motive
- intrinsische und extrinsische Motive
- bewußte und unbewußte Motive.

Primäre Motive sind nicht gelernte, biogene Bedürfnisse. Sie stehen im direkten Zusammenhang mit dem Überleben des Menschen (Hunger, Durst oder Schlaf). **Sekundäre Motive** sind im Unterschied zu den angeborenen Motiven gelernt worden (z. B. Prestige, Gelderwerb). Sie werden mit den primären Motiven assoziiert oder dienen direkt bzw. indirekt zur Befriedigung der primären Motive. Die Beziehungen zwischen primären und sekundären Motiven sind meist komplex und nur schwer durchschaubar. So kann ein sekundäres Motiv wie z. B. Gelderwerb nur bedingt aus primären Motiven hergeleitet werden.

Intrinsische Motive gehen davon aus, daß das individuelle Handeln zu einer Belohnung durch den Konsumenten selbst führt. Beispielsweise können Neugierde und das Bedürfnis nach Stimulusvariation wichtige Motive für das Individuum sein. **Extrinsische Motive** stellen auf das Handeln und auf die Belohnung durch die Außenwelt ab. Als Beispiel sei hier das Bedürfnis nach Anerkennung durch andere genannt. Die Differenzierung zwischen intrinsischen und extrinsischen Motiven ist für das Käuferverhalten nicht unproblematisch, da der Kauf des gleichen Produktes bei einigen Konsumenten intrinsisch, von anderen dagegen extrinsisch gesehen wird.

Unbewußte Motive unterscheiden sich von **bewußten Motiven** dadurch, daß ihr Einfluß auf den Konsumenten nicht feststellbar, d. h. unterhalb der Schwelle der durchschnittlichen persönlichen Wahrnehmung liegt. Wenn sie in das Bewußtsein gelangen, kann ihr Einfluß häufig nur zum Teil für den Konsumenten deutlich gemacht werden. Da Motive ausschlaggebend für das Kaufverhalten sind, müssen auch die unbewußten Motive angesprochen werden.

Zur Erklärung des Käuferverhaltens und zur Behandlung der Motive werden verschiedene Theorien herangezogen (die Trieb-, Bedürfnisreduktions-, Aktivierungs-, Stimulus-, Kontroll- sowie kognitive Theorien). Beispielhaft für die letztgenannten kognitiven Theorien soll die bekannte Maslow'sche Bedürfnishierarchie erläutert werden (Maslow 1975). Folgende 5 Bedürfnisschichten lassen sich unterschieden (Abbildung 16):

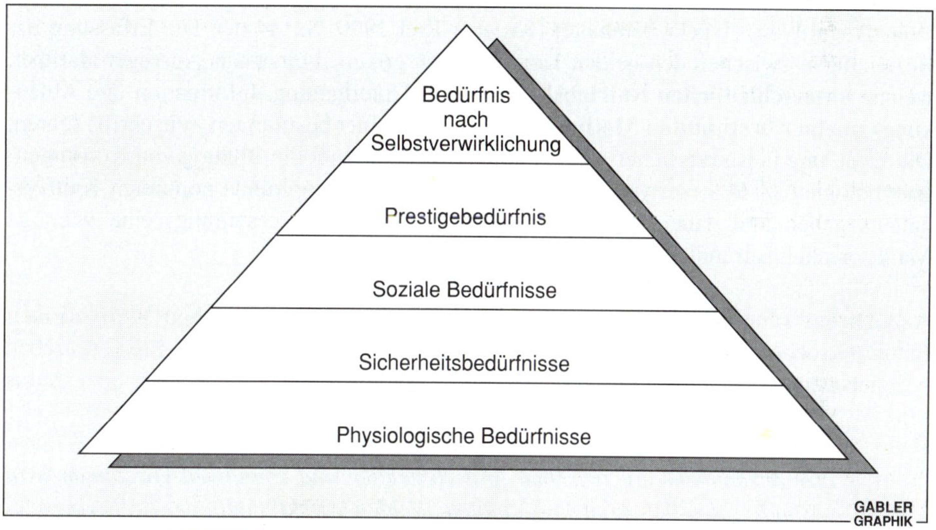

Abbildung 16: Hierarchie menschlicher Bedürfnisse (Quelle: nach Maslow 1975)

1. Physiologische Bedürfnisse wie Nahrung, Schlaf und Erhaltung der Gesundheit

2. Sicherheitsbedürfnisse wie Erhaltung der Erwerbsfähigkeit und Alterssicherung

3. soziale Bedürfnisse wie Pflege der Geselligkeit, aber auch Zuneigung, Liebe

4. das Streben nach Selbstachtung sowie Anerkennung durch andere

5. das Streben nach Selbstverwirklichung, d. h. Entfaltung der Persönlichkeit und Kreativität im weitesten Sinne.

Bei den ersten vier Bedürfnissen handelt es sich um sog. „Defizitbedürfnisse“, die das Individuum bei auftretenden Mangelerscheinungen zu befriedigen sucht und durch die es sich unter Druck gesetzt fühlt. Jede Bedürfnisstufe bis zum fünften, „höchsten“ Bedürfnis, der Selbstverwirklichung, kann erst dann erreicht werden, wenn die darunterliegenden Bedürfnisse befriedigt werden konnten. Diese hierarchische Dringlichkeitsordnung menschlicher Bedürfnisse wird in der Literatur nicht unkritisch gesehen (Rüttinger, v. Rosenstiel, Molt 1974, S. 95; Keller 1981, S. 309 ff.), da von formbaren und entwicklungsfähigen Motiven auszugehen ist. Darüber hinaus wird eine zu bestimmten Zeitpunkten beobachtbare Bedürfnisstruktur durch situative Einflußfaktoren bestimmt. Kaufverhaltensrelevante Motive wie etwa das Zeitersparnis-, Bequemlichkeits- oder Sicherheitsmotiv werden durch das Produkt und die Kaufsituation konkretisiert.

Im Hinblick auf die **Messung von Motiven** oder Motivationen gilt es zu berücksichtigen, daß dieses Konstrukt neben einer emotionalen (affektiven) Komponente einen zielgerichteten (kognitiven) Aspekt beinhaltet (Kroeber-Riel 1990, S. 144 ff.). Die Erfassung der Beziehungen zwischen den beiden Komponenten erlauben einerseits Aussagen darüber, welche **unterschiedlichen Antriebskräfte** (z. B. Unterhaltung, Information und Ablenkung) **zu einer bestimmten Motivation** (z. B. Kauf einer bestimmten Zeitschrift) führen. Die Erfassung diesbezüglicher Antriebsunterschiede erlaubt die Bildung von Konsumententypologien (z. B. Lesertypologie), die Einblick in Beweggründe konkreten Kaufverhaltens geben und daher für das Marketing (z. B. Produktgestaltung) eine wichtige Marktforschungsgrundlage darstellen.

Andererseits kann **eine bestimmte Antriebskraft zu unterschiedlichen Motivationen** führen (Kroeber-Riel 1990, S. 147 ff.). Ein überdurchschnittlich starkes Prestigestreben beispielsweise kann die Ursache des Kaufs bestimmter Kleidung, Reisen oder Autos sein.

> *Der Zusammenhang zwischen Antriebskräften und kognitiven Vorgängen wird besonders deutlich beim sogenannten* ***„Veblen-Effekt“****. Wird der Preis eines demonstrativen Konsumgutes (z. B. Kleidung, Schmuck) erhöht und hat diese Preiserhöhung einen nachfragefördernden Einfluß zur Folge, so liegt die Vermutung nahe, daß mit dem Konsum des teureren Gutes eine finanzielle Stärke demonstriert werden soll, die das Prestige in der Gesellschaft determiniert. Solche und andere „gelernte“, d. h. fremdbestimmte Motivation zum Konsum werfen* ***sozialkritische Fragen*** *im Hinblick auf das Marketing der Konsumgüterhersteller auf, die diese Antriebskräfte für sich auszunutzen suchen. Das damit angesprochene Legitimationsproblem, inwieweit Kaufmotive und damit Lebensstile „von außen“ geprägt werden dürfen, betrifft alle derzeit existierenden Wirtschaftssysteme.*

Stehen die Motivationen eines Konsumenten in Widerspruch zueinander, so kommt es zu motivationalen Konfliktsituationen (vgl. Berelson, Steiner 1974, Bd. 1, S. 171; Kroeber-Riel 1990, S. 154 ff.).

Ein ***Appetenz-Appetenz-Konflikt*** *liegt beispielsweise vor, wenn ein Konsument zwei positiven Motivationen zunächst gleichermaßen zugetan ist und erst eine (geringfügige) Annäherung an eines der beiden motivinduzierten Ziele eine bestimmte Verhaltenstendenz auslöst. Demgegenüber löst beim* ***Ambivalenzkonflikt*** *(auch Appetenz-Aversions-Konflikt genannt) dasselbe Ziel (z. B. Erwerb eines teuren Schmuckstücks) sowohl eine positive als auch eine negative Verhaltenstendenz aus (z. B. Kostenaspekt gegenüber Besitzwunsch). Auch hier bedarf es bestimmter Annäherungen (z. B. wiederholte Schaufensterbetrachtung, Preisverhandlungen), um den Konflikt zu lösen. Die dritte denkbare Konfliktsituation betrifft den* ***Aversions-Aversions-Konflikt*** *(zwei negative Verhaltenstendenzen), der für das Konsumentenverhalten von untergeordneter Bedeutung ist.*

Derartige Motivkonflikte (z. B. der Konflikt zwischen Sicherheits- und Geschwindigkeitsmotiv beim Autokauf) bieten Herstellern die Möglichkeit, auf den Konsumenten einzuwirken. So kann zur Lösung solcher Konflikte der Reizcharakter von Produkten, deren Konfliktladung bekannt ist, verändert werden, und zwar so, daß die positive Verhaltenstendenz verstärkt wird (z. B. besondere Herausstellung des Sicherheitsmotivs).

2.113 Einstellungen

Das Konstrukt Einstellung hat die Forschung des Käuferverhaltens nachhaltig beeinflußt. Sie ist die Variable, die am häufigsten zur Erklärung des Verhaltens herangezogen wird (Weinberg, Behrens 1978 ; Geise 1984; Schmedlitz 1985; Wells 1985; Trommsdorff 1975, 1989; Kroeber-Riel 1990).

Einstellungen sind innere Bereitschaften (Prädispositionen) eines Individuums, auf bestimmte Stimuli der Umwelt konsistent positiv oder negativ zu reagieren. Objekte der Einstellungen können Sachen, Personen oder Themen sein. Der Einstellungsbegriff ist somit weiter gefaßt als der Begriff der Motivation, da die Einstellung zusätzlich eine „Gegenstandsbeurteilung" vornimmt.

Der Begriff **„Image"** wird weitgehend als deckungsgleich mit dem Einstellungsbegriff angesehen. Er beschreibt „die Einstellung einer Person zu einem Meinungsgegenstand" (Andritzky 1976, S. 215) und kann insofern als differenzierteres und dabei ganzheitliches Bild eines Einstellungsobjektes begriffen werden (Trommsdorff 1989, S. 123).

Weitgehende Übereinkunft besteht in der Annahme, daß Einstellungen durch Lernprozesse entstehen. Das Individuum entwickelt aufgrund unmittelbarer oder mittelbarer Erfahrungen mit einem Objekt (Firma, Verkäufer, Marke) Überzeugungen, Vorurteile oder Meinungen. Die Einstellungstheorie geht im Rahmen der Käuferverhaltensforschung davon aus, daß mit zunehmender Stärke positiver (negativer) Einstellungen gegenüber Produkten und Dienstleistungen die Wahrscheinlichkeit des Kaufes steigt (sinkt).

Im Rahmen des Verwendungszusammenhangs von Einstellungen bietet sich eine Unterscheidung zwischen globalen und differenzierten Einstellungen an (Trommsdorff 1989, S. 123 f.). **Globale Einstellungen**, die beispielsweise die Einschätzung einer Produktmarke oder die allgemeine Konsumneigung betreffen, dienen u. a. zur Herleitung allgemeingültiger Trendextrapolationen im betriebs- oder volkswirtschaftlichen Gesamtzusammenhang. Demgegenüber bilden **differenzierte Einstellungen** die kognitive und motivationale Struktur des Konstrukts ab.

Insgesamt lassen sich bei der Interpretation und Analyse von Einstellungen folgende drei Komponenten unterscheiden:

- **Affektive Komponente:** Sie enthält die mit der Einstellung verbundene gefühlsmäßige Einschätzung eines Objektes.
- **Kognitive Komponente:** Sie beinhaltet die mit einer Einstellung verbundenen Gedanken (subjektives Wissen) über das Einstellungsobjekt.
- **Konative Komponente:** Sie bezeichnet eine mit der Einstellung verbundene Handlungstendenz (Verhaltensabsicht, Kaufbereitschaft).

Im Hinblick auf die Zugehörigkeit der konativen Komponente zum Einstellungsbegriff ist die Einstellungsforschung uneinheitlich, da die Verhaltenskomponente als ein vom objektbezogenen Einstellungsbegriff zu trennendes, eigenständiges Konstrukt angesehen werden kann (Steffenhagen 1978, S. 103 f.; Kroeber-Riel 1990, S. 164). In diesem Fall wird die Einstellungsstruktur auf kognitive und affektive Bestandteile reduziert.

Zur **Messung von Einstellungen** existieren Verfahren unterschiedlicher Art (vgl. Kroeber-Riel 1990; Green, Tull 1982; Rosenstiel und Ewald 1983; Silberer 1983). Abbildung 17 beschreibt die allgemeine Vorgehensweise bei der Messung des Einstellungskonstruktes (Kroeber-Riel 1990, S. 184). Ausgehend von den Konstruktdimensionen (kognitiv, affektiv, konativ bzw. intentional) können Einstellungen anhand physiologischer Reaktionen (z. B. Hautwiderstandsänderungen), durch die im Rahmen einer Befragung gegebenen Antworten oder anhand des beobachtbaren Verhaltens (z. B. Kauf, Probierverhalten) erfaßt werden. Den Einzelindikatoren werden direkt oder indirekt Skalenwerte zugeordnet und auf diese Weise mathematisch-statistischen Analyseverfahren zugänglich gemacht.

Unter den zahlreichen kognitiven Strukturmodellen zur Messung von Einstellungen ist das **Einstellungsmodell von Fishbein** am bekanntesten (Fishbein 1966, 1967; Ajzen, Fishbein 1980). Dieses Einstellungsmodell ist den kompensatorischen Modellen zuzurechnen, da negative Eigenschaftsbewertungen durch positive ausgeglichen werden können (Trommsdorff 1989, S. 129).

Fishbein geht davon aus, daß zwischen der Einstellung eines Individuums zu einem ausgewählten Objekt (Produkt) und der kognitiven bzw. affektiven Basis dieser Person ein funktionaler Zusammenhang besteht. Das kognitive Wissen von Produkteigenschaften, das durch subjektive Wahrscheinlichkeiten erfaßt wird, und die affektive Bewertung dieser Ei-

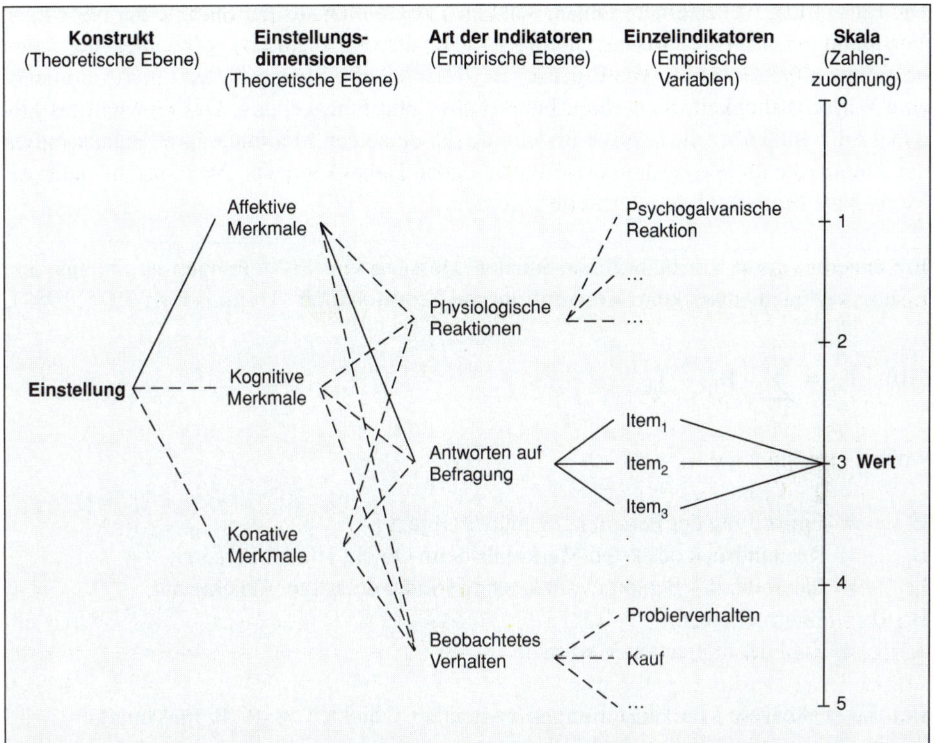

Die durchgezogenen Verbindungslinien kennzeichnen Zuordnungen bei der eindimensionalen Einstellungsmessung nach *Likert*.

Abbildung 17: Vom theoretischen Konstrukt zum Skalenwert (in Anlehnung an Kroeber-Riel 1984, S. 183)

genschaften (anhand von Notenskalen) werden durch die Meßwerte korrespondierender Variablen multiplikativ miteinander verknüpft und über die Anzahl der in beiden Faktoren enthaltenen Variablen (Eigenschaften) summiert. In Abhängigkeit vom Aufbau der Skalierung können große oder geringe Einstellungswerte einen positiven Eindruck wiedergeben.

(1a) $$A_{ij} = \sum_{k=1}^{n} B_{ijk} \cdot a_{ijk}$$

(Compensation) belief/attitude

wobei

A_{ij} = Einstellung der Person i zu Objekt j (attitude),

B_{ijk} = Wahrscheinlichkeit, daß nach Auffassung der Person i Objekt j ein Merkmal k besitzt (belief),

a_{ijk} = Bewertung des Merkmals k beim Objekt j durch Person i,

n = Zahl der relevanten Merkmale.

LINEAR ADDITIVE EXPECTANCY VALUE MODEL

Die Einstellung (A) zu einem Objekt setzt sich zusammen aus der Summe der relevanten Vorstellungen (Eigenschaftsausprägungen) über dieses Objekt (B), gewichtet mit einem bestimmten Faktor (a) für jede Eigenschaft. Beispielhafte Eigenschaften einer Automarke sind Wirtschaftlichkeit, Sicherheit, Fahrkomfort und Formgebung. Das Gewicht (a) gibt dabei Aufschluß über die relative Bedeutung der einzelnen Merkmale bzw. Eigenschaften der Automarke im Wertsystem des Konsumenten. Dabei kann das „Wertsystem" auch als Motiv bzw. Motivstruktur interpretiert werden.

Ein anderer Ansatz zur mehrdimensionalen Messung von Einstellungen ist die aus dem Fishbein-Modell entwickelte **Konzeption von Trommsdorff** (Trommsdorff 1975, 1989).

$$(1b) \quad E_{ij} = \sum_{k=1}^{w} \left| B_{ijk} - I_{ik} \right|$$

wobei

E_{ij} = Einstellung der Person i gegenüber Objekt j,
B_{ijk} = Realeindruck des k-ten Merkmals beim Objekt j durch Person i,
I_{ik} = Idealbild, das Person i vom k-ten Merkmal derartiger Objekte hat,
$B_{ijk}-I_{ik}$ = Eindruckswert,
w = Zahl der relevanten Merkmale.

Bei dieser Analyse von Einstellungen gegenüber Objekten (z. B. Produktmarken) wird davon ausgegangen, daß sich der Konsument an einem produktart-typischen Idealbild orientiert. Im Gegensatz zur multiplikativen Verknüpfung bei Fishbein werden Distanzen zwischen Real- und Idealeindruck von Objekteigenschaften ermittelt und über alle Variablen (Eigenschaften) summiert. Je kleiner die Distanz zwischen Ideal- und Realeindruck ist, desto positiver ist die Einstellung des Konsumenten gegenüber der Marke.

Zwischen einstellungsbedingten Reaktionsbereitschaften (z. B. Kaufabsicht) und dem tatsächlichen Verhalten wirken in der Realität eine Reihe zusätzlicher Einflußgrößen. Dabei handelt es sich im wesentlichen um situative Bedingungen und soziale Einflüsse, die eine **Divergenz** zwischen der gemessenen Einstellung bzw. Verhaltensabsicht und dem tatsächlich gezeigten Verhalten bewirken können. So kann der Proband während einer Befragung ein „idealisiertes" Produktbild entwickeln, während er beim realen Kaufentscheid unter dem Druck situativer Beschränkungen (z. B. Zeitdruck, Produktverfügbarkeit) zu Kompromissen bereit ist. Als sozialer Einfluß ist die Partizipation anderer Personen (z. B. Kinder, Ehepartner) am Kaufentscheid denkbar, die eine von der gemessenen Einstellung abweichende Verhaltensweise auslösen kann.

> *Derartige **Divergenzen** können seit geraumer Zeit zwischen **Umweltbewußtsein und Kaufverhalten** von Konsumenten festgestellt werden (Monhemius 1990). Der Erkenntnis, daß Verbraucher zunehmend für die Umweltproblematik sensibilisiert sind (Bruhn 1985; Adlwarth, Wimmer 1986), stehen zahlreiche Pro-*

dukt- und Verpackungsbeispiele gegenüber, die belegen, daß das Kaufverhalten auch weiterhin nur ansatzweise auf die Lösung der Umweltprobleme ausgerichtet ist und insofern vom gestiegenen Umweltbewußtsein divergiert.
Erst die Kenntnis dieser Zusammenhänge erlaubt eine entsprechende Anpassung der Marketingpolitik betroffener Unternehmen. Insofern geht dem Instrumenteeinsatz die empirische Erfassung von Divergenzen sowie deren Erklärung voraus.
Zur ***Messung*** *von Divergenzen schlägt Monhemius die Bildung eines Umweltbewußtseins- sowie eines Kaufverhaltensindexes vor, deren Differenz die konsumentenspezifische Divergenz ergibt. Bleibt die Höhe der Differenz unberücksichtigt, kommt es zur Unterscheidung von Divergenztyp I (positive Differenz) und Divergenztyp II (negative Differenz zwischen Umweltbewußtsein und Kaufverhalten).*
Diese Divergenztypen stellen die Grundlage zur ***Erklärung*** *divergierenden Verhaltens dar. Neben produkt- und umweltbezogenen sowie situationalen Determinanten sind vor allem personelle Einflußgrößen denkbar. So können beispielsweise das geringe Involvement des Konsumenten im Hinblick auf die Umweltproblematik, seine mangelnde Risikobereitschaft oder auch verzerrte Preis- und Qualitätswahrnehmungen ausschlaggebend für divergierendes Kaufverhalten sein (intrapersonelle Determinanten). Als interpersonelle Einflußgrößen sind sowohl das Kommunikations- und Interaktionsverhalten des Individuums (z. B. „typischer" Meinungsfolger) als auch seine Mitgliedschaft in formalen oder informalen Gruppen (z. B. Greenpeace, Freundeskreis) von Bedeutung.*

Um derartige Einflußgrößen zu berücksichtigen, hat Fishbein sein Einstellungsmodell durch soziale Verhaltensnormen erweitert. Das Modell geht nicht mehr von der Einstellung zum Objekt (Produkt), sondern von der Einstellung zum Verhalten aus und zieht zugleich eine Verbindung zur Handlungskomponente. Allerdings wird die Beziehung zwischen dem Verhalten und der Verhaltensabsicht (bzw. der Einstellung zur Verhaltensweise) nicht näher spezifiziert. Dies führt zu Validierungsproblemen des Modellansatzes. In weiterführenden Modellansätzen wurde versucht, diese Mängel zu beseitigen (Triandis 1980; Bagozzi 1982).

Neben den inhaltlichen und prognostischen Problemen des Konstrukts „Einstellung" müssen auf der operativen Ebene die Annahmen der einzelnen Einstellungsmodelle berücksichtigt werden. Die Gültigkeit des ermittelten Einstellungsmaßes hängt davon ab, inwiefern z. B. die Multiplikativitäts- oder Linearitätsprämisse (Unabhängigkeit bzw. proportionale Veränderung von kognitiver Eigenschaftsausprägung und affektiver Eigenschaftsbewertung) Gültigkeit hat (z. B. Freter 1976; Müller-Hagedorn 1986; Bänsch 1989).

Die Kenntnis einer **Veränderung von Einstellungen** betrifft unmittelbar die Aktionsseite des Marketing (Werbung, Marktsegmentierung, Produkt- und Sortimentspolitik). Die aktive Einflußnahme erstreckt sich dabei auf die Art, Anzahl und Gewichtung einstellungsrelevanter Produkteigenschaften, die produktbezogene Beurteilung der Eigenschaftsausprägungen sowie die Idealanforderungen eines Produktes. Um Veränderungen in diesen Faktoren feststellen zu können, sind regelmäßige Analysen notwendig, die beispielsweise Aufschluß darüber geben, welche Eigenschaften an Bedeutung gewonnen haben (z. B. aufgrund der Aktivitäten der Konkurrenz) oder bei welchen Eigenschaften der Hersteller besser bzw. schlechter als die Konkurrenten abschneidet (z. B. aufgrund von Produktverbesserungen oder Intensivierung der Marketingmaßnahmen).

Um die Marketinginstrumente gezielt einsetzen zu können, ist es von vorrangiger Bedeutung zu wissen, wie der Wirkungsmechanismus bei Einstellungsänderungen ausgestaltet ist. Hierbei geht es um die Kontroverse, ob eine Einstellung (bzw. Einstellungsänderung) dem Verhalten (bzw. der Verhaltensänderung) vorausgeht oder umgekehrt. Bei der traditionellen These von der Hierarchie der Effekte (Lern- bzw. Involvementhierarchie) wird davon ausgegangen, daß eine Einstellungsänderung notwendige Bedingung für eine Verhaltensänderung ist. Demnach muß sich z. B. vor dem Wechsel einer Produktmarke eine Einstellungsänderung vollzogen haben. Nach Auffassung der Dissonanztheorie verläuft die Entwicklung entgegengesetzt. Die Einstellungsänderung vollzieht sich erst im Anschluß an das gewählte Verhalten (Steffenhagen 1978, S. 115; Bruhn 1978; Frey 1978; Festinger 1978). Gerade im Rahmen der Kommunikation ist es wichtig zu erfahren, wie die bei der Kommunikation aufgenommenen Informationen von Konsumenten verarbeitet werden und unter welchen Bedingungen die Informationsverarbeitung zur Änderung von Einstellungen führt. Hierzu werden z. B. lernpsychologische Ansätze herangezogen, die an anderer Stelle diskutiert werden (vgl. Hormuth 1979; Petty, Ostrom, Brock 1981).

Grundsätzlich bleibt festzuhalten, daß die zeitablaufbezogene Beziehung zwischen Einstellungen und Verhalten Aufschluß über Einstellungsänderungen geben kann und damit Ansatzpunkte zur Einflußnahme auf Einstellungen durch Marketingaktivitäten schafft.

2.12 Kognitive Determinanten

Emotionen, Motive und Einstellungen lassen das Individuum aktiv werden und zweckorientiert handeln. Demgegenüber beeinflussen kognitive Determinanten die Vorgänge, mit denen das Individuum sich gedanklich innerhalb seiner Umwelt organisiert. Sie sind ohne aktivierende Prozesse nicht denkbar. Aktivierende Prozesse übernehmen dabei im Sinne eines Filters die Steuerung, Hemmung oder Aktivierung von gedanklichen Vorgängen. Während die Aktivierung dafür sorgt, daß Verhalten überhaupt stattfindet, wird bei der kognitiven Steuerung der Frage nachgegangen, welches Verhalten stattfinden soll.

Die kognitiven Vorgänge lassen sich zur Erklärung des Konsumentenverhaltens einteilen in **Wahrnehmung** einschließlich der Beurteilung sowie problemlösendes **Denken und Lernen** bzw. Gedächtnis. In engem Zusammenhang mit den kognitiven Prozessen eines

Konsumenten steht sein Informationsverhalten, das sich – in Analogie zur Datenverarbeitung von Computern – einteilen läßt in die Informationsaufnahme, -verarbeitung und -speicherung (vgl. hierzu Kapitel II 2.32). Mit kognitiven Vorgängen werden daher gleichzeitig Vorgänge der Informationsverarbeitung angesprochen (Kroeber-Riel 1990, S. 233 ff.). Dabei gilt es zu berücksichtigen, daß die meisten Informationsverarbeitungsvorgänge automatisch ablaufen und sich insofern einer kognitiven, willentlichen Kontrolle entziehen.

2.121 Wahrnehmung

Wahrnehmung umfaßt den Prozeß der Aufnahme und Selektion von Informationen sowie deren Organisation (Gliederung und Strukturierung) und Interpretation durch das Individuum. Wichtig für die Bedeutung der Wahrnehmung ist ihre Aktivität, Subjektivität und Selektivität. Das Individuum verarbeitet aktiv die wahrgenommenen Informationen seiner Umwelt. Aus der Fülle der Informationen werden subjektiv jene Informationen selektiert, die das eigene Informationssystem nicht überfordern (selektive Wahrnehmung) (Kroeber-Riel 1990, S. 267 f.).

Damit ein Konsument überhaupt einen Reiz wahrnimmt, muß dieser einen spezifischen Schwellenwert erreichen. In der Psychologie werden absolute Schwellen und Unterschiedsschwellen unterschieden. Die absolute Schwelle ist der minimale Betrag an Reiz, der für eine Identifikation notwendig ist. Eine **Unterschiedsschwelle** ist der minimale Betrag des Unterschieds zwischen zwei Reizen, der vom Konsumenten bemerkt werden kann. Für das Marketing sind diese Schwellenwerte z. B. bei Preisreduktionen oder Sonderpreisaktionen von Bedeutung, die von den Konsumenten unterschiedlich wahrgenommen werden.

Die unterschwellige bzw. **subliminale Wahrnehmung** wird vor allem unter dem Gesichtspunkt der unkontrollierten Steuerung des Verbraucherverhaltens durch Werbebotschaften vielfach diskutiert. Mit subliminaler Wahrnehmung wird der Sachverhalt bezeichnet, daß eine Wahrnehmung trotz einer Reizintensität unterhalb der Schwelle der Wahrnehmbarkeit stattfindet. Unbewußte Prozesse, die eine weitaus höhere Reizbarkeit für spezifische Stimuli besitzen, werden zur Erklärung solcher Vorgänge herangezogen.

In den 50er Jahren wurde in einem Kino in New Jersey ein Experiment zur unterschwelligen Werbung durchgeführt (Untersuchung beschrieben in Trommsdorff 1989, S. 276 f.). Werbung für unterschiedliche Produkte (Coca Cola, Popcorn etc.) wurde in Kinofilmen so kurzfristig eingeblendet, daß Versuchspersonen nicht in der Lage waren, diese Werbung bewußt zu erkennen oder wahrzunehmen. Dennoch war für die Zeit dieses Experiments ein deutlicher Absatzzuwachs für Popcorn und Coca-Cola zu verzeichnen. Aufgrund fehlender wissenschaftlicher Fundierung und Dokumentation des Experiments ist die Gültigkeit jedoch anzu-

zweifeln, so daß die Ergebnisse keinen eindeutigen Aufschluß darüber liefern, ob unterschwellige Wahrnehmung spezifische Verhaltensweisen auslösen kann (Koeppler 1972; Anastasi 1973; Brand 1978).

Die Organisation der Wahrnehmung erfolgt in Anlehnung an die Lewinsche Feldtheorie gemäß bestimmter **wahrnehmungspsychologischer Gesetze** (Lewin 1967). So besagen beispielsweise die Gesetze der Ähnlichkeit und der Nähe, daß ähnlich beschaffene oder „benachbarte" Erzeugnisse als ähnlich wahrgenommen werden.

Andere wahrnehmungspsychologische Gesetze sind:

- Gesetz der Prägnanz
  (Wahrnehmung einfacher Muster und Konfigurationen als stabile Strukturen)
- Gesetz der Geschlossenheit
  (aufgrund der ganzheitlichen Wahrnehmungserfahrung werden fehlende Elemente ergänzt)
- Gesetz des Einschlusses
  (Wahrnehmung einer Figuren-Grund-Beziehung)
- Gesetz der Fortsetzung und Richtung
  (Formen mit fortlaufenden Konturen werden besser wahrgenommen)
- Gesetz der Eigenschaften des Ganzen und der Teile
  (in der Wahrnehmung ist das Ganze mehr als die Summe der Teile).

Die mangelnde Objektivität der menschlichen Wahrnehmung beruht auf der Unvollkommenheit der Sinnesorgane und der selektiven Aufnahme (Filterung) von Informationen. Die Informationsverarbeitung und die Wahrnehmung werden durch Emotionen, Motive und Einstellungen hemmend oder aktivierend beeinflußt. Darüber hinaus hängt die Wirkung wahrgenommener Elemente sehr stark vom Umfeld und den Einstellungen zu diesem Umfeld ab. Ein Beispiel für den Wirkungseinfluß des sozialen Umfeldes ist der sog. **Halo-Effekt**. Dieser besagt, daß die Wahrnehmung bestimmter Produkteigenschaften durch die generelle Einstellung zum Produkt beeinflußt wird (Beckwith, Lehmann 1975). So fördert z. B. die positive Einstellung gegenüber einer Automobilmarke die positive Wahrnehmung neuer Produkte, wenn sie als von demselben Hersteller kommende Produkte erkannt werden.

2.122 Lernen

Zur Erklärung des Käuferverhaltens sind Lerntheorien besonders aufschlußreich. Konsumenten werden nicht durch angeborene Verhaltensweisen, sondern in der Regel von erlernten Motiven, Einstellungen, sozialen Haltungen u. a. m. geprägt. Lernen bezeichnet daher die systematische Änderung des Verhaltens aufgrund von Erfahrungen. Damit ist der Begriff zwischen Informationsverarbeitung und -speicherung angesiedelt.

In der **Lerntheorie** werden eine Reihe recht unterschiedlicher Konzeptionen diskutiert, die vom Prinzip des auf „Versuch und Irrtum" (trial and error) beruhenden Lernens bis zum „intelligenten" Lernen reichen (Hilgard, Bower 1973; Bower, Hilgard 1981). Zur ersten Kategorie zählen jene Theorien, die in der zeitlichen Nachbarschaft von Reiz und Reaktion oder in Verstärkungen die zentralen Ereignisse des Lerngeschehens sehen (Reiz-Reaktions-Theorien). Gegenstand kognitiver Ansätze ist die Einsicht in komplexe Problemzusammenhänge; es werden keine Reiz-Reaktions-Muster, sondern kognitive Strukturen gelernt, die eine Problemlösung durch das Verständnis komplexer Zusammenhänge erlauben (Abbildung 18). Eine Verknüpfung beider Theorieansätze stellt das von Bandura entwickelte Modell des „sozialen Lernens" oder Imitationslernens dar.

In Verbindung mit dem Konsumentenverhalten haben die **Reiz-Reaktions-Theorien** (S-R-Theorien) besondere Beachtung gefunden. Diese Theorien verwenden zur Erklärung des Lernens im wesentlichen zwei voneinander abweichende Prinzipien, das Kontiguitäts- und das Verstärkungsprinzip.

Dem Lernen nach dem Kontiguitätsprinzip liegt die Theorie der **klassischen Konditionierung** zugrunde. Jeder Organismus verfügt hiernach über ungelernte Reflexe und reagiert „automatisch" auf bestimmte Umweltreize. Sofern ein anderer sog. „neutraler" Umweltreiz wiederholt gleichzeitig mit einem solchen Reiz auftritt, der eine automatische Reflexreaktion auslöst, bildet sich im Laufe der Zeit eine neue S-R-Assoziation. Hierbei ist der neutrale Stimulus auch ohne gleichzeitiges Auftreten des ursprünglichen Stimulus in der Lage, die gleiche Reaktion auszulösen, der Organismus hat demnach eine neue S-R-Verbindung gelernt. Anwendung findet diese Vorgehensweise in der assoziativen Werbung, indem bekannte Produkte wiederholt mit geladenen Reizen (z. B. Abenteuer, Erotik) präsentiert werden (sog. **emotionale Konditionierung**). In einigen Fällen wird bei der Konditionierung mit negativ geladenen Reizen gearbeitet. Sie erweisen sich als problematisch und sind nicht immer empfehlenswert, weil sie oft eine entgegengesetzte Reaktion bewirken können. Diese Form der Konditionierung findet sich häufig in der Versicherungs- oder Gesundheitswerbung.

Ist eine neue S-R-Verbindung entstanden, so sind auch ähnliche Stimuli in der Lage, die bedingte Reaktion auszulösen. Man spricht von einer **Stimulus-Generalisierung**, die die Nachahmung bekannter Produkte („Me-too"-Strategie in der Produktpolitik) oder die Einführung von solchen Folgeprodukten ermöglicht, die eine ähnliche Konzeption aufweisen. **Stimulus-Diskrimination** liegt demgegenüber vor, wenn das Individuum lernt, auf ähnliche Stimuli unterschiedlich zu reagieren. Dies setzt eine Löschung der generalisierenden S-R-Verbindungen voraus, d. h. der konditionierte Stimulus muß über längere Zeit allein auftreten oder sich durch Identifikationszeichen (z. B. Symbol der Produktmarke) von Ähnlichem unterscheiden. Die Wiederauffrischung konditionierter Reize sorgt dafür, daß einmal konditionierte Reize gelernt und daher nicht mehr auslöschbar sind.

Das Lernen nach dem Verstärkungsprinzip **(operante Konditionierung)** beruht auf dem Ansatz der instrumentellen Konditionierung. Das Individuum reagiert auf einen bestimm-

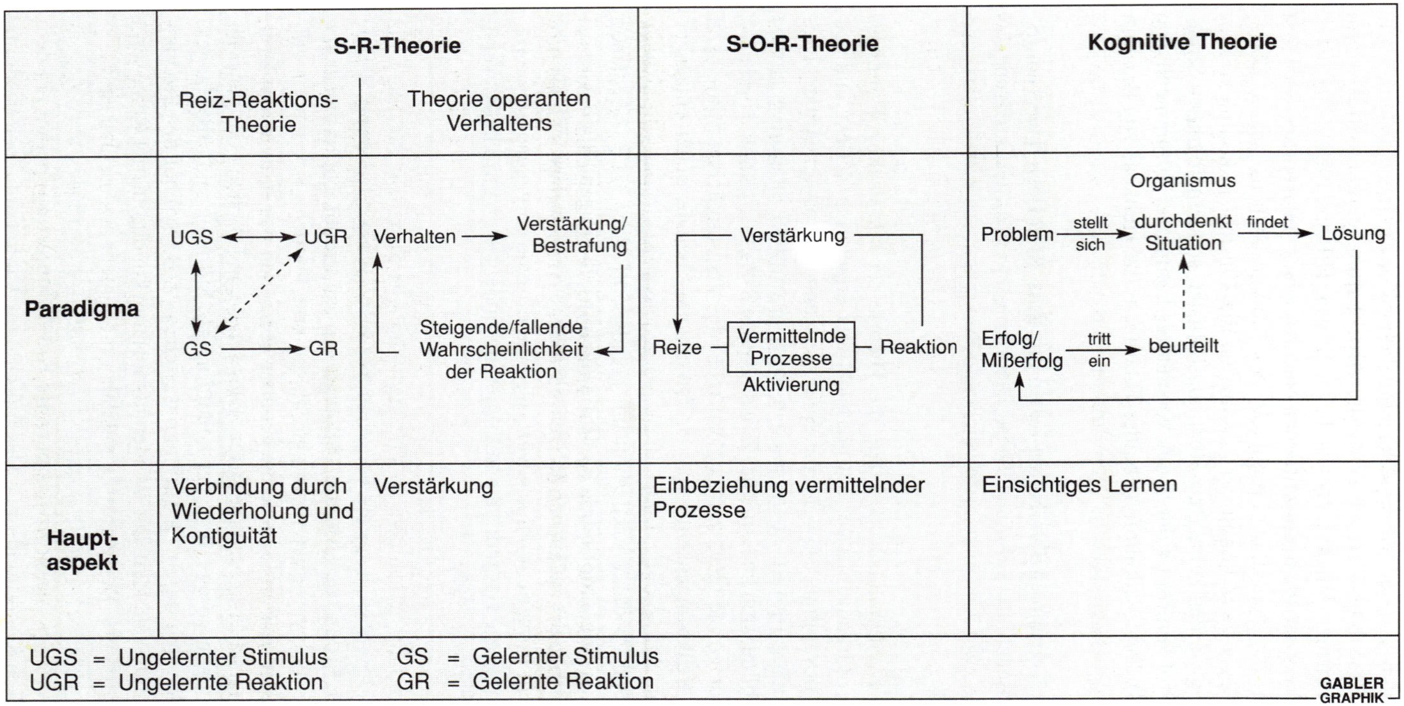

Abbildung 18: Paradigmen der Lerntheorie
(Quelle: nach Krais 1977)

ten Stimulus (z. B. Werbebotschaft) zunächst unregelmäßig und zufällig. Durch wiederholte Belohnung lernt jedoch das Individuum allmählich, auf den Stimulus in bestimmter Weise zu reagieren. Eine bestimmte S-R-Verbindung wird durch den nachfolgenden „belohnenden“ Stimulus verstärkt. Man kann den Prozeß des instrumentellen Lernens als Rückkoppelungsprozeß im Sinne eines Regelkreises interpretieren. Entsprechend läßt sich diese Vorgehensweise bspw. im Rahmen der emotionalen Produktdifferenzierung anwenden. Produkteigenschaften werden durch positive oder negative Reize auf- oder abgewertet. Auf der anderen Seite lassen sich Produkt- bzw. Markentreue durch diesen Ansatz erklären. Ein Konsument, der positive Erfahrungen mit einem Produkt oder Geschäft gemacht hat, wird mit großer Wahrscheinlichkeit seinen Kauf bzw. Besuch wiederholen.

Nach den **kognitiven Theorien** werden keine Reiz-Reaktions-Beziehungen angenommen. Der Konsument lernt vielmehr, durch Reize seine Situation zu erfassen und zu verstehen. Daher stehen thematische Wahrnehmungsprozesse, Problemlösen durch Einsicht, Entscheidungsprozesse, Informationsverarbeitung und Verständnis im Vordergrund. Lernen stellt sich als ein Prozeß der Einsicht dar, und das gefundene Lösungskonzept läßt sich auf ähnliche Situationen übertragen.

Kognitive Theorien betonen häufig die aktuelle Problemstruktur und sind zur Erklärung gewohnheitsmäßigen Verhaltens wenig geeignet. Im Rahmen der Kommunikation sind daher Wege zu finden, die Werbebotschaft inhaltlich und formal so zu gestalten, daß der Konsument zu der Einsicht gelangt, daß die angebotene Leistung zur Bedürfnisbefriedigung beiträgt. Der Lernprozeß wird beschleunigt, wenn die Informationen nicht isoliert, sondern zusammenhängend und überschaubar in Informationsblöcken dargestellt werden. Solche Blöcke erleichtern das Einordnen, Verstehen und Behalten von Einzelinformationen, wenn z. B. beim Thema Reisen Aspekte wie Transport, Unterkunft, Infrastruktur, Leistungen etc. miteinander verknüpft werden. Akzeptiert der Konsument die angebotenen Informationen, ist die dargelegte Problemlösung verstanden worden.

Bandura (Bandura 1976, 1981) versucht in seinem **Modell des sozial-kognitiven Lernens,** externale Reizsituationen mit kognitiven Verarbeitungsvorgängen zu verknüpfen. Im Mittelpunkt seiner Theorie steht das handelnde Individuum mit Motivation, Emotion und Denkvorgängen. Am Anfang des Lernprozesses steht die Aufmerksamkeit (differenzierte und selektive Wahrnehmung), die das Individuum bestimmte Verhaltensweisen beobachten läßt. Durch Behalten und motorische Reproduktion dieser Verhaltensweisen sowie die informationsverarbeitende und verhaltenssteuernde Funktion kognitiver Prozesse kommt es zu modellhaftem **Imitationsverhalten** des Individuums. Lernen stellt somit einen aktiv gesteuerten Prozeß erlebter Erfahrung dar, der durch positive Selbstverstärkung zu Gewohnheiten führen kann. Imitationsbereitschaft und -ausmaß hängen dabei einerseits von Merkmalen des Beobachters (z. B. Alter, Selbstvertrauen, psychische Aktiviertheit) ab. Andererseits wirken Eigenschaften des beobachteten Verhaltens (z. B. Neuigkeitsgrad, Realitätsnähe) sowie der beobachteten Person (z. B. Machtbefugnis, Status, Kompetenz) auf das Imitationsverhalten ein. Insofern zeigen sich hier enge Parallelen zur Kaufbeeinflussung durch Meinungsführer (vgl. Kapitel II 2.23).

Ansätze der hierarchischen Lernstruktur bauen auf dem Gedanken auf, daß komplexes Lernen erst möglich wird, wenn einfache Lernformen schon beherrscht werden. Mit dem wachsenden Grad an erlernten intellektuellen Fähigkeiten unterscheidet man Diskriminationen, Begriffe, Regeln und Regeln höherer Ordnung. Die einfache Art des Lernens muß beherrscht werden, bevor der Lernende zu komplexeren Formen des Lernens übergehen kann. Für die Ausformung von Kaufgewohnheiten sind eher die kognitiven Theorien als Erklärungsansatz geeignet. Die S-R-Theorien hingegen beschreiben den Zustand gewohnheitsmäßigen Verhaltens.

2.13 Persönlichkeitsdeterminanten

Die Einbeziehung der Persönlichkeit in die Analyse und Erklärung des Konsumentenverhaltens wird damit begründet, daß über den Persönlichkeitsbegriff eine stärker ganzheitliche und geschlossene Vorstellung im Hinblick auf das Invidualverhalten entwickelt werden kann. Da es sich bei diesem Begriff wie bei den Individualvariablen um ein hypothetisches Konstrukt handelt, findet man in der Literatur eine Vielzahl von Definitionen der Persönlichkeit. Im allgemeinen Sprachgebrauch umfaßt die **Persönlichkeit** ein bei jedem Menschen einzigartiges, relativ stabiles und den Zeitablauf überdauerndes Verhaltenskorrelat. In diesem Sinne können Persönlichkeitsmerkmale als dauerhafte Muster der aktivierenden und kognitiven Verhaltensdeterminanten (z. B. Einstellungen, Lernen) eines Individuums bezeichnet werden. Die Persönlichkeit stellt somit den Grundrahmen dar, innerhalb dessen die grundsätzlichen Prädispositionen zum Konsumentenverhalten wie **Involvement, Kaufrisiko** und **Werte** zu analysieren sind (Crisand 1985; Kroeber-Riel 1990). Dabei müssen wechselseitige Verflechtungen der Persönlichkeitsmerkmale berücksichtigt werden (Trommsdorff 1989).

2.131 Involvement

Involvement als eine Ausprägung der Persönlichkeit findet in der sozialpsychologischen, aber auch in der Marketingforschung breite Aufmerksamkeit. Grundsätzlich bezeichnet Involvement den Grad der Ich-Beteiligung oder des Engagements einer Person, sich für bestimmte Sachverhalte oder Aufgaben zu interessieren und einzusetzen (Kroeber-Riel 1990, S. 377 ff.).

Insofern ist mit Involvement ein innerer Zustand der Aktivierung angesprochen, der in Abhängigkeit von der persönlichen Relevanz beim Individuum unterschiedliche Wirkungen auf Informationsaufnahme, -verarbeitung und -speicherung auslöst (Mitchell 1979; Rothschild 1979; Kapferer, Laurent 1985; Deimel 1989; Kroeber-Riel 1990 sowie der dort angegebene Literaturüberblick).

Das von Krugman (1985) eingeführte Involvement-Konstrukt zur Beschreibung der Wirkung von Fernsehwerbung hat innerhalb der Käuferverhaltensforschung einen zentralen Stellenwert erlangt. Dabei dient es der Beschreibung und Kategorisierung von Kaufentscheidungsprozessen. **High-Involvement-Käufe** sind Käufe, die für den Konsumenten wichtig sind und in enger Verbindung zu Persönlichkeit und Selbsteinschätzung des Individuums stehen. Sie enthalten ein gewisses Risiko für den Konsumenten, z. B. ein finanzielles (teure Güter), soziales (Produkte, die im Hinblick auf Bezugsgruppen wichtig sind) oder psychologisches Risiko (die falsche Produktentscheidung kann Sorge oder Angst verursachen). Daher verwendet der Konsument seine Zeit und Energie für die sorgfältige Auswahl der Produktalternativen. Insofern handelt es sich bei High-Involvement-Käufen um komplexe Entscheidungsprozesse.

Low-Involvement-Käufe sind für den Konsumenten weniger wichtig und finanzielle, soziale sowie psychologische oder gesundheitliche Risiken sind bei weitem nicht so groß. In solchen Fällen ist es möglicherweise nicht sinnvoll, Zeit und Energie für die Informationsbeschaffung zu investieren. Low-Involvement-Käufe bringen daher im allgemeinen nur begrenzte Entscheidungsprozesse mit sich (Assael 1981).

Es gibt zahlreiche Arten von Involvement. Das **„task-involvement“** bezieht sich z. B. auf das Engagement und die Freude, die durch eine gestellte Aufgabe (z. B. Produktkauf) hervorgerufen werden. Die Art und Weise, wie Werbeobjekte in den Kommunikationsmedien dargestellt werden, kann ein sog. **„message-involvement“** auslösen. Demgegenüber ist das **„self-involvement“** durch intrapersonelle Motivkonstellationen (Selbstbestätigung, Selbstdarstellung etc.) gekennzeichnet.

Der **Grad der Aktivierung**, der durch das Involvement gegenüber einem Objekt oder Sachverhalt ausgelöst wird, ist in hohem Maße abhängig von personen-, situations- und reizspezifischen Einflußfaktoren (Jeck-Schlottmann 1987; Deimel 1989 sowie die dort angegebene Literatur). Im Rahmen der **personenspezifischen Einflußfaktoren** sind vor allem individuelle Persönlichkeitsmerkmale und Wertstrukturen ausschlaggebend für die Stärke des inneren Engagements gegenüber einem Objekt (z. B. Reitsport als Hobby), wodurch bspw. ein „fanatisches“ Konsumverhalten (z. B. Ausgaben für Pferdepflege, Reitartikel) ausgelöst werden kann. Dieses **Ego-Involvement** kann ein besonderes Informationsinteresse im Zusammenhang mit dem involvementauslösenden Objekt (z. B. Reiterzeitschriften) zur Folge haben (Bloch, Bruce 1984; Jeck-Schlottmann 1987).

Als **situationsspezifische Einflußgröße** ist bspw. der unmittelbar bevorstehende Produktkauf (z. B. Auto) denkbar, der einen hohen, zeitlich befristeten Informationsbedarf zur Folge hat (z. B. Testzeitschriften, Gespräche mit Autoverkäufern). Eine weitere situationsbedingte Einflußgröße ist der im Kaufzeitpunkt empfundene Zeitdruck, der die Möglichkeit eines hoch involvierten Verhaltens (z. B. Kauf ökologischer Produkte) begrenzen kann (aufgrund der Nicht-Verfügbarkeit wird eine herkömmliche Produktvariante gewählt).

Neben personen- und situationsspezifischen Einflußfaktoren können auch **Reize**, die von einem Objekt oder Sachverhalt ausgehen (z. B. Produkt, Werbung) den Grad des Involvement bestimmen. Zentrales Konstrukt ist dabei das **Produkt-Involvement**, das sich aus der persönlichen Wichtigkeit, die den Eigenschaften oder der Art eines Produkts beigemessen wird sowie der persönlichen Bindung eines Konsumenten zu einer bestimmten Produktmarke ergibt (Mühlbacher 1986; Katz 1983; Kroeber-Riel 1990). Dabei wird das Produkt-Involvement häufig zur Erläuterung anderer Sachverhalte (Kaufentscheidungstypen) herangezogen (Bänsch 1989, S. 72). So zeigen Konsumenten unterschiedliche Verhaltensweisen, wenn bestimmte Bedingungskonstellationen und Prädispositionen vorliegen. Kroeber-Riel unterscheidet acht Bedingungskonstellationen, die eine oder mehrere Verhaltensweisen beinhalten (vgl. Abbildung 19).

Darüber hinaus entscheiden das wahrgenommene Kaufrisiko und die Unterscheidbarkeit der Produktalternativen über das empfundene Produktinvolvement. So ist auf **gesättigten Märkten**, die durch ein ausgeschöpftes Marktpotential und austauschbare Produkte ähnlicher Qualität gekennzeichnet sind, ein geringeres Produktinvolvement zu erwarten als bei jenen Produkten mit geringer Markttransparenz und entsprechend höherem Kaufrisiko (Kroeber-Riel 1986; Jeck-Schlottmann 1987).

Im Hinblick auf die Werbung als reizspezifischem Einflußfaktor lassen sich **Werbemittel- und Werbeträger-Involvement** unterscheiden. Ersteres beinhaltet das durch die Werbekontaktsituation (Inhalt und Gestaltung der Werbung) hervorgerufene Involvement. Demgegenüber sind mit dem Werbeträger-Involvement die Auswirkungen der werbeträgerspezifischen Kommunikation (z. B. Print- vs. TV-Werbung) auf das persönliche Engagement angesprochen (Krugmann 1985; Mühlbacher 1986; Park, McClung 1986).

Persönliche Prädispositionen	**Verbrauchsgüter**		**Gebrauchsgüter**	
	Reizstarke Situation	Reizschwache Situation	Reizstarke Situation	Reizschwache Situation
Stark engagierte Käufer (großes Involvement)	I, V	V, G	E	E, V
Schwach engagierte Käufer (geringes Involvement)	I	G, V	V, I	G, E

I = Impulsives Verhalten G = Gewohnheitsverhalten
V = Vereinfachtes Entscheiden E = Extensives Entscheiden

GABLER GRAPHIK

Abbildung 19: Bedingungen für das Auftreten unterschiedlichen Entscheidungsverhaltens (Quelle: Kroeber-Riel 1984, S. 322)

Die **Messung des Involvementkonstrukts** ist vor allem in jüngerer Zeit Gegenstand des verhaltensforscherischen Interesses (Schnetkamp 1982; Meffert 1986; Zaichkowski 1985; Weidling 1988). Die dabei zugrunde gelegten Erklärungsansätze zum Involvement lassen sich in zwei Gruppen einteilen. Die erste Gruppe interpretiert Involvement als Prozeß- bzw. Statusvariable, während die zweite Gruppe die Richtung dieser Variablen in Abhängigkeit der verursachenden Reizobjekte zu bestimmen versucht (vgl. Schnetkamp 1982, S. 46 ff.). **Statusvariablen** sind leicht zu erfassen. Sie geben zu einem bestimmten Zeitpunkt die Höhe der Ich-Beteiligung an einem Denk- oder Kaufprozeß wieder und werden anhand von Globalurteilen erfragt. Demgegenüber unterstellen die **Prozeßvariablen** einen Denk- oder Kaufprozeß, der in Abhängigkeit vom Involvement-Konzept analysiert wird. Ausgehend von der „Hierarchie der Effekte“ werden dabei zwei Prozeßphasen unterschieden:

- **Low-Involvementmodell:** Auf die kognitiven Reaktionen eines Individuums (z. B. Lernen durch Wiederholungswirkungen) folgt direkt eine konative Reaktion ohne vorherige Einstellungsbildung. Die dementsprechend verlaufende Low-Involvement-Hierarchie „kognitive Reaktionen – Verhalten – Einstellung“ (Bruhn 1978; Kroeber-Riel 1990) impliziert, daß Einstellungen nicht notwendigerweise verhaltensbestimmend sind, sondern – bei geringem Involvement – erst aus dem Verhalten (z. B. nach einem Produktkauf) resultieren können (Bleicker 1983; Lastovicka, Gardner 1978).

- **High-Involvementmodell** (klassisches Lernmodell): Dieses Modell unterstellt die High-Involvement-Hierarchie „kognitive Reaktionen – Einstellungen – Verhalten“. Dem Verhalten geht die Bildung von Einstellungen gegenüber einem Objekt oder Sachverhalt voraus. Der Konsument ist ein echter Problemlöser, der vor dem Verhalten (z. B. Kauf) intensiv Informationen sucht.

Je nach Untersuchungsgegenstand lassen sich bei der Konstruktmessung zeitpunktbezogene von den zeitraumbezogenen Involvementkonzepten unterscheiden. In **zeitpunktbezogenen** Konzepten werden als auslösende Reizobjekte vor allem der Kauf eines Produktes, die Auswahl einer Geschäftsstätte, kaufbeteiligte Personen oder Werbebotschaften diskutiert. Den **zeitraumbezogenen Involvementkonzepten** liegen dagegen verursachende Faktoren der Person, des werblichen Mediums oder des Produktes zugrunde. Prozeßbezogene Involvementkonzepte haben im Konsumentenverhalten begrenzte Anwendung gefunden, da die Erhebungszeiträume zu lang sind und daher die Messung problematisch erscheint (Schnetkamp 1982, S. 49).

2.132 Wahrgenommenes Risiko

Jede Kaufentscheidung ist mit mehr oder weniger großen Risiken behaftet. Entscheidend ist dabei nicht das objektive, sondern das bei der Kaufentscheidung subjektiv wahrgenommene Risiko (Bauer 1976). **Es beschreibt die nachteilig empfundenen Folgen des**

Verhaltens, die vom Konsumenten nicht vorhersehbar waren. Diese Unsicherheit in der Einschätzung der Handlungsfolgen wird nach Kroeber-Riel (1990, S. 16 f.) und Bauer (1976) als Vorentscheidungsdissonanz angesehen. So sind viele Aspekte zum wahrgenommenen Risiko Inhalt der Theorie der kognitiven Dissonanz von Festinger (Festinger 1957).

Im wesentlichen wird das Risikoverhalten durch interpersonelle Einflüsse (z. B. Gruppeneinfluß) und durch kulturelle Normen geprägt. Es ist von Individuum zu Individuum unterschiedlich. Die Suche nach einem Persönlichkeitsmerkmal im Sinne einer allgemeinen „Risikobereitschaft" war nicht erfolgreich (Kroeber-Riel 1990). Nach Hofstätter (1973, S. 33 f.) erlaubt das beobachtbare Risikoverhalten lediglich unsichere Vorhersagen über die Bereitschaft des Konsumenten, ähnliche Wagnisse in anderen Situationen einzugehen.

Die Risiken, die Konsumenten beim Kauf erwarten, können unterschiedlicher Art sein. Das ökonomische bzw. **finanzielle Risiko** beinhaltet die Gefahr finanzieller Einbußen, weil das Produkt in einem anderen Geschäft günstiger gewesen wäre oder aus anderen Gründen die eingesetzten Geldmittel nicht mehr für etwas anderes eingesetzt werden können. Mit dem technischen oder **funktionalen Risiko** ist die Gefahr angesprochen, daß das Produkt qualitative Mängel aufweist und daher nur bedingt funktionstüchtig ist. Weiterhin kann mit dem Produktkauf ein **gesundheitliches, soziales** (z. B. Verlust an Sozialprestige bei Bezugsgruppen) und **psychisches Risiko** (Unzufriedenheit mit dem gekauften Produkt) verbunden sein.

Welche negativen Kauffolgen vom Konsumenten wahrgenommen werden, hängt vom Produkt, aber auch vom Individuum selbst ab. Fragestellungen, die das im Kaufentscheidungsprozeß erlebte Risiko zu erklären suchen, beziehen das **Risikokonstrukt** als eine **abhängige Variable** ein (Schweiger, Mazanec, Wiegele 1976). Andererseits kann das Risiko den Stellenwert einer **erklärenden Variablen** einnehmen, wenn das Verhalten des Konsumenten im Kaufentscheidungsprozeß in Abhängigkeit von der Art und Höhe des erlebten Risikos untersucht wird (Cox 1967; Bauer 1976; Kupsch, Hufschmied 1979).

Im Hinblick auf die **Operationalisierung des Risikos** lassen empirische Forschungen erkennen, daß eine derartige Operationalisierung nicht unproblematisch ist (Rosenstiel, Ewald 1979, S. 93 ff.). Aufgrund des Unsicherheitsgefühls läßt sich das subjektiv wahrgenommene Risiko nicht in Wahrscheinlichkeitswerten ausdrücken, so daß häufig sehr widersprüchliche Meßverfahren zur Operationalisierung des Risikos herangezogen werden. In der Regel werden bei der Messung des Risikos zwei Komponenten untersucht und zu einem Gesamtrisikomaß zusammengefaßt (vgl. Cunnignham 1967; Cox 1967; Schweiger, Mazanec, Wiegele 1977; Kuhlmann 1980; Katz 1983). Dabei werden die negativen Folgen eines Kaufs sowie die empfundene Unsicherheit über dieses Verhalten erfaßt und miteinander verknüpft.

Konsumenten, die ein Risiko im Kaufentscheidungsprozeß empfinden, sind bestrebt, dieses Risiko zu mindern. Die bekannteste **Risikominderungsstrategie** stellt die **Markentreue** bei eingeführten Produkten dar, da die Konsequenzen dieses Verhaltens besser abschätzbar sind. Der wiederholte Kauf einer Marke, mit der der Konsument positive Erfahrungen gemacht hat, verursacht kaum oder keine Dissonanzen, während der Kauf einer – für den Konsumenten – neuen Produktmarke mit erheblichen Risiken einhergehen kann. Auch der Kauf von anerkannten Qualitäts- oder hochpreisigen Produkten, die einen positiven und „risikofreien" Preis-Qualitätszusammenhang vermuten lassen sowie der Kauf in bekannten Einkaufsstätten stellen Möglichkeiten dar, das Risiko zu mindern. Risikowahrnehmung und -reduktion sind dabei nicht unabhängig von der individuellen Kauferfahrung und Fähigkeit zur Produktbeurteilung. Insofern steht die Inkaufnahme von Risiken in direktem Zusammenhang mit der individuellen Risikobereitschaft von Konsumenten.

Das Streben nach Risikominderung hat daneben einen starken Einfluß auf das **Informationsverhalten** von Konsumenten (Raffée, Silberer 1981; Katz 1983). Der Käufer versucht in diesem Fall, die Konfliktsituation vor und nach dem Kauf durch Informationen von Unternehmungen, relevanten Bezugspersonen sowie neutralen Informationsquellen (Testinformationen) zu beseitigen. Dabei richtet sich die Auswahl der Informationen nach dem Inhalt des wahrgenommenen Risikos. Wird ein soziales Risiko empfunden, ist der Konsument bestrebt, anhand von Informationen durch die Bezugsgruppen (z. B. Familie, Freunde) Wissen über mögliche Kaufalternativen und -konsequenzen zu erlangen, um das wahrgenommene Risiko zu vermindern. Ein derartiges Informationsverhalten ist vor allem dann zu beobachten, wenn geeignete Kriterien zur Bewertung der Alternativen erst gefunden werden müssen bzw. Nachteile bestimmter Produkte besonders interessieren. Ist das wahrgenommene ökonomische Risiko relativ hoch, so sind in erster Linie Informationen von neutralen Quellen (z. B. Testberichte) geeignet, die Gebrauchseignung und die Preis-Qualitäts-Relation der Produkte festzustellen (vgl. Katz 1983).

Neben der Informationssuche wird im Rahmen des Informationsverhaltens von Konsumenten weiterhin die Informationsverarbeitung vom wahrgenommenen Risiko determiniert. Insbesondere die Kaufentscheidungen langlebiger Konsumgüter (z. B. Waschmaschine, Auto) führen zu Informationsverarbeitungsprogrammen mit hoher Komplexität (Schaminger, Sciglimpaglia 1981). Die Konsumenten erhalten aufgrund ihres Wissens einen gewissen Grad an Expertentum, das wiederum von anderen Konsumenten erkannt und nachgefragt wird. Insofern kann jenen Konsumenten mit hohem wahrgenommenen Kaufrisiko die Rolle des Meinungsführers zukommen (Cunningham 1967).

2.133 Werte

Bei einer Betrachtung neuerer Ansätze zur Erklärung des Käuferverhaltens gewinnen Variablen an Bedeutung, die eine geringe Situationsabhängigkeit aufweisen. Diesen Ansätzen ist die Analyse von Werten und Wertstrukturen zuzuordnen.

Nach einer Definition von Kluckhohn (1962) stellt ein Wert eine Auffassung von Wünschenswertem dar, „... die explizit oder implizit für ein Individuum oder für eine Gruppe kennzeichnend ist und welche die Auswahl der zugänglichen Weisen, Mittel und Ziele des Handelns beeinflußt".

Andere Autoren heben ergänzend zu dieser Definition die Generalisierbarkeit und die kognitive Komponente von Werten hervor. Es wird deutlich, daß Erklärungsansätze, die sich auf Einstellungen, Bedürfnisse, Normen oder Lifestyles stützen, auch durch die persönlichen Werthaltungen von Konsumenten determiniert werden (vgl. z. B. Dahlhoff 1981; Tietz 1982; Raffée 1984; Windhorst 1985; Silberer 1991).

Die Literatur zum Werteaspekt zeigt, daß Werte auf unterschiedlichen Ebenen angesiedelt sein können. In Abbildung 20 werden drei Ebenen unterschieden, wobei die erste Ebene Basiswerte oder Grundorientierungen des Konsumenten umfaßt. Beispiele hierfür sind die Werte Frieden, Gerechtigkeit oder Sicherheit. In einer zweiten Ebene sind die **Bereichswerte** enthalten. Sie geben Auskunft über Lebens- und Gesellschaftsbereiche des Konsumenten. Im Rahmen einzelner Teilbereiche (Wirtschaft, Konsum oder Politik) lassen sich

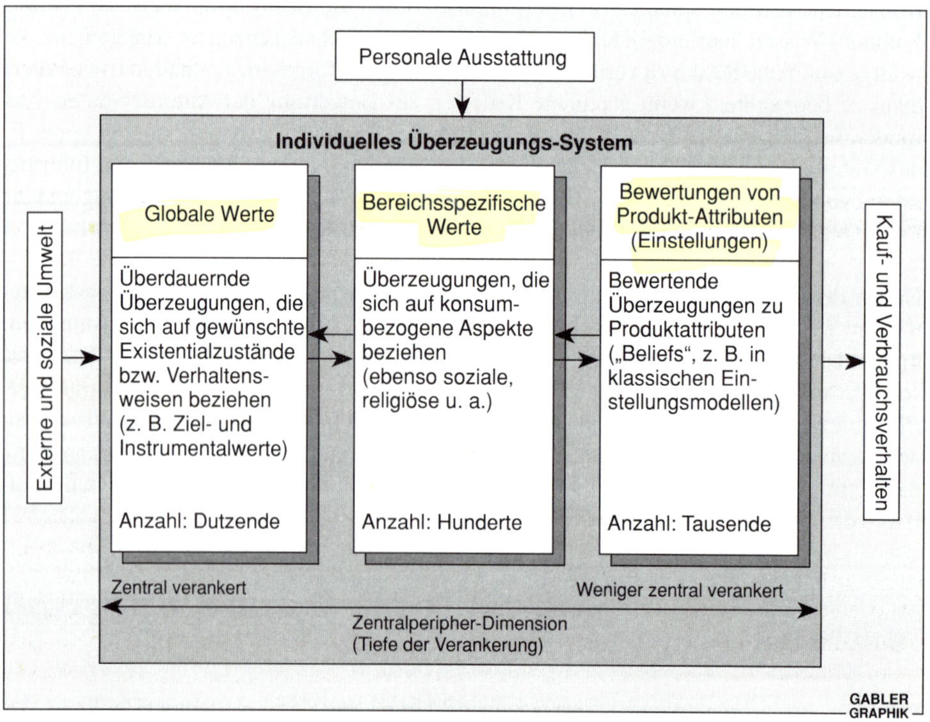

Abbildung 20: Wertekategorien im individuellen Überzeugungs-System (Quelle: nach Vinson et al. 1977)

Indikatoren finden (Lohngerechtigkeit, Wohlstand, Kritik, Meinungsfreiheit), die einen ersten Versuch zur Konkretisierung von Werten ermöglichen.

Die dritte Ebene nimmt auf **produktbezogene** Bewertungen Bezug. Auf dieser Ebene sind Konsumenten in der Lage, ihre Wertvorstellungen bezüglich bestimmter Produkte zu artikulieren. Kriterien wie Sauberkeit, Sparsamkeit und Umweltfreundlichkeit geben einerseits Aufschluß über die Auswahl eines Produktes und zeigen andererseits bereichsspezifische Grundhaltungen auf. Sie sind letztlich dem Lebensstil eines Konsumenten sehr ähnlich.

Das **Life-Style-Konstrukt** beinhaltet eine Zusammenfassung aus übernommenen Rollen, Interessen und Aktivitäten, die eine bestimmte Art der Lebensführung dokumentieren (Windhorst 1985, S. 34 f.). Lebensstile lassen sich anhand der **A-(activities)-I(interests)-O(opinions)-Variablen** erfassen (Wells, Tijert 1971; Freter 1983; Kroeber-Riel 1990). Diese beinhalten die drei wesentlichen Formen menschlicher Verhaltensmuster:

1. beobachtbare Aktivitäten (A)
2. emotional bedingtes Interesse und Verhalten (I)
3. kognitive Meinungen (O).

Individuelle Werte und Lebensstile stehen in einem hierarchischen Verhältnis zueinander, wobei Werte den Lebensstilen übergeordnet sind und einen Haupteinflußfaktor des Life-Style-Konstrukts bilden (Windhorst 1985).

Im Rahmen der **Messung von Wertstrukturen** bei Konsumenten ist es sinnvoll, die aus Sicht des Individuums idealen Werte und die relative Wichtigkeit der Einzelwerte heranzuziehen (Windhorst 1985, S. 101 f.). Insbesondere die Wichtigkeitsabfrage, die die Bedeutung der einzelnen Werte (z. B. viel Freizeit, gesellschaftliche Anerkennung, umwelt- und energiebewußt leben, persönliche und finanzielle Sicherheit, auf gutes Aussehen Wert legen) für den Konsumenten erfaßt, kann Aufschluß über die Stärke der Beeinflussung des Verhaltens durch die Einzelwerte geben.

Im Hinblick auf die **Erfassung des Wertewandels** von Konsumenten ist es sinnvoll, neben der aktuellen auch eine zukunftsgerichtete Einschätzung der Wertorientierung des Einzelnen heranzuziehen (Windhorst 1985). Im Rahmen einer bundesweiten repräsentativen Befragung wurden die in Abbildung 21 dargestellten aktuellen und künftigen (nächstes Jahrzehnt) Werteinschätzungen ermittelt. Während zum Befragungszeitpunkt (1983) vor allem die Werte viel Freizeit, Selbstverwirklichung, Freiheit, Familienleben und Gesundheit verwirklicht waren, zeigt die Einschätzung der Werte im nächsten Jahrzehnt neben Freizeit, Selbstverwirklichung und Freiheit eine Verschiebung in Richtung auf Umweltbewußtsein und Gesundheit. Es zeigt sich, daß bereits Anfang der 80er Jahre Entwicklungstendenzen im Hinblick auf ein zunehmend ausgeprägtes Umweltbewußtsein deutlich wurden.

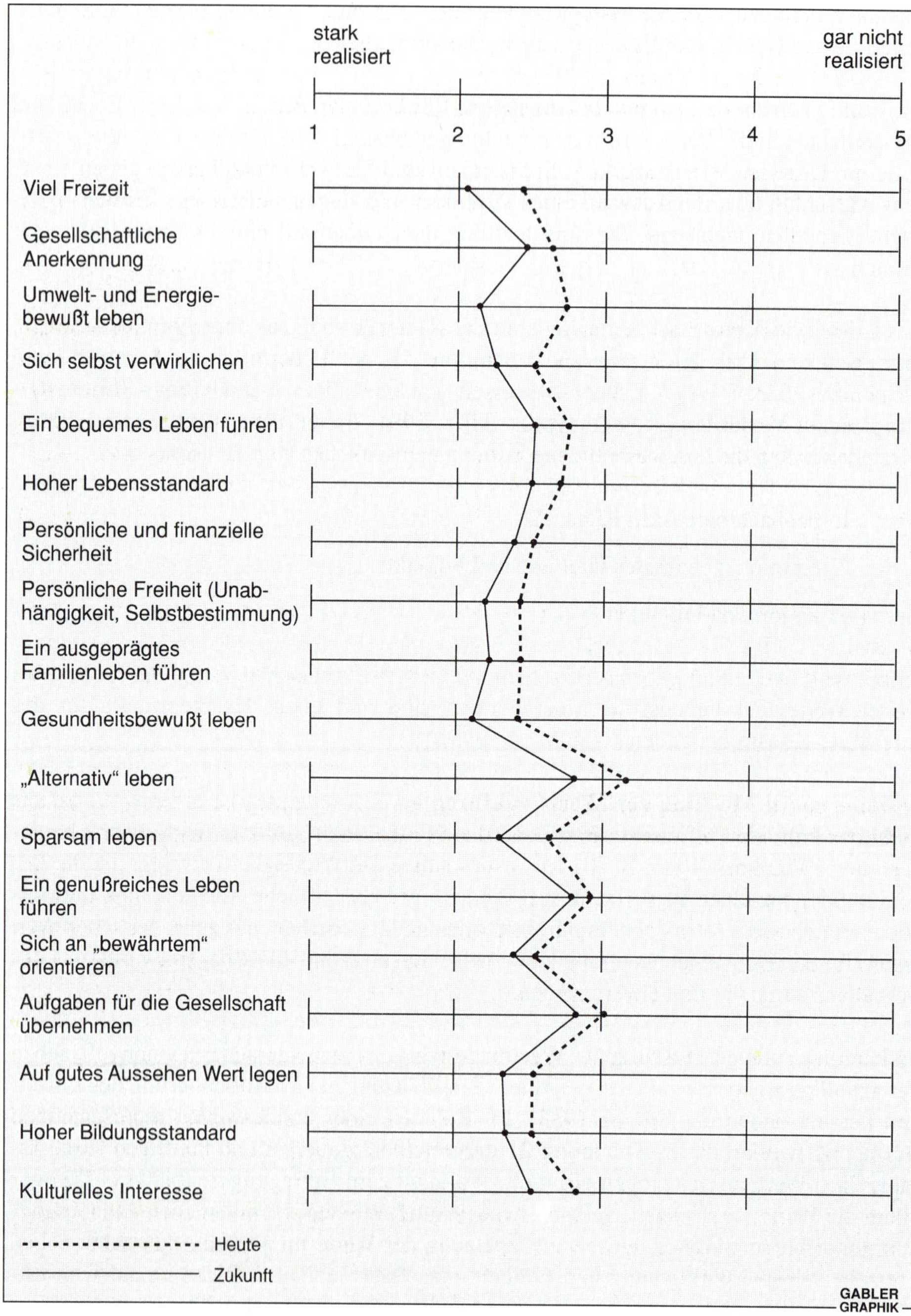

Abbildung 21: Werteinschätzungen von Konsumenten (Heute/Zukunft) (Quelle: Windhorst 1985, S. 98)

Wird neben der Erfassung des Wertewandels zusätzlich eine Verhaltensdimension berücksichtigt, können Veränderungen in der **Wert-Verhaltens-Beziehung** im Zeitablauf festgestellt und als „Frühwarnsystem" in marketingpolitische Überlegungen (z. B. neue Zielgruppen, Produkt- und Kommunikationspolitik) einbezogen werden.

Im Rahmen der aktuelleren Diskussion über bestehende Werte und Wertetypologien hat Scholz (1987) in einer Repräsentativumfrage versucht, Zusammenhänge zwischen industriell-materiellen Gesellschaftszielen und individuellen Berufs- und Karriereorientierungen bzw. -werten herzustellen. In dieser Querschnittsanalyse wurde den Versuchspersonen eine Liste von neun Wirtschafts- und Gesellschaftszielen sowie 16 persönlichen Lebenswerten vorgelegt. Ein Ergebnis dieser Untersuchung war, daß es zwei voneinander unabhängige Cluster gibt, die sich durch die Begriffe Materialismus und Post-Materialismus beschreiben lassen. Bei den Materialisten dominieren auf der Makroebene Werte wie Wirtschaftswachstum, technischer Fortschritt und höherer Lebensstandard. Im persönlichen Bereich schätzen sie besonders Komfort, Eigentum, beruflichen Erfolg und Durchsetzungsvermögen. Die Postmaterialisten zeigen hingegen mehr Interesse an gesellschaftlichen Zielen wie Umweltschutz, weniger Arbeitslosigkeit, weniger Konkurrenzkampf und einer ausgeprägten Gesellschaftsorientierung.

Diese und andere Untersuchungen können die Frage, ob die Gesellschaft oder Wirtschaft durch individuelle Interessen und Lebenswerte bestimmt wird oder die individuellen Lebenswerte durch gesellschaftliche Notwendigkeiten determiniert sind, nicht umfassend beantworten.

Dennoch kann festgehalten werden, daß Veränderungen in den Werthaltungen tiefgreifende Wandlungen im Konsumverhalten zur Folge haben. Neben einer Orientierung an neuen Leitbildern und Lebenszielen sind die Entwicklungen im Konsumentenverhalten durch eine zunehmende Differenzierung der Konsumwünsche gekennzeichnet. Die sich daraus ergebende Notwendigkeit der Einbeziehung von Werten in die strategische Planung hat Auswirkungen auf die Informations- und Aktionsseite von Hersteller-, Handels- sowie Dienstleistungsunternehmen (Windhorst 1985; Silberer 1991). Die Bedeutung von Werten als Frühwarnindikatoren ist dabei unbestritten. Für das einzelne Unternehmen ergeben sich Chancen, am Entstehen neuer Märkte mitzuwirken sowie durch das Auftreten neuer Konsumententypen neue Marktnischen zu entdecken und zu besetzen.

Die einzelnen Wertetypen stellen unterschiedliche Anforderungen an das Produkt und damit an die Unternehmung. Für einen Wertskeptiker, der bei einem Auto wirtschaftliche Aspekte und Umweltfreundlichkeit in den Vordergrund stellt, müßte das Unternehmen verbrauchsgünstige, umweltfreundliche Motoren sowie einen möglichst geringen Reparatur- und Kostenaufwand garantieren.

Aus der Kenntnis individueller Wertstrukturen ergeben sich somit unterschiedliche Anforderungskataloge an bestehende oder neue Produkte, aber auch an die Konzeption bzw. Umgestaltung von Einkaufsstätten. Darüber hinaus können Werte auch in der Kommunikation genutzt werden. Insbesondere lassen sich wesentliche Aspekte der Wertvorstellungen bei der inhaltlichen Ausgestaltung der Kommunikation berücksichtigen. So ist bereits heute in zahlreichen Werbeaussagen der Trend zur Gesundheit, zum natürlichen Leben oder zum Umweltbewußtsein erkennbar. Bei der Auswahl von Medien, die den Kunden wertorientierte Aussagen vermitteln, ist zu berücksichtigen, daß sie vom Konsumenten als glaubwürdig angesehen werden müssen.

Die Beispiele verdeutlichen, daß sich für Hersteller- und Handelsunternehmen zahlreiche Informationen aus individuellen Werten und ihrem Einfluß auf das Konsumentenverhalten ableiten lassen. Eine Umsetzung in Marketing-Konzeptionen kann aber nur unter Berücksichtigung der spezifischen Unternehmenssituation (Markt-, Konkurrenz-, Kundenbeziehungen) erfolgen.

2.14 Käufertypologien

Neben der Verschiedenartigkeit von Produktfeldern erfordern zunehmender Konkurrenzdruck und Sättigungstendenzen in zahlreichen Produktmärkten eine differenziertere und gezieltere Ansprache von Kundensegmenten. Soziodemographische Beschreibungen reichen dabei nicht mehr aus. Aus diesem Grunde gelangen multidimensionale Personenbeschreibungen in den Blickpunkt des Interesses wie sie in einer Vielzahl von Typologien vorzufinden sind (z. B. Brigitte-Typologien, Typologie der Wünsche, Concepte oder Sternprofile).

Prinzipiell lassen sich zwei Gruppen von Typologien unterscheiden. Die erste Gruppe, die sich direkt am Verbraucher bzw. Besitzer eines Produktes orientiert, untersucht das Verhalten des betroffenen Marktsegmentes. Zur zweiten Gruppe zählen Typologien, die durch umfangreiche Informationen über Einstellungen, Interessen, Wünsche etc. gekennzeichnet sind. Dieser Gruppe sind vor allem Life-Style Untersuchungen zuzuordnen, die nichts anderes als spezielle Single-Source-Studien darstellen.

Bei der Einteilung des Marktes oder Teilmarktes in homogene Segmente stehen jene Einflußfaktoren auf das Konsumentenverhalten im Vordergrund, die unmittelbar mit dem Verbraucher zu tun haben wie Demographie, Konsum, Einstellungen, Medienverhalten u. a. m. Demnach können Ansätze zur Segmentierung zugrunde gelegt werden, die sich in Art und Anzahl der o. g. Variablen unterscheiden (Böhler 1977, S. 448). Hervorzuheben sind vor allem jene Ansätze

- mit demographischen, sozioökonomischen und generellen psychographischen Variablen
- mit produktspezifischen, psychographischen Variablen (Wahrnehmungen, Präferenzen, Einstellungen)

- mit Variablen des beobachtbaren Verhaltens (Käufer, Nichtkäufer, Kaufintensitäten, Kommunikationsverhalten).

Demographische und sozioökonomische Variablen (z. B. Alter, Beruf, Einkommen, Familienstand) werden als Segmentierungskriterien häufig für unbrauchbar befunden, da sie nur sehr grob Verbrauchersegmente differenzieren können. Die Variablen gewinnen an Erklärungsfähigkeit, wenn sie kombiniert neue Konstrukte ergeben. Z. B. setzt sich das Konstrukt Familienlebenszyklus aus den Variablen Alter, Familienstand, Zahl und Alter der Kinder zusammen.

Die begrenzte Aussagefähigkeit demographischer und sozioökonomischer Variablen führt zur Einbeziehung **psychographischer Variablen** als Segmentierungskriterien. Hierunter fallen Motive, Einstellungen, Lebensgewohnheiten, Wahrnehmungen, Kaufabsichten, Werte usw.

Auf der Basis individueller Werteinschätzungen lassen sich Konsumentengruppen abgrenzen, die in bezug auf wesentliche Verhaltensmerkmale unterschiedliche Verhaltensausprägungen aufweisen (Meffert, Windhorst 1984). Die daraus resultierenden Wertetypen unterscheiden sich wie folgt (vgl. Abbildung 22):

*Der **„genußorientierte Werteskeptiker“** (Cluster 1) ist in seinem Verhalten durch eine Ablehnung äußerlicher Merkmale von Produkten (z. B. Design, Umweltfreundlichkeit) gekennzeichnet. Bei der Beurteilung von Produkten spielen vielmehr finanzielle Aspekte wie der Preis und die Wirtschaftlichkeit eine besondere Rolle. Der **„kulturorientierte Egozentriker“** (Cluster 2) nutzt die vorhandenen Informationsquellen sehr intensiv. Äußerlichkeiten wie z. B. Qualität oder Design haben für ihn eine große Bedeutung. Er schätzt einen guten Kundendienst und eine freundliche Atmosphäre. Beim **„familienorientierten Sozialtyp“** (Cluster 3) handelt es sich vorwiegend um jüngere Männer, die Werbesendungen und Anzeigen in hohem Maße nutzen. Für sie sind ein breites Sortiment und viele Sonderangebote wichtig. Die **„Werteablehner“** (Cluster 4) setzen sich stark für umweltfreundliche und energiesparende Produkte ein. Viele jüngere Frauen gehören zu den **„Hedonisten“** (Cluster 5), die Preisgünstigkeit und Bequemlichkeit schätzen. Die **„Wertefans“** (Cluster 6) setzen sich zum großen Teil aus aktiven Frauen zusammen, die Zuverlässigkeit und Sicherheit für wichtig halten. Bei den **„persönlichkeitsorientierten Alternativen“** (Cluster 7) sind Testergebnisse und Werbesendungen besonders wichtig. Es handelt sich hier meistens um jüngere Männer, für die Lebensdauer, Umweltfreundlichkeit und Wirtschaftlichkeit eines Produktes große Bedeutung haben.*

Generelle Typologien wie z. B. Life-Style-Profile erlauben durch ihren allgemeinen Charakter nur ansatzweise eine Verhaltensprognose. Sie spiegeln Einstellungen zur Werbung, Religion, Kindererziehung, Haushaltung, Kreditaufnahme oder zu Interessengebieten wie Sport, Kochen, Musik etc. wider.

Wertetypen	Soziodemographie	Informationsverhalten	Orientierung an Produktanforderungen	Wichtigkeit Merkmale von Geschäftsstätten
Genußorientierter Wertskeptiker (16,3 %)	Älter, viele Männer, wenig Katholiken, unterdurchschnittliche Schulbildung	Geringe Nutzung persönlicher Quellen; hohe Nutzung der übrigen Informationsquellen	Preis, Wirtschaftlichkeit, Reparaturfreundlichkeit, Umweltfreundlichkeit, relativ wichtig; Design unwichtig	Personenbezogene Merkmale wie höfliche Bedienung, fachmännische Beratung, guter Kundendienst unwichtig
Kulturorientierter Egozentriker (12,0 %)	Älter, viele Männer, viele Katholiken, höhere Schulbildung	Hohe Nutzung aller Informationsquellen	Qualität, Lebensdauer, Prestige, Bequemlichkeit, Design und „Made in Germany" sehr wichtig; Preisgünstigkeit nur geringe Bedeutung	Personenbezogene Merkmale wie höfliche Bedienung, fachmännische Beratung, guter Kundendienst und freundliche Atmosphäre besonders wichtig
Familienorientierter Sozialtyp (15,9 %)	Jünger, viele Männer viele Katholiken, höhere Schulbildung	Höhere Nutzung von Werbesendungen und Anzeigen	Reparaturfreundlichkeit überdurchschnittlich wichtig; Energieeinsparungen unwichtig	Breites Sortiment und viele Sonderangebote wichtig; moderne Geschäftsausstattung unwichtig
Wertablehner (11,6 %)	Sehr jung, viele Männer, wenig Katholiken, hohe Schulbildung	Intensive Nutzung persönlicher Gespräche und neutraler Quellen (Warentests, Verbraucherberatung)	Hohe Bedeutung von Umweltfreundlichkeit und Energieeinsparungen	Große Verkaufsfläche wichtig
Hedonisten (18,2 %)	Jünger, viele Frauen, viele Katholiken, niedrigere Schulbildung	Höhere Nutzung von persönlichen Gesprächen und Anzeigen	Preisgünstigkeit, Zuverlässigkeit, Bequemlichkeit unwichtig; Umweltfreundlichkeit und Energieeinsparungen unwichtig	Preisgünstigkeit, viele Sonderangebote wichtig; Warenpräsentation und große Verkaufsfläche unwichtig
Wertefans (16,1 %)	Älter, viele Frauen, weniger Katholiken, geringere Schulbildung	Persönliche Gespräche und Informationen des Herstellers besonders wichtig; Geringe Nutzung von neutralen Quellen (Warentests, Verbraucherberatung)	Zuverlässigkeit, Sicherheit und technologischer Fortschrittlichkeit sehr wichtig; „Made in Germany" kaum Bedeutung	Hohe Bedeutung nahezu aller Merkmale, insbesondere breites Sortiment, Warenpräsentation, große Verkaufsfläche, moderne Ausstattung, günstiger Preis, viele Sonderangebote freundliche Atmosphäre, höfliche Bedienung
Persönlichkeitsorientierter Alternativer (9,9 %)	Jünger, viele Männer, wenig Katholiken, geringere Schulbildung	Testergebnisse und Werbesendungen besonders wichtig	Lebensdauer, Umweltfreundlichkeit und Wirtschaftlichkeit wichtig; Prestige, Design und technologische Fortschrittlichkeit nicht von Bedeutung	Breites Sortiment, Warenpräsentation, größere Verkaufsfläche, freundliche Atmosphäre, höfliche Bedienung unwichtig; fachmännische Beratung sehr wichtig

GABLER GRAPHIK

Abbildung 22: Soziodemographie und Kaufverhaltensmerkmale von Wertetypen (Quelle: Windhorst 1985)

Differenzierte Typologien decken den Zusammenhang zwischen spezifischen Produkten bzw. Produktgruppen und den dabei interessierenden, intrapersonalen Variablen (z. B. Wahrnehmung, Einstellung, Persönlichkeit) auf. Es handelt sich um (produkt-)spezifische Life-Style-Profile, die Anhaltspunkte beispielsweise für eine Produktpositionierung oder Marktnischen- bzw. Werbeträgerauswahl liefern können.

Eine Verknüpfung genereller Life-Style-Typologien mit produkt- und branchenspezifischen Paneldaten nimmt die EURO-STYLE-Typologie vor (Marty 1991). Durch die Kombination von europaweit erfaßten Life-Styles mit Paneldaten, in denen direkt das Kaufverhalten erfaßt wird, lassen sich differenzierte Life-Style-bezogene Erklärungsansätze ableiten. Die Abbildung 23 zeigt 16 Euro-Style-Typen in einer Positionierung mit zwei Hauptdimensionen. Die horizontale Dimension läßt sich grob als Maß der Flexibilität und Innovationsfreudigkeit beschreiben. Die vertikale Dimension kennzeichnet die Orientierung nach materiellen Gütern und ethischen, immateriellen Werten. Der Typ 8 (Dandy) oben links ist materialistisch eingestellt und abenteuerlustig. Demgegenüber ist der Typ 16 (Strict) sehr konservativ und eher durch ethische als materialistische Überlegungen geleitet.

In dieser Landkarte mit der Positionierung der Euro-Styles-Typen ist es möglich, das Muster von Produktverwendern hineinzuprojizieren. Mit Hilfe sog. „key questions" wird jeder Panel-Teilnehmer einem bestimmten Euro-Style-Typ zugeordnet. Die Paneldaten werden z. B. hinsichtlich der Kaufhäufigkeit einer Waschmittelmarke in bezug auf jeden Euro-Style-Typ ausgewertet. Erreicht ein Typ über- oder unterdurchschnittliche Werte im Vergleich zu anderen Typen, wird er in dem Positionierungsdiagramm hervorgehoben. Die auf diese Weise positionierten Waschmittelmarken der Firma A sind beispielhaft in Abbildung 20 gekennzeichnet.

Aus der jeweiligen Positionierung und Übereinstimmung mit den Euro-Styles lassen sich Schlußfolgerungen für die Gestaltung des Marketing ziehen. So zeigt sich, daß die Marke A 2 sich an zwei äußerst unterschiedliche Lifestyles, an den Typen „Business" und den Typen „Vigilante" richtet. Zwei Hypothesen lassen sich daraus ableiten:

- *Das Produktkonzept wird stark unterschiedlich empfunden und spricht somit beide Typen an.*
- *Die Distribution der Marke in Kleinpackungen beeinflußt den Gebrauch so deutlich (beiden Typen liegen Kleinhaushaltungen zugrunde), daß der restliche Marketing-Mix und insbesondere die Werbung zweitrangig wird (vgl. Marty 1991).*

Life-Style-Profile eignen sich besonders für die Bildung von Zielgruppen, deren verhaltensrelevante Merkmale weitgehend übereinstimmen und von anderen Gruppen klar abgrenzbar sind (z. B. Einstellungen von Männertypen gegenüber Spirituosen, Zuordnung von Frauentypen in bestimmte Modekategorien).

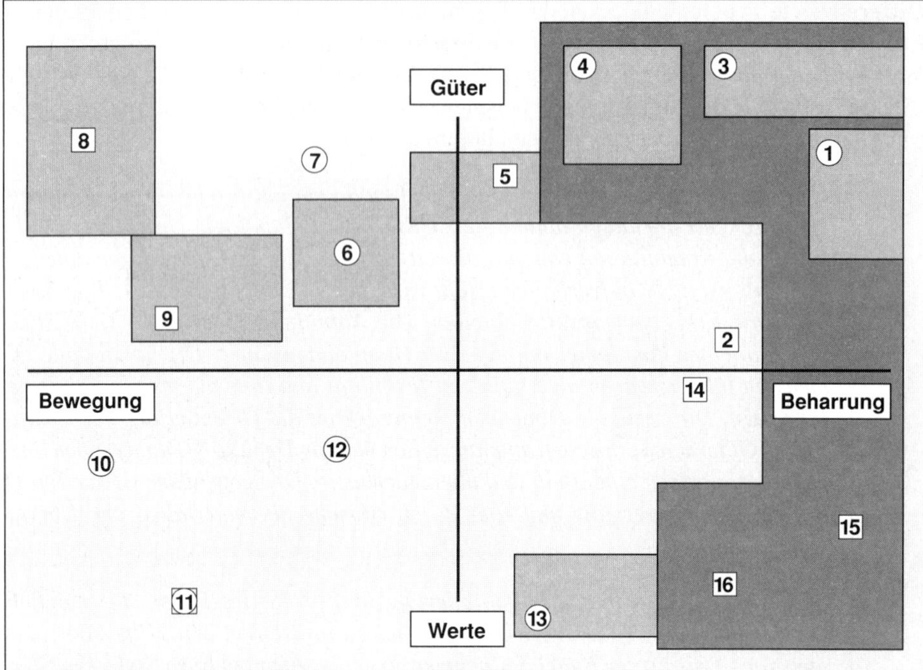

Kurzbeschreibung der 16 EURO-STYLES

Marke A1
Marke A2

1. **Prudent:** Die Resignierten – Sicherheit kommt zuerst
2. **Defense:** Die Defensiven – Eigentum und lange nichts mehr
3. **Vigilante:** Die Mißtrauischen – frustriert, vorsichtig und konservativ
4. **Olvidados:** Die Abgekoppelten – vergessen und neidisch
5. **Romantic:** Die Träumer – Harmonie, Heim und Familie
6. **Squadra:** Die Aktiven – Freizeit und Freunde sind alles
7. **Rocky:** Die Geniesser – Augen zu und durch
8. **Dandy:** Die Vergnügungssüchtigen – immer auf der schönen Seite des Lebens
9. **Business:** Die Karrieremacher – immer auf der Leiter
10. **Protest:** Die Protestler – allein gegen das ganze System
11. **Pioneer:** Die Idealisten – verändern wir die Welt
12. **Scout:** Die Generösen – helfen wir den andern
13. **Citizen:** Die Verantwortungsvollen – Dienen wir der Öffentlichkeit
14. **Moralist:** Die Religiösen – prinzipientreu, aber auch tolerant
15. **Gentry:** Die Rigorosen – Gesetz, Ordnung und Tradition
16. **Strict:** Die Puritaner – führe ein untadeliges Leben

GABLER GRAPHIK

Abbildung 23: Die Lifestyle-„Landkarte" mit der Positionierung von 16 Euro-Typen (Analyse von 5.000 Panel-Haushaltungen, G&I Life-Style-Forschung, 1989) (Quelle: Marty 1991, S. 14 f.)

Wesentlich einfacher zu erfassen sind solche Kriterien, die leicht zugänglich, d. h. beobachtbar sind. Dazu gehören Variablen des beobachtbaren Einkaufsverhaltens (Zahlungsverhalten, Einkaufstättenwahl), des Produktwahlverhaltens (Markentreue, Kauf von Marken), Verbrauchsverhaltens (Verbrauchsintensität), Medianutzung usw. Damit wird es bspw. ermöglicht, Intensivnutzer gezielt anzusprechen oder Zweitmarken auf den Markt zu bringen.

2.2 Interpersonale Erklärungsansätze des Käuferverhaltens

Die bisherigen Ausführungen zum Käuferverhalten konzentrieren sich auf das Individuum als Träger von Kaufentscheidungen. Einen weiteren Gegenstand des Forschungsinteresses stellen die multipersonal getroffenen Kaufentscheidungen dar. Es gilt, jene Einflußfaktoren auf das Kaufverhalten zu berücksichtigen, die sich aus der sozialen Abhängigkeit des Konsumenten von seiner Umwelt ergeben. Sozialpsychologische wie soziologische Analysen betrachten den Konsumenten als ein Mitglied verschiedener sozialer Systeme, dessen Entscheidungen einerseits durch die Normen oder Wertsysteme der Gesellschaft beeinflußt werden. Andererseits wird das Entscheidungsverhalten des Konsumenten durch die interpersonellen Beziehungen zu denjenigen Gruppen determiniert, denen der Konsument zugeordnet werden kann (Kassarjian und Robertson 1968, Heinen 1974).

Im folgenden sollen zunächst kulturelle Einflüsse und soziale Schichten als gesellschaftsbezogene Entscheidungsprämissen des Käufers untersucht werden. Die sich anschließende Analyse ist den Entscheidungsdeterminanten auf der Ebene von Gruppen (Mitgliedschafts-, Bezugsgruppen, Familie) gewidmet.

2.21 Kultur, Subkultur, soziale Schichten

Jede Gesellschaft entwickelt im Rahmen ihrer Kultur kollektive Wertsysteme oder Normen, welche innerhalb bestimmter Toleranzen ein konformes Verhalten der Gesellschaftsmitglieder festlegen. Nach dem Ausmaß des Verhaltensspielraumes ist zwischen Muß-, Soll- und Kann-Normen zu trennen (Dahrendorf 1967, Hillmann 1971).

Konsumrelevante Muß-Erwartungen beruhen auf Ge- und Verboten (z. B. Haftpflichtversicherung beim Autokauf, Verbot von Rauschgiftgenuß). Soll- bzw. Kannerwartungen legen allgemeinere Verhaltensstandards fest und gewährleisten einen größeren Verhaltensspielraum (z. B. Leistungsdruck, Rolle der Hausfrau, Kleidung zu bestimmten Anlässen).

Die Einhaltung dieser sich im Zeitablauf durchaus wandelnden kulturellen Normen und Erwartungen wird durch ein System von Belohnungen und Bestrafungen (Sanktionen) sichergestellt. Auswahl und Bewertung von Kaufalternativen bleiben davon nicht unberührt. Ähnliche Einflüsse ergeben sich aus **Subkulturen** der Gesellschaft. Sie bilden sich z. B. nach ethischen (Rasse, Religion, Nationalität), altersmäßigen (Jugendliche, Senioren) oder geographischen Gesichtspunkten (z. B. Stadt- und Landbevölkerung) und entwickeln arteigene Werte und Vorstellungen. So besteht beispielsweise im Hinblick auf Einkommen und bestimmte Einstellungen in der Bundesrepublik ein Nord-Südgefälle. Regionale Eigenarten des Konsumentenverhaltens sind dabei möglicherweise durch weitere Variablen (Religion, Beruf etc.) zu erklären.

Soziale Schichten lassen sich durch Gleichartigkeit oder Ähnlichkeit von Merkmalen wie z. B. Prestige oder sozialer Status kennzeichnen. Es gibt eine Vielzahl von Beschreibungen sozialer Klassen (Unterklasse, Mittelklasse, Oberklasse) und Analysen ihrer Verhaltensweisen. Hinsichtlich des Kaufverhaltens verdienen vor allem die folgenden Aspekte besondere Erwähnung:

- Konsumenten innerhalb einer bestimmten sozialen Schicht orientieren sich häufig am Konsum der in der Sozialpyramide über ihnen stehenden Gruppe.
- Die Konsumenten jeder Gruppe werden von den Konsumgewohnheiten mehrerer soziologisch benachbarter Gruppen beeinflußt. Der von der einflußstärksten Gruppe ausgehende Impuls löst Konsumreaktionen aus.
- Die Mitglieder einer bestimmten Bevölkerungsgruppe reagieren auf Konsumvariationen anderer Gruppen nur dann, wenn diese Änderung eine gewisse Reizschwelle überschreitet.

Die Frage nach der Beschreibung sozialer Klassen oder Schichten kann nur aus der Kenntnis von Schichtungskriterien in der betreffenden Gesellschaft abgeleitet werden. Die Schichtzugehörigkeit läßt sich nicht nach einem einzigen, sondern nur nach mehreren verschiedenartigen Kriterien wie Beruf, Ausbildung, Einkommen, Vermögen, Abstammung, Macht oder Interaktion bestimmen. Die dabei vorausgesetzte Schichtkonsistenz kann dennoch zu Unsicherheiten hinsichtlich der Einstufung eines Individuums führen. Zum Beispiel kann eine Person aus „bester Familie“ (Oberschicht) stammen und gleichzeitig einen Beruf ausüben, der einer anderen Schicht zuzuordnen ist. Der Beruf allein ist dann nicht mehr geeignet, den Status anzuzeigen. Es sind weitere Indikatoren wie z. B. die Interaktion mit anderen Personen zur Abgrenzung sozialer Schichten heranzuziehen.

Der Einfluß sozialer Schichten auf das Kaufverhalten hat infolge der zunehmenden Einkommensnivellierung der Bevölkerung in hochentwickelten Volkswirtschaften an Bedeutung verloren. Von besonderem Interesse sind jedoch die Beeinflussungen des Kaufverhaltens auf der Ebene der Gruppen.

2.22 Gruppen, Familien und Kinder

Der stärkste Einfluß auf das Verhalten des Konsumenten geht von der Gruppe aus, deren Mitglied er ist. Bezeichnet man als eine **Gruppe** jene Mehrzahl von Personen, die in wiederholten und nicht nur zufälligen wechselseitigen Beziehungen zueinander stehen (Kroeber-Riel 1990, S. 448 f.), so ist das **Ausmaß des Gruppeneinflusses** auf das Kaufverhalten stark vom Grad der Identifikation des Individuums mit der Gruppe abhängig. Der

Gruppeneinfluß ist im wesentlichen eine Funktion der Häufigkeit der Gruppeninteraktionen, der Zahl der durch die Gruppe befriedigten Bedürfnisse, des Gemeinsamkeitsgrades der verfolgten Ziele sowie des wahrgenommenen Prestiges und der wahrgenommenen Konkurrenz in der Gruppe (Meffert 1986, S. 160).

Je nach Art der interpersonellen Beziehung unterscheidet man zwischen informalen, formalen und Bezugsgruppen (Kroeber-Riel 1990, S. 450 f.). **Informale Gruppen** sind Kleingruppen, die sich durch face-to-face-Interaktionen auszeichnen. Diese Gruppen haben ein ausgeprägtes „Wir-Gefühl" (z. B. Familie, Freundeskreis, Nachbarschaftsgruppen). Die Ziele und strukturellen Beziehungen werden nicht offiziell festgelegt.

Formale Gruppen sind Großgruppen, deren Mitglieder in einem formal begründeten und daher distanzierten Verhältnis zueinander stehen. Der Kontakt ist nicht regelmäßig und die Gruppenmitglieder kennen sich teilweise nur flüchtig oder überhaupt nicht (Gewerkschaft, Parteien, Schulen, Unternehmungen). Die Mitgliedschaft kann faktischer oder auch nomineller Art sein. Faktisch bedeutet dabei, daß das Gruppenmitglied am Gruppenleben teilnimmt (Schule). Nominell bedeutet, daß das Gruppenmitglied nur aufgrund der Mitgliedschaft einer Gruppe angehört (Partei).

Bezugsgruppen stellen eine besondere Gruppenform dar. Ihr können informale und formale Gruppenmitglieder angehören. Es sind soziale Systeme, mit denen sich der Konsument in der Weise identifiziert, daß die Normen für ihn Entscheidungsprämissen beim Kauf darstellen können.

2.221 Mitgliedschafts- und Bezugsgruppen

Mitgliedschaftsgruppen sind formale Gruppen, in denen das Mitglied faktisch oder nominell integriert ist (z. B. aktive bzw. passive Mitgliedschaft in einem Sportverein).

In solchen Gruppen sind die Ziele sowie die organisationalen Strukturen relativ klar festgelegt. Die Meinungen, die in diesen Gruppen vertreten werden, beeinflussen die Wünsche, Bedürfnisse, Einstellungen und Wahrnehmungen des Konsumenten. Je mehr sich der einzelne mit den Werten, Ideen und Einstellungen derartiger Gruppen identifiziert und je ausgeprägter ihre Belohnungs- und Bestrafungssysteme sind, desto mehr werden die Vorstellungen dieser Gruppe zu Entscheidungsprämissen des Konsumenten.

Bezugsgruppen (oder -individuen) sind jene Gruppen oder Personen, mit denen sich das Individuum identifiziert. Eine Gruppenzugehörigkeit muß nicht bestehen.

Bezugsgruppen erfüllen zunächst eine normative Funktion, sofern deren Wertvorstellungen den Bezugsrahmen für das individuelle Verhalten darstellen. Die Anerkennung durch die Bezugspersonen wird als Belohnung bzw. bei Nichterreichen der Bezugsgruppennorm als Strafe empfunden. Die normative Funktion wird häufig begleitet von einer Vergleichsfunktion, indem die Wertvorstellungen, Konsumniveaus und Verbrauchsgewohnheiten anderer als Vergleichsmaßstab für das eigene Verhalten dienen. Der Vergleichsprozeß kann dazu führen, daß beispielsweise das eigene Konsumniveau angehoben wird. Darüber hinaus kann der Vergleich mit Gruppen und Personen, an denen sich das Individuum orientiert, zu einer Änderung der Persönlichkeit führen.

Höhere soziale Schichten stellen eine eigene Art von Bezugsgruppe dar. Insbesondere in einer Gesellschaft, in der das Leistungsstreben eines der obersten Ziele des Einzelnen darstellt, übernimmt der Konsum gleichsam die Funktion, bestehende schichtspezifische Unterschiede zu verdecken. Die Möglichkeit der Übernahme von Erfolgs- und Prestigesymbolen höherer Sozialschichten zeigt jedoch lediglich die formale Offenheit der Gesellschaft. Die tatsächlichen Schranken (z. B. Ausbildungsmöglichkeiten, Vermögen) werden dadurch nicht aufgehoben. Eine Vielzahl von Produkten lebt vom „**demonstrativen Konsum**", der die Zugehörigkeit zu einer höheren sozialen Schicht signalisieren soll (Duesenberry-Effekt). Auch der von einem hohen Produktpreis ausgehenden Produktnutzen- und Prestigeeffekt (Veblen-Effekt) ist diesem demonstrativen Konsum zuzuordnen. Beispiele hierfür sind Lederaccesoires von MCM, Kleidungsstücke von Lagerfeld und Dior oder Zigarettenmarken, die den Anspruch von Luxus erheben (Cartier, Davidoff etc.).

Individuelle Bezugspersonen sind in erster Linie Persönlichkeiten der Unterhaltungs- und Freizeitindustrie. Berühmte Film-, Fernseh- oder Schlagerstars, erfolgreiche Sportler oder auch bekannte Politiker werden von der Industrie als Mode- oder Konsumpioniere aufgebaut. Der Kauf der mit diesen Personen verbundenen Produkte soll den Anschein erwecken, einer exklusiven, fortschrittlichen Schicht anzugehören (vgl. Kapitel II 2.23).

2.222 Familien und Kinder

Bei der Betrachtung von Gruppen, die als interpersonelle Beziehungssysteme Erklärungen für das Käuferverhalten liefern können, kommt der Familie eine besondere Bedeutung zu.

Familien sind multipersonale soziale Systeme, in denen Familienmitglieder aufgrund vielfältiger Interaktionen den Ausgang von Kaufentscheidungen mitbestimmen (Ruhfus 1976; Szybillo, Sosannie 1977; Meffert, Dahlhoff 1979; Dahlhoff 1980; Lutz 1983).

Es lassen sich Kernfamilien und erweiterte Familiensysteme unterscheiden (Engel, Kollat, Blackwell 1978; Dahlhoff 1980; Mayer, Boor 1988). Die Kernfamilie umfaßt Ehemann, Ehefrau und – soweit vorhanden – deren Kinder, während die Einbeziehung weiterer Generationen zu den erweiterten Familiensystemen führt. Die relevanten Fragestellungen zum kollektiven Kaufverhalten einer Familie gehen aus dem folgenden **Paradigma des kollektiven Kaufentscheidungsprozesses** hervor:

- Welche Familienmitglieder (Mann, Frau, Kinder und andere) übernehmen bei
- welchem Produkt (Convenience-, Speciality-, Shopping-Goods) in
- welcher Situation (z. B. Lebenszyklus der Familie, konkrete Kaufsituation mit Zeitdruck, Umwelteinflüsse)
- welche Aktivitäten (Teilaufgaben, Rollen, Interaktionsverhalten)
- in welcher Kaufentscheidungsphase?

Stark vereinfacht lassen sich zwei Gruppen von Kollektivansätzen unterscheiden. Die erste Gruppe bezieht sich vornehmlich auf die **Beteiligung der Familienmitglieder** (Aktivitäten bei verschiedenen Produktkäufen) **an der Kaufentscheidung**. Diese Betrachtung ist im wesentlichen statischer Natur. Die zweite Gruppe bezieht zusätzlich die **Phasen des Kaufentscheidungsprozesses** (z. B. Anregungs-, Such-, Auswahlphase) in ihre Betrachtungen ein. Es stehen die phasenspezifischen Rollen-, Macht- und Kommunikationsbeziehungen zwischen den Familienmitgliedern sowie damit zusammenhängende Konflikte im Vordergrund.

2.2221 Beteiligung an der kollektiven Kaufentscheidung

Gemäß den Fragestellungen einer angewandten Marketingforschung zielen die meisten Studien dieser Gruppe von Kollektivansätzen darauf ab, die Mitwirkung von Mann, Frau und Kindern beim Kauf verschiedener Produkte zu erklären. Besondere Bedeutung kommt dabei vor allem den langlebigen Konsumgütern zu, die einen großen Anteil des Einkommens absorbieren (Robertson, Zielinski 1981; Oppitz, v. Rosenstil 1983; Hubel 1986) und den Lebensstil von Familien mitbestimmen (Böcker 1987).

Mayer, Boor (1988) und Kirchler (1989) geben einen Überblick über unterschiedliche Studien, die sich mit der **Einflußnahme von Mann und Frau** auf die Kaufentscheidung verschiedener Produktkategorien beschäftigen. Demnach dominiert der Ehemann die Produktentscheidung, wenn es um den Kauf technischer Erzeugnisse wie Auto, Fotoapparat und TV-Gerät oder Angelegenheiten des Geldmanagements (Versicherungen, Kredite) geht. Demgegenüber kommen den Ehefrauen überwiegend Entscheidungen über Wohnungseinrichtung, Lebensmittelversorgung und Kleidung, aber auch im Hinblick auf Waschmaschine und Staubsauger zu. Weiterhin übt die Frau insbesondere auf solche Entscheidungen einen erheblichen Einfluß aus, die ihrem sozial-emotionalen Verhalten (z. B. Auffassung des Familienstatus) Ausdruck verleihen (z. B. Herrenbekleidungaccessoires).

Dieser konventionellen Rollenverteilung entspricht auch die Erkenntnis, daß im Hinblick auf einzelne Produktmerkmale der Mann für Preis und technische Kriterien und die Frau eher zur Beurteilung der Ästhetik als Produktmerkmal zuständig ist. Neben dieser Abhängigkeit der Einflußdominanz von persönlichkeitsbezogenen Merkmalen ist insgesamt ein zunehmender Trend zu gemeinsamen Entscheidungen beim Kauf von Produkten mit gemeinsamer Nutzung festzustellen (z. B. Kauf eines Hauses oder einer Wohnung, Entscheidung über Urlaubsreisen).

Erst in jüngster Zeit wird zunehmend der **Beteiligung von Kindern** an den kollektiven Kaufentscheidungen der Familie Beachtung geschenkt (Lutz 1983; Böcker, Thomas 1983; Meffert, Windhorst 1985; Bravo-Studie 1986). Die Wandlung der Familie von einer patriarchalischen zur gemeinschaftlichen Ausrichtung hatte zur Folge, daß Kinder und Jugendliche vermehrt an den Kaufentscheidungen der Familie partizipieren. In welchem Ausmaß und bei welchen Produktbereichen Kinder und Jugendliche mitentscheiden dürfen, hängt dabei wesentlich von ihrem Alter ab. Generell gilt, daß der Einfluß von Kindern und Jugendlichen mit zunehmendem Alter steigt (Mayer, Boor 1988; Kroeber-Riel 1990).

Die Einflußnahme kleinerer Kinder (etwa 3–12 Jahre) beschränkt sich im wesentlichen auf Produktbereiche, die ihrem eigenen Bedarf dienen, wie z. B. Frühstücksflocken oder andere Lebensmittel (Lutz 1983; Douglas 1983; Haedrich, Adam, Heilkamp, Kuß 1984). Dabei kann Kindern eine vorwiegend kaufanregende Einflußnahme zugesprochen werden, indem sie die Eltern um den Erwerb eines bestimmten Produktes bitten oder auch durch die Verweigerung des Konsums bestimmter Produkte (insbes. Nahrungsmittel) einen künftigen Produkt- oder Markenwechsel anregen.

Jugendliche besitzen meist eigene finanzielle Mittel, die ihnen den eigenständigen Erwerb bestimmter Produkte ermöglichen. Die Voraussetzungen einer aktiven **Einflußnahme Jugendlicher** auf ihre Eltern sind, daß der Jugendliche ein eigenes Interesse an den zu kaufenden Produkten hat und diese nicht durch eigene finanzielle Mittel erwerben kann. Entstehen unterschiedliche Produktpräferenzen von Eltern und Jugendlichen, kann es zu Konflikten kommen, die ein aktives Problemlösungsverhalten (z. B. Suche nach zusätzlichen Produktinformationen, Diskussionen über das Kaufentscheidungsobjekt) herbeiführen (Belch, Sciglimpaglia 1980).

Insgesamt kommt dem Jugendlichen ein um so größerer Einfluß auf die Kaufentscheidung zu, je mehr er in der Lage ist, seine Eltern mit entscheidungsrelevanten und ihnen bisher unbekannten Informationen zu versorgen (Thomae 1983; Hilger 1981).

Die bisherigen Ausführungen unterstellen einen ganzheitlichen und daher statischen Charakter von familialen Kaufentscheidungen, ohne einzelne Stufen der Entscheidungsfindung zu berücksichtigen. Im folgenden soll daher der Erkenntnis Rechnung getragen werden, daß der Prozeß der kollektiven Präferenzbildung für bestimmte Erzeugnisse sich in einzelne Phasen gliedern läßt, denen bestimmte Rollen- und Machtstrukturen zugeordnet werden können und die Implikationen für die Marketingpolitik erlauben.

2.2222 Phasenspezifische Betrachtung

Erst Anfang der 70er Jahre hat sich die Wissenschaft mit der kollektiven Kaufentscheidung differenzierter auseinandergesetzt (Davis 1976). Der Vorteil einer Betrachtung der kollektiven Kaufentscheidung als Prozeß mit einzelnen Phasen liegt u. a. darin, daß phasenspezifische Unterschiede im Ausmaß gemeinsamer und getrennter Aktivitäten der Familienmitglieder erkannt werden können (Davis, Rigaux 1974; Rigaux 1977; Bonfield 1978).

Abbildung 24 zeigt beispielhaft, wie im Rahmen eines kollektiven Entscheidungsprozesses vom Individuum je nach Kaufentscheidungsphase verschiedene Kaufrollen übernommen werden.

In den Phasen des Kaufentscheidungsprozesses werden Teilentscheidungen mit unterschiedlichem Kollektivierungsgrad getroffen, welche durch spezifische Situationen und Marketingaktivitäten beeinflußt werden.

Ausgehend von einer Phasenkonzeption des kollektiven Kaufentscheidungsprozesses mit einer Problemerkennungs-, Informations- und Entscheidungsphase wurde in einer Untersuchung von Davis und Rigaux (1974) das Rollenverhalten von Ehepaaren beim Kauf von 25 Produktgruppen untersucht. Die Autoren bezeichnen als **Rolle** die Aktivitäten von Mann und Frau **im Kaufentscheidungsprozeß** und grenzen sich insofern vom soziologischen Rollenbegriff ab, der eher auf die Erwartungen an den Positionsinhaber innerhalb einer Gruppe abzielt (Ruhfus 1976, S. 60).

Die Untersuchung von Davis und Rigaux wurde unter Einbeziehung anderer Produkte sowie mit einer differenzierteren Phasenkonzeption von Dahlhoff (1980) repliziert. Ein Ergebnis dieser Untersuchung ist das in Abbildung 25 dargestellte **Rollendreieck**, das in aggregierter Form den Einfluß von Mann und Frau während der Phasen von der Problemerkennung bis zur eigentlichen Kaufentscheidung wiedergibt. Auf der Abszisse ist der Prozentsatz der Antworten eingetragen, die die Kaufentscheidung als gemeinsame Entscheidung der Ehepartner einstufen (Ausmaß der Rollenmischung). Auf der Ordinate geben die durchschnittlichen Antworten der Befragten Aufschluß über die Dominanz bei Kaufentscheidungen spezifischer Produkte (relativer Einfluß von Mann und Frau).

Die vier Felder des Rollendreiecks zeigen die möglichen Formen der Rollenverteilung auf. Das obere Teildreieck umgrenzt die von der Frau dominierten, das untere Dreieck die vom Mann dominierten Entscheidungen. Das Viereck in der Mitte enthält sogenannte „autonome“ Entscheidungen, die in den Familien abwechselnd von Mann oder Frau übernommen wurden. Im linken Dreieck liegen die von über 50 % der Familien gemeinsam durchgeführten „synkratischen“ Entscheidungen. Betrachtet man den durch die Pfeilrichtung gekennzeichneten Ablauf des kollektiven Kaufentscheidungsprozesses, so zeigt sich bei den einzelnen Produkten bzw. Dienstleistungen mit fortschreitendem Phasenverlauf eine deutliche Zunahme der Gemeinsamkeit bei der Entscheidungsfindung. Gleichermaßen wird deutlich, daß die verschiedenen Produkte durchaus unterschiedliche Positionierungen im Hinblick auf die Rollenverteilung aufweisen. Zum Teil zeigt sich auch eine Veränderung von autonomen bzw. männlich oder weiblich dominierten Rollen hin zu einer gemeinsamen Rollenübernahme der Ehepartner (z. B. bei Haushaltsgeräten).

	Anregungsphase	Suchphase	Auswahlphase	Kaufphase	Bestätigungsphase
Individuum	Erstkauf: – Anregung/Impuls – Idee/Wunsch – Wahrgenommenes Bedürfnisniveau – Bei Wiederholungskauf vgl. Bestätigungsphase	– Informationsarten – Informationsquellen – Informationsinhalte – Informations-verarbeitung	– Generierung von Alternativen – Generierung von Auswahlkriterien – Bewertung von Alternativen – Bewertung von Konsequenzen	– Kaufort – Kaufmenge – Kaufzeit – Marke	– Zufriedenheits-niveau – Anspruchsniveau – Kognitive Dissonanzen
Kollektiv	– Rollenaufteilung/ Zuständigkeiten i. d. Familie – Einfluß anderer Familienmitglieder, Bekannte, Freunde	– Aufteilung und Durch-führung von Informa-tionssuchprozessen – Kommunikations-verhalten mit anderen	– Interaktionsverhalten – in der Familie – mit anderen		
Kaufrollen	+ Kaufindikator + Produktinteresse	+ Informationssucher + Informationsverarbeiter	+ Produktexperte + Empfehler	+ Kaufentscheider + Kaufbeteiligte/ Begleitperson	+ Konsumierender + Prozessvalidator
Ergebnis in der Phase	– Entscheidung über Anschaffung	– Entscheidung über Produktgruppe	– Entscheidung über Produktart	– Entscheidung über Marke	
Situation	– Schlüsselerlebnis	– Verfügbarkeit von Informationen – Kosten der Informa-tionen	– Plötzliche Umweltveränderungen	– Zeitdruck – Warenpräsenz (und Lieferzeit) – Stimmung	– Offensichtliche Produktmängel
Marketing-Aktivitäten	– Aufmerksamkeits-werbung – Produktinnovation	– Informatorische Werbung – Distributionsdichte	– Preis/Sonderangebote – Verkaufsförderung – Kundendienst – Produktdifferenzierung – Distributionsdichte	– Erinnerungs-werbung – Verkaufsförderung – Persönlicher Verkauf – Warenpräsentation – Rabatte	– Bestätigungs-werbung

GABLER GRAPHIK

Abbildung 24: Problemschichten und Bezugsrahmen zur Analyse von kollektiven Kaufentscheidungen (Quelle: Meffert, Dahlhoff 1979)

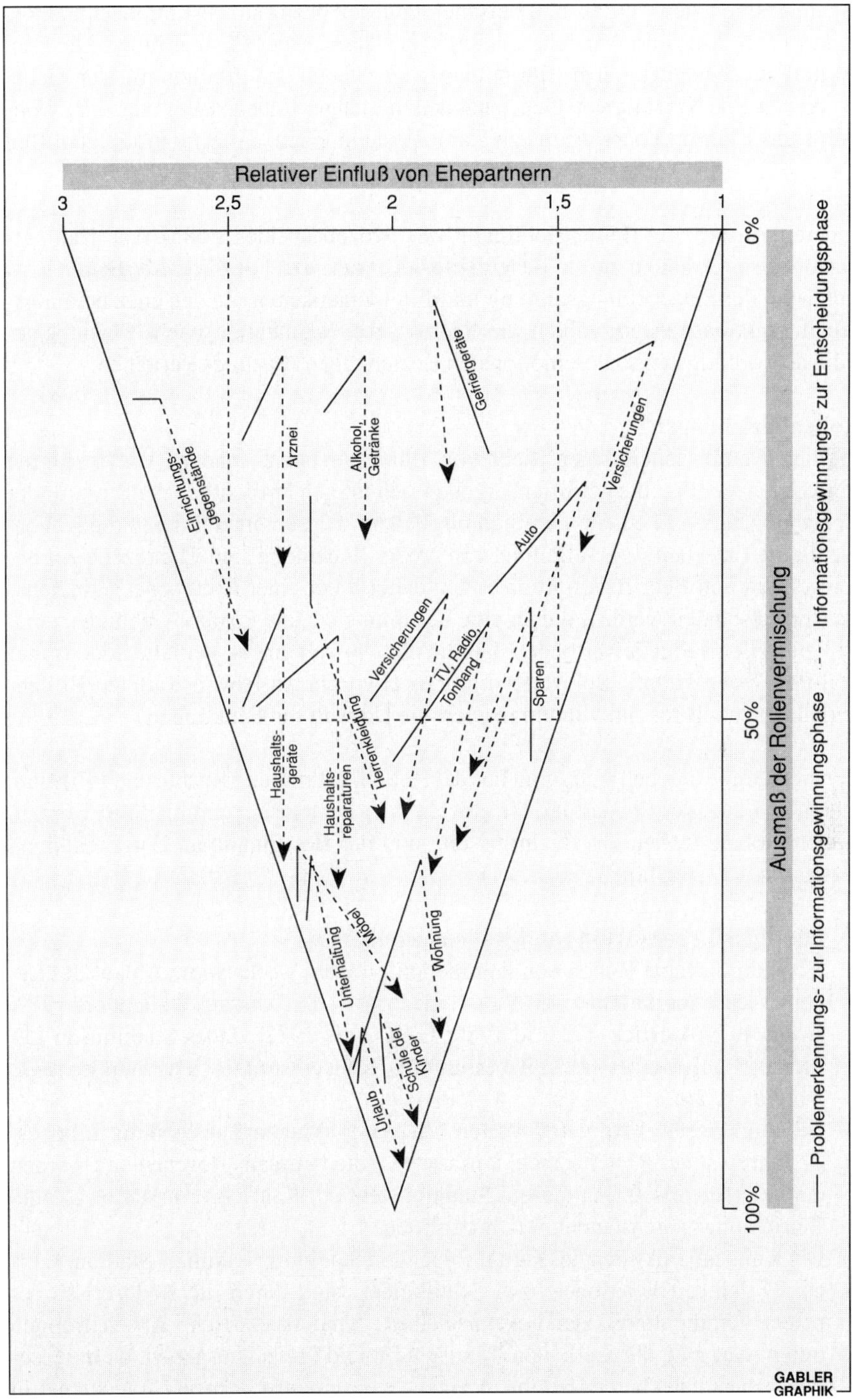

Abbildung 25: Veränderung der Entscheidungsrollen in drei Phasen des familialen Kaufentscheidungsprozesses (Quelle: Davis, Rigaux 1974, S. 56)

Generell kann festgehalten werden, daß Entscheidungen in bezug auf bestimmte langlebige Konsumgüter (z. B. Auto oder Versicherungen) in die Domäne des Mannes fallen. Die Frau dominiert die Entscheidungen über Einrichtungsgegenstände und Produkte für den Haushalt. Die gemeinsame Nutzung von Gegenständen mit langer Lebensdauer wie z. B. Wohnung, Radio und TV führt überwiegend zu Kaufentscheidungen, die gemeinsam getroffen werden.

Einen anderen Ansatz zur Berücksichtigung des Prozeßaspektes kollektiver Kaufentscheidungen weisen Arbeiten auf, in denen **Interaktionen der Familienmitglieder** bzw. ihr Verhalten bei der Entscheidungsbildung im Mittelpunkt stehen. Zu den entscheidungsrelevanten Interaktionsmustern zählen die Rollen-, Kommunikations- und Machtbeziehungen, die den wichtigsten sozio-emotionalen Beziehungen Ausdruck verleihen.

1. Rollenbeziehungen

Werden Kaufentscheidungen nicht von Einzelpersonen, sondern von mehreren Personen in der Familie getroffen, ergeben sich Fragen hinsichtlich der Struktur der Beziehungen zwischen den Familienmitgliedern. Hierbei interessieren die Rollen, die für die Entscheidungsaufteilung von großer Bedeutung sind. Ergänzend zur bereits erläuterten Begriffsdefinition sollen daher unter einer Rolle jene Verhaltensmuster verstanden werden, die an eine bestimmte soziale Position gebunden sind. Rollen stellen somit Erwartungen dar, die die Umwelt an das Verhalten der Träger von Positionen knüpft. Bei Verletzung des erwünschten bzw. erwarteten Rollenverhaltens durch das Individuum reagiert die Umwelt mit Sanktionen.

Für die Familie ergeben sich somit aus der Rollenbestimmung Rechte und Pflichten. Die Aktivitäten der Ehepartner, die einzeln oder gemeinsam durchgeführt werden, stellen globale Rollen der Beeinflussung und der Beteiligung an Entscheidungsprozessen dar (Dahlhoff 1980, S. 41).

a) Familien-Lebenszyklus und Rollenveränderung

Konsumrelevante Rollen von Familienmitgliedern wechseln im Ablauf des Lebenszyklus von Familien (Müller-Hagedorn 1978; Zaltman, Wallendorf 1979; Arndt 1979; Derrick, Lehfeld 1980; Gilly, Enis 1982). Jedes Stadium im Lebenszyklus ist dabei eng mit bestimmten Konsumstrukturen verbunden (vgl. Abbildung 26).

Bei kinderlosen, jung verheirateten Ehepaaren (Gatten-Ehe-Stadium I, bis ca. 27 Jahre) ist der Rollenwandel umfassend. Alte Normen erlöschen und werden durch andere ersetzt. In diesem Stadium steht der Kauf von Ausstattungs- und Einrichtungsgegenständen im Vordergrund.

Die Konsumstrukturen des darauf folgenden Stadiums (Familien-Stadium I, bis ca. 37 Jahre, Kleinkinder bzw. Schulkinder) sind durch die Bedürfnisse der neuen Familienmitglieder gekennzeichnet. Kinderspezifische Anschaffungen treten häufig an die Stelle von Luxusgütern und Freizeitausgaben, da in dieser Phase die Kinder bereits beginnen, eigene Konsumansprüche zu entwickeln. Ein

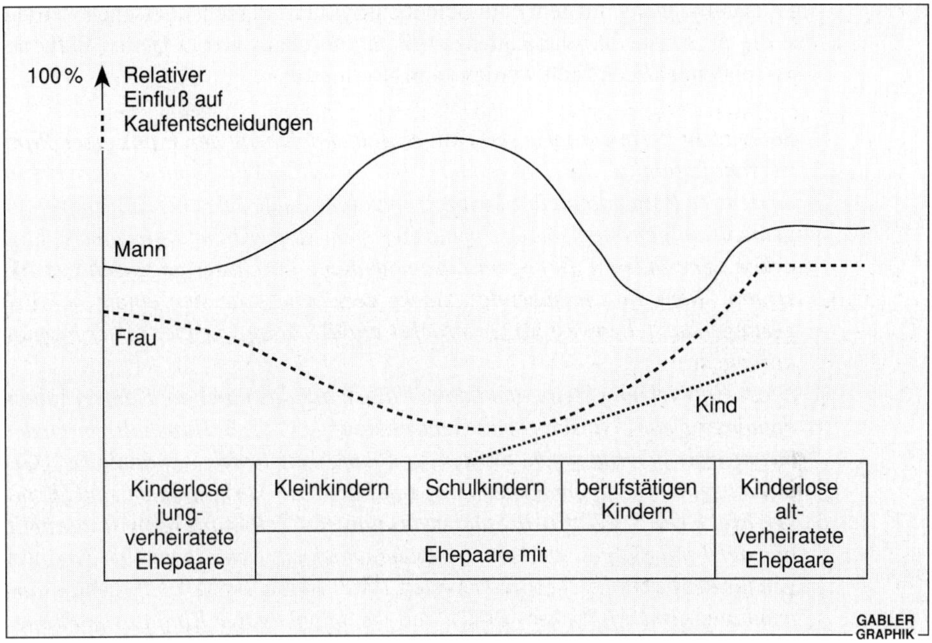

Abbildung 26: Relativer Entscheidungseinfluß von Familienmitgliedern im Ablauf des Lebenszyklus

Ehepartner gibt in dieser Phase in der Regel den Beruf auf oder schränkt ihn zumindest ein. Daher steht häufig ein geringeres Einkommen zur Verfügung. Die Einkaufsentscheidungen dieser Familienphase betreffen vor allen Dingen Güter des täglichen Bedarfs. Eine zweite Anschaffungswelle (bedingt durch Ersparnisse bzw. beruflichen Aufstieg) erfolgt ca. nach drei bis fünf Jahren.

Ein weiterer Wechsel im Konsumentenverhalten tritt ein, wenn die Kinder berufstätig werden (Familien-Stadium II, bis ca. 47 Jahre). Das Mitverdienen der Frau kann zu einer größeren Konsumabhängigkeit der Familie führen. Die Kinder entwickeln eigene Konsumstile und steuern Konsumerfahrungen für familiale Kaufentscheidungen bei. Entsprechend den Rollenerwartungen durch andere legen die Eltern häufig deutlichen Wert auf die Weiterbildung der Kinder.

Ein letzter Rollenwechsel kann während der letzten Phase des Lebenszyklus (Gatten-Ehe-Stadium III, bis ca. 71 Jahre) festgestellt werden. Die Kinder haben das Elternhaus verlassen und nehmen nur selten – meist in beratender Funktion – an den Kaufentscheidungsprozessen der Eltern teil. Der Rollenumbruch wird noch verstärkt, wenn das Ausscheiden aus dem Erwerbsleben eines oder beider Ehepartner in diese Phase fällt. Die möglichen Einkommensminderungen wirken sich wiederum auf die Konsum- und Kaufstruktur des alternden Ehepaares aus.

Im Zusammenhang mit dem Familienlebenszyklus darf nicht übersehen werden, daß die phasenspezifische Rollenzuweisung durchaus von aktuellen Entwicklungstendenzen beeinflußt werden kann (Bartos 1991).

> *So entsteht beispielsweise seit einiger Zeit zunehmend der Typus einer* ***Partnerschaftsfamilie****, die sich – anders als die traditionelle Familie – durch keine eindeutige Rollendominanz kennzeichnen läßt. Viele Entscheidungen werden gemeinsam getroffen. Jeder Ehepartner steht souverän und gleichberechtigt neben dem anderen. In engem Zusammenhang mit dieser gegenseitigen Akzeptanz steht die zunehmende „Stärke der Frau", die sich einem sichtlich gestiegenen Stellenwert als Gesprächs- und Beratungspartner in der Familie ausdrückt.*
> *Diese Entwicklung bleibt nicht ohne Folgen auf das familiale Kaufverhalten, da immer mehr „typische Frauenentscheidungen" (z. B. Haushalt) durch den Mann (mit-)übernommen werden und umgekehrt viele „männliche" Gebrauchsgüter in zunehmendem Maße auf die Frau abzustimmen sind (Kroeber-Riel 1990, S. 472 ff.). In Studien aus jüngerer Zeit wurde bspw. festgestellt, daß der Einflußanteil der Frau besonders hoch ist, wenn es um den Zweitwagen für die Familie geht (Bauer Verlag 1987; Burda 1983). In diesem Zusammenhang bemerkt Böcker (1987), daß der offenkundige Einfluß von Frauen und anderen Familienmitgliedern einer eindeutigen Präzisierung bedarf, um Implikationen für das Marketing herleiten zu können (Böcker 1987, S. 17).*

Mit fortschreitendem Familienzyklus nehmen die gemeinsamen Entscheidungen ab. Gründe sind die zunehmende Kauferfahrung und eine klare Zuordnung der zu treffenden Kaufentscheidungen auf die Familienmitglieder (Wiswede 1976; Scanzoni, Szinovacz 1980, S. 105).
Die bisherigen Ausführungen belegen, daß der Marktforschung die Aufgabe zukommt, Korrelationen zwischen Familienstadien und Kaufgewohnheiten unter Berücksichtigung aktueller Entwicklungstendenzen zu ermitteln. Mit Hilfe solcher Informationen lassen sich Marktsegmente mit spezifischen Konsummustern in den einzelnen Lebenszyklusphasen der Familien bilden.

b) Schichtabhängigkeit und Rollenstruktur

Unter den Variablen, die die Familie und deren Mitglieder typisieren und charakterisieren, hat der Status einen entscheidenden Einfluß auf die familiale Rollenstruktur. Gemeint ist damit der sozio-ökonomische Status, der sich in der sozialen Schichtzugehörigkeit ausdrückt. Dieser wird an Attributen wie Einkommen, Konsumstandard und Bildungsgrad gemessen (vgl. Kapitel II 2.21). Die anhand dieser Kriterien beurteilten Familientypen werden in der Regel verschiedenen Schichten zugeordnet, deren Rollenstrukturen unterschiedliche Ausprägungen aufweisen.
Die finanziellen Möglichkeiten in der **Oberschicht** ermöglichen einen stärkeren autonomen Verantwortlichkeitsbereich im Kaufentscheidungsprozeß. Da jedem

Familienmitglied zu kaufen erlaubt ist, was es sich wünscht, erübrigen sich viele Diskussionen über Kaufvorhaben. Familien der **Mittelschicht** neigen eher zu gemeinsamen Kaufentscheidungen, weil der Einsatz finanzieller Ressourcen überlegt werden muß. Es läßt sich daher häufig keine eindeutige Rollendominanz feststellen. In der **Unterschicht** stehen Entscheidungen über Güter des täglichen Bedarfs im Vordergrund. Bei diesen Kaufentscheidungen ist die Wahrscheinlichkeit relativ groß, daß die Frau dominiert. Bei anderen Kaufentscheidungen wird meist aufgrund traditioneller Normen eine strikte Rollenteilung praktiziert, wobei jedes Familienmitglied in dem zugewiesenen Bereich autonom entscheidet.

2. Kommunikationsbeziehungen

Wenngleich Rollenbeziehungen Aufschluß über das Ergebnis des familialen Entscheidungsprozesses geben, bleibt der tatsächliche Entscheidungsablauf ungeklärt. Daher sind die kommunikativen Beziehungen in der Familie zu berücksichtigen, in deren Verlauf kollektive Entscheidungen angeregt werden, die einem anschließenden Reifeprozeß unterliegen und letztendlich zum Abschluß, d. h. zur konkreten Kaufentscheidung führen.

Die Kommunikation in einer Familie verläuft meist im Rahmen einer bestimmten **Kommunikationsstruktur**, d. h. nach sich wiederholenden Interaktionsmustern. Je nach Ausprägung der dispositionalen Variablen (Autoritätsstruktur, Zukunftsorientierung, Arbeitsteilung in der Familie), der sozioemotionalen Variablen (bei großer Zuneigung in der Familie wird z. B. mehr miteinander gesprochen) sowie der sozialstrukturellen Variablen (soziodemographische Merkmale, Schichten) bilden sich unterschiedliche Strukturformen, die die intrafamilialen Kommunikationsflüsse steuern.

Große Bedeutung für den Ausgang von Kaufentscheidungen hat die zentrale kommunikative Stellung eines Familienmitgliedes. Diese Schlüsselposition fällt meist der Mutter zu. Sie übernimmt einerseits eine Informationsmittlerfunktion zwischen Vater und Kindern. Dabei kann sie die Informationen gewollt oder ungewollt verändern, um eine gewünschte Entscheidung zu begünstigen. Andererseits besitzt die Mutter als Kommunikationszentrum einen Informationsvorsprung, den sie während des Entscheidungsprozesses gezielt einsetzen kann.

3. Machtbeziehungen

Macht wird in der Familie häufig durch bestimmte Aktivitäten und die Übernahme entscheidungszentraler Rollen erworben. Im sozialen Kontext ist Macht die Fähigkeit des Machthabenden, die Machtunterworfenen zu einem Verhalten im Sinne des Machthabenden zu bewegen.

Hierzu ist es von Bedeutung, im Rahmen familialer Machtbeziehungen zu prüfen, auf welche Machtgrundlagen sich die Familienmitglieder beziehen und welche Machtmittel sie anwenden (Ruhfus 1976, S. 135 ff.). Als Machtgrundlagen lassen sich Belohnungs-, Bestrafungs-, Legitimations-, Identifizierungs- und Expertenmacht unterscheiden (vgl. Weinberg, Zwicker 1973, S. 125 ff.; Ruhfus 1976,

S. 135 ff.). Alle Familienmitglieder verfügen über ein mehr oder weniger ausgeprägtes Repertoire an Machtmitteln, das ihnen die Kontrolle der anderen ermöglicht.

Eine direkte Kontrolle des Machthabenden über den Machtunterworfenen kann durch Belohnungen und Bestrafungen, aber auch durch Überzeugung und Überredung erreicht werden. Eine indirekte Kontrolle geht von dem Familienmitglied aus, das als „social gatekeeper" fungiert. So kontrolliert die Hausfrau die Lebensgewohnheiten der Familie und nimmt damit Einfluß auf Entscheidungen im Lebensmittelbereich.

Während der einzelnen Kaufentscheidungen können sowohl intra- als auch interpersonelle Konflikte auftreten. **Intrapersonelle Konflikte** sind in der Person des Konsumenten selbst begründet. Sie werden durch die individuellen, voneinander abweichenden Zielvorstellungen (der Vater möchte z. B. einen prestigeträchtigen Nobelwagen, die Mutter einen handlichen Stadtwagen) sowie Vorstellungen über die Produkteigenschaften (z. B. Farbe, Ausstattung usw.) geprägt. Der Grad des Involvement hat Einfluß auf die Rolle z. B. des Kaufinitiators oder Benutzers im Verlauf der Kaufentscheidung eingenommen (vgl. Dahlhoff 1980, S. 141 f.). Daneben stellt die gleichzeitige Zugehörigkeit zu unterschiedlichen Bezugsgruppen und die dort ausgeübten Positionen ein weiteres intrapersonelles Konfliktfeld dar. Jeder Rollenträger wird mit den unterschiedlichen, einander widersprechenden Erwartungen an seine Rolle konfrontiert (z. B. ein Mann als Sohn und Schwiegersohn, Vater und Ehemann, Vorarbeiter im Betrieb, Schatzmeister in einer politischen Partei). Konflikte, die sich aus den unterschiedlichen Rollenerwartungen ergeben, werden als **Inter-Rollenkonflikte** bezeichnet.

Konflikte können aus tatsächlichen oder erwarteten Sanktionen der einzelnen Rolleninhaber resultieren. Unterscheiden lassen sich positive Sanktionen wie Lob, Zustimmung und negative Sanktionen wie Mißbilligung und Strafe. Wenn ein Rolleninhaber sein Verhalten sehr stark an den Normen der sozialen Umwelt ausrichtet, kann er hierdurch in Konflikt mit seinen eigenen Verhaltensvorstellungen geraten. Sheth (1974, S. 32 ff.) schlägt folgende **Strategien zur Konfliktbewältigung** vor:

1) Extensivierung der Problemlösung

   Falls die Ziele übereinstimmen, bemühen sich die Familienmitglieder, eine Alternative zu finden, die ihren verschiedenen Ansprüchen genügt, aber vorher – mangels Informationen – nicht berücksichtigt wurde.
2) Gegenseitige Beeinflussung der Zielsetzung
3) Aushandeln von Kompromissen
4) Familienpolitische Aktivitäten, unter anderem Bildung von Koalitionen.

Die genaue Festlegung von Entscheidungskompetenzen für einzelne Konsumgüter sowie die Einberufung einer „Familienkonferenz" bei wichtigen, alle betreffenden Kaufentscheidungen können helfen, das Konfliktpotential zu reduzieren.

2.23 Meinungsführer

Im Rahmen interpersonaler Erklärungsansätze des Käuferverhaltens ist neben kulturellen Einflüssen und der Gruppenzugehörigkeit des Konsumenten das Konzept des Meinungsführers von Bedeutung. Als Meinungsführer werden generell jene Mitglieder einer Gruppe bezeichnet, die im Rahmen des Kommunikationsprozesses einen stärkeren persönlichen Einfluß als andere ausüben und daher die Meinung anderer zu beeinflussen oder ändern in der Lage sind (Kroeber-Riel 1990, S. 539 ff.).

Im allgemeinen sind Meinungsführer in allen sozialen Schichten zu finden. Ihre Lebensverhältnisse und Interessen sind denen der von ihnen Beeinflußten oft sehr ähnlich, wodurch eine Einflußnahme erleichtert wird.

Die zahlreichen Außenkontakte von Meinungsführern und ihre aktive Teilnahme an sozialen Interaktionen von Gruppen geben ihnen eine **Schlüsselposition innerhalb des Kommunikationsgefüges**. Ein aktiver Informationskonsum sichert ihnen einen Informationsvorsprung, der ihnen „informelle Macht" gegenüber anderen Konsumenten verleiht und es erlaubt, Nachrichten entsprechend den eigenen Zielen zu manipulieren. Dieser Informationskanal vom Meinungsführer zum Beeinflußten kann gleichzeitig dazu verwendet werden, sozialen Druck auszuüben oder Hilfestellung beim Kauf zu geben.

Die Ermittlung einer „typischen" Persönlichkeitsstruktur des Meinungsführers anhand sozio-demographischer und psychographischer Merkmale erweist sich als äußerst schwierig oder gar unmöglich (Hofstätter 1973). Dennoch kann ein enger Zusammenhang zwischen der Person des Meinungsführers und Eigenschaften wie Sprach- und Durchsetzungsvermögen vermutet werden (Kroeber-Riel 1990, S. 541). Für die Marktforschung und Zielgruppenplanung ergibt sich zusätzlich die Forderung, das situationsabhängige Kommunikationsverhalten zu erfassen sowie produktgruppenspezifische Bezüge herzustellen.

Da von Meinungsführern ein hohes Maß der Beeinflussung von Kauf- und Konsumgewohnheiten ausgehen kann, ist das Konzept vor geraumer Zeit auf den **Bereich der Werbung** übertragen worden. Dabei leisten Meinungsführer den eigentlichen Botschaftstransfer zwischen den Medien als Sender und dem Massenpublikum als Empfänger. Insofern schließen Meinungsführer vor allem die von den Massenmedien nicht oder nur teilweise erreichten potentiellen Empfänger an das Kommunikationsnetz an und verstärken oder mindern die Wirkungen bei den bereits erreichten Personen. Nach einer Typologie der Meinungsführer von Meyer (1987) können beispielsweise „populäre Stars" und auch „Experten", die als Meinungsführer in der Werbung eingesetzt werden, ein hohes Maß an positiver Produktwahrnehmung und Glaubwürdigkeit vermitteln, während eine „Person aus der Zielgruppe in Konsumsituation" als Meinungsführer eher auf Imitations- oder Identifikationsvorgänge abstellt.

In neuerer Zeit haben vor allem die „realistischen Leitbilder", sog. **Testimonials** an Bedeutung gewonnen. So werden konkrete Personen (z. B. prominente Persönlichkeiten für eine Kosmetikserie) oder abstrakte Personen (z. B. Hausfrau für bestimmtes Waschmittel) als Leitbildfiguren aufgebaut. Grundlage der Leitbildwerbung ist das Lernen am Modell (vgl. Bandura 1976; Weinberg 1981). Danach lernen Konsumenten Verhaltensweisen vom Meinungsführer (Vorbild) aufgrund von Beobachtungen. Sie nehmen die Eigenschaften ihres Modells wahr und versuchen, durch die Imitation eine ähnlich positive Verstärkung wie im Modell zu erlangen.

Der Meinungsführeransatz wird auch in verstärktem Maße bei der Einführung neuer Produkte angewendet. Meinungsführer tragen zur Verbreitung neuer Produkte bei, indem sie Empfehlungen aussprechen oder Prognosen abgeben und durch ihr eigenes **Pionierverhalten** andere Konsumenten vom Produkt überzeugen. Insofern zählen sie zu den sogenannten Innovatoren.

Grundsätzlich bieten sich Meinungsführer zur Gewinnung kleiner Zielgruppen an. Bei großen Zielgruppen ist die Konzentration auf Meinungsführer äußerst problematisch, da ihre Anzahl häufig sehr groß ist und die „individuelle" Umwerbung ohne Streuverluste hohe Kosten verursachen würde (Bänsch 1989, S. 97). Wenngleich keine gesicherten Erkenntnisse über den Einfluß von Meinungsführern auf die Empfänger vorliegen (Trommsdorff 1989, S. 205), kann ein Zusammenhang mit intrapersonalen Variablen (z. B. Involvement) vermutet werden. Darüber hinaus stellt sich für die Marktforschung und Zielgruppenplanung die Aufgabe, produktgruppenspezifisch zu untersuchen, wodurch die Meinungsführer gekennzeichnet sind, welche Argumente auf sie wirken und mit welchen Werbemedien sie Kontakt haben (Hummrich 1976).

2.3 Prozesse des Konsumentenverhaltens

2.31 Entscheidungsverhalten von Konsumenten

Einfache Erklärungsansätze wie die intra- und interpersonalen sind nicht in der Lage, das Konsumentenverhalten vollständig und umfassend zu erklären. Wenngleich diese Ansätze auf den eigentlichen Kaufakt ausgerichtet sind, arbeiten sie nur mit einer beschränkten Anzahl von Variablen, ohne die eigentlichen Bestimmungsfaktoren des Kaufverhaltens in ihrem Zusammenhang zu berücksichtigen und ohne die Variablen in einen strukturellen Bezugsrahmen zu bringen. Aus diesem Grunde werden zwei Vorgehensweisen vorgeschlagen:

1. Es sind alle wesentlichen Bestimmungsfaktoren des Käuferverhaltens in ein Verhaltensmodell einzubeziehen. Hierin zeigt sich unmittelbar die Bedeutung der interdisziplinären Forschung für das Marketing, die z. B. in der Bildung von **Strukturmodellen** des Käuferverhaltens ihren konkreten Ausdruck findet.

2. Das Käuferverhalten vollzieht sich in einem Zeitraum und läßt sich in mehrere Entscheidungsphasen – von der Anregungs- bis zur Kontrollphase – einteilen. In einer **Prozeßanalyse** der Kaufentscheidung ist die Relevanz der einzelnen Bestimmungsfaktoren und deren funktionale Verknüpfungen im Zeitablauf aufzuzeigen (Schulz 1972).

2.311 Strukturmodelle

2.3111 Modell von Engel, Kollat und Blackwell

Eines der bekanntesten Erklärungsmodelle des Konsumentenverhaltens ist das Modell von Engel, Kollat und Blackwell (1978). Es beschreibt die psychischen Vorgänge von Konsumenten während des Kaufentscheidungsprozesses. Dabei werden die den Konsumenten beeinflussenden Variablen aufgezählt und miteinander in Beziehung gesetzt (vgl. Abbildung 27).

Das Modell baut auf den drei Hauptkomponenten Entscheidungs-, Informationsverarbeitungs- und Bewertungsprozeß auf (Berkmann, Gilson 1981, S. 41 f.; Bänsch 1989, S. 125 ff.). Der **Entscheidungsprozeß** beginnt mit der Problemerkenntnis (Kauf eines Produktes), wenn das Individuum Abweichungen zwischen einem Ideal- und einem Ist-Zustand bemerkt. Diese Erkenntnis wird durch aktivierende Motive und auf das Individuum wirkende Stimuli ausgelöst. Ist dem Konsumenten das Problem bewußt geworden und hat er keine unmittelbare Problemlösung bereit, setzt die **Informationssuche** ein. Die Intensität der Informationssuche hängt von den Informationskosten und dem antizipierten Informationsnutzen ab. Die Suche ist beendet, wenn die zusammengetragenen Informationen eine Alternativenbewertung (Bewertungsprozeß) erlauben.

Die aufgenommenen Informationen werden im Rahmen der Informationsverarbeitung fortlaufend selektiert, wodurch es zu Informationsverlusten und -verzerrungen kommt. Im Arbeitsspeicher überprüft das Individuum die ankommenden Informationen auf ihre Kongruenz mit den eigenen Überzeugungen, Meinungen und Verhaltensabsichten. Voraussetzung hierfür ist eine durch psychische Aktivierung ausgelöste Aufmerksamkeit. Die Vereinnahmung der Information führt zu neuen Informationen und Erfahrungen, die in das Langzeitgedächtnis eingehen.

Die gewonnenen Informationen bilden die Grundlage des **Bewertungsprozesses** von Produktalternativen. Zur Beurteilung der Alternativen werden Bewertungskriterien her-

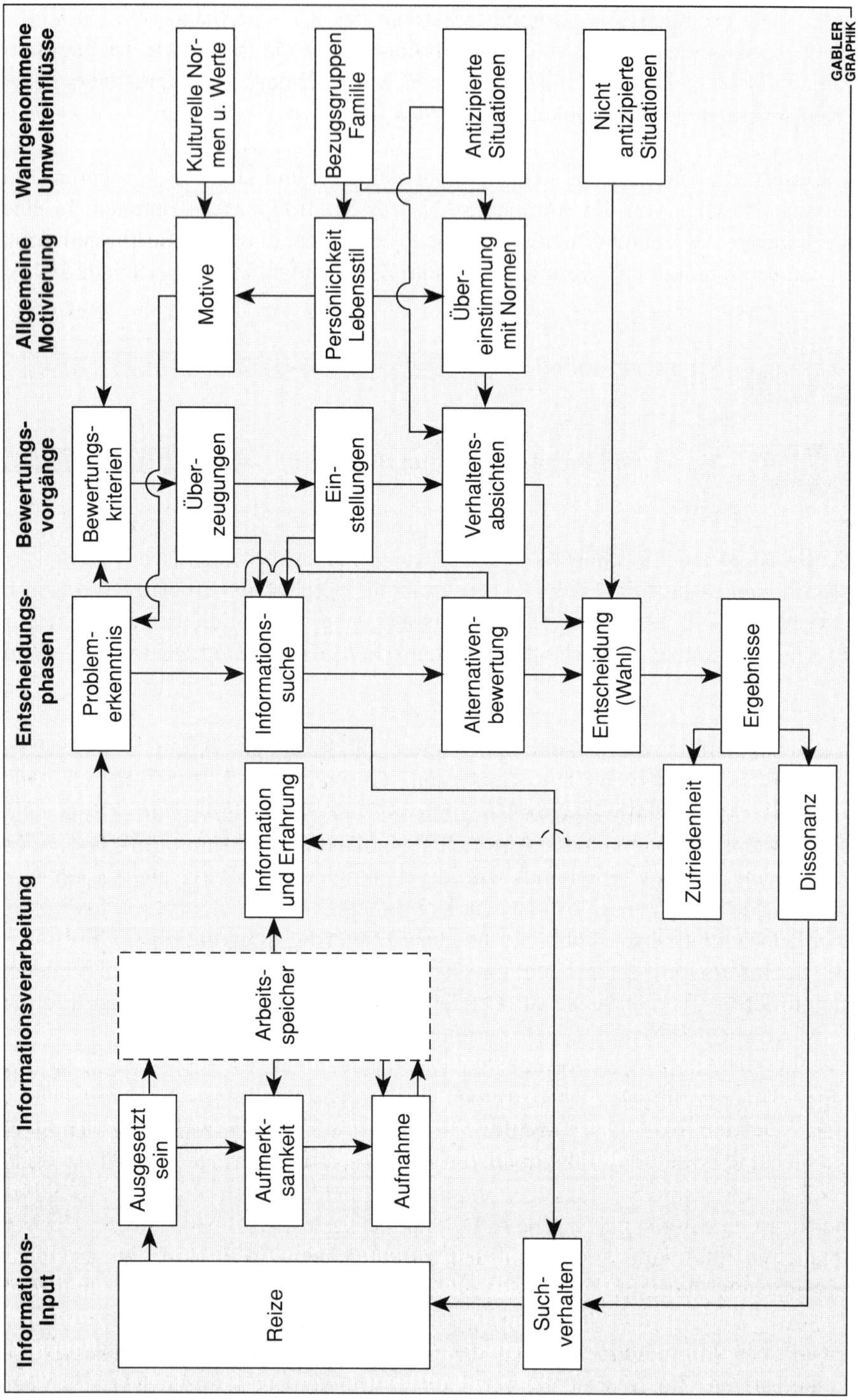

Abbildung 27: Erklärungsmodell des Konsumentenverhaltens von Engel, Kollat und Blackwell (Quelle: Engel, Kollat und Blackwell 1978, S. 32)

angezogen, die die persönliche Zielsetzung des Individuums widerspiegeln. Diese Kriterien stehen in Beziehung zu den Motiven, Einstellungen und Verhaltensabsichten sowie der Persönlichkeit und dem Lebensstil des Konsumenten. Darüber hinaus haben Variablen des externen Umfeldes einen beachtlichen Einfluß auf die oben genannten Prozesse. Kulturelle Normen und Werte sowie Bezugspersonen (z. B. Familienmitglieder) wirken direkt auf die intrapersonalen Variablen ein.

Das Ergebnis des Entscheidungsprozesses kann zur Zufriedenheit oder Unzufriedenheit (Dissonanz) führen. Zufriedene Konsumenten sehen im Kauf des Produktes ihre Einstellungen und Überzeugungen bestätigt und speichern diese Erfahrungen für künftige Einkäufe ab. Beim Eintreffen von Nachkauf-Dissonanzen werden sie bemüht sein, ihren Kauf durch nachträgliche Informationen zu rechtfertigen.

Das komplexe Modell von Engel et al. spiegelt den komplexen Verlauf eines extensiven Kaufentscheidungsprozesses wider. Es erhebt allerdings auch den Anspruch, durch Vereinfachungen innerhalb des Informationsverarbeitungsprozesses limitierte und habitualisierte Kaufentscheidungen erklären zu können.

2.3112 Modell von Howard und Sheth

Ebenfalls sehr umfassend ist das Modell von Howard und Sheth (1969). Es versucht, den Kaufentscheidungsprozeß für eine bestimmte Marke aus einer Gesamtheit alternativer Marken zu erklären. Extensive Kaufentscheidungen stehen auch hier im Mittelpunkt. Wie bei Engel, Kollat, Blackwell stehen psychische Vorgänge des Konsumenten im Vordergrund. Der Ansatz folgt der Grundstruktur eines S-O-R-Modells und ist so aufgebaut, daß zwischen den Inputvariablen (z. B. Produktdarbietungen, symbolische Informationen, soziale Einflüsse) und Outputvariablen (Kauf, Kaufabsicht, Einstellungen usw.) Wahrnehmungs- und Lernkonstrukte zwischengeschaltet sind. Die letztgenannten Konstrukte sind weiter untergliedert und miteinander verknüpft (vgl. Abbildung 28).

Beginnend mit den **Wahrnehmungskonstrukten** wirken auf den Konsumenten eine Vielzahl von Stimuli (Inputvariablen) ein. Er wird mit Informationen von Freunden und Bekannten (Informationen aus sozialen Quellen) und Informationen wie Preis, Qualität usw. aus den Medien oder der Firmenwerbung konfrontiert. Verständnisprobleme im Sinne einer Mehrdeutigkeit ergeben sich, wenn die erhaltenen Informationen von den gespeicherten symbolischen Informationen (z. B. Preis, Qualität) abweichen. Als Reaktionen sind ein erneutes Suchverhalten oder gesteigerte Aufmerksamkeit denkbar. Welche Stimuli Aufmerksamkeit erzeugen, hängt von den Einstellungen gegenüber Informationsquellen und Marken ab. Motive führen zur Erhöhung der Aufmerksamkeit, bedingen jedoch gleichzeitig in Abhängigkeit von den Einstellungen eine Filterung der aufgenommenen Informationen.

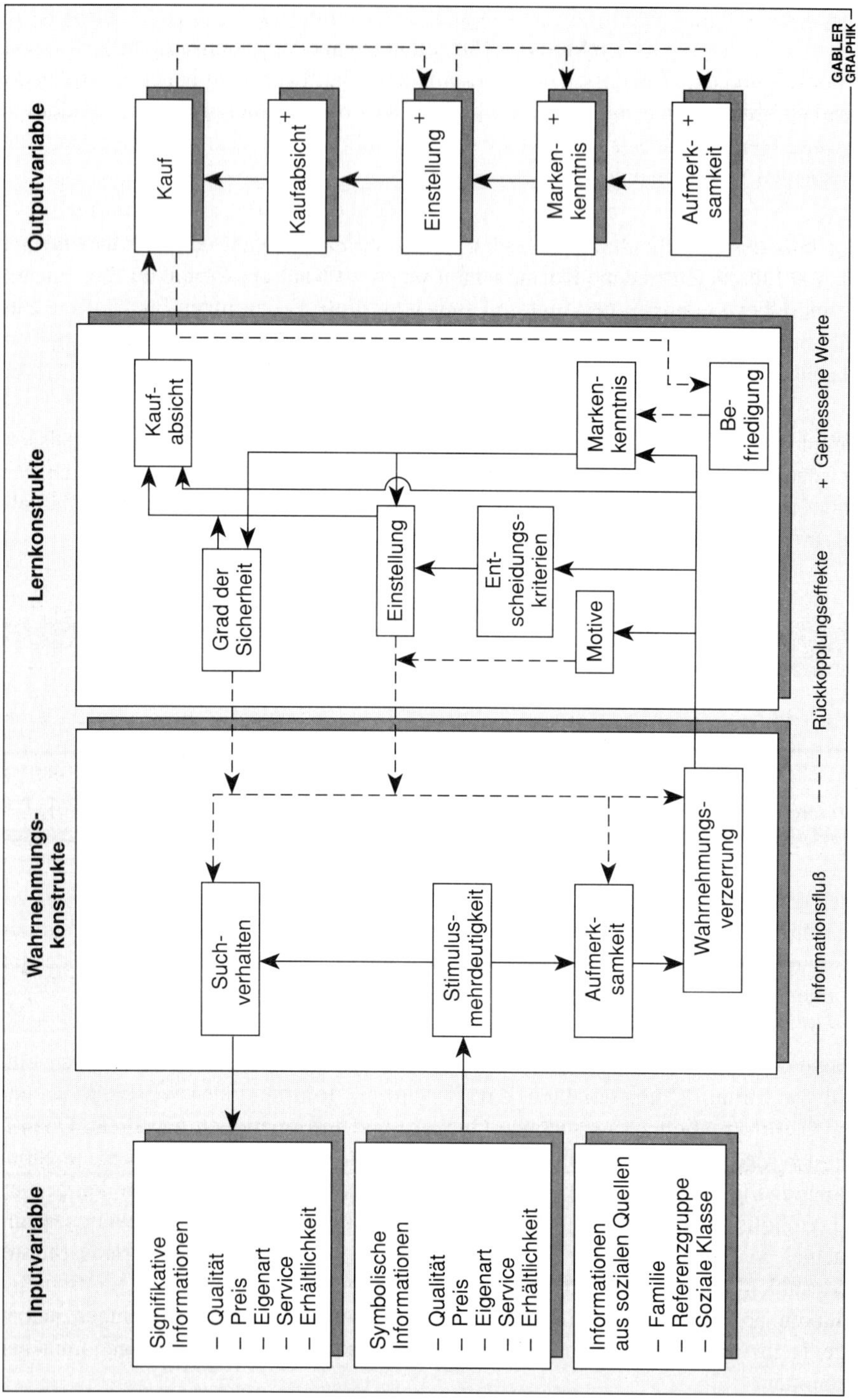

Abbildung 28: Modell von Howard und Sheth (Quelle: nach Howard, Sheth 1969)

Eng verbunden mit den Wahrnehmungskonstrukten sind die **Lernkonstrukte**. Während die Markenkenntnis als Lernkonstrukt das Wissen um die Existenz und die Eigenschaften von Marken beschreibt, dienen Entscheidungskriterien der Bewertung von Alternativen bei gleichzeitiger Berücksichtigung der Motive. Nach der Bewertung ordnen die Einstellungen den einzelnen Marken ihre Möglichkeit zur Motiverfüllung zu. Die vom Konsumenten empfundene Sicherheit bezüglich seiner Markenkenntnis löst je nach Ausprägung eine Kaufabsicht für die Marke oder erneutes Suchverhalten aus. Werden alle Erwartungen und Wünsche durch den Kauf erfüllt, kann der Kaufentscheidungsprozeß als befriedigt bezeichnet werden. Die erfüllten oder übererfüllten Erwartungen stabilisieren die positive Einstellung zum Produkt und die Sicherheit, richtig gehandelt zu haben.

Das vorgestellte Modell ist ebenso wie das Engel-Kollat-Blackwell Modell sehr komplex. Wenngleich auch dieses Modell wertvolle Hilfestellung bei der Strukturierung von Bestimmungsfaktoren des Käuferverhaltens geben kann, ist die empirische Überprüfung des Modells wegen auftretender Operationalisierungs- und Meßprobleme kaum möglich. Darüber hinaus liefert dieses Modell wie auch das Modell von Engel et al. keine hinreichenden Ansatzpunkte zur externen Beeinflussung des Käuferverhaltens.

2.3113 Entscheidungsnetz-Ansatz

Die dargestellten Systemansätze unterscheiden sich von Entscheidungsnetzansätzen durch den Zeitpunkt der Analyse von Verhaltensweisen. Die Systemanalyse beginnt mit der Generierung von Hypothesen zur Strukturierung der Black Box, um anschließend diese Hypothesen empirisch zu überprüfen. Demgegenüber ermittelt der Entscheidungsnetzansatz zunächst empirisch das Kaufverhalten von Konsumenten und versucht dann, die Black Box zu erhellen (Bettman 1979).

Grundlage des Entscheidungsnetzansatzes (vgl. Abbildung 29) sind Kaufprotokolle, die während des Einkaufes der Konsumenten anhand der Methode des „lauten Denkens" erstellt werden. Die Konsumenten werden dazu aufgefordert, alle Gedanken, die ihnen während des Einkaufs durch den Kopf gehen, laut zu äußern.

Diese „Denkprotokolle" werden durch den Interviewer aufgezeichnet und in Entscheidungsnetze umgesetzt, wobei jeder Punkt im Netz einen gedanklichen Vorgang wiedergibt (z. B. Überlegungen über akzeptable Preise, über Haltbarkeit, Farbe etc.). Die so transparent gemachten Entscheidungsprozesse geben über eine Vielzahl verhaltenstheoretischer Variablen Auskunft (Erfahrungen, Risiko, Informationsverhalten, Einstellungen, Motive usw.). Allerdings bezieht sich jedes Entscheidungsnetz auf einen Konsumenten. Aussagen über Käufergruppen können nur dadurch gewonnen werden, daß ein Vergleich von Kaufprotokollen vorgenommen wird.

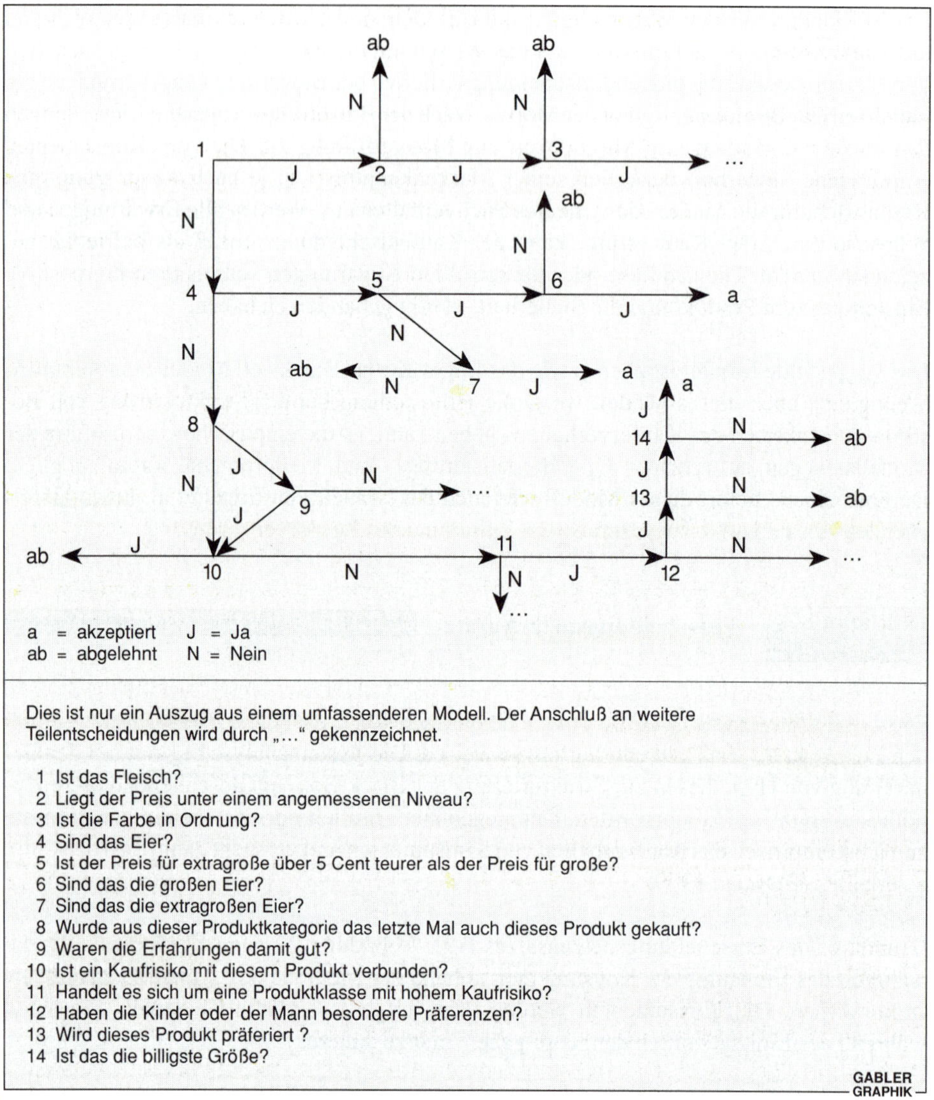

Dies ist nur ein Auszug aus einem umfassenderen Modell. Der Anschluß an weitere Teilentscheidungen wird durch „...“ gekennzeichnet.

1 Ist das Fleisch?
2 Liegt der Preis unter einem angemessenen Niveau?
3 Ist die Farbe in Ordnung?
4 Sind das Eier?
5 Ist der Preis für extragroße über 5 Cent teurer als der Preis für große?
6 Sind das die großen Eier?
7 Sind das die extragroßen Eier?
8 Wurde aus dieser Produktkategorie das letzte Mal auch dieses Produkt gekauft?
9 Waren die Erfahrungen damit gut?
10 Ist ein Kaufrisiko mit diesem Produkt verbunden?
11 Handelt es sich um eine Produktklasse mit hohem Kaufrisiko?
12 Haben die Kinder oder der Mann besondere Präferenzen?
13 Wird dieses Produkt präferiert ?
14 Ist das die billigste Größe?

GABLER GRAPHIK

Abbildung 29: Entscheidungsnetz-Modell
(Quelle: nach Topritzhofer 1974)

Zur Erklärung des Kaufverhaltens ist dieser Ansatz wegen seiner Zeit- und Kostenaufwendungen weniger geeignet. Hinzu kommen Verbalisierungsschwierigkeiten beim Konsumenten und Interpretations- und Standardisierungsprobleme bei den Protokollen (Bettmann 1974, 1979; Nakanishi 1974; Topritzhofer 1974).

2.312 Prozeßmodelle

Die Prozeßanalyse geht über die Betrachtungsweise von Strukturmodellen, die das Käuferverhalten als Ergebnis eines Wahlaktes auffassen, hinaus. Prozeßmodelle betrachten schwerpunktmäßig die Vorgänge der Informationsverarbeitung vor und nach dem Kaufakt, wobei dieser Prozeßgedanke auch ein Bestandteil des Strukturmodells von Engel, Kollat und Blackwell ist. Darüber hinaus geben interne und externe Variablen sowie deren angenommene Verknüpfungen und Beziehungen zusätzlichen Aufschluß über den Entscheidungsprozeß des Konsumenten.

2.3121 Modell für eingeführte Produkte

In der Abbildung 30 ist ein Prozeßmodell der Kaufentscheidung für bereits eingeführte Produkte dargestellt. Der Konsument vollzieht eine Reihe von Informationsverarbeitungsschritten, die die Wahl der Produktart, Einkaufsstätte und Packungsgröße betreffen. Im Hinblick auf das Produkt führt die Informationsverarbeitung zur Wahrnehmung verschiedener Marken. Dieser Vorgang wird deutlich bestimmt von der Bedürfnisintensität des Konsumenten, die in engem Zusammenhang mit seiner Verbrauchsintensität steht. Daneben wirkt eine Vielzahl externer Einflußgrößen (z. B. Werbung, Distributionsgrad, Plazierung) auf den Konsumenten ein. Die Verarbeitung dieser internen und externen Informationen führt zur Wahrnehmung einer präferierten Marke und gegebenenfalls zu deren Kauf.

2.3122 Modell für einzuführende Produkte

Als Beispiel für ein relativ einfach strukturiertes Prozeßmodell zur Beschreibung des Kaufentscheidungsprozesses bei neuen Produkten soll das **Adoptionsmodell** (Rogers 1962; Kaas 1973) dargestellt werden. Im Rahmen der soziologisch orientierten Diffusionsforschung, die die Verbreitung von Neuerungen im Zeitablauf innerhalb von Gruppen untersucht, werden die Übernahme (Adoption) der Neuerung (Innovation) durch den Käufer und ihre Bestimmungsfaktoren untersucht (vgl. Abbildung 31).

Die Dauer des Adoptionsprozesses hängt von einer Reihe personen-, umwelt- und produktbedingter Einflußgrößen ab. Die bedeutsamste personenbedingte Einflußgröße stellt die Risikobereitschaft des Käufers dar. Bei den produktbedingten Einflußgrößen steht der Grad der Verträglichkeit (Kompatibilität) einer Produktinnovation mit den Werten, Normen und Gewohnheiten der sozialen Umwelt im Vordergrund. Je geringer dieser Kompatibilitätsgrad und je niedriger die Risikobereitschaft ist, desto länger dauert der Adoptionsprozeß.

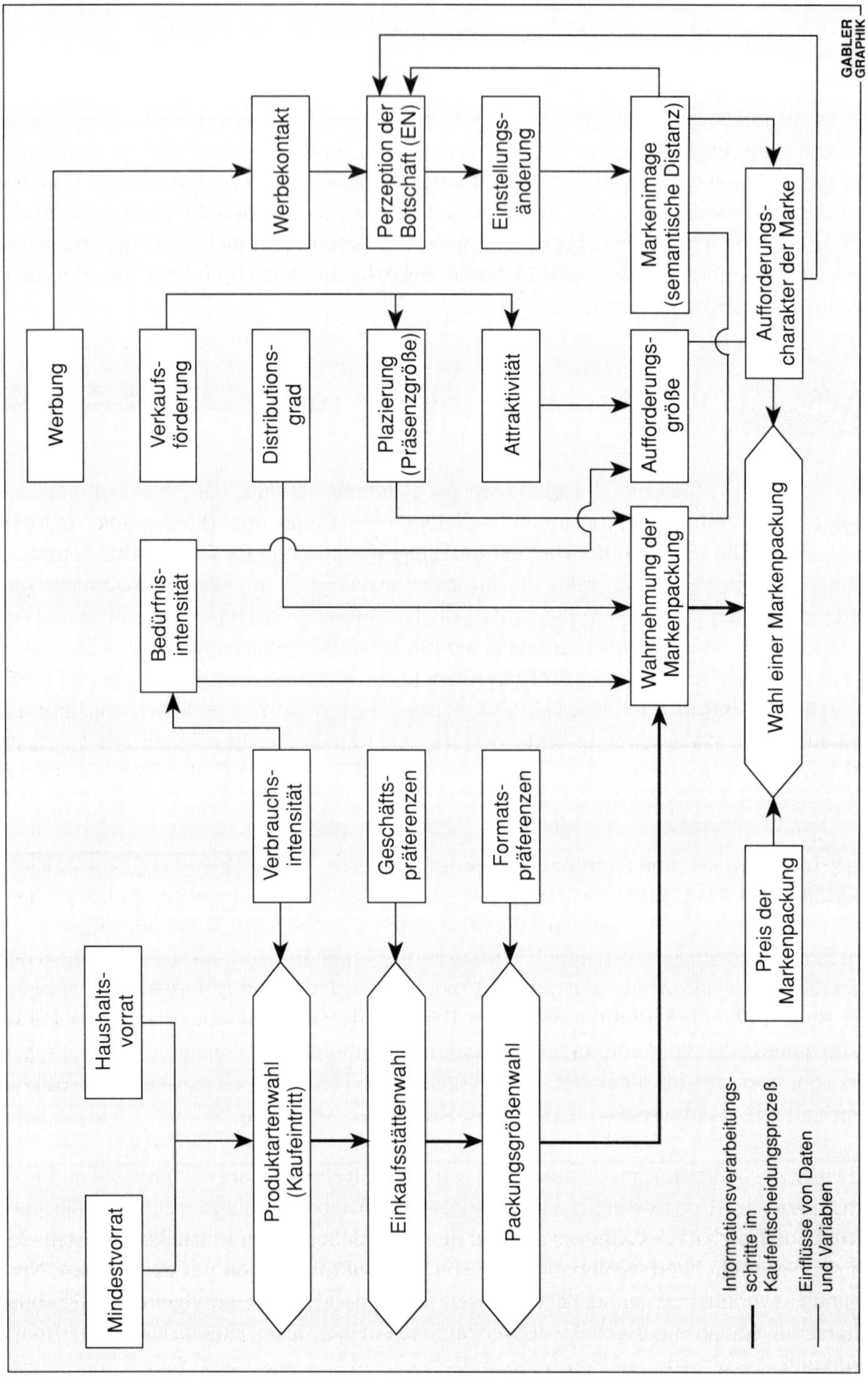

Abbildung 30: Prozeßmodell der Kaufentscheidung (in Anlehnung an Amstutz 1967)

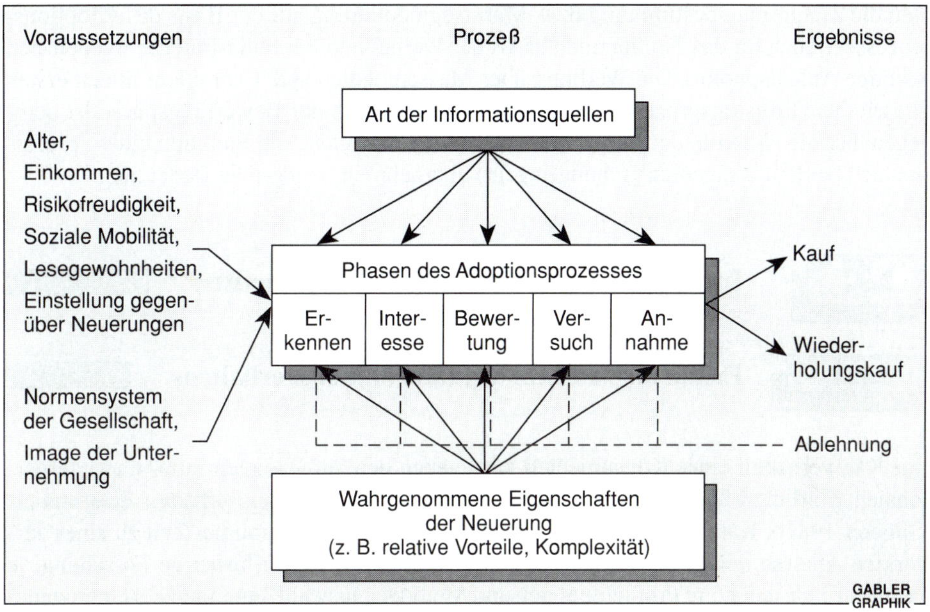

Abbildung 31: Adoptionsprozeß bei neuen Produkten

Während der einzelnen Phasen des Adoptionsprozesses werden die wahrgenommenen Eigenschaften der Neuerung einer kritischen Würdigung unterzogen. In jeder Stufe besteht die Möglichkeit der Ablehnung. Findet keine Ablehnung statt, kommt es zum Kauf bzw. Wiederholungskauf eines Produktes.

Das **Diffusionsmodell** ist neben der zeitraumbezogenen Betrachtung des Adoptionsvorganges durch die Betonung des aggregierten Verhaltens in der Zeit gekennzeichnet. Überträgt man den Prozeß der Diffusion von Neuerungen auf bestimmte Marktsegmente, so lassen sich (idealtypische) Diffusionskurven ableiten. Diese Kurven geben in einer sowohl zeitraumbezogenen als auch kumulierten Betrachtung an, welcher Prozentsatz der Konsumenten die Neuerung jeweils angenommen hat. Je nach Übernahmetermin der Neuerung durch den Konsumenten lassen sich die fünf Adopterkategorien, der Innovatoren und Frühadopter, der frühen und späten Mehrheit sowie der Nachzügler voneinander unterscheiden.

Damit gibt das Diffusionsmodell wertvolle Anhaltspunkte für den Einsatz von Marketingstrategien. Gelingt es z. B. in der Einführungsphase eines Produktes, speziell die Innovatoren und die Frühadopter über Medien zu erfassen und durch Marketingmaßnahmen zu „aktivieren", so sind Beschleunigungen bei der Durchsetzung von Neuerungen denkbar. Empirische Untersuchungen zeigen, daß Ausbildung, Einkommen, Lebensstandard, Mitgliedschaft in Gruppen und Aufgeschlossenheit gegenüber Massenmedien positiv mit der Innovationsbereitschaft von Konsumenten korrelieren. Daneben erleichtern diese Variablen die Zielgruppenbestimmung bzw. Marktsegmentierung auf der Basis des Adoptionsprozesses. Auch für das Timing und die Art der Werbe- und Verkaufsstrategie ergeben sich wichtige Anhaltspunkte. Die Werbung über Massenmedien spielt vor allem in den ersten Phasen des Diffusionsprozesses eine dominante Rolle. In der Bewertungsphase ist demgegenüber die Aktivität der Vertreter bzw. Reisenden, welche die Funktion eines „professionalen Änderungsagenten“ (change agent) übernehmen, von großer Bedeutung.

2.32 Informationsverhalten von Konsumenten

2.321 Erklärungsansätze des Informationsverhaltens

Das Kaufverhalten eines Konsumenten wird neben den aufgezeigten intra- und interpersonalen Einflußgrößen in hohem Maße durch sein Informationsverhalten determiniert (Silberer 1981b; Katz 1983). Diese Erkenntnis hat schon vor geraumer Zeit zu einer verstärkten Analyse des Informationsverhaltens geführt, wobei die bisherige Forschung, je nach zugrunde gelegtem Problembereich und Methodenauswahl, eine Vielzahl heterogener Ansätze aufweist (Kuhlmann 1970; Wilkie 1973; Lindsay und Norman 1972, 1973; Thorelli, Becker, Engledow 1975; Ray und Ward 1976; Thorelli und Thorelli 1977; Meffert 1979; Silberer 1981a; Harris 1983; Katz 1983; Alwitt, Mitchel 1985). Um die vielschichtigen Problemfelder des Informationsverhaltens von Konsumenten auf eine theoretisch fundierte Basis zu stellen, versucht man, die Untersuchungsgegenstände durch ein **Paradigma des Informationsverhaltens** von Konsumenten systematisch zu erfassen. Demnach läßt sich das Informationsverhalten von Konsumenten durch folgende Fragestellungen charakterisieren:

- Wer? (Personen, Gruppen)
- sucht welche Informationen? (Informationsart)
- wo? (Informationsquellen)
- wann und wie lange? (Phase im Kaufprozeß)
- mit wem? (Beteiligte)
- warum? (Bestimmungsgründe der Informationsaufnahme)
- wie? (Ablauf der Informationsaktivitäten)
- über welche Produkte?

Jede dieser Fragestellungen umfaßt zahlreiche Einzelaspekte forscherischen Interesses. So bezieht sich beispielsweise die Frage „Welche Informationen?“ auf die Art der vom Konsumenten gesuchten und verarbeiteten Informationen (z. B. über ein Produkt oder das Image eines Unternehmens), wobei die Informationsart sich weiter spezifizieren läßt hinsichtlich der Attribute, über die sich der Konsument informieren möchte (z. B. Preis und Qualität eines Produktes). Im Hinblick auf die Informationsquellen („wo?“) ließ sich die Verhaltensrelevanz einer Einteilung in persönliche und unpersönliche Quellen bisher nur bedingt nachweisen (Katz 1983, S. 3). Demgegenüber konnte die Bedeutung abhängiger und unabhängiger (neutraler) Quellen für das Informationsverhalten schon mehrfach empirisch belegt werden (Meffert 1976; Katz 1983). Mit der Frage nach der Kaufentscheidungsphase, in welcher der Konsument Informationen sucht und verarbeitet („wann?"), wird der prozessuale Charakter des Informationsverhaltens deutlich. Mit dem „warum?" sind die Zusammenhänge zwischen dem Informationsverhalten und seinen Bestimmungsgründen angesprochen.

Das Paradigma zeigt die Breite und Anzahl möglicher Problemfelder in der Informationsverhaltensforschung auf. Die Schwerpunkte in der bisherigen – häufig empirisch unterlegten – Forschung zum Informationsverhalten lassen sich anhand der zugrunde gelegten unterschiedlichen Gruppen von Variablen feststellen (Meffert 1979, S. 40). Auf die Frage hin, welche Variablen die Suche, Aufnahme und Verarbeitung von Informationen beeinflussen und erklären können, lassen sich Variablengruppen unterscheiden, die sich auf die Person, das Produkt, die Situation und die Merkmale der Informationsquelle beziehen. Im Rahmen **personenbezogener Erklärungsansätze** werden demographische und psychographische Variablen herangezogen, die Aufschluß über das Informationsverhalten in Abhängigkeit z. B. vom Alter oder wahrgenommenem Risiko einer Kaufsituation geben können. Im Hinblick auf den konkreten **Produktbezug** ist eine Informationsnutzung durch den Konsumenten zu vermuten, die nicht unabhängig von der Produktart (kurz-, langlebige Produkte), der Erklärungsbedürftigkeit des Produktes sowie der Anzahl gleichartiger Produktalternativen ist. Bei den **situationsbezogenen** Erklärungsansätzen stellt vor allem die Dringlichkeit des Bedarfs eine entscheidende Einflußgröße des Informationsverhaltens dar.

Diese unterschiedlichen Variablengruppen lassen sich im Sinne des Kontingenzansatzes zu einem Gesamtbild des Informationsverhaltens integrieren, wobei neben beobachtbaren Variablen den nicht-beobachtbaren Vorgängen erhebliche Bedeutung zukommt. Mit Hilfe „theoretischer Konstrukte" – wie etwa Glaubwürdigkeit, Informationswert, Neutralität – sollen Erklärungsmodelle des Informationsverhaltens gefunden werden, die auch kognitive und affektive Prozesse von Individuen einbeziehen. Im Rahmen dieser Überlegungen haben Forschungsansätze, wie z. B. die Theorie des kognitiven Gleichgewichts, der risikotheoretische Ansatz, die Theorie der kognitiven Komplexität, Kosten-Nutzen-Konzepte, die Theorie der Informationsneigung usw. an Bedeutung gewonnen (Richter 1972; Cox 1967; Wiswede 1975; Raaij 1976, Diller 1978; Katz 1983; Gemünden 1985).

In zahlreichen empirischen Studien zur Erfassung des Informationsverhaltens mußten aus forschungsökonomischen Gründen Schwerpunkte bei der Auswahl zu überprüfender Fragestellungen gesetzt werden. Eine in Zusammenhang mit der ***Risikotheorie*** *häufig wiederkehrende Annahme ist der positive Zusammenhang zwischen der Höhe des vom Konsumenten erlebten Risikos und der nachgefragten Menge an Informationen. Zur Beantwortung dieser Frage wurden zahlreiche empirische Studien durchgeführt, deren Ergebnisse teilweise erheblich voneinander abweichen (Literaturübersicht hierzu bei Gemünden 1985). So hängt beispielsweise das Risikoreduktionspotential einer gesteigerten Informationsnach-*

frage zum einen von der Glaubwürdigkeit und Kompetenz ab, die den Quellen beigemessen wird. Zum anderen liegt die Vermutung nahe, daß sich das wahrgenommene Risiko erhöht, wenn der informationssuchende Konsument mögliche negative Konsequenzen und Gefahren seiner Kaufentscheidung erkennen möchte (Gemünden 1985, S. 35). Insgesamt kann festgehalten werden, daß die Erfassung derartiger Zusammenhänge eines sorgfältigen Meßansatzes (z. B. erlebtes anstelle des erinnerten Risikos) bedarf und das Risiko sowohl eine abhängige als auch eine intervenierende Variable sein kann.

2.322 Prozeßanalyse des Informationsverhaltens

Den zahlreichen empirischen Studien zum Informationsverhalten von Konsumenten liegen je nach der zu untersuchenden Fragestellung teilweise sehr unterschiedliche Variablengruppen zugrunde. Dagegen besteht eine einheitliche Auffassung darüber, daß das Informationsverhalten als Ablauf eines Prozesses zu interpretieren ist. So werden etwa die Phasen der **Informationssuche** (information search), **Informationsaufnahme** (information processing) und **Informationsverarbeitung** (central processing) unterschieden (Raffée 1969, S. 93; Hughes 1974, S. 3). Insofern steht das Informationsverhalten in engem Zusammenhang mit den kognitiven Vorgängen der Wahrnehmung und des Lernens (vgl. Kapitel II 2.12).

In Analogie zur maschinellen Datenverarbeitung lassen sich die Prozesse, die die kognitiven Vorgänge vollziehen, einteilen in

- Ultrakurzzeitspeicher
- Kurzzeit-(Arbeits-)speicher
- Langzeitspeicher.

Innerhalb dieser drei Speicherarten findet die Informationsaufnahme, -verarbeitung und -speicherung statt.

Das Gedächtnismodell in Abbildung 32 zeigt die Verknüpfung der drei Speicher- und Gedächtnisarten.

Im **Ultrakurzzeitspeicher**, auch sensorischer Informationsspeicher (SIS) genannt, werden die durch das Auge aufgenommenen sensorischen Eindrücke wie Farbe oder Größe eines Produktes kurzfristig gespeichert und mit anderen Reizkonstellationen – z. B. der Umgebung des Produktes – in Beziehung gebracht. Anschließend werden die Reizkonstellationen in bioelektrische Signale umgewandelt und weiterverarbeitet. Diese Weiterverarbeitung, die die Auswahl, Interpretation und Verknüpfung aufgenommener Reize umfaßt, erfolgt quasi „automatisch" und bedarf noch keiner gerichteten Aufmerksamkeit (Kroeber-Riel 1990, S. 219). Die Speicherkapazität des SIS ist sehr groß, die Speicherdauer jedoch sehr klein (ca. 0,1 bis 1 Sekunde).

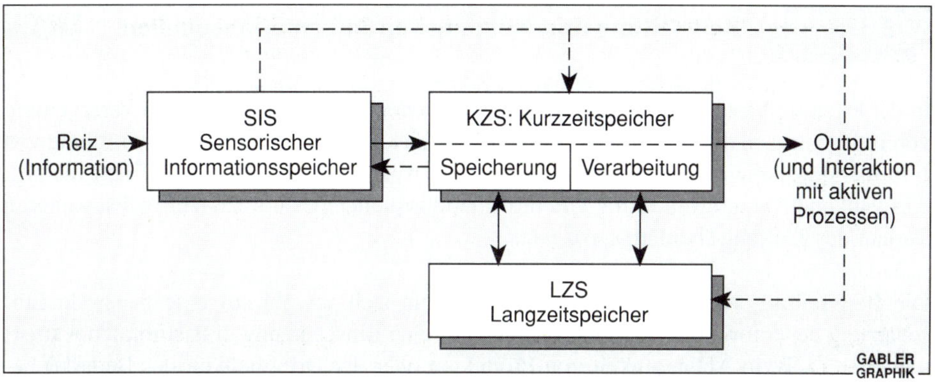

Abbildung 32: Gedächtnismodell zur Darstellung elementarer kognitiver Prozesse

Der **Kurzzeitspeicher** (KZS) greift auf das Reizreservoir des SIS zurück und trifft eine Reizauswahl in Abhängigkeit von dem Aktivierungspotential, das von den Reizen ausgeht. Die entschlüsselten und interpretierten Reize werden in gedanklich verarbeitete Informationen umgewandelt. Während dieses – meist mehrere Sekunden dauernden – Verarbeitungsprozesses greift der KZS auf die im Langzeitspeicher (LZS) vorhandenen Informationen früherer Erfahrungen zurück und ist daher eine Kontaktstelle zwischen vergangenen und aktuellen Erfahrungen. Die Informationen des KZS werden entweder nach einigen Sekunden gelöscht oder memoriert, d. h. sie verbleiben im KZS bzw. gehen (nach inneren Wiederholungen) in den LZS über.

Der **Langzeitspeicher** stellt das eigentliche Gedächtnis des Menschen dar. Die bereits verarbeiteten und zu kognitiven Einheiten organisierten Informationen werden über den Aufbau biochemischer Substanzen langfristig gespeichert und – nach herrschender Auffassung – nie wieder vergessen. Das Vergessen von Informationen ist vielmehr auf mögliche Überlagerungseffekte (Interferenzen) zurückzuführen, die eine mangelnde Zugriffsmöglichkeit auf die vorhandenen Informationen hervorrufen.

Die gekennzeichneten kognitiven Vorgänge stehen in einer **Wechselwirkung mit den aktivierenden Prozessen** (Kroeber-Riel 1990, S. 222). Diese lenken die Informationsaufnahme und haben einen fördernden oder hemmenden Einfluß auf die Gedächtnisleistung. Ergebnis des Informationsverarbeitungsprozesses eines Konsumenten ist daher eine sowohl kognitive, d. h. rationale als auch eine emotional gesteuerte, affektive Entscheidungs- und Verhaltensrelevanz. Diese Erkenntnis gilt es bei der Erforschung des Konsumentenverhaltens zu berücksichtigen. Insofern ist häufig bei der Anwendung der Befragungsmethode eine Ergänzung durch nicht-verbale Meßmethoden (z. B. Beobachtung des motorischen Suchverhaltens im Geschäft, Blickaufzeichnung bei Werbeanzeigen) ratsam.

2.323 Beurteilung und Nutzung von Informationsquellen

In der Literatur besteht Einigkeit darüber, daß bei der Suche, Aufnahme und Verarbeitung von Informationen die von dem Konsumenten subjektiv wahrgenommene Beurteilung von Informationsquellen sowie deren Nutzung eine wesentliche Rolle spielt. Denn die Art, Auswahl und Nutzungsintensität von Informationsquellen bestimmen häufig den weiteren Verlauf des Kaufentscheidungsprozesses.

Die **Beurteilung von Informationsquellen** kann sich sowohl auf eine generelle Einschätzung der Informationsquellen als auch auf eine Einschätzung in bestimmten Kaufsituationen (z. B. in Abhängigkeit von Produkten oder der Dringlichkeit des Bedarfs) beziehen (Meffert 1979; Katz 1983). Bei einer Operationalisierung der Beurteilung von Informationsquellen durch Konsumenten muß jeweils deutlich gemacht werden, was das Individuum in Verbindung mit den Informationsquellen beurteilen soll. Hierbei lassen sich verschiedene **Beurteilungsdimensionen** aufführen. Nimmt man an, daß der Gehalt an Informationen einen Ansatzpunkt zur Erfassung der globalen Einschätzung darstellt, so vermag die wahrgenommene Nützlichkeit eher Auskunft über die nachträgliche Bewertung von Informationsquellen zu geben. Darüber hinaus haben sich Objektivität, Glaubwürdigkeit und Konformität mit den eigenen Erfahrungen als maßgebliche Bewertungskriterien erwiesen (Wiswede 1975, S. 234 ff.; Hummrich 1976, S. 134 ff.; Kupsch u. a. 1978, S. 115; Katz 1983).

*Die **Messung der Beurteilungsdimensionen** kann durch einfache Skalen (z. B. sehr bis gar nicht informativ) erfolgen, um die subjektive Einschätzung dieser Dimension in Erfahrung zu bringen. Daneben sind mehrdimensionale Einstellungsmodelle geeignet, die subjektiv empfundene Beurteilung einer Informationsquelle zu erfassen (Wegner 1976, S. 107 ff.; Andritzky 1976, S. 74 ff.). Zur Berechnung der Modellmeßwerte müssen Kognitionen (d. h. Wissen und Wahrnehmungen hinsichtlich einer Informationsquelle) sowie Affektionen (d. h. die subjektive Einschätzung von Informationsdimensionen) getrennt erhoben werden. Mit diesen Informationen läßt sich dann die Gesamteinstellung gegenüber einer Informationsquelle (z. B. entsprechend der von Fishbein vorgegebenen Meßvorschrift) ermitteln (Fishbein 1967).*

Speziell für informationsbezogene Anwendungen sind derartige Modelle von Vorteil. Um beispielsweise einen Konsumenten zu veranlassen, verstärkt eine bestimmte Informationsquelle in Anspruch zu nehmen, ist es wichtig zu wissen, wie man die Motivation erhöhen kann. Dies ist beispielsweise möglich, indem das Streben nach sozialem Ansehen durch Maßnahmen unterstützt wird, die die Verwendung von bestimmten Informationsarten als „sozial erwünscht" darstellen. Auf der anderen Seite kann eine Verhaltensänderung auch durch eine Beeinflussung der vom Konsumenten wahrgenommenen Informationseigenschaft herbeigeführt werden, wenn z. B. die Eignung einer Informationsart als Mittel zur Befriedigung eines gegebenen Motivs hervorgehoben wird.

Bei Idealpunktmodellen (z. B. das Modell von Trommsdorff; Trommsdorff 1975, S. 72 ff.) hängt die Einstellung gegenüber einer Informationsquelle von der Diskrepanz zwischen den als ideal angesehenen Eigenschaften der Informationsquelle und den real wahrgenommenen Eigenschaftsausprägungen ab. Je geringer diese Diskrepanz ist, um so niedriger wird der entsprechende Meßwert bzw. um so näher liegen reale und ideale Eigenschaften der Informationsquelle beieinander.

Die Kenntnis, in welchem Ausmaß eine Informationsquelle hinsichtlich des Informationsgehaltes und der Nützlichkeit beurteilt wird, besagt – isoliert betrachtet – noch relativ wenig über die Einflußnahme dieser Quellen auf den individuellen Kaufentscheidungsprozeß. Neben der Beurteilung ist daher von besonderem Interesse, wie die Möglichkeiten zur Informationsgewinnung von den Konsumenten tatsächlich genutzt werden. Die **Nutzung von Informationsquellen** stellt dabei einen beobachtbaren Sachverhalt dar, der mit entsprechenden Marktforschungsmethoden erhoben werden kann (vgl. Kapitel III 2.3).

*Der **Nutzungsbegriff** kann meßtechnisch unterschiedlich operationalisiert werden. So besteht generell die Möglichkeit, die Nutzung dichotomisch durch eine Ja/Nein-Entscheidung im Sinne von Nutzungshäufigkeiten oder graduell durch Erfassung von Nutzungsintensitäten zu erheben.*
In Verbindung mit den Meßmethoden Beobachtung und Befragung (bzw. Experiment) ergeben sich vier Ansätze zur Operationalisierung der individuellen Nutzung von Informationsquellen, die in der Abbildung 33 wiedergegeben sind (Katz 1983, S. 27 ff.).

Meßansätze \ Meßmethoden	Beobachtung	Befragung
Dichotomisch bzw. klassifikatorisch (genutzt/nicht genutzt)	Feld I z. B. Informations-Display-Matrix	Feld III z. B. Angabe der Anzahl genutzter Informationsquellen bei einer Kaufentscheidung
Graduell (mehr/weniger genutzt)	Feld II z. B. Medienkonsum (Tammeter)	Feld IV z. B. Subjektive Einschätzung der Nutzungsintensität (Nutzungshäufigkeit)

GABLER GRAPHIK

Abbildung 33: Ansätze zur Operationalisierung der individuellen Nutzung von Informationsquellen

Eine dichotomische, durch Beobachtung ermittelte Messung wird z. B. durch IDM-Matrizen oder die Medienanalysen mit Angaben über Hörer-, Leser- bzw. Seherreichweiten beschrieben ***(Feld I)****. Darüber hinaus ist es möglich, bei einer graduellen Interpretation des Nutzungsbegriffes durch Beobachtungen (z. B. Tammeter) eine Nutzungsintensität – etwa in Form eines durchschnittlichen Medienkonsums – zu ermitteln* ***(Feld II)****. Die auf Beobachtungen basierenden Verfahren messen lediglich eine allgemeine Nutzung der Medien.*
Marketingrelevante Aussagen können kaum getroffen werden, weil bei den beschriebenen Verfahren keine Trennung zwischen dem betrachteten Medium (z. B. Zeitschrift) und den darin enthaltenen Informationen für Kaufentscheidungen vorgenommen wird (z. B. redaktionelle Berichte über ein Produkt, Anzeigen, Beilagen usw.). Bei derartigen Untersuchungen werden darüber hinaus situative Gegebenheiten nicht erfaßt. Daher können diese Erhebungen als wenig bedeutsam für die Analyse individueller Informationsaktivitäten in konkreten Kaufsituationen eingestuft werden.
Die mangelnde Eignung genereller Meßinstrumente erfordert den Einsatz spezieller Marktforschungsstudien, um der Komplexität des Informationsverhaltens in realen Kaufsituationen gerecht zu werden. Durch Befragungen und/oder Experimente kann z. B. die Anzahl der bei einer Produktentscheidung berücksichtigten Informationsquellen erhoben werden (dichotomische Messung; ***Feld III****). Ebenso können durch graduell konzipierte Meßinstrumente (z. B. Skalen) Erkenntnisse über die subjektive Einschätzung individueller Nutzungsintensitäten gewonnen werden* ***(Feld IV)****. Eine derartig spezifizierte Untersuchung ist in der Lage, detailliertere Befunde zur individuellen Nutzung von Informationsquellen aufzuzeigen.*

Die getrennte Betrachtung der Beurteilung und Nutzung von Informationsquellen vermittelt erste Anhaltspunkte über die Einschätzung bzw. Inanspruchnahme von Informationsquellen durch Konsumenten. Für die Konzipierung informationspolitischer Maßnahmen ist es darüber hinaus wichtig, in Erfahrung zu bringen, ob die Nutzung von Informationen entsprechend der individuellen Bewertung erfolgt bzw. ob sich durch die Nutzung die Einschätzung einer Informationsart ändert. Hierdurch ergeben sich Auswirkungen auf zukünftige Informationsaktivitäten. Gerade die Kenntnis der Interdependenzen zwischen der Beurteilung und der Nutzung bietet Ansatzpunkte, zielgerichtet auf die Einflußfaktoren des Informationsverhaltens (personen-, produkt-, situations- und informationsbezogene Determinanten) einzuwirken.

Die **Interdependenzen zwischen der Beurteilung und Nutzung von Informationsquellen** können sowohl kongruente als auch divergierende Beziehungen aufweisen (vgl. Abbildung 34).

Kongruenz bedeutet, daß Informationsquellen entsprechend der vom Konsumenten geäußerten Einschätzung in einer gegebenen Kaufsituation auch tatsächlich zur Vorbereitung der Kaufentscheidung herangezogen werden (Kongruenz Typ I). Demgegenüber liegt eine

Beurteilung \ Nutzung	Hoch/Intensiv	Niedrig/Gering
Hoch	Kongruenz Typ I Hohe Einschätzung ⇩ Intensive Nutzung	Divergenz Typ I Hohe Einschätzung ⇩ Niedrige Nutzung
Niedrig	Divergenz Typ II Niedrige Einschätzung ⇩ Intensive Nutzung	Kongruenz Typ II Niedrige Einschätzung ⇩ Niedrige Nutzung

GABLER GRAPHIK

Abbildung 34: Kongruenz und Divergenz zwischen der Beurteilung und der Nutzung von Informationsquellen

Divergenz vor, wenn z. B. eine Informationsart als sehr informativ bezeichnet, jedoch bei Kaufentscheidungen nicht zur Gewinnung von Informationen genutzt wird (Divergenz Typ I).

Das besondere Interesse der empirischen Forschung muß sich auf die beiden Divergenztypen und die Kongruenzen vom Typ II richten. Die Kongruenz vom Typ I ist insofern unproblematisch, als hier von seiten des Informationssenders lediglich Maßnahmen zur Erhaltung des bestehenden Informationsflusses getroffen werden müssen. Bei Vorliegen einer Kongruenz vom Typ II ist es dagegen erforderlich, die Ursachen der relativ niedrigen Beurteilung bzw. Nutzung in Erfahrung zu bringen, um Ansatzpunkte für informationspolitische Maßnahmen zu finden (Katz 1983).

In seiner empirisch gestützten Untersuchung über die Beurteilung und Nutzung von Informationsquellen beim Kauf langlebiger Konsumgüter (Beispiel: Stereoanlage) stellt Katz (1983) unter Beweis, daß die Risiko- und Komplexitätstheorien einen Beitrag zur ***Erklärung divergierenden und kongruenten Informationsverhaltens*** *leisten. So macht der* ***risikotheoretische Ansatz*** *z. B. deutlich, „daß im Falle einer nicht mehr möglichen quantitativen Steigerung der Quellennutzung bzw. Informationsaufnahme eine qualitative Erhöhung der Informationsaufnahme durch die verstärkte Nutzung glaubwürdiger Quellen vorgenommen wird" (Katz 1983, S. 221). Daher können jene Konsumenten langlebiger Konsumgüter, die ein hohes wahrgenommenes Risiko aufweisen, mit Informationen über besonders glaubwürdige Quellen (z. B. Meinungsführer, Testberichte) erreicht* *werden. Demgegenüber sollten Konsumenten mit niedrigem wahrgenommenen Risiko unternehmenskontrollierte Quellen, wie z. B. Kataloge und Prospekte oder auch Testinformationen über geringerwertige Güter, zugänglich gemacht werden. Auf der Ebene der Verbraucherpolitik sind den Konsumenten mit hohem wahrgenommenen Risiko die Testaktivitäten bei jenen Produkten nahezubringen, die ein hohes funktionales, finanzielles oder gesundheitliches Risiko beinhalten. Hohe Erklärungsbeiträge weist auch die* ***Komplexitätstheorie*** *auf. Je nach Informationsgehalt und Verständlichkeit lassen sich Informationsquellen einteilen in Quellen mit niedriger bis hoher Komplexität, die unterschiedlich hohe Anforderungen an die kognitiven Fähigkeiten des Konsumenten stellen. Daneben gilt es, die Situationskomplexität zu berücksichtigen, die durch Noxity (die aus dem Verhalten eines Konsumenten in einer spezifischen Entscheidungssituation resultierenden nachteiligen Konsequenzen), Encity (positive Aspekte der Entscheidungssituation) und Involvement (das mit dem inneren Engagement verbundene Interesse an einer bestimmten Informationssituation) determiniert wird.*

Insgesamt gesehen dienen die Kenntnisse über die Beurteilung und Nutzung von Informationsquellen der rechtzeitigen Anpassung der Produkt- und Serviceleistungen der Unternehmungen an verändertes Informationsverhalten. In diesem Zusammenhang ist die Verarbeitung wahrgenommener Produkteigenschaften anhand individueller Beurteilungs- und Auswahlprogramme besonders hervorzuheben.

2.33 Zufriedenheit und Beschwerdeverhalten von Konsumenten

Ansätze zur Zufriedenheitsforschung und zum Beschwerdeverhalten von Konsumenten haben sich erst seit den 70er Jahren zu einem Schwerpunkt der Konsumentenverhaltensforschung entwickelt. Die damalige Konsumerismusbewegung führte dazu, daß Verbraucherprobleme verstärkt in den Mittelpunkt der öffentlichen Auseinandersetzung rückten. Die Unternehmen wurden dazu aufgefordert, ihren Beitrag zur Lösung verbraucherpolitischer Probleme zu leisten und für eine dauerhafte Befriedigung der Kundenbedürfnisse zu sorgen (Meffert 1975; Bruhn 1985). Seit dieser Zeit setzt sich zunehmend die Erkenntnis durch, daß die Beschäftigung mit der Zufriedenheit und dem Beschwerdeverhalten von Konsumenten wertvolle Ansatzpunkte für die Marketing- und Verbraucherpolitik liefern kann.

2.331 Konsumentenzufriedenheit als zentraler Einflußfaktor des Beschwerdeverhaltens

Die Konsumentenzufriedenheit bzw. -unzufriedenheit wird im Sinne einer Ursache-Wirkungshypothese in engem Zusammenhang mit dem Beschwerdeverhalten gesehen.

Die Konsumentenzufriedenheit gibt die Übereinstimmung zwischen den subjektiven Erwartungen und der tatsächlich erlebten Motivbefriedigung bei Produkten oder Dienstleistungen wieder (Bruhn 1982). Im Falle einer Konsumentenzufriedenheit ist die Grundlage für eine Kundenbindung an die Marke oder die Unternehmung gegeben.

Bei der Definition des Konstrukts „Konsumentenzufriedenheit" finden sich in der Literatur unterschiedliche Ansätze. Die Mehrzahl der Definitionsansätze unterstellen, daß der Konsument sein Zufriedenheitsurteil durch Saldierung zweier Einzelurteile bildet bzw. als Summengröße der eigenschaftsgewichteten Differenzen auffaßt (Müller-Hagedorn 1986, S. 122 ff.). Zentrale Operationalisierungsansätze des Zufriedenheitskonstrukts als Differenzgröße definieren die Zufriedenheit als

- Differenz von erstrebter und erreichter Bedürfnisbefriedigung, als Ausmaß also, in dem einzelne Ziele erreicht werden (Howard, Sheth 1969)
- Differenz, die sich ergibt, wenn die erwartete Eigenschaftsausprägung einer Marke von der tatsächlich wahrgenommenen Eigenschaftsausprägung abweicht (z. B. Czepiel et al. 1975)
- Differenz zwischen idealer und tatsächlich wahrgenommener Eigenschaft (z. B. Pfaff 1972).

Der erste Ansatz wird in dem Prozeßmodell der Kaufentscheidung von Howard, Sheth als Ausdruck der Befriedigung aus dem Kauf eines Produktes verwendet (vgl. Kapitel II 2.3112). Der dritte Ansatz weist eine hohe Übereinstimmung mit dem Einstellungskonstrukt nach dem Trommsdorff-Modell auf (vgl. Kap. II 2.113). Vielfach wird die Zufriedenheit deshalb auch als synonym mit dem Konstrukt „Einstellung" gesehen. Bei der Konsumentenzufriedenheit wird jedoch stärker als beim Einstellungskonstrukt die konkrete Produkterfahrung nach dem Kauf in den Vordergrund gestellt.

Zur Erfassung der Konsumentenzufriedenheit wird neben der Differenzbetrachtung in einigen Ansätzen auch eine **Verhältnisbetrachtung** thematisiert. Hierbei liegt der Bildung des Zufriedenheitsurteils die Annahme zugrunde, daß der Konsument wahrgenommene Produkteigenschaften nach dem Kauf zu seinen Erwartungen ins Verhältnis setzt, d. h. Preis-Leistungs-Verhältnisse oder Wert-Preis-Relationen bildet (vgl. Linden 1973; Müller-Hagedorn 1986, S. 123).

Werden die Erwartungen eines Konsumenten nicht erfüllt, so bestimmt sich der Grad der Unzufriedenheit als Größe der ermittelten Abweichungen. Bei Unzufriedenheit bestehen zwei Möglichkeiten der Konsumentenreaktion (Hirschmann 1974). Konsumenten können beispielsweise (still) zur Konkurrenz abwandern und/oder ihren Widerspruch gegenüber den am Kaufakt Beteiligten sowie anderen Personen und Institutionen zum Ausdruck bringen (z. B. durch Beschwerden).

2.332 Erklärungsansätze der Beschwerdeführung

Die auf der Grundlage der Unzufriedenheit zu begründende **Beschwerdeführung von Konsumenten** umfaßt sämtliche kognitiven und affektiven Prozesse sowie Verhaltensweisen, die darauf gerichtet sind, jene subjektiv wahrgenommenen Produkt- oder Dienstleistungsprobleme zu lösen, die beim Kauf bzw. der Nutzung von Produkten oder Dienstleistungen aufgetreten sind (Bruhn 1982). In Anlehnung an den Kaufentscheidungsprozeß von Konsumenten lassen sich vier **Merkmalsgruppen** unterscheiden, die eine differenziertere Betrachtungsweise der Beschwerdeführung erlauben:

1. Beschwerdeerwartungen (z. B. erwartete Kosten und Mühen, Erwartungen an das Beschwerdeergebnis)
2. Beschwerdemaßnahmen (z. B. Häufigkeit und Dauer der Beschwerdekontakte)
3. Beschwerdeergebnis (objektives Resultat der Beschwerde)
4. Beschwerdebewertung (z. B. Zufriedenheit mit Beschwerdeergebnis; wahrgenommene Umständlichkeit der Beschwerdeführung).

Bei der Durchführung von Beschwerdemaßnahmen vergleichen Konsumenten die Beschwerdeerwartungen mit dem tatsächlich erreichten Beschwerdeergebnis. Diese Beschwerdezufriedenheit bzw. -unzufriedenheit beeinflußt die Konsumentenzufriedenheit und hat als Rückkopplungsvorgang Auswirkungen auf den zukünftigen Kaufentscheidungsprozeß (Wiederkauf, Markenwechsel). Der Einfluß unbefriedigender Beschwerdeergebnisse wird deutlich angesichts einer Untersuchung von Tarp (1981), der zufolge ein unbefriedigender Beschwerdeverlauf durchschnittlich mehr als neun Personen weitergesagt wird, während von einem befriedigenden Beschwerdeverlauf nur durchschnittlich vier bis fünf Personen erfahren.

Werden bei aufgetretenen Problemen mit dem Produkt oder der Dienstleistung keine Beschwerdemaßnahmen durchgeführt, handelt es sich um **„Unvoiced Complaints"**. In diesen Fällen erhalten die am Kaufakt Beteiligten keine Informationen über die vom Konsumenten subjektiv wahrgenommenen Probleme.

Die bisherigen Ausführungen lassen erkennen, daß das Beschwerdeverhalten eines Konsumenten nicht losgelöst betrachtet werden kann von dessen Zufriedenheit und dem Auftreten von Produktproblemen. Näheren Aufschluß über die Fragestellungen des Beschwerdeverhaltens liefert das folgende Paradigma (Bruhn 1982, S. 22):

- Wer? (Beschwerdeführer)
- wird sich aus welchen Gründen? (beschwerdeauslösende Probleme)
- mit welchen Maßnahmen? (Beschwerdemaßnahmen)
- in welcher Form? (persönlich, schriftlich)
- wo? (Beschwerdeort)
- wie häufig? (Beschwerdehäufigkeit)

- wie lange? (Dauer des Beschwerdeprozesses)
- in welchen Situationen? (Beschwerdesituation)
- bei welchen Produkten oder Dienstleistungen? (Produktbezug)
- mit welchem Erfolg beschweren? (Beschwerdeergebnis)

bzw.

- Wer?
- wird sich aus welchen Gründen nicht beschweren? (unvoiced complaints)

Für eine Analyse der Beschwerdeführung sind weiterhin personen-, problem- und produktbezogene **Bestimmungsfaktoren** von Bedeutung. Im Rahmen **personenbezogener** Bestimmungsfaktoren kann beispielsweise der Grad des Kommunikations- und Interaktionsverhaltens Aufschluß über die Intensität des Beschwerdeverhaltens geben (Bruhn 1982, S. 145). Weitere personenbezogene Merkmale, die Einfluß auf das Beschwerdeverhalten von Konsumenten ausüben, sind die Eigen- oder Fremdbestimmung individuellen Verhaltens (Locus of Control), das individuelle Produktinteresse sowie generelle Einstellungen zu Konsum- und Beschwerdeproblemen (Bruhn 1982, S. 75 f.). Bei den **problembezogenen** Bestimmungsfaktoren können die Häufigkeit und der Zeitpunkt (z. B. während/nach dem Kauf) von Produktbeanstandungen sowie die Art und Wichtigkeit auftretender Probleme das Beschwerdeverhalten beeinflussen. Als mögliche **produktbezogene** Bestimmungsfaktoren sind beispielhaft neben Produktalter, Anschaffungspreis und Nutzungsintensitäten die Einkaufsstätte des Produkts sowie der Reparaturort (z. B. Vertrags- oder Spezialwerkstatt) zu nennen.

Im Hinblick auf die Interpretation und **Erklärung des Beschwerdeverhaltens** von Konsumenten stehen Gleichgewichts- und Integrationsansätze im Vordergrund (Bruhn 1985, S. 302 f.). Gleichgewichtsansätze nehmen Bezug auf die Übereinstimmung bzw. Diskrepanz von subjektiven Erwartungen und tatsächlicher Bedürfnisbefriedigung. Die Größe der Abweichung bestimmt den Grad der Zufriedenheit oder Unzufriedenheit und wirkt sich außerdem auf die zukünftigen Erwartungen im Fall der Verhaltenswiederholung aus (Trommsdorff 1989, S. 61). Durch eine Anpassung der Ansprüche an die – erlebte – Realität werden Abweichungen unwahrscheinlicher, und die Zufriedenheit des Konsumenten wird insgesamt gesteigert.

Das bekannteste **Gleichgewichtsmodell** ist das Disconfirmation-Modell, das einen Vergleich subjektiver Erwartungen bei Produktleistungen mit der tatsächlich erlebten Produktleistung erlaubt (Anderson 1973). Wenn das subjektive Erwartungsniveau nicht erreicht wird, folgt als Reaktion die Diskonformität. Zu ihrer Erklärung werden unterschiedliche Theorien herangezogen. Nach der Vereinungstheorie wird bei auftretenden Diskrepanzen das Produkt im Vergleich zu den Erwartungen ungünstiger beurteilt, so daß eine generell negative Einstellung zum Produkt entsteht. Auch im Rahmen der Kontrasttheorie werden bei Diskonformitäten die Produkte als ungünstig eingeschätzt, wodurch die Diskrepanz zwischen subjektiven Erwartungen und erlebter Produktleistung sich zusätzlich vergrößert. Die Assimilationstheorie dagegen versucht, derartige Ungleichgewichte zu minimieren, indem kognitive Dissonanzen zwischen Produktwahrnehmung und Anspruchsniveau vermieden werden.

Diese gleichgewichtstheoretischen Überlegungen beziehen sich lediglich auf die Konsumentenzufriedenheit. Sollen Zufriedenheit und Beschwerdeverhalten gemeinsam erfaßt werden, finden **Integrationsmodelle** Berücksichtigung. Sie betrachten Zusammenhänge zwischen Konsumentenzufriedenheit und Beschwerdeprozeß (Beschwerdeerwartungen, Beschwerdemaßnahmen, Beschwerdeergebnis). Damit ergeben sich Hinweise auf Konsumentenreaktionen (Bruhn 1982), die zu einer Orientierung der Marketingaktivitäten an Kundenproblemen führen.

2.333 Messung der Konsumentenzufriedenheit und des Beschwerdeverhaltens

Eine genaue Analyse des Beschwerdeverhaltens setzt die differenzierte Messung der Zufriedenheit unter Berücksichtigung des Beschwerdeverhaltens voraus. Die Messung der Zufriedenheit kann dabei sowohl **ohne** als auch **mit Bezugnahme auf Kundenprobleme** erfolgen.

Auf der Grundlage dieser Unterscheidung sind in Abbildung 35 Ansatzpunkte zur Messung der Konsumentenzufriedenheit aufgeführt. Darüber hinaus läßt sich die subjektbezogene Erfassung der Zufriedenheit (z. B. durch Konsumentenbefragungen) abgrenzen von der objektbezogenen Messung (z. B. durch Indikatoren).

	Objektbezogene Messung	Subjektbezogene Messung
Messung *ohne* Bezugnahme auf Kundenprobleme	**1** – Umsatz – Marktanteil – Wiederkaufsraten – Eroberungsraten	**3** – Konsumentenbefragung (Zufriedenheits-Skalen) – Meinungsbefragung von Verkäufern und Absatzmittlern
Messung *mit* Bezugnahme auf Kundenprobleme	**2** – Häufigkeit von Garantiemängeln – Häufigkeit objektiver Produktmängel	**4** – Häufigkeit wahrgenommener Kundenprobleme – Prozeß der Beschwerdeführung – Beschwerdezufriedenheit – Häufigkeit „unvoiced complains“

GABLER GRAPHIK

Abbildung 35: Ansatzpunkte zur Messung der Konsumentenzufriedenheit (Quelle: Meffert, Bruhn 1981, S. 600)

Eine **globale objektbezogene Messung** der Konsumentenzufriedenheit (Feld 1) verwendet Indikatoren wie Umsatz, Marktanteil, Wiederkaufs- und Eroberungsraten als Maßstab für die Zufriedenheit bzw. Unzufriedenheit von Konsumenten. In einer amerikanischen Unternehmensbefragung wurde festgestellt, daß diese Indikatoren in der Praxis früher weit verbreitet waren (McNeal 1969; McNeal, Lam Jr. 1979). Diese globalen Größen können jedoch keine genauen Hinweise über die Gründe der Unzufriedenheit von Konsumenten liefern.

Eine Verbesserung stellt eine **objektbezogene Messung mit Bezugnahme auf konkrete Kundenprobleme** dar (Feld 2). Hier sind es beispielsweise Informationen des Kundendienstes – Häufigkeit von Garantiemängeln, Häufigkeit festgestellter Produktprobleme –, die bereits Ansatzpunkte für Verbesserungen im Rahmen der Produktpolitik (Produktanpassungen) geben können. Nicht immer sind dem Anbieter jedoch die Kundenprobleme vollständig bekannt (z. B. Reparatur in unabhängigen Werkstätten).

Die objektbezogenen Daten sind durch subjektbezogene Informationen zu ergänzen. Bei einer **globalen subjektbezogenen Messung** (Feld 3) werden durch Befragungen von Konsumenten und Verkäufern bzw. Absatzmittlern die Zufriedenheitsniveaus erfaßt. Verkäufer- und Absatzmittlerbefragungen können allenfalls grobe Anhaltspunkte für die Marketingpolitik geben. Im Rahmen von Konsumentenbefragungen werden Zufriedenheitsniveaus durch Skalen (Skalierung der Zufriedenheit und Unzufriedenheit) ermittelt.

Eine genauere Analyse ermöglicht eine **subjektbezogene Messung mit Bezugnahme auf konkrete Kundenprobleme** (Feld 4). Hierbei kommt es darauf an, die von den Konsumenten wahrgenommenen Produkt- und Serviceprobleme zu erfassen. Anschließend wird versucht, die Reaktion der Konsumenten in bezug auf die aufgetretenen Probleme nachzuvollziehen. Dies führt etwa zu einer Analyse der Beschwerdeführung und zu der Untersuchung von Konsumenten, die Probleme wahrgenommen, aber keine Problemlösung angestrebt haben („unvoiced complaints“). Diese „schweigenden Konsumenten“ entscheiden sich bei einem Wiederkauf vielfach für eine andere Marke.

Die verschiedenen Ansatzpunkte zur Messung der Konsumentenzufriedenheit überschneiden sich vielfach. Ziel sollte es sein, die objektiven Indikatoren systematisch mit den subjektiven Daten von Konsumenten zu vergleichen, um genauere Informationen über die Veränderungen der Konsumentenzufriedenheit zu erhalten.

> *Bei der **Messung** der Konsumentenzufriedenheit gilt es, das **Validitätsproblem** zu berücksichtigen, das mit der theoretischen Konzeption des Konstrukts zusammenhängt (Kaas, Runow 1984, S. 453). Da Zufriedenheit und Unzufriedenheit situationsgebunden sind, können diese Konstrukte immer nur retrospektiv erhoben werden. In der Zwischenzeit konnten jedoch neue Produkterfahrungen gemacht oder neue Informationen aufgenommen werden. In meßtechnischer Hinsicht ist es daher problematisch, die ursprüngliche von der momentanen Zufriedenheitsausprägung (z. B. zum Befragungszeitpunkt) abzugrenzen.*

Weitere Probleme meßtechnischer Art ergeben sich durch den Bezug auf bestimmte Käufe, die je Proband unterschiedlich lang zurückliegen können. Die somit unterschiedlich weit fortgeschrittenen Nachkaufphasen verlangen den Probanden unterschiedliche Erinnerungsleistungen ab, die eine Vergleichbarkeit zwischen den Befragten nur bedingt gewährleisten.

Insgesamt müssen die aufgezeigten Ansätze zur Messung der Konsumentenzufriedenheit und des Beschwerdeverhaltens integrativ betrachtet werden (Bruhn 1982, S. 105). Objektive Indikatoren werden von den meisten Unternehmen erfaßt, während die Messung subjektiver Indikatoren lediglich in Ausnahmefällen erfolgt. Insbesondere die subjektiven Konsumentendaten können – bei mehrmaliger Erhebung – Informationen über Zufriedenheitsveränderungen und damit Impulse für Marketingimplikationen geben.

Sind Informationen über die Konsumentenzufriedenheit und die Kundenprobleme rechtzeitig verfügbar, können sie als **Frühwarnsignale** für später auftretende Kundenprobleme ausgewertet werden. Dies erleichtert die frühzeitige Anpassung von Marketingmaßnahmen im Verlauf des Produktlebenszyklus. Insgesamt kann festgehalten werden, daß eine Analyse der Konsumentenzufriedenheit und des Beschwerdeverhaltens die Einsichten über die Marktreaktionen von Konsumenten verbessert.

2.34 Einkaufsstättenwahl von Konsumenten

Neben dem Produktwahlverhalten des Konsumenten ist der Prozeß seiner Einkaufsstättenwahl für die Verhaltensforschung von Bedeutung. Bei der Mehrzahl ihrer Einkaufsstättenentscheidungen verfügen Konsumenten über kognitive Programme, die durch bestimmte Stimuli gleichsam abgerufen werden und ihr Wahlverhalten steuern. Insbesondere für Handelsunternehmen ist es ein Anliegen, dieses Wahlverhalten näher zu ergründen. Erst die Kenntnis der Einflüsse und Erklärungsansätze von Einkaufsstättenentscheidungen erlaubt betroffenen Unternehmen den gezielten Einsatz ihrer Marketinginstrumente, um Konsumenten zu Wiederholungskäufen in derselben Einkaufsstätte zu veranlassen und Geschäftsstättentreue aufzubauen.

2.341 Erklärungsmodelle der Einkaufsstättenwahl

Zur Erklärung individueller Einkaufsstättenentscheidungen standen lange Zeit **Black-Box-Modelle** im Vordergrund, die sich ausschließlich auf beobachtbare Sachverhalte beziehen. Diese Modelle lassen sich systematisieren in statische Ansätze, die eher normativer Art und auf Optimierungsüberlegungen ausgerichtet sind, und dynamische Ansätze, die das Wahlverhalten des Konsumenten im Zeitablauf beschreiben und prognostizieren (Heinemann 1974, S. 28 ff.).

Typische **statische Ansätze** sind die Modelle der Transportkostenminimierung (Bacon 1971) und der Nutzenmaximierung (Baumol, Ide 1956). **Transportkostenminimierungsmodelle** stellen die Wahlentscheidung der Konsumenten mit ihren persönlichen und sachlichen Präferenzen in Abhängigkeit von der relevanten Wegstrecke (zur Einkaufsstätte) bzw. den damit verbundenen Transportkosten dar. **Nutzenmaximierungsmodelle** unternehmen den Versuch, Beziehungen zwischen Sortimentsumfang, Kosten, Umsätzen und Gewinnen des Händlers aufzuzeigen. Ziel ist dabei die Entwicklung eines Modells zur Bestimmung der optimalen Sortimentsgestaltung.

Zu den **dynamischen Ansätzen** zählen die Markoff'schen Modelle (Draper, Nolin 1964), die lerntheoretischen Modelle (Kuehn 1968) und das Recipe-Modell (Rao 1969). Die Geschäftswahl wird hierbei als ein stochastischer Prozeß aufgefaßt. Je nachdem, ob eine oder mehrere Vorperioden betrachtet werden, spricht man von **Markoff-Modellen** erster oder höherer Ordnung. Ausgehend vom beobachtbaren Verhalten im Zeitpunkt t (z. B. Geschäftswahl) wird eine sog. Bewertungsmatrix aufgestellt. Aus ihr lassen sich Übergangswahrscheinlichkeiten abschätzen, die Ausdruck für die Wahrscheinlichkeit einer Wiederholung oder Änderung einer Geschäftswahlentscheidung sind (vgl. Kapitel II 2.41).

Die **lerntheoretischen Ansätze** gehen von einer binären Wahlsituation aus. Der Konsument hat die Wahl zwischen einem bestimmten Geschäft A oder Geschäft B (Sammelbegriff für alle übrigen Geschäfte). Der Ansatz geht davon aus, daß die Wahrscheinlichkeit für die Wiederholungsbesuche eines Geschäftes steigt, je häufiger das Geschäft besucht wurde und umgekehrt. Hierbei wird der gesamte Prozeß der Geschäftsstättenwahl berücksichtigt. Bekannt geworden sind dabei die als „brand loyalty“ bzw. „brand-switching-models“ bezeichneten Markoff'schen und lerntheoretischen Modelle.

Mit der Wahl einer Einkaufsstätte und einer bestimmten Marke sind weitere Entscheidungen verbunden (Zeitpunkt des Kaufes, Verpackungsgrößen etc.), die die bisher aufgeführten Modelle nicht berücksichtigen. Das **Recipe-Modell** bemüht sich um eine simultane Einbeziehung aller relevanten Variablen des Konsumentenverhaltens bei der Markenwahlentscheidung. Darüber hinaus werden die wichtigsten Entscheidungen (Wahl der Einkaufsstätte, Verpackungsgrößen usw.), die unmittelbar mit dem Markenkauf zusammenhängen, für die jeweils anstehende Periode prognostiziert.

Zu den **Verhaltensmodellen**, die zur Erklärung der Einkaufsstättenwahl intrapersonale Vorgänge explizit berücksichtigen, gehört das Anreiz-Beitrags-Modell (Sprowls, Asimow 1962), das Simulationsmodell des Kaufprozesses (Amstutz 1967) sowie das Adoptionsmodell der Einkaufsstättenwahl (Allvine 1966). Beim **Anreiz-Beitrags-Modell** werden Anspruchsniveau, Zufriedenheit und Suchverhalten des Konsumenten als zentrale Konstrukte zur Erklärung des Einkaufsverhaltens herangezogen. In Abhängigkeit von diesen Determinanten ist für den Konsumenten das Verhältnis zwischen Anreiz (Produktqualität, Service, Werbung, Bekanntheit der Unternehmung etc.) und Beitrag (gezahlter Preis, Zahlungsweise, Wegstrecke zur Einkaufsstätte) entscheidend dafür, welche Einkaufsstätte er wählt.

Das **Simulationsmodell des Kaufprozesses** von Amstutz stellt den bisher umfangreichsten Versuch dar, das Verhalten von Marktteilnehmern (Hersteller, Groß- und Einzelhandel, Konsumenten etc.) durch ein System konkret-rechnerischer Gleichungen zu erfassen (Heinemann 1974, S. 73). Ergebnisse des Modells sind Prognosen über Händlerpräferenzen, Einstellungen gegenüber Produkteigenschaften und gegenwärtigen Besitz von Produkten.

Die Übertragung des **Adoptionsprozesses** auf die Einkaufsstättenwahl (Allvine 1966) bildet einen weiteren Versuch zur Erklärung menschlichen Verhaltens. Es interessiert vor allem, unter welchen Bedingungen es zur Wahl eines neuen Geschäftes durch den einzelnen Konsumenten kommt und welche Faktoren den Adoptionsprozeß beschreiben und bestimmen (z. B. wahrgenommene Eigenschaften des Geschäftes, Beziehungen des Individuums zu seiner sozialen Umwelt, Informationsverhalten).

Das Adoptionsmodell stellt deutlich die Notwendigkeit einer Prozeßanalyse der Einkaufsstättenwahl heraus. Die bisherigen Ansätze sind jedoch primär auf das Ergebnis der Einkaufsstättenentscheidung ausgerichtet, ohne die informationsverarbeitenden Vorgänge vor und nach dem Wahlakt zu berücksichtigen.

2.342 Prozeßanalyse der Einkaufsstättenwahl

In Analogie zum allgemeinen Strukturmodell des individuellen Kaufentscheidungsprozesses von Engel, Kollat und Blackwell (vgl. Kapitel II 2.3111) lassen sich bei der Wahl einer Einkaufsstätte fünf verschiedene **Phasen** unterscheiden (Heinemann 1974, S. 101):

1. Erkennen des Einkaufsanlasses
2. Suche nach alternativen Einkaufsstätten
3. Bewertung der Alternativen
4. Auswahl und Kontaktieren einer Einkaufsstätte
5. Nachträgliche Bewertung der Einkaufsstätte.

Die Geschäftsstättenwahl kann durch eine Vielzahl von Einkaufsanlässen ausgelöst werden (**Phase 1**), die sich grob nach produkt- und firmenbezogenen Anlässen systematisieren lassen (Heinemann 1974; Büttner 1986). Diese Anlässe können auch simultan wirksam werden. **Produktbezogene Anlässe** beinhalten bestimmte Produktbedürfnisse des Konsumenten, zu deren Befriedigung er sich veranlaßt sieht, eine Einkaufsstättenwahl zu treffen. Dabei hängt die Wahl des Geschäftes davon ab, ob lediglich der produktbezogene Einkaufsanlaß erkannt (z. B. Geschenk), die Produktklasse bereits bestimmt (z. B. Küchengerät), das Produkt (z. B. Kaffeemaschine) oder eine ganz bestimmte Marke festgelegt ist (Engel, Kollat, Blackwell 1968, S. 447 f.). Demgegenüber sind **firmenbezogene Einkaufsanlässe** produktunabhängig. Sie resultieren einerseits aus aktuellen Gründen wie Schlußverkauf, Geschäftseröffnung oder besonderen Firmenangeboten. Andererseits kann der Einkaufsvorgang selbst persönliche Motivationen hervorrufen, die den Konsumenten zur Einkaufsstättenwahl veranlassen (z. B. Zeitvertreib in einem erlebnisbetonten Geschäft, Zusammentreffen mit Leuten gleichen Interesses).

Während der Suche nach Einkaufsstätten **(Phase 2)** stützt sich der Konsument zunächst auf gespeicherte Informationen, die Ähnlichkeiten mit denen des jetzigen Einkaufsanlasses aufweisen oder erst vor kurzem gewonnen oder genutzt wurden **(interne Suche)**. Liegen keine relevanten Gedächtnisinhalte vor oder können diese nicht aktiviert werden, setzt die **externe Suche** ein. Der Konsument kann dabei auf verschiedene Informationsquellen zurückgreifen (z. B. „gelbe Seiten" der Bundespost, Verbrauchermagazine, Kataloge, Meinungsführer), um sich Informationen über die in Frage kommenden Geschäfte zu verschaffen. Die relevanten Informationen hinsichtlich Verfügbarkeit von Produkten, Liefer- und Zahlungsbedingungen etc. werden vom Konsumenten verarbeitet und mit den Gedächtnisinhalten verglichen.

Resultat dieser Phase ist ein „evoked set" von Einkaufsstätten, die einer Bewertung **(Phase 3)** unterzogen werden. Um die Vorteilhaftigkeit der Alternativen bestimmen zu können, bedarf es zunächst der Festlegung von Bewertungskriterien wie z. B. Kosten- (Preise, Fahrtkosten), Leistungs- (Zuverlässigkeit, Beratung) und Annehmlichkeitskriterien (Ladenatmosphäre) (Walters, Paul 1970, S. 212). Nach der Bestimmung wahrgenommener Kriterienwerte für alle zur Wahl stehenden Einkaufsstätten erfolgt ein Alternativenvergleich anhand dieser Kriterien (Heinemann 1974, S. 154).

Natürlich gibt es Fälle, wo es nicht erforderlich ist, Geschäftsalternativen vor dem Einkaufsgang zu bewerten. So kann sich der Konsument an frühere zufriedenstellende Lösungen erinnern oder er mißt dem Einkauf keine Bedeutung zu bzw. unterläßt die Bewertung aus Zeitgründen.

Während der Auswahlphase **(Phase 4)** ergibt sich für den Konsumenten die Frage, ob er eine optimale oder eine befriedigende Lösung anstrebt. Bei der letzteren begnügt er sich mit der Einkaufsstätte, die seinen Mindestanforderungen entspricht. Ob und unter welchen Bedingungen er sich mit einer Alternative zufrieden gibt, hängt vom Zeitdruck, von der Bedeutung des Einkaufs oder der Wichtigkeit des Produktes ab (Heinemann 1974, S. 210). Soll eine „optimale" Lösung (bei bekannten Alternativen) gefunden werden, erlauben Entscheidungsregeln eine eindeutige Rangfolge. Findet der Konsument keine optimale Lösung, sieht er sich gezwungen, weitere Informationen zu suchen. Hat er sich für eine Einkaufsstätte entschieden, stehen ihm mehrere Möglichkeiten des Kontaktierens zur Auswahl. Er kann das Geschäft betreten, Warenautomaten benutzen oder auf postalischem bzw. telefonischem Wege sowie zu Hause mit Firmenvertretern Kontakt aufnehmen.

Der Konsument hat nach Verlassen der Einkaufsstätte Erfahrungen gesammelt, die er zu einer nachträglichen Bewertung der Einkaufsstätte weiterverarbeitet **(Phase 5)**. Er stellt seine Erwartungen **vor** und seine Erfahrungen **nach** der Wahl der Einkaufsstätte gegenüber, um so ein Einkaufsergebnis zu erhalten. Vielfach treten neue Informationen hinzu, die die Entscheidung entweder bekräftigen oder Spannungen erzeugen. Je nach Einschätzung des Einkaufsergebnisses sind zwei mögliche Konsequenzen denkbar: Einerseits kann der Konsument seinen Einkauf beenden bzw. weitere Einkäufe in der gleichen Einkaufsstätte tätigen. Andererseits setzt der Konsument u. U. seine Informationssuche fort, um aufgetretene innere Spannungen (z. B. kognitive Dissonanzen) abzubauen.

Bei der Prozeßanalyse der Einkaufsstättenwahl gilt es zu bedenken, daß nicht alle Phasen durchlaufen werden müssen. Welche Phasen mit welcher Intensität durchlaufen werden, hängt von der Bedeutung und Neuheit des Wahlproblems für den Konsumenten ab. Darüber hinaus lassen sich in Analogie zur Produktwahl vier **Arten der Einkaufsstättenentscheidung** (limitiert, habitualisiert, extensiv und impulsiv) unterscheiden, die mehr oder weniger intensive Informationsgewinnungs- und -verarbeitungsaktivitäten des Individuums implizieren.

> *Von besonderem Interesse sind die limitierten und habitualisierten Einkaufsstättenentscheidungen. Bei* ***limitierten*** *Wahlprozessen sind alternative Geschäfte von früheren Einkäufen her bekannt. Abgesehen vom externen Suchprozeß werden alle Prozeßphasen der Einkaufsstättenwahl durchlaufen.* ***Habitualisierte*** *Wahlprozesse führen automatisch dazu, ein bestimmtes Geschäft aufzusuchen, sobald ein gleicher oder ähnlicher Einkaufsanlaß gegeben ist. Die Phasen der Suche, Bewertung und Auswahl finden somit nicht statt. Demgegenüber durchlaufen* ***extensive*** *Entscheidungsprozesse alle Prozeßphasen der Einkaufsstättenwahl, da feste Programme für die Wahl der Einkaufsstätte noch nicht vorliegen. Bei* ***impulsiven*** *Einkaufsstättenentscheidungen handelt der Konsument spontan. Die Phase der Auswahl einer Einkaufsstätte wird determiniert von der Reizkonstellation, die auf den Käufer einwirkt.*

In engem Zusammenhang mit den unterschiedlichen Typen von Einkaufsstättenentscheidungen steht die Frage nach der Entstehung von Firmen- oder **Einkaufsstättentreue**. Es ist einleuchtend, daß ein firmentreuer Konsument nicht vor jedem Einkaufsgang sämtliche Stufen des dargestellten Entscheidungsprozesses durchläuft. Sein Verhalten wird vielmehr durch ein Programm bestimmt, das sich aufgrund der Erfahrungen bei früheren Einkaufsgängen gebildet hat (Heinemann 1974, S. 242). Insofern kann es sich bei der Firmentreue einerseits um einen **habituellen** Entscheidungsprozeß handeln, dem ein vollständig definiertes Programm zugrunde liegt. Die Bestimmung des zu wählenden Geschäftes wird zu einem reinen Routinevorgang.

Andererseits kann Firmentreue auf einem **adaptiven Entscheidungsprozeß** beruhen, dessen Programm nur in Grundzügen definiert ist. Beispiele hierfür sind Verhaltensinstruktionen wie „Kaufe Lebensmittel nur in Geschäften, die nicht mehr als fünf Minuten von der Wohnung entfernt liegen“ oder „Kaufe Textilien grundsätzlich nur in Fachgeschäften oder Boutiquen“ (Heinemann 1974, S. 245).

Die Entstehung derartiger programmierter Einkaufsstättenentscheidungen läßt sich auf der Grundlage der **Lerntheorie** erklären (Heinemann 1974, S. 246 ff.). Demnach kann Firmentreue als das Ergebnis wiederholter extensiver Prozeßabläufe interpretiert werden. Positive Erfahrungen mit einem Geschäft bringen den Konsumenten zur Einsicht, daß es für ihn vorteilhafter ist, auch weiterhin dem Geschäft treu zu bleiben, d. h. eben dort – und nicht woanders – Wiederholungskäufe zu tätigen. Die Wahrscheinlichkeit eines „treuen Verhaltens“ ist um so größer, je bedeutsamer die Geschäftswahl für den Konsumenten ist, je weniger sinnvolle Geschäftsalternativen in Betracht kommen und je größer der Abstand zur nächstpräferierten Alternative ist.

2.343 Betriebstypenwahl und Erlebnishandel

Die seit geraumer Zeit beobachtbaren Veränderungen in den Bedürfnis- und Verbrauchsstrukturen von Konsumenten wirken sich auch auf das Einkaufsstättenwahlverhalten aus. Der Konsum wird verstärkt Ausdruck individueller Selbstverwirklichung und führt zu immer differenzierteren Kundenwünschen sowohl im Hinblick auf die Waren als auch die Geschäftsstätten des Handels. Diese Entwicklung sowie der sich verschärfende Wettbewerb in der Handelslandschaft haben zu einer Pluralisierung der Handelsleistungen geführt, die in der fortwährenden Entstehung neuer Geschäfte und Betriebstypen ihren Ausdruck findet (Heinemann 1989, S. 3). Gleichzeitig ist eine Verkürzung der Lebensdauer neuer Betriebstypen – auch „Store Erosion“ genannt (Berger 1977, S. 1 ff.) – zu konstatieren, deren Ursachen vor allem in einem Profilierungsdefizit gegenüber dem Konsumenten zu suchen sind.

Eine in jüngerer Zeit diskutierte Profilierungsmöglichkeit gegenüber dem Konsumenten ist die Erlebnisorientierung von Geschäftsstätten (Diller, Justerer 1986; Weinberg 1986; Heinemann 1989). Den Stellenwert dieses Ansatzpunktes einer Profilierung macht eine bei Bekleidungsfachgeschäften durchgeführte Erfolgsfaktorenuntersuchung deutlich (Meffert, Patt 1987). Demnach ist die Erlebnisorientierung der nach der Wettbewerbsstärke zweitwichtigste Erfolgsfaktor dieser Branche. Andere Untersuchungen bestätigen – branchenspezifisch oder -übergreifend – diese Erkenntnis (Diller, Kusterer 1986; Weinberg 1986; Bost 1987; Heinemann 1989).

Ausgangspunkt der **erlebnisorientierten Profilierung** bildet die Überlegung, Betriebstypen (z. B. Fachgeschäfte, Verbrauchermärkte, Warenhäuser) bzw. Geschäftsstätten durch eine unmittelbare Beeinflussung subjektiver Wahrnehmungen der Konsumenten zu profilieren. Insofern ist neben **kognitionsdominanten** Ansatzpunkten einer Profilierung (subjektive Wahrnehmung von Preis-Leistungs-Verhältnis und Fachkompetenz) die **emotionsdominante Profilierung** von entscheidender Bedeutung. Letztere umfaßt die Vermittlung emotionaler Einkaufserlebnisse, die die Eigenständigkeit und Unverwechselbarkeit der Geschäftsstätte demonstrieren soll (Heinemann 1989, S. 122). Der dabei vermittelte **Erlebniswert** eines Geschäftes liefert gleichzeitig einen Beitrag zur subjektiv empfundenen Lebensqualität und -zufriedenheit des Konsumenten (Weinberg 1986).

Die Auswahl bestimmter Erlebniswerte wie z. B. Prestige, Jugendlichkeit, Natürlichkeit, Umweltverträglichkeit, Freizeitorientierung etc. legt den **Erlebnisbereich** eines Betriebstyps fest (z. B. Professionalität, Avantgarde, Savoir-Vivre). In diesem Erlebnisbereich ist das Geschäft bestrebt, Kompetenz zu erlangen und sich gegenüber der Konkurrenz abzugrenzen (Weinberg 1986, S. 87 ff.; Heinemann 1989, S. 125 f.). Der Erlebnisbereich konkretisiert sich in der Schaffung einer bestimmten **Ladenatmosphäre**. Gestaltungsparameter hierbei sind z. B. Dekorationen, Formen, Farben, Beleuchtungen, aber auch Duftstoffe, Pflanzen und Musik. Für die Bedeutung der Ladenatmosphäre als Beurteilungsfaktor von Einzelhandelsgeschäften sind bereits zahlreiche Detailbelege erbracht worden (Heemeyer 1981; Diller, Kusterer 1986; Bost 1987).

Im Rahmen einer mündlichen Befragung von Passanten unterschiedlicher Textilgeschäfte (Heinemann 1989) wurde die erlebnisorientierte Profilierung der Geschäfte anhand von Anmutungsprofilen (z. B. stimulierend, entspannend, interessant, vielfältig) ermittelt. Eine Überprüfung des ***Einflusses der Geschäftsstättengestaltung auf die Erlebnisorientierung*** *ergab, daß die Merkmale „erfrischende Farbzusammenstellung", „interessanter Ladenraum durch häufige Aktionen", „sympathischer Duft" sowie „übersichtliche Ladenraumgestaltung" die wesentlichen Einflußgrößen der Erlebnisorientierung darstellten (Heinemann 1989, S. 174).*
Die Analyse der ***Erlebnisorientierung*** *als ein von der Ladenumwelt unabhängiger Einflußfaktor zeigte* ***kurz- und langfristige Verhaltenswirkungen*** *auf (Heinemann 1989, S. 176 ff.). In bezug auf die kurzfristigen Wirkungen war festzustellen, daß die Verweildauer im Geschäft um so höher war, je entspannender die Ladenatmosphäre empfunden wurde. Bei den langfristigen Verhaltenswirkungen konnten für den am stärksten erlebnisbetonten Betriebstyp die besten Einstellungswerte festgestellt werden.*

Insgesamt gilt es zu beachten, daß die Profilierung anhand jener Erlebnisbereiche vorgenommen wird, die mit dem Lebensstil der anzusprechenden Zielgruppe sowie den angebotenen Warengruppen harmonisieren (Büttner 1986, S. 39; Heinemann 1989, S. 209). Darüber hinaus bietet die Unterteilung in bestimmte Erlebnisbereiche beispielsweise anhand von Life-Style-Aspekten Ansatzpunkte der Kundensegmentierung.

2.4 Prognosemodelle des Konsumentenverhaltens

Die Erkenntnisse aus den dargestellten Erklärungsansätzen des Käuferverhaltens dienen letztendlich zur Analyse der Konsumentenreaktionen in Abhängigkeit vom (geplanten) Einsatz der Marketinginstrumente bzw. zur Optimierung des Marketingmixeinsatzes.

Somit erlangen die aufgestellten Hypothesen über die Einflußfaktoren des Kaufverhaltens auch eine prognostische Relevanz. Verhaltensprognosen beruhen auf der Analyse des **Individualverhaltens** der Konsumenten. Nach dem Abstraktionsgrad lassen sich die Modelle der Verhaltensprognose in global- und detailanalytische Modelltypen einteilen (Meffert, Steffenhagen 1977, S. 38 ff.; Steffenhagen 1978, S. 13 ff.).

Detailanalytische Ansätze versuchen, die Entscheidungsmechanismen bzw. Kaufprozeßphasen gemäß des „Stimulus-Organismus-Reaktions"-Modells im einzelnen abzubilden (Schulz 1972). **Globalanalytische** Prognosemodelle verzichten dagegen auf eine detaillierte Untersuchung mentaler Prozesse vor oder nach dem Kauf. Stattdessen wird nur das beobachtbare Verhalten gemäß des „Stimulus-Reaktions"-Modells der Prognose zugrunde gelegt. In der Mehrzahl sind globalanalytische Mikromodelle den Entwicklungsprognosen, die detailanalytischen hingegen meist den Wirkungsprognosen zuzuordnen.

Eine Einordnung der Prognosetypen nach ihrem Abstraktionsgrad zeigt Abbildung 36. Aus der Vielzahl der Modelle sollen beispielhaft die für einzelne Problemstellungen des Marketing wesentlichen Modelle in ihrer Struktur vorgestellt werden. Dazu gehören die Markoff-Ketten und das Fourt/Woodlock-Modell sowie eine vergleichende Übersicht der Modelle von Amstutz, Lavington und Klenger/Krautter aus dem Bereich der sog. detailanalytischen Ansätze.

Globalanalytische Mikromodelle	Detailanalytische Mikromodelle
1. Markenwahlmodelle 1.1 Markoff – Ketten 1.2 Lineare Lernmodelle 1.3 Kaufneigungsmodelle 2. Kaufeintrittsmodelle 2.1 Kaufeintrittsmodelle für eingeführte Produkte (Ehrenberg – Modelle) 2.2 Kaufeintrittsmodelle für neue Produkte 2.21 Fourt/Woodlock-Modell 2.22 Parfitt/Collins-Modell 2.23 Eskin 2.24 Steam	1. Amstutz 2. Perry 3. Herniter u. a. 4. Lavington 5. Klenger/Krautter 6. Thabor GABLER GRAPHIK

Abbildung 36: Beispiele global- und detailanalytischer Prognosemodelle

2.41 Modelle zur Prognose der Markenwahl

Markenwahlmodelle gehen von der Wahrscheinlichkeit aus, daß der Konsument eine bestimmte Marke zu einem bestimmten Zeitpunkt kauft. Aus diesem Grunde spricht man bei Markenwahlmodellen auch von **stochastischen Prozessen**. Zu den drei zentralen Modellvarianten gehören **Markoff-Ketten, lineare Lernmodelle** und **Kaufneigungsmodelle**. Sie basieren auf dem gemeinsamen Grundgedanken, daß vorhergehende Käufe die Wahrscheinlichkeit des Wiederkaufs beeinflussen. Das Prinzip der Markenwahlmodelle soll am Beispiel der Markoff-Ketten 1. Ordnung demonstriert werden (Pinney, McWilliams 1982, S. 67 ff.).

Marke	Periode 1		Periode 2	
	Verkaufszahlen	Marktanteil	Verkaufszahlen	Marktanteil
A	500	0,5	500	0,5
B	300	0,3	250	0,25
C	200	0,2	250	0,25
Summe	1000	1,0	1000	1,0

GABLER GRAPHIK

Abbildung 37: Verkaufszahlen und Marktanteile in den Perioden t_1 und t_2

Markoff-Ketten unterstellen, daß das Gedächtnis des einzelnen Konsumenten bzw. der Käuferschaft nur eine Periode zurückreicht. Das bedeutet, daß die Wahrscheinlichkeit des Wiederkaufs nur unmittelbar auf den Erfahrungen aus der Vorperiode beruht.

Der Aufbau des Modells läßt sich am besten an einem Beispiel erläutern (Meffert, Steffenhagen 1977, S. 102). Es liegen aus einem Haushaltspanel mit 1000 Personen die Verkaufszahlen von 3 Waschmittelmarken A, B, C vor. In den Erhebungsperioden 1 und 2 ergibt sich die in der Abbildung 37 dargestellte Verteilung mit den entsprechenden Marktanteilen. Auf den ersten Blick scheinen alle Käufer der Marke A die gleiche Marke wiedergewählt zu haben. Daß diese Annahme falsch ist, zeigt eine genauere personenbezogene Analyse (Abbildung 38), wonach tatsächlich nur 350 Konsumenten als treue Käufer von Marke A zu bezeichnen sind. Demgegenüber sind 100 frühere Käufer von Marke B und 50 von Marke C hinzugekommen. 60 ehemalige Konsumenten von A sind zu B und 90 zu C gewechselt. Die Hauptdiagonale der Matrix spiegelt die ***Markentreue*** *wider. Die übrigen Werte geben das Ausmaß des* ***Markenwechsels*** *an.*

Periode 1		Periode 2			
Marke		A	B	C	Summe
		500	250	250	1000
A	500	350	60	90	
B	300	100	170	30	
C	200	50	20	130	
Summe	1000				

GABLER GRAPHIK

Abbildung 38: Verteilung von markentreuen Kunden und Markenwechslern in der Periode t_2

Diese Daten werden zur Schätzung der sogenannten ***Übergangswahrscheinlichkeiten*** *herangezogen. Sie bezeichnen die Wahrscheinlichkeit, daß ein Konsument, der eine bestimmte Marke in t–1 gekauft hat, diese oder eine andere Marke in Periode t wählt. In diesem Fall ist die Übergangsmatrix in Abbildung 39 dargestellt.*
Die Wahrscheinlichkeit, daß ein Konsument, der in Periode 1 Marke A kaufte, in Periode 2 z. B. Marke B wählt, ist 0,12. Gemäß der Modellannahme, daß alle Käufer von z. B. Marke B in t–1 entweder Marke A, B oder C in t kaufen, muß die Zeilensumme 1 sein.

		Markenwahl Periode 2			Summe
		A	B	C	
Markenwahl Periode 1	A	0,70	0,12	0,18	1,0
	B	0,33	0,57	0,10	1,0
	C	0,25	0,10	0,65	1,0

GABLER GRAPHIK

Abbildung 39: Übergangsmatrix in der Periode t_2

Nimmt man an, daß diese Übergangsmatrix für alle in die Analyse einbezogenen Käufer gleichermaßen gilt ***(Homogenitätsannahme)*** *und daß sich diese Matrix im Zeitablauf nicht ändert* ***(Stationaritätsannahme),*** *läßt sich der Ablauf des oben charakterisierten Prozesses extrapolieren (Meffert und Mitarbeiter 1971, S. 6). Aufgrund der Ausgangsverteilung der Marktanteile M in Periode 1*

$$M(1) = (0{,}5 \,/\, 0{,}3 \,/\, 0{,}2)$$

und der Übergangsmatrix lassen sich die ***Marktanteile*** *von A, B und C in Periode 2 folgendermaßen berechnen:*

$$\begin{aligned} M_{A,2} &= M_{A,1} \cdot 0{,}7 + M_{B,1} \cdot 0{,}33 + M_{C,1} \cdot 0{,}25 \\ &= 0{,}5 \cdot 0{,}7 + 0{,}3 \cdot 0{,}33 + 0{,}2 \cdot 0{,}25 \\ &= \underline{0{,}5} \end{aligned}$$

$$\begin{aligned} M_{B,2} &= M_{A,1} \cdot 0{,}12 + M_{B,1} \cdot 0{,}57 + M_{C,1} \cdot 0{,}1 \\ &= 0{,}5 \cdot 0{,}12 + 0{,}3 \cdot 0{,}57 + 0{,}2 \cdot 0{,}1 \\ &= \underline{0{,}25} \end{aligned}$$

$$\begin{aligned} M_{C,2} &= 1 - M_{A,2} - M_{B,2} = 1 - 0{,}5 - 0{,}25 \\ &= \underline{0{,}25} \end{aligned}$$

Nach demselben Verfahren lassen sich die Marktanteile der Folgeperioden berechnen.

Marke	Periode					Konvergenzzustand
	1	2	3	4	5	
A	0,500	0,500	0,496	0,492	0,489	0,486
B	0,300	0,250	0,227	0,216	0,211	0,206
C	0,200	0,250	0,278	0,292	0,300	0,308

GABLER GRAPHIK

Abbildung 40: Prognose der Marktanteile in den Perioden t_1 bis t_5

Der Konvergenzzustand in Abbildung 40 bezeichnet die langfristige Verteilung der Marktanteile (t konvergiert gegen ∞). Diese Verteilung ändert sich nicht mehr, obwohl Kundenfluktuationen noch auftreten. Die Zu- und Abgänge bei der Markenwahl gleichen sich nach jeder Periode genau aus. Der Konvergenzzustand läßt sich mit Hilfe linearer Gleichungen berechnen.

Markoff-Ketten können dem Modellbenutzer eine Reihe wichtiger Informationen für die Marketingplanung geben:

- Durch die Multiplikation der prognostizierten Marktanteile mit dem Marktvolumen lassen sich **Absatzprognosen** erstellen.
- Die Anwendung des Verfahrens bei der Neuprodukteinführung läßt Aussagen über **Substitutions- und Partizipationseffekte** zu.
- Die Konvergenzgeschwindigkeit liefert Anhaltspunkte über die **Dringlichkeit absatzpolitischer Maßnahmen** zur Einwirkung auf den Prozeß.
- Die Kenntnis der Zahl markentreuer Konsumenten und Markenwechsler bietet Ansatzpunkte, um Instrumente zur Förderung der **Markentreue** einzusetzen (z. B. Erhöhung der Qualität des Kundendienstes).

Von entscheidender Bedeutung für die Qualität dieser Entscheidungshilfen ist die Frage der Realitätsnähe der zugrundeliegenden Prämissen. Die Grenzen der Aussagefähigkeit und Anwendbarkeit der Markoff-Modelle finden sich primär in den **Modellannahmen**:

1. Die Markenwahlwahrscheinlichkeit einer Periode hängt allein vom Ergebnis der Vorperiode ab **(kein Lernverhalten)**.
2. Die Wahrscheinlichkeiten der Übergangsmatrix sind konstant, d. h. das **Kaufverhalten ändert sich** während des gesamten Prozesses **nicht**.
3. Die Übergangswahrscheinlichkeiten sind für **alle Käufer gleich**.
4. In **jeder Markoff-Periode** (Woche, Monat, Jahr) wird von jedem Konsumenten **ein Produkt** gekauft.
5. Während der Modellaufzeit ist die **Abnehmerzahl** bzw. die Anzahl der Marken konstant.

Durch Modellmodifikationen lassen sich die Prämissen einfacher Markoff-Modelle teilweise aufheben (Markoff-Modell höherer Ordnung, Semi-Markoff-Ketten).

Die abschließende Beurteilung der Markoffmodelle zeigt, daß die Validierung nur dann erfolgen kann, wenn hinreichende Paneldaten vorliegen. Damit bleibt die Gültigkeit der Verfahren auf jene Produktgattungen beschränkt, die im Haushalt kontinuierlich benötigt werden. Die Berechenbarkeit ist unproblematisch. Die Kosten, die in erster Linie für die Erhebung der Paneldaten entstehen, sind demgegenüber sehr hoch.

Der Vorteil der **linearen Lernmodelle** gegenüber Markoff-Ketten liegt vor allem darin, daß nicht nur die unmittelbar vorangehende Markenwahl, sondern alle früheren Kaufakte die Kaufentscheidung beeinflussen. Sowohl lineare Lernmodelle als auch Markoff-Ketten gehen von einer, sich in jeder Periode diskontinuierlich verändernden Markenwahlwahrscheinlichkeit aus („sprunghaftes" Käuferverhalten). **Kaufneigungsmodelle** dagegen berücksichtigen die stetigen Markenwahlwahrscheinlichkeiten (Hüttner 1982, S. 68). Im übrigen sind gegenüber den skizzierten Modelltypen keine wesentlichen Verbesserungen in der Prognosequalität zu erwarten (vgl. zu der ausführlichen Darstellung und Kritik der einzelnen Modelle Meffert, Steffenhagen 1977, S. 93 ff.).

2.42 Prognosen über den Kaufeintritt von Konsumenten

Modelle zur Kaufeintrittsprognose beziehen sich auf die Teilentscheidung des Konsumenten, zu einem bestimmten Zeitpunkt bzw. innerhalb eines definierten Zeitraumes ein Produkt zu kaufen. Es handelt sich um kurzfristige Absatzprognosen, die auf Wahrscheinlichkeitsverteilungen beruhen.

Die Kaufeintrittsmodelle lassen sich danach unterteilen, ob sie den Absatz bei bereits länger im Markt eingeführten Produkten oder bei Neueinführungen prognostizieren. Die

Kaufeintrittsmodelle für **eingeführte Produkte** werden hier nicht näher betrachtet, da sie gegenüber den klassischen makroanalytischen Verfahren keine wesentlichen Verbesserungen der Prognosegüte erzielen und eher als Kontroll- denn als Prognoseinstrument geeignet sind (Meffert, Steffenhagen 1977, S. 141).

Gegenüber dieser Modellgruppe sind die Kaufeintrittsmodelle für **Neuprodukte** den Makroprognosen grundsätzlich überlegen, da sie das Käuferverhalten differenziert betrachten. Diese auch als **Marktdurchdringungsmodelle** bezeichneten Ansätze orientieren sich am Diffusionsprozeß von Produkten.

Es wird angenommen, daß sich die verschiedenen typischen **Erstkäufer** (Innovatoren, Frühadopter, frühe und späte Mehrheit, Nachzügler) sowie die **Wiederholungskäufer** (das Produkt wird zum zweiten Mal gekauft: Erstwiederholer; dann Zweitwiederholer usw.) in ihrem zeitlichen und mengenmäßigen Kaufverhalten bei Wiederholungskäufen unterscheiden. Allen Marktdurchdringungsmodellen ist gemein, daß sie diesen Sachverhalt durch die getrennte Analyse von Erst- und Wiederkäufern berücksichtigen (Kaas 1973, S. 17).

Das im folgenden beispielhaft dargestellte Modell von Fourt und Woodlock kann zu den Basisentwicklungen auf diesem Gebiet gezählt werden (Fourt, Woodlock 1960). Andere Modelle wie z. B. Eskin, Parfitt/Collins, STEAM bauen auf diesem Ansatz auf (Meffert, Steffenhagen 1977, S. 146 ff.; Simon, Freimer 1970, S. 266).

Den Ausgangspunkt des Fourt/Woodlock-Modells bildet die Analyse der Erst- und Wiederkäufer einer Marke. Dabei werden die Wiederkäufer näher differenziert nach Personen, die das Produkt zum zweiten Mal kaufen („Erstwiederholer"), zum dritten Mal („Zweitwiederholer") usw. Während die Wiederkaufraten durch Paneluntersuchungen ermittelt werden, schätzt man den **kumulierten Verlauf der Erstkäufer** durch folgende Funktion (Penetrationskurve; vgl. Abbildung 41):

$$E_t = E_{om} (1 - (1 - r)^{t}) + t \cdot k$$

E_t = prognostizierter Erstkäuferanteil bis Periode t
E_{om} = maximal zu erreichender Erstkäuferanteil in Periode 0
k = Ausdehnungsfaktor
r = Proportionalitätskonstante

Dabei wird angenommen, daß

(1) der Zuwachs an Erstkäufern E in jeder Periode abnimmt und
(2) die kumulierte Zahl der Erstkäufer gegen einen Grenzwert E_{tm} konvergiert (Fourt, Woodlock 1960, S. 32).

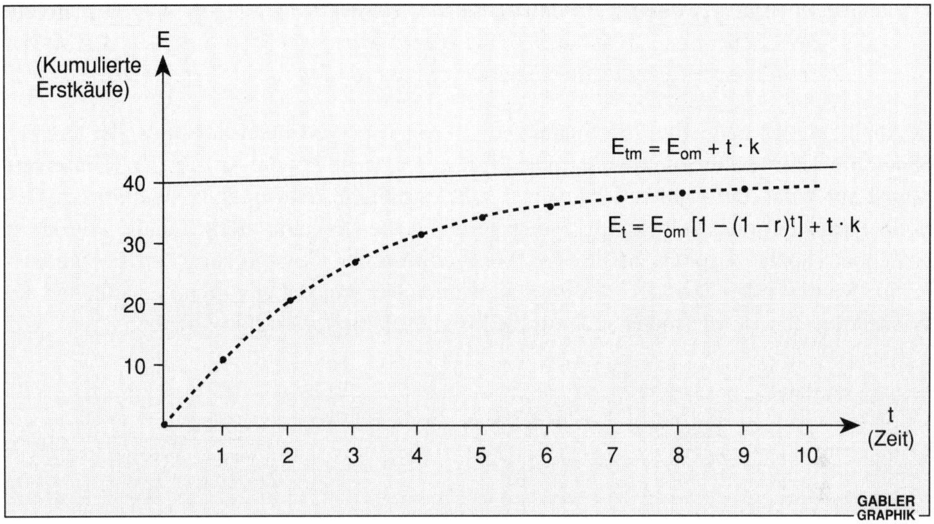

Abbildung 41: Prognostizierter Erstkäuferanteil

Die Kurve E_t nähert sich asymptotisch der Sättigungsgeraden E_{tm} an:

$$E_{tm} = E_{om} + t \cdot k$$

An einem Beispiel soll die Vorgehensweise des Modells veranschaulicht werden: Ein Unternehmen der Nahrungsmittelindustrie hat seit einer Periode ein neues Produkt auf dem Testmarkt. Für die 2. Periode soll der Absatz geschätzt werden. Eine Untersuchung ergab für die Parameter der Penetrations- und Sättigungskurve folgende Werte:

E_{om} = 40 % ; r = 0,3 ; k = 0,004. *Damit lauten die Funktionen:*

$$E_{tm} = 0{,}4 + t \cdot 0{,}004$$

$$E_t = 0{,}4\,(1-(1-0{,}3) + t \cdot 0{,}004$$

Der Verlauf der Kurven ist in Abbildung 41 dargestellt. Danach ist in Periode 1 mit einem Anteil bei allen potentiellen Erstkäufern von 12,4 % in t=2 von 21,2 % usw. zu rechnen. Bezugsgröße ist dabei eine Gesamtkäuferschaft von 100.000 Personen. Durch Panelstudien wurden darüber hinaus die Wiederkaufraten in Periode 1 festgestellt.

Neben den Wiederkaufraten muß zur Prognose der Verkaufszahlen die geschätzte Käuferzahl bis zum Ende der 2. Periode berechnet werden:

$$E_2 = 0{,}4\,(1-(1-0{,}3)^{2}) + 2 \cdot 0{,}004$$

$$E_2 = 0{,}212 \mathrel{\hat{=}} 21.200 \text{ Käufer in Periode 1 und 2}$$

d. h. in der zweiten Periode beträgt der Erstkäuferanteil aus dem Neuzugang 8,8 % (21,2 % – 12,4 % = 8,8 %; vgl. auch Spalte 5 der Abbildung 42). Aus diesen Informationen läßt sich die Gesamtprognose für den Absatz berechnen.

In Abbildung 42 beinhaltet die Spalte 4 den Prognosenwert der Erstkäufer, der aus der Penetrationskurve abgeleitet wurde. Die übrigen Werte stellen die Anzahl der **Wiederholungskäufer** dar. Die Zahlen der Spalte 4 sind kumulierte Größen, d. h. sie umfassen Periode 1 **und** Periode 2. In Spalte 5 dagegen sind die Verkäufe allein für die Periode 2 berechnet (Spalte 4 minus Spalte 1). Die Prognose der Gesamtkäuferzahl besagt, daß 32.405 Käufer in der Periode 2 das Produkt wählen werden. Dabei wird unterstellt, daß die Wiederkaufraten der Periode t auch für die Prognoseperiode t+1 gültig bleiben.

Käufertyp	1. Zahl der Käufer in Periode 1	2. Korrigierte Zahl der Käufer in Periode 1	3. Wiederkaufrate der Käufer in Periode 1	4. Prognostizierte Käuferzahl bis zum Ende der Periode 2	5. Käuferzunahme gegenüber der Periode 1
Erstkäufer	12.400	7.800	–	21.200	8.800
Erstwiederholer	4.200	3.900	0,538	11.405*	7.205**
Zweitwiederholer	2.500	2.100	0,641	7310	4.810
Drittwiederholer	1.600	1.400	0,762	5.570	3.970
Viertwiederholer	900	700	0,643	3.581	2.681
Mehr als vierter Wiederholungsgang	1.200	–	1,714	6.139	4.939
Summe	22.800	–	–	55.205	32.405

* Lesebeispiel: 11.405 Personen haben bis zum Ende der zweiten Periode das Produkt zum zweiten Mal erstanden, gemäß der Wiederkaufrate von 53,8 % (21.200 · 0,538 = 11.405)
** Lesebeispiel: Gegenüber der Periode 1 sind 7.205 Käufer mehr Erstwiederholer (11.405 – 4.200 = 7.205)

GABLER GRAPHIK

Abbildung 42: Prognose der Erst- und Wiederholungskäufe im Fourt/Woodlock-Modell

Ähnlich den Glättungsverfahren wird bei dem dargestellten Prognosemodell von Fourt/Woodlock nur der Absatz der nächsten Periode geschätzt. Damit ist das Modell als Verfahren der Kurzfristprognose einzustufen. Neue Informationen über veränderte Wiederkaufraten werden in das Modell eingearbeitet und erlauben eine laufende Aktualisierung und Anpassung der Prognosen. Eine Langfristprognose ist nur dann möglich, wenn von einer Konstanz der Wiederkaufraten ausgegangen werden kann.

Zur Absatzprognose in Mengeneinheiten des Neuproduktes muß die Zahl der Erst- und Wiederholungskäufer mit einem für diese Käuferklassen typischen **Gewichtungsfaktor** multipliziert werden, der die Kaufmenge pro Käufer angibt. In der Regel kaufen Erstkäufer im Gegensatz zu den Wiederkäufern nur eine geringe Menge pro Einkaufsakt („Probierkäufe"). Diese Informationen sind wie die Wiederkaufraten direkt aus den Panelaufzeichnungen zu gewinnen.

Sofern Paneldaten vorliegen, ist das Modell in dieser Form durchaus validierbar und einfach zu berechnen. Probleme ergeben sich vor allem bei der Parameterschätzung für die Penetrationskurve. Hierzu müssen mehrere Beobachtungsperioden vorliegen, was sich negativ auf die Aktualität der Ergebnisse auswirken kann. Diese Schwierigkeit ist durch die Anwendung eines Markttests zu umgehen.

Neben der eigentlichen Prognosefunktion kommt dem Modell eine wichtige diagnostische Bedeutung zu. Ein flacher Verlauf der Marktdurchdringungskurve oder geringe Wiederkaufraten geben dem Manager Hinweise darauf, Korrekturen des Marketingmix vorzunehmen (z. B. Erhöhung des Werbebudgets oder Preisnachlässe zur Erzielung eines ausreichenden Erstkäuferanteils und zur Erhöhung der Wiederkaufraten). Insgesamt zeichnen sich die Modelle zum Kaufeintritt von Konsumenten auch in der Praxisanwendung als sinnvoll durchführbare Prognosemethoden aus.

2.43 Wirkungsbedingte Verhaltensprognosen

Detailanalytische Mikromodelle versuchen, im Rahmen **verhaltenswissenschaftlicher Theorien** (z. B. Lerntheorie, Theorie kognitiver Dissonanzen) die Wirkungen der Marketinginstrumente auf Teilentscheidungen der Konsumenten zu erfassen. Ziel ist es, über Prognosen der individuellen Produktartenwahl, der Einkaufsstättenwahl, der Markenwahl und der Kaufmenge letztlich den Absatz oder Marktanteil zu prognostizieren. Im wesentlichen beruhen die Modelle auf drei Hauptkomponenten, die bei den einzelnen Ansätzen unterschiedlich stark ausgeprägt sind (Meffert, Steffenhagen 1977, S. 192 f.):

1. den **Dimensionen des Kaufverhaltens** der Konsumenten mit den Teilentscheidungen „überhaupt einkaufen zu gehen" (Kaufeintritt), die Geschäftsstättenwahl und Markenwahl zu treffen oder mit anderen Personen zu reden (interpersonelle Kommunikation);

2. den **kognitiven Elementen** des Individuums wie z. B. Erfahrungen durch den Produktgebrauch, die Variabilität dieser Elemente und deren Beziehungen zu Teilentscheidungen der Konsumenten;

3. den **exogenen Stimuli** (Preis, Werbung, Distribution, Produkteigenschaften), die von Hersteller und Handel ausgehen sowie deren Verknüpfung mit den kognitiven Elementen bzw. Teilentscheidungen des Konsumenten.

Diese Zusammenhänge sind aufgrund ihrer Komplexität nicht exakt in Form von Funktionen darstellbar. Die Prognosen von Individualentscheidungen lassen sich deshalb nur mittels **Computersimulation** ableiten. Aus diesem Grund spricht man bei den wirkungsbedingten Verhaltensprognosen auch von **Mikrosimulationsmodellen** des Käuferverhaltens (Roloff 1972). Zu den zentralen Modelltypen gehören die Ansätze von Amstutz, Lavington und Klenger/Krautter (Amstutz 1967; Klenger/Krautter 1972; Lavington 1972). Trotz z. T. erheblicher Unterschiede in der Struktur ist ihnen gemeinsam, daß die Wirkungsprognose allein auf die Markenwahlentscheidung bezogen ist. Im übrigen sind die Modellcharakteristika aus der Synopse in Abbildung 43 zu entnehmen.

Prüft man den Aussagewert der Modelle, so überwiegen die Nachteile eindeutig den Nutzen. Die **Vorzüge** liegen zum einen in der Berücksichtigung verhaltenswissenschaftlicher Erkenntnisse, zum anderen in der detaillierten Einbeziehung der Marketinginstrumente mit ihren Wirkungen. Die Anwendbarkeit für praktische Problemstellungen scheitert jedoch an den schwerwiegenden **Nachteilen** der Mikrosimulationsmodelle. Dazu gehören insbesondere die extrem hohen Kosten für die Datenerhebung und Modellimplementierung sowie die nahezu unmögliche Validierbarkeit. Es sind nicht nur individuelle Daten über Kauf- und Markenwahlverhalten zu erheben, sondern auch personenspezifische „Konsumentenreaktionsfunktionen" zu entwickeln. Darüber hinaus treten erhebliche Schätzprobleme bei der Ermittlung der Modellparameter auf. Durch die Modellkomplexität und den nicht allgemein nachgewiesenen Bewährungsgrad wird auch künftig die Akzeptanz beim Management eher gering bleiben. Dementsprechend sind nur wenige Modelle dieser Art in der Praxis erprobt worden (z. B. im Pharma- und Reifenmarkt).

Modell / Eigenschaften des Modelles	Amstutz	Lavington	Klenger/ Krautter
Theoretische Fundierung	Kognitivistische Verhaltenstheorie	Lerntheorie	Kognitivistische Verhaltenstheorie
Objekt der Betrachtung	Komplexe und adaptive Kaufentscheidungen des Konsumenten beim Kauf von langlebigen Ge- und Verbrauchsgütern	Gewohnheitsmäßige (habitualisierte) Kaufentscheidungen des Konsumenten beim Kauf von niedrigpreisigen, häufig gekauften Verbrauchsgütern	Gewohnheitsmäßige (habitualisierte) Kaufentscheidungen des Konsumenten beim Kauf von preiswerten Gütern des täglichen Bedarfs
Ablauf des Kaufentscheidungsprozesses	– Entstehung des (wahrgenommenen) Bedürfnisses – Entscheidung zur Suche nach Produktinformationen – Kaufentscheidung und Ausführung – Reaktionen nach dem Kauf	– Kaufneigung vor dem Kauf – Wirkung der Kaufsituation	Produktarten-, Geschäfts- und Markenwahl werden in unterschiedlichem Umfang in die vier Entscheidungsphasen zerlegt: – Entstehung eines Bedürfnisses – Suche nach Alternativen – Bewertung der Alternativen – Entscheidung und Realisation
Modellierung der Reaktionen nach dem Kauf	– Erfahrungen durch den Produktgebrauch – Vergessen von Informationen und Markenbewußtheit – Kognitive Dissonanzen	– Erfahrungen durch Produktgebrauch – Vergessen von Werbung und von Erfahrungen durch den Produktgebrauch	Berücksichtigung war ursprünglich vorgesehen, konnte aber ins Simulationsmodell nicht mehr aufgenommen werden
Bestimmung der Geschäftswahl des Konsumenten	Durch empirische Wahrscheinlichkeiten. Einflußgrößen der Geschäftswahl werden formuliert	Durch empirische Wahrscheinlichkeiten	Durch empirische Wahrscheinlichkeiten. Einflußgrößen werden aufgezählt
Unter der Voraussetzung, daß die vorgelagerten Entscheidungen bereits getroffen sind, wird die Markenwahl bestimmt durch:	– Markeneinstellungen und -kenntnis – Verkaufsbemühungen – Endverbraucherpreis der Marke	– Gesamtkonditionierung vor dem Kauf – Einstellung zur Verpackungsgestaltung	– Markenimage – Präsenz und Attraktivität der Marke – Endverbraucherpreis der Marke
Der Werbewirkungsprozeß läuft über folgende Phasen ab:	– Kontaktphase – Assimilationsphase – Reaktionsphase (Informationsaufnahme und -verarbeitung im Gedächtnis)	– Werbeeindrucksphase – Reaktionsphase (Änderung der Konditionierung durch Werbung)	– Kontaktphase – Perzeptionsphase – Reaktionsphase (Änderung der Markeneinstellung)
Marketing-Aktivitäten, die in die Analyse einbezogen werden	– Werbung – Verkaufsförderung – Persönlicher Verkauf – Preis – Produkteigenschaften (detailliert) – Distribution	– Werbung – Verkaufsförderung – Preis – Produktqualität (insgesamt) – Verpackung – Vertrieb	– Werbung – Verkaufsförderung – Preis – Produkteigenschaften (detailliert) – Vertrieb
Verkaufsförderungsmaßnahmen, die berücksichtigt werden können	– Displays	– Gutscheine – Warenproben – Plazierung – Warendarbietung	– Sämtliche Maßnahmen, die eine Erhöhung der Präsenz und Attraktivität der Marke bewirken
Informationen, die direkt auf die Markeneinstellung wirken	Sämtliche im Gedächtnis gespeicherte Informationen aus – Werbung – Verkaufsförderung – Persönlichem Verkauf – Konsumentengesprächen – Produktgebrauch	Erfahrungen durch den Produktgebrauch	Produktinformationen aus der Werbung

GABLER GRAPHIK

Abbildung 43: Vergleich ausgewählter Modellcharakteristika mikroanalytischer Wirkungsmodelle

2.5 Fragen und Aufgaben

1. Welche Annahmen liegen der Lambda-Hypothese zugrunde?

2. Benennen Sie die zentralen aktivierenden Variablen des Kaufverhaltens und grenzen Sie diese voneinander ab!

3. Nennen und erläutern Sie die Verfahren zur Messung von Emotionen!

4. Was versteht man unter inneren Bildern und welche Bedeutung kommt ihnen zur Bildung emotionaler Erlebniswelten zu? Nennen Sie hierzu einige Beispiele!

5. Nennen und erläutern Sie unterschiedliche Systematisierungsmöglichkeiten bei Motiven!

6. Herr Schmitz möchte ein neues Auto kaufen:
   a) Das Auto soll preisgünstig und umweltfreundlich (vollständig recyclefähig) sein. Herr Schmitz weiß, daß die umweltfreundlichen Modelltypen eines bestimmten Herstellers teurer sind als herkömmliche nichtrecyclefähige Modelle.
   b) Das Auto soll ein umweltfreundlicher Kleinwagen sein. Herr Schmitz hat jedoch erfahren, daß die Katalysatortechnik für Kleinwagen noch nicht ausgereift ist.

   Welche Motivkonflikte verbergen sich hinter den beiden alternativen Ausgangssituationen der Kaufentscheidung und welche Möglichkeiten zur Konfliktlösung sind denkbar?

7. Erläutern Sie die Komponenten des Einstellungskonstruktes (Einstellung i.w.S)!

8. Erläutern Sie die kognitiven Strukturmodelle zur Einstellungsmessung von Fishbein und Trommsdorff und kennzeichnen Sie die Modellbesonderheiten!

9. Nennen und erklären Sie mögliche Ursachen für Divergenzen zwischen dem Umweltbewußtsein als Einstellungskonstrukt und dem tatsächlichen Kaufverhalten!

10. Nennen und erläutern Sie zentrale kognitive Vorgänge, die zur Erklärung des Konsumentenverhaltens herangezogen werden können!

11. Welche Zusammenhänge bestehen zwischen aktivierenden und kognitiven psychischen Prozessen von Konsumenten?

12. Erläutern Sie das Kontiguitäts- und Verstärkerprinzip! Welche Annahmen liegen den SR-Theorien und SOR-Theorien zugrunde? Nehmen Sie kritisch zum Erklä-

rungsgehalt der beiden theoretischen Ansätze im Hinblick auf das Konsumentenverhalten Stellung!

13. Charakterisieren Sie die Komponenten des Involvement- und Risiko-Konstruktes als Persönlichkeitsdeterminanten!

14. Welcher Einfluß auf das Kaufverhalten von Konsumenten wird bei den sogenannten „High-Involvement“- und „Low-Involvement“-Käufen unterstellt?

15. Nennen Sie produktbezogene Teilrisiken am Beispiel von langlebigen (z.B. PKW) und kurzlebigen (z.B. Haushaltsreiniger) Ge- bzw. Verbrauchsgütern!

16. Geben Sie Beispiele für Basiswerte, bereichsspezifische und produktbezogene Werte!

17. Wie läßt sich der Lebensstil von Konsumenten gegenüber dem Wertesystem abgrenzen und erfassen?

18. Wozu dienen Käufertypologien?

19. Nennen Sie die relevante Fragestellung zum kollektiven Kaufverhalten (Paradigma)! Gehen Sie hierbei von folgenden Ausgangssituationen aus:
Herr Witz möchte sich einen Neuwagen kaufen und,
a) ist Mitglied in einem sportlich orientierten Automobilclub (Zugehörigkeit des Kaufentscheiders zu einer formalen Gruppe),
b) wird beim angestrebten Kauf von seiner sparsamen Frau sowie von seinen autointeressierten Kindern begleitet (Kaufentscheidungsprozeß von Familien).

20. Welchen Einfluß üben Familienmitglieder auf kollektiv getroffene Kaufentscheidungen aus? Gehen Sie hierbei von:
a) unterschiedlichen Familien-Lebenszyklusphasen
b) unterschiedlichen Produktkategorien sowie
c) dem individuellen Rollenverhalten aus.

21. Kennzeichnen Sie das Konzept des Meinungsführers als Erklärungsansatz des Käuferverhaltens und nennen Sie Beispiele der Umsetzung!

22. Skizzieren Sie die Strukturmodelle zur Erklärung des Konsumentenverhaltens von Engel, Kollat, Blackwell und Howard, Sheth sowie den Entscheidungsnetz-Ansatz? Diskutieren Sie kritisch die Anwendungsmöglichkeiten von Totalmodellen zur Verhaltenserklärung!

23. Durch welche Fragestellungen läßt sich das Informationsverhalten von Konsumenten (Paradigma) charakterisieren?

24. Kennzeichnen Sie den Prozeß der gedanklichen Verarbeitung anhand des Gedächtnismodells! Welche Aufgaben kommen den einzelnen Gedächtnisspeichern zu?

25. Der Zusammenhang zwischen der Beurteilung und Nutzung von Informationsquellen kann sowohl durch ein kongruentes als auch durch ein divergierendes Informationsverhalten gekennzeichnet sein. Skizzieren Sie denkbare Kongruenz- und Divergenztypen und zeigen Sie mögliche Ursachen für das unterschiedliche Informationsverhalten dieser Typen auf!

26. Erläutern Sie das Konstrukt der Konsumentenzufriedenheit!

27. In welche Phasen läßt sich die Beschwerdeführung von Konsumenten unterteilen?

28. Welche Ansatzpunkte bestehen zur objekt- und subjektbezogenen Messung der Konsumentenzufriedenheit?

29. Beschreiben Sie das Informationsverhalten von Konsumenten anhand der Prozeßphasen der Einkaufsstättenwahl!

30. Beschreiben Sie das Markoff-Modell zur Prognose des Markenwahlverhaltens in den Grundzügen. Gehen Sie hierbei auch auf die Annahmen des Modells ein! Welche Ansatzpunkte liefert das Markoff-Modell für die Marketingplanung?

3. Kaufverhalten von Organisationen

3.1 Kaufentscheidungen industrieller Unternehmen

Im Rahmen der Theorie des Käuferverhaltens haben Ansätze an Bedeutung gewonnen, die das Kaufverhalten von Organisationen zum Gegenstand haben (Webster, Wind 1972a, b; Sheth 1973; Hill, Hillier 1977; Kirsch 1977; Gröne 1977; Choffray, Lilien 1978; Kirsch, Kutschker, Lutschewitz 1980; Bauer 1980; Gemünden 1981; Sauer 1982; Spekmann, Wilson 1982; Robbins 1983; Haas 1986; Backhaus 1990).

Die Ansätze lassen sich in zwei Gruppen einteilen. In der ersten Gruppe steht das Entscheidungsverhalten einer einzelnen Unternehmung im Vordergrund (**monoorganisationale Erklärungsansätze**). Die isolierte Betrachtungsweise führt häufig nicht zu befriedigenden Ergebnissen, da die Entscheidungsprozesse zwischen Anbieter und Nachfrager außer acht gelassen werden. Daher beschäftigt sich die zweite Gruppe von Kaufentscheidungsprozessen mit den **Interaktionsbeziehungen** zwischen Anbieter und Nachfrager (Interaktionsansätze), wobei durchaus mehrere Organisationen auf der Anbieter- und Nachfragerseite am Kauf- bzw. Verkaufsprozeß beteiligt sein können.

Bevor diese Erklärungsansätze einer genaueren Betrachtung unterzogen werden, sind zunächst die Besonderheiten der Kaufentscheidungen von Organisationen darzustellen. Dabei geht es insbesondere um die Frage, wer unter welchen Bedingungen am Kaufentscheidungsprozeß beteiligt ist.

3.11 Besonderheiten der Kaufentscheidungen von Unternehmen

Bei den Kaufentscheidungen von Unternehmen handelt es sich in den meisten Fällen um **Kollektiventscheidungen**. Nach einer Spiegel-Untersuchung (1982) werden 86 % der Entscheidungen von mittelständischen und Großbetrieben durch mindestens zwei bis über 20 Personen umfassende Kollegien getroffen (Spiegel 1982, S. 41). Die an der Kollektiventscheidung beteiligte Gruppe kann je nach Struktur als Buying Center, Buying Group, Decision Making Unit oder multipersonales Beschaffungsorgan bezeichnet werden (Webster, Wind 1972a, S. 77 ff.; Backhaus 1990, S. 32 ff.).

Im Hinblick auf den Prozeß der Entscheidungsfindung lassen sich Formalisierungsgrad, Fremddeterminiertheit und Automatisierung als Besonderheiten unternehmerischer Entscheidungen nennen (Backhaus 1990, S. 33 ff.). Der hohe **Formalisierungsgrad** ergibt sich aus fixierten Verfahrensregeln und Zuständigkeitsbereichen für die an der Kaufentscheidung Beteiligten. Diesem Merkmal kommt besondere Bedeutung zu, wenn die öffentliche Hand als Nachfrager in Erscheinung tritt (vgl. Kapitel II 3.3).

Zahlreiche Beschaffungsvorgänge werden durch die Vorgaben der Kunden bestimmt (**Fremddeterminiertheit** unternehmerischer Kaufentscheidungen). Dies ist beispielsweise der Fall, wenn ein Kunde dem Anbieter industrieller Anlagen vorschreibt, welche Teilkomponenten von welchem Sublieferanten zu beziehen sind (Backhaus 1990). Sind von einem Unternehmen sich wiederholende Kaufentscheidungen zu treffen, können diese Beschaffungsvorgänge mit Hilfe des Einsatzes von EDV-Systemen vorgenommen werden. Durch eine derartige **Automatisierung** der Kaufentscheidung werden Kollegien wie beispielsweise das „Buying-Center" substituiert (Backhaus 1990, S. 51 ff.).

Eine weitere Besonderheit der Kaufentscheidungen von Unternehmen betrifft die **Anreiz- und Sanktionsmechanismen**, die auf den Beschaffungsvorgang einwirken. So kann die Verletzung der fixierten „Spielregeln" durch einen an der Kaufentscheidung Beteiligten zu beruflichen Konsequenzen (Versetzung, Entlassung) führen. Andererseits haben monetäre oder nicht-monetäre Anreize eine Leistungssteigerung der Entscheider zum Ziel.

Neben den Besonderheiten industrieller Kaufentscheidungen erweist es sich für die weitere Analyse als sinnvoll, zwischen verschiedenen **Typen industrieller Kaufentscheidungen** zu differenzieren. Mindestens drei Merkmale bieten sich an, um die Einkaufssituation zu beschreiben. Einmal kann das Kaufobjekt nach dem Grad der Neuartigkeit eingestuft werden. Zum anderen kann die bei dem Entscheidungsträger vorhandene Erfahrung und die Notwendigkeit einer zusätzlichen Informationsbeschaffung als Abgrenzungsmerkmal dienen. Darüber hinaus ist die Unterscheidung nach dem Ausmaß der Einbeziehung neuer Lösungsalternativen in den Entscheidungsprozeß möglich.

Unter Zugrundelegung dieser Merkmale des Entscheidungsprozesses lassen sich die folgenden Typen von Kaufentscheidungen bilden (Robinson, Faris, Wind 1967):

1. **Erstkauf:** Die Entscheidungsbeteiligten stehen vor einer völlig neuen und bisher nicht gegebenen Problemstellung. Die bisherigen Erfahrungen im Kaufverhalten sind daher irrelevant, und es besteht ein großer Informationsbedarf vor der Kaufentscheidung. Die Kaufalternativen sind von vornherein nicht bekannt und darüber hinaus für alle Beteiligten (im Buying Center) neu.

2. **Modifizierter Wiederholungskauf:** Die Entscheidungssituation ist durch eine Problemstellung gekennzeichnet, die nicht neu ist, jedoch in verschiedener Hinsicht von früheren, ähnlichen Situationen abweicht. Obwohl bisherige Erfahrungen vorliegen, müssen zusätzliche Informationen beschafft werden. Unabhängig von den vorliegenden Erfahrungen werden auch neue Alternativen berücksichtigt.

3. **Reiner Wiederholungskauf:** Hierbei handelt es sich um ständig wiederkehrende Problemstellungen (bei wiederholtem Bedarf). Die bisherigen Erfahrungen der Entscheidungsbeteiligten werden als völlig oder annähernd ausreichend erachten. Zur Entscheidungsfindung mögen zwar alternative Lösungen bekannt sein, sie werden jedoch nicht ernsthaft berücksichtigt.

Letztlich drückt sich die skizzierte Typologisierung im Bestehen eines vorgeprägten Programms aus. Es liegen dann routinemäßige, adaptive oder innovative Kaufentscheidungen vor. Neben dieser relativ einfach strukturierten Typologisierung lassen sich Kaufentscheidungen auch nach dem Ausmaß der sich während des Einkaufsprozesses vollziehenden Aktivitäten beschreiben. Beispiele für derartige **Prozeßaktivitäten industrieller Einkaufsentscheidungen** sind:

- Verfahren der grundsätzlichen Genehmigung
- interne Diskussionen (technisch)
- Informationen bei Meinungsführern
- Verhandlungsprozesse mit Anbietern
- interne Diskussionen (finanziell-ökonomisch)
- Auswertung unpersönlicher Kommunikationsmittel, z. B. Fachzeitschriften
- Diskussion mit Anbietern (technisch-extern).

Die Prozeßaktivitäten erfordern je nach der Art des Kaufobjektes einen unterschiedlichen Zeitbedarf. Über die zeitliche Ausdehnung einzelner Aktivitäten lassen sich die Typen von Kaufentscheidungen im Einzelfall näher präzisieren.

3.12 Monoorganisationale Erklärungsansätze industrieller Kaufentscheidungen

Zur Erklärung industriellen Kaufverhaltens wird bei den monoorganisationalen Ansätzen der Frage nachgegangen, wodurch das Beschaffungsverhalten eines einzelnen Unternehmens in der Realität gekennzeichnet ist (Backhaus 1990, S. 25). Je nachdem, ob nur Ausschnitte des industriellen Kaufverhaltens erklärt oder ganze Systeme von Einflußfaktoren abgebildet werden sollen, werden Partial- von Systemmodelle unterschieden.

3.121 Partialmodelle

Die partialanalytischen Erklärungsansätze (Buying Center- Buygrid-Modell und Prozeßmodell) lassen sich den folgenden drei Grundfragen zuordnen (Backhaus 1990, S. 25 ff.):

1. Wer (Personen, Personengruppen) ist mit welcher Rolle und welchem Gewicht an der Kaufentscheidung beteiligt (Webster, Wind 1972; Brand 1972; Hill, Hillier 1977)?

2. Ist die Kaufentscheidung als ein Prozeß mit unterschiedlichen Teilphasen zu verstehen (Robinson, Stidsen 1967)?

3. Werden die Kaufentscheidungsphasen durch verschiedene Kaufklassen beeinflußt (Robinson, Faris, Wind 1967)?

3.1211 Modell des Buying Center

Bei Entscheidungen, die komplex gestaltet oder nicht routinemäßig durchgeführt werden können, spielt das Buying-Center eine bedeutsame Rolle. Dabei stehen die Zusammensetzung des Einkaufsgremiums sowie die Entscheidungsprozesse der beteiligten Personengruppen im Mittelpunkt der Betrachtung. Nach herrschender Meinung (Webster, Wind 1972; Hill, Hillier 1977; Backhaus 1990; Crow, Lindquist 1985) werden **fünf Rollen im Buying Center** unterschieden.

Benutzer sind Organisationsmitglieder, die das gekaufte Produkt anwenden. Ihre Erfahrung bestimmt im wesentlichen über den Erfolg oder Mißerfolg des Einkaufs. **Einkäufer** sind autorisiert und verantwortlich für den Vertragsabschluß. Da ihnen das Kontaktmanagement zu den Lieferanten obliegt und sie insbesondere Einfluß auf die Auswahl der Lieferanten nehmen, kommt dieser Rolle im Buying Center besondere Bedeutung zu. **Entscheidungsträger** wählen aufgrund ihrer Machtposition zwischen alternativen Kaufoptionen aus. Daher handelt es sich häufig um Mitglieder der Unternehmensführung. **Einflußagenten** bestimmen durch Normen oder gezielte Informationspolitik über den Verlauf einer Wahlentscheidung. Dabei sind ihre Forderungen als Entscheidungsrestriktionen anzusehen. **Gatekeeper** kontrollieren den internen Informationsfluß und den Zustrom von neuen Informationen im Einkaufsgremium. Ihr Einfluß liegt daher vor allem in der Phase der Entscheidungsvorbereitung.

Die Ausgestaltung der **Rollenverteilung** ist vielseitig. So kann das Mitglied eines Buying Center während des Informationsprozesses mehrere Rollen wahrnehmen (Einkäufer ist zugleich Gatekeeper), während andere Entscheidungsbeteiligte die gleiche Rolle innehaben (mehrere Einflußagenten). Um die personellen Interaktionen im Buying Center verstehen zu können, sind im Hinblick auf die **Rollendurchführung** die einzelnen Rollenerwartungen, das tatsächliche Rollenverhalten sowie die multiplen und reziproken Rollenbeziehungen zwischen den Einkaufsgruppenmitgliedern zu beachten.

Weiterhin sind die **Einflußgrößen des Gruppenverhaltens** im Buying Center hervorzuheben. Das Gruppenverhalten resultiert aus:

- den individuellen Zielen und persönlichen Charakteristika der Gruppenmitglieder
- der Art der Gruppenführerschaft
- der Gruppenstruktur
- den Aufgaben der Gruppe
- den externen Einflüssen auf die Gruppe.

Für die Erklärung des Kaufverhaltens ist die Erkenntnis von großer Bedeutung, daß das Gruppenverhalten nicht nur aus aufgabenorientierten Problemlösungen (Einkaufsentscheidungen) resultiert, sondern auch eine nicht-aufgabenbezogene Befriedigung der Gruppe zum Ziel hat.

Das Zusammenwirken von Entscheidungsbeteiligten im Einkaufsgremium führt zwangsläufig zu Spannungen und Konflikten. Entweder werden die im Gremium zugedachten Rollen von den Mitgliedern ausgefüllt oder jeder versucht, seine eigenen Interessen oder die anderer durchzusetzen. Dabei spielen Macht- und Autoritätsverhältnisse eine nicht unwesentliche Rolle.

Bei der Aufnahme von Verhandlungsbeziehungen zwischen dem nachfragenden Unternehmen und dem Anbieter weiß der Anbieter oft nicht, welche Mitglieder des Buying Center Schlüsselpositionen während des Verhandlungsprozesses einnehmen. Schlüsselpositionen haben Mitglieder einer Organisation inne, wenn sie intern legitimiert sind, Vertragsabschlüsse zu tätigen oder aufgrund einer fachlichen Legitimation am Entscheidungsprozeß teilnehmen und entsprechenden Einfluß ausüben. Dies führt zu einer Einteilung der Mitglieder des Buying Center in Macht- und Fachpromotoren (Witte 1973; Gemünden 1981).

Machtpromotoren (meist Topmanager) verfügen aufgrund ihrer hierarchischen Stellung über Entscheidungsmacht. Ihre Entscheidung ist abhängig vom Gesamteindruck des anstehenden Kaufobjektes und seinen Auswirkungen auf die Unternehmensziele.

Fachpromotoren zeichnen sich, unabhängig von hierarchischen Positionen, durch objektspezifisches Wissen aus. Sie werden zur Entscheidungsfindung herangezogen, wenn es um fachliche Detailkenntnisse geht.

Häufig werden beide Promotorenfunktionen durch eine Person wahrgenommen oder die Beteiligten koalieren miteinander, um eine Entscheidung im Sinne der Unternehmensziele zu fällen. Ein derartiges „Promotoren-Gespann“, das fachliche Detailkenntnisse mit einer globalen Abstimmung im Rahmen des Unternehmensgeschehens verknüpft, sorgt für eine besonders effiziente Beschaffungsorganisation im Unternehmen (Backhaus 1990, S. 37).

3.1212 Prozeßmodelle

Neben der Frage, welche Personen mit welchen Aufgaben an der industriellen Kaufentscheidung beteiligt sind, ist der Entscheidungsablauf von besonderer Bedeutung. Diesbezüglich werden prozeßorientierte Ansätze herangezogen, die die einzelnen Phasen des Entscheidungsprozesses zeitlich und sachlich strukturieren.

Robinson, Faris, Wind (1967) entwickelten aufgrund ihrer empirischen Untersuchungen ein **„Acht-Stufen-Modell" industrieller Kaufentscheidungen:**

1. Antizipation der Wahrnehmung eines Problems (Bedürfnisses) und einer allgemeinen Lösung
2. Feststellung der Eigenschaften und Mengen der benötigten Artikel
3. Beschreibung der Eigenschaften und Mengen der benötigten Artikel
4. Suche und Qualifikation potentieller Bezugsquellen
5. Einholen und Analyse von Angeboten
6. Bewertung der Angebote und Auswahl des (der) Lieferanten
7. Festlegung eines Bestellverfahrens
8. Leistungsfeedback und Neubewertung.

Die zeitliche Abfolge der Entscheidungsschritte ist im Modell eindeutig festgelegt. Es können daher lediglich sachliche Interdependenzen auftreten. Darüber hinaus kann sich ein solcher Entscheidungsprozeß über mehrere Jahre erstrecken, wenn mit zunehmender Entscheidungskomplexität die Verhandlungsdauer ansteigt sowie die zu lösenden Teilprobleme zunehmen.

3.1213 Buygrid-Modelle

Buygrid-Modelle unterscheiden sich insofern von Kaufphasenbetrachtungen, als zur Erläuterung der unterschiedlichen Komplexitätsgrade von Phasenabläufen die verschiedenen Kaufklassen (Erstkauf, modifizierter und identischer Wiederkauf) in die Betrachtung mit einbezogen werden (vgl. Abbildung 44). Die unterschiedliche Komplexität läßt sich dabei durch den Routinegrad der Kaufentscheidung erklären, der bei Neueinkäufen wegen der fehlenden Erfahrung am geringsten und beim identischen Wiederkauf am höchsten ist.

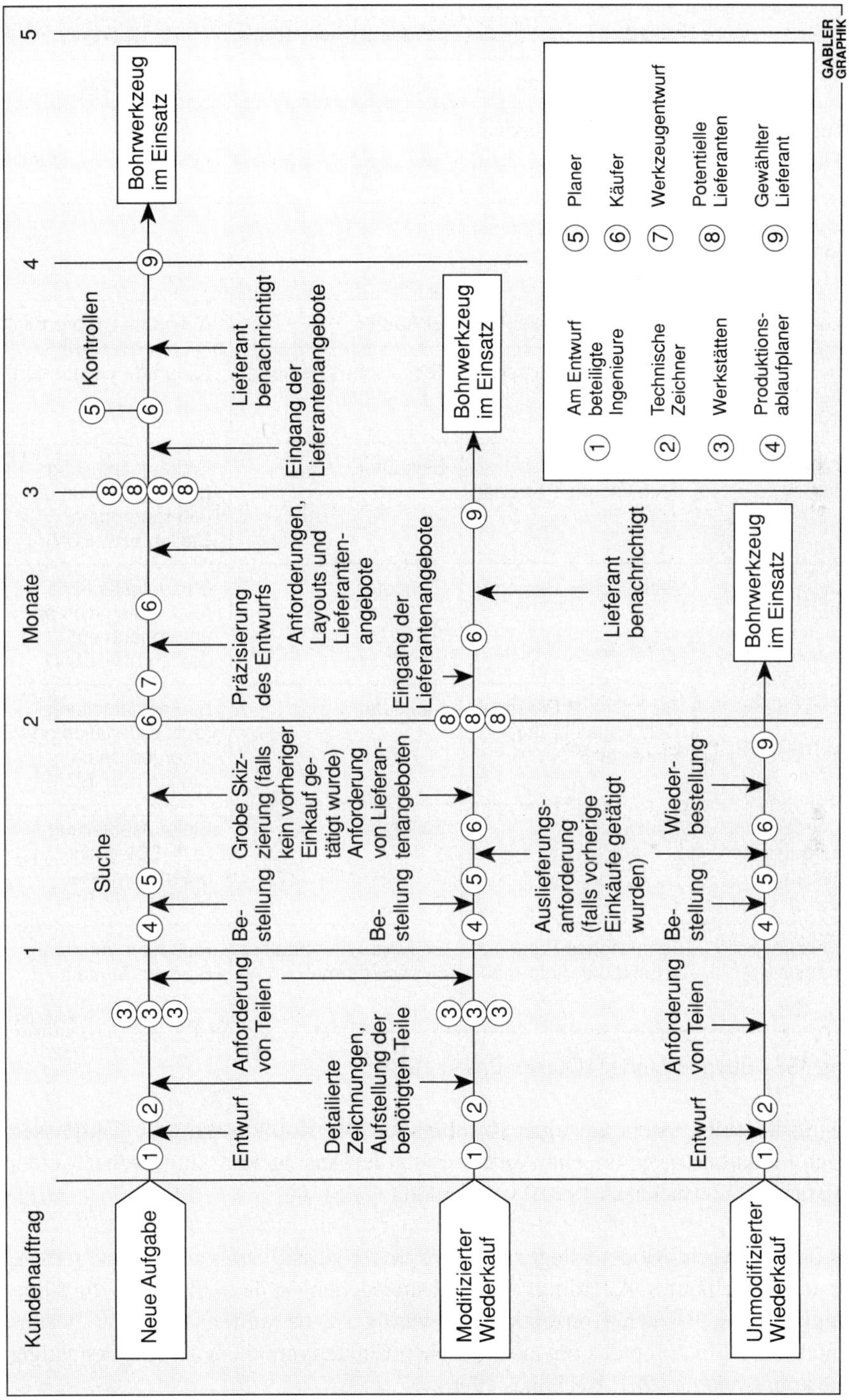

Abbildung 44: Phasen des organisatorischen Kaufprozesses beim Neukauf, modifizierten und reinen Wiederkauf am Beispiel der Beschaffung eines Bohrwerkzeugs (Kotler 1974, S. 146)

Kaufphasen	Erstkauf	Lieferantenwechsel	Wiederholungskauf
Problemerkennung	Geschäftsführung	Einkäufer	Lagerkontrolle
Festlegung der Produkteigenschaften (Anforderungen)	Technisches Personal	–	–
Beschreibung der Produktionseigenschaften	Technisches Personal	–	–
Lieferantensuche	Technisches Personal	Einkäufer	(Geprüfte Lieferanten)
Beurteilung der Lieferanteneigenschaften	Technisches Personal	Technisches Personal + Einkäufer	(Geprüfte Lieferanten)
Einholung von Angeboten	Einkäufer + Technisches Personal	Einkäufer	Einkaufsabteilung (evtl. Delegation an untergeordnete Stellen bzw. EDV)
Bewertung von Angeboten	Technisches Personal	Einkäufer	Einkaufsabteilung (evtl. Delegation an untergeordnete Stellen bzw. EDV)
Auswahl von Lieferanten	Technisches Personal, Geschäftsführung, Einkäufer	Einkäufer	Einkaufsabteilung (evtl. Delegation an untergeordnete Stellen bzw. EDV)
Abwicklungstechnik (Festlegung, Handlungsanweisung)	Einkäufer	Einkäufer	Einkaufsabteilung (evtl. Delegation an untergeordnete Stellen bzw. EDV)
Ausführungskontrolle und -beurteilung	Technisches Personal + Einkäufer (informal)	Einkäufer (informal) System (formal)	Einkäufer (informal) System (formal)

GABLER GRAPHIK

Abbildung 45: Buygrid-Modell (Quelle: Brand 1972)

Das Buygrid-Modell entsteht aus einer Kombination von Kaufklassen und Kaufphasen, denen noch Funktionsträger für eine Verbesserung der Aussagekraft zugeordnet werden können (Brand 1972; Backhaus 1990) (vgl. Abbildung 45).

Der Wert eines Buygrid-Modells liegt zweifellos in der klassifikatorischen Beschreibung des Entscheidungsablaufes. Allerdings weisen Untersuchungen darauf hin, daß die Allgemeingültigkeit einer solchen Konzeption fragwürdig ist, da weitere relevante Bestimmungs- und Einflußfaktoren des organisatorischen Einkaufverhaltens zu berücksichtigen sind (Johnston, Bonoma 1981; Backhaus 1990).

3.122 Systemmodelle

Systemmodelle streben eine vollständige Erfassung aller Faktoren an, die die unternehmerische Kaufentscheidung beeinflussen. Als wesentliche Modelle sind die Ansätze von Webster, Wind (1972) und von Sheth (1973) anzusehen, die wiederum die Grundlage für weitere Modelle darstellen (vgl. dazu Choffray, Lilien 1978).

3.1221 Webster-Wind-Modell

Einer der ersten umfassenden Erklärungsansätze zum organisationalen Kaufverhalten ist das Modell von Webster, Wind (1972). Die Autoren unterscheiden im Rahmen ihres Modells vier hierarchisch abgestufte Ebenen (vgl. Abbildung 46). Die Ebene der Umwelt, die organisationale sowie die inter- und intrapersonale Ebene beinhalten alle für den industriellen Einkauf relevanten Einflußgrößen und sind gleichzeitig in eine strukturelle Ordnung gebracht.

Die Vielzahl **umweltbedingter Determinanten** von Kaufentscheidungen bei industriellen Gütern kann so grundlegend und offensichtlich sein, daß man sie bei der Analyse kausaler Zusammenhänge einer Einkaufentscheidung leicht übersieht. Zu den umweltbedingten Einflüssen gehören physikalische, technologische, ökonomische, politische, gesetzliche und kulturelle Faktoren. So kann beispielsweise eine politisch bedingte Ölverknappung Substitutionsprozesse im Beschaffungsbereich auslösen und die Einführung technischer Neuerungen zu Nachfrageumstrukturierungen führen (Backhaus 1990, S. 70).

Der Einfluß der einzelnen Faktoren muß im Rahmen der Institutionen analysiert werden, die den Einfluß ausüben. Dazu gehören u. a. Lieferanten, Kunden, Konkurrenten, Staat und Gewerkschaften. Physische, technologische und ökonomische Umweltvariablen bestimmen vor allem die Nachfrage nach Gütern und Dienstleistungen. Wichtig für die Einkaufsentscheidungsträger ist ferner die Kenntnis der allgemeinen Geschäftslage (Wirtschaftswachstum, Zinssätze), die vornehmlich von ökonomischen und politischen Umweltfaktoren beeinflußt wird. Weiter nehmen Wertvorstellungen und Normen, die implizit oder in Form von Gesetzen im Gesellschaftssystem verankert sind und besonders von kulturellen, sozialen, gesetzlichen und politischen Umweltkräften geprägt werden, Einfluß auf die interorganisationalen und inter- sowie intrapersonalen Beziehungen bei industriellen Nachfragern und Anbietern. Auf die umweltbedingten Determinanten ist besonders dann zu achten, wenn eine Unternehmung einen neuen Markt erschließen will. Aber auch bestehende Marktsegmente verlangen umwelttypische Aufmerksamkeit, die sich bei Produzenten von Wiedereinsatzgütern vor allem auf die Faktoren des technologischen Wandels richten muß.

Als zweite Gruppe wirken die **organisationalen Bedingungen** auf den Einkaufsentscheidungsprozeß ein. Die Entscheidungsträger können nicht isoliert handeln, sondern werden

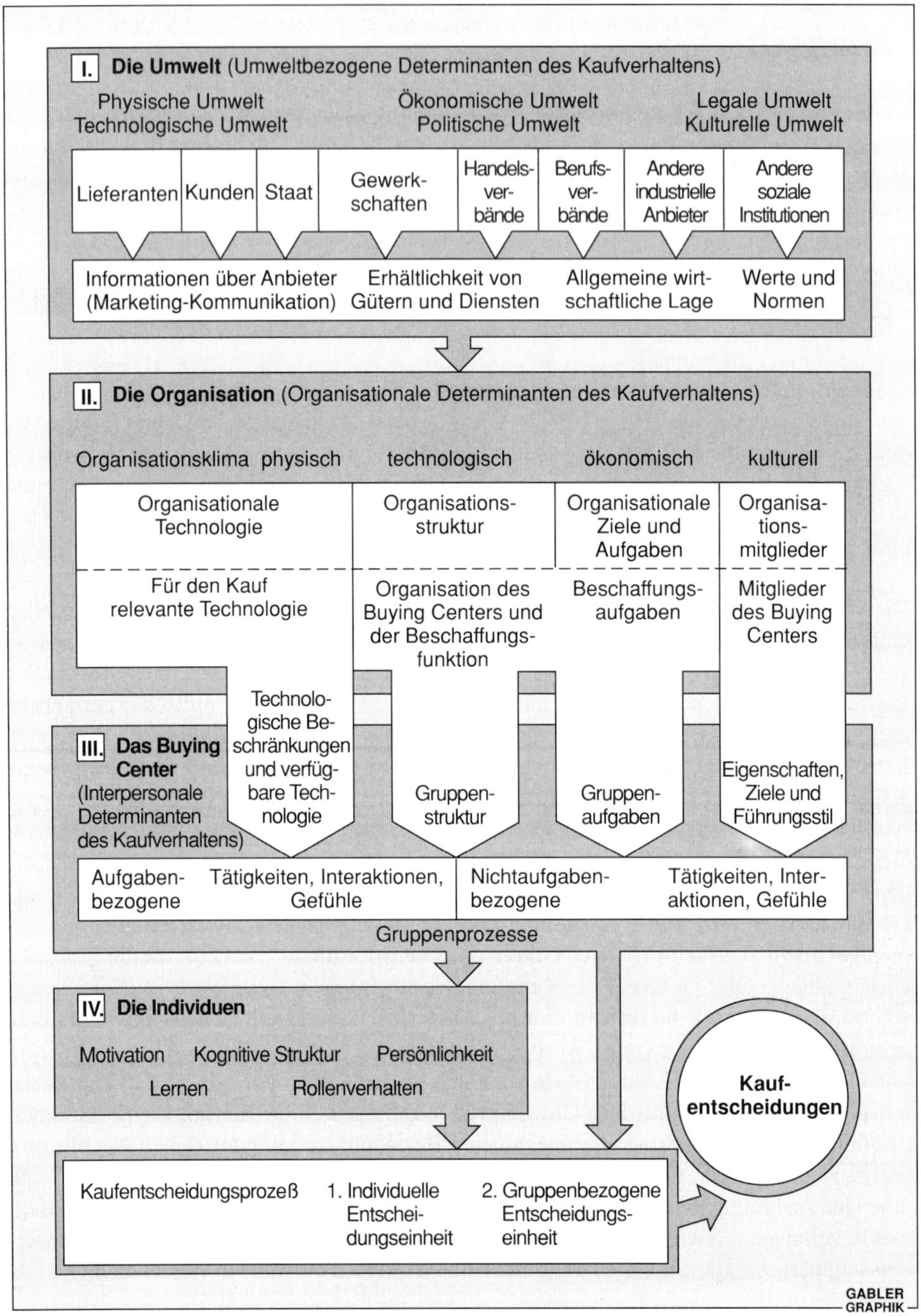

Abbildung 46: Modell des organisationalen Kaufverhaltens nach Webster/Wind (Quelle: Backhaus 1990, S. 69)

als Mitglieder von Organisationen von deren Zielen motiviert und gelenkt und außerdem von den finanziellen, technologischen und menschlichen Ressourcen der Unternehmung in ihrer Entscheidungsfreiheit beschränkt. Besonders verhaltenswirksam ist der Bedingungsrahmen, den die formale Organisationsstruktur dem Einkaufsentscheidungsverhalten setzt. Die formale Organisationsstruktur besteht aus Subsystemen (Kommunikation, Autorität, Belohnung, Status, Arbeitsfluß), die von der Marktforschung sorgfältig analysiert werden müssen, um das Einkaufsverhalten zu verstehen und darauf einwirken zu können. Dabei ist vor allen Dingen das organisationale Subsystem der Belohnung des individuellen Entscheidungsträgers von Interesse. Es ist eng an das Autoritätssystem in der Unternehmung gekoppelt und legt den Mechanismus fest, der die organisatorischen Einkaufsaufgabenziele mit den individuellen Nichtaufgabenzielen verbindet. Die Analyse der formalen und sozialen Belohnungsstruktur ist wichtig, um die Reaktion auf Marketinganstrengungen des Anbieters prognostizieren zu können. Bei der Beurteilung der Einflußintensität von organisationsstrukturspezifischen Variablen auf die Einkaufsentscheidung darf nicht vergessen werden, daß Menschen in Organisationen arbeiten, um ihre persönlichen Ziele – in ökonomischer oder nicht-ökonomischer Form – zu erfüllen.

Die **interpersonellen Determinanten** ergeben sich aus den Gruppenprozessen des Einkaufsgremiums oder Buying Centers (vgl. Kapitel II 3.1211), das für die Durchführung des Einkaufsvorgangs verantwortlich ist. Die Rolleninhaber des Einkaufsgremiums haben aufgabenbezogene und nicht-aufgabenbezogene, d. h. individuelle Zielvorstellungen, die sie im Rahmen der Beschaffungsentscheidung zu realisieren suchen. Dabei werden Macht- und Autoritätsverhältnisse der im Entscheidungsprozeß übernommenen Rollen wirksam. So fällt dem Rolleninhaber des Einkäufers als Kundenmanager gegenüber den Lieferanten häufig die Gate-Keeper-Funktion zu, die das Sensorsystem (Informationsfilterung) des Buying Center darstellt. In dieser Rolle bietet der Einkäufer dann auch häufig Ansatzpunkte für kommunikative Maßnahmen im Rahmen des Investitionsgütermarketing.

Die letzte Gruppe von Einflußfaktoren industrieller Kaufentscheidungen betrifft die **intrapersonellen Determinanten**. Alle Marketinganstrengungen müssen letztlich auf das Individuum gerichtet sein und nicht auf eine abstrakte Organisation, ohne dabei zu vergessen, daß das Individuum im Rahmen der Gruppen-, Organisations- und größeren Systemumwelt nur eingeschränkt entscheiden kann. So ist das Gruppeneinkaufsverhalten letztlich immer ein Individualverhalten, denn nur das Individuum kann Entscheidungssituationen definieren, entscheiden und handeln. Das individuelle Einkaufsverhalten ist dabei durch die Motivation gekennzeichnet, die von einer komplexen Kombination individueller und organisationaler Ziele ausgeht. Die Marketingforschung organisationaler Kaufentscheidungen muß daher – vergleichbar mit dem Konsumgütermarketing – die psychologischen Merkmale des industriellen Einkäufers zu ergründen versuchen. Um ihn gezielt beeinflussen zu können, sind seine Voreingenommenheit, seine Präferenzstruktur und sein persönliches Einkaufsentscheidungsmodell zu analysieren.

Die psychologischen Prozesse, die seine Reaktion auf die Kaufsituation und Marketingstimuli beeinflussen, ergeben sich neben seiner Käuferpersönlichkeit aus der von ihm wahrgenommenen Rollenfunktion sowie seiner Problemlösungskapazität und seinem Lernverhalten. Insgesamt nehmen die intrapersonalen Determinanten eine Schlüsselposition ein und müssen für die Erklärung von Aufmerksamkeit, Einstellungen und Präferenzen gegenüber einem industriellen Anbieter oder Produkt herangezogen werden.

Der mehrstufige Erklärungsansatz von Webster und Wind macht deutlich, daß eine Beeinflussung des industriellen Einkaufsverhaltens nur möglich ist, wenn den Entscheidungsträgern das Einkaufs- und Informationsverhalten der Abnehmer transparent gemacht wird. Dabei müssen für einen zielgerechten Einsatz der Marketingaktivitäten sämtliche Variablenklassen analysiert werden. Es genügt nicht, die Einkaufsentscheidung als Ergebnis einer Wahlhandlung anzusehen. Vielmehr muß der Prozeß analysiert werden, d. h. alle informationsverarbeitenden Vorgänge vor, während und nach dem Kauf im Zeitablauf sind zu untersuchen. Nur so ist es möglich, die Faktoren zu erkennen, die die Einkaufsentscheidung bestimmen und Ziele von Beeinflussungsmaßnahmen darstellen. Der Einkaufsentscheidungsprozeß läßt sich z. B. in eine Anregungs-, Such-, Bewertungs-, Auswahl- und Kontrollphase einteilen. In den einzelnen Phasen sind unterschiedliche Informationsquellen und Entscheidungsträger von Bedeutung (vgl. Abel 1977 sowie Kapitel II 2.32).

3.1222 Sheth-Modell

Das Sheth-Modell unternimmt den Versuch, partialanalytische Erklärungsansätze in einem Systemansatz zu integrieren. Die Hauptelemente des Modells (vgl. Abbildung 47) sind die am Kaufprozeß beteiligten Personen (1), der Beschaffungsentscheidungsprozeß (2) sowie die Konfliktlösung (3). Als Störgrößen wirken situative Faktoren (4) auf den Entscheidungsprozeß ein.

Beim Kaufprozeß wird der psychologische Hintergrund (1a–e) der am Entscheidungsprozeß beteiligten Personen (1) berücksichtigt. Danach können die Erwartungen der Beteiligten des Kaufentscheidungsprozesses durch ihren Erfahrungshorizont (1a), durch das Angebot an Informationsquellen (1b), eine aktive Informationssuche (1c), selektive Wahrnehmung (1d) sowie die Zufriedenheit mit getätigten Einkäufen (1e) beeinflußt werden. Die Erfahrungen wiederum unterliegen dem Einfluß der Erziehung, dem Lebensstil und der sozialen Rolle in der Gesellschaft. Der Kaufprozeß selbst (2) wird von unternehmens- bzw. produktspezifischen Variablen (2a, b) determiniert. Hierunter fallen die Größe der Organisation, der Grad der Dezentralisierung sowie Zeitdruck, Risiko beim Produktkauf und die bereits erläuterten Kaufklassen. Treten Probleme bei kollektiven Entscheidungen auf, ergeben sich bestimmte Konfliktlösungsmuster (3) wie beispielsweise Problemlösungsverhalten, Überreden, Verhandeln oder Machtkampf. Die Ergebnisse führen zur Wahl eines Produktes bzw. eines Lieferanten. Einen nicht unerheblichen Einfluß auf das Wahlverhalten haben letztendlich situative Faktoren (4). Beispielsweise wirken sich Preisänderungen, Konkurrenzdruck, Streiks u. v. m. auf die organisatorische Entscheidungsfindung aus.

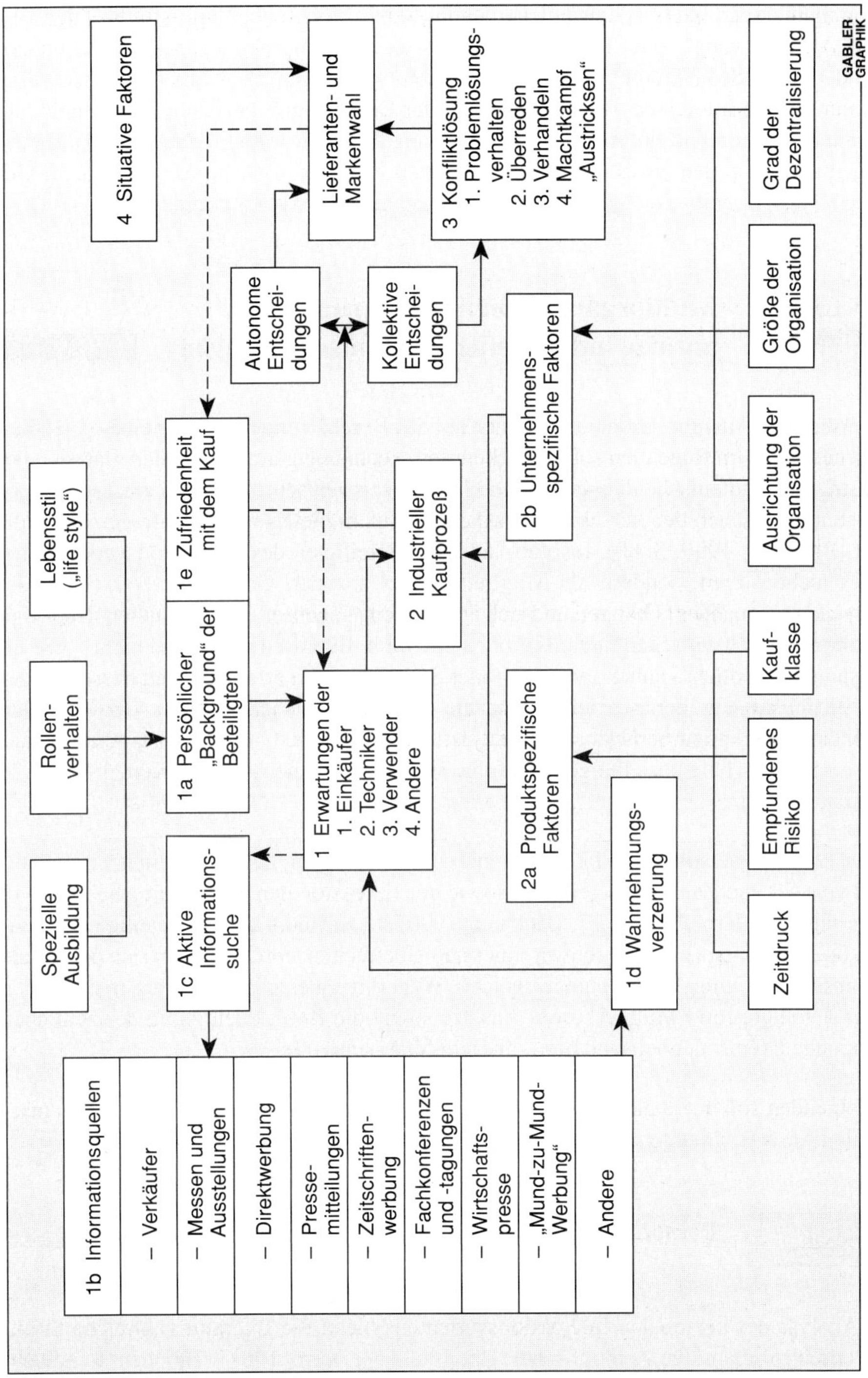

Abbildung 47: Modell des organisationalen Kaufverhaltens nach Sheth (Quelle: Sheth 1973, S. 51)

Zusammenfassend bleibt festzustellen, daß das Sheth-Modell eher heuristische Züge aufweist. Als Erklärungs- oder Prognosemodell ist es nicht unproblematisch, da die nebeneinander stehenden Variablen keinerlei Gewichtung erfahren, die Verhandlungsprozesse sich nur auf die Interessengruppen innerhalb der Organisation beziehen und situationale Faktoren im Modell nur indirekt Berücksichtigung finden. Darüber hinaus sind die Beziehungen zwischen den am Kaufprozeß beteiligten Personen (Machtpositionen) kein Gegenstand des Modells. Auch die Kaufphasen werden nicht explizit berücksichtigt.

3.13 Multiorganisationale Erklärungsansätze industrieller Kaufentscheidungen

Die bisherigen Ausführungen bezogen sich auf das Beschaffungsverhalten eines einzelnen Unternehmens. Im folgenden soll der Erkenntnis Rechnung getragen werden, daß sich bei industriellen Kaufentscheidungen der Beschaffungsprozeß schrittweise in wechselseitiger Beziehung zwischen den verschiedenen Parteien auf Anbieter- und Nachfragerseite vollzieht (Backhaus 1990, S. 80). Insofern sind alle Beteiligten des Kauf- und Verkaufsprozesses nicht isoliert, sondern als Mitglieder einer sozialen Gruppe zu betrachten, die einerseits voneinander abhängen und sich andererseits gegenseitig beeinflussen. Derartige Interdependenzen zwischen Organisationen und ihren Repräsentanten sind nicht – wie im Konsumgüterbereich – anhand von SR- oder SOR-Ansätzen erfaßbar. Statt dessen ist der **Interaktionsansatz** heranzuziehen, der die Abhängigkeitsbeziehungen zwischen den Marktparteien explizit berücksichtigt und darüber hinaus die Grundlage zur Analyse längerfristiger Geschäftsbeziehungen (Abfolge von Interaktionen) bildet (Kern 1987, S. 5; Backhaus 1990).

In der Literatur existiert eine Fülle von Interaktionsansätzen, deren Systematisierung anhand von Art und Zahl der Beteiligten sowie der Extension der Ansätze in Abbildung 48 dargestellt ist (Kern 1987, S. 17; Backhaus 1990). Je nachdem, ob die beteiligten Individuen oder die Organisationen schwerpunktmäßig betrachtet werden, lassen sich **personale** und **organisationale Ansätze** unterscheiden. Weiterhin ist eine Unterteilung in dyadische (zwei Beteiligte) und Multi-Aktoren-Ansätze sowie die Berücksichtigung der zeitlichen Komponente (episodenbezogen bzw. -übergreifend) sinnvoll.

Im folgenden sollen zunächst die personalen Interaktionsansätze und dann die organisationalen Ansätze einer genaueren Betrachtung unterzogen werden.

3.131 Personale Interaktionsansätze

Zur Analyse des personalen Interaktionsverhaltens bietet die Literatur zahlreiche Struktur- und Prozeßansätze (synoptischer Überblick bei Kern 1987). Bei den **dyadisch-**

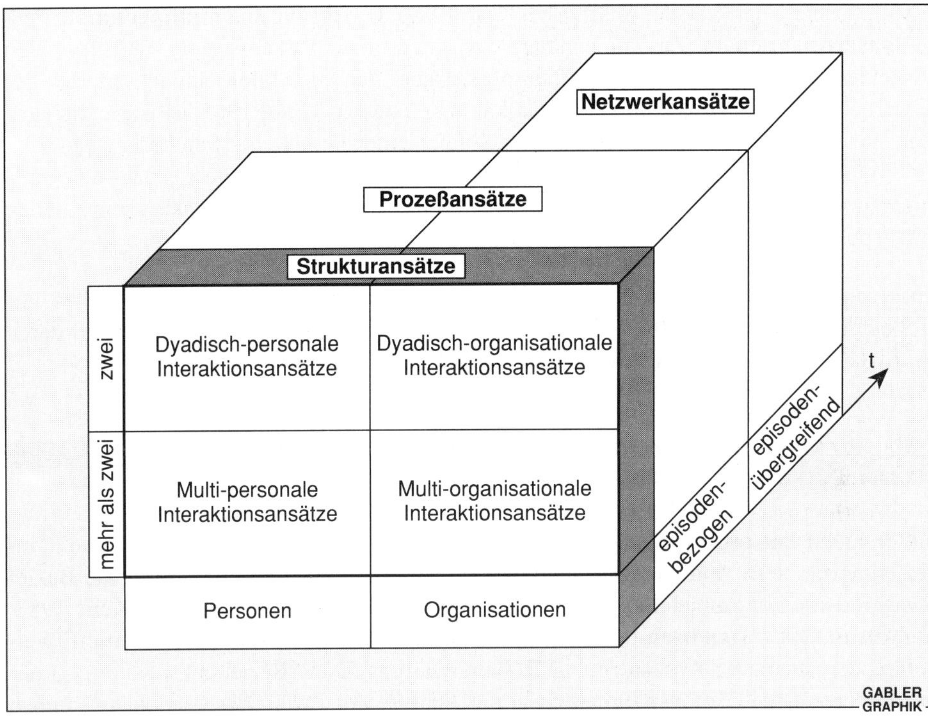

Abbildung 48: Systematisierung der Interaktionsansätze (Quelle: Kern 1987, S. 17)

personalen Strukturansätzen handelt es sich vorwiegend um sog. „Matching-Studien", die das Resultat eines Interaktionsprozesses (Kauf/Nicht-Kauf) in Abhängigkeit von der Ähnlichkeit (matching) beider Partner sehen. Neben der Gleichartigkeit von ökonomischen, sozialen, physischen und Persönlichkeitsmerkmalen der Interaktionspartner (Evans 1963) ist auch die von den Beteiligten wahrgenommene Ähnlichkeit des anderen sowie die Kongruenz ihres Rollenverhaltens bedeutsam.

Bei den **multipersonalen Interaktionsansätzen** stehen Hierarchiestrukturen und Machtverhältnisse im Vordergrund (Kern 1987, S. 22; Backhaus 1990, S. 68). Hierarchien beinhalten die Gefahr von Statusproblemen, wenn beispielsweise Vorstandsmitglied und Sachbearbeiter Angehörige desselben Buying Center sind. Darüber hinaus verschieben sich mit steigender Anzahl der Interaktionsbeteiligten die Machtverhältnisse, und es kann zu Absprachen oder zur Bildung von Koalitionen (z. B. Käufer und Verkäufer gegen den Verkaufsleiter) kommen (Backhaus 1990, S. 84 ff.).

Prozeßansätze personalen Interaktionsverhaltens berücksichtigen, daß der Interaktionsvorgang eine Abfolge von Aktionen und Reaktionen der beteiligten Individuen beinhaltet (synoptischer Überblick der Ansätze bei Kern 1987). **Dyadische** und **multipersonale Prozeßansätze** ermitteln Zusammenhänge zwischen dem Verkaufserfolg und formalen Aspekten (z. B. Inhalt, Anzahl, Reihenfolge, Dauer der Interaktion) sowie Kriterien der Entscheidungsfindung und des Kommunikationsprozesses (Crane 1965; Albaum, Richardson 1967; Wilson 1977). Wenngleich diese Studien einer empirischen Fundierung bedürfen (Kern 1987, S. 30), ist davon auszugehen, daß die Person des Verkäufers, seine Akzeptanz als Informationsquelle und die Dauerhaftigkeit seines persönlichen Kontaktes zum Kunden einen positiven Einfluß auf das Resultat der Interaktion ausübt.

Insgesamt ist festzustellen, daß die personalen Ansätze zum Interaktionsverhalten nur Teilbereiche des Transaktionsprozesses berücksichtigen und die Personen sowie deren Aktivitäten im Beziehungsgeflecht der Unternehmung außer acht lassen.

3.132 Organisationale Interaktionsansätze

Im Rahmen der organisationalen Analyse des Transaktionsverhaltens sind sowohl intra-organisationale (interne Entscheidungsfindung) als auch inter-organisationale Beziehungen zwischen Anbieter- und Nachfrageorganisationen von Bedeutung (Kern 1987; Backhaus 1990). **Dyadisch-organisationale Interaktionsansätze** bedeuten eine Erweiterung der personalen Ansätze, da die Rollenerwartungen und Beziehungsmuster gegenüber anderen Organisationsmitgliedern in die Analyse der Zwei-Organisationen-Gruppen einbezogen werden (Backhaus 1990, S. 86).

Neben dem Leistungsaustausch beteiligter Unternehmen, der Aspekte wie Macht, Konflikt und Kooperation beinhaltet, ist darüber hinaus die Arbeitsleistung des Individuums wesentlich, mit der er zum Erfolg der repräsentierten Organisation beiträgt (Swasy 1982; Kern 1987, S. 30).

Weiterhin haben Produktspezifika wie Innovations- und Komplexitätsgrad einen Einfluß auf den dyadisch-organisationalen Interaktionsgrad (Hakansson, Östberg 1975; Backhaus 1990). Es ist davon auszugehen, daß mit zunehmender Neuartigkeit und Komplexität einer Problemlösung die Ungewißheit kaufender und verkaufender Organisationen über die Kaufsituation steigt. Dies wiederum führt zu besonders intensiven, ungewißheitsreduzierenden Interaktionsmustern.

Sind mehrere Organisationen am Transaktionsprozeß beteiligt **(multi-organisationale Strukturansätze)**, treten zunehmend beeinflussende Variablen des Entscheiders und des Einkaufsgremiums sowie der interorganisationalen und der Umweltbeziehungen in den Vordergrund (Zaltman, Bonoma 1977; Kern 1987, S. 31). Wenngleich diese Variablen eine detaillierte Beschreibung der Beziehungen mehrerer Organisationen erlauben, bleibt eine Erklärung des Interaktionsverhaltens unberücksichtigt.

Um die Entwicklung der Anbieter-Nachfrager-Beziehungen im Zeitablauf erfassen zu können, muß auf Prozeßansätze zurückgegriffen werden. Im Rahmen **dyadisch-organisationaler Prozeßansätze** werden bestimmte Verkaufsvorgänge sowie der Aufbau von Geschäftsbeziehungen untersucht (synoptischer Überblick bei Kern 1987, S. 33 ff.). In Abhängigkeit von der analysierten Situation und der jeweiligen Aufgabenstellung läßt sich der Aufbau von Geschäftsbeziehungen in vier oder fünf Phasen unterteilen (Guillet de Monthaux 1975; Ford 1990). Insbesondere beim Kauf von einzeln gefertigten Investitionsgütern (Kratz 1975) oder der erstmaligen Beschaffung einer EDV-Anlage (Gemünden 1980) ist eine Differenzierung der Interaktion in die Aufgaben der Problemlösung (Entwicklung, Auswahl und Implementierung der technisch-organisatorischen Problemlösungsalternativen) und der Konflikthandhabung (Konsens über den zu erbringenden Leistungsaustausch) festzustellen.

Die Effizienz der Interaktionen ist einerseits abhängig von dem Rollenverhalten der Fach- und Machtpromotoren im Buying Center. Andererseits kann je nach Innovations- und Risikograd der Beschaffungssituation auf langwierige Verhandlungen verzichtet werden (Delegationsmodell) oder ein arbeitsintensiver und konfliktreicher Interaktionsprozeß entstehen (Zusammenarbeits-Modell) (Gemünden 1981; Kern 1987, S. 37).

Multi-organisationale Prozeßansätze versuchen, sowohl den Interaktionen auf Anbieter- und Nachfragerseite als auch den zwischen beiden Parteien stattfindenden Transaktionsprozessen im Zeitablauf Rechnung zu tragen (Backhaus, Günter 1976; Kern 1987, S. 39). Diese drei Modelldimensionen erlauben eine deskriptive Kennzeichnung von Inhalt und Ablauf multi-organisationaler Transaktionsprozesse, ohne allerdings Erklärungsansätze zu liefern (Kern 1987, S. 39).

Diesen Mangel versucht die systemtheoretische Betrachtungsweise multi-organisationalen Interaktionsverhaltens zu beheben. **Netzwerkansätze** bilden Organisationen als soziale Systeme ab, die durch ihre Elemente, die Beziehungen zwischen den Elementen sowie die Beziehungen zur Umwelt beschrieben werden können. Der Ansatz von Kutschker und Kirsch (1978) geht von bestimmten Transaktionsepisoden aus, in denen die zu treffenden Entscheidungen über Leistungsgestaltung, Preise, Zahlungsbedingungen etc. nicht vom Anbieter autonom, sondern gemeinsam mit dem Kunden zeitlich parallel oder sukzessiv gelöst werden (Backhaus 1990, S. 92 ff.). Unabhängig davon setzen Käufer und Verkäufer ihre Macht-, Wissens- und Konsenspotentiale ein, die gleichzeitig den strukturellen Bedingungsrahmen des Interaktionsprozesses darstellen.

Weitere Interaktionsansätze betrachten Auswirkungen langfristiger Geschäftsbeziehungen auf den Interaktionsprozeß zwischen Anbieter und Nachfrager (Hakansson, Östberg 1975) oder berücksichtigen zusätzlich die Atmosphäre, in der die Interaktion stattfindet (Hakansson 1982). Insgesamt kann im Hinblick auf die Netzwerkansätze festgehalten werden, daß sie ein solides Fundament für die Analyse von Interaktionsprozessen liefern, eine empirische Überprüfung jedoch noch aussteht und daher zahlreiche Fragestellungen offen bleiben (Backhaus 1990, S. 94 f.).

3.2 Kaufentscheidungen von Handelsunternehmen

Innerhalb der Marketingforschung wurde lange Zeit das Beschaffungsverhalten von Handelsunternehmen zugunsten einer absatzseitigen Betrachtungsweise vernachlässigt. Gründe hierfür lagen vor allem in der Ansicht, die Beschaffung durch den Handel sei komplementär zu seinem Absatz zu sehen (Hansen 1990, S. 464). Diese Sichtweise, die den Konsumenten als Marktpartner auf der Absatzseite in den Vordergrund stellt, ist durch die Marktpartner der Beschaffungsseite zu ergänzen. Hier hat insbesondere der Einzelhandel unterschiedliche Ebenen des Großhandels und der Produktion zu berücksichtigen, um die Wahl seiner Beschaffungswege (Lieferanten) zu treffen.

> *Ausgangspunkt von Beschaffungsentscheidungen der Handelsunternehmen ist deren Aufgabe, Waren von einer vorgelagerten Stufe im Absatzkanal (z. B. Großhandel) zur Nachstufe (Konsument) weiterzuleiten und sie durch die Kombination mit bestimmten Leistungen konsumreifer zu machen (Hansen 1990, S. 464). Für diese Aufgabe hat die Beschaffung alle notwendigen Betriebsfaktoren (Waren, Leistungen, Betriebsmittel wie Arbeitskräfte, Kapital und Standort) verfügbar zu machen. Im folgenden sollen nur die* ***Warenbeschaffungen*** *im Vordergrund stehen, da die anderen Faktoren einer gesonderten Behandlung an anderer Stelle bedürfen.*

Ebenso vielfältig wie die Marktpartner des Einzelhandels sind die **Zielsetzungen** seiner Warenbeschaffungen (Hansen 1990, S. 466). Im Hinblick auf den **Konsumenten** ist der Handel bestrebt, die Warenbereitstellung in qualitativer, quantitativer und zeitlicher Hinsicht zu sichern. Das Ziel gegenüber den **Lieferanten**, ein den betrieblichen Erfordernissen angepaßtes Waren- und Leistungsbündel zu günstigen Preisen und Lieferbedingungen zu erhalten, kann eher kurzfristig („harte“ Einkaufspolitik) oder langfristig ausgerichtet sein (dauerhafte Lieferantenbeziehungen). In bezug auf die **Konkurrenz** hat der Händler die Wahl zwischen Beschaffungskooperationen, die gleichzeitig einen Machtgewinn gegenüber den Lieferanten bedeuten können oder einer betonten Abgrenzung von anderen Konkurrenten (z. B. durch Ausschließlichkeitsverträge). Letztendlich ist der Händler um eine kostengünstige Warenbeschaffung und bestmögliche Auslastung seiner Kapazitäten (z. B. Einkaufsorganisation, Lager) bemüht.

Die aufgeführten Beschaffungsziele sowie zahlreiche Faktoren der Unternehmensumwelt und des Handelsunternehmens selbst determinieren die Beschaffungsentscheidungen. Die in Abbildung 49 dargestellten Zusammenhänge dienen als Bezugsrahmen der nun folgenden Ausführungen.

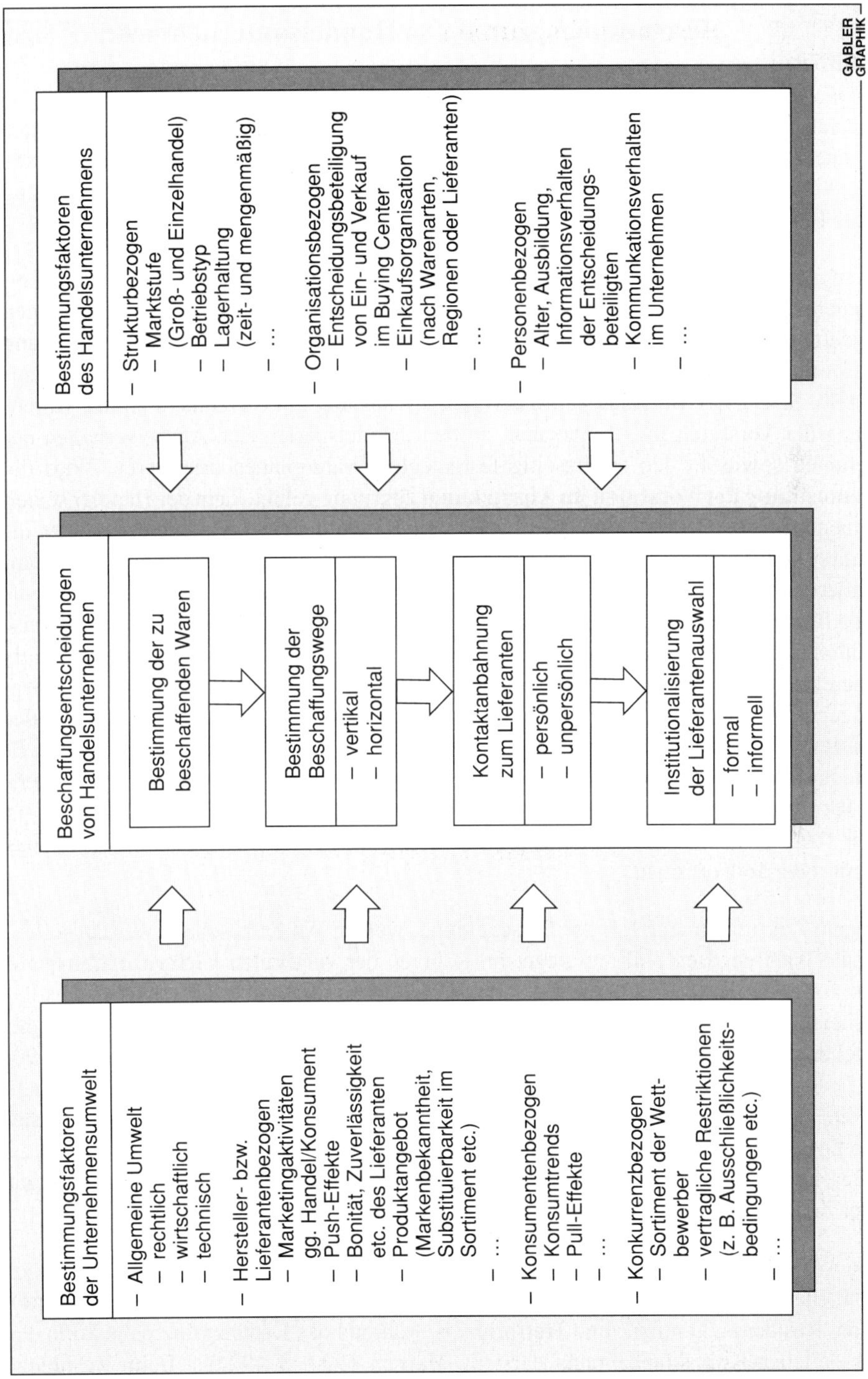

Abbildung 49: Beschaffungsentscheidungen von Handelsunternehmen und deren Bestimmungsfaktoren

3.21 Beschaffungsprozeß von Handelsunternehmen

Den Kauf- bzw. Beschaffungsentscheidungen eines Handelsunternehmens liegt die Frage zugrunde, welche Waren von wem zu beziehen sind (Tietz 1985, S. 501). Es ergeben sich die in Abbildung 49 aufgeführten Teilentscheidungen der Sortimentszusammensetzung und der Bestimmung von Beschaffungswegen.

Ausgangspunkt der Beschaffungsüberlegungen ist die **Produktauswahl**, die das Handelsunternehmen aus dem Lieferantenmarkt zu beziehen gedenkt. Neben der absatzseitigen Ausrichtung an den Konsumentenbedürfnissen können der Sortimentsbestimmung gleichzeitig **Orientierungsprinzipien des Beschaffungsmarktes** zugrunde liegen (Hansen 1990, S. 471 ff.). So kann sich die Warenbeschaffung eines Händlers an der Warenordnung der Vorstufen im Absatzkanal, an dem handelsgerichteten Absatzverhalten der Lieferanten sowie an den absatzseitig festgelegten Warenplänen orientieren. Wird die **Warenordnung der Vorstufen im Absatzkanal** zugrunde gelegt, kann der Händler seinen Sortimentsaufbau an produktionsbedingte (z. B. Herstellungsgebiet, -material) oder distributionsbedingte Kriterien (z. B. „möglichst alles von einem Lieferanten") knüpfen. Orientiert sich der Händler an dem **handelsgerichteten Absatzverhalten der Lieferanten**, so führen „belohnende" Marketingaktivitäten (z. B. Gratifikationen, günstige Preiskonditionen oder Warenfinanzierung, Unterstützung bei der Verkaufsgestaltung) zur Aufnahme eines Produktes oder ganzer Sortimentsbündel (z. B. Markenfamilie) in das Warenangebot. Andererseits können für die Sortimentsauswahl **die absatzseitig zugrundeliegenden Warenpläne** bedeutsam sein. Warenpläne werden nach Warenarten (z. B. Abendgarderobe), Artikeln (z. B. Smoking, Cocktailkleid) oder Sorten (z. B. unterschiedliche Kleidergrößen) konkretisiert. Je nach Warenplan besteht für den Wareneinkäufer ein großer (bei Warenarten) oder nur geringer (bei Sorten) Beschaffungsspielraum für das Gesamt- oder Teilsortiment.

In engem Zusammenhang mit der Entscheidung, welche Waren beschafft werden sollen, steht die Wahl der Beschaffungswege. Im Rahmen der **vertikalen Lieferantenauswahl** haben vor allem Einzelhändler auf der Basis eines Leistungs- und Kostenvergleichs die Entscheidung zu treffen, ob sie das gewünschte Produkt oder Sortimentsbündel direkt vom Hersteller oder von verschiedenen Großhandelsstufen beziehen wollen (Hansen 1990, S. 487). Bei der **horizontalen Lieferantenauswahl** besteht für den Einkäufer des Handels die Wahl zwischen verschiedenen Lieferanten auf der Hersteller- bzw. Großhandelsebene. Diese Entscheidung orientiert sich, ebenso wie die der vertikalen Lieferantenauswahl, an den Beschaffungszielen des Handelsunternehmens sowie an dem Beitrag, den der Lieferant bei der Zielerreichung des Händlers zu leisten in der Lage ist.

Ist die Auswahl der Lieferanten getroffen, so hat der Einzelhändler die Möglichkeit einer persönlichen oder unpersönlichen **Kontaktanbahnung**. Erstere umfaßt die Kontaktformen des Residenz-, Domizil- und Treffprinzips, während das Distanzprinzip die Form der unpersönlichen Kontaktanbahnung darstellt (Hansen 1990, S. 492 ff.). Beim **Residenz-**

prinzip ist der Laden des Einzelhändlers Bezugspunkt erstmaliger oder bestehender Lieferbeziehungen, im Rahmen derer neben der Warenversorgung (insb. Lebensmittelhandel) der Austausch von Beratungs- und Informationsleistungen durch den Lieferanten erfolgt. Dieser von seiten des Einzelhändlers eher passiven Beschaffungskonzeption steht das **Domizilprinzip** gegenüber. Der Händler oder ein Beschaffungshelfer suchen den Lieferanten auf, um aktiv die erstmalige Kontaktierung vorzunehmen. Dieses Prinzip findet auch bei jenen Beschaffungsentscheidungen Anwendung, denen eine Sichtung der Waren am Ort des Lieferanten vorausgeht (z. B. Antiquitäten). Weiterhin fällt unter das Domizilprinzip das cash and carry-System des Großhandels, das auf der Basis der Selbstbedienung insbesondere für kleine und mittelständische Einzelhändler eine besondere Bedeutung hat.

Veranstaltungen wie Großmärkte, Messen und Auktionen liegt das **Treffprinzip** zugrunde. Die räumliche und zeitliche Konzentration potentieller Lieferanten bietet Händlern neben der Kontaktanbahnung die Möglichkeit, Markttransparenz und Informationen, beispielsweise über Produktneuheiten, zu gewinnen.

Das **Distanzprinzip** als Form der unpersönlichen Kontaktanbahnung beinhaltet schriftliche Anfragen und Angebotseinholungen. Dieses Prinzip findet vor allem bei jenen Waren Anwendung, die vor ihrer Beschaffung einen Angebotsvergleich erfordern (komplexe Beschaffungsprobleme, z. B. Computersysteme) oder keiner persönlichen Sichtung durch den Händler bedürfen (z. B. Markenartikel des Lebensmittelbereichs).

Mit der **Institutionalisierung der Lieferantenauswahl** ist die formelle oder informelle Gestaltung von Beschaffungswegen angesprochen. Im Rahmen der **formalen Gestaltung** fixieren Verträge die Rechte und Pflichten von Lieferanten und Händlern, wodurch die Dispositionsspielräume beider Marktpartner eine Einschränkung erfahren (Hansen 1990, S. 497 f.). Im Hinblick auf den Beschaffungsspielraum des Händlers kann dieser beispielsweise durch eine Bezugsbindung verpflichtet werden, keine Konkurrenzprodukte zu führen oder dem Lieferanten ein Mitspracherecht bei sortimentsbezogenen Entscheidungen einzuräumen. Andererseits tragen beispielsweise Alleinvertriebsrechte zur Beschaffungssicherung und Absatzexklusivität des Einzelhändlers bei.

Eine **informelle Institutionalisierung** der Lieferantenbeziehung ist die Habitualisierung. Die Beschaffungsentscheidungen werden durch Gewohnheiten und internalisierte Normen (z. B. branchenspezifische Gebräuche) gesteuert und laufen in relativ festen Verhaltensmustern ab. Habitualisierte Beschaffungsentscheidungen können einerseits die notwendigen Beschaffungsaktivitäten sichtlich erleichtern, vermindern jedoch andererseits die Anpassungsflexibilität bei Situationsänderungen und erschweren den Einstieg von Einkäufern in unbekannte Produkt- und Branchengebiete.

Die Beschaffungsentscheidungen des Handels werden durch zahlreiche Faktoren der Unternehmensumwelt sowie des Handelsunternehmens selbst determiniert. Die **Bestimmungsfaktoren der Unternehmensumwelt** umfassen lieferanten-, konsumenten- und konkurrenzbezogene Einflußgrößen der Beschaffung. In bezug auf das **Handelsunternehmen selbst** stehen neben strukturbezogenen Variablen organisations- sowie personenbezogene Bestimmungsfaktoren im Vordergrund.

3.22 Bestimmungsfaktoren der Beschaffungsentscheidungen von Handelsunternehmen

3.221 Faktoren der Unternehmensumwelt

Warenbeschaffungen und die sie begleitenden Interaktionen zwischen den beteiligten Marktpartnern sind in einen Datenkranz **allgemeiner Umweltbedingungen** eingebettet. In den Bereichen der wirtschaftlichen, technologischen, politisch-rechtlichen und soziokulturellen Umwelt gibt es eine Reihe von Variablen, die die Sortimentspolitik im Handel und damit auch die Beschaffungsentscheidungen beeinflussen. Im Bereich der **rechtlichen Umwelt** ist beispielsweise die aktuell diskutierte Verpackungsverordnung als Bestimmungsgröße der Sortimentsgestaltung und Lieferantenauswahl zu nennen. Dabei obliegt dem Handel die Verpflichtung, nur jene mit einem „grünen Punkt" gekennzeichneten und daher recyclingfähig verpackten Produkte in sein Sortiment aufzunehmen. Dies führt zur Wahl jener Lieferanten des Handels, die derartige Produkte führen oder produzieren. In diesem Zusammenhang ist auch die Pfand- und Rücknahmeverpflichtung für alle Verpackungen des „Food-Sortiments" im Handel zu nennen, die sich einerseits auf die Sortimentsgestaltung am Point of Sale auswirkt. Andererseits muß der Handel über das **technische** Know-how (Abfallentsorgungstechnologien) verfügen, um den rechtlichen Verpflichtungen entsprechen zu können.

Andere rechtliche Faktoren, die vor allem die Aufnahme neuer Produkte in das Sortiment betreffen (Adoptionsverhalten des Handels), sind beispielsweise die Reglementierungen der Verkaufsflächenexpansion, Rabattpolitik und Werbung für bestimmte Produkte (z. B. Zigaretten). So kann der Handel nicht in beliebigem Maße sein Sortiment ausdehnen, und auch dem Einsatz von Anreizen zur Erhöhung der Adoptionswahrscheinlichkeit sind deutliche Grenzen gesetzt (Pfeiffer 1981, S. 42 f.).

In **wirtschaftlicher** Hinsicht sind vor allem die aktuelle Konjunkturlage sowie Umsatz- und Kostenüberlegungen bedeutsam für die Sortimentsgestaltung. In rezessiven Konjunkturphasen ist, bedingt durch die allgemeine wirtschaftliche Unsicherheit, von einer zurückhaltenden Beschaffungspolitik des Handels auszugehen. Die Sortimentsveränderungen im Handel (z. B. Aufnahme neuer Produkte, Substitution bisheriger Marken) werden vor allem dadurch bestimmt, ob zusätzliche Umsätze und Renditen durch die Beschaffungsentscheidung zu erwarten sind.

Mit der sozialen Umwelt ist vor allem der **Konsument und dessen Einflußnahme** auf die Einkaufsentscheidungen des Handels angesprochen. Die absatzseitige Orientierung der Warenbeschaffung setzt voraus, daß den Entscheidungsträgern Konsumklima und -trends bekannt sind. Denn erst die Kenntnis der produktbezogenen Wünsche und Einstellungen gibt dem Händler die notwendige Transparenz über die Bedürfnisse des Konsumenten, die er mit seiner Sortimentsauswahl zu befriedigen beabsichtigt. Ein in diesem Zusammenhang bedeutender Bestimmungsfaktor der Warenbeschaffung ist der Nachfragesog des Konsumenten bei bestimmten Produkten oder Sortimentsbündeln. Dieser **Pull-Effekt** kann den Händler zur Aufnahme neuer Produkte oder zu anderen Sortimentsänderungen veranlassen (Pfeiffer 1981; Ahlert 1985).

Im Rahmen der **lieferantenbezogenen Bestimmungsfaktoren** sind Marketingaktivitäten sowohl für die Warenbeschaffung als auch für die Wahl der Beschaffungswege von entscheidender Bedeutung. Der Hersteller als Marktpartner des einkaufenden Handelsunternehmens kann in zweifacher Hinsicht auf den Beschaffungsvorgang einwirken. Einerseits besteht für ihn die Möglichkeit, den Händler anhand von Gratifikationen, Preisnachlässen, Maßnahmen am Verkaufsort etc. für sich zu gewinnen. Derartige Akquisitionsanstrengungen können einen so starken Angebotsdruck erzeugen, daß sein Produktangebot geradezu in das Sortiment des Händlers „hineingepreßt" wird **(Push-Effekt)**. Andererseits kann der Hersteller seine Marketingaktivitäten direkt auf den Konsumenten richten, wodurch der bereits gekennzeichnete Pull-Effekt entsteht (Ahlert 1985, S. 76).

Weiterhin haben **unternehmensbezogene Merkmale** (z. B. Bonität, Zuverlässigkeit) der Lieferanten sowie deren spezifisches Produktangebot Einfluß auf die Beschaffungsentscheidung. Das vom Lieferanten angebotene Produkt kann beispielsweise aufgrund seiner Markenbekanntheit für das Handelssortiment unersetzlich sein. Auch der gewünschte Preisabstand innerhalb eines Teilsortiments (z. B. hoch- und niedrigpreisige Schokoladenwaren; „erschwingliche" und hochpreisige Abendkleidung) kann zur Wahl desjenigen Lieferanten führen, der das Produkt- oder Sortimentsbündel mit der gewünschten Merkmalsausprägung führt.

Die letzte Gruppe von Bestimmungsfaktoren der Unternehmensumwelt, die das Beschaffungsverhalten eines Handelsunternehmens beeinflussen kann, ist die **Konkurrenzsituation**. So kann beispielsweise die Aufnahme von Produktinnovationen durch den Wettbewerber die eigene Aufnahmeentscheidung beschleunigen (Pfeiffer 1981, S. 41). Darüber hinaus kann eine durch schnelle Adoptionen hervorgerufene hohe Aktualität des Sortiments zu einem Wettbewerbsvorteil ausgebaut werden. Demgegenüber stellen vertragliche Vereinbarungen zwischen potentiellen Lieferanten und Konkurrenzunternehmen (z. B. Alleinvertriebsrechte, Bezugsbindungen) eine Einschränkung bei der Wahl der Beschaffungswege dar.

3.222 Unternehmensbezogene Faktoren

Die innerbetrieblichen Bestimmungsfaktoren von handelsbezogenen Beschaffungsentscheidungen resultieren aus strukturbezogenen, organisationalen und personenbezogenen Merkmalen des Unternehmens.

3.2221 Merkmale der Unternehmensstruktur

Bei den strukturbezogenen Merkmalen sind vor allem die Marktstufe (Groß-, Einzelhandel), der Betriebstyp sowie Aspekte der Lagerhaltung als wesentliche Einflußgrößen von Beschaffungsentscheidungen zu nennen. Bei den Unternehmen des Einzelhandels steht der Konsument im Zentrum des absatzpolitischen Interesses. Daher werden die Warenbeschaffungen dieser **Marktstufe** wesentlich durch die Konsumentenbedürfnisse bestimmt. Gleichzeitig können Einzelhändler bei der Bestimmung der vertikalen Beschaffungswege zwischen Unternehmen der Hersteller- oder Großhandelsstufe wählen.

Dem Großhandel stehen auf der Absatzseite andere Marktpartner, wie z. B. Weiterverarbeiter, gewerbliche Verwender oder Großverbraucher gegenüber. Die Beschaffungsentscheidungen des Großhandels werden von den Beschaffungsprinzipien ihrer Kunden determiniert. Wenn beispielsweise Einzelhandelsunternehmen nach dem Prinzip verfahren, möglichst alles von einem Lieferanten beziehen zu wollen und daher im Rahmen ihrer Beschaffungsvorgänge einen Großhändler aufsuchen (vgl. Kapitel II 3.21), kann sich dies auf die Sortimentsgestaltung (insb. Sortimentsbreite und -tiefe) des Großhandels auswirken. Als weitere Beschaffungswege sind neben den Herstellerunternehmen die Verbundgruppen der Großhandelsebene zu nennen.

Weiterhin wirkt sich der **Betriebstyp** eines Handelsunternehmens auf seine Beschaffungsentscheidungen aus. Je nach Branche, Sortimentstiefe, Selbstbedienungsgrad, Flächengröße, Standortlage etc. hat beispielsweise ein modisches Bekleidungs-Fachgeschäft ganz andere Voraussetzungen der Sortimentsauswahl und Beschaffungsentscheidung als ein stilorientierter Möbel-Versandhandel (zum Betriebstypenbegriff vgl. Heinemann 1989, S. 14 ff.).

Im Hinblick auf die **Lagerhaltung** ist der Grad der beschaffungswirtschaftlichen Flexibilität eines Handelsunternehmens angesprochen, die Veränderungen der Beschaffungs- und Absatzmärkte im Zeitablauf zu koordinieren (Hansen 1990, S. 478). Einerseits ist das Risiko der wirtschaftlichen Entwertung von Waren während des Vordispositionszeitraums gering zu halten (z. B. bei modischen Produkten). Neben dieser kurzfristigen Anpassungsflexibilität bedarf es andererseits einer langfristigen Sicherung der Warenbezüge.

Da im Handel die Kapitalbindung der im Lager befindlichen Waren meist sehr hoch ist, kommt insofern der finanzwirtschaftlichen Basis des Unternehmens beschaffungspolitische Relevanz zu.

3.2222 Organisationsbezogene Merkmale

Weiterhin ist die organisatorische Verankerung des Beschaffungswesens im Handelsunternehmen bestimmend für die von ihm zu treffenden Beschaffungsentscheidungen. Dabei besteht die grundsätzliche Wahlmöglichkeit zwischen der Selbsterfüllung von Beschaffungsaufgaben durch betriebseigene Organe oder der **Delegation an selbständige Beschaffungshelfer** (Hansen 1990, S. 501). Der Einsatz von selbständigen Vertretern und Einkaufskommissionären ist erst ab einer hohen Einkaufskapazität kostenwirtschaftlich sinnvoll, bietet jedoch häufig den Vorteil einer größeren Spezialisierung und Kenntnis im Beschaffungsmarkt. Demgegenüber spricht für den **Einsatz eigener Beschaffungsorgane** vor allem die bessere Interessenvertretung für den Händler (z. B. durch Schulungen) sowie ein möglicher Prestigegewinn gegenüber den Lieferanten.

Bei den unternehmenseigenen Beschaffungsorganen sind häufig – analog zu Industrieunternehmen – **Buying Center** für den Beschaffungsprozeß zuständig. Im Hinblick auf die Rollenverteilung stellt sich im Handel dabei die Frage, inwiefern Einkauf und Verkauf am Entscheidungsprozeß beteiligt sind (Hansen 1990, S. 468). Darüber hinaus kann eine **Spezialisierung des Einkaufs** nach Warenarten, Regionen oder Lieferanten vorgenommen werden (Hansen 1990, S. 502). Die **warenbezogene** Zuweisung der Einkaufsaufgaben bietet sich vor allem bei „schwierigen" Produktbereichen mit großen Qualitätsschwankungen (z. B. naturnahe Erzeugnisse) oder Produkten aus innovationsreichen Branchen (z. B. Computersysteme) an. Während hier die Kenntnis von Branchen- und Produkteigenschaften gefordert ist, erfordert die **regionale** Spezialisierung die Warenkenntnis für ein abgegrenztes Gebiet. Diese Einkaufsorganisation ist beispielsweise sinnvoll, wenn die Beschaffungsmärkte in ausländischen Gebieten liegen. Demgegenüber laufen inländische Regionalorganisationen Gefahr, nicht überschneidungsfrei und daher in ihrer Koordination problematisch zu sein. Bei der kunden- bzw. **lieferantenbezogenen** Einkaufsorganisation werden die eingesetzten Beschaffungsorgane auf den Beschaffungspartner abgestimmt, wodurch eine gezielte Steuerung der Interaktionen während der Einkaufsverhandlungen möglich ist. So können z. B. bei entsprechender Umsatzbedeutung des Lieferanten Mitglieder der Geschäftsleitung oder Einkaufsreisende als „Interaktionspartner" auf der Seite des Handelsunternehmens eingesetzt werden, um bestehende Dispositions- und Beschaffungsspielräume bestmöglich auszunutzen. Aus der Komplexität der Aufgaben resultiert eine Vielzahl möglicher Entscheidungsträger im Handel. Neben der Zentrale bzw. Großhandelsstufe kommt auch der Einzelhandelsstufe eine gewisse Entscheidungskompetenz zu. In größeren Handelszentralen des Lebensmittelbereichs wird im Buying Center (ca. 8–12 Beteiligte) häufig eine „anonyme Macht" demonstriert.

3.2223 Personenbezogene Merkmale

Wenn es sich bei Beschaffungsvorgängen im Handel auch um organisationale Entscheidungen handelt, so bestimmen letztendlich die Entscheidungsträger, welche Waren bei wem gekauft werden. Daher sind die persönlichen Eigenschaften der Entscheidungsträger in die Betrachtung einzubeziehen.

Neben demographischen Variablen wie Alter, Ausbildung, Position etc. interessieren vor allem **persönlichkeitsorientierte Variablen** wie Risikobereitschaft, Selbstbewußtsein, Erfahrung und auch die Wahrnehmung der Beschaffungssituation durch den Entscheider (Pfeiffer 1981). Weiterhin dürften das Informations-, Kommunikations- und Medienverhalten des Entscheidungträgers für die Beschaffungsentscheidungen bedeutsam sein. Als Informationskanäle bieten sich beispielsweise herstellerunabhängige Fachzeitschriften und Magazine sowie Kollegen- und Kundengespräche an, um Transparenz auf dem Beschaffungsmarkt (z. B. durch Qualitäts- und Preisvergleiche) zu erhalten. Je nach persönlichem Engagement kann beispielsweise ein eher passives Informations- und Kommunikationsverhalten des Beschaffungsentscheiders dazu führen, daß die Adoptionswahrscheinlichkeit neuer Produkte empfindlich sinkt. Demgegenüber kann sich der Kontakt zu Meinungsführern, die Produkt- oder Sortimentsempfehlungen aussprechen, sowie eine ausgeprägte Risikoneigung und ein starkes Selbstbewußtsein der Entscheider diffusionsbeschleunigend sowohl im Hinblick auf neue Produkte als auch in bezug auf neue Lieferanten des Beschaffungsmarktes auswirken.

3.3 Kaufentscheidungen von Behörden

Das Einkaufsverhalten von Konsumenten und industriellen Unternehmungen gehört zu den Schwerpunkten in der Marketingforschung. Demgegenüber fand das Kaufentscheidungsverhalten öffentlicher Auftraggeber (Bund, Länder, Gemeinden sowie Bundesbahn und Bundespost) bisher nicht die gebührende Beachtung. Andere Disziplinen, wie z. B. die Verwaltungswissenschaften, greifen haushaltspolitische und -rechtliche Fragestellungen auf, die nur in mittelbarem Zusammenhang mit dem Kaufverhalten der Verwaltungen als dem größten öffentlichen Auftraggeber stehen (Wachendorff 1984; Mäding 1987). Auch die Abgrenzung der öffentlichen von den privaten Unternehmen ist Gegenstand zahlreicher Untersuchungen (Rieger 1983; Überblick bei Stauss 1987, Braun 1988). Bei der Verknüpfung z. B. rechtlicher und organisatorischer Gegebenheiten mit dem Kauf- und Entscheidungsverhalten öffentlicher Auftraggeber ist jedoch ein Forschungsdefizit zu verzeichnen.

Die **Zielsetzungen öffentlicher Unternehmungen** bzw. Behörden weisen gegenüber den privatwirtschaftlichen grundsätzliche Unterschiede auf. So ist z. B. das Gewinn- oder

Rentabilitätsziel bei öffentlichen Unternehmungen nicht gegeben. Die der Verwaltung zugewiesenen öffentlich-rechtlichen Aufgaben (z. B. Gesundheits- und Daseinsvorsorge, Verteidigung, Sicherheit und Ordnung) determinieren ihre Zielsetzungen. Aus § 7 BHO (Bundeshaushaltsordnung) und § 6 HGrG (Haushaltsgrundsätzegesetz) ergibt sich, daß dabei Wirtschaftlichkeit und Sparsamkeit die obersten Ziele sind.

Ein Instrument zur Verfolgung politischer Gestaltungsziele durch den Bundestag ist der **öffentliche Haushalt**. Er strukturiert die ökonomische Interaktion öffentlicher Auftraggeber mit Unternehmen und Haushalten und gibt Auskunft über Ressourcenbeanspruchung und -disposition, Einnahme- sowie Ausgabeströme (Mäding 1987, S. 29 f.). Gesetze und politische Ziele steuern Haushaltsplanung und -vollzug. Der Vollzug des Haushalts umfaßt dabei die Ausgabe des vom Parlament per Haushaltsgesetz „zur Bewirtschaftung zur Verfügung gestellten Budgets" durch die zuständigen Behörden. Vor Beginn eines jeden Haushaltsjahres werden den erwarteten staatlichen Einnahmen (insbes. Steuern) die Ausgaben gegenübergestellt. Jedem Ressort (Ministerium) bzw. jeder Behörde werden Etats zugewiesen, deren Ausgabe an die im Haushaltsplan fixierten Verwendungszwecke gebunden ist. Daher sind potentielle Kaufentscheide des kommenden Haushaltsjahres (z. B. Büromaterial, Fuhrpark, Bauinvestitionen, Mobiliar) dem Zweck nach bestimmt und der Höhe nach begrenzt.

3.31 Bestimmungsfaktoren der Kaufentscheidung von Behörden

Zur Erfassung des Kaufverhaltens von Behörden wird auf das mehrstufige Modell des organisatorischen Einkaufs von Webster/Wind zurückgegriffen (vgl. im zweiten Kapitel 3.1221). Der Darstellung des Kaufentscheidungsprozesses von Behörden geht die Kennzeichnung gesetzlicher, organisatorischer, personeller und politischer Faktoren, die das Entscheidungsverhalten determinieren, voraus.

3.311 Gesetzliche und politische Faktoren

Gesetzliche Grundlage von Kaufentscheidungen öffentlicher Auftraggeber ist das Haushaltsgrundsätzegesetz (HGrG) und die Bundeshaushaltsordnung (BHO) in Verbindung mit den dazugehörigen Verwaltungsvorschriften (z. B. Verdingungsordnung für Leistungen (VOL); Leitsätze für die Preisbildung aufgrund von Selbstkosten (LSP)).

Neben den Prinzipien der Wirtschaftlichkeit und Sparsamkeit sind für die Entscheidungsfindung die **„Haushaltsgrundsätze der zeitlichen und sachlichen Spezialität"** von Bedeutung. Ersterer besagt, daß die nicht-verausgabten Budgetmittel verfallen. Die Folge ist das vielzitierte „Dezemberfieber": Zum Ende eines Haushaltsjahres wird u. U. Überflüssiges gekauft, damit die Kompetenz des jeweiligen Ressorts nicht beeinträchtigt wird (z. B. mangelnde Planungskompetenz) und keine Etatkürzung für das kommende Planjahr erfolgt (Mäding 1987, S. 45 f.). Der Haushaltsgrundsatz der sachlichen Spezialität erzwingt die Bindung von Ausgaben an die zuvor im Haushaltsplan fixierten Güter oder Dienstleistungen (Sach- und Personaltitel). Sieht man davon ab, daß einzelne Ausgabetitel zu Lasten anderer Ausgabetitel unter bestimmten Voraussetzungen aufgestockt werden können (sog. Deckungsfähigkeit), werden ansonsten Substitutionseffekte zwischen verschiedenen Ausgabekategorien verhindert. Effizienzeinbußen und verwaltungsaufwendige Nachbewilligungsanträge sind die Folge (Mäding 1987).

Ein wesentliches Instrument der Vergabe öffentlicher Aufträge ist die gesetzlich vorgeschriebene **Ausschreibung**. Die Ausschreibung kann öffentlich oder beschränkt erfolgen. Bei der öffentlichen Ausschreibung werden alle Anbieter eines Gutes oder einer Dienstleistung vom öffentlichen Auftraggeber dazu aufgefordert, ein Angebot für die genau spezifizierte Leistung abzugeben. Die beschränkte Ausschreibung bezieht sich auf einen ausgesuchten Teilnehmerkreis, der zur Angebotsabgabe aufgefordert wird. Bei der selteneren Form der freien Vergabe von Aufträgen liegt es im Ermessen der Behörde, an welchen Anbieter der Auftrag vergeben wird (Rieger 1983).

Die Ausschreibung ist ein Instrument, das im Sinne des Sparsamkeitsprinzips zur Schaffung von Wettbewerb dient. Dem Staat wird mit der Ausschreibung die Möglichkeit gegeben, Vorschriften, z. B. über die Leistungsqualität und die zur Leistungserstellung notwendigen Geräte und Materialien, durchzusetzen. Der Anbieter muß einen Gesamtpreis kalkulieren, der unter Berücksichtigung alternativer Absatzmöglichkeiten dem Wert der zu erstellenden Leistungen entspricht. Der genannte Preis hat eine Indikatorfunktion für die Gesamtkosten, die dem Staat als Entgelt für die Leistungen entstehen (Wachendorff 1984, S. 5).

Die aus den Haushaltsgrundsätzen resultierende strenge Budgetbindung an definierte Güter bzw. Leistungen sichert den Einsatz des Haushalts als Instrument zur Erreichung der vom Bundestag – und in vermindertem Maße – von der Bundesregierung angestrebten politischen Ziele. Hat beispielsweise das Parlament die Absicht, die Umweltforschung oder die Stadtsanierung zu fördern, dann ist der Haushalt die einzige Rechtsgrundlage für die entsprechenden Ausgaben.

Kaufentscheidungen öffentlicher Auftraggeber werden daher z. T. erheblich vom Parlament der amtierenden Regierung und deren Zielsetzungen mitbestimmt.

3.312 Organisationsspezifische Faktoren

Im Rahmen der organisatorischen Bedingungen, die auf den Kaufentscheidungsprozeß öffentlicher Auftraggeber einwirken, ist zunächst die formalorganisatorische Trennung der konkreten Leistung und deren Finanzierung von Bedeutung. Die vom Staat vereinnahmten

(Steuer-)Gelder werden jedem Fachressort (Ministerium) als Einzelplan zugewiesen. Das Ministerium verteilt das Budget auf die nachgeordneten Behörden (sog. Kapitel innerhalb der Budgets).

Nach § 9 BHO gibt es in jeder Behörde einen **Beauftragten für den Haushalt**, dessen Aufgabe die Planung und Bewirtschaftung der bereitgestellten Haushaltsmittel ist. Der Haushaltsbeauftragte überträgt die finanziellen Mittel an die jeweiligen Fachreferenten. Diese sind gemäß den Organisationsrichtlinien der jeweiligen Behörde (Geschäftsverteilungsplan) für bestimmte Aufgaben zuständig und benötigen zur Erfüllung ihrer Aufgaben die ihnen übertragenen finanziellen Mittel (sog. Titelverwalter).

Ein weiterer Bestandteil der Organisationsstruktur öffentlicher Auftraggeber ist häufig die **Beschaffungsstelle**, die mit dem Funktionsbereich Einkauf in privatwirtschaftlichen Unternehmen verglichen werden kann. Der Beschaffungsstelle obliegt gemäß § 55 BHO die öffentliche Ausschreibung für jede vom Fachreferenten angeforderte Leistung. Der Ausschreibung geht die „make or buy"-Entscheidung voraus (Rieger 1983; Weber 1984). Kann die Behörde zu geringeren Kosten als denen bei Fremdbezug die Leistung selbst erstellen, so ist sie hierzu gemäß den Wirtschaftlichkeits- und Sparsamkeitsprinzipien verpflichtet.

Weitere Aufgaben der Beschaffungsstelle sind die detaillierte Beschreibung der auszuschreibenden Leistung (Leistungsverzeichnis) und die Durchführung der Ausschreibung bis zum Vertragsschluß (Submission).

Die gekennzeichnete formale Organisationsstruktur stellt den Bedingungsrahmen für das Kaufentscheidungsverhalten öffentlicher Auftraggeber dar. Rechtliche Bestimmungen und Haushaltsgrundsätze formalisieren den Entscheidungsprozeß und begrenzen z. T. erheblich die Entscheidungsfreiheit der zuständigen Instanz.

3.313 Personelle Faktoren

Die zuvor gekennzeichneten organisationsspezifischen Faktoren determinieren die grundlegende Bedeutung der Beschaffungsstelle für potentielle bzw. aktuelle Leistungsanbieter. Wie in industriellen Unternehmungen ist der Einkäufer eines öffentlichen Auftraggebers häufig die erste Kontaktadresse für Lieferanten. Da der Einkäufer meistens für die Beschaffung der unterschiedlichsten Produkte und Dienstleistungen zuständig ist, verfügen viele Behörden über **Zuliefererkarteien**, die neben den Adressen auch das Leistungsprogramm von Anbietern beinhalten. Darüber hinaus gibt es in jedem Bundesland eine Einrichtung, die Zuliefererkarteien und Leistungsprogramme für alle erdenklichen Güter und Dienstleistungen bereithält. Diese Daten können bei Bedarf von Behörden abgerufen werden.

Für den Lieferanten ist die Aufnahme in die Kartei erstrebenswert, um bei künftigen Ausschreibungen Berücksichtigung zu finden. Insofern nimmt der Einkäufer bzw. Entscheidungsträger der Beschaffungsstelle gleichzeitig die Rolle des **Gate-Keepers** wahr.

Dem Individualverhalten ist bei der Behandlung des Haushaltsvollzugs, d. h. der Ausgabe des verfügbaren Budgets durch öffentliche Aufträge, bisher nur geringe Beachtung geschenkt worden (Mäding 1987, S. 44). Für Entscheidungsprozesse in Ämtern entwickelte Downs Ende der 60er Jahre zahlreiche Hypothesen (Downs 1968). Dabei ging er auch auf die **Individualziele** von Amtsinhabern ein. Neben Einkommen und Sicherheit ist der Beamte bestrebt, Macht, Prestige und Auszeichnungen für seine Arbeit bei gleichzeitiger Einfachheit der Amtserfüllung zu erreichen. Obwohl er in offizieller Funktion handelt und dem Gemeinwohl zu dienen verspricht, ist die eigentliche Arbeitsmotivation in dem Streben nach dem eigenen Nutzen zu suchen. Je nach Kombination der angestrebten Ziele kommt Downs zu unterschiedlichen Typen von Amtsinhabern wie Aufsteiger, Bewahrer, Eiferer, Anwälte und „Staatsmänner" (Downs 1968, S. 88 f.).

Für das Entscheidungsverhalten von Amtsinhabern ist es nun von Bedeutung, daß zwischen dem Budget der öffentlichen Verwaltung und dem persönlichen Nutzen ein funktionaler Zusammenhang zu vermuten ist (Braun 1988, S. 67 f.). Ein höheres zu verwaltendes Budget führt zu einem höheren eigenen Nutzen. Dabei spielen Aspekte wie zunehmende Anzahl von Untergebenen oder auch die sichtliche Aufbesserung der Büroausstattung eine Rolle. Die angestrebte Budgetmaximierung als Konsequenz des beschriebenen Zusammenhangs läßt eine „Verschwendungsmaximierung" und allokative Ineffizienz befürchten.

Bei der Analyse der Bestimmungsfaktoren von Kaufentscheidungen nehmen wie bei industriellen Unternehmen auch bei öffentlichen Auftraggebern die personellen Faktoren die Schlüsselrolle ein. Für den zielgerichteten Einsatz von Marketingaktivitäten gilt es jedoch, den Kaufentscheidungsprozeß insgesamt zu erfassen.

3.32 Der Kaufentscheidungsprozeß von Behörden

Im folgenden wird der Prozeß der Kaufentscheidungen öffentlicher Auftraggeber durch die Einbeziehung informationsverarbeitender Vorgänge ergänzt.

Ebenso wie die Kaufentscheidungen von Konsumenten und industriellen Unternehmungen haben die Kaufentscheidungen öffentlicher Auftraggeber prozessualen Charakter. Die Zahl und Bezeichnung der Entscheidungsphasen, deren Abfolge teilweise logisch zwingend ist (Joost 1978, S. 430), variiert in der Literatur, weist aber üblicherweise folgende Elemente auf:

Problemerkennung
↓
Alternativensuche
↓
Alternativenbewertung
↓
Kaufakt
↓
Nachträgliche Kaufbewertung

In Anlehnung an das im zweiten Kapitel 2.3111 dargestellte Modell von Engel et al. und unter Berücksichtigung der zuvor gekennzeichneten Bestimmungsfaktoren von Kaufentscheidungen öffentlicher Auftraggeber ergibt sich der in Abbildung 50 dargestellte **Kaufentscheidungsprozeß**.

Den Anfang des Entscheidungsprozesses bildet die **Feststellung eines Mangels** an Gütern oder Dienstleistungen, die zur Leistungserstellung der Behörde bzw. innerbehördlichen Tätigkeit im Rahmen der gesetzlich zugewiesenen Verwaltungsaufgaben notwendig sind. Diese Problemerkennung ist üblicherweise **Aufgabe des Fachreferenten**, der aufgrund seiner Stellung innerhalb der Organisationsstruktur und seiner bisherigen Erfahrungen im Amt Initiator einer potentiellen Kaufentscheidung ist. Beispielsweise stellt der Fachreferent einer Oberbehörde des Gesundheitsministeriums fest, daß die Fülle der Marktforschungsdaten über neue Krankheitsbilder, Reaktionen von Betroffenen, Akzeptanz von Aufklärungskampagnen etc. nicht mehr zu bewältigen bzw. zu verarbeiten ist.

Gegenstand der sich anschließenden Informationsrecherche des Fachreferenten ist die Entwicklung eines Anforderungsprofils an die Problemlösung und die **Suche nach Alternativen**, die das gekennzeichnete Problem zu lösen in der Lage sind. Die Problemlösungen können innerbehördlich durch die Mitarbeiter oder durch externe Unternehmen geliefert werden. So kann das Informationsproblem beispielsweise durch eine organisatorische Umstrukturierung oder die Installation einer EDV-Anlage gelöst werden. Im letzteren Fall, der EDV-Anlage, handelt es sich um eine derart komplexe Problemlösung, daß die Einbeziehung eines externen Beratungsunternehmens zur Spezifikation alternativer EDV-Lösungen sinnvoll sein kann.

Nachdem sich der Fachreferent ein Meinungsbild von den alternativen Problemlösungen gemacht und die Entscheidung für eine der Lösungen getroffen hat, übermittelt er die Informationen an den **Haushaltsbeauftragten**. Im Rahmen der vom Fachreferenten vorgegebenen Zwecksetzung obliegt dem Haushaltsbeauftragten die **Überprüfung des wirtschaftlichen und sparsamen Mitteleinsatzes** im Hinblick auf den vorgegebenen Zweck. In dem Beispiel kann die organisatorische Umstrukturierung einerseits eine wirtschaftlichere Alternative als die Installation einer EDV-Anlage sein. Andererseits vermag sie u. U. nicht den Zweck (verbesserte Informationserfassung und -verarbeitung) zu erfüllen.

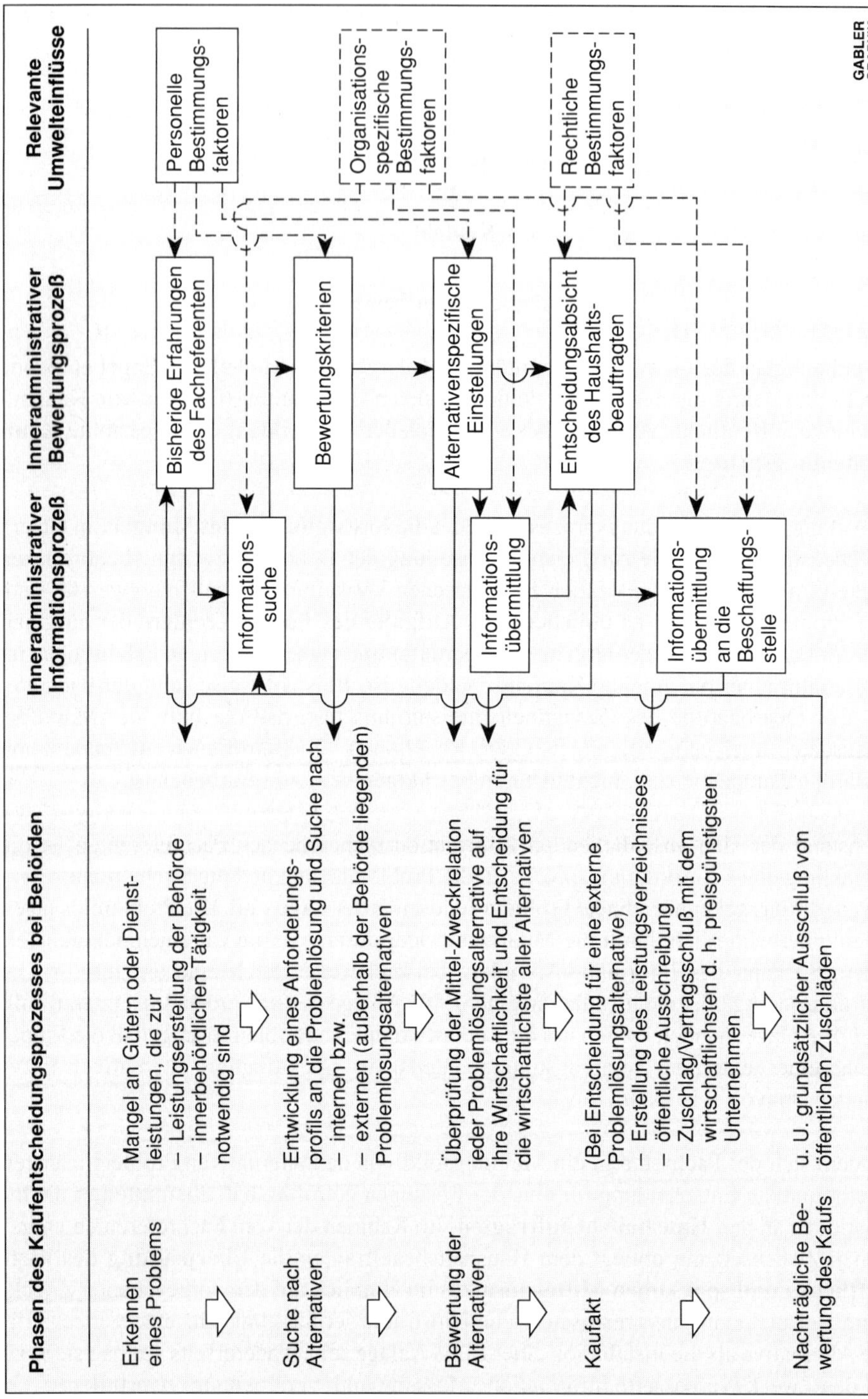

Abbildung 50: Der Kaufentscheidungsprozeß von Behörden (in Anlehnung an das Modell von Engel et al. 1978)

Lehnt der Haushaltsbeauftragte den Problemlösungsvorschlag des Fachreferenten ab, muß dieser neue Alternativen entwickeln. Im Falle der Zustimmung wird von der Beschaffungsstelle, nachdem diese mit den notwendigen Informationen versorgt wurde, der eigentliche **Kaufakt** (Erstellung des Leistungsverzeichnisses, Ausschreibung, Zuschlag und Vertragsabschluß) vollzogen. Dem **Haushaltsbeauftragten** kommt somit eine **Schlüsselposition im Kaufentscheidungsprozeß** zu. Nur in Ausnahmefällen, z. B. bei Befürwortung der Problemlösungsalternative durch den zuständigen Staatssekretär oder Minister, hat die ablehnende Haltung des Haushaltsbeauftragten keinen Einfluß auf die Entscheidung.

Im Rahmen der **nachträglichen Bewertung des Kaufs** ist die Möglichkeit der Verwaltung als Käufer, einzelnen Unternehmen künftig die potentielle Aufnahme von Geschäftsbeziehungen zu verweigern, gegenüber privatwirtschaftlichen Unternehmen als Käufern sehr stark eingeschränkt. Dies resultiert aus den Art. 3 und 12 GG, die den Gleichheitsgrundsatz aller Bürger vor dem Staat und die Gewerbefreiheit zum Inhalt haben. Diese Einschränkung erfährt noch eine Verstärkung, wenn das Unternehmen, das von künftigen Zuschlägen ausgeschlossen werden soll, vorwiegend von der öffentlichen Hand beauftragt wird.

In diesem Zusammenhang ist der Mittelstand als Ausnahme von Bedeutung. Im Rahmen öffentlicher Ausschreibungen ist die Behörde dazu angehalten, mittelständische Unternehmen als Ausschreibungsteilnehmer zu bevorzugen.

Insgesamt ist deutlich geworden, daß im Marketing der Analyse des Kaufverhaltens von Konsumenten, Unternehmen und öffentlichen Auftraggebern eine zentrale Bedeutung zukommt. Unter Zugrundelegung interdisziplinärer Ansätze tragen die zu ermittelnden Verhaltensmuster zur Erklärung von Marktreaktionen bei und dienen als Informationsgrundlage für die Marketingforschung sowie die Erarbeitung von Marketingstrategien und -maßnahmen.

3.4 Fragen und Aufgaben

1. Worin liegen die Besonderheiten der Kaufentscheidungen von Unternehmen? Nehmen Sie hierbei eine Abgrenzung zu individuellen Kaufentscheidungen vor!

2. Stellen Sie die unterschiedlichen Typen industrieller Kaufentscheidungen dar!

3. Welche Grundfragen liegen den Partialmodellen im Rahmen monoorganisationaler Erklärungsansätze industrieller Kaufentscheidungen zugrunde?

4. Skizzieren Sie das Modell des Buying-Center. Gehen Sie dabei besonders auf die Zusammensetzung des Einkaufsgremiums ein!

5. Kennzeichnen Sie die einzelnen Phasen des Prozeßmodells von Robinson, Faris, Wind!

6. Worin unterscheiden sich Prozeßmodelle von Buygrid-Modellen?

7. Beschreiben Sie das Modell von Webster, Wind in den Grundzügen anhand der einzelnen Modellebenen!

8. Systematisieren Sie die unterschiedlichen multiorganisationalen Erklärungsansätze industrieller Kaufentscheidungen!

9. In welche Teilentscheidungen läßt sich der Beschaffungsprozeß von Handelsunternehmen aufteilen?

10. Durch welche Faktoren werden die Beschaffungsentscheidungen von Handelsunternehmen beeinflußt?

11. Erläutern Sie kurz die wesentlichen Bestimmungsfaktoren der Kaufentscheidungen von Behörden!

12. Beschreiben Sie die Besonderheiten bei Kaufentscheidungen von öffentlichen Auftraggebern anhand der einzelnen Phasen des Kaufentscheidungsprozesses!

Kapitelübersicht

Drittes Kapitel

Marketingforschung und Absatzprognosen

1. Ziele und Formen der Marketingforschung

Die **Grundaufgabe der Marketingforschung**, die Deckung eines aktuellen bzw. zukünftig zu erwartenden Informationsbedarfs, wird durch das gestellte Entscheidungsproblem in Art, Inhalt und Umfang konkretisiert. Die Vielzahl unterschiedlicher Informationsansprüche führt dabei zu einer Vielfalt von Formen der Marketingforschung. Die folgende Abbildung 51 stellt ein denkbares Raster zur Klassifizierung der wichtigsten Formen dar. Dabei soll auch deutlich werden, daß unabhängig vom Anwendungsbereich der Marketingforschung das gesamte Spektrum der Informationsgewinnungs- und -verarbeitungsmethoden in standardisierter Form zum Einsatz kommt.

Von den aufgeführten Klassifikationsformen sollen hier:

- die Art des Untersuchungsobjekts
- die Art der Informationsgewinnung
- die verhaltenswissenschaftliche Konstrukt-Forschung

hervorgehoben werden.

1. Nach der Art des Untersuchungsobjektes kann zwischen ökoskopischer und demoskopischer Marketingforschung unterschieden werden (Rogge 1981, S. 22 f.). Die **demoskopische Marketingforschung** ermittelt die mit den Marktteilnehmern untrennbar verbundenen Tatbestände objektiver Art wie Alter, Geschlecht und Beruf und subjektiver Art wie Einstellungen, Meinungen und Bedürfnisse. Die **ökoskopische Marketingforschung** erfaßt dagegen die objektiven, von den Marktteilnehmern losgelösten Marktgrößen wie Umsätze und Distributionsquoten. Diese Größen stellen das Resultat der Handlungen bzw. der Verhaltensweisen der Marktteilnehmer dar.

2. Nach der Art der Durchführung der Informationsgewinnung ist zwischen Sekundär- und Primärforschung zu trennen (Berekoven, Eckert, Ellenrieder 1989, S. 39 ff.). Die **Sekundärforschung** hat die Beschaffung, Zusammenstellung und Analyse bereits vorhandenen Materials zur Aufgabe. Demgegenüber wird bei der **Primärforschung** der Informationsbedarf durch Erhebungen im Markt gedeckt (Rogge 1981, S. 113 ff.). Als Erhebungsmethoden kommen vor allem die Beobachtung und die Befragung zum Einsatz, die in erster Linie der Tatsachenermittlung dienen. Sollen hingegen Ursache-Wirkungszusammenhänge aufgedeckt bzw. Hypothesen überprüft werden, sind die Erhebungen auf der Grundlage bewußt gestellter experimenteller Versuchsanordnungen durchzuführen.

Untersuchungs-Objekt	Erhebungs-/Bezugszeitraum	Art der Informationsgewinnung	Räumlicher Geltungsbereich	Bereiche/Branche	Unternehmensbereiche	Marketinginstrumente	Verhaltenswissenschaftliches Konstrukt	Konsumentenverhalten	Marktteilnehmer
Demoskopische Marketingforschung Ökoskopische Marketingforschung	Laufend fallweise prospektiv Retrospektiv	Sekundärforschung Primärforschung	Lokale Marketingforschung Regionale Marketingforschung	Investitionsgütermarketingforschung Konsumgütermarketingforschung Dienstleistungsmarketingforschung Handelsmarketingforschung Nichtkommerzielle Marketingforschung	Beschaffungsmarketingforschung Absatzmarketingforschung Personalforschung	Distributionsforschung Werbeforschung Preisforschung	Einstellungsforschung Imageforschung Werteforschung	Informationsverhaltensforschung Kaufverhaltensforschung Beschwerdeverhaltensforschung	Konkurrenzforschung Handelsmarketingforschung Herstellermarketingforschung

GABLER GRAPHIK

Abbildung 51: Klassifikation wichtiger Anwendungsgebiete der Marketingforschung

3. Hinter der **Orientierung an verhaltenswissenschaftlichen Konstrukten** steht die Frage nach dem Zustandekommen bestimmter Reaktionen des Konsumenten (im mentalen und/oder Verhaltensbereich) nach Art und Intensität als Folge bestimmter Einflußfaktoren. Mit Hilfe von intervenierenden Variablen sollen Reiz-Reaktionszusammenhänge gemessen, erklärt und prognostiziert werden, wobei zu den diesbezüglich wichtigsten Forschungsrichtungen die **Einstellungs-, Motiv- und Imageforschung** zählen (Trommsdorff 1989; Kroeber-Riel 1990).

Unabhängig vom Entscheidungsproblem oder Anwendungsgebiet durchläuft der Prozeß der Marketingforschung mehrere Stufen, die in der Literatur auch als Intelligenzzyklus, Informationskreislauf oder Phasen der Marketingforschung bezeichnet werden. Letztlich beinhaltet der Marketingforschungs-Informationsprozeß einen in mehrere Teilentscheidungen aufgegliederten Entscheidungsprozeß mit folgenden Phasen (Meffert 1974, S. 10 f.):

1. **Problemdefinitions- bzw. Designphase:** Es ist zunächst zu definieren, worin das Entscheidungs-/Marketingproblem besteht. Darauf aufbauend sind die Informationsprobleme zu konkretisieren und in marketingforscherische Fragestellungen zu überführen.

2. **Informationsgewinnungsphase:** Das Untersuchungsproblem und die Anforderungen an Art, Menge und Qualität der Informationen (Informationsbedarfsmatrix) bestimmen die Auswahl des erhebungstechnischen Instrumentariums, mit dem die Daten gewonnen werden sollen.

3. **Informationsverarbeitungsphase bzw. Phase der Informationssynthese:** Die gewonnenen Basisinformationen sind zu verarbeiten, auszuwerten und zu interpretieren. Die Synthese umfaßt darüber hinaus die gesamte Abstimmung, Zusammenführung und Dokumentation aller problemspezifischen, aus einer Vielzahl von Quellen beschafften und verarbeiteten Informationen.

4. **Kommunikationsphase:** Die Informationen sind je nach Zielgruppe bzw. Entscheidungsinstanz selektiert, komprimiert und mit entsprechenden Interpretationen versehen an die Entscheidungsträger weiterzuleiten, wodurch dem Marketingforscher häufig auch eine beratende Funktion zukommt (diagnostische und therapeutische Funktion).

Erst nach Vollzug aller Phasen erfüllt die Marketingforschung die Aufgabe, die ihr zur Lösung des Entscheidungsproblems im Marketingentscheidungsprozeß obliegt.

Unerwartete Verzerrungen z. B. bei der Datenerhebung können eine Anpassung des Erhebungsinstrumentariums oder des Untersuchungsaufbaus erforderlich machen, so daß zwischen den einzelnen Schritten zahlreiche Rückkopplungsverbindungen möglich und notwendig sind. Innerhalb der Phasen ist darüber hinaus ein differenziertes Vorgehen erforderlich. Eine umfassendere Analyse der Entscheidungsprobleme und Entscheidungsabläufe in der Gewinnungs- und Verarbeitungsphase ist daher Gegenstand der weiteren Betrachtungen.

Allerdings haben Informationen, die in den unternehmerischen Entscheidungsprozeß einfließen und die Entscheidungen des Managements auf eine abgesicherte, objektivierte Basis stellen sollen, grundsätzlichen Anforderungen und Beurteilungsmaßstäben der Entscheidungsträger zu genügen. Im einzelnen sind vor allem folgende Gesichtspunkte zu beachten:

1. Hinsichtlich des Kriteriums Umfang sind die **Relevanz** und die **Vollständigkeit** von Informationen wichtigste Beurteilungsmaßstäbe. Das Ziel der Informationsgewinnung ist es nicht, alle nur denkbaren Informationen zu beschaffen; vielmehr besteht es darin, alle für die Entscheidung **relevanten Informationen** zu erheben. Eine Information erfüllt das Kriterium der Relevanz, wenn sie auf die Zielsetzung und das jeweilige Entscheidungsproblem der Entscheidungsträger Bezug nimmt.

   Informationsgrundlagen sind **unvollständig**, wenn dem Entscheidungsträger Teile der notwendigen entscheidungsbezogenen Informationen nicht bekannt sind. Es besteht eine Diskrepanz zwischen den tatsächlich vorhandenen und den für die Entscheidungsbildung sachlich notwendigen bzw. als notwendig erachteten Informationen. Das Management ist in der Regel bestrebt, einen subjektiv oder objektiv möglichst vollständigen Informationsstand zu erreichen. Häufig werden dabei „Informationsreserven", d. h. sachlich nicht gerechtfertigte „Informationsüberschüsse" aufgebaut. Hierbei setzen jedoch Kostenaspekte dem Bestreben der Informationsgewinnung Grenzen.

2. Die Genauigkeit von Informationen umfaßt formale und materielle Aspekte. Die formale Genauigkeit, die **Zuverlässigkeit (Reliabilität)** von Informationen beinhaltet die bei wiederholten Messungen ermittelte Stabilität der Ergebnisse bzw. die Unabhängigkeit eines Ergebnisses von einem einmaligen Meßvorgang (Berekoven, Eckert, Ellenrieder 1989, S. 24 ff.). Reliabilität bedeutet somit die Reproduzierbarkeit eines Ergebnisses unter identisch gehaltenen Versuchs- bzw. Meßbedingungen.

   Die materielle Genauigkeit, die **Gültigkeit (Validität)** von Informationen bringt zum Ausdruck, inwieweit ein Meßergebnis auch tatsächlich auf den zu untersuchenden Sachverhalt Bezug nimmt und ihn beschreibt bzw. inwieweit inhaltlich jene Information gemessen und wiedergegeben wird, die zu messen beabsichtigt war (Berekoven, Eckert, Ellenrieder 1989, S. 24 ff.).

   Andere Beschreibungen und Operationalisierungen von Zuverlässigkeit und Genauigkeit stellen auf den **Bestimmtheitsgrad** von Informationen ab. Maßstab für den Zuverlässigkeitsgrad vorhandener Informationen ist die Breite des Intervalls, innerhalb dessen der gesuchte „wahre" Wert liegt. Je breiter das Intervall ist, desto geringer ist die Genauigkeit des Ergebnisses.

Der Entscheidungsträger gibt vor, welchen Sicherheitsgrad und welche Genauigkeit die bereitzustellenden Informationen aufweisen müssen. Einschränkungen beider Kriterien sind insbesondere durch Wirtschaftlichkeitsüberlegungen gegeben.

3. Die Verfügbarkeit der Information bezieht sich auf die **Aktualität** und den Zeitraum zur Beschaffung der notwendigen Daten. Die systematische Gewinnung und Verarbeitung von Informationen erweist sich nur dann als effizient, wenn die benötigten Daten rechtzeitig zur zuständigen Entscheidungsinstanz gelangen und dabei die aktuelle Situation widerspiegeln. Nur dann ist eine schnelle, an den jeweiligen Markterfordernissen orientierte Entscheidungsfindung gewährleistet. Die Erfüllung dieses Kriteriums wird maßgeblich durch die Art und Komplexität der gewählten Datengewinnungsmethoden bestimmt.

4. Im Vergleich der Anforderungskriterien nimmt der **Kosten-Nutzen-Aspekt** eine zentrale Stellung ein (Green, Tull 1982, S. 33 ff.). Kosten und Nutzen von Marketinginformationen müssen abgeschätzt und gegeneinander aufgewogen werden. Besondere Probleme treten bei der Schätzung des Informationsnutzens auf, der in einem durch Entscheidungsverbesserung bedingten Ertragszuwachs gesehen werden kann (vgl. Kapitel IV 1.1).

2. Informationsgewinnung

2.1 Entscheidungsprobleme der Informationsgewinnung

Für eine Vielzahl von Marketingentscheidungsproblemen ist es, soweit der vorhandene Informationsstand als nicht ausreichend erachtet wird, notwendig, zusätzliche Informationen zu beschaffen. Dabei spielen die Kriterien Realisierbarkeit und Wirtschaftlichkeit naturgemäß eine große Rolle. Unter Berücksichtigung der spezifischen Situation innerhalb der Unternehmen ergeben sich im Zusammenhang mit der Informationsgewinnung eine Reihe von Detailentscheidungen. Zu den wichtigsten im Ablaufplan der Marketingforschung anzuführenden Einzelaspekten zählen:

1. die Festlegung der zu untersuchenden **Zielgruppen** und **Untersuchungsobjekte**

2. die Präzisierung des **Untersuchungsgegenstandes** im Hinblick auf die Art und Operationalisierung der Zielgrößen bzw. Zielkonstrukte (Skalen/Skalierungsverfahren)

3. die Festlegung des notwendigen **Stichprobenumfangs** in Abhängigkeit des geforderten Sicherheitsgrades der Aussagen und der untersuchten Grundgesamtheit

4. die Analyse der Anwendbarkeit alternativer **Stichproben-Auswahlverfahren** und Auswahl eines Verfahrens

5. die Bestimmung der einzusetzenden **Informationsgewinnungs-Methoden** bzw. Methodenkombinationen und der Erhebungsdesigns und Festlegung bzw. Konkretisierung ihrer speziellen (praktischen) Ausprägungen.

Daneben sind organisatorische Fragen zu beachten, die sich insbesondere auf die Erstellung eines Forschungsplans mit Zeit- und Kostenaspekten und auf die konkrete Durchführung, Steuerung und Kontrolle der Erhebung beziehen (Tull, Hawkins 1987, S. 205 ff.; Green, Tull, Album 1988, S. 15 ff.; Hammann, Erichson 1990, S. 33 f.).

Im folgenden interessieren besonders die Meß- und Auswahlverfahren sowie die Methoden und Designs der Informationsgewinnung.

2.2 Meß- und Auswahlverfahren der Informationsgewinnung

2.21 Messung und Skalierung

Messen im allgemeinen Sinne beinhaltet den Prozeß der Informationsgewinnung, während Messen im engeren Sinne eine nach bestimmten Regeln vollzogene Zuordnung von Symbolen (Zeichen und Zahlen) zu festgestellten Ausprägungen von Merkmalen der Untersuchungsobjekte bedeutet (Mayntz, Holm, Hübner 1974, S. 38). Grundlegende Voraussetzung für die Informationsgewinnung ist die intersubjektive Überprüfung der Messungen. Diese kann durch eine eindeutige **Definition der Maßstäbe** erreicht werden, mit denen die Merkmale und ihre spezifischen Ausprägungen bei einem ausgewählten Untersuchungsgegenstand gemessen werden (Tietz 1975, S. 96).

Während bei quantitativen, beobachtbaren Größen die Messung i. d. R. unproblematisch ist, da operationale Maßstäbe vorliegen (z. B. Umsatzzahlen), gibt es insbesondere im Bereich der Quantifizierung und intensitätsmäßigen Erfassung nicht beobachtbarer, qualitativer Variablen (sog. theoretische Konstrukte) wie Einstellungen, Motive oder Zufriedenheit keine allgemeingültigen, verläßlichen Maßstäbe, Meßeinheiten oder Indikatoren. Als Grundvoraussetzung für das Messen bedarf es hier vorab einer Operationalisierung der theoretischen Konstrukte. Das Problem der **Operationalisierung** besteht dabei neben der genauen theoretischen Definition des Konstruktes darin, Indikatoren oder empirische Äquivalente zu finden, mit denen Schlußfolgerungen im Hinblick auf das untersuchte Konstrukt nicht nur möglich, sondern auch gültig (valide) sind (Berekoven, Eckert, Ellenrieder 1989, S. 192 f.).

Im Anschluß an die Definition eines Meßobjektes und seines empirischen Maßstabes können – entsprechend den Regeln – den Merkmalen bzw. Merkmalsausprägungen der Objekte Zahlenwerte zur Abbildung zugeordnet werden. Zuordnungsregeln oder Meßinstrumente in diesem Sinne sind **Skalen**.

Insgesamt lassen sich vier Skalenarten verschiedener Meßniveaus unterscheiden (Tull, Hawkins 1987, S. 277 ff.; Bleymüller, Gehlert, Gühlicher 1988):

Nominalskala	(nicht metrisch)
Ordinalskala	(nicht metrisch)
Intervallskala	(metrisch)
Verhältnisskala	(metrisch)

Die Messung von Merkmalsausprägungen auf nominalem Niveau stellt die einfachste Form des Messens dar (vgl. Abbildung 52). **Nominalskalen** dienen lediglich der Klassifikation von Untersuchungsgegenständen. Als Beispiele lassen sich z. B. Geschlecht, Farben, Nationalität oder Religionszugehörigkeiten anführen. Außer der Analyse von Häufigkeiten sind keine weiteren statistischen Operationen anwendbar.

Zunahme des Informationsgehaltes ↓		Meßniveau	Mathematische Eigenschaften der Meßwerte	Beschreibung der Meßwerteigenschaften	Beispiele
	Nicht-metrische Daten	**Nominal-niveau**	A = A ≠ B	*Klassifikation:* Die Meßwerte zweier UEn sind identisch oder nicht identisch	*Zweitklassig:* Geschlecht (männlich/weiblich) *Mehrklassig:* Betriebstyp (Discounter/ Verbrauchermarkt/ Supermarkt)
	Nicht-metrische Daten	**Ordinal-niveau**	A > B > C	*Rangordnung:* Meßwerte lassen sich auf einer MD als kleiner/ größer/gleich einordnen	*Präferenz- und Urteilsdaten:* z. B. Marke X gefällt mir besser, gleich gut, weniger als Marke Y
	Metrische Daten	**Intervall-niveau**	A > B > C und A – B = B – C	*Rangordnung und Abstandsbestimmung:* Die Abstände zwischen Meßwerten sind angebbar	Intelligenzquotient Kalenderzeit
	Metrische Daten	**Rationiveau (Verhältnis-Skala)**	A = x · B	*Absoluter Nullpunkt:* Neben Abstands-bestimmung können auch Meßwertverhält-nisse berechnet werden	Alter Jahresumsatz

UE = Untersuchungseinheit
MD = Merkmalsdimension

GABLER GRAPHIK

Abbildung 52: Meßniveaus und Meßwerteigenschaften
(Quelle: Berekoven, Eckert, Ellenrieder 1989, S. 68)

Bei **ordinalskalierten Daten** lassen sich die Untersuchungsobjekte hinsichtlich ihrer Meßwerte auf einer Merkmalsdimension nach „größer“, „kleiner“ oder „gleich“ einordnen. Es läßt sich eine Rangreihe erstellen, ohne daß Aussagen über die Abstände zwischen den Rangplätzen gemacht werden können. Als klassisches Beispiel für eine Ordinalskala dient die Zensurenskala.

Intervallskalen weisen eine feste Meßeinheit, d. h. feste Abstände (Standardentferungen) zwischen den Skalenrängen auf. Auf der Basis der Meßeinheiten lassen sich die Unterschiede zwischen zwei Meßobjekten genau fixieren. Zu den Intervallskalen zählen u. a. die Temperaturskalen.

Verhältnisskalen (Relationsskalen) sind außer durch die Eigenschaften der Intervallskalen noch durch einen absoluten Nullpunkt gekennzeichnet. Typische Beispiele für Verhältnisskalen sind die Längen-, Gewichts- und Geschwindigkeitsskalen.

Im Rahmen der Messungen von subjektiven Sachverhalten, wie Einstellungen, Motiven und Images, die eine Transformation der qualitativen Sachverhalte in quantitative Größen erfordern, finden häufig sogenannte **Rating-Skalen** Anwendung (Green, Tull 1982, S. 162 ff.; Tull, Hawkins 1987, S. 278 ff.). Die befragten Personen haben dem Untersuchungsobjekt (Einstellungsobjekt) auf einer vorgegebenen Antwortskala einen Meßwert zuzuordnen. Bei diesen Rating-Skalen handelt es sich von der Grundstruktur zunächst nur um Ordinalskalen, deren Rangplätze meist verbal – gut bis schlecht, trifft zu bis trifft nicht zu, wichtig bis nicht wichtig – bestimmt und differenziert werden. Dennoch kann davon ausgegangen werden, daß die Abstände zwischen den Rangplätzen von den Befragten bei entsprechender graphischer Darstellung als konstant betrachtet werden. So wird der Abstand z. B. zwischen den Schulnoten sehr gut und gut sowie gut und befriedigend als gleich groß wahrgenommen. Die Ratingskalen erfüllen damit die mathematischen Voraussetzungen von Intervallskalen und erlauben den Einsatz entsprechender statistischer Operationen.

Die in diesem Sinne entwickelten bekanntesten Skalierungsverfahren, d. h. Anleitungen zur Entwicklung von Skalen, sind:

- die Methode der summierten Einschätzungen von Likert,
- die Skalogrammethode von Guttmann,
- die Methode der gleich erscheinenden Intervalle von Thurstone und
- das Polaritäten-Profil bzw. das semantische Differential von Osgood und Tannenbaum sowie von Hofstätter (zu den Unterschieden zwischen Polaritätsprofil und semantische Differential vgl. Magen 1964, S. 56 f.; Mayntz, Holm, Hübner 1974, S. 47 ff.; Hüttner 1979, S. 72 ff.; Berekoven, Eckert, Ellenrieder 1989, S. 69 ff.).

Die Methoden von Likert, Guttmann und Thurstone stellen eindimensionale Skalierungsverfahren dar, die vornehmlich zur Einstellungsmessung herangezogen werden. Hierbei sollen die Likert-Skalierung und die Thurstone-Skalierung die affektive Komponente und die Guttmann-Skalierung die konative Komponente von Einstellungen messen (Berekoven, Eckert, Ellenrieder 1989, S. 76 ff.).

Demgegenüber wird bei der Methode des semantischen Differentials von der Annahme ausgegangen, daß sich die allgemeine Wertschätzung eines Meinungsgegenstandes oder die Messung der Kaufbereitschaft nicht über relativ unspezifizierte eindimensionale Einstellungsmaße (nur eine Globalbeurteilung oder eine Aussage zur Kaufabsicht) erfassen lassen.

So erfolgt die effektive Einschätzung eines Objektes anhand einer Vielzahl von Einzelurteilen, die je nach Verfahren durch unterschiedliche Skalen gemessen werden (Berekoven, Eckert, Ellenrieder 1989, S. 78 ff.).

Bei dem sehr häufig verwendeten **Polaritäten-Profil** bzw. **semantischen Differential** haben die Testpersonen ihren Eindruck von einem Untersuchungsobjekt hinsichtlich einer Reihe von Einzelaspekten (Items) wiederzugeben. Die Versuchspersonen werden gebeten, auf einer mehrstufigen Intensitätsskala pro Item kenntlich zu machen, inwieweit der in einem Item zum Ausdruck gebrachte Sachverhalt für das zu beurteilende Objekt zutrifft. Die Items an den jeweiligen Polen der Skalenmodelle sind i. d. R. als Gegensatzpaare formuliert, die Abstände zwischen den Endpolen können bei unterschiedlichen Item-Batterien variieren, meist wird jedoch auf eine 7er-Skala zurückgegriffen.

Da Beurteilungsräume mit mehr als drei Dimensionen räumlich nicht mehr darstellbar sind, werden die Einzelbeurteilungen durch eine Linie verbunden und ergeben somit das bekannte Image- oder Einstellungsprofil. Dies kann entweder pro Person oder für den Durchschnitt aller Beurteilenden geschehen. Beispielhaft ist in der Abbildung 53 das

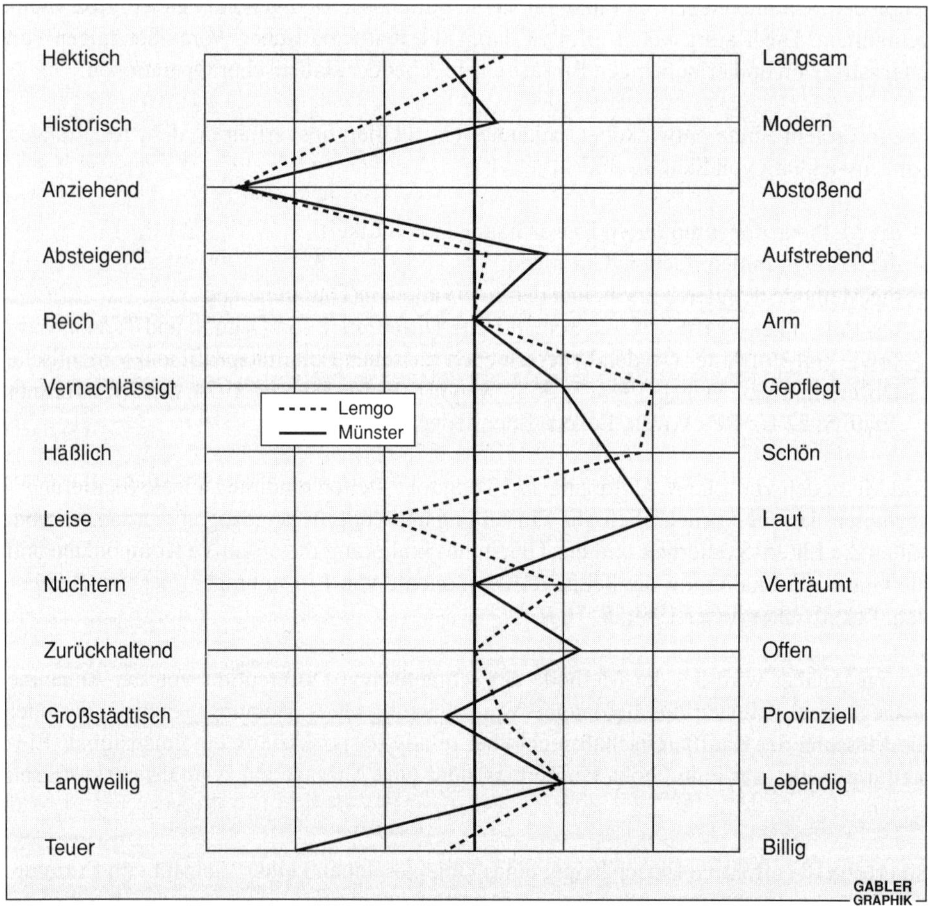

Abbildung 53: Imageprofil der Städte Münster und Lemgo

hypothetische Einstellungs- bzw. Beurteilungsprofil der Städte Münster und Lemgo wiedergegeben. Die mit Hilfe dieses Profils gewonnenen Daten sind Ausgangspunkt differenzierterer Auswertungen.

Eine besondere Form der direkten psychographischen Skalierung stellt die **Magnitudeskalierung** dar (Behrens 1983, S. 125 ff.; Zentes 1987, S. 131). Bei diesem Verfahren wird die von der Testperson empfundene Stärke einer Wahrnehmung auf einem Wahrnehmungskontinuum angegeben. Dabei gibt es unterschiedliche Ausdrucksformen:

- die Länge einer Linie
- die Dauer eines Tons
- die Dauer eines Tastendrucks
- die Helligkeit einer Lampe etc.

Daraus folgt, daß die Testperson ihre Antworten ohne kategoriale Begrenzung des Antwortspektrums geben kann (Neibecker 1985, S. 52). Ein weiterer zentraler Vorteil ist, daß diese Messungen auch direkt an einem Computer durchgeführt und somit verarbeitet werden können (Neibecker 1985, S. 98).

Als non-verbales Meßinstrument wurde in den letzten Jahren das sog. **Imagery-Differential** entwickelt. Vor allem vor dem Hintergrund der Erlebnisorientierung im Marketing wird bei der Werbung dem Konsumenten mit Bildern eine Erlebniswelt vermittelt (Kroeber-Riel 1985, S. 84 ff.). Allerdings sind die Wirkungen dieser Bilder nur schwer kontrollierbar. Daher muß ein Instrument eingesetzt werden, mit dem die Wirkung dieser Bilder gemessen werden kann. Da bildliche Gedächtnisinhalte weniger bewußt sind als verbale und daher nur unvollkommen verbalisiert werden können (Ruge 1988, S. 27 ff.), kommt somit nur ein non-verbales Meßinstrument in Frage.

Das Imagery-Differential stellt eine Methode dar, mit der verhaltensrelevante Dimensionen innerer Bilder gemessen werden können. Solche Dimensionen innerer Bilder sind insbesondere (Ruge 1988, S. 100 ff.):

- Vividness/Klarheit
- Bewertung/Gefallen
- Intensität
- Komplexität/Reichhaltigkeit
- Neuartigkeit/Informationsgehalt
- psychische Distanz/Vertrautheit.

Dabei stellen die Dimensionen Intensität, Komplexität und Neuartigkeit das Aktivierungspotential der Bilder dar.

Aus den einzelnen Dimensionen werden Skalen entwickelt, bei denen anstelle der verbalen Anker beim semantischen Differential Bilder in Form von Photographien an den Polen eingesetzt werden. Die Bilder dürfen dabei keine inhaltliche Beziehung zum Untersuchungsobjekt aufweisen, sondern sie sollen sich jeweils nur in der zu messenden Eigenschaft unterscheiden (Ruge 1988, S. 66). Zusätzlich zu den auf diese Weise entstandenen Skalen werden noch verbale Skalen gebildet, die mit Begriffspaaren wie z. B. schön/häßlich, angenehm/unangenehm, anziehend/abstoßend aufgebaut werden (Ruge 1988, S. 92 ff.). Einen Überblick über die bei der Imagery-Messung verwendeten Skalen gibt die Abbildung 54.

Zusammenfassend ist festzuhalten, daß die Imagery-Messung ein komplexes Meßinstrument zur Bestimmung der Wirkung bildbetonter Werbung darstellt, das auch hinsichtlich der Reliabilität und der Validität des Verfahrens erfolgsversprechend scheint (Ruge 1988, S. 189 ff.). Ein weiterer Einsatzbereich des Imagery-Differentials kann darin liegen, Kommunikationskonzepte effizienter und klarer zu gestalten. So kann z. B. das Briefing einer Werbeagentur mit Charts aus dem Imagery Differential ergänzt werden, um die Schwerpunkte bei der Umsetzung einer Werbekonzeption zu verdeutlichen.

Dimension	Verbale Skalen	Bilderskalen
Vividness	– Marks-Skala – Verschwommen – Klar – Deutlich – Undeutlich – Mir ein inneres Bild von ...... zu machen fällt mir sehr leicht – weniger leicht – Dabei sehe ich ... weniger deutlich – sehr deutlich vor mir	– Straße flach (klar – neblig) – Auto (deutlich – undeutlich) – Gebirgsstraße (klar – neblig)
Bewertung (Gefallen)	– Schön – Häßlich – Angenehm – Unangenehm – Anziehend – Abstoßend	– Mädchengesicht (ernst – lächelnd) – Baum (blühend – kahl) – Gebirgswiese (mit Blumen – Abfall) – Meeresbucht (Gemälde v. Dali – Photo)
Intensität	– Ruhig – Lebhaft – Sanft – Wild – Leise – Laut	– See (mit Surfern – ruhig) – Läufer (einpolig, drückt Bewegung aus) – Mond (einpolig, drückt Ruhe aus)
Komplexität	– Reich – Arm – Wenig – Viel – Einfach – Vielfältig	– Nägel (wenige – viele) – Birken (eine – viele)
Neuartigkeit	– Neuartig – Alltäglich – Gewöhnlich – Ungewöhnlich	– Datsun (Auto mit Mann, normale – ungewöhnliche Anordnung)
Psychische Distanz	– Vertraut – Fremd	– Haus (nah – entfernt)

GABLER GRAPHIK

Abbildung 54: Skalen des Imagery-Differentials (Quelle: Ruge 1988, S. 125)

2.22 Auswahlverfahren

In der Frage, über welche Gesamtheit von Analyseobjekten (Personen, Produkte, Geschäftsstätten) Schlüsse gezogen werden sollen und wie die Auswahl der zu untersuchenden Elemente erfolgen soll, liegt eines der zentralen Entscheidungsprobleme der Informationsgewinnung. Um gesicherte Aussagen über eine Gesamtheit von Elementen machen zu können, besteht die Möglichkeit, im Rahmen einer **Vollerhebung alle Elemente** oder im Rahmen einer **Teilerhebung** nur eine **bestimmte Auswahl** von Einheiten der definierten Gesamtheit zu untersuchen.

Da in den meisten Fällen eine Informationsbeschaffung durch Vollerhebungen unter wirtschaftlichen, zeitlichen, technischen und organisatorischen Aspekten nicht zweckmäßig ist, werden in der Marketingforschungspraxis fast ausschließlich Teilerhebungen durchgeführt.

Aus den Aussagen über die Teilmenge werden dabei Schlüsse auf die Grundgesamtheit gezogen (Repräsentationsschluß). Ein solcher Rückschluß ist nur dann gerechtfertigt und vermag gesicherte Erkenntnisse zu liefern, wenn die Teilmenge hinsichtlich der Untersuchungsmerkmale ein verkleinertes, wirklichkeitsgetreues Abbild der Grundgesamtheit darstellt, d. h. den Anspruch der Repräsentativität erfüllt. Eine Teilerhebung erfordert dann die Konstruktion einer Stichprobe, worunter die nach einem bestimmten **Auswahlverfahren** erfolgende Entnahme einer begrenzten Anzahl von Elementen aus einer Grundgesamtheit verstanden wird (Mayntz, Holm, Hübner 1974, S. 68). Hierzu stehen eine Reihe von Verfahren zur Verfügung, die sich in zwei Hauptgruppen – Verfahren der Zufallsauswahl und Verfahren der nicht zufälligen, bewußten Auswahl – zusammenfassen lassen (Green, Tull 1982, S. 199 ff.; Aaker, Day 1986, S. 273 ff.; Hammann, Erichson 1990, S. 110 ff.).

Bei den Verfahren der **bewußten Auswahl** wird **die Stichprobe konstruiert** und die Auswahl der zu untersuchenden Elemente gezielt nach sachrelevanten Merkmalen vorgenommen. Demgegenüber erfolgt bei der **Zufallsauswahl** die **Selektion** der Untersuchungseinheiten **durch einen Zufallsprozeß**.

Der **Zufallsprozeß** wird so gestaltet, daß jedes Element der definierten Grundgesamtheit mit einer bestimmten berechenbaren und von Null verschiedenen Wahrscheinlichkeit in die Auswahl gelangen kann. Damit ergibt sich die Möglichkeit, den Stichproben- bzw. Zufallsfehler statistisch exakt zu ermitteln. Demgegenüber ist bei den **nicht zufälligen Auswahlverfahren** immer eine subjektive Einflußnahme und damit eine bewußte, nicht quantifizierbare Beeinträchtigung der Repräsentativität möglich.

Innerhalb der beiden Hauptgruppen lassen sich jeweils eine Reihe verschiedener Auswahltechniken anführen (vgl. Abbildung 55); (Hammann, Erichson 1990, S. 110 ff.). Zu den wichtigsten Verfahren der Zufallsauswahl zählen:

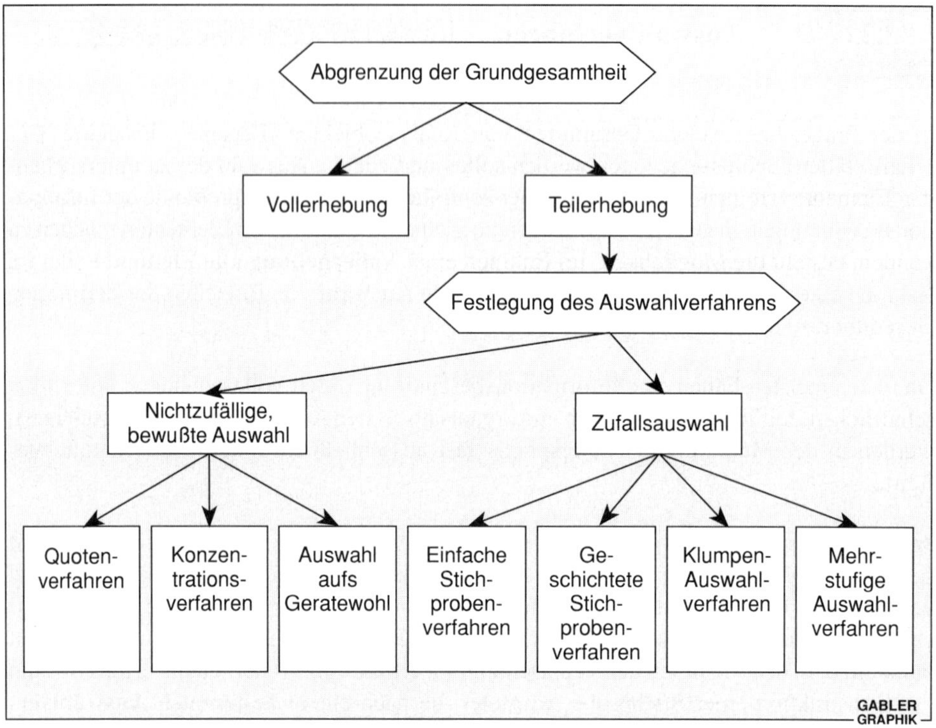

Abbildung 55: Elemente des Auswahlplans
(in Anlehnung an Hammann, Erichson 1990, S. 109)

- die einfache Zufallsauswahl
- die geschichtete Auswahl
- die Klumpenauswahl
- die mehrstufige Stichprobe.

Den Verfahren der „bewußten" Auswahl werden zugeordnet:

- das Quotenverfahren
- das Konzentrationsverfahren
- die Auswahl aufs Geratewohl.

Die Entscheidung, welches der Auswahlverfahren anzuwenden ist, hat unter Berücksichtigung der Erhebungsziele und der organisatorischen und finanziellen Aspekte zu erfolgen.

Nachfolgend werden die genannten Verfahren und Techniken kurz charakterisiert (Berekoven, Eckert, Ellenrieder 1989; Hammann, Erichson 1990).

1. Nicht zufällige, bewußte Auswahlverfahren

Quotenverfahren

Die Anwendung des Quotenverfahrens geht von der Kenntnis aller bzw. ausgewählter untersuchungsrelevanter Merkmale und deren Ausprägungen sowie ihrer relativen Verteilung (Quote) in der Grundgesamtheit aus. Auf der Grundlage der Quoten wird eine Stichprobe konstruiert, die in der Verteilung aller herangezogenen Merkmale für die Gesamtheit repräsentativ ist (Green, Tull 1982, S. 195 f.). Bei Untersuchungen, die für alle Bundesbürger repräsentativ sein sollen, bieten sich die Merkmale Alter, Berufs- oder Einkommensschicht und ihre prozentuale Verteilung in der Gesamtbevölkerung für die Zusammensetzung einer Stichprobe an.

Die Anwendung des Quotenverfahrens erweist sich insgesamt jedoch als problematisch, da keine exakten Fehlerberechnungen möglich sind. Die Stichprobe kann unter der Bedingung der Realisierbarkeit nur nach wenigen Merkmalen quotiert werden, wobei Merkmale qualitativer Art nur sehr begrenzt verwendbar sind. Darüber hinaus ist die Gefahr von Verzerrungen insbesondere durch Nichteinhaltung von Quotenvorgaben groß. Für das Quotenverfahren spricht im wesentlichen, daß es relativ flexibel zu handhaben und kostengünstig in der Durchführung ist. In der Praxis liefert es in der Regel trotz der genannten Nachteile befriedigende Ergebnisse.

Konzentrationsverfahren

Bei diesem Auswahlverfahren erfolgt bei der Zusammensetzung der Stichprobe eine bewußte Konzentration auf bestimmte Elemente der Grundgesamtheit. Als spezielle Verfahren sind die „typische Auswahl" und das „Abschneideverfahren" (Cut-off-Verfahren) zu nennen (Berekoven, Eckert, Ellenrieder 1989, S. 59; Hammann, Erichson 1990, S. 112).

Im Fall der **typischen Auswahl** wird eine Anzahl von Elementen, die als charakteristisch und typisch für die Grundgesamtheit angesehen wird, herausgegriffen. So können sich z. B. Untersuchungen auf eine Stadt beschränken, die als typisch für eine ganze Region angesehen wird. Dies erscheint vertretbar, wenn die Grundgesamtheit eine homogene Struktur aufweist und zu erwarten ist, daß wenige ausgewählte Elemente die untersuchte Gesamtheit gut repräsentieren.

Beim **Abschneideverfahren** erfolgt eine Konzentration auf die Elemente der Grundgesamtheit, denen für den Untersuchungstatbestand eine besondere Bedeutung zugesprochen wird. Das trifft insbesondere dann zu, wenn im Vergleich der einzelnen Elemente der Grundgesamtheit nur relativ wenigen ein sehr hoher Erklärungsbeitrag für den zu untersuchenden Sachverhalt beizumessen ist. So konzentrieren sich z. B. Untersuchungen im Investitionsgüterbereich auf eine geringe Anzahl von Großbetrieben und vernachlässigen die Vielzahl von mittleren und kleineren Unternehmen (Hammann, Erichson 1990, S. 112). Generell werden jedoch beide Verfahren stark vom subjektiven Ermessen beeinflußt, was sich besonders in ihrer Aussagekraft niederschlägt.

Auswahl aufs Geratewohl

Bei dieser Auswahl werden nach freiem Ermessen aufs Geratewohl Elemente aus der Grundgesamtheit in die Stichprobe einbezogen. So werden z. B. zu einer bestimmten Tageszeit in einer Einkaufsstätte willkürlich Kunden herausgegriffen und ihre Warenkörbe untersucht. Von diesen Ergebnissen wird auf eine Gesamtheit geschlossen, obwohl je nach Tageszeit bestimmte Personengruppen – Hausfrauen, Schüler, Berufstätige – einkaufen, für die andere Warenkörbe typisch sind.

2. Verfahren der Zufallsauswahl

Einfache Zufallsauswahl/einfaches Stichprobenverfahren

Dieses Verfahren setzt voraus, daß alle Einheiten der Grundgesamtheit bekannt und in irgendeiner Form identifizierbar sind (Karteikarte, Numerierung etc.). Mit Hilfe alternativer Auswahltechniken wie z. B. durch die Verwendung von Zufallszahlentabellen, durch Abzählverfahren oder durch eine Lotterieauswahl mit Auslassen oder Auswürfeln werden die einzelnen Elemente der Stichprobe **unmittelbar aus der Grundgesamtheit gezogen** (vgl. Abbildung 56).

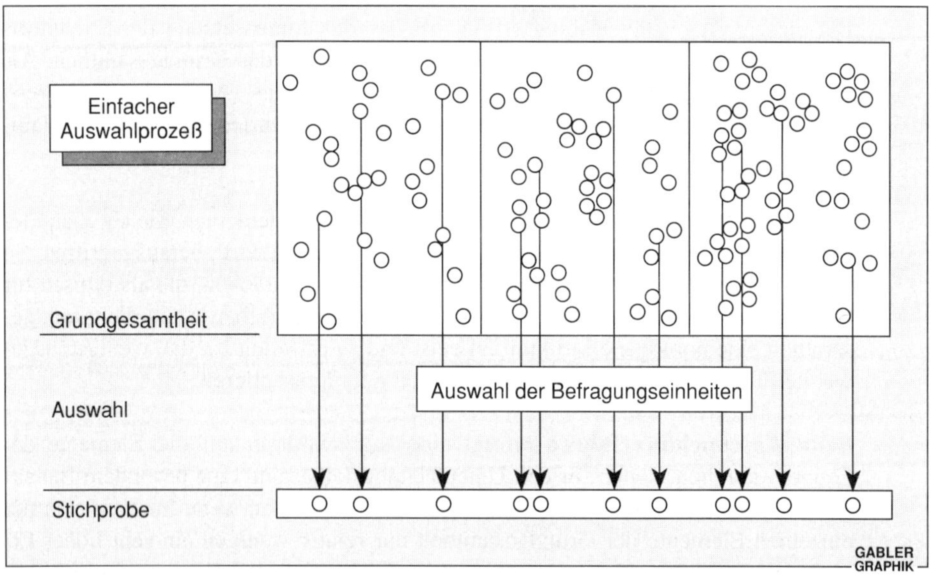

Abbildung 56: Verfahren der einfachen Zufallsauswahl (Quelle: Wettschurek 1974, S. 194)

Neben der notwendigen genauen Kenntnis aller Elemente der Grundgesamtheit entstehen weitere Probleme bei sehr heterogenen Grundgesamtheiten (zunehmender Streuung der Merkmalsausprägungen), die zu einer Abnahme der Exaktheit der Stichprobenaussage, d. h. zu einer Erhöhung des Stichprobenfehlers beitragen.

Geschichtete Zufallsauswahl/geschichtetes Stichprobenverfahren

Gerade bei heterogenen Grundgesamtheiten findet das geschichtete Stichprobenverfahren Anwendung (McGrown 1979, S. 197 f.; Brown 1980, S. 159 ff.; Bleymüller 1989 a, S. 55 ff.). Das Prinzip der Schichtung besteht darin, daß die Grundgesamtheit nach einem oder mehreren Kriterien in homogene Teilgesamtheiten aufgegliedert und geschichtet wird. So lassen sich z. B. alle Einkaufsstätten des Handels nach dem Hauptkriterium der Betriebsform in Segmente wie Warenhäuser, Discounter, Filialisten, Fachgeschäfte etc. gliedern. Aus den Teilgesamtheiten werden anschließend einfache zufallsgesteuerte Stichproben entnommen. Die Schichtung bewirkt eine erhebliche Reduzierung des Zufallsfehlers, wobei die Kriterien berechenbar sind, anhand derer die Grundgesamtheit in homogene Schichten aufgespalten werden kann. Abbildung 57 verdeutlicht die Vorgehensweise des geschichteten Stichprobenverfahrens. Je nach Wichtigkeit der Teilgesamtheit im Hinblick auf die Schichtungskriterien besteht die Möglichkeit, aus den Teilgesamtheiten **proportional geschichtete Stichproben** bzw. **disproportional geschichtete** Stichproben zu entnehmen (Holm 1975, S. 151).

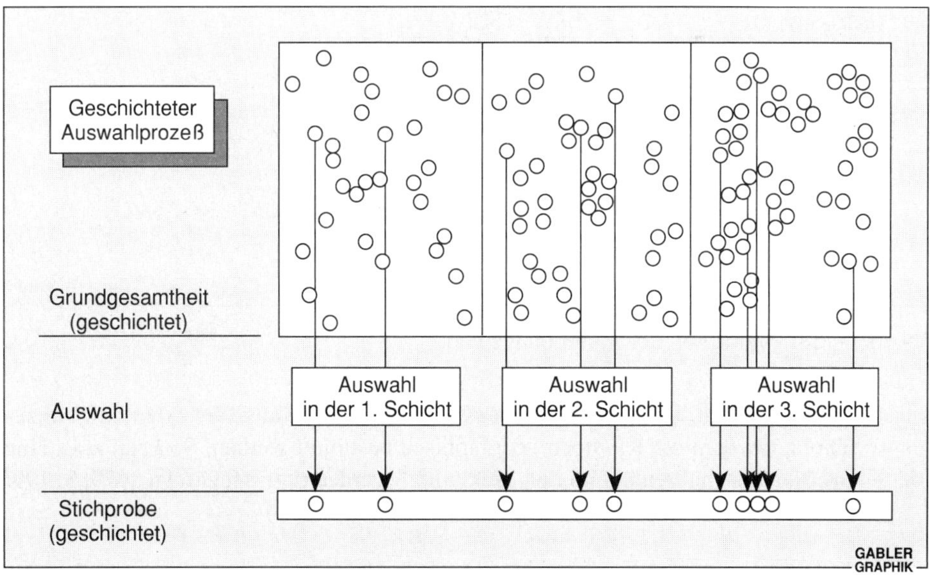

Abbildung 57: Verfahren der geschichteten Zufallsauswahl (Quelle: Wettschurek 1974, S. 195)

Klumpenauswahlverfahren (cluster sampling)
Bei einer Klumpenauswahl wird die Grundgesamtheit nicht mehr in einzelne Elemente, sondern in Klumpen, in einander ausschließende Gruppen von Untersuchungseinheiten unterteilt, aus denen dann nach dem Zufallsprinzip eine entsprechende Auswahl von Klumpen getroffen wird, wobei jeweils alle den ausgewählten Klumpen zugehörigen Elemente in die Stichprobe einbezogen werden (vgl. Abbildung 58).

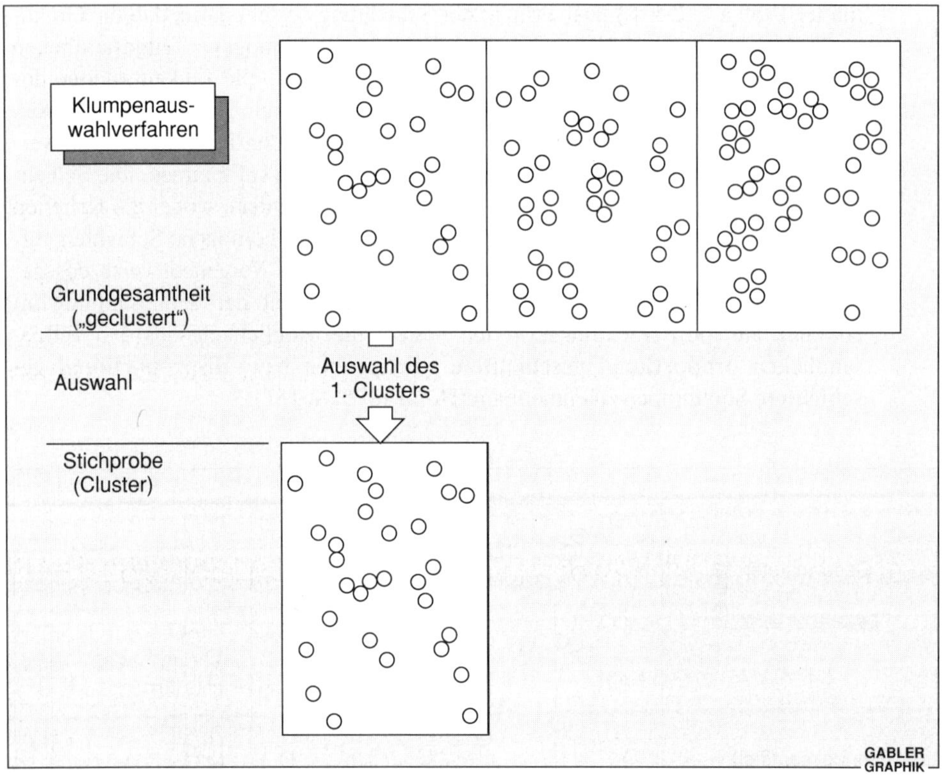

Abbildung 58: Verfahren der Klumpenauswahl

Als Sonderform ist hier das Flächenstichproben-Verfahren (area sampling) anzuführen, bei dem die Klumpen geographisch bestimmt werden. So kann z. B. eine Großstadt nach ihren Stadtteilen „geklumpt" werden (vgl. McGrown 1979, S. 199; Cox 1979, S. 279).

Die Vorteile des Verfahrens liegen insbesondere in der hohen wirtschaftlichen Effizienz, da eine räumliche Konzentration die Kosten senkt, und im organisatorisch-technischen Bereich, die einzelnen Elemente der Grundgesamtheit nicht vollständig bekannt sein müssen. Die Gefahr der Klumpenauswahl betrifft den sogenannten **Klumpeneffekt**, wenn Klumpen in sich homogen, jedoch im Vergleich zu der durch sie repräsentierten Grundgesamtheit stark abweichend strukturiert sind. In diesem Fall sind erhebliche Ergebnisverzerrungen zu erwarten.

Mehrstufige Auswahl
Die mehrstufige Auswahl ist dadurch charakterisiert, daß wenigstens zwei Auswahlstufen vorliegen. Dabei wird die Grundgesamtheit im ersten Schritt in mehrere Primäreinheiten (Teilmengen, Schichten, Klumpen) aufgeteilt, aus denen nach der einfachen Zufallsauswahl eine begrenzte Anzahl von Einheiten ausgewählt wird. Im zweiten Schritt erfolgt eine Zufallsauswahl von Untersuchungseinheiten (Sekundäreinheiten) aus den ausgewählten Primäreinheiten (Cox 1979, S. 280; Bleymüller 1989 a, S. 151 ff.).

Als Mischform der zufälligen und nicht zufälligen Auswahlverfahren ist das in der Praxis häufig angewandte **Random-Route-Verfahren** anzuführen (Hüttner 1979, S. 106). Dabei werden bestimmte, nach dem Zufallsprinzip ausgewählte Ausgangspunkte (Straßenecken etc.) vorgegeben. Zusätzlich wird festgelegt, wie bzw. nach welchen Regeln von diesem Ausgangspunkt weiter zu verfahren ist. Als Verfahrensregel ist dann z. B. in jedem vierten Gebäude auf der linken Straßenseite eine Person als Untersuchungseinheit auszuwählen. Hier mündet die zufallsgesteuerte Vorgabe in eine nicht kontrollierbare, bewußte Auswahl von Untersuchungsobjekten.

2.3 Methoden der Informationsgewinnung

Im Rahmen der Gewinnung von Informationen wird zwischen **Sekundär- und Primärforschung** unterschieden. Als Hauptformen der Primärforschung gelangen die Beobachtungs- und die Befragungsmethode zur Anwendung. Damit ist jedoch nur die grundsätzliche Vorgehensweise bei der Datenerhebung angesprochen. Die konkrete Ausprägung der einzelnen Verfahren ergibt sich aus der Art und Zusammensetzung der speziellen Methodenelemente. Abgrenzungskriterium ist folglich nicht die Erhebungsart, sondern die Versuchsanordnung, mit der die Daten gewonnen werden.

2.31 Sekundärforschung

Sekundärforschung (desk research) hat die **Beschaffung, Zusammenstellung und Auswertung bereits vorhandenen Datenmaterials** zum Gegenstand (vgl. Büning et. al. 1981, S. 67 ff.; Rogge 1981, S. 53 ff.). Somit ist Sekundärforschung im wesentlichen Quellenforschung mit praktisch unbegrenzt verfügbaren Daten aus internen und externen Informationsquellen. Bei den internen Informationen handelt es sich meistens um Informationsmaterial, das für andere Zwecke und zu einem früheren Zeitpunkt erhoben wurde, und jetzt auf seine Brauchbarkeit und Effizienz für ein aktuell vorliegendes Marketingentscheidungsproblem analysiert und ausgewertet wird.

Die Bedeutung interner und externer Informationsquellen der Sekundärforschung läßt sich nicht allgemeingültig festlegen. Sie ist, wie die Informationsmatrix in Abbildung 59 deutlich macht, je nach Problem- bzw. Fragestellung verschieden. Die Informationsmatrix zeigt aber auch, daß für die meisten absatzpolitischen Fragestellungen Ausgangsinformationen gewonnen werden können.

Daraus wird ersichtlich, welche Bedeutung der Sekundärforschung zukommt. Sekundärdaten stellen Basisinformationen dar, die die Einarbeitung in die Problemstellung erleichtern und zur Ökonomisierung der Forschungsarbeit beitragen. Die Informationen sind in der Regel im Vergleich zu Primärdaten schneller und kostengünstiger zu beschaffen. Darüber hinaus sind bestimmte Daten (volkswirtschaftliche Gesamtgrößen, Entwicklungszahlen etc.) auf anderen Wegen für das einzelne Unternehmen praktisch nicht zugänglich.

Trotz des aufgezeigten Spektrums verfügbarer Sekundärinformationen und ihrer Einsatzmöglichkeiten sind der Sekundärforschung Grenzen gesetzt, insbesondere hinsichtlich:

- des Aktualitätsgrades der Informationen
- der Vergleichbarkeit der Informationen unterschiedlicher Quellen
- der Genauigkeit der Information
- des Detaillierungsgrades
- des Umfangs der erforderlichen bzw. verwendbaren Informationen (Berekoven, Eckert, Ellenrieder 1989, S. 44 f.).

Diese Faktoren führen dazu, daß das Gewicht der Sekundärforschung im Verhältnis zur Primärforschung in Abhängigkeit von der Problemstellung differiert. Zusätzlich wird die Bedeutung der Sekundärforschung in Zukunft durch die Entwicklung und Nutzung von komplexen Marketing-Informationssystemen bestimmt, die praktisch eine unbegrenzte Speicherung und einen jederzeitigen, schnellen und zielgerichteten Abruf relevanter Sekundärinformationen mit Zeitpunkt- und Zeitraumbezug erlauben.

Informationen über / Informationsquellen	Absatzwege		Absatzform		Produkt- und Sortimentsgestaltung		Preisgestaltung		Lieferungs- und Zahlungsbedingungen		Werbung, PR, Verkaufsförderung		Kundendienst	
	Konk.	Eigene	Konk.	Eigene	Konk.	Eigene	Konk.	Eigene	Konk.	Eigene	Konk.	Eigene	Konk.	Eigene
I. Intern														
1. Umsatzstatistik		x		x		x		x		x		x		x
2. Auftragsstatistik		x		x		x		x				x		
3. Kostenrechnung						x		x				x		x
4. Kundenkartei				x		x				x		x		x
5. Kundenkorrespondenz		x		x		x		x		x		x		x
6. Absatzmittlerkartei		x				x		x		x				x
7. Vertreterberichte	x	x	x	x	x	x	x	x	x	x	x	x	x	x
8. Kundendienstberichte					x	x						x	x	x
9. Berichte des Einkaufs	x	x	x		x	x			x		x			
II. Extern														
10. Amtliche Statistik, Umsätze					x									
11. Amtliche Statistik, Preis							x							
12. Prospekte, Kataloge	x		x		x		x		x		x		x	
13. Geschäftsberichte	x		x		x				x					
14. Wirtschaftszeitungen	x		x		x		x		x		x		x	
15. Fachzeitschriften	x	x			x						x		x	
16. Adreß-, Handbücher usw.		x		x							x	x		
17. Adressenbüros		x		x								x		
18. Messekataloge und -besuche	x		x		x		x		x		x		x	

GABLER GRAPHIK

Abbildung 59: Informationsgewinnung durch Sekundärforschung für einzelne Marketingaktivitäten (Quelle: Meffert 1986, S. 186)

2.32 Beobachtung

2.321 Aufgaben

Die Beobachtung wird als **die von Personen oder technischen Hilfsmitteln vollzogene systematische Erfassung von sinnlich wahrnehmbaren Sachverhalten zum Zeitpunkt ihres Geschehens** verstanden (Becker 1973, S. 6). Zu den sinnlich wahrnehmbaren Sachverhalten zählen Objekte wie z. B. Sortimentsbestände und im Bereich der Beobachtung von Personen alle objektiven Tatbestände wie z. B. physische Aktivitäten, Verhaltensweisen und soziodemographische Merkmale sowie subjektive Sachverhalte. Einschränkend muß jedoch angeführt werden, daß nur solche subjektiven Sachverhalte beobachtbar und operationalisierbar sind, deren psychische Gegebenheiten einen Ausdruck in physischen Aktivitäten finden wie beispielsweise in der Veränderung der Pupillenweite, des Lidschlags, der Pulsfrequenz, des Gesichtsausdrucks oder der psycho-galvanischen Hautreaktion (vgl. Kroeber-Riel 1983, S. 32 ff.).

Zu den einsetzbaren technischen Hilfsinstrumenten zählen Filmkameras, Tonbänder, Zählgeräte und eine Vielzahl von speziellen Apparaturen, die insbesondere zur Messung bestimmter physischer Reaktionen von Beobachtungspersonen herangezogen werden (Green, Tull 1982, S. 141 ff.).

2.322 Beobachtungsformen

Zur Erfassung der genannten Tatbestände im Bereich der Verhaltensforschung werden bei der Beobachtung verschiedene methodische Varianten unterschieden, deren Anwendung sich je nach Ziel und Gegenstand der Untersuchung richtet. Im einzelnen wird unterschieden in:

1. **Fremd- und Selbstbeobachtung**
   Fremdbeobachtung zielt auf die Untersuchung von Vorgängen ab, die außerhalb der Person des Beobachters liegen. Demgegenüber beinhaltet die Selbstbeobachtung die Analyse und Beschreibung eigener psychischer Vorgänge (Rogge 1981, S. 127).

2. **Persönliche und unpersönliche Beobachtung**
   Hinsichtlich der Form der Wahrnehmung wird die Erfassung durch Beobachter und die unpersönliche Erfassung durch Beobachtungsgeräte unterschieden (Becker 1973, S. 29 ff.; Hüttner 1979, S. 54 f.; Berekoven, Eckert, Ellenrieder 1989, S. 118 ff.). Die Erfassung rein quantitativer Tatbestände, wie z. B. Länge des Kundenweges oder Anzahl der Kunden in einer Einkaufsstätte pro Tag wird i. d. R.

durch Beobachter vorgenommen. Demgegenüber ist die Erfassung von Verhaltensreaktionen und deren Kategorisierung nach Art, Dauer und Intensität oder die Erfassung von seelischen Erregungszuständen allein durch persönliche Beobachtung nur schwer möglich, so daß zu ihrer Messung technische Hilfsmittel eingesetzt werden, die die zu beobachtenden Tatbestände aufzeichnen und speichern. Allerdings sind hier neben ethischen, technischen und rechtlichen Problemen mögliche Auswirkungen auf den Bewußtseinsgrad der beobachteten Personen zu beachten (Salcher 1978, S. 104).

3. **Teilnehmende und nicht teilnehmende Beobachtungen**
Beim Einsatz von Beobachtern wird eine weitere Differenzierung nach der Stellung des Beobachters in teilnehmende und nicht teilnehmende Beobachtung vorgenommen. Der Beobachter beschränkt sich bei der nicht teilnehmenden Beobachtung ausschließlich auf die Wahrnehmung der Aktionen der zu beobachtenden Personen, während er sich bei einer teilnehmenden Beobachtung auf einer Ebene mit den zu beobachtenden Personen bewegt (Bünding et al. 1981, S. 121; Hammann, Erichson 1990, S. 96).

4. **Bewußtseinsgrade der Beobachtung**
Es lassen sich folgende Beobachtungssituationen und damit verbundene Bewußtseinsgrade unterscheiden (Spiegel 1970, S. 42; Salcher 1978, S. 105 ff.; Berekoven, Eckert, Ellenrieder 1989, S. 118 f.):
   - **offene und durchschaubare Situation**, in der die Versuchsperson von der Beobachtung, dem Zweck und dem eigentlichen Beobachtungsgegenstand weiß;
   - **nicht durchschaubare Situation**, in der der Versuchsperson nur die Tatsache und der eigentliche Gegenstand der Untersuchung, nicht aber das Versuchsziel bekannt ist;
   - **quasi-biotische Situation**, in der der Versuchsperson lediglich ihre Rolle als Versuchsobjekt bekannt ist;
   - **biotische Situation**, in der die Versuchsperson vollkommen im ungewissen gelassen wird und ihre Reaktionen in lebensechten Situationen ermittelt werden.

5. **Feld- und Laborbeobachtung**
Auf den Bewußtseinsgrad nimmt das Umfeld der Erhebung, unter dem die räumliche und soziale Umgebung bei einer Beobachtung zu verstehen ist, besonderen Einfluß. Hier sind Feldbeobachtungen, bei denen die Aufzeichnung der Tatbestände und Verhaltensweisen in der gewohnten Umgebung der beobachteten Personen wie z. B. im Geschäft, auf der Straße oder zu Hause erfolgt, anzuführen. Laboratoriumsbeobachtungen beschränken sich auf künstlich geschaffene Situationen, die die Erfassung und Kontrolle eines komplexen Beobachtungsfeldes ermöglichen (Becker 1973, S. 47 ff.).

Eng mit dieser Einteilung hängt auch die Unterscheidung in experimentelle und nicht-experimentelle Beobachtungen zusammen (Becker 1973, S. 36 ff.).

2.323 Bedeutung und Anwendungsbereiche der Beobachtung

Der wesentliche Vorteil der Beobachtung ist darin zu sehen, daß die Geschehnisse während ihres spontanen Vollzugs festgehalten und dabei gleichzeitig die spezifischen Umweltsituationen aufgenommen werden (Lehmeier 1979, S. 119). Demgegenüber lassen sich Vorgänge, die sich über einen längeren, möglicherweise unterbrochenen Zeitraum erstrecken, nur sehr schwer festhalten.

Zwar ist die Beobachtung unabhängig von der **Auskunftsbereitschaft** der Versuchspersonen und zudem entfällt das Problem des **Interviewereinflusses**, jedoch tritt je nach Bewußtseinsgrad der Beobachtung ein **„Beobachtungseffekt“** (Lehmeier 1979, S. 120) ein, der erhebliche Verzerrungen bedingen kann.

Es stehen apparative Hilfsmittel zur Verfügung, die eine Speicherung und unbegrenzte Reproduktion der beobachteten Verhaltensweisen erlaubt. Allerdings lassen sich nicht alle relevanten Sachverhalte gleichzeitig erfassen, so daß mögliche beeinflussende Faktoren nicht aufgezeigt und isoliert werden können (Hüttner 1979, S. 57).

Die generellste Einschränkung der Anwendbarkeit der Beobachtung zeigt sich jedoch im Hinblick auf die **Messung bestimmter subjektiver Sachverhalte** wie Einstellungen, Meinungen, Präferenzen, Verhaltensabsichten u. a., die sich der Beobachtung entziehen. Darüber hinaus kann bei allen nicht experimentellen Beobachtungen die Ursache für das beobachtete Verhalten nicht ermittelt werden, ohne zusätzlich auf die Befragung als Erhebungsmethode zurückzugreifen.

Insgesamt hat die **Beobachtung in der Primärforschung** eine nicht unbedeutende Stellung, die sich auch in den vielfältigen praktischen Anwendungsbereichen dokumentiert. So dient die Beobachtung im einzelnen:

- der **systematischen Erforschung der Ereignisse und Veränderungen im jeweiligen Absatzmarkt**. Hierzu zählen die Beobachtung der Konkurrenz- und Handelsmaßnahmen, die Messung von Erfolgskennzahlen eigener und konkurrierender Produkte oder Marketingmaßnahmen.
- der **Erfassung non-verbaler Verhaltensweisen** wie z. B. von Gestik, Mimik, Schockreaktion, Aversions- und Appetenzverhalten von Personen auf eine Probenverteilung im Handel oder der Fluß bzw. das Stocken des Laufverhaltens eines Kunden in einem Einzelhandelsgeschäft.
- der **Erforschung komplexer Zusammenhänge**, die sich nur schwer in verschiedene, methodisch erfaßbare Einzelindikatoren auflösen lassen oder bei einer möglichen Auflösung bestimmte Strukturen des Verhaltens nicht aufzudecken vermögen. Hierunter fallen u. a.
  - das Verhalten vor dem Bildschirm
  - das Leseverhalten gegenüber einer Zeitschrift
  - das Verhalten gegenüber stationären oder beweglichen Werbeträgern

- das Einkaufsverhalten im Laden
- das Verwendungsverhalten bei bestimmten Produkten
- das Verhalten des Verkaufs- und Bedienungspersonals.

Gerade unter dem Aspekt experimenteller Beobachtungen bei Zuhilfenahme apparativer Techniken kommt der Beobachtung in Zukunft noch weit größere Bedeutung zu.

2.33 Befragung

2.331 Aufgaben

Die Befragung ist die am weitesten verbreitete und wichtigste Informationsgewinnungsmethode im Marketing (Holm 1975; Schäfer, Knoblich 1978, S. 276). Ziel und Aufgabe der Befragung bestehen darin, ausgewählte Personen zu bestimmten und diese zu vorgegebenen Sachverhalten Auskunft geben bzw. Stellung nehmen zu lassen.

Damit geben Befragungen über einen relativ umfassenden Bereich marketingrelevanter Problemstellungen Aufschluß. Sie dienen der Erfassung sowohl des beobachtbaren als auch des nicht beobachtbaren Verhaltens. So lassen sich durch den Einsatz der Befragung Informationen u. a. über folgende quantitative und qualitative Sachverhalte gewinnen:

- wie sieht das bisherige Kaufverhalten aus, d. h. welche Produkte werden in welcher Art und Menge, in welcher Einkaufsstätte, zu welchem Zeitpunkt und für welchen Verwendungszweck gekauft;
- wie sieht das beabsichtigte zukünftige Verhalten aus, d. h. welche Kaufabsichten bestehen und wie sehen Investitions- und Anschaffungspläne aus;
- welche personenspezifischen Faktoren beeinflussen das Verhalten, d. h. welche Einstellungen und Motive kommen zum Tragen und wie wirken sich diese Faktoren aus.

Die **zentralen Entscheidungsprobleme** einer Befragung bestehen in der Ableitung von Befragungszielen und in der Bestimmung der Befragungsstrategie.

Im Zusammenhang mit der Festlegung der **Befragungsziele** sind insbesondere:

- die quantitativen (z. B. Verbrauchsmengen) und/oder qualitativen (subjektive Wahrnehmungen, Beurteilungen) Untersuchungsaspekte festzulegen, die mit der Befragung erhoben werden sollen (Lehmeier 1979, S. 52 f.) und
- die Personenkreise zu bestimmen, an die sich die Befragung richtet. Hier werden Verbraucher-, Händler-, Unternehmer- und Expertenbefragungen unterschieden. Innerhalb dieser Gruppen kann eine weitere Auswahl z. B. im Hinblick auf bestimmte soziodemographische, ökonomische oder psychographische Kriterien vorgenommen werden (Rogge 1981, S. 139 f.).

Im Rahmen einer **Befragungsstrategie** stellen neben der Bestimmung der Stichprobengröße und des Auswahlverfahrens die Auswahl der Befragungsform und die Festlegung des befragungstaktischen Instrumentariums die zentralen Komponenten dar (Hüttner 1979, S. 63 ff.).

Im folgenden interessieren in erster Linie die im Zusammenhang mit einer Konsumentenbefragung zu diskutierenden befragungsstrategischen Aspekte und dabei vor allem die Befragungsform und die Befragungstaktik.

2.332 Befragungsformen

Eine Befragung kann entweder in schriftlicher, mündlicher oder telefonischer Form erfolgen (Hüttner 1979, S. 42 ff.; Rogge 1981, S. 142 ff.; Wolf 1988, S. 33 ff.; Berekoven, Eckert, Ellenrieder 1989, S. 88 ff.). Bei der **schriftlichen Befragung** werden den Versuchspersonen die Fragebögen zugeschickt, die sie nach Beantwortung bzw. Bearbeitung ausgefüllt zurücksenden sollen. Die wesentlichen Vorteile dieser Erhebungsform liegen in der Möglichkeit, ein großes räumliches Gebiet abzudecken und in den niedrigen Kosten, d. h. zumindest, wenn die zu befragende Stichprobe durch ein besonderes Interesse am Befragungsgegenstand gekennzeichnet ist und somit eine gewisse Rücklaufquote zu erwarten ist. Schließlich entfallen die Beeinflussungsmöglichkeiten durch den Interviewer.

Demgegenüber weist die schriftliche Befragung eine Reihe von methodischen Problemen auf, die den Informationswert erheblich einschränken. So können nur die Personen in die Befragung einbezogen werden, deren postalische Adresse bekannt ist. Die Rücklaufquoten bzw. Erfolgsquoten liegen i. d. R. nur zwischen 5–30 % und sind damit erheblich geringer als beispielsweise bei mündlichen Befragungen. Darüber hinaus ist der Fragenumfang stärker limitiert und die Anwendung bei bestimmten (z. B. tabuisierten) Themenstellungen grundsätzlich wenig erfolgversprechend. Ferner ist nicht sicherzustellen, daß die in die Stichprobe einbezogene und angesprochene Person den Fragebogen selbst ausfüllt. Vielmehr besteht die Gefahr, daß sie den Fragebogen gemeinsam mit anderen Personen beantwortet oder beantworten läßt. Falls dieses in größerem Umfang auftreten sollte, wäre die Repräsentativität der Stichprobe nicht mehr gewährleistet (Berekoven, Eckert, Ellenrieder 1989, S. 104). Weiterhin läßt sich die Reihenfolge der Beantwortung der Fragen sowie der Zeitpunkt der Befragung nicht kontrollieren und die situativen Verhältnisse und deren mögliche Auswirkungen auf die Beantwortung sind unbekannt (Hafermalz 1976).

Dementsprechend erweist sich der Einsatz der schriftlichen Befragung insbesondere bei solchen Untersuchungsproblemen von größerem Vorteil (Berekoven, Eckert, Ellenrieder 1989, S. 107):

- für die keine repräsentativen Ergebnisse notwendig sind
- die bei den Befragten ein entsprechendes Interesse erwarten lassen
- die mehr quantitativen als qualitativen Inhalt haben
- die sich stark standardisieren und systematisieren sowie zusätzlich in einfache Frageformulierungen überführen lassen.

Die im Vergleich bedeutendste Befragungsform ist die **mündliche Befragung**. In ihrer häufigsten Ausprägung als einmalige, repräsentative und persönliche Befragung dient sie vornehmlich der Gewinnung quantitativer und qualitativer Informationen, die durch Interviewer erhoben werden.

Die Stärken der mündlichen Befragung liegen in ihrer **hohen Erfolgsquote** und der damit verbundenen **Repräsentativität der Ergebnisse**. Die geringen Verweigerungsquoten sind auf die positiven Einflüsse der Interviewer auf die Auskunftbereitschaft der Befragten zurückzuführen. Der Fragebogenumfang und -inhalt unterliegt vergleichsweise geringen Einschränkungen, so wie auch das befragungstaktische Instrumentarium insbesondere im Hinblick auf die Frageformen und die Fragereihenfolge voll zur Anwendung gelangen kann. Allerdings sollte erfahrungsgemäß die Befragungsdauer nicht über 45 Minuten liegen. Darüber hinaus läßt sich die Befragungssituation in bestimmten Grenzen kontrollieren. Gleichzeitig können zusätzliche Informationen wie z. B. ergänzende Beobachtungen hinsichtlich der Spontaneität der Beantwortung oder auftretende emotionale Reaktionen gewonnen werden. Gegen die mündliche Befragung sprechen neben den hohen Kosten besonders die durch die Interviewsituation bzw. den Interviewereinfluß bedingten Verzerrungsgefahren. Die Person des Interviewers sowie Ort und Zeit des Interviews führen in Abhängigkeit vom Befragungsgegenstand zu mehr oder weniger starken Auswirkungen auf den sozialen Interaktionsprozeß zwischen Interviewer und Befragten. Je nach dem Grad der Beeinträchtigung innerhalb der sozialen Situation des Interviews sind ergebnisverzerrende Verhaltensreaktionen und Anpassungsmechanismen beim Befragten zu erwarten (Atteslander, Kneubühler 1975).

Die **telefonische Befragung** erfreut sich vor allem wegen der kurzfristigen Einsetzbarkeit großer Beliebtheit. Auch sind ihre Kosten unter bestimmten Bedingungen erheblich geringer als bei der mündlichen Befragung. Dabei hängt das Kostenniveau im einzelnen von der Länge des Interviews, von der Organisation der Durchführung (zentral vs. dezentral) und von der Höhe des Zielgruppenanteils in der Zufallsstichprobe ab. Allerdings sind aufgrund der Anonymität des Fragenden nur bestimmte Befragungsthemen möglich, wobei auf Fragen mit umfangreichen Antwortkategorien verzichtet werden muß und optische Hilfen bei der Beantwortung nicht gegeben werden können (Groves, Kahn 1979; Strobel 1983; Berekoven, Eckert, Ellenrieder 1989, S. 110 f.).

2.333 Befragungstaktik

Nach der Festlegung der Befragungsform ist im Rahmen der Bestimmung des befragungstaktischen Instrumentariums über die **Gestaltung des Fragebogens** (Fragebogenablauf) und über die **Art der Frageformulierung** zu entscheiden.

Inhaltlich sind vier Gruppen von Fragen zu unterscheiden, die zugleich den Aufbau des Fragebogens bzw. die Fragensequenz prägen (Berekoven, Eckert, Ellenrieder 1989, S. 99; Nieschlag, Dichtl, Hörschgen 1991 S. 698 ff.):

- **Einleitungs-, Kontakt- und Eisbrecherfragen** sollen bei den Auskunftspersonen eine mögliche Befangenheit nehmen, Reserviertheit auflösen und damit eine Aufgeschlossenheit für das nachfolgende Interview herbeiführen.
- **Sachfragen** stellen den Hauptteil der Befragung dar und beziehen sich primär auf den eigentlichen Untersuchungsgegenstand.
- **Kontroll- und Plausibilitätsfragen** dienen zum einen der Überprüfung der Befragtenauskünfte auf Konsistenz bzw. auf Konditionierung durch den Fragebogen und zum anderen zur Kontrolle der Interviewer.
- **Fragen zur Person** werden meist am Ende des Interviews gestellt und dienen zur Erfassung von soziodemographischen und ökonomischen Merkmalen der Befragten.

Die auf den genannten Fragentypen aufbauende spezifische **Gestaltung des Fragebogens** und der **Fragensequenz** hat dabei besonders den folgenden beiden Aspekten Rechnung zu tragen. Die Befragten müssen einerseits prinzipiell motiviert und ihre Aussagewilligkeit muß über das gesamte Interview gesteigert oder zumindest hoch bzw. beibehalten werden. Innerhalb des Fragebogens sind andererseits Ausstrahlungseffekte zu vermeiden. Hier sind insbesondere der Konsistenzeffekt (der Befragte sieht seine Antworten in Zusammenhang und versucht sie widerspruchsfrei aufeinander abzustimmen) und der Lerneffekt (durch vorausgegangene Fragen wird ein Wissen vermittelt, das zur Antwortverzerrungen führt) zu beachten (Berekoven, Eckert, Ellenrieder 1989, S. 105 f.).

Bei der Art der Fragenformulierung können grundsätzlich **direkte und indirekte Frageformen** unterschieden werden (Hammann, Erichson 1990, S. 78 f.). Die **direkte Befragung** stand lange Zeit im Mittelpunkt der Marketingforschung. Hier ist der Befragte aufgefordert, Auskünfte über seine eigene Person und sein eigenes Verhalten zu geben (z. B.: Trinken Sie gerne Alkohol?, Sind Sie für Tempo 100 auf Autobahnen?).

Probleme dieser Befragungstaktik treten immer dann auf, wenn die Befragten das Ziel der Frage zu durchschauen glauben und im Sinne des Fragenden antworten oder wenn sie z. B. befürchten, sich durch die Beantwortung dieser Frage bloßzustellen (Blair et al. 1978, S. 225 ff.). Daher wird heute häufig die indirekte Befragungsform bevorzugt. Hier wird die Auskunftsperson durch psychologisch geschickte Frageformulierungen veranlaßt, über Sachverhalte zu berichten, die sie bei direkter Ansprache verschweigen oder nur verzerrt wiedergeben würde (z. B.: Bei welchen Gelegenheiten trinken Sie gerne Alkohol?, Ist jemand in Ihrer Familie für Tempo 100 auf Autobahnen?). **Indirekte Fragen** werden vor allem dann verwendet, wenn tabuisierte oder durch Prestige- bzw. Statusdenken beeinflußte Problemkreise untersucht werden oder wenn eine unzureichende Auskunftsbereitschaft der Befragten zu umgehen ist.

Unabhängig davon, ob direkte oder indirekte Frageformen verwendet werden, ist ferner zwischen offener und geschlossener Fragestellung zu differenzieren (Zaltman, Burger 1975, S. 258 ff.). Die weitaus gebräuchlichsten Fragestellungen sind die **geschlossenen Fragen**. Der Normalfall ist die Alternativfrage in Form von Ja-Nein-Antwortkategorien oder in Form von vorgegebenen Antwortmöglichkeiten, bei der der Befragte wahlweise eine einzige oder gleichzeitig mehrere Antworten anzukreuzen hat. Von besonderer Bedeutung sind hier auch die Skala-(Rating-)Fragen, bei denen von den Befragten eine Einstufung der Stärke oder Ausprägung von Meinungen oder Tatbeständen auf einer Skala vorzunehmen ist. Bei **offenen Fragen** sind demgegenüber keine festen Antwortkategorien vorgesehen. Die Formulierung der Antwort ist der Auskunftsperson entweder ganz oder teilweise überlassen.

Nicht zu verwechseln mit der Geschlossenheit der Fragestellung ist der Grad der Standardisierung der Fragen. Zwei Extremfälle sind zu unterscheiden, das freie und das standardisierte Interview. Ein **standardisiertes Interview** ist dadurch gekennzeichnet, daß dem Interviewer ein Fragebogen vorgegeben wird, der das Vorgehen exakt beschreibt, so daß der Interviewer genau formulierte Fragen in einer festgelegten Reihenfolge zu stellen hat. Da die Fragebogen im voraus getestet sind, werden mögliche Fehlerquellen beseitigt und Einflußmöglichkeiten vermindert. Nachteilig dabei ist, daß sich der Befrager nicht auf den Interviewten einstellen kann und somit Informationen verlorengehen können.

Beim **freien Interview** sind dem Interviewer nur Thema und Ziel der Befragung vorgegeben. Es ist ihm die Entscheidung über Inhalt, Form und Reihenfolge der Fragen überlassen, weshalb er großen Einfluß auf das Ergebnis des Interviews nehmen kann. Häufig besteht durch die jederzeitige Anpassung an den Gesprächspartner jedoch erst die Möglichkeit, die tatsächliche Meinung des Befragten zu erfahren und wertvolle Zusatzinformationen zu erfassen. Das Spektrum des freien Interviews reicht vom einfachen Gespräch bis zum Tiefeninterview (zur Zielsetzung des Tiefeninterviews vgl. Kapitel III 2.551). Die beiden Vorgehensweisen des standardisierten und des freien Interviews werden innerhalb des **strukturierten Interviews** kombiniert, um eine größere Effizienz zu erreichen. Dem Befrager dient dabei ein grobes Fragengerüst als Leitfaden, und es bleiben ihm gewisse Freiheitsgrade vor allem hinsichtlich der Reihenfolge der Fragen und der Frageform.

Allgemein wird dem standardisierten Interview heute der Vorzug gegeben. Die Gründe liegen insbesondere in der besseren Quantifizierbarkeit, der geringeren Beeinflussung durch den Interviewer, der besseren Vergleichbarkeit der Aussagen und der besseren Auswertungsmöglichkeit beim Einsatz verschiedener Interviewer.

Ist über die Art der Befragungstaktik entschieden, so bleibt noch offen, ob eine **Einthemenumfrage** oder **Mehrthemenbefragung** (Omnibusbefragung) durchzuführen ist. Als Mehrthemenbefragung oder Omnibusbefragung bezeichnet man Befragungen, bei denen der ausgewählte Personenkreis innerhalb einer Befragung zu mehreren, grundsätzlich verschiedenen Problemkomplexen befragt wird (Berekoven, Eckert, Ellenrieder 1989, S. 89 f.).

Neben Kosteneinsparungen durch die Aufteilung der Befragungsfixkosten auf mehrere Auftraggeber sind die Vorteile im methodischen Bereich zu suchen, da durch den relativ häufigen Themenwechsel die Gefahr der Lern- und Konsistenzeffekte, aber auch der Interviewereffekte erheblich verringert wird. Umfassende Informationsansprüche zu einem speziellen Themenbereich können durch Mehrthemenbefragungen jedoch nicht gedeckt werden.

2.4 Experimentelles Design der Informationsgewinnung

Neben den rein deskriptiven Aufgabenstellungen der Marketingforschung, die sich vornehmlich auf die Beschreibung des Umfangs und der Verteilung einzelner Größen (Distributionsquoten, Absatzmengen) konzentriert, steht die **Aufdeckung von Kausalzusammenhängen** im Mittelpunkt der Informationsgewinnung.

Das Wissen um Ursache-Wirkungs-Beziehungen spielt eine wesentliche Rolle, da hierdurch komplexe Umweltkonstellationen erklärbar und überschaubar gemacht werden (Montgomery 1976). So lassen sich im Rahmen des Marketingentscheidungsprozesses Entscheidungen fundierter treffen und besser absichern, wenn Zusammenhänge zwischen Marketinginstrumenteausprägungen und absatzpolitischen Erfolgskennziffern in Art und Intensität bekannt sind. Letztlich geht es dabei um die Aufdeckung von Marktreaktionsfunktionen.

Die Aufdeckung von Kausalzusammenhängen kann zum einen durch den Einsatz von **Experimenten** erfolgen, die mögliche Reaktionszusammenhänge überprüfen und in ihrer Stärke messen können, indem sie den Abhängigkeitsverhältnissen und Beziehungen zwischen Variablen **in einer bewußt gestalteten Meßversuchsanlage (Design)**, d. h. unter kontrollierten Bedingungen Rechnung tragen. Zur direkten Messung wird dabei auf die bekannten Primärerhebungsmethoden zurückgegriffen.

Zum anderen sind die **nicht experimentell** angelegten Befragungen und Beobachtungen anzuführen, die im Untersuchungskonzept keine Kontrolle von möglichen Einflußgrößen vorsehen, jedoch auf Grund der erhobenen Primärdaten auf kausale Zusammenhänge zwischen abhängigen und unabhängigen Variablen schließen.

In der Realität sind der praktischen Durchführung von Experimenten vielfach Grenzen gesetzt. Deshalb müssen Kausalzusammenhänge häufig an Hand von vorhandenen Vergangenheitsdaten bestimmt werden. In diesem Bereich finden spezifische nicht experimentelle Analysemethoden Anwendung, wie die **Kausalanalyse**, das Verfahren der **partial-correlation** oder das der **cross-lag-correlation**. Allerdings sind diese Methoden im Marketing bislang nur begrenzt zum Einsatz gekommen.

2.41 Struktur und Formen des Experiments

Unter einem Experiment wird eine wiederholbare, unter kontrollierten, vorher festgelegten Umweltbedingungen durchgeführte Versuchsanordnung verstanden, die es mit Hilfe der Messung der Wirkungen eines oder mehrerer unabhängiger Faktoren auf die jeweilige abhängige Variable gestattet, aufgestellte Hypothesen empirisch zu überprüfen (Kinnear, Taylor 1983, S. 361; Berekoven, Eckert, Ellenrieder 1989, S. 150).

Im Bereich der Marketingforschung werden durch den Einsatz von Experimenten Aussagen darüber ermöglicht, ob und inwieweit der Einsatz oder die Variation einer Marketingvariablen in einer ursächlichen Beziehung zu der Veränderung einer gemessenen abhängigen Zielgröße wie Umsatz oder Marktanteil steht (Marktreaktionen).

Auf die genannten Zielgrößen wirken jedoch neben den Marketingvariablen noch eine Vielzahl von **Störgrößen** wie z. B. Konkurrenzaktivitäten oder gesamtwirtschaftliche Größen ein. Zur Ermittlung der Nettowirkung einer (einflußnehmenden) Marketingvariablen muß daher der Einfluß möglicher Störvariablen mit Hilfe entsprechender experimenteller Versuchsanlagen bestimmt und separiert werden. Im einzelnen ergibt sich der in Abbildung 60 aufgezeigte Zusammenhang.

Die einzelnen Faktoren, die das experimentelle Modell kennzeichnen, sind wie folgt zu charakterisieren:

- **Testelemente/Testeinheiten** sind die Objekte, an denen Experimente ausgeführt werden (Individuen, Geschäfte, Produkte).
- **Unabhängige Variablen** sind die Faktoren, deren Einfluß gemessen werden soll (Marketingvariablen wie Displays, Zugaben, Proben).
- **Abhängige Variablen** sind die Faktoren, an denen die Wirkung des Einflusses der unabhängigen Variablen gemessen wird (Umsatz, Marktanteil, Einstellungswerte).
- **Störvariablen** sind alle die Faktoren, die neben den unabhängigen Variablen Einfluß auf die abhängige Größe nehmen, jedoch als nichtkontrollierbare Parameter anzusehen sind (saisonale und konjunkturelle Einflüsse, Unterschiede in den Testeinheiten wie z. B. Größe der Geschäfte).

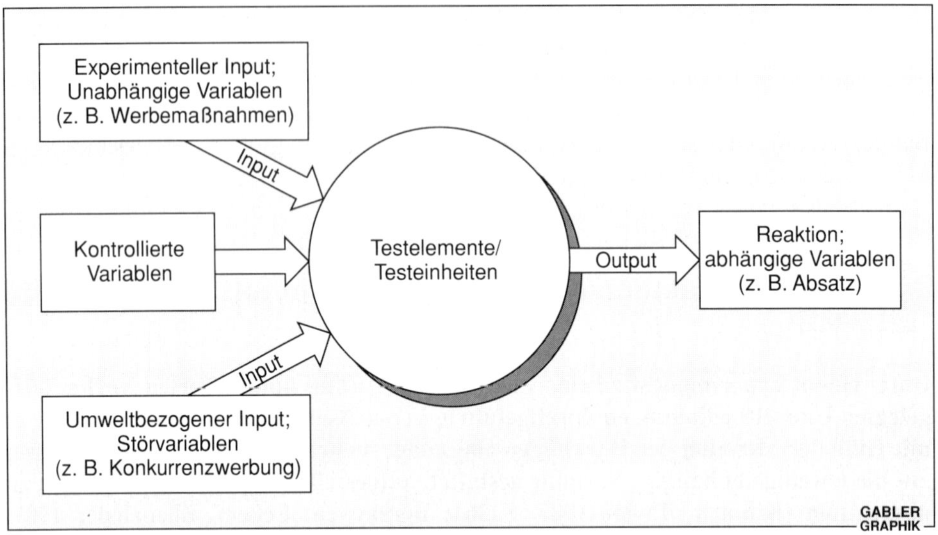

Abbildung 60: Elemente eines Experiments

- **Kontrollierte Variablen** sind die nicht untersuchten, vom Unternehmen direkt beeinflußbaren Variablen, deren möglicher Einfluß auf die abhängige Größe durch Beibehaltung des jeweilig vorhandenen Ausprägungsgrades (Ceteris-paribus-Bedingung) ausgeschaltet wird. So werden z. B. zur Feststellung der Umsatzwirkungen alternativer Sonderpreise in ausgewählten Einzelhandelsgeschäften alle anderen Marketingaktivitäten wie Ladenwerbung, Regalplazierung etc. auf dem bestehenden Niveau bzw. in bestehendem Zustand belassen.

Je nach Problemstellung können die Messungen durch **Befragungs- oder Beobachtungsverfahren** vorgenommen werden, wobei im Rahmen experimenteller Untersuchungen häufig eine Kombination beider Methoden Verwendung finden.

Neben der Unterscheidung von Experimenten nach der Art der Datenerhebung sind noch das **experimentelle Umfeld** und der **zeitliche Einsatz der Messung** als Klassifikationskriterien anzuführen (Hüttner 1979, S. 133 ff.; Berekoven, Eckert, Ellenrieder 1989, S. 153 f.).

Vorgehensweisen, bei denen die Messungen der Ursache-Wirkungs-Beziehungen in einer natürlichen, realistischen Umgebung vollzogen werden, sind als **Feldexperimente** zu bezeichnen, während man bei Experimenten in einer speziell geschaffenen künstlichen und stark vom Forscher beeinflußten Situation wie z. B. in einem Untersuchungslabor von **Laborexperimenten** spricht (Cox 1979, S. 154 ff.; Berekoven, Eckert, Ellenrieder 1989, S. 153 f.). Die künstliche Situation ermöglicht im Gegensatz zum natürlichen Umfeld insbesondere aufgrund des Einsatzes von technischen Hilfsmitteln und Apparaturen eine größere Kontrolle der unabhängigen Variablen und anderer Einflußfaktoren, verliert aber aufgrund der isolierten und atypischen Betrachtung an Realitätsgehalt. Allerdings stellen beide Formen im Hinblick auf die Künstlichkeit der Situation nur extreme Positionen eines Kontinuums dar.

Je nach dem zeitlichen Einsatz der Messungen ist eine Unterscheidung in projektives und Ex-post-facto-Experiment notwendig (Berekoven, Eckert, Ellenrieder 1989, S. 153). Von einem **projektiven Experiment** wird dann gesprochen, wenn ein Vorgang, der durch experimentell geschaffene Bedingungen beeinflußt wird, **während des gesamten Zeitraumes** von der Veränderung der unabhängigen Variablen bis hin zu erfolgten Auswirkungen untersucht wird. Demgegenüber wird bei einem **Ex-post-facto-Experiment** erst im **nachhinein** versucht, von Veränderungen bestimmter Variablen Wirkungsbeziehungen kausaler Art herzuleiten, indem auf den Einfluß möglicher unabhängiger Variablen geschlossen wird.

Zusammenfassend ist darauf hinzuweisen, daß die beschriebenen Experimentarten nicht isoliert, sondern jeweils in unterschiedlichen Kombinationen von Erhebungsart, Umfeld und zeitlicher Messung eingesetzt werden.

Über diese grundsätzlichen Klassifikationsmerkmale hinaus werden Experimente nach dem **Aufbau der Versuchsanlage** und der damit verbundenen **Art und Anzahl von berücksichtigten Faktoren und deren Kontrolle unterschieden** (Aaker, Day 1986, S. 245 ff.; Tull, Hawkins 1987, S. 143).

2.42 Experimentelle Versuchsanlagen

Experimentelle Versuchsanlagen lassen sich in Versuchspläne, die von einer bestimmten Anordnung der unabhängigen Faktoren und der Störvariablen ausgehen (formale Experimente), und in Versuchsanlagen, bei denen auf eine systematische Variation der Versuchsbedingungen verzichtet wird (informale Experimente), unterteilen (Böcker, Kieselbach 1974; Steidl 1977).

Abbildung 61 gibt einen Überblick über die den beiden Grundtypen zugeordneten speziellen Versuchsanlagen.

Bei den **informalen Experimenttypen** wird die Wirkung einer unabhängigen Variablen auf die betrachtete abhängige Variable durch **reine Differenzbetrachtung** ermittelt (Hüttner 1979, S. 136 ff.; Tull, Hawkins 1987, S. 151 ff.; Berekoven, Eckert, Ellenrieder 1989, S. 154 ff.). Dieser Berechnungsweise liegt die Annahme zugrunde, daß der Einfluß der Störgrößen additiv ist (Unabhängigkeit zwischen Störgrößen) und daß alle in die Untersuchung einbezogenen Testelemente von den Störfaktoren mit gleicher Intensität getroffen werden.

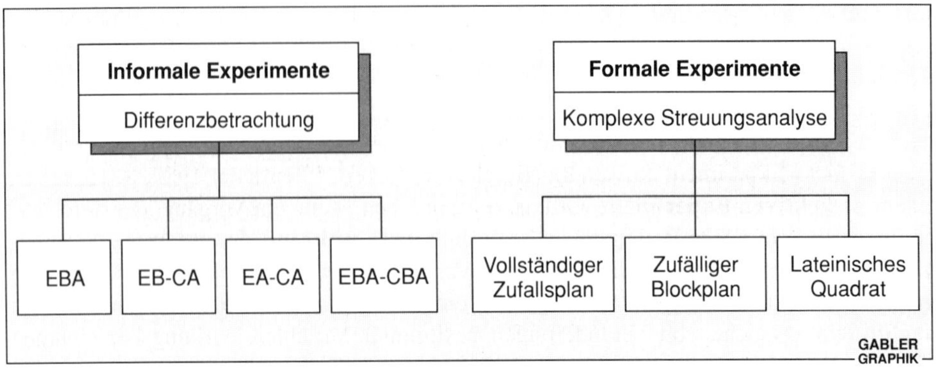

Abbildung 61: Grundtypen experimenteller Versuchsanlagen

Demgegenüber lassen sich mit Hilfe der **formalen Experimenttypen** die Wirkungen aller einflußnehmenden Variablen in Art (Störfaktoren, unabhängige Variablen) und Intensität durch komplexe Streuungsanalysen (Varianzanalysen) ermitteln und zurechnen.

Informale Versuchsanlagen
Je nach dem Zeitpunkt der Messungen und dem Einsatz von Kontroll- und Experimentiergruppen sind vier Typen von Versuchsanordnungen zu unterscheiden, zu deren näherer Kennzeichnung folgende Symbolik herangezogen wird:

E = Versuchs-/Experimentiergruppe (experimental group)
C = Kontrollgruppe (control group)
B = Messung vor (before) Einsatz bzw. Einflußnahme des unabhängigen Faktors
A = Messung nach (after) Einsatz bzw. Einflußnahme des unabhängigen Faktors

In Abbildung 62 sind die Versuchsanlagen im einzelnen beschrieben. Aufgrund der Vernachlässigung möglicher Störvariablen ist die Zurückführung der Veränderung bzw. der Reaktion einer abhängigen Variable allein auf den Einfluß einer getesteten unabhängigen Variable für Marketingentscheidungen nicht unproblematisch.

Formale Experimente
Das Ziel formaler Experimente ist daher eine weiterreichende und genauere Differenzierung der gemessenen Veränderung einer abhängigen Variable nach ihren Einflußgrößen. Die Ermittlung der Wirkung unterschiedlicher Einflußgrößen erfolgt durch die Einbeziehung von bekannten Störvariablen und ihre Berücksichtigung in der Versuchsanlage – wie z. B. die Erfassung des Geschäftsstätteneinflusses durch Bildung von Testgruppen mit jeweils in sich sehr ähnlichen Geschäftsstätten – und durch Wiederholung der Testvorgänge. Die Meßwiederholungen führen z. B. zu unterschiedlichen Werten der abhängigen Variablen, die um einen Mittelwert streuen. Gelingt es, die festgestellte Streuung verursachungsgemäß aufzuspalten, lassen sich Einflüsse von Störvariablen, Zufallseinflüsse und Auswirkungen der eingesetzten unabhängigen Variable(n) messen und gegenüberstellen.

Typ	Beschreibung	Beispiel	Faktorwirkung	Beurteilung
EBA	Messung der Werte der abhängigen Variablen zeitlich vor und nach Einsatz der unabhängigen Variablen in einer Testgruppe	Messung und Vergleich der Umsätze für ein bestimmtes Produkt in ausgewählten Einzelhandelsgeschäften vor und nach einer Preissenkung für das betreffende Produkt: Paneluntersuchungen, Store-Tests	$X_1 - X_0$ Differenz in Experimentiergruppe zwischen zwei Zeitpunkten	Vernachlässigung von Störvariablen; Kontrollgruppe fehlt; Zeitliche Entwicklungseffekte nicht meßbar
EB-CA	Messung der Werte der abhängigen Variablen zeitlich vor Einsatz der unabhängigen Variablen in **einer** Testgruppe und zeitlich nach dem Einsatz in einer **anderen** Testgruppe (bei zwei repräsentativen Querschnitten)	Tendenzumfrage, d. h. die Befragung eines unterschiedlichen repräsentativen Querschnitts der Bundesbürger mit gleichem Fragenwortlaut: z. B. die Frage der Parteienpräferenz vor und nach einer Fernsehdiskussion führender Politiker aller Parteien	$Y_1 - X_0$ Differenz zwischen Kontrollgruppe im Zeitpunkt 1 und Experimentiergruppe im Zeitpunkt 0	Vernachlässigung von Störvariablen; Zeitliche Entwicklungseffekte nicht meßbar; Keine echte Kontrollgruppe
EA-CA	Messung der Werte der abhängigen Variablen in Test- und Kontrollgruppe nur nach Einsatz der unabhängigen Variablen	Probe-Aktion in ausgewählten Testgeschäften und Vergleich der Umsatzzahlen mit Geschäften, die nicht in die Aktion einbezogen waren	$X_1 - Y_1$ Differenz zwischen Experimentier- und Kontrollgruppe im Zeitpunkt 1	Vernachlässigung von Störvariablen; Unterstellung gleicher Ausgangslage
EBA-CBA	Messung der Werte der abhängigen Variablen vor und nach Einsatz der unabhängigen Variablen in der Testgruppe und Vor- und Nachher-Messung in der Kontrollgruppe, die nicht dem Einfluß der unabhängigen Variablen ausgesetzt wird	Wie beim EBA-Typ, jedoch wird zusätzlich eine weitere Gruppe von Geschäften ausgewählt, in der keine Preisaktion erfolgt	$(X_1 - X_0) - (Y_1 - Y_0)$ Differenz zwischen den gemeinsamen Unterschieden in Experimentier- und Kontrollgruppe	Wirkung der unabhängigen Variablen in der Experimentiergruppe wird bereinigt um Entwicklungseffekte, die sich in der Kontrollgruppe zeigen; Keine Erfassung von Störvariablen

GABLER GRAPHIK

Abbildung 62: Typen informaler Versuchsanlagen

Die Aufteilung der gesamten Veränderung der abhängigen Variablen auf die auslösenden Faktoren erfolgt mit Hilfe der Varianzanalyse (Green, Tull 1982, S. 324 ff.).

Je nach der Anzahl der in einer Versuchssituation berücksichtigten unabhängigen Variablen sind **Mehrfaktoren- und Einfaktorexperimente** zu unterscheiden (Montgomery 1976). Einfaktorexperimente werden wiederum differenziert nach der Zahl der ausdrücklich im Designtyp einbezogenen Störvariablen in den **vollständigen Zufallsplan** (keine Störvariable), in den **zufälligen Blockplan** (eine Störvariable) und in das **Lateinische Quadrat** (zwei Störvariablen) (Venkatesan, Holloway 1971, S. 52 ff.; Hüttner 1979, S. 139 ff.; Brown 1980, S. 62 ff.).

2.43 Beurteilung des Experiments

Einer praxisgerechten Anwendung experimenteller Methoden zur Aufdeckung der für die Marketingentscheidung relevanten Kausalzusammenhänge sind erhebliche Grenzen gesetzt. In erster Linie erlauben Experimente nur die **Messung kurzfristiger Wirkungen**. Langfristige Auswirkungen lassen sich auf Grund der Kontrolle möglicher Einflußfaktoren über einen großen Zeitraum nur schwer messen. Darüber hinaus ist Experimenten das in der Marketingforschung häufig auftretende Kostenproblem immanent, daß sich die verursachten Kosten einem eventuell erzielten Nutzen nicht unmittelbar zurechnen lassen.

Die i. d. R. äußerst komplexen Umweltbedingungen, die sich in zahlreichen Störungseinflüssen widerspiegeln, bedingen Versuchspläne, die sich aufgrund von Kostenüberlegungen, mangelnder Erfahrung und zum Teil unzureichender Kooperationsbereitschaft zwischen Hersteller und Handel nicht in notwendigem Umfang und Detaillierungsgrad realisieren lassen. Dies führt zu einer Einschränkung der Aussagekraft gewonnener Ergebnisse.

Gesonderte Probleme treten beim Einsatz in bestimmten Marketingmixbereichen auf. So lassen sich insbesondere die eher strategisch ausgerichteten Entscheidungsprobleme der Distributionspolitik, z. B. die Frage „Handelsvertreter oder Reisender", nur sehr begrenzt mit Hilfe experimenteller Techniken lösen.

Insgesamt kann das Experiment jedoch, auch wenn die Genauigkeit der Testergebnisse zum Teil nur Tendenzaussagen zuläßt, wesentlich zu einer rationalen und stärker fundierten Entscheidungsfindung im Marketing beitragen.

2.5 Spezialformen der Informationsgewinnung

Auf der Grundlage des beschriebenen methodischen Instrumentariums haben sich in der Marketingforschungspraxis eine Reihe von Spezialformen der Informationsgewinnung herausgebildet, die für die Planung des **gesamten Marketingmix** eine besondere Bedeutung erlangt haben. Die folgenden Ausführungen beschränken sich auf die für die Marketingforschungspraxis wichtigsten Spezialformen wie Panel, Kohortenanalyse, psychologische Testverfahren, apparative Verfahren, computergestützte Verfahren, Instrumentetests sowie Markt- und Storetests.

2.51 Panelerhebungen

Unter Panelerhebungen werden Untersuchungen verstanden, die bei einem bestimmten gleichbleibenden Kreis von Untersuchungseinheiten (Personen, Einkaufsstätten, Unternehmen) in (regelmäßigen) zeitlichen Abständen wiederholt zum gleichen Untersuchungsgegenstand durchgeführt werden (Weissman 1983, S. 10 ff.; Berekoven, Eckert, Ellenrieder 1989, S. 128). Das Panel stellt dabei keine eigene Erhebungstechnik dar, sondern eine besondere Art der Forschungsanordnung unter Zuhilfenahme der bereits diskutierten Erhebungsmethoden.

Ziel dieser periodischen Wiederholung von Primärerhebungen ist die Erforschung von Markt- bzw. Verhaltensänderungen im Zeitablauf. Neben der deskriptiven Erfassung von Wechselvorgängen haben die Paneluntersuchungen im Sinne eines Experiments die Erklärung der Veränderungen zur Aufgabe, auf die aufbauend Prognosen für die weitere Entwicklung vorgenommen werden können.

Grundsätzlich lassen sich nach der Art der Untersuchungseinheiten das Verbraucherpanel, das Unternehmerpanel und das Handelspanel unterscheiden (Hammann, Erichson 1990, S. 133 ff.). **Handelspanel** können auf jeder Stufe des Distributionssystems aufgebaut sein und je nach Untersuchungsgegenstand ein breites Aufgabenspektrum besitzen oder auch nur einen sehr speziellen Tatbestand analysieren. Das Handelspanel stellt eine spezielle Form des Unternehmerpanels dar, dessen Stellenwert in den vergangenen Jahren zugenommen hat. Im **Unternehmerpanel** wird eine repräsentative Stichprobe aller Unternehmer oder auch nur der einer einzelnen Branche (z. B. Textilpanel) regelmäßig einer Befragung zu allgemeinen Einschätzungen wie Konsumklima, Investitionsklima oder zu konkreten Entwicklungstendenzen wie Auftragsbestand und Umsatzentwicklung unterzogen. Wenn das Handelspanel dennoch als eigenständige Panelform angeführt wird, so ist dies mit der historischen Entwicklung und der relativen Bedeutung des Handelspanels zu begründen. **Verbraucherpanel** lassen sich zum einen nach der Art des Untersuchungsgegenstandes und zum anderen nach der untersuchten Zielgruppe differenzieren.

Insgesamt ergibt sich die in Abbildung 63 dargestellte Struktur von Basis- und Sonderformen der Panelerhebung (Weissman 1983, S. 17).

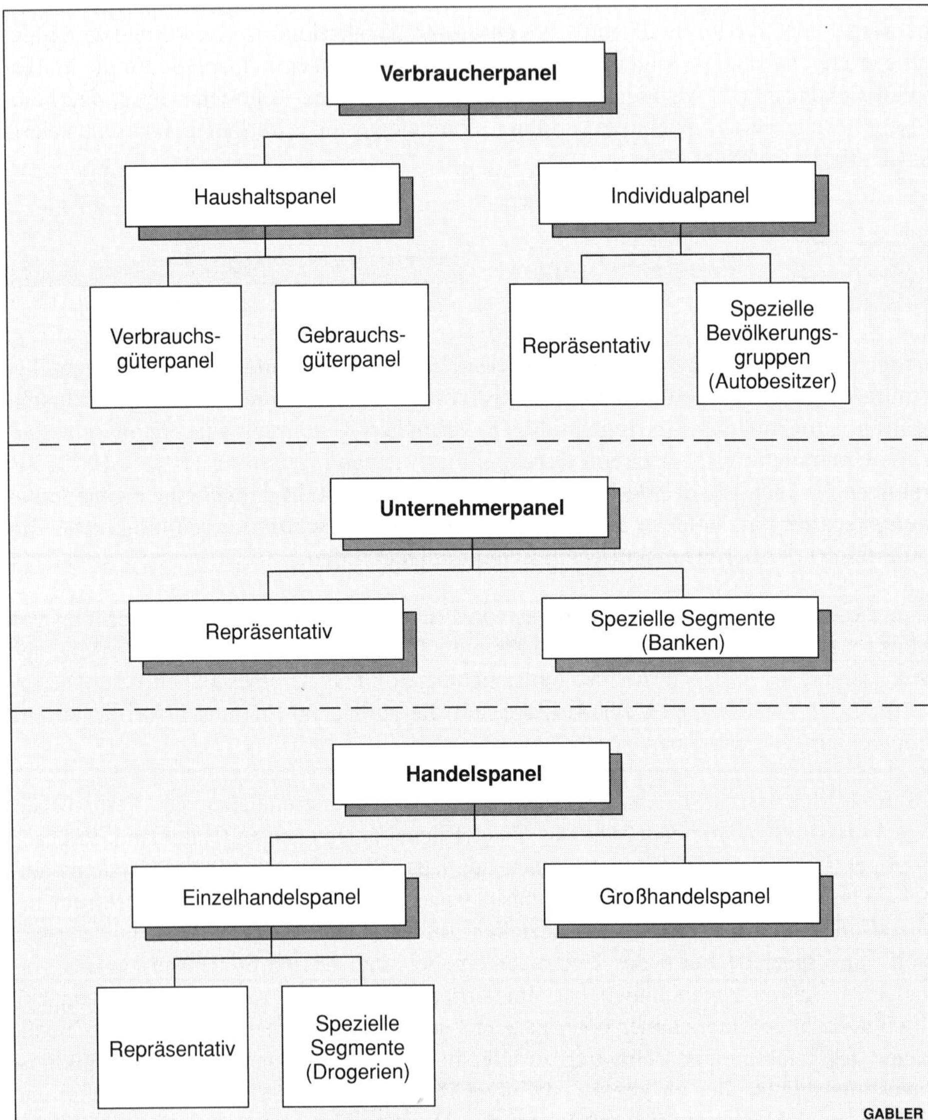

Abbildung 63: Basis- und Sonderformen der Panelerhebung

2.511 Verbraucherpanel

Setzt sich ein Verbraucherpanel nur aus Einzelpersonen zusammen, wird von einem **Individualpanel** gesprochen. Besteht die Untersuchungseinheit aus einem Haushalt, handelt es sich um ein Haushaltspanel. Charakteristisches Kennzeichen beider genannten Formen ist die aktive Beteiligung der Panelteilnehmer. Diese müssen, da die Datengewinnung meist durch eine schriftliche Befragung erfolgt, periodisch Fragebögen ausfüllen oder Ausgabenlisten führen. Im Mittelpunkt des Individualpanels steht dabei die Gewinnung von Informationen über ausgewählte **quantitative (Bedarf) und qualitative (Einstellungen) Aspekte des Konsumentenverhaltens**, während das **Haushaltspanel** in erster Linie Aufschluß über das für den **gesamten Haushalt gültige Einkaufsverhalten** geben soll. Somit stellt dieses Panel eine Art Spiegelbild des Einzelhandelspanels dar (Sedlmayer 1983, S. 122).

Beim Haushaltspanel sind je nach der zu untersuchenden Warengruppe zwei verschiedene Sonderformen anzuführen. Im Rahmen von **Verbrauchsgüterpanel** interessieren Produkte des täglichen Bedarfs, während sich **Gebrauchsgüterpanel** auf längerlebige Produkte beziehen. Beide Panelformen bedingen naturgemäß unterschiedliche Erhebungszeiträume.

Inhalt der Verbraucherpanels, insbesondere des Haushaltspanels, sind die Einkäufe von Warengruppen, auf die im Fragebogen Bezug genommen wird im Panel Warengruppen. Im einzelnen hat der Panelteilnehmer über folgende Aspekte Buch zu führen (Berekoven, Eckert, Ellenrieder 1989, S. 132 f.):

- Produkt (Sorte, Marke)
- Packungsart
- Packungsgröße
- gezahlter Preis
- Einkaufsort (-stätte)
- Einkaufszeitraum, -tag
- Einkaufsanlaß
- Einkaufsbeteiligte
- Produkt-Verwendungszweck.

Aus der Aggregation und laufenden Fortschreibung der periodischen Einzelinformationen der Panelteilnehmer lassen sich eine Vielzahl von Informationen gewinnen (Green, Tull 1982, S. 35; Berekoven, Eckert, Ellenrieder 1989, S. 134 ff.):

1. Informationen über **Gesamtmarkt** und **Marktteilnehmer** wie Marktanteile der Hauptmarke, präferierte Packungsgröße, durchschnittliche Aufwendungen pro kaufendem Haushalt pro Periode etc.

2. Informationen über **Unterschiede im Kaufverhalten** der Haushalte in Abhängigkeit bestimmter struktureller Merkmale wie Haushaltsgröße, Lebenszyklusphase des Haushalts, Bundesland, Ortsgrößenklasse etc.

3. Informationen über **quantitative und qualitative Aspekte des (produktspezifischen) Einkaufsverhaltens** wie Einkaufshäufigkeit und -menge, Nebeneinanderverwendung von Produkten (Marken), Markentreue und Einkaufsstättentreue, präferierte Einkaufszeit und Einkaufstage. In begrenztem Maße lassen sich darüber hinaus auch die Auswirkungen bestimmter Marketingaktivitäten wie Preis- und Werbeaktionen messen.

Allerdings wird die **Repräsentanz von Panelinformationen**, d. h. die Übertragbarkeit ihrer Ergebnisse auf die entsprechende Grundgesamtheit durch die sog. Panelsterblichkeit, den Paneleffekt und die Panelerstarrung eingeschränkt (Rogge 1981, S. 122 ff.; Hansen 1982, S. 107 ff.).

Die **Panelsterblichkeit** beinhaltet das Ausscheiden von Teilnehmern aus dem Panel durch laufende Fluktuation z. B. aufgrund eines Ortswechsels. Darüber hinaus ist die mangelnde Bereitschaft zur weiteren Mitarbeit und der damit verbundene Austritt (Panelermüdung) von Teilnehmern anzuführen.

Von zentraler Bedeutung ist auch der **Paneleffekt**, der dadurch entsteht, daß die Panelteilnehmer auf die ständige (Selbst-)Kontrolle mit unbewußten oder bewußten Verhaltensänderungen reagieren. Im Rahmen dieser Lern- und Bewußtseinsprozesse tritt zusätzlich das sogenannte **„Overreporting“** auf. Einerseits geben manche Panelteilnehmer Käufe an, die gar nicht getätigt wurden, um den Anschein ihrer „Pflichterfüllung“ zu wahren bzw. um Prestigeeffekte zu erzielen. Andererseits werden manche Käufe nicht aufgeführt, wenn der Konsument in „Begründungsnot“ geraten könnte (Impulskäufe).

Darüber hinaus ist das Phänomen der **Panelerstarrung** anzuführen, das durch die Entwicklung bzw. Veränderung von soziodemographischen Merkmalen (Familienstand, Alter, Einkommen) des Panels im Zeitablauf ausgelöst wird. Die Zusammensetzung der Panelstichprobe entspricht dann zunehmend weniger der Grundgesamtheit und erfüllt damit nicht mehr die Voraussetzung der statistischen Repräsentativität.

Die beschriebenen Probleme machen eine laufende umfassende Kontrolle und Betreuung des Panels notwendig. Aufgrund der daraus resultierenden Aufwendungen für Aufbau und laufende Betreuung und Pflege der Panel werden Paneluntersuchungen nur von Marktforschungsinstituten durchgeführt. Zu den bekanntesten zählen die G&I- und GfK-Verbraucherpanels mit Stichprobengrößen zwischen 2.500 bis 10.000 Teilnehmern, die sich auf die gesamte Bundesrepublik beziehen. Zusätzlich werden regionale Panel (ca. 400 Teilnehmer) angeboten, die insbesondere im Rahmen von Markttests Anwendung finden.

2.512 Handelspanel

Im Gegensatz zum Verbraucherpanel werden die Informationen beim Handelspanel hauptsächlich durch die **Beobachtung** gewonnen. Die Mitglieder bzw. Untersuchungseinheiten des Handelspanel setzen sich dabei aus Großhandels- und Einzelhandelsbetrieben zusammen. Innerhalb dieser beiden Gruppen bestehen wiederum Sonderformen, die sich jeweils nur auf bestimmte Handelssegmente (Lebensmitteleinzelhandel, Elektrofachhandel) konzentrieren (Sedlmeyer 1983, S. 42).

Da alle Panelinformationen unabhängig vom untersuchten Segment für die jeweilige Grundgesamtheit Gültigkeit besitzen sollen, ist auch hier die **Bildung repräsentativer Stichproben** erforderlich. Dabei wird häufig dem Quotenverfahren der Vorzug gegeben. Als auswahlrelevante Merkmale werden der Betriebstyp, die Organisationsform, der Umsatz und der Standort des Handelsbetriebes herangezogen. Im Zusammenhang mit dem letztgenannten Kriterium sind besonders die **Nielsen-Gebiete** von Bedeutung. Diese stellen eine ursprünglich von der Nielsen-Company vorgenommene und heute im Bereich der Marketingforschung allgemein verwendete Aufteilung der Bundesrepublik Deutschland in einzelne Untersuchungsgebiete dar, die nur noch durch Kennziffern bezeichnet werden. Abbildung 64 zeigt die Nielsen-Gebiete bzw. Regionalstrukturen.

Die ausgewählten und zur Mitarbeit bereiten Handelsbetriebe verpflichten sich gegenüber den durchführenden Marktforschungsunternehmen zur aktiven oder passiven Mitwirkung. Dies impliziert, daß den Außendienstmitarbeitern der betreffenden Institute die Möglichkeit zur periodischen Bestandszählung (Inventur) und zum Einblick in die entsprechenden Unterlagen gewährt wird. Demgegenüber verpflichten sich die Institute als Gegenleistung zur Lieferung bestimmter Untersuchungsergebnisse.

Die Panelinformationen betreffen die **Entwicklung von Warenbewegungen und Lagerbeständen** der in das Panel einbezogenen Handelsgeschäfte und Produkte. Die Untersuchungen beruhen dabei auf einem Erhebungsprinzip mit folgender Struktur (Berekoven, Eckert, Ellenrieder 1989, S. 140):

  Bestand zu Beginn der Periode (Lager und Regal)
\+ Zugang/Einkäufe während der Periode (anhand von Lieferscheinen bzw. Rechnungen)
– Bestand am Ende der Periode (Lager und Regal)

= Abverkäufe an Letztverbraucher in der Periode

Mit diesen Basisinformationen bzw. der Aggregation dieser Ergebnisse über alle Teilnehmer und mit den darauf aufbauenden Analysen liefert das Panel eine Reihe wichtiger **marketingrelevanter Informationen**:

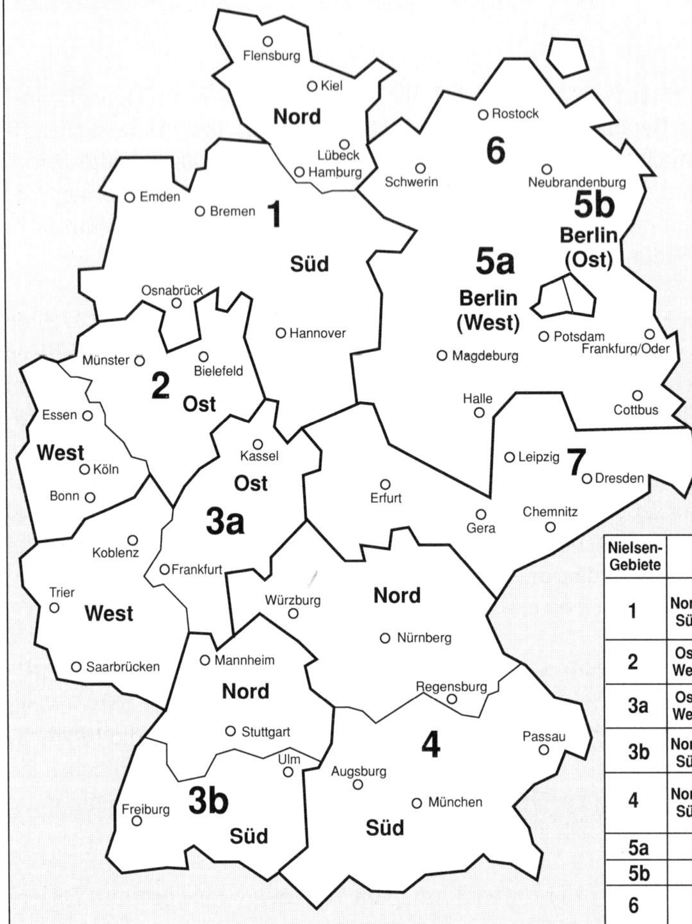

Nielsen-Gebiete		Nielsen Standard-Regionen und Nielsen Ballungsräume
1	Nord- Süd	Schleswig-Holstein einschl. Hamburg Niedersachsen einschl. Bremen
2	Ost- West	Westfalen Nordrhein
3a	Ost- West	Hessen Rheinland-Pfalz/Saarland
3b	Nord- Süd	Nord-Baden/Nord-Württemberg Süd-Baden/Süd-Württemberg
4	Nord- Süd	Ober-, Mittel- u. Unterfranken, Oberpfalz, Oberbayern, Niederbayern, Schwaben
5a		Berlin (West)
5b		Berlin (Ost)
6		Mecklenburg-Vorpommern, Brandenburg, Sachsen-Anhalt
7		Thüringen, Sachsen

GABLER GRAPHIK

Abbildung 64: Nielsen-Gebiete und -Regionalstrukturen

1. **Entwicklungen des Umsatzes** und anderer **Kennzahlen** wie Marktpreise oder Lagerbestände werden für das untersuchte Handelssegment und für ausgewählte Warengruppen aufgezeichnet. Dabei fallen z. B. Informationen an wie Umschlagsgeschwindigkeit, Distributionsgrad etc.

2. Mit Hilfe **statistischer Auswertungen** lassen sich die genannten Kennzahlen darüber hinaus zusätzlich für einzelne Marken, Sorten, Packungsgrößen wie auch für unterschiedliche Geschäftstypen, Regionen oder Ortsgrößenklassen ermitteln.

3. Spezialuntersuchung zur Messung von **Aktionserfolgen** (Preis, Ladenwerbung etc.) sind darüber hinaus möglich.

4. Aus den ermittelten Kennzahlen, Entwicklungstendenzen und Erfolgsgrößen können die einzelnen Hersteller – als Abnehmer der Paneldaten – auf die **Effizienz ihrer Außendienstmitarbeiter** schließen, die Erfolgswirksamkeit der eigenen und der Konkurrenzaktivitäten feststellen, die **Entwicklung von Neuprodukteinführungen** beobachten sowie die Bedeutung der verschiedenen Betriebsformen im Zeitablauf verfolgen.

Zwar wird die Repräsentativität dieser Panelinformationen nicht durch das Auftreten des Paneleffektes beeinflußt. Allerdings tritt neben der auch beim Handelspanel zu beobachtenden Panelsterblichkeit das Problem der Marktabdeckung (**Coverage**) auf. Da die Abnehmer von Panelinformationen wie z. B. Markenartikelunternehmen Daten über die Entwicklungen ihres speziellen Produktes bzw. des Konkurrenzumfeldes nachfragen, muß das Panel eine entsprechend vollständige Erfassung aller Absatzkanäle gewährleisten. In der Praxis gelingt dies trotz der verwendeten Stichprobentechniken jedoch nicht immer, da bestimmte Betriebsformen wie Versandhandel und Warenhaus und bestimmte Handelsunternehmen (z. B. Aldi) ihre Teilnahme an den Handelspanel verweigern.

Daher führen die Panelinformationen – je nach Untersuchungsobjekt – zu einer unterschiedlichen Transparenz im jeweiligen Distributionsbereich. Zudem lassen die Erhebungszwischenräume nur begrenzt Aussagen über kurzfristige Schwankungen zu, die jedoch für die Beurteilung der Wirksamkeit einzelner Marketingaktionen im Handel von großem Interesse sind.

Unabhängig von diesen Faktoren hat das Handelspanel eine breite und intensive Anwendung gefunden. Dabei sind hinsichtlich ihrer Bedeutung in Deutschland folgende Panel bzw. die durchführenden Marktforschungsinstitute besonders hervorzuheben (Berekoven, Eckert, Ellenrieder 1989, S. 141):

Nielsen-LEH-Index	(710 LEH-Geschäfte; zweimonatlicher Erhebungsrhythmus)
GfK-Basispanel	(800 LEH-Geschäfte; zweimonatlicher Erhebungsrhythmus)
GfK-Leaderpanel	(300 LEH-Geschäfte $\geq$ 400 qm; zweimonatlicher Erhebungsrhythmus)
Nielsen-Gesundheits-Index	(490 Apotheken, Drogerien, Drogeriemärkte; zweimonatlicher Erhebungsrhythmus)
GfK-Drugpanel	(250 Drogerien, Parfümerien, Drogeriemärkte; zweimonatlicher Erhebungsrhythmus)
GfK-Regionalpanel	(2000 LEH-Geschäfte, Getränkeabholmärkte; zweimonatlicher Erhebungsrhythmus)
GfK-Elektropanel	(400 Elektrofacheinzelhandelsgeschäfte; zweimonatlicher Erhebungsrhythmus)

Diese und die genannten Verbraucherpanels sind nicht als substitutive Alternativen anzusehen, sondern ergänzen sich aufgrund ihrer unterschiedlichen Schwerpunkte und Fragestellungen zu einem fundierten und wirksamen Informationsinstrument.

2.52 Kohortenanalyse

Unter Kohortenanalysen werden Untersuchungen verstanden, bei denen eine nach unterschiedlichen Kriterien gebildete Personengesamtheit im Zeitablauf beobachtet oder befragt wird (Kaas 1983, S. 169; Hüttner 1986, S. 12; Adlwarth, Wimmer 1986, S. 166 ff.). Aus dieser mehrfachen Befragung sollen Effekte herausgearbeitet werden, die das Verhalten der Personen bestimmen.

Ziel der Untersuchungen ist die Antizipation zukünftiger Verhaltensweisen anderer Gruppen auf der Basis dieser Effekte (Reynolds, Rentz 1981, S. 63). Beispiele für Kohortenstudien sind z. B. (Kaas 1983, S. 171):

- Untersuchungen zur Arbeitszufriedenheit, Partizipationsneigung, Fluktuation etc. von Arbeitnehmern durch die Bildung von Kohorten auf der Basis gleichen Lebens-, Dienst- und Pensionsalters (Arminger 1978, S. 609 ff.),
- Untersuchungen zu Problemen des Unternehmenswachstums oder der Insolvenzprognose und
- Untersuchungen der Änderungen von Einstellungen und Werten bei einer bestimmten Altersgruppe etc.

Eine **Kohorte** ist demnach eine Gruppe von Personen, die über einen längeren Zeitraum wiederholten Erhebungen unterzogen wird. Sie besteht aus Personen, die das gleiche Erlebnis im gleichen Zeitintervall hatten (Rentz, Reynolds, Stout 1983, S. 12). Dieses Erlebnis wird als Kriterium zur Bildung einer Kohorte benutzt. Die Kriterien, die zur Bildung von Kohorten herangezogen werden können, sind z. B. (Kaas 1983, S. 169):

- Geburtszeitpunkt
- Eintritt ins Berufsleben
- Zuwanderung in eine abgegrenzte Region
- Kauf eines Gebrauchsgutes
- Abschluß einer Versicherung
- Erstkauf eines Produktes etc.

Im Zeitablauf sind in einer Kohorte verschiedene **Effekte** zu beobachten, die zur Diagnose herangezogen werden können. So können z. B. Einflüsse auf Einstellungen dazu herangezogen werden, zu diagnostizieren, ob ein tatsächlicher Wertewandel stattgefunden hat oder ob die beobachtete Veränderung nur auf den Einfluß demographischer Veränderungen zurückzuführen ist. Grundsätzlich unterscheidet man bei der Kohortenanalyse drei verschiedene Effekte (Hüttner 1986, S. 312 f.; Hüttner 1989, S. 169):

1. **Geschichts- oder Periodeneffekt**
   Durch diesen Effekt werden die Verhaltensänderungen abgebildet, die auf für alle Testpersonen identische Umweltbedingungen zurückzuführen sind.

2. **Alters- oder Reifungseffekt**
   In diesem Effekt werden die Auswirkungen verschiedener, individueller Erlebnisse bzw. „Reifungsprozesse" auf das Verhalten des Einzelnen zusammengefaßt.

3. **Generationen- oder Kohorteneffekt**
   Hierbei werden alle Einflüsse widergespiegelt, die sich durch die Einzigartigkeit der jeweiligen Kohorte ergeben (z. B. ein besonders geburtenreicher Jahrgang bei einer „Geburtskohorte").

Zudem lassen sich im Bereich der Kohortenanalyse vier verschiedene Typen von **Kohortenstudien** unterscheiden (Kaas 1983, S. 170 f.):

- Typ 1 liegt vor, wenn z. B. die **Mitglieder eines Panels als Kohorte** angesehen werden und somit die normale Panelauswertung als Kohortenanalyse angesehen werden kann. Dieses Design kann durch breiter angelegte Studien, die wiederholte Querschnittsstudien durch mehrere Kohorten umfassen, erweitert werden (Lidell, McDonald, Thomas 1977, S. 469 f.).
- Typ 2 ist dadurch gekennzeichnet, daß zu verschiedenen Meßzeitpunkten **unabhängige Stichproben** aus einer Kohorte gezogen werden (z. B. repräsentative Stichproben des Jahrgangs 1940 werden 1960/1970 etc. befragt). Allerdings ist bei diesem Typ zu beachten, daß hier keine Längsschnittanalyse im engeren Sinne vorliegt, da die Mitglieder der Stichprobe variieren können. Daher können Veränderungen nur auf aggregiertem Niveau analysiert werden.
- Typ 3 der Kohortenanalyse ergibt sich, wenn **verschiedene Kohorten zu verschiedenen Zeitpunkten** Gegenstand einer Erhebung sind. Diese Art von Studien wird z. B. zur Absicherung langfristiger Prognosen beispielsweise über den sozialen Wertewandel herangezogen. Auch dieser Typ ist keine Längsschnittanalyse, da die Stichproben voneinander unabhängig sind.
- Typ 4 liegt vor, wenn eine **Querschnittsanalyse**, z. B. eine Befragung über Kaufgewohnheiten, die auch demographische Kriterien wie etwa das Alter umfaßt, in Kohorten zerlegt wird. Das heißt, es werden Altersgruppen gebildet, die als Geburtskohorten angesehen werden. Bei diesem Vorgehen wird allerdings der Sinn der Kohortenanalyse als zeitbezogene Untersuchung nicht erfüllt.

2.53 Apparative Verfahren

Apparative Verfahren basieren im Vergleich zu den durch Befragungen erhobenen subjektiven Auskünften der Testpersonen auf objektiven Messungen durch entsprechend gestaltete technische Apparaturen.

Befragungen können – bedingt durch mangelnde Auskunftsbereitschaft oder durch begrenztes Erinnerungs- oder Verbalisierungsvermögen der Befragten zu mehr oder weniger willkürlichen und verzerrten Ergebnissen führen. Zusätzlich ist zu beachten, daß mit den Verhaltensprozessen von Konsumenten Vorgänge und innere Spannungszustände verbunden sind, die von diesen nicht bewußt erlebt werden und damit nur begrenzt erfragbar sind (vgl. Kapitel III 2.55). Hier setzen die apparativen Verfahren ein, die mit ihren Meßinstrumentarien versuchen, diese **psychischen Zustände und Reaktionen meßbar zu machen**.

Ihre Einsatzmöglichkeiten erstrecken sich auf Verhaltensbeobachtungen von **Wahrnehmungs-, Entscheidungs- und Handlungsabläufen** und auf die Erfassung bzw. Beobachtung von **psychischen Reaktionen** wie Erregung oder Ablehnung, die einen Ausdruck in meßbaren physischen Aktivitäten (z. B. Herzschlag) finden.

Dem Ziel, Ursache-Wirkungs-Zusammenhänge hinsichtlich der beobachteten Verhaltensweisen bzw. -reaktionen aufzudecken, wird durch experimentelle Gestaltung der Versuchsanlagen Rechnung getragen. Die Meßsituationen reichen dabei je nach Verfahren von einer absolut **offenen Laborsituation** bis zu weitgehend **biotischen Normalsituationen**.

2.531 Verfahren zur Messung physiologischer Reaktionen

Die physiologischen Reaktionsmessungen bauen auf der Annahme auf, daß ein physischer Erregungszustand, durch beobachtbare Herz-, Haut- oder Pupillenreaktionen etc. angezeigt, ein Indikator und ein Maß für die durch einen Impuls (Kontakt mit einer Marketingvariablen) ausgelösten psychischen Reaktionen wie Erregung oder Aufmerksamkeit darstellt (Kroeber-Riel 1990, S. 237 f.). Diese werden wieder als Maß für die Wirksamkeit des ursprünglichen Impulses interpretiert.

Die **Einsatzfelder der apparativen Meßverfahren** liegen insbesondere in der Kommunikations- und Produktpolitik, wobei ihre Aufgabe in der Erfassung und vergleichenden Beurteilung des Wahrnehmungsgehaltes und Aktivierungsgrades unterschiedlicher Werbemittel (TV-Spots, Anzeigen, Direct Mail) und Produktgestaltungen (Verpackung, Name) liegt. Dabei ist zu berücksichtigen, daß zwar Auslöser und Stärke des Erregungszustandes bzw. der emotionalen Aktivierung gemessen werden, aber die Richtung, d. h. die positive oder negative Interpretation nicht erfaßt wird.

Aussagen über die zeitliche Dauer der Sensibilisierung und damit der Verhaltensrelevanz der getesteten Stimuli sind ebenfalls nur begrenzt möglich. Darüber hinaus sind die durch die verfahrensabhängigen Laborsituationen ausgelösten Verzerrungen zu beachten. Eine Beurteilung hinsichtlich Reliabilität und Validität kann daher nur am konkreten Beispiel vorgenommen werden. Eine Reihe der Anwendungsgrenzen läßt sich durch den zusätzlichen Einsatz der Befragung oder durch eine gleichzeitige Messung mehrerer physiologischer Variablen überwinden.

In dem Gesamtspektrum physiologischer Reaktionsmessungen nehmen die Messungen der Lidschlagfrequenz, des elektrischen Hautwiderstandes, der Atmung, der Pulsfrequenz, des Blutdrucks, des Hirnstroms, der Pupillenweite und der Stimmfrequenz breiten Raum ein (Grings, Dawson 1978; Krober-Riel 1990, S. 240 ff.).

Die **Lidschlagfrequenz**, die normalerweise ca. 30 Lidschläge pro Minute beträgt, erhöht sich bei Vorliegen innerer Spannungszustände. In Ausnahmefällen steigt sie sogar auf das Doppelte. Eine lückenlose Erfassung aller Lidschläge ist durch den Einsatz von Fernsehkameras gewährleistet.

Veränderungen des **elektrischen Hautwiderstandes,** sog. psychogalvanische Reaktionen werden an minimalen Veränderungen der Schweißabsonderung der Testpersonen gemessen. Diese Veränderungen – durch Präsentation unterschiedlichster Reizvorlagen wie z. B. Werbeanzeigen ausgelöst – werden als Erregungszustände und als Maß für die Aktivierungsfähigkeit der Reizvorlage interpretiert. Die Messung erfolgt mit Hilfe eines Polygraphen, der darüber hinaus Atmung, Pulsfrequenz und Blutdruck erfassen kann. Bei den Versuchspersonen werden dabei an zwei Fingern bzw. auf dem Handrücken Elektroden befestigt, über die ein schwacher Strom geleitet wird. Die Veränderungen des Hautwiderstandes nach Darbietung von Reizvorlagen bzw. durch Auslösung von Stimuli lassen sich über das Aufzeichnungsgerät in Form von Kurven registrieren. Die Kurven werden in Zahlenwerte umgerechnet, die eine (intraindividuelle) Vergleichbarkeit der Wirksamkeit von Vorlagen und Stimuli erlauben (Hossinger 1982, S. 84 ff.; Trommsdorf 1989, S. 48).

Im Rahmen der **Hirnstrommessung** werden den Versuchspersonen Elektroden am Hinterkopf befestigt, die die Hirnströme messen. Auf einem Aufzeichnungsgerät wird die durch einen Stimulus (z. B. Produktname) ausgelöste Intensität der Hirnströme gemessen. Das Überschreiten einer bestimmten Reaktionsschwelle („Beta-Wellenbereich") wird als Zeichen für einen Erregungszustand und als Maß der Aktivierungsfähigkeit der Reizvorlage angesehen (Rehorn 1977, S. 69).

Die Veränderung der **Pupillenweite** wird mit Hilfe von Augenkameras und Pupillometern festgehalten. Dabei erfaßt eine Kamera durch eine Großaufnahme die Pupille der Testperson vor, während und nach einer Reizdarbietung (Rehorn 1977, S. 66 ff.; Hossinger 1982, S. 90 ff.). Der Pupillometer mißt, wie stark sich die Größe der Pupille verändert (in Millimetern), während die Kamera zusätzlich die Richtung, den Zeitraum der Veränderung und den Blickverlauf registriert. Angenehme Reize führen zu einer Pupillenvergrößerung und zu einem längeren Verweilen des Auges, unangenehme Reize zu gegenteiligen Reaktionen.

Der Messung und Analyse der **Stimmenfrequenz** mit Hilfe entsprechender Stimmfrequenzmesser liegt die Annahme zugrunde, daß emotionale Vorgänge im Inneren des Menschen, die nicht willkürlich unterdrückt bzw. verstandesgemäß kontrolliert werden können, mit unmerklichen Veränderungen der Stimme einhergehen, indem die Stimmbänder angespannt werden und dadurch bestimmte Tonschwingungen entstehen.

2.532 Verfahren zur Messung von Verhaltensabläufen

Während die physiologischen Reaktionsmessungen Verhaltensabläufe im Inneren des Individuums, das sogenannte **non-overt behavior,** in den Mittelpunkt der Untersuchungen stellen, zielen Meßverfahren wie die Schnellgreifbühne, das Tachistoskop und die Blickregistrierung auf die Erfassung des beobachtbaren Verhaltens bzw. von Verhaltensabläufen **(overt behavior)** insbesondere im Bereich von Wahrnehmungs- und Gedächtnisvorgängen ab (Rehorn 1977, S. 62 ff.; Hossinger 1982, S. 137 ff.; Bernhard 1983, S. 105 ff.). Da auch bei diesen Verfahren nur begrenzt Rückschlüsse auf die Verhaltensursachen gezogen werden können, schließen sich häufig zusätzliche Befragungen der Testpersonen an.

Gerade in der Werbewirkungsforschung reichen verbale Auskünfte über die Anzeigenbeachtung zur Beurteilung der Wirksamkeit einer Anzeige bzw. eines Anzeigenelements häufig nicht mehr aus. Die Art des Kontaktes, insbesondere im Hinblick auf die Beachtungsdauer, die Beachtung bestimmter Anzeigenelemente und der Blickverlauf lassen sich nur mit Hilfe von **Blickregistrierungsverfahren** erfassen.

Da der Blick unvermittelt, schnell und sprunghaft wechselt und nur Bruchteile von Sekunden auf einer Stelle verharrt, ist der Blickverlauf nur durch Einsatz apparativer Techniken erfaßbar. Zu den bekanntesten Meßinstrumenten zählt der „eye-mark recorder NAC IV", eine brillenähnliche Apparatur, die den Versuchspersonen auch wie eine Brille aufgesetzt wird (Bernhard 1983, S. 107 ff.). Mit Hilfe dieser Apparatur, die aus einer komplizierten Kamera besteht, lassen sich alle Blickbewegungen exakt erfassen und damit eine Vielzahl von Detailfragen zum Wahrnehmungsvorgang auswerten. So ist z. B. feststellbar, welche einzelnen Anzeigenelemente bzw. Textstellen wiederholt, welche überhaupt nicht beachtet werden und inwieweit der Blickverlauf dem Anzeigenkonzept folgt bzw. inwieweit die wichtigsten Botschaftselemente in einem sinnvollen Zusammenhang wahrgenommen werden.

Neben technischen Beschränkungsfaktoren sind jedoch der starke Testcharakter der Versuchssituation und die damit bedingten Verzerrungsgefahren beim Einsatz dieses Meßverfahrens zu beachten (Koeppler 1974, S. 101; Rehorn 1977, S. 62 f.).

Die Beantwortung wahrnehmungspsychologischer Fragestellungen ist Aufgabe **tachistoskopischer Tests** (Salcher 1978, S. 118 ff.; Kroeber-Riel 1990, S. 274 ff.). Das Tachistoskop (griech. = schnell sehen) ist ein Projektionsinstrument ähnlich einem Diaprojektor, mit dem es möglich ist, Bilder von Gegenständen wie Produkten, Packungen, Anzeigen etc. nur Bruchteile von Sekunden auf einer Leinwand oder einem Bildschirm sichtbar zu machen. Die Darbietungszeiten können bei den einzelnen Geräten von 10 Sekunden bis zu einer 1/1000 Sekunde variiert werden, so daß dem Betrachter eine bewußte oder vollständige Wahrnehmung des dargestellten Gegenstandes nicht mehr möglich ist bzw. ihm erst sukzessiv mit der Verlängerung der Wahrnehmungszeiten ermöglicht wird. Durch die bewußte Steuerung des Wahrnehmungsprozesses mittels der Projektionszeiten vom ersten undifferenzierten Eindruck des dargestellten Gegenstandes über das Erkennen einzelner Gestaltungselemente bis hin zur differenzierten Wahrnehmung des Gesamtbildes lassen sich erste und spontane Wahrnehmungen messen, dominant wahrgenommene Gestaltungselemente festhalten und ihre Prägnanz im Hinblick auf richtige und eindeutige Wahrnehmung überprüfen (Salcher 1978, S. 119).

Bei der **Schnellgreifbühne** handelt es sich um einen Kasten, in dem mehrere Gegenstände wie z. B. Produkte oder Produktverpackungen aufgestellt werden. Der Kasten läßt sich mit einem Vorhang oder mit einer Klappe verschließen (Salcher 1978, S. 123 ff.). Der Schließmechanismus wird so gesteuert, daß ähnlich wie beim Tachistoskop die Gegenstände für den Betrachter nur für einen begrenzten Zeitraum sichtbar werden. Einer Versuchsperson wird dann die Aufgabe gestellt, während des kurzen Moments der Darbietung auf der Bühne den Gegenstand auszuwählen und herauszunehmen, der ihr am meisten zusagt. Die Zeit wird dabei so bemessen, daß es der Versuchsperson gerade möglich ist, einen der ausgestellten Gegenstände von der Bühne oder aus dem Kasten zu nehmen. Damit wird der Testperson die Möglichkeit genommen, länger nachzudenken und überlegt auszuwählen.

Die Schnellgreifbühne beschränkt sich somit nicht auf die Untersuchung von Wahrnehmungsvorgängen, sondern erfordert von den Versuchsteilnehmern darüber hinaus eine konkrete Entscheidung für ein Objekt. Eine Aussage über das konkrete Kaufverhalten kann jedoch in der Regel nicht getroffen werden, da die Einflüsse nicht berücksichtigter relevanter Kauffaktoren wie z. B. Preis-, Qualitäts- und Image-Aspekte in der Testsituation nicht zum tragen kommen.

Aufgrund dieser inhaltlichen Einschränkung und den mit diesem Verfahren verbundenen methodischen Problemen reduziert sich der Einsatz der Schnellgreifbühne auf Vergleiche der durch die kurzzeitigen Darbietungen ausgelösten spontanen Auswirkungen von Produkten oder Produktverpackungen.

2.54 Computergestützte Verfahren

Fortschreitende Entwicklungen auf dem Gebiet der Informations- und Kommunikationstechnologien haben neue Perspektiven für die Marketingforschung eröffnet. In diesem Zusammenhang sind neue Datenerfassungs- und -übertragungssysteme wie Scanning und computergestützte Befragungssysteme (z. B. Bildschirmtext und Kabelfernsehen) aus dem Bereich der neuen Medien anzuführen.

2.541 Scanning

Verkaufsdatenerfassungssysteme auf der Basis von elektronischen Kassenterminals und Scannern gewinnen im Einzelhandel zunehmend an Bedeutung. Auf der Grundlage einer bereits vom Hersteller auf den Produkten angebrachten einheitlichen Artikelcodierung (Europäische Artikelnumerierung EAN) wird eine **artikelspezifische Datenerfassung** direkt am Verkaufsort ermöglicht. Das Lesen und Registrieren der mit einem Code versehenen Produkte erfolgt mit Hilfe eines Laserstrahls, der die durch den Strichcode verschlüsselten Informationen abliest und identifiziert. Den so identifizierten Produkten werden dann die entsprechenden, im Rechner gespeicherten Preise zugeordnet (Tull, Hawkins 1987, S. 83 f.; Hammann, Erichson 1990, S. 100 f.).

Diese auf der Basis des Scanning gewonnenen Informationen können in einer Reihe von unternehmens- und marketingpolitischen Teilbereichen als Entscheidungshilfen herangezogen werden. In der Kombination mit Datenfernübertragungssystemen bzw. auf der Basis des Datenträgeraustausches sind die in der Abbildung 65 dargestellten Nutzungsmöglichkeiten für Handels- und Herstellerbetriebe denkbar.

Die Diffusion dieser Verkaufsdatenerfassungssysteme wird neben den **Akzeptanzaspekten** insbesondere beeinflußt durch die Verfügbarkeit von **Speicherkapazitäten** und **Datenanalyseverfahren**. Die effiziente Anwendung wird demgegenüber bestimmt durch den Aufbau und Inhalt der **unternehmensspezifischen Management-Informations-Systeme** (Gaul, Both 1990, S. 198 ff.) (vgl. Kapitel IV 2).

2.542 Computergestützte Befragungssysteme

Zu den computergestützten Systemen, die in der Marketingforschung Anwendung finden, zählen **Bildschirmtext, Kabelfernsehen** und die **Online-Bildschirmbefragung** (Mathy 1983, S. 45 ff.; Dubke 1984, S. 67 ff.; Glagow 1984, S. 42 ff.; Meffert 1985; Meffert, Wagner 1986, S. 72 ff.).

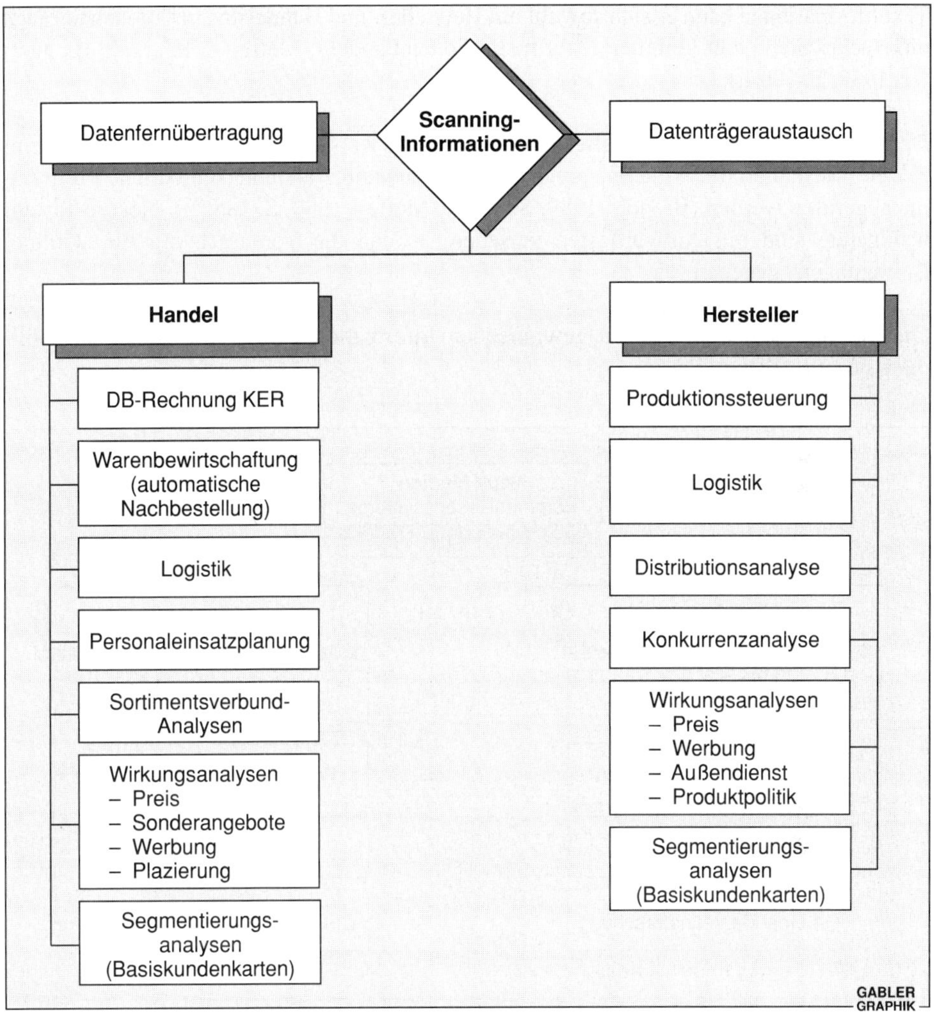

Abbildung 65: Nutzungsmöglichkeiten von Scanning-Informationen (Quelle: Zentes 1981, S. 20)

Diese Systeme ermöglichen im Gegensatz zu den klassischen elektronischen Medien (Funk, TV) eine **Mensch-Maschine-Kommunikation** bzw. einen entsprechenden Dialog. Dabei können die im Rahmen dieser Zwei-Wege-Kommunikation (Zentes 1981, S. 21) abgegebenen Informationen direkt an Computeranlagen weitergeleitet und in diesen weiterverarbeitet werden.

Beim **Bildschirmtextsystem**, das sich bei der Datenübertragung auf das bestehende Fernsprechnetz stützt, können Textinformationen oder Grafiken aus einer zentralen Datenbank auf den Bildschirm handelsüblicher Fernsehgeräte übertragen werden. Bei den

Textinformationen kann es sich sowohl um Hersteller- und Handelsinformationen als auch um Nachrichten nicht-kommerzieller Institutionen handeln (Meffert 1985, S. 29 ff.; Meffert 1988, S. 189 f.).

Demgegenüber benötigt das **Kabelfernsehen** eigene Kabelwege. Hier können in den einzelnen Haushalten mit Hilfe entsprechender Tastenwahlgeräte unterschiedliche Programme abgerufen werden (Brepohl 1982, S. 199 f.; Meffert 1988, S. 188 ff.). Neuere Tastenwahlgeräte sind mit Antworttasten versehen, so daß die Voraussetzung für „Online-Befragungen" gegeben sind.

Die mit den neuen Medien zu gewinnenden Informationen zeigt die folgende Abbildung 66:

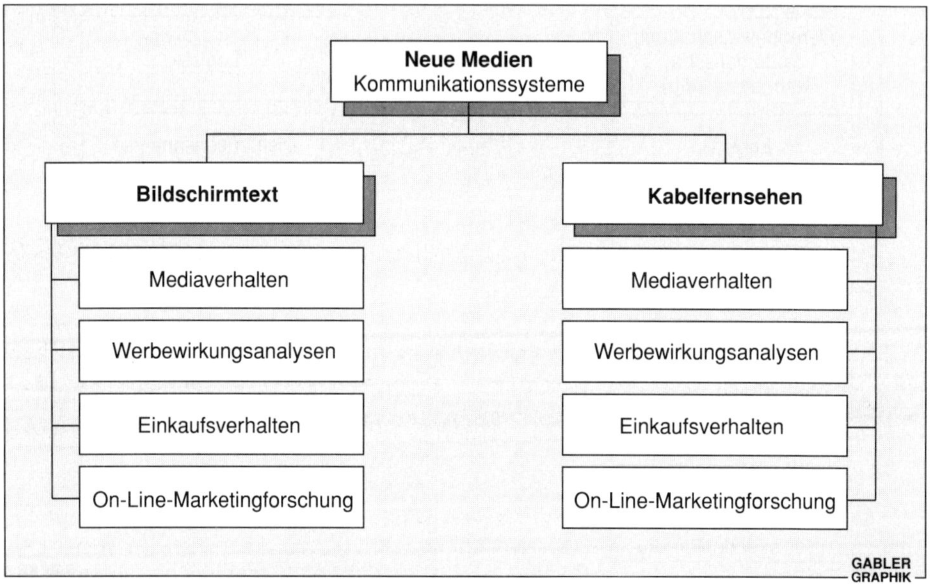

Abbildung 66: Möglichkeiten der Informationsgewinnung durch den Einsatz neuer Medien

Die **Online-Bildschirmbefragung**, bei der durch Tastatur und Bildschirm der Fragebogen ersetzt wird, weist im Vergleich zu den klassischen Erhebungsverfahren eine Reihe methodischer und organisatorischer Vorteile auf (Kroeber-Riel, Neibecker, 1983, S. 200 f.; Berekoven, Eckert, Ellenrieder 1989, S. 117):

- Die **Befragungsgeschwindigkeit** läßt sich an die Testperson anpassen bzw. von dieser selbst bestimmen.
- Aus der **Messung der Antwortzeit** (Zeitraum bis zur Beantwortung der gestellten Frage) und deren Interpretation lassen sich weitere Rückschlüsse ziehen (z. B. auf die Überzeugtheit des Befragten hinsichtlich seiner Antwort).

- Die typische, durch den Interviewer bedingte **Befragungssituation** und deren Auswirkungen auf das Verhalten der Testperson wird vermieden.
- Für die einzelnen Befragten kann jeweils eine andere, **zufallsgesteuerte Reihenfolge der Fragen** vorgenommen und so eine Ausschaltung bzw. Messung der **Auswirkungen von Fragenreihenfolgen** erreicht werden.
- Es erfolgt eine **automatische integrierte Datenerfassung** bei Minimierung des organisatorischen und zeitlichen Aufwands, da Feldarbeit, Datenübertragung und deren Kontrolle entfallen.

Allerdings steht diesen Vorzügen eine nur auf bestimmte Befragungsthemen eingeschränkte Anwendungsbreite gegenüber. So können z. B. Produkt- oder Bildvorlagen bei der Bildschirmbefragung derzeit nur über Kabelfernsehen eingespielt werden, da Fotos und Bewegtbilder im Bildschirmtext erst nach Einrichtung eines Glasfaser-Kabelnetzes übertragen werden können. Bei den hier nicht weiter ausgeführten Alternativen einer Befragung über stationäre oder mobile (Mikro-)Computer ist dazu die Koppelung mit einem Bildplattensystem erforderlich, was zunächst den mobilen Einsatz erheblich erschweren dürfte. Nicht zuletzt sind bei der Bildschirmbefragung generell, ähnlich wie bei der schriftlichen Befragung, noch nicht erforschte Intervieweinflüsse zu berücksichtigen.

2.55 Psychologische Testverfahren

Im Rahmen psychologischer Testverfahren wird von den Versuchspersonen neben der Beantwortung von Fragen häufig eine Lösung bzw. Behandlung von vorgegebenen Problem- und Aufgabenstellungen verlangt (Hammann, Erichson 1990, S. 81).

Ziel dieser Verfahren ist es, von den Verhaltensreaktionen bzw. Problemlösungen der Versuchspersonen Rückschlüsse auf ihr Verhalten und ihre Persönlichkeitsstruktur und auf die ihnen selbst nur teilweise bewußten Einstellungen, Wünsche und Motive zu ziehen. So werden die Testpersonen durch Fragen oder Bildvorlagen veranlaßt, ihre subjektiven Wertvorstellungen, Meinungen und Emotionen darzulegen.

Die psychologischen Verfahren unterscheiden sich von allen anderen bisher angeführten Vorgehensweisen durch die Methode und Stichprobengröße. Im methodischen Instrumentarium überwiegt die **offene Exploration** (qualitativ, wenig standardisiert, in die Tiefe gehend), und in bezug auf die Stichproben wird nicht die Forderung nach Repräsentativität erhoben. Vielmehr beschränken sich die Untersuchungen auf **kleine, überschaubare Fallzahlen** (max. 60–80 Explorationen).

Aus der Vielzahl psychologischer Testverfahren sind besonders das Tiefeninterview und die Gruppenexploration sowie die projektiven und assoziativen Verfahren von Interesse (Salcher 1978, S. 37 ff.; Hüttner 1979, S. 65 ff.).

2.551 Tiefeninterview und Gruppenexploration

Grundsätzlich beinhaltet das Tiefeninterview ein besonders intensives Gespräch mit einer Testperson, bei dem auf Grund der offenen und nicht standardisierten Form die Interviewer den Befragten erheblichen Freiraum lassen und so Gedanken und Gefühle frei zum Ausdruck gebracht werden können.

Auf diese Weise ermöglicht das Tiefeninterview, Verhaltens-, Einstellungs- oder Gefühlsaspekte zu erforschen, die mit Hilfe repräsentativer Befragungen nicht entdeckt bzw. nicht untersucht werden können. Letzteres bezieht sich auf Untersuchungsthemen, zu denen die Befragten z. B. aufgrund der Tabuisierung keine Stellung nehmen wollen und daher die Antwort auf die Frage verweigern.

Die **Gruppenexploration** zählt zu den am häufigsten eingesetzten Verfahren. Sie ist jedoch in der praktischen Anwendung weitgehend auf die Sammlung von Informationen im Rahmen von Pre-Tests bzw. auf die Grundlagenforschung eingeschränkt (Salcher 1978, S. 53 ff.; Kress 1979, S. 224 ff.). Die Gruppenexploration (Gruppendiskussion) beinhaltet eine gleichzeitige Befragung mehrerer Personen, denen während des Gesprächs die Kommunikation und Interaktion untereinander erlaubt ist. So lassen sich bei Gruppendiskussionen neben dem Individualverhalten auch gruppendynamische Aspekte insbesondere im Hinblick auf Einstellungen und Verhaltensweisen erfassen. Zusätzlich wird oftmals durch die von vielen Personen getragene Befragungssituation eine Gesprächsdynamik ausgelöst, die die Interviewsituation in den Hintergrund drängt. Das führt dazu, daß Widerstände, Ängste und Hemmungen abgebaut und von den Teilnehmern Meinungen geäußert und Reaktionen gezeigt werden, die sie im Einzelgespräch nicht offenlegen (Berekoven, Eckert, Ellenrieder 1989, S. 92 f.).

2.552 Projektive und assoziative Verfahren

Die **projektiven Verfahren** als die bedeutendsten psychologischen Testverfahren dienen in erster Linie dazu, gerade jene Aspekte (Motive, Einstellungen) des Konsumentenverhaltens zu erfassen, die nicht erfragbar sind (Hüttner 1979, S. 65). Es handelt sich dabei zum einen um solche Einstellungen oder Motive, die die Testperson entweder nicht oder nur ungern offenbaren will, da z. B. die Intimsphäre berührt oder eine Bloßstellung befürchtet wird. Andererseits zielen die Verfahren darauf ab, bei den Versuchspersonen Bewußtseinsinhalte aufzudecken, die diesen selbst z. B. auf Grund von Vergessenseffekten nicht zugänglich sind bzw. nicht erinnert werden können.

Die projektiven Verfahren bauen auf dem menschlichen Verhaltensmechanismus auf, eigene, unangenehme und widerspruchsvolle Regungen oder affektgeladene, innere Wahrnehmungen nach außen bzw. auf andere Personen zu verlagern (zu projizieren). Die projektiven Methoden machen sich diesen Reaktionsmechanismus zunutze, indem sie in Situationen mit heiklen Befragungsinhalten der Testperson Projektionshilfen (d. h. projektives Reizmaterial) anbieten. Dadurch kann die Versuchsperson zu diesen Themen Stellung nehmen, ohne die eigene Person damit in Beziehung zu bringen.

Als gemeinsame Kennzeichen aller projektiven Verfahren sind neben der weitgehenden Undurchschaubarkeit der Befragungssituation und -ziele die geringe Möglichkeit einer rationalen, also verstandesmäßigen Gestaltung und Kontrolle der Untersuchungssituation für die Testperson anzuführen.

Zu den bekanntesten projektiven Verfahren zählen (Salcher 1978, S. 68 ff.):

- Die **einfache projektive Fragestellung**, die darin besteht, den Frageinhalt nicht auf den Befragten selbst zu beziehen, sondern auf eine unbekannte, anonyme Bezugsperson zu verlagern. So gibt die Testperson Meinungen und Einstellungen anderer Personen wieder, aus denen aber ihre eigene Position zum Ausdruck kommt.
- Der **Ballon-Test**, der aus 24 Bildern besteht, die jeweils andere, inhaltlich nicht zusammenhängende Situationen darstellen. Dabei sind jeweils zwei Personen in einer Konfliktsituation abgebildet, zu der eine Person verbal Stellung nimmt. Diese Reaktion ist in einer Sprechblase mit entsprechendem Text dargestellt. Die Antwort der zweiten Person bleibt in Form einer leeren Sprechblase offen. Die Aufgabe der Testperson besteht darin, die mögliche Reaktion bzw. Antwort der anderen Person, mit der sie sich identifizieren soll, darzulegen.
- Der **Bilder-Erzähl-Test**, der in bewußt undeutlich gestalteten Bildern typische Lebenssituationen wiedergibt. Die Testpersonen sind bei diesem Test gehalten, zu jeder Vorlage eine möglichst spannende Geschichte zu erzählen.
- Die **Produkt-Personifizierung**, die auf die Beschreibung eines „typischen Verwenders" für ein ausgewähltes Produkt abzielt. Die Versuchsperson wird gebeten, sich den typischen Käufer eines bestimmten Produktes vorzustellen und ihn möglichst genau zu charakterisieren. Bei einer anderen Vorgehensweise wird den Befragten eine Reihe von Bildern verschiedenster Personentypen vorgelegt, aus denen die Person ausgewählt werden soll, die am ehesten bzw. am wenigsten als Käufer für das untersuchte Produkt in Frage kommt.

Die dargestellten Verfahren machen deutlich, daß die mit ihnen gewonnenen Ergebnisse nur schwer quantifizierbar, also im statistischen Sinne nicht exakt bestimmbar sind und deshalb der Interpretation durch Fachleute bedürfen.

Im Vergleich zu den projektiven Tests wird bei den **assoziativen Verfahren** versucht, spontane und ungelenkte Verbindungen zwischen mehr oder weniger stark eingegrenzten Themenkomplexen bzw. Ausgangsreizen mit Gedächtnis- und Gefühlsinhalten zu initiieren (Kroeber-Riel 1990, S. 580 ff.). Diese Technik wird insbesondere zur Ermittlung des Erlebnisumfeldes eines Produktes, eines produktspezifischen Teilaspektes oder eines beliebigen Meinungsgegenstandes eingesetzt. Eine häufig verwendete Form der assoziativen

Verfahren ist der **Satzergänzungstest**, bei dem den Testpersonen mehrere unvollständige Sätze vorgetragen werden, die möglichst spontan und ohne bewußte Abwägung ergänzt werden sollen (Hammann, Erichson 1990, S. 81).

Neben den beschriebenen Verfahren existieren eine Reihe weiterer Tests, deren Einsatzmöglichkeiten in erster Linie durch die jeweilige spezifische Problemstellung bedingt sind.

2.56 Instrumentetests

Im Gegensatz zu den bisherigen Spezialformen, die sich durch relativ breite Verwendungsmöglichkeiten auszeichnen, weisen die einzelnen Marketinginstrumentetests – Produkt- (Namens-, Verpackungs-), Preis- und Werbetest – einen engeren, spezielleren Zuschnitt auf. Diese Verfahren sind primär darauf ausgerichtet, Informationen über die Ausgestaltung und Erfolgswirksamkeit eines bestimmten Marketinginstrumentes zu gewinnen.

2.561 Produkttest

Der Produkttest beinhaltet die Überprüfung der Anmutungs- und Verwendungseigenschaften von Produkten, die noch nicht am Markt eingeführt sind. Der Test soll klären, ob das Produkt oder die Produktleistung auf dem Markt bestehen kann.

Untersuchungsobjekte können das Produkt bzw. unterschiedliche Produktvarianten als Ganzes oder auch einzelne Produktkomponenten wie Form, Material, Farbe oder Design sein. Damit lassen sich im Rahmen von Produkttests auch gleichzeitig **Verpackungs- und Namenstests** durchführen.

Einzelne Fragestellungen, die mit dem Produkttest beantwortet werden sollen, beziehen sich auf (Salcher 1978, S. 218 ff.; Bauer 1981, S. 8; Berekoven, Eckert, Ellenrieder 1989, S. 160):

- die Präferenzen hinsichtlich des Produktes oder einzelner Gestaltungselemente und die Ursachen der Präferenzen,
- die nach kurz- bzw. langfristiger Abwägung von Vor- und Nachteilen entstandenen Gesamteindrücke und die Beurteilung der Teilkomponenten eines Produktes sowie
- die Stärke des Kaufinteresses oder der Kaufbereitschaft, die durch das Produkt ausgelöst wird.

Die Vielseitigkeit des Produkttests erfordert ein ganzes Spektrum von Testvarianten, von denen die wichtigsten kurz skizziert werden sollen (Rehorn 1977, S. 21 ff.; Bauer 1981, S. 100 ff.; Berekoven, Eckert, Ellenrieder 1989, S. 160 ff.):

- **Einzeltest und Paarvergleich**
  Beim **Einzeltest** (monadischer Test) hat die Versuchsperson nur ein Produkt bzw. einzelne Produktkomponenten zu beurteilen, während beim **Paarvergleich** mehrere Produkte entweder nacheinander (sukzessiv) oder gleichzeitig (simultan) gegeneinander abzuwägen sind.

- **Volltest und partieller Tests**
  Im **Volltest** wird das Produkt in seinem vollständigen Erscheinungsbild bzw. mit all seinen Gestaltungselementen der Versuchsperson zur Bewertung vorgestellt. Beim partiellen Test sind nur einzelne Produktkomponenten zu beurteilen. Zu den partiellen Tests gehören u. a. der **Blindtest**, der eine Produktbeurteilung ohne Kenntnis des Marken- oder Herstellernamens erfordert, und der **Geschmackstest**.

- **Kurzzeittest und Langzeittest**
  Im **Kurzzeittest** werden Erfahrungen und Empfindungen der Testpersonen nach einem, nur einen ersten Eindruck (Eindruckstests) gewährenden Handhabungs- oder Verwendungstest gemessen. Diese Untersuchungen finden weitgehend in speziell dafür eingerichteten Studios (Studiotests) statt. Demgegenüber werden bei den **Langzeittests** die nachhaltigeren und verfestigten Eindrücke der Testpersonen nach längerem und wiederholtem Ver- und Gebrauch überprüft. In der Regel erfolgt der Langzeittest in der Wohnung der Testteilnehmer, so daß auch häufig von **In-home-Tests** gesprochen wird.

Bei den beschriebenen Testvarianten werden im Rahmen der Informationsgewinnung die Befragung und die Verhaltensbeobachtung als Erhebungsinstrumente eingesetzt. Darüber hinaus wird auf der Basis experimenteller Versuchsanlagen häufig mit mehreren Gruppen von Versuchspersonen gearbeitet, die jeweils unterschiedliche Produkte oder Gestaltungsalternativen zu beurteilen haben. Je nach Testvariante und zu untersuchender Fragestellung wird zusätzlich auf die apparativen Hilfsmittel (Schnellgreifbühne, Polygraph etc.) zurückgegriffen.

Der Produkttest stellt sich damit als ein vielseitig verwendbares und zur Überprüfung von Marktchancen wertvolles Informationsinstrument dar. Da jedoch immer nur ein Teil der Faktoren, die für den Markterfolg zwar notwendig, aber letztlich nicht allein entscheidend sind, untersucht werden, ist die Aussagekraft von Produkttests entsprechend zu relativieren.

2.562 Preistest

Im Mittelpunkt der Preistests steht die Ermittlung ausgewählter, mit dem Preis zusammenhängender qualitativer und quantitativer Aspekte und Assoziationen eines Konsumenten wie z. B. Preiskenntnis, Preisbewußtsein, Preisvorstellung, Preisakzeptanz und Preisschwelle im Hinblick auf ein ausgewähltes Produkt (Rehorn 1977, S. 47 ff.; Bauer 1981, S. 207 ff.; Gutjahr 1981, S. 82 ff.). Ziel der Preistests ist es, einen für das angesprochene Käufersegment optimalen Preis zu finden.

Neben der Überprüfung der Einschätzung bzw. Wirkung alternativer Preise durch Repräsentativbefragungen oder durch Store- und Markttests werden Preistests häufig im Rahmen von Produkttests und sog. Kaufladentests durchgeführt.

Produkttests nehmen Bezug auf Produkterfahrungen, die sachlich begründete Aussagen der Testpersonen z. B. zur Preisgrenze oder Preisakzeptanz zulassen. Ein weiteres Hauptanliegen des Produkttests ist es somit, Anhaltspunkte zu erlangen, auf welchem Niveau der potentielle Käufer den Preis des getesteten Produkts ansiedelt und dabei schließlich Zusammenhänge zwischen Preisniveau und anderen Erscheinungsformen bzw. Gestaltungselementen des Produkts aufzudecken.

Die **Kaufladentests** simulieren in einem Studio Kaufsituationen, in denen die Versuchsperson ihre Produkt- bzw. Markenwahl i. d. R. nur in Abhängigkeit der Produktpreise treffen muß. Eine Ausweitung erfährt dieser Test im Falle einer Gegenüberstellung mehrerer Produktkonzeptionen mit unterschiedlichen Preisen, wobei dann allerdings die Produktentscheidung der Versuchsperson nicht allein auf den Preiseinfluß zurückgeführt werden kann. Hier ist der Übergang zum Kurzzeit-Produkttest fließend.

Gegen isolierte Preistests ist grundsätzlich einzuwenden, daß die Wahl einer Marke oder eines Produktes nur in Ausnahmefällen vom Preis allein bestimmt wird und somit die Aussagefähigkeit von Preistests sehr begrenzt ist.

2.563 Werbetest

Die Aufgaben des Werbetests stehen in direkter Beziehung zu den Zielen der Werbung. Zum einen werden, entsprechend dem Ziel Aufmerksamkeit zu erregen, Tests zum aktiven und passiven Bekanntheitsgrad, zur Markenaktualität, zur Markenwiedererkennung und zur Markenerinnerung durchgeführt. Zum anderen sind dem Ziel „Kommunikation einer Botschaft“ Tests zur richtigen Erinnerung von Werbeinhalten zuzuordnen. Die Veränderung von Einstellungen und Verhaltensnutzen kann z. B. durch die Untersuchung des Image, des Produktinteresses oder der Wiederkaufrate getestet werden (Rehorn 1988, S. 2 ff.).

Ziel des Werbetests ist somit vor allem, die Qualität der Werbung im Hinblick auf ihren Zielerreichungsgrad zu testen. Dies ist aber nur durch Tests bei bzw. mit den Endverbrauchern zu erreichen. Die verschiedenen Tests sind wiederum in Form von Befragungen, aber auch Beobachtungen und Experimenten durchführbar.

Zunehmende Bedeutung innerhalb der Tests gewinnt in den letzten Jahren die apparative Forschung z. B. mit:

- Tachistoskop (Kroeber-Riel 1990, S. 274 ff.)
- Blickregistrierung (Leven 1986, S. 76 f.)
- Psychogalvanometer (Kroeber-Riel 1990, S. 64 f.)
- Hirnstrom-, Atmungs-, Pulsfrequenz- und Blutdruckmessung (Rehorn 1988, S. 22 ff.).

Ein weiterer wichtiger Bereich der Werbetests ist die Durchführung von Anzeigentests in Minitestmärkten. Zu diesen Minitestmärkten zählen:

- ERIM (GfK)
- TELERIM (Nielsen)
- GfK-Behavior-Scan (vgl. Abb. 67).

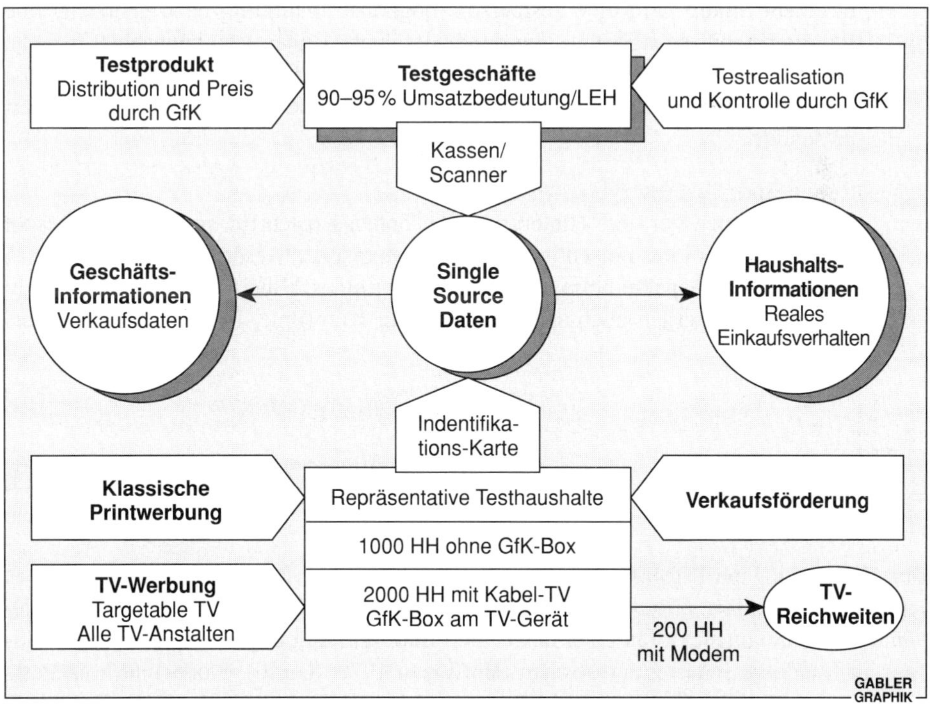

Abbildung 67: Beispiel eines Mini-Testmarktes „GfK-Behavior-Scan“ (Quelle: GfK)

In diesen Testmärkten sollen vor allem möglichst realistische Umweltsituationen erzielt werden, wohingegen Labortestmärkte wie TESI zwar weniger realistisch, aber schneller und kostengünstiger sind (Rehorn 1988, S. 49 f.).

Weitere Verfahren aus dem Bereich der **Werbetests** sind (Rehorn 1988, S. 27 ff. und S. 68 ff.):

1. Foldertests
   Bei diesen Tests werden speziell angefertigte Werbefolder zusammengestellt, in denen mehrere Anzeigen enthalten sind. Nach der Durchsicht werden Erinnerungswerte in drei Stufen abgefragt. Zunächst als ungestützter Recall, dann als produktgestützter Recall und schließlich als markengestützter Recall. Wenn die Testperson sich erinnert, werden Inhalte der Anzeige erfragt (Copy Recall).

2. Print-DAR
   Im Gegensatz zum Foldertest werden hier Originalzeitschriften benutzt, in die die Testanzeige montiert wird. Am Tag nach der Verteilung der Zeitschrift werden ausgewählte Testpersonen befragt (Day-after-recall); diesen Test gibt es auch in einer TV-Version.

3. Kamera-Lesebeobachtung
   In einem Studio wird eine Testperson möglichst unauffällig dazu gebracht, eine Illustrierte mit einer Testanzeige durchzublättern. Dabei wird beobachtet, welche Anzeige wie lange betrachtet wird. Nach dem Betrachten der Anzeigen werden vom Interviewer Recallfragen gestellt. Später wird noch einmal die Testanzeige isoliert präsentiert.

4. Rough-Spot-Test (Storyboardtest)
   Hierbei werden vor dem Hintergrund der hohen Kosten für einen TV-Werbespot noch unfertige Spots präsentiert, und die Testpersonen werden bezüglich positiver wie negativer Aspekte befragt, um die Gefahr eines Mißerfolgs zu verringern. In Sonderfällen werden noch spezielle Tests für Kinofilme, Plakate und Funkspots durchgeführt.

2.57 Markt- und Storetest

Zur Abschätzung der Erfolgswirksamkeit von Produkt bzw. Marketingkonzeptionen ist es im Rahmen der Informationsgewinnung unabdingbar, das Käuferverhalten und seine relevanten Bestimmungsfaktoren unter den **realen Bedingungen der konkreten Kaufsituation** im Handelsgeschäft zu erforschen (Hoffmann 1979, S. 120). Store- und Markttests sind Instrumente, die diesen Anforderungen genügen (Rehorn 1977, S. 93 ff.; Brockhoff 1988, S. 155 ff.).

Als Storetest wird der (probeweise) Verkauf von Produkten unter kontrollierten Bedingungen in einer Reihe ausgewählter Handelsgeschäfte verstanden.

Dabei hat der Storetest neben der Wirkungskontrolle von Marketingaktivitäten am Point of Purchase (PoP) insbesondere die Überprüfung der **Marktchancen neuer bzw. veränderter Produkte** zur Aufgabe. Getestet werden sowohl einzelne Marketinginstrumenteausprägungen wie z. B. der Erfolg unterschiedlicher Packungsgrößen und Produktpreise als auch die Marketingkonzeption als Ganzes. Diese Kontrolle neuer oder veränderter Produktkonzeptionen vor ihrer Einführung stellt eine Verbesserung der Testverhältnisse in Richtung „marktrealer" Umweltbedingungen dar. Die durch die Laborsituation im Produkttest bzw. durch die technischen Meßinstrumente bestimmten Versuchssituationen und ihre Verzerrungsgefahren werden damit vermieden. Bei **bereits eingeführten Produkten** dient der Storetest häufig zur nachträglichen Kontrolle der Erfolgswirksamkeit von Verkaufsförderungsmaßnahmen wie Preisaktionen, Sonderplazierungen oder Probenverteilungen.

Der Aufbau des Storetests orientiert sich entsprechend seines experimentellen Charakters an den beschriebenen experimentellen Versuchsanlagen, die je nach Untersuchungsdesign die Erfolgswirksamkeit der einzelnen Konzeptelemente bzw. Marketingmaßnahmen und die Einflüsse von Störgrößen zu erfassen vermögen.

Trotz der Kontrolle des Test-Bedingungsrahmens hat der Storetest nur einen begrenzten Aussagewert, da die geringe Anzahl von Testgeschäften (ca. 10–15 Betriebe) keine repräsentativen, sondern nur tendenzielle Aussagen zuläßt und auf Grund der Beschränkung des Testzeitraumes und der alleinigen Erfassung der Abverkäufe i. d. R. nur Erst- bzw. Versuchskäufe gemessen werden. Somit lassen sich keine Aussagen über die langfristigen Wirkungen der getesteten Konzeptionen treffen (Rehorn 1977, S. 105 ff.). Zusätzliche Konsumentenbefragungen an den Verkaufsorten können dieses Informationsproblem zum Teil beheben.

Der **Markttest** zählt zu den methodisch am weitesten entwickelten Feldexperimenten (Nieschlag, Dichtl, Hörschgen 1991, S. 727 ff.) und stellt gleichzeitig ein realitätsnäheres und umfassenderes Instrument zur Überprüfung der Marktchancen von Produkten und Marketingkonzeptionen dar.

Bei einem Marktest handelt es sich um den probeweisen Verkauf von neuen oder modifizierten Produkten unter kontrollierten Bedingungen in einem räumlich abgegrenzten Markt bei Einsatz ausgewählter oder sämtlicher Marketinginstrumente.

Ziel eines Markttestes ist es, im Sinne einer letzten Kontrolle vor der nationalen Einführung eines Produktes, Daten mit prognostischer Relevanz über die Marktfähigkeit und Marktgängigkeit des Produktes in Erfahrung zu bringen. Zugleich ermöglichen Markttests die Sammlung von Informationen über die Wirksamkeit einzelner Marketingmaßnahmen bzw. vollständiger Marketingstrategien. Eine weitere bedeutsame Aufgabenstellung des Markttests liegt in der Kontrolle der mit dem Verkauf verbundenen Ablaufprozesse z. B. im

Bereich der Logistik, des Bestellwesens und des Außendienstes. Damit beschränkt sich der Markttest im Gegensatz zum Storetest nicht allein auf die Analyse der Käuferreaktionen, sondern bezieht das gesamte Marktverhalten in die Betrachtung ein.

Ein Markttest muß, um repräsentative, marktreale Informationen zu liefern, ein strukturgleiches, verkleinertes Abbild des Gesamtmarktes sein (Rehorn 1977, S. 93 ff.; Berekoven, Eckert, Ellenrieder 1989, S. 168 f.). Die in diesem Zusammenhang **wichtigsten Anforderungen** sind:

- Repräsentativität der Bevölkerungsstruktur und der Wirtschafts-, Wettbewerbs- und Handelsstruktur,
- mit dem Gesamtmarkt vergleichbare Mediastruktur,
- räumliche Abgegrenztheit und Unabhängigkeit des Testgebietes, d. h. möglichst wenig Pendleranteile und keine Überschneidungen mit Einzugsgebieten nicht berücksichtigter Handelsbetriebe.

Darüber hinaus ist die Testdauer zu berücksichtigen. Hier ist der im Sinne einer gesicherten Ergebnisinterpretation notwendige time-lag der Maßnahmen und die erforderliche Stabilisierung der Ergebnisse abzuwägen gegenüber den mit zunehmender Dauer wachsenden Stör- bzw. Reaktionsmöglichkeiten der Konkurrenz. Besonders groß ist dabei die Gefahr, daß die Konkurrenz, die den Markterfolg des neuen Produkts anhand der verfügbaren Paneldaten nachvollziehen kann, während der Testphase versucht, die neuartige Produktkonzeption zu imitieren bzw. auf ein eigenes Produkt zu übertragen, um schließlich ihr Produkt ohne Markttest als erster Anbieter im nationalen Markt zu lancieren.

Die genannten Forderungen lassen sich in der Praxis allerdings nur selten vollständig realisieren. Ein Versuch, die Zielkonflikte bei der Durchführung von Markttests zu vermeiden, stellen die sog. **Mini-Testmärkte** dar. Die in der BRD laufenden Minitestmärkte sind ERIM (GfK), TELERIM (Nielsen) sowie der GfK-Behavior-Scan, die eine Mischung aus Minitestmarkt und elektronischen Panels darstellen (Zentes 1987, S. 151; Stoffels 1989). Die Minitestmärkte laufen nach einem 5-Stufen-Schema ab (Rehorn 1988, S. 36 f.):

1. Handelsbevorratung (Das getestete Produkt wird in verschiedenen Geschäften gelagert)

2. Verbraucherbeeinflussung (In dieser Stufe erfolgt die Reizpräsentation (z. B. PoP-Werbung, Anzeigen, Tele-Spots) bei der ausgewählten Zielgruppe)

3. Messung der Handelssituation (Es erfolgt eine ständige Kontrolle eines Handelspanels bzgl. der Daten des Testproduktes und seiner Wettbewerber)

4. Messung der Einkaufs- und Meinungssituation (Um nicht nur die reinen Abverkaufszahlen, sondern auch Daten über z. B. Wiederkaufrate, Soziodemographie, Einkaufsintensität etc. zu erhalten, wird auch ein Käuferpanel analysiert)

5. Ergebnisinterpretation/Erfolgsprognose.

Das **ERIM-System** besteht aus einer Anzahl über die Bundesrepublik verteilter Supermärkte, um die herum jeweils ein Haushaltspanel mit einer bestimmten Anzahl von Stammkunden gebildet wurde. Über eine Identifikationskarte können die Einkäufe jedem Panel-Haushalt zugeordnet werden (Zentes 1987, S. 152). Das Panel liefert hierbei folgende Kennziffern (Hehl 1986, S. 163):

- Käuferreichweite
- Demographie der Käufer
- Wiederkaufsrate
- Einkaufsintensität.

Einen Nachteil dieses Systems stellt die Nicht-Einbeziehung von TV-Spots dar. Dieser Nachteil besteht beim **GfK-Behavior-Scan** nicht mehr (GfK-Testmarkenforschung GmbH 1988 S. 3 f.). Hier wird es durch den gezielten Einsatz von Werbespots via Kabelfernsehen möglich, die Auswirkungen von TV-Werbung auf das effektive Kaufverhalten durch den Vergleich verkabelter und nicht-verkabelter Haushalte zu ermitteln (Litzenroth 1986, S. 144) (vgl. Kapitel III 2.56).

Das **System TELERIM** von Nielsen unterscheidet sich vom GfK-Behavior-Scan vor allem dadurch, daß keine Verkabelung der Haushalte notwendig ist, sondern TV-Spots über eine Spezialantenne empfangen werden können. Es wird der normale Sendekanal des ZDF benutzt. Im Sendezentrum wird ein neuer Werbeblock, für den Zuschauer nicht wahrnehmbar, anstelle des normalen Werbespots eingespielt, so daß die Testsituation realistisch bleibt (Zepp 1986, S. 122 f.).

Zentrale Vorteile der drei angeführten Systeme sind zum einen die natürliche Testsituation, da alle Umfeldbedingungen unbeeinflußt bleiben, und zum anderen die daraus resultierenden Möglichkeiten, auch komplexe Marketingpläne zu testen, indem auch In-Store-Aktivitäten miteinbezogen werden.

Neben den methodisch bedingten Grundanforderungen an die Struktur sind noch andere Kriterien für die Testeignung eines Gebietes wie z. B. die Kooperationsbereitschaft der Handelsbetriebe mitentscheidend. Die Bereitschaft zur Mitwirkung wird besonders durch permanente Erfolgskontrollen und nicht unerhebliche organisatorische Anpassungsmaßnahmen bei den teilnehmenden Handelsbetrieben beeinträchtigt.

Nach den grundsätzlichen Schwierigkeiten bei der **Auswahl der Testgebiete** ergeben sich weitere Probleme im Hinblick auf die **Übertragbarkeit der Testergebnisse auf den Gesamtmarkt**, wenn sich Konkurrenten atypisch verhalten und durch „Störmaßnahmen" Verzerrungseffekte auslösen oder wenn andere Umwelteinflüsse nicht in ausreichendem Maße in der Versuchsanlage berücksichtigt werden (Brockhoff, 1988, S.163 ff.).

Trotz der genannten Probleme und der relativ hohen Kosten stellt der Markttest das zuverlässigste und marktnaheste Instrument zur Überprüfung der Marktchancen von neuen oder veränderten Produktkonzeptionen dar.

Von den Minitestmärkten sind die **Labortestmärkte** abzugrenzen. Beim Labortestmarkt ist die gewählte Untersuchungsumwelt künstlicher. Als Beispiel für einen Labortestmarkt sei hier das **Verfahren TESI** von der G&I Forschungsgemeinschaft für Marketing angeführt (zu weiteren Verfahren vgl. Rehorn 1988, S. 46 ff.). Der grundsätzliche Ablauf von Labortestmärkten umfaßt folgende acht Stufen (Erichson 1979, S. 257 f.; Rehorn 1988, S. 47 f.):

1. Anwerben von Testpersonen

2. Erstinterview zur Ermittlung von Konsumgewohnheiten, Markenpräferenzen, Demographie etc.

3. Reizpräsentation. Hierbei wird ein Werbeblock präsentiert, in dem der Spot für das Testprodukt plaziert ist (bei TESI in der Mitte des Werbeblocks).

4. Einkauf im Testladen (bei TESI ein künstlicher, einem Supermarkt nachempfundener Laden)

5. Nachkauf-Interview (bei TESI ein Einzelinterview bzgl. der Kauf- bzw. Nicht-Kauf-Gründe). Beim Kauf des Testprodukts erhalten die Testpersonen das Konkurrenzprodukt gratis und bei Nicht-Kauf das Testprodukt ohne Hinweis auf eine weitere Kontaktaufnahme.

6. Produktverwendung zu Hause

7. Follow-up-Interview. Mit diesem Interview werden die Reaktionen auf das Testprodukt ermittelt (Zufriedenheit, Vor- und Nachteile, Wiederkaufabsicht). Zusätzlich erfolgt ein Angebot über Lieferung des Testproduktes.

8. Umsatz- und Marktanteilsprognose.

Hierbei kann das Testmarktsimulationsverfahren TESI für unterschiedliche Fragestellungen genutzt werden. Anwendungsalternativen sind vor allem die Ermittlung der Preiselastizität, die Absatz- und Marktanteilsentwicklung von Neuprodukten bzw. bei Änderungen im Marketing-Mix.

Die Vorteile gegenüber anderen Testmärkten bestehen vor allem in der kürzeren Laufzeit, der flexibleren Gestaltung, den niedrigeren Kosten und dem Ausschluß von Konkurrenzreaktionen.

Vergleicht man den regionalen Markttest, Mini-Testmarkt und den Labortestmarkt miteinander (Abbildung 68), so bietet der regionale Testmarkt aufgrund der großen Realitätsnähe die validesten Ergebnisse. Sein Einsatz erfordert jedoch einen hohen Kosten- und Zeitaufwand und beinhaltet das Risiko, daß die Konkurrenz sehr leicht Kenntnis von der

Testverfahren / Beurteilungskriterien	Regionaler Testmarkt	Mini-Testmarkt	Labor-Testmarkt
Durchführungsart	Feld	Feld	Labor
Gewinnung von Informationen über Reaktionen	Konsument Handel Konkurrenz	Konsument	Konsument
Anwendbar für den Test sämtlicher Marketing-Mix-Instrumente	Ja	Nein	Nein
Testdauer	Längerer Zeitraum, da die Distributionskanäle erst aufgefüllt werden müssen	Kurzer Zeitraum, da keine Distributionsprobleme beim Handel und schnelle Verfügbarkeit der Daten	Kurzer Zeitraum, da keine Distributionsprobleme beim Handel und schnelle Verfügbarkeit der Daten
Kostenaufwand	Relativ hoch	Relativ gering	Gering
Kontrollmöglichkeiten	Gering; Gefahr von Störeinflüssen groß	Hoch; geringe Störeinflüsse	Sehr hoch; kaum Störeinflüsse
Möglichkeit der Geheimhaltung	Nicht gegeben	i. d. R. gegeben	Gegeben
Prognosemöglichkeiten	Hohe externe Validität, da größere Realitätsnähe und umfassende Testprogramme	Niedrige externe Validität aufgrund der eingeschränkten Realitätsnähe und geringen Repräsentativität	Niedrige-hohe externe Validität. Empirische Untersuchungen zeigen unterschiedliche Ergebnisse

GABLER GRAPHIK

Abbildung 68: Testmarktalternativen im Vergleich

geplanten Produkteinführung erlangt und sehr früh Gegenmaßnahmen einleiten kann. Die Vorteile von Mini-Testmärkten und Labortestmärkten gegenüber dem Markttest liegen im geringeren Kosten- und Zeitaufwand, der besseren Kontrolle und der Geheimhaltung der Ergebnisse. Beim Mini-Testmarkt wird die zu niedrige Validität aufgrund der eingeschränkten Realitätsnähe, des Paneleffekts und der geringen Repräsentanz als großer Nachteil gewertet.

2.6 Fragen und Aufgaben

1. Nennen Sie die wichtigsten erhebungstechnischen Aktivitäten und Detailentscheidungen, die im Ablaufplan der Marketingforschung anfallen!
2. Kennzeichen Sie die vier verschiedenen Meßniveaus der Skalierung!
3. Erläutern Sie das Skalierungsverfahren des Polaritäten-Profils und erklären Sie den Unterschied zum Imagery-Differential!
4. Welche Stichprobenauswahlverfahren sind Ihnen bekannt und wie lassen sich diese kurz charakterisieren?
5. Wo sehen Sie die Grenzen der Sekundärforschung?
6. Wozu kann die Beobachtung als Informationsgewinnungsmethode im einzelnen dienen?
7. Kennzeichnen Sie die Vor- und Nachteile der verschiedenen Befragungsformen!
8. Welche vier Gruppen von Fragen können befragungstaktisch unterschieden werden?
9. Beschreiben Sie die Typen informaler Versuchsanlagen!
10. Welche Informationen lassen sich mit Hilfe von Verbraucherpanels gewinnen?
11. Wodurch kann die Repräsentanz von Panelinformationen eingeschränkt werden?
12. Nennen Sie Verfahren zur Messung physiologischer Reaktionen!
13. Stellen Sie die Verfahren zur Messung von Verhaltensabläufen kurz dar!
14. Wo sehen Sie die Nutzungsmöglichkeiten von Scanning-Informationen?
15. Welche methodischen und organisatorischen Vorteile bietet die Online-Bildschirmbefragung?
16. Was versteht man unter projektiven und was unter assoziativen Testverfahren und welche Beispiele kennen Sie?
17. Welche Fragestellungen sollen mit dem Produkttest beantwortet werden?
18. Charakterisieren Sie Wesen und Aufgabe des Markttests!
19. Welche Vorteile haben Minimarkttests und Labortests gegenüber den klassischen Markttests?

3. Informationsauswertung

3.1 Entscheidungsprobleme der Informationsauswertung

Die Datenerhebung bzw. die skizzierten Erhebungsverfahren liefern eine Vielzahl von detaillierten Einzelinformationen. Diese Informationen zu **ordnen, aufzubereiten, zu analysieren und dann auf ein für die Entscheidungsfindung notwendiges und geeignetes Maß zu komprimieren und zu transformieren**, ist Aufgabe der Datenauswertung.

Zu den zentralen auswertungstechnischen Aktivitäten und Detailentscheidungen zählen:

1. Die Erstellung eines **Auswertungsplanes** in Abhängigkeit des Untersuchungsaufbaus bzw. der Zielsetzung. Hier sind z. B. die interessierenden und zu untersuchenden Abhängigkeiten und Zusammenhänge von Variablen oder Tatbeständen aufzulisten und zu strukturieren.

2. Die Überprüfung und Auswahl der für die Fragestellung möglichen oder notwendigen **Auswertungsverfahren.** Die Verfahren lassen sich unterteilen in die herkömmlichen uni- bzw. bivariaten Verfahren, die die Untersuchung einer bzw. zweier Variablen und ihrer Zusammenhänge gestatten, und in die weiter an Bedeutung gewinnenden multivariaten Datenanalyseverfahren. Letztere ermöglichen die Analyse der Beziehungen einer nur technologisch (EDV-Kapazität) begrenzten Anzahl von Variablen und Untersuchungseinheiten.

3. Die **Interpretation und Bewertung** der erarbeiteten bzw. errechneten Ergebnisse.

Die nachfolgenden Ausführungen beschränken sich auf die Darstellung einzelner Datenanalyseverfahren. Es können dabei jedoch nur die wesentlichen Charakteristika der Verfahren hinsichtlich Aufbau und Einsatzmöglichkeiten vermittelt werden. Vor allem die Behandlung der Prämissen und der einzelnen mathematischen Verfahrensschritte kann nur in Ansätzen erfolgen.

Zur Veranschaulichung der einzelnen Analyseverfahren werden diese an einem durchgängigen Beispiel dargestellt. Zu diesem Zweck wird auf konkrete Ergebnisse einer empirischen **Studie im Antiquitätenmarkt** zurückgegriffen. In diese Untersuchung wurden 151 Besucher von Antiquitätenmessen bzw. -märkten einbezogen, wobei die Stichprobenzusammensetzung hinsichtlich differierender Qualitätsansprüche und den Interessenausrichtungen einzelner Käufergruppen als repräsentativ angesehen werden kann (Honsel 1984, S. 302 ff.).

Ausgehend von dem Grundgedanken, daß Antiquitäten als einzigartige Individualgüter (Unikate) die unterschiedlichsten sozialen, psychischen, ästhetischen und funktionalen Nutzen repräsentieren können, steht die Käufermotivation, d. h. die Frage nach dem „warum" von Antiquitätenkäufen, im Mittelpunkt der Befragung.

Zur Exploration unterschiedlicher Einzelmotivationen wurde den Befragungspersonen eine umfassende Itembatterie mit insgesamt 26 Kaufmotiven zur Einschätzung ihrer Kaufrelevanz vorgelegt. Abbildung 70 gibt den entsprechenden Ausschnitt des Fragebogens unter Verwendung von Kurztiteln wieder. In die Abbildung ist darüber hinaus bereits das Profil der durchschnittlichen Beurteilung der einzelnen Motive durch alle befragten Personen eingetragen.

Im Gesamtüberblick fällt die erhebliche Spannweite der Kaufbedeutungen auf. Allgemein vorherrschende Einzelmotive des Antiquitätenkaufs sind demnach die „Lösung eines funktionalen Einrichtungsproblems", das „Bedürfnis nach Ästhetik", der „Wunsch, mit Antiquitäten die Wohnung zu dekorieren" sowie der „Spaß an der Suche nach Antiquitäten" und nicht zuletzt die „Freude an Naturstoffen".

Eine unbedeutendere Kaufrelevanz kommt dagegen materiellen Motiven wie „Steuerflucht" und „Spekulation auf Wertzuwachs" sowie dem Wunsch nach „Repräsentation durch Antiquitätenbesitz" zu.

3.2 Uni- und bivariate statistische Auswertungsverfahren

Beschränkt man sich bei der Betrachtung einer beobachteten statistischen Gesamtheit auf die Analyse nur **einer bzw. zweier Variablen**, spricht man von uni- bzw. bivariaten Auswertungsverfahren (Brown 1980; Kinnear, Taylor 1983).

3.21 Häufigkeiten

Im Normalfall einer univariaten Analyse wird die **Verteilung einer einzelnen Variable über alle Meßelemente** (Objekte) untersucht. Bei nominalskalierten Daten beschränkt sich die Auswertung auf die Darstellung der absoluten und relativen Häufigkeiten. Bei Daten mit höherem Skalenniveau lassen sich zusätzlich Mittelwert und Standardabweichung berechnen.

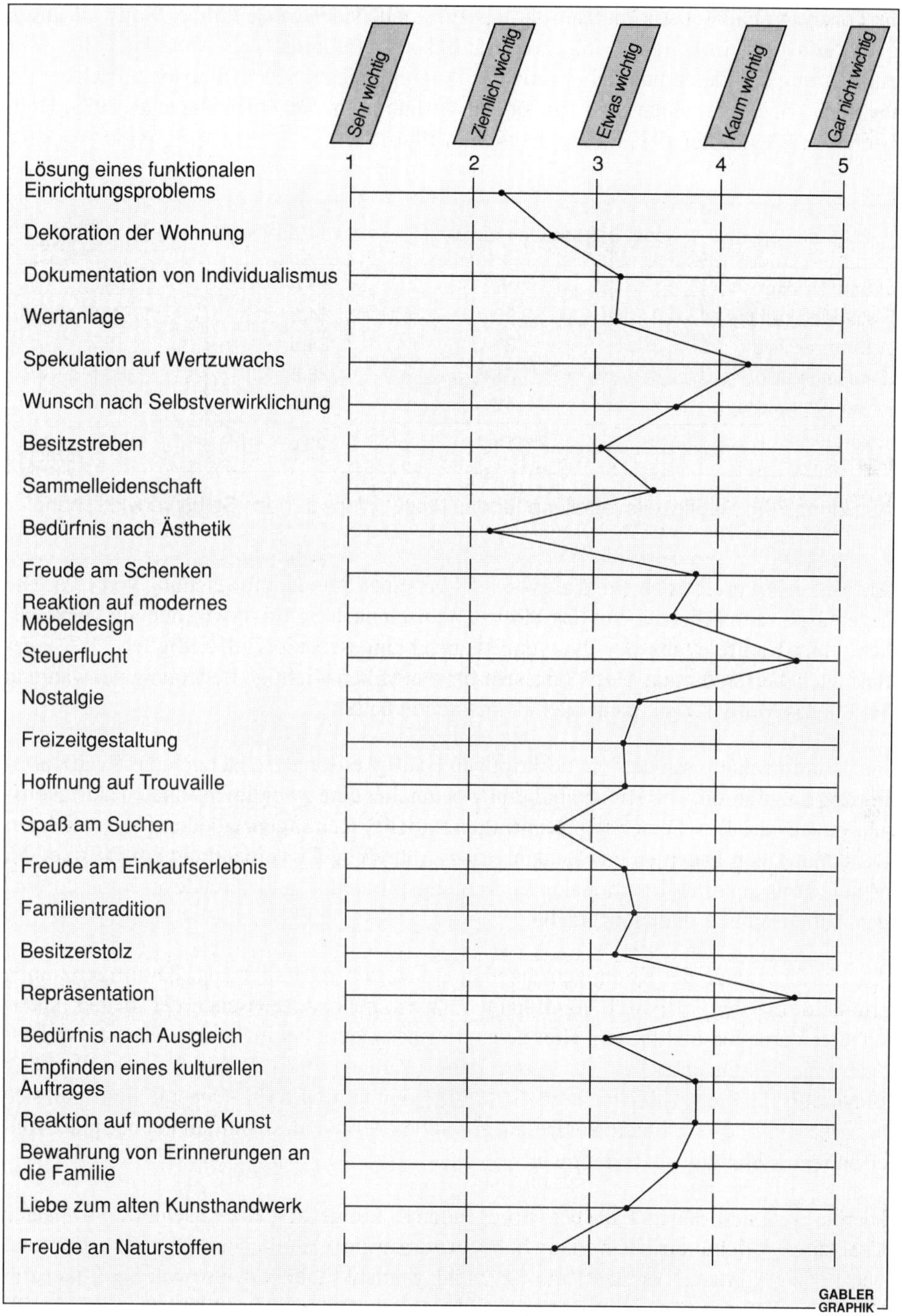

Abbildung 69: Bedeutung spezifischer Motivinhalte als Beweggrund des Antiquitätenkaufs

Im konkreten Fall der Antiquitätenstudie resultiert beispielsweise für das Motiv „Wunsch nach Selbstverwirklichung“ folgende Häufigkeitsverteilung (vgl. Abbildung 70) (Zur Auswertung des Datenmaterials wurde das Programmpaket SPSS (Statistical Package for the Social Sciences) eingesetzt; vgl. zu den Verfahren im einzelnen Nie et al. 1975; Hull, Nie 1981; Bleymüller 1989 b; Backhaus et al. 1990):

Antwortkategorie	Code	Absolute Häufigkeit	Relative Häufigkeit	Kumulierte relative Häufigkeit
Sehr wichtig	1	10	6,6	6,6
Ziemlich wichtig	2	22	14,6	21,2
Etwas wichtig	3	37	24,5	45,7
Kaum wichtig	4	36	23,8	69,5
Gar nicht wichtig	5	46	30,5	100,0
		151	100,0	

GABLER GRAPHIK

Abbildung 70: Häufigkeitsverteilung für das Motiv „Wunsch nach Selbstverwirklichung“

Als Mittelwert ergibt sich ein Wert von 3,57 bei einer Standardabweichung von 1,25. Die Ergebnisse verdeutlichen, daß das Motiv „Wunsch nach Selbstverwirklichung“ hinsichtlich seiner Kaufrelevanz als relativ unbedeutend eingeschätzt wird. Lediglich 21,2 % der Befragten weisen diesem Motiv eine sehr bzw. ziemlich wichtige Bedeutung zu, während 54,3 % das Motiv für gar nicht oder kaum wichtig halten.

Im Zusammenhang mit der rein deskriptiven Häufigkeitsanalyse ist noch die **Kreuztabulierung** anzuführen. Die Kreuztabulierung beinhaltet eine zweidimensionale Häufigkeitsanalyse auf der Basis einer sog. **Kontingenztabelle**. Kontingenztabellen eignen sich zur Darstellung von Daten jeden Skalenniveaus. Abbildung 71 verdeutlicht am Beispiel der Motive „Lösung eines funktionalen Einrichtungsproblems“ und „Freude an Naturstoffen“ den Aufbau einer Kontingenztabelle.

Auf der Grundlage der Kontingenztabellen lassen sich zusätzlich sog. **Kontingenzmaße** ermitteln, die den statistisch signifikanten Zusammenhang zwischen den beiden untersuchten Variablen überprüfen. Hier gelangt insbesondere bei nichtmetrischen Ausgangsdaten der Chi-Quadrat-Test zur Anwendung (Yamane 1976, S. 648 ff.; Schaich 1977; Bleymüller, Gehlert, Gülicher 1988, S. 127 ff.). Mit Hilfe des Chi-Quadrat-Tests läßt sich beispielsweise testen, ob die beiden ausgewählten Motive des Antiquitätenbeispiels voneinander unabhängig sind oder nicht.

Hierbei zeigt sich, daß im Falle der vorliegenden Kontingenztabelle von einer signifikanten Unabhängigkeit nur bei einer relativ hohen Irrtumswahrscheinlichkeit (Signifikanzniveau) von 12 % gesprochen werden kann. Da in der Statistik üblicherweise von Signifikanzniveaus von 5 % oder 1 % ausgegangen wird, kann in diesem Zusammenhang eine signifikante Unabhängigkeit nicht bestätigt werden.

Lösung eines funktionalen Einrichtungsproblems	Freude an Naturstoffen					
Häufigkeit Relative Häufigkeit/Zeile Relative Häufigkeit/Spalte Relative Häufigkeit/Total	Sehr wichtig	Ziemlich wichtig	Etwas wichtig	Kaum wichtig	Gar nicht wichtig	Häufigkeit pro Zeile Relative Häufigkeit pro Zeile
Sehr wichtig	20,0 27,8 58,8 13,2	21,0 29,2 55,3 13,9	13,0 18,1 48,1 8,6	5,0 6,9 20,0 3,3	13,0 18,1 48,1 8,6	72,0 47,7
Ziemlich wichtig	9,0 25,7 26,5 6,0	6,0 17,1 15,8 4,0	7,0 20,0 25,9 4,6	7,0 20,0 28,0 4,6	6,0 17,1 22,2 4,0	35,0 23,2
Etwas wichtig	5,0 22,7 14,7 3,3	3,0 13,6 7,9 2,0	3,0 13,6 11,1 2,0	6,0 27,3 24,0 4,0	5,0 22,7 18,5 3,3	22,0 14,6
Kaum wichtig	0,0 0,0 0,0 0,0	3,0 27,3 7,9 2,0	2,0 18,2 7,4 1,3	5,0 45,5 20,0 3,3	1,0 9,1 3,7 0,7	11,0 7,3
Gar nicht wichtig	0,0 0,0 0,0 0,0	5,0 45,5 13,2 3,3	2,0 18,2 7,4 1,3	2,0 18,2 8,0 1,3	2,0 18,2 7,4 1,3	11,0 7,3
Häufigkeit pro Zeile	34,0	38,0	27,0	25,0	27,0	151,0
Relative Häufigkeit pro Spalte	22,5	25,2	17,9	16,6	17,9	100,0

GABLER GRAPHIK

Abbildung 71: Kontingenztabelle für die Motive „Lösung eines funktionalen Einrichtungsproblems“ und „Freude an Naturstoffen”

3.22 Regressionsanalyse

Die wichtigste Zielsetzung einer Regressionsanalyse besteht in der **Prüfung der Beziehung zwischen einer abhängigen (metrisch skalierten) und einer bzw. mehreren unabhängigen (metrisch skalierten) Variablen** (Bleymüller, Gehlert, Gülicher 1988, S. 139). Bei den unabhängigen Variablen interessieren insbesondere die Art der Verknüpfung und das Gewicht der einzelnen Faktoren.

Die Einteilung der Variablen in unabhängige und abhängige Variablen erfolgt vorab auf Grund eines sachlogischen Zusammenhangs. Die Regressionsanalyse unterstellt folglich eine eindeutige Richtung des Zusammenhanges, die nicht umkehrbar ist (Dependenzanalyse).

Die Bedeutung dieses Verfahrens für das Marketing beruht darauf, daß gerade für Marketingentscheidungen das Wissen um Ursache-Wirkungsbeziehungen, die mit der Regressionsanalyse dargestellt und gemessen werden können, von besonderer Relevanz ist.

Im einzelnen lassen sich mit der Regressionsanalyse folgende Fragestellungen beantworten (Backhaus et al. 1990, S. 4):

- Wie stark ist der **Einfluß einer Marketingvariablen auf die Zielgröße** Umsatz, Image, Bekanntheitsgrad (Ursachenanalyse in Art und Intensität)?
- Wie **verändert sich die abhängige Variable** Umsatz etc., **wenn die Marketingvariablen verändert werden** (Wirkungsprognose)?
- Wie **verändert sich die abhängige Größe im Zeitablauf** bei gleichbleibendem Instrumenteeinsatz (Zeitreihenanalyse)?

Ausgangspunkt der im Rahmen der bivariaten Verfahren im Vordergrund stehenden **einfachen Regressionsanalyse** sind die an einer Menge von Objekten gemessenen Ausprägungen von zwei Variablen, deren funktionaler Zusammenhang untersucht werden soll.

Die Übertragung der Punktepaare pro Objekt in ein zweidimensionales Koordinatensystem, deren Achsen durch die betrachteten Variablen beschrieben werden, führt zu Streuungsdiagrammen oder Punktwolken. Die Lage und Dichte der Punktwolken ist abhängig vom Untersuchungsfall. Dabei sind beispielsweise die in Abbildung 72 dargestellten Variablenzusammenhänge denkbar.

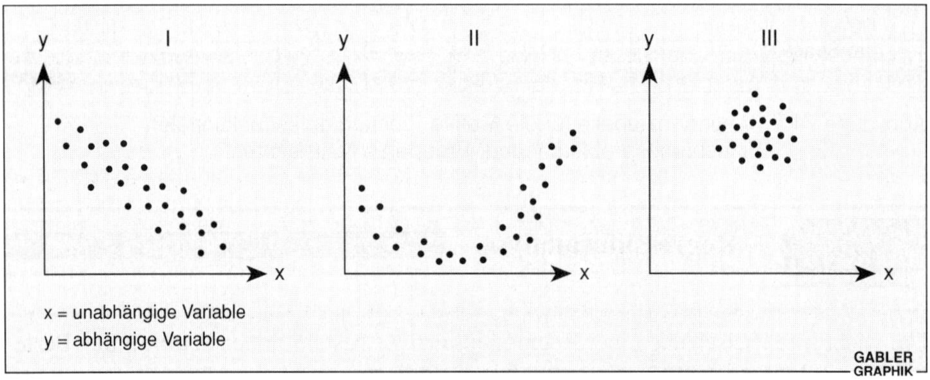

Abbildung 72: Streuungsdiagramme beobachteter Wertepaare (x_i; y_i)

Die Aufgabe der Regressionsanalyse besteht nun darin, eine Gerade oder Kurve durch die Punktwolken zu legen und den Funktionsverlauf (d. h. den Zusammenhang zwischen der abhängigen und der unabhängigen Variablen) durch eine mathematische Funktion zu beschreiben.

Die Streudiagramme I und II lassen einen Zusammenhang zwischen x und y erkennen, während aus der Punktwolke III kein funktionaler Zusammenhang ersichtlich ist.

Es leuchtet ein, daß es keinen einfachen bzw. denkbaren Verlauf einer Funktion gibt, auf der alle x/y-Kombinationen liegen. Deshalb beschränkt man sich auf einen Funktionstyp, der die Beziehungen zwischen x und y bestmöglich beschreibt bzw. der sich der empirischen Punkteverteilung möglichst gut anpaßt.

Grundsätzlich unterscheidet man dabei **lineare und nichtlineare Funktionstypen**, die entweder univariabel oder multivariabel abgebildet werden (wobei auf die multivariablen Typen erst in Kap. 3.35 eingegangen werden soll). Abbildung 73 verdeutlicht die unterschiedlichen Funktionstypen der Regressionsanalyse.

Kurvenverlauf / Zahl der unabhängigen Variablen	Linear	Nichtlinear
Eine	$y = b_1 + b_2x$	$y = b_1\, x^{b_2}$ (z. B. Potenzfunktion)
Mehrere	$y = b_1 + b_2x_2 + b_3x_3$	$y = b_1 + b_2x_2 + b_3x_3^2$ (z. B. Einfachparabel)

GABLER GRAPHIK

Abbildung 73: Funktionstypen der Regressionsanalyse

In der Marketingforschung kommt den linearen Funktionen eine besondere Bedeutung zu, da:

- viele Zusammenhänge sich zumindest annähernd linear beschreiben lassen
- eine Reihe von nichtlinearen Beziehungen in lineare Funktionen transformiert werden können (z. B. Potenz- und Exponentialfunktionen durch Logarithmierung)
- lineare Funktionen rechentechnisch einfacher handhabbar sind als nichtlineare.

Daher beschränken sich die folgenden Ausführungen auf lineare Zusammenhänge (vgl. Abbildung 74).

Im Rahmen einer linearen Einfachregression bestimmen zwei Parameter die Lage der Geraden:

- das **absolute Glied** b_1, das den y-Wert für x=0 angibt
- das **Steigungsmaß** b_2, das die Neigung der Geraden bestimmt (Tangens des Winkels α, den die Regressionsgerade mit der x-Achse bildet).

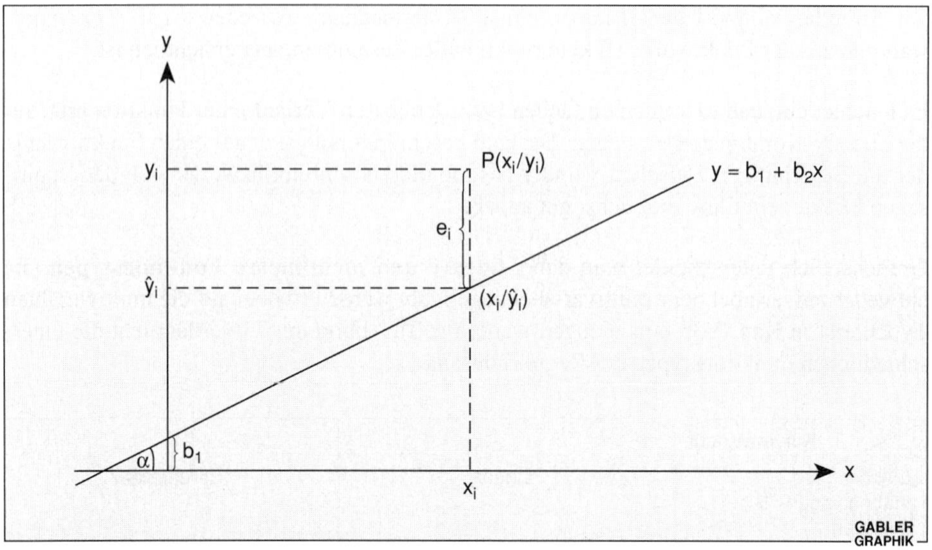

Abbildung 74: Lineares Regressionsmodell

Die lineare Einfachregressionsfunktion lautet damit allgemein

$$\hat{y} = b_1 + b_2x \text{ bzw. } \hat{y}_i = b_1 + b_2x_i$$

wobei

$\hat{y}_i$ = der durch die Regressionsgerade an der Stelle x_i für y_i gelieferte Schätzwert ist ($\hat{y}$ wird auch als Regressand, x als Regressor und b_1 bzw. b_2 als Regressionskoeffizienten bezeichnet).

Gründe für das Streuen der empirischen Werte um die Gerade liegen möglicherweise in **nicht berücksichtigten Einflußgrößen** oder in **Beobachtungs- und Meßfehlern** (Bleymüller, Gehlert, Gülicher 1988 S. 143 f.). Die dadurch bedingten Abweichungen zwischen den tatsächlichen (beobachteten) y_i-Werten und den durch die Funktion geschätzten $\hat{y}_i$-Werten werden als Residualschwankungen oder Residuen (e_i) bezeichnet.

Die Parameter der Regressionsgeraden sollen daher so bestimmt werden, daß die **Streuung der beobachteten Werte um die Gerade möglichst minimiert** und damit die Schätzgenauigkeit der Regressionsfunktion möglichst groß wird. Man minimiert daher die Summe der Quadrate der einfachen Abweichungen, also der Residuen:

$$SAQ = e_i^2 = (y_i - \hat{y}_i)^2 \longrightarrow \min!$$

Diese Vorgehensweise wird als **Methode der kleinsten Quadrate** bezeichnet (Draper, Smith 1972; Schneeweiß 1974; Kreyszig 1979).

Für $\hat{y}_i$ wird in SAQ die Regressionsfunktion eingesetzt:

$$SAQ = (y_i - b_1 - b_2x_i)^2 \longrightarrow \min!$$

Unbekannte Größen der Zielfunktion sind die Parameter b_1 und b_2.

Die Bildung der partiellen Ableitungen der Zielfunktion, die Nullsetzung und die Auflösung nach b_1 und b_2 führt zu folgenden für alle linearen Einfachregressionen gültigen **Normalgleichungen**, mit denen die unbekannten Lageparameter zu bestimmen sind:

$$b_1 = \frac{\sum x_i^2 \sum y_i - \sum x_i \sum x_i y_i}{n \sum x_i^2 - (\sum x_i)^2}$$

$$b_2 = \frac{n \sum x_i y_i - \sum x_i \sum y_i}{n \sum x_i^2 - (\sum x_i)^2}$$

Mittels der Normalgleichungen können für die Variablen der Antiquitätenstudie eine Vielzahl unterschiedlicher Einfachregressionen berechnet werden. Exemplarisch soll hier die Frage beantwortet werden, ob das **Bedürfnis nach Repräsentation durch Antiquitätenbesitz einen Einfluß auf die Höhe des Geldbetrages hat, den die befragte Person maximal für eine einzelne Antiquität zu zahlen bereit ist.**

Hierzu wird eine Regression mit dem Motiv „Repräsentation" als unabhängige Variable und dem zusätzlich in der Studie abgefragten „Höchstbetrag, der für antiquarische Einzelstücke ausgegeben wurde" als abhängige Variable ermittelt. Die Rechnung führt zu folgender Regressionsgleichung:

$$\hat{y} = 34.304{,}85 - 4.577{,}9\ x$$

wobei

$\hat{y}$ = Schätzwert des Höchstbetrages für Einzelstücke,
x = Beurteilung des Motivs „Repräsentation" auf der 5er-Ratingskala.

Mittels dieser Regressionsfunktion kann die Hypothese bestätigt werden, daß die Ausgabebereitschaft für einzelne Antiquitäten um so höher ist, je wichtiger das Motiv „Repräsentation" eingeschätzt wird. So ergibt sich für eine Person, die das Motiv für sehr wichtig ($x = 1$) hält, ein Schätzwert für den maximalen Geldbetrag in Höhe von 29.727,– DM (= 34.304,85 – 4.577,9 · 1), während bei einer sehr geringen Bedeutung des Motivs ($x = 5$) lediglich ein Höchstbetrag von 11.415,– DM (= 34.304,85 – 4.577,9 · 5) beim Kauf einer einzelnen Antiquität akzeptiert wird.

Die Güte der berechneten Funktion und damit die Verläßlichkeit der Schätzung ist abhängig vom **Bestimmtheitsmaß** bzw. von der **Stärke des Zusammenhangs** zwischen den Variablen x und y. Die Messung der Stärke des Zusammenhangs zwischen zwei Variablen obliegt der Korrelationsanalyse (Kreyszig 1979, S. 300 ff.; Berekoven, Eckert, Ellenrieder 1989, S. 205 ff.; Backhaus et al. 1990, S. 1 ff.).

3.23 Korrelationsanalyse

Korrelations- und Regressionsanalyse stehen in engem Zusammenhang (Kress 1979, S. 294 ff.). Der grundsätzliche Unterschied liegt darin, daß bei der Korrelationsanalyse alle Größen als Zufallsvariablen betrachtet werden und damit nicht mehr die Messung von Abhängigkeiten, sondern die Messung eines Zusammenhangs zwischen Variablen im Vordergrund steht **(Interdependenzanalyse)**.

Korrelationen bringen gesetzmäßige, nicht stochastische Zusammenhänge zum Ausdruck. Das Maß, das die Stärke und Richtung des Zusammenhangs wiedergibt, ist der **Korrelationskoeffizient**. Wird der Zusammenhang von zwei Variablen untersucht, handelt es sich um eine **Einfachkorrelation,** bei mehr als zwei Variablen um eine **multiple Korrelation**.

Korrelationen können grundsätzlich beliebig skalierte Variablen zum Gegenstand haben. Sind die Daten metrisch, wird der **Pearson'sche Produkt-Moment-Korrelationskoeffizient** berechnet. Zusätzlich existieren verschiedene Rangkorrelationskoeffizienten und Maßgrößen für nominalskalierte Daten wie z. B. der **Kendall'sche und Spearman'sche Korrelationskoeffizient** (Sachs 1973, S. 309 ff.; Hüttner 1979, S. 214 f.).

Allen Koeffizienten ist gemein, daß sie normiert sind und nur Größen zwischen +1 und –1 annehmen können. Durch die Größe des Wertes wird die Stärke, durch das Vorzeichen die Richtung des Zusammenhangs angezeigt. Bei einem stark positiven (negativen) Zusammenhang nimmt der Koeffizient den Wert +1 (–1) an. Je geringer der Zusammenhang ist, desto stärker tendiert das Korrelationsmaß gegen 0.

Für die beispielhaft berechnete Regressionsfunktion deutet ein Korrelationskoeffizient von +0,22 auf einen positiven, allerdings nicht besonders stark ausgeprägten Zusammenhang zwischen der abhängigen Variablen „Ausgabenbetrag" und der unabhängigen Variablen „Repräsentation" hin. Mittels entsprechender Testverfahren wie z. B. dem F-Test (Backhaus et al. 1990, S. 27 ff.) kann dennoch mit der geringen Irrtumswahrscheinlichkeit von 1 % (Signifikanzniveau 99 %) nachgewiesen werden, daß es sich um einen signifikanten, nicht zufällig auftretenden Zusammenhang handelt.

Die Berechnung des Korrelationskoeffizienten (für metrische Daten, Pearson) erfolgt nach folgender Formel:

$$r = \frac{s_{xy}}{s_x \cdot s_y} = \frac{\sum_{i=1}^{n} (x_i - \bar{x}) \cdot (y_i - \bar{y})}{\sqrt{\sum_{i=1}^{n} (x_i - \bar{x})^2 \cdot \sum_{i=1}^{n} (y_i - \bar{y})^2}}$$

Damit ist der Korrelationskoeffizient definiert als das **Verhältnis der Kovarianz zu den multiplizierten Standardabweichungen der beiden Variablen**.

Eine andere Berechnungsart des Korrelationskoeffizienten setzt am Bestimmtheitsmaß r^2 an. Das Bestimmtheitsmaß ist ein Kriterium für die Güte der Anpassung der durch eine Regressionsfunktion geschätzten Werte an die tatsächlichen empirischen Werte. Es ist definiert als:

$$r^2 = \frac{\text{erklärte Abweichungsquadratsumme}}{\text{zu erklärende Abweichungsquadratsumme}} = \frac{\sum_{i=1}^{n} (\hat{y}_i - \bar{y})^2}{\sum_{i=1}^{n} (y_i - \bar{y})^2}$$

und kann nur Werte zwischen den beiden Extremen $r^2 = 0$ (kein Erklärungsbeitrag) und $r^2 = 1$ (vollständige Erklärung) annehmen. Allgemein kann gesagt werden, daß r^2 desto größer ist, je geringer die beobachteten Werte um die Regressionsgerade streuen.

Das Bestimmtheitsmaß der Regression zwischen dem Motiv „Repräsentation" und dem maximalen Geldbetrag für Einzelstücke beträgt 0,048 bzw. 4,8 %. Dieser Wert bringt zum Ausdruck, daß lediglich 4,8 % der insgesamt an der abhängigen Variable „Höchstbetrag für Einzelstücke" zu erklärenden Varianz durch das Motiv „Repräsentation" erklärt wird. 95,2 % der Varianz werden durch andere, nicht in die Regressionsfunktion einbezogene Variablen bestimmt.

Zur verbesserten Erklärung der abhängigen Variable ist es somit sinnvoll, weitere Motive als erklärende Variablen im Rahmen einer multiplen Regressionsanalyse in die Untersuchung einzubeziehen.

Zieht man die Wurzel aus dem Wert des Bestimmtheitsmaßes, so erhält man den Korrelationskoeffizienten nach Bravais-Pearson:

$$r = \sqrt{r^2} \text{ bzw. } r = \sqrt{0{,}048} = 0{,}22 .$$

Die in Abbildung 75 gekennzeichneten Darstellungen verdeutlichen mögliche Zusammenhänge zwischen der Form der Punktwolken und der Größe der Korrelationskoeffizienten.

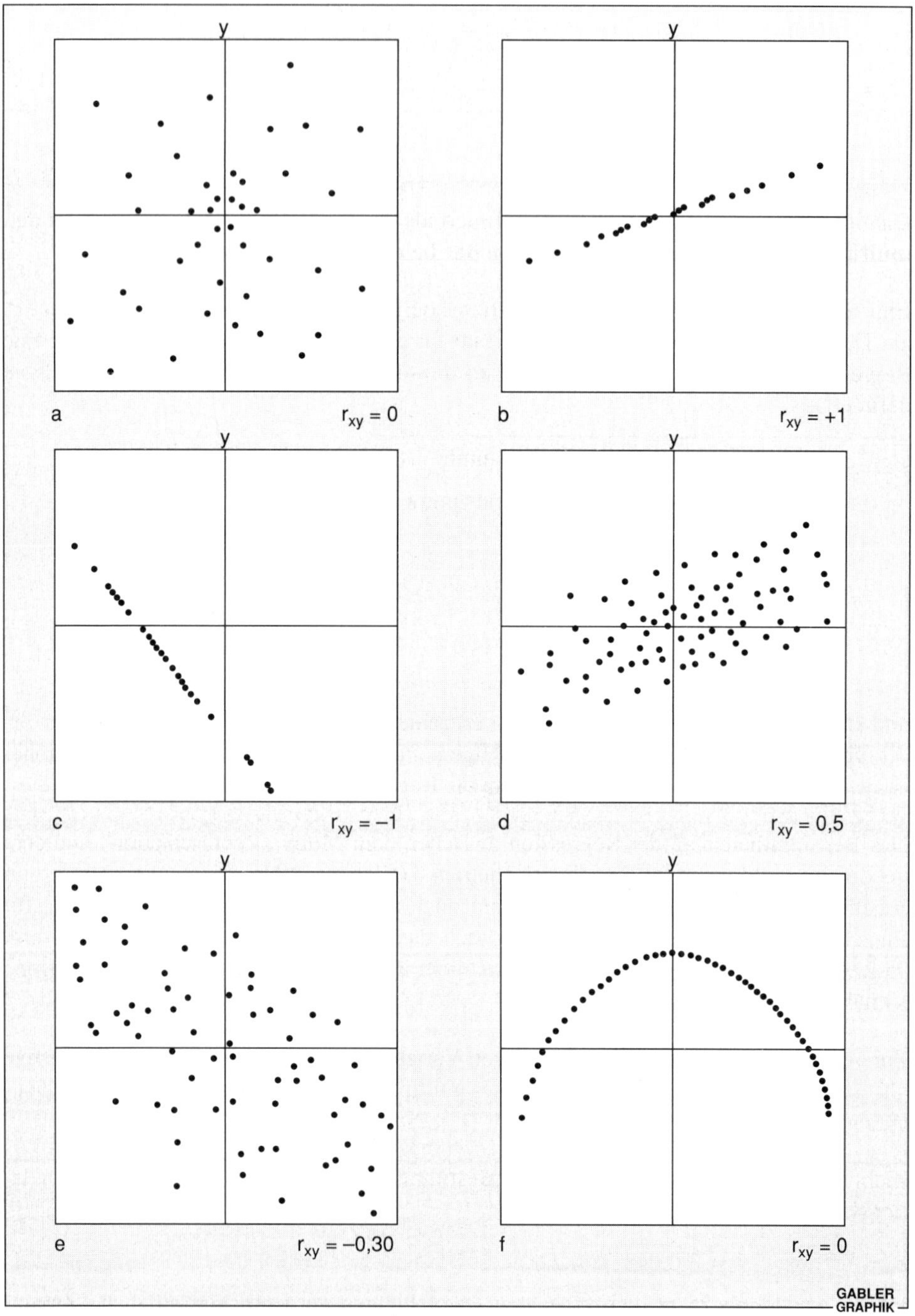

Abbildung 75: Schematische Beispiele für Korrelationsdiagramme
(Quelle: Überla 1972, S. 15)

3.3 Multivariate statistische Auswertungsverfahren

3.31 Ziele und Klassifikation

Im Gegensatz zu den uni-/bivariaten Analysemethoden werden bei den multivariaten statistischen Methoden an einer **Vielzahl von Objekten bzw. Merkmalsträgern** (Elemente, Personen, Produkte) mehrere Variablen gemessen und zur Beantwortung spezifischer Fragestellungen gleichzeitig ausgewertet (Green 1978; Kinnear, Taylor 1983; Hartung, Elpelt 1989).

Diese Verfahren decken wechselseitige Beziehungsstrukturen zwischen den Objekten und Variablen auf und zeigen neue Ansatzpunkte zur Dateninterpretation.

Die zunehmende Verwendung multivariater Analysetechniken liegt insbesondere darin begründet, daß auf Grund der Vielzahl von Einzelinformationen erst durch eine Verdichtung der dem Marketing-Management zugehenden Informationen die Grundlage für eine **Verbesserung der Entscheidung** geschaffen wird. Darüber hinaus haben sich die einfachen Analyseverfahren als wenig geeignet erwiesen, komplexe Marketing-Phänomene zu untersuchen. So läßt sich z. B. der Kauf eines Produktes i. d. R. nur durch eine Vielzahl gleichzeitig wirkender, untereinander abhängiger Faktoren erklären.

In der Literatur finden sich eine Reihe unterschiedlicher Klassifikationen der multivariaten Verfahren (Hüttner 1979; Böhler 1985; Breitung o. J.).

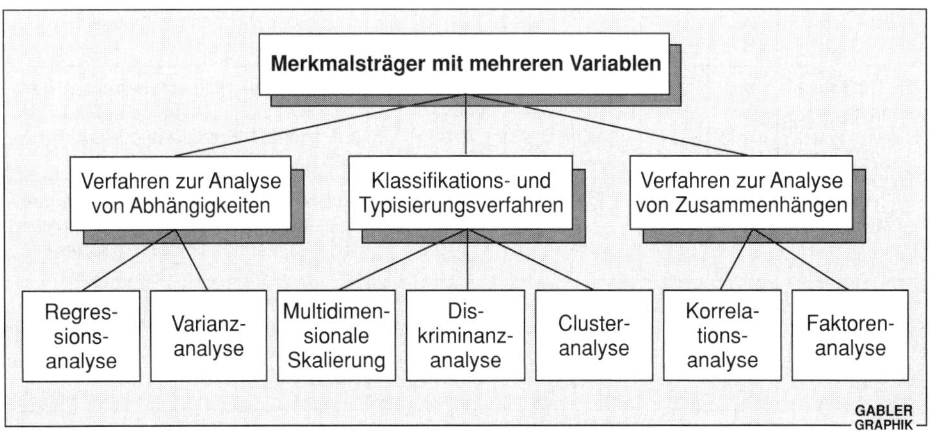

Abbildung 76: Systematik multivariater Daten-Analysemethoden

Das hier zugrunde liegende Klassifikationskriterium knüpft daran an, ob die zu untersuchenden Variablen voneinander abhängig, ob sie zueinander interdependent oder ob sie als unabhängig betrachtet werden können (vgl. Abbildung 76).

Die Abbildung 77 erläutert, welche Anzahl von abhängigen bzw. unabhängigen Variablen in die einzelnen multivariaten Analysen eingehen. Aus Gründen der Vollständigkeit ist in der Übersicht auch die Korrelationsanalyse enthalten, bei der es sich, wie zuvor erläutert, lediglich um ein bivariates Verfahren handelt. Desweiteren sind die mindestens erforderlichen Skalenniveaus für die zu untersuchenden Variablen sowie beispielhaft einige mit Hilfe der Verfahren zu beantwortende Fragestellungen aufgeführt. Diese hier lediglich zur Übersicht dargestellten Aspekte werden in den jeweiligen Abschnitten noch einmal vertiefend diskutiert.

Verfahren	Variable						Fragestellung
	Anzahl			Mindest-Skalenniveau			
	Abhängig	Unabhängig	Undefiniert	Abhängig	Unabhängig	Undefiniert	
Korrelationsanalyse	–	–	2	–	–	Ordinal	Besteht ein Zusammenhang zwischen den Images einzelner Abteilungen des Warenhauses?
Varianzanalyse	≥ 1	≥ 1	–	Intervall	Nominal	–	Hat die Herkunft (Wohnort) von Warenhauskunden einen Einfluß auf die Beurteilung des Warenhauses?
Regressionsanalyse	1	≥ 1	–	Intervall	Intervall	–	Wie ändert sich das Gesamtimage eines Warenhauses, wenn das Image einzelner Abteilungen steigt?
Clusteranalyse	–	–	≥ 1	–	–	Nominal	Lassen sich die Kunden eines Warenhauses entsprechend ihrer Wahrnehmung des Warenhausimages in Gruppen einteilen?
Diskriminanzanalyse	1	≥ 2	–	Nominal	Intervall	–	Welche Merkmale von befragten Personen eignen sich am besten zu ihrer Einteilung in Kunden und Nicht-Kunden eines Warenhauses?
Faktorenanalyse	–	–	≥ 2	–	–	Ordinal	Auf welche Faktoren läßt sich die Vielzahl von Eigenschaften zur Beurteilung eines Warenhausimages reduzieren?
Multidimensionale Skalierung (MDS)	–	–	≥ 2	–	–	Ordinal	Welches Image besitzt ein Warenhaus und welches sind die von Konsumenten zur Beurteilung herangezogenen Eigenschaften?

GABLER GRAPHIK

Abbildung 77: Skalenniveaus und denkbare Fragestellungen multivariater Verfahren

Im folgenden stehen die Zielsetzungen und Verfahrensgrundlagen der verschiedenen multivariaten Analysemethoden im Mittelpunkt der Betrachtungen.

3.32 Faktorenanalyse

3.321 Zielsetzung

Die Faktorenanalyse gehört zu den ältesten multivariaten Verfahren. Hier wird ohne eine Einteilung in abhängige und unabhängige Variablen eine **gleichzeitige Auswertung/ Analyse mehrerer Variablen bzw. eines ganzen Datensatzes** vorgenommen (Überla 1972; Harman 1973; Revenstorf 1976; Bleymüller 1989 b).

Die Faktorenanalyse untersucht Variablenmengen, bei denen es Anhaltspunkte dafür gibt, daß sie von gemeinsamen Einflußgrößen (sogenannten Supervariablen) abhängig sind, die selbst nicht direkt erfaßbar sind (vgl. Abbildung 78).

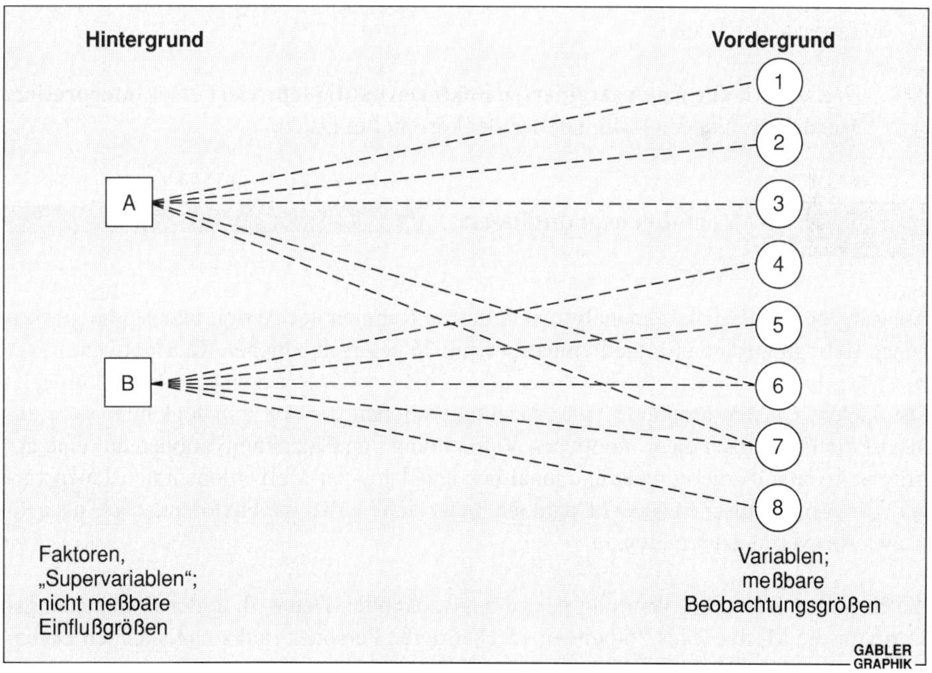

Abbildung 78: Die Beziehung zwischen Variablen und Faktoren (Quelle: Überla 1972, S. 4)

Das Hauptziel der Faktorenanalyse ist daher die **Ableitung dieser Faktoren (Supervariablen)** aus einer Menge beobachteter Variablen. Die Faktoren sollen möglichst einfach sein und die Beobachtungen hinreichend genau beschreiben und erklären.

Als Faktoren werden dabei mathematische Größen verstanden, die aus den Beobachtungsdaten extrahiert und durch (die erklärenden) Variablen interpretiert werden. Aus dem Aufgabenspektrum der Faktorenanalyse lassen sich folgende Primäraufgaben herausgreifen (Berekoven, Eckert, Ellenrieder 1989, S. 232 f.):

1. Die originäre Aufgabe der Faktorenanalyse besteht darin, **aus einem großen Beobachtungsdatenvolumen Faktoren zu extrahieren**, die geeignet sind, ohne allzu großen Informationsverlust den Informationsgehalt der Beobachtungsdaten wiederzugeben. Aufgrund dieser Aufgabenstellung ist die Faktorenanalyse in der Lage, die **Basisstruktur von Beobachtungsdaten** offenzulegen, um bislang unbekannte Phänomene anhand weniger Einflußgrößen darzustellen (z. B. Positionierung von Produkten in Marktmodellen).

2. Das Verfahren hat somit die Aufgabe, **latente Verursachungsgründe oder Dimensionen (Erklärungs- und Beschreibungsvariablen) aufzudecken**, die hinter beobachteten Größen stehen und auf andere Weise nur schwer oder überhaupt nicht festzustellen wären.

3. Weiterhin können die **extrahierten Faktoren häufig sehr viel besser interpretiert werden** als eine Vielzahl miteinander korrelierter Daten.

3.322 Verfahrensgrundlagen

Ausgangspunkt der Faktorenanalyse sind die im Rahmen der Antiquitätenstudie gewonnenen Befragungsdaten für die Itembatterie mit 26 unterschiedlichen Kaufmotiven.

Die spätere Clusterzuordnung von Einzelmotivationen der Antiquitätenkäufer setzt zunächst die Frage nach einer möglichen Verdichtung von Einzelmotivationen auf eine geringere Anzahl übergeordneter und inhaltlich unabhängiger Motivationsdimensionen voraus. Unter methodischen Gesichtspunkten bietet sich hierbei die Faktorenanalyse als adäquates Auswertungsverfahren an.

Sie beginnt mit der Aufbereitung der zu analysierenden Daten, d. h. der Beobachtungswerte für die Motive 1 bis 26 bei den 151 befragten Personen in der sogenannten Datenmatrix wie sie in Abbildung 79 dargestellt ist. Beispielsweise steht das Element x_{11} für die Beurteilung des Motivs 1 durch die erste Befragungsperson.

Zufallsvariablen	Merkmalsträger (Objekte/Personen) 1 . . . j . . . n		
1	x_{11}	x_{1j}	x_{1n}
⋮	⋮	⋮	⋮
i	x_{i1}	x_{ij}	x_{in}
⋮	⋮	⋮	⋮
m	x_{m1}	x_{mj}	x_{mn}

GABLER GRAPHIK

Abbildung 79: Datenmatrix

Nach der Erstellung der Datenmatrix werden in einem weiteren Schritt die Beziehungen zwischen den einzelnen Variablen ermittelt (vgl. Backhaus et al. 1990, S. 71 ff.).

Um den Zusammenhang zwischen zwei Variablen wiederzugeben, werden pro Variablenpaar jeweils alle n-Punktepaare in einem zweidimensionalen Raum abgebildet. Die Stärke des Zusammenhangs der dargestellten Punktwolke wird dann durch den **Produkt-Moment-Korrelationskoeffizient** errechnet. Nach der Ermittlung der Korrelationskoeffizienten für alle Variablenkombinationen erhält man eine symmetrische quadratische Matrix $R = (r_{ik})$, aus der sich die Beziehungsstruktur der Variablen untereinander erkennen läßt:

$$R = (r_{ik}) = \begin{pmatrix} r_{11} & r_{12} \cdots & r_{1k} \cdots & r_{1m} \\ r_{21} & r_{22} \cdots & r_{2k} \cdots & r_{2m} \\ \vdots & \vdots & \vdots & \vdots \\ r_{i1} & r_{i2} \cdots & r_{ik} \cdots & r_{im} \\ \vdots & \vdots & \vdots & \vdots \\ r_{m1} & r_{m2} \cdots & r_{mk} \cdots & r_{mm} \end{pmatrix} \quad (i, k = 1 \ldots m)$$

Da $r_{11} = r_{22} = \ldots = r_{mm} = 1$ und aufgrund der Symmetrie $r_{ik} = r_{ki}$ ist, ist die Korrelationsmatrix auch in der folgenden Dreiecksform darzustellen:

$$R = (r_{ik}) = \begin{pmatrix} 1 & r_{12} \cdots & r_{1k} \cdots & r_{1m} \\ & 1 \quad \cdots & r_{2k} \cdots & r_{2m} \\ & & \vdots & \vdots \\ & & 1 \quad \cdots & r_{im} \\ & & & \vdots \\ & & & 1 \end{pmatrix} \quad (i, k = 1 \ldots m)$$

		Motiv																		
	r_{ik}	1	2	3	4	5	6	…	12	13	14	15	…	21	22	23	24	25	26
	1	1,00	-0,15	-0,05	-0,03	-0,04	-0,11	…	0,04	-0,10	-0,25	-0,15	…	-0,05	-0,09	-0,04	-0,01	-0,01	0,17
	2		1,00	0,21	0,24	0,15	0,20	…	0,13	0,10	0,10	0,05	…	0,18	0,09	0,05	-0,04	0,01	-0,01
	3			1,00	0,29	0,17	0,51	…	0,10	0,23	0,11	0,05	…	0,28	0,30	0,27	0,05	0,09	-0,05
	4				1,00	0,63	0,26	…	0,25	0,15	0,13	0,08	…	0,11	0,22	0,20	0,10	-0,08	-0,09
	5					1,00	0,16	…	0,43	0,09	0,16	0,01	…	0,05	0,19	0,01	-0,14	-0,04	-0,01
	6						1,00	…	0,10	0,34	0,31	0,10	…	0,33	0,33	0,25	0,02	0,13	0,01
	.							.	.	.	.	.	…	.	.	.	.	.	.
	.							.	.	.	.	.	…	.	.	.	.	.	.
	.							.	.	.	.	.	…	.	.	.	.	.	.
	12								1,00	0,09	0,06	0,04	…	0,03	0,15	0,00,	0,01	-0,01	0,09
Motiv	13									1,00	0,13	0,09	…	0,41	0,40	0,26	0,30	0,36	0,17
	14										1,00	0,40	…	0,21	0,26	0,14	0,07	0,14	0,06
	15											1,00	…	0,16	0,18	0,13	-0,10	0,17	0,04
	.												.	.	.	.	.	.	.
	.												.	.	.	.	.	.	.
	.												.	.	.	.	.	.	.
	21													1,00	0,33	0,21	0,19	0,11	0,06
	22														1,00	0,27	0,19	0,26	0,17
	23															1,00	0,22	0,33	0,10
	24																1,00	0,16	0,05
	25																	1,00	0,37
	26																		1,00

GABLER GRAPHIK

Abbildung 80: Korrelationsmatrix für die Motive 1 – 26 der Antiquitätenstudie

Die entsprechende Korrelationsmatrix für das Antiquitätenbeispiel ist in Abbildung 80 auszugsweise wiedergegeben.

Im Rahmen der Faktorenanalyse steht nun die Frage im Vordergrund, ob es eine Größe gibt, einen oder mehrere Faktoren, die die zwischen den Ursprungsdaten beobachteten Korrelationen möglichst gut beschreiben und erklären und in Verbindung mit einer geeigneten Rechenregel reproduzieren können.

Allgemein läßt sich jede quadratische Matrix ($m \cdot m$) durch die Multiplikation eines Spaltenvektors ($m \cdot 1$) mit einem Zeilenvektor ($1 \cdot m$) größenmäßig reproduzieren.

Es wird somit rein formalmathematisch nach einer zweiten Matrix möglichst weniger Faktoren gesucht, mit denen die Matrix der Korrelationskoeffizienten erklärt, d. h. reproduziert werden kann. Hinter einer solchen formalmathematischen Erklärung steht die Annahme, daß hinter den beobachteten Korrelationen ein Faktor (mehrere Faktoren) steht, der diese Korrelationen auch kausal, d. h. inhaltlich bedingt.

Unter Vernachlässigung der einzelnen Schritte zur theoretischen Bestimmung der Faktoren wird als Ausgangsgleichung für die weitere Beschreibung das **Fundamentaltheorem der Faktorenanalyse** herangezogen (Überla 1972, S. 60; Bleymüller 1989 b, S. 84 ff.).

Das Fundamentaltheorem der Faktorenanalyse

$$R = (r_{ik}) = A \cdot A' + C \cdot C'$$

zeigt, daß sich die Korrelationsmatrix durch Addition der multiplizierten Matrix der gemeinsamen Faktoren (A) mit ihrer Transponierten (A') und der multiplizierten Matrix der spezifischen Faktoren (C) mit ihrer Transponierten (C') berechnen läßt.

Die **gemeinsamen Faktoren** stellen die gesuchten, untereinander unabhängigen Beschreibungs- und Erklärungsgrößen dar. Die einzelnen Elemente der Faktorenmatrix werden als **Faktorladung** bezeichnet und lassen sich als **Meßgröße für den Zusammenhang zwischen Variable und Faktor heranziehen**.

Häufig besitzen die untersuchten Variablen noch einen **spezifischen Erklärungsanteil**, der sich nicht durch die gemeinsamen Faktoren erklären läßt. Dieser Anteil wird in der Matrix der spezifischen Faktoren bzw. **Einzelrestfaktoren** berücksichtigt.

Um die Struktur der gemeinsamen Faktoren, d. h. insbesondere die Faktorenmatrix bzw. das Faktorenmuster herauszuarbeiten, wird folgende Umformung vorgenommen

$$R - C \cdot C' = A \cdot A'$$

wobei $R - C \cdot C' = R_h$ als **reduzierte Korrelationsmatrix** bezeichnet wird (Überla 1972, S. 60; Bleymüller 1989 b, S. 90).

Die reduzierte Korrelationsmatrix ist bis auf die Hauptdiagonale mit der ursprünglichen Korrelationsmatrix identisch. Auf der Hauptdiagonalen ist der pro Variable mögliche Erklärungsbeitrag von 1 durch den von allen gemeinsamen Faktoren erklärbaren Varianzanteil ersetzt. Somit reduziert sich die vorrangige Aufgabe der Faktorenanalyse auf die Lösung des Gleichungssystems

$$R_h = A \cdot A'$$

$$R_h = \begin{pmatrix} h_1^2 \cdots r_{1k} \cdots r_{1m} \\ \vdots \quad \vdots \quad \vdots \\ r_{i1} \cdots h_i^2 \cdots r_{im} \\ \vdots \quad \vdots \quad \vdots \\ r_{m1} \cdots r_{mk} \cdots h_m^2 \end{pmatrix} = \begin{pmatrix} a_{11} \cdots a_{1k} \cdots a_{1r} \\ \vdots \quad \vdots \quad \vdots \\ a_{i1} \cdots a_{ik} \cdots a_{ir} \\ \vdots \quad \vdots \quad \vdots \\ a_{m1} \cdots a_{mk} \cdots a_{mr} \end{pmatrix} \cdot \begin{pmatrix} a_{11} \cdots a_{i1} \cdots a_{m1} \\ \vdots \quad \vdots \quad \vdots \\ a_{1k} \cdots a_{ik} \cdots a_{mk} \\ \vdots \quad \vdots \quad \vdots \\ a_{1r} \cdots a_{ir} \cdots a_{mr} \end{pmatrix}$$

Für den Spezialfall der Hauptdiagonalen (für i = k) gilt also

$r_{ii} = a_{i1}^2 + \ldots + a_{ik}^2 + \ldots + a_{ir}^2 + c_i^2 = 1$
und
$r_{ii} = s_i^2 = 1$

a_{ik}^2 ist damit als Beitrag des Faktors k an der Varianz der Variablen i anzusehen.

Der Anteil der Varianz, der auf gemeinsame Faktoren zurückzuführen ist, wird als **Kommunalität** bezeichnet und hat das Symbol h_i^2. Demgegenüber ist $c_i^2 = 1 - h_i^2$ der Erklärungsbeitrag variablenspezifischer Faktoren (unbekannter Variablen u_i). Die Zusammenhänge lassen sich wie in Abb. 82 verdeutlicht darstellen:

$r_{ii} = s_i^2 = 1{,}00 = 100\,\%$					
a_{i1}^2	...	a_{ik}^2	...	a_{ir}^2	c_i^2
h_i^2 = Kommunalität					c_i^2 = Einzelrestfaktoren

Abbildung 81: Varianzerklärung durch gemeinsame und spezifische Faktoren

Um für ein konkretes Beispiel obige Tabelle ermitteln zu können, ist es vorab notwendig, die **Kommunalitäten zu schätzen** und darauf aufbauend die **Faktorenextraktion** und **Faktorenrotation** vorzunehmen. Auf diesen Problemkreis, der in der Faktorenanalyse als das sog. Kommunalitätenproblem bezeichnet wird, soll nicht näher eingegangen werden (vgl. hierzu Überla 1972, S. 157 ff.; Bleymüller 1989 b, S. 87 ff.).

Für das diskutierte Beispiel lassen sich die 26 abgefragten Einzelmotive faktorenanalytisch nach Durchführung der aufgezeigten Rechenschritte auf neun Inhaltsdimensionen (Faktoren) reduzieren. Die Faktorenstruktur und die Varianzbeiträge sind Abbildung 82 zu entnehmen.

Motiv i	a_{ik} Faktor k									Kommunalität	Einzelrest-faktoren	Gesamt-varianz
	k = 1	k = 2	k = 3	k = 4	k = 5	k = 6	k = 7	k = 8	k = 9	$h_i^2 = \sum a_{ik}^2$	c_i^2	s_i^2
Lösung eines funktionalen Einrichtungsproblems	– 0,11	– 0,23	0,04	– 0,28	0,13	– 0,07	0,04	0,16	0,10	0,21	0,79	1
Dekoration der Wohnung	0,27	0,24	0,13	– 0,10	– 0,12	– 0,09	0,22	0,17	0,14	0,28	0,72	1
Dokumentation von Individualismus	0,61	– 0,00	0,11	0,09	– 0,02	0,00	0,18	0,03	0,08	0,43	0,57	1
Wertanlage	0,32	0,04	0,65	0,01	– 0,14	0,10	0,21	0,03	– 0,13	0,62	0,38	1
Spekulation auf Wertzuwachs	0,09	0,08	0,90	0,12	– 0,02	– 0,12	0,04	– 0,01	– 0,08	0,85	0,15	1
Wunsch nach Selbstverwirklichung	0,74	0,02	0,09	0,16	0,05	– 0,07	– 0,04	0,01	0,09	0,60	0,40	1
Besitzstreben	0,50	0,15	0,12	0,12	– 0,03	0,20	– 0,02	0,20	0,07	0,39	0,61	1
Sammelleidenschaft	0,14	0,07	0,06	0,85	– 0,03	0,10	0,05	0,04	0,06	0,76	0,24	1
Bedürfnis nach Ästhetik	0,43	0,14	0,01	– 0,15	0,06	0,15	– 0,01	– 0,02	0,44	0,44	0,56	1
Freude am Schenken	0,05	0,13	0,02	0,10	0,07	0,12	0,05	0,09	0,37	0,20	0,80	1
Reaktion auf modernes Möbeldesign	0,18	0,02	– 0,07	0,01	0,09	0,04	– 0,02	0,83	0,10	0,72	0,28	1
Steuerflucht	0,03	0,01	0,47	– 0,01	0,10	– 0,04	0,02	– 0,05	0,21	0,28	0,72	1
Nostalgie	0,44	0,11	0,05	0,01	0,42	0,18	0,10	0,07	– 0,07	0,44	0,56	1
Freizeitgestaltung	0,16	0,31	0,08	0,65	0,11	0,00	0,00	0,03	0,05	0,58	0,42	1
Hoffnung auf Trouvaille	0,02	0,51	0,02	0,34	0,14	– 0,15	– 0,07	0,06	– 0,01	0,43	0,57	1
Spaß am Suchen	0,10	0,63	0,07	0,12	– 0,02	– 0,06	– 0,04	0,03	0,09	0,44	0,56	1
Freude am Einkaufserlebnis	0,19	0,77	0,01	0,08	0,13	0,01	0,09	0,01	0,17	0,69	0,31	1
Familientradition	0,04	– 0,07	– 0,08	0,16	– 0,14	0,71	0,00	– 0,02	0,23	0,62	0,38	1
Besitzerstolz	0,40	0,34	0,19	0,13	0,06	0,15	0,28	– 0,12	– 0,10	0,46	0,54	1
Repräsentation	0,17	– 0,04	0,16	0,01	0,11	0,01	0,95	– 0,01	0,07	0,98	0,02	1
Bedürfnis nach Ausgleich	0,42	0,20	– 0,01	0,06	0,19	0,04	0,05	0,12	0,01	0,28	0,72	1
Empfinden eines kulturellen Auftrages	0,38	0,17	0,15	0,16	0,36	0,10	0,18	– 0,01	0,00	0,39	0,61	1
Reaktion auf moderne Kunst	0,36	0,11	0,02	– 0,09	0,22	0,25	0,04	0,28	– 0,12	0,35	0,65	1
Bewahrung von Erinnerungen an die Familie	0,11	0,04	– 0,02	– 0,05	0,18	0,70	0,01	0,07	0,01	0,54	0,46	1
Liebe zum alten Kunsthandwerk	0,14	0,11	– 0,07	0,09	0,58	0,08	0,02	0,17	– 0,02	0,41	0,59	1
Freude an Naturstoffen	– 0,04	– 0,04	0,03	– 0,09	0,64	– 0,07	0,00	– 0,05	– 0,16	0,45	0,55	1
										12,84	13,16	26

GABLER GRAPHIK

Abbildung 82: Faktorenstruktur und Varianzbeiträge der extrahierten Faktoren im Antiquitätenbeispiel

Durch Quadrierung der einzelnen Faktorladungen und Summierung dieser Werte pro Variable erhält man den durch alle neun Faktoren erklärten Varianzanteil pro Variable (h_i^2).

Durch Addition aller h_i^2 ergibt sich die durch alle Faktoren erklärte Varianz für 26 Variablen. In diesem Fall erklären neun Faktoren 49 % der maximal erklärbaren Gesamtvarianz.

Insgesamt lassen sich die Erklärungsbeiträge für die einzelnen Faktoren ermitteln, indem für jeden Faktor die quadrierten Faktorladungen a_{ik}^2 über alle Variablen aufsummiert werden (vgl. Abbildung 83).

Gesamtvarianz (GV) = 26						
Varianz des ersten	Faktors (Eigenwert)	=	4,47	(in % GV	=	17,20 %)
Varianz des zweiten	Faktors (Eigenwert)	=	1,78	(in % GV	=	6,85 %)
Varianz des dritten	Faktors (Eigenwert)	=	1,61	(in % GV	=	6,19 %)
Varianz des vierten	Faktors (Eigenwert)	=	1,20	(in % GV	=	4,62 %)
Varianz des fünften	Faktors (Eigenwert)	=	0,95	(in % GV	=	3,65 %)
Varianz des sechsten	Faktors (Eigenwert)	=	0,87	(in % GV	=	3,35 %)
Varianz des siebten	Faktors (Eigenwert)	=	0,79	(in % GV	=	3,04 %)
Varianz des achten	Faktors (Eigenwert)	=	0,67	(in % GV	=	2,58 %)
Varianz des neunten	Faktors (Eigenwert)	=	0,50	(in % GV	=	1,92 %)
Gesamtkommunalität		=	12,84	(in % GV	=	43,40 %)
Gesamteinzelvarianz		=	13,16	(in % GV	=	50,62 %)

GABLER GRAPHIK

Abbildung 83: Erklärungsbeiträge der einzelnen Faktoren

Ein Entscheidungsproblem im Rahmen der Faktorenanalyse stellt die Bestimmung der Zahl der zu extrahierenden Faktoren dar. Eine der üblichen Regeln ist das sog. **Kaiser-Kriterium**, das besagt, daß solange weitere Faktoren zu extrahieren sind, wie der Eigenwert des zusätzlichen Faktors größer eins ist. Eine allgemein gültige Methode zur Ermittlung der Faktorenzahl gibt es jedoch nicht. Häufig zeigt erst der Versuch, die extrahierten Faktoren sinnvoll zu interpretieren, inwieweit die richtige Anzahl von Faktoren getroffen wurde (Zu den verschiedenen Verfahren vgl. Überla 1972, S. 123 ff.; Bleymüller 1989 b, S. 99 ff.; Backhaus et al. 1990, S. 90 f.).

Aus der Matrix der Faktorladungen in Abbildung 82 wird schließlich deutlich, welcher Faktor zur Erklärung welcher Variablen heranzuziehen ist, d. h. welcher Faktor Hintergrundvariable für welches Einzelmotiv ist. Anhand der Faktorladungen der Einzelmotive lassen sich relativ gut abgrenzbare Beschreibungen für die extrahierten Faktoren finden. Faktorladungen < 0,40 werden dabei, dem üblichen statistischen Vorgehen folgend, nicht zur Interpretation herangezogen. Die in Abbildung 84 dargestellte Dimensionsinterpretation führt damit zugleich zu einem tiefergehenden Einblick und Verständnis genereller Aspekte der Käufermotivation beim Antiquitätenkauf (vgl. auch Meffert, Honsel 1983).

Dimensionen der Motivation von Antiquitätenkäufern		Eigenwert	Relativer erklärter Varianzanteil in %	Gesamt erklärter Varianzanteil in %
Streben nach Selbstverwirklichung und Selbstdarstellung – Wunsch nach Selbstverwirklichung – Dokumentation von Individualismus – Besitzstreben – Nostalgie – Bedürfnis nach Ausgleich – Besitzerstolz – Empfinden eines kulturellen Auftrags – Reaktion auf moderne Kunst – Dekoration der Wohnung	Faktorladungen 0,74 0,61 0,60 0,44 0,42 0,40 (0,38) (0,36) (0,27)	4,47	34,81 %	17,20 %
Streben nach Konsumerlebnis – Freude am Einkaufserlebnis – Spaß am Suchen – Hoffnung auf eine Trouvaille	Faktorladungen 0,77 0,63 0,51	1,78	13,86 %	24,05 %
Antiquitätenkauf als ökonomisches Kalkül – Spekulation auf Wertzuwachs – Wertanlage – Steuerflucht	Faktorladungen 0,90 0,65 0,47	1,61	12,54 %	30,24 %
Sammeln von Antiquitäten als freizeitgestaltendes Hobby – Sammelleidenschaft – Freizeitgestaltung	Faktorladungen 0,85 0,65	1,20	9,35 %	34,86 %
Liebhaberei – Freude an Naturstoffen – Liebe zum alten Kunsthandwerk	Faktorladungen 0,64 0,58	0,95	7,40 %	38,51 %
Familiär bedingte Motivation – Familientradition – Bewahrung von Erinnerungen an die Familie	Faktorladungen 0,71 0,70	0,87	6,78 %	41,96 %
Repräsentation – Repräsentation	Faktorladungen 0,96	0,79	6,15 %	44,90 %
Endogener Geschmackswandel – Reaktion auf modernes Möbeldesign – Lösung eines funktionalen Einrichtungsproblems	Faktorladungen 0,83 (0,16)	0,67	5,22 %	47,48 %
Streben nach Ästhetik – Bedürfnis nach Ästhetik – Freude am Schenken	Faktorladungen 0,44 (0,37)	0,50	3,89 %	49,40 %
			100,00 %	49,40 %

GABLER GRAPHIK

Abbildung 84: Inhaltsdimensionen der Motivation von Antiquitätenkäufern

Im Gesamtüberblick wird deutlich, daß sich das Streben nach Selbstverwirklichung und Selbstdarstellung mit einem relativen Erklärungsanteil von 35 % als die strukturell bedeutendste Inhaltsdimension erweist. Demgegenüber ist der Erklärungsbeitrag der anderen Inhaltsdimensionen weitaus geringer ausgeprägt, wobei den Faktoren „Streben nach Konsumerlebnis“ und „Antiquitätenkauf als ökonomisches Kalkül“ noch der vergleichsweise größte Erklärungsbeitrag mit 13,9 % bzw. 12,6 % zukommt.

In einem weiteren Rechenschritt lassen sich nun für jeden Befragten die Variablenurteile in sog. **Faktorenwerte** umrechnen, so daß in einem von diesen drei Faktoren aufgespannten dreidimensionalen Raum alle n-Punktepaare abgebildet werden können (zu weiteren Beispielen zur Faktorenanalyse vgl. Hüttner 1979, S. 346 ff.; Böhler 1985, S. 218 ff.; Berekoven, Eckert, Ellenrieder 1989, S. 225 ff.).

Diese Positionierung kann die Grundlage weiterer Analysen und Interpretationen zum Zwecke der Marktsegmentierung oder der differenzierten Ausrichtung des Marketinginstrumenteeinsatzes an unterschiedlichen Motivationsstrukturen der Zielgruppen sein.

Abbildung 85 gibt einen zusammenfassenden Überblick über die einzelnen Abfolgeschritte der Faktorenanalyse.

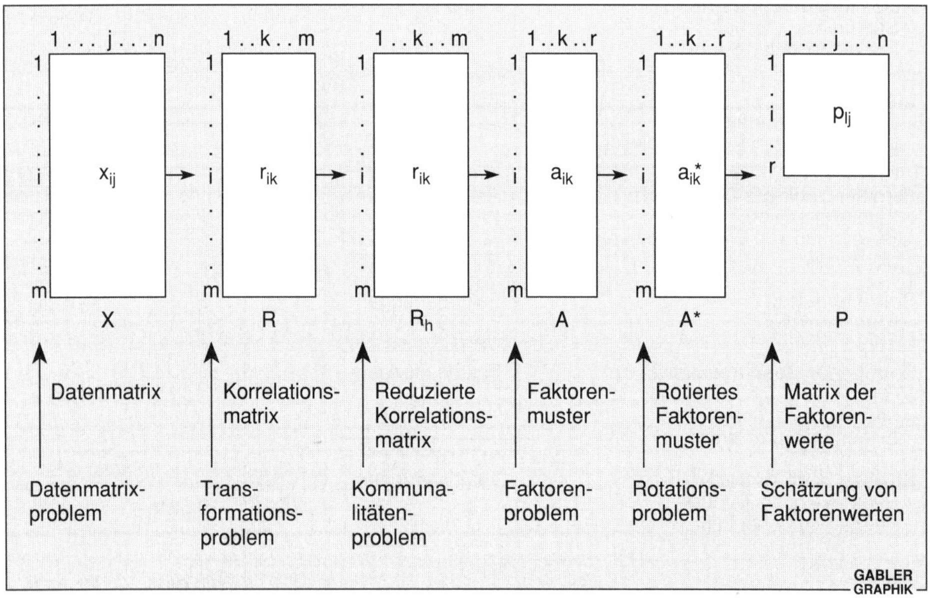

Abbildung 85: Abfolgeschritte der Faktorenanalyse (Quelle: Backhaus et al., 1990, S. 96)

3.33 Clusteranalyse

3.331 Zielsetzung

Die Clusteranalyse hat zum Ziel, **eine Anzahl von Objekten (Personen, Produkte, Unternehmen)**, entsprechend der Ähnlichkeit ihrer zugehörigen Merkmalsausprägungen, **in eine natürliche Ordnung von sich unterscheidenden Gruppen oder Klassen zu bringen**.

Die dabei gebildeten Gruppen sollen sich dadurch auszeichnen, daß die in ihnen enthaltenen Objekte im Hinblick auf die untersuchten Eigenschaften oder Merkmalsausprägungen eine **große Homogenität** aufweisen, die Unterschiede zwischen den Gruppen aber möglichst groß sind (vgl. Abbildung 86).

Der **Ablauf der Clusteranalyse** ist vereinfacht in zwei grundlegenden Schritten zu beschreiben (Backhaus et al. 1990, S. 116):

- Man überprüft für jeweils zwei Objekte die Ausprägung der sie beschreibenden Merkmale und versucht, die Unterschiede bzw. Übereinstimmungen durch einen Zahlenwert zum Ausdruck zu bringen. Der Zahlenwert charakterisiert dann die Ähnlichkeit oder Unähnlichkeit der Objekte hinsichtlich der untersuchten Merkmale.
- Auf Grundlage der Ähnlichkeitswerte werden die Objekte so zu Gruppen zusammengefaßt, daß sich Objekte mit weitgehend übereinstimmenden Eigenschafts- bzw. Merkmalsstrukturen in einer Gruppe wiederfinden.

Im Gegensatz zur Faktorenanalyse, die eine Reduzierung der Variablen bezweckt, zielt die Clusteranalyse auf eine **Komprimierung der Objekte** ab. Hierbei stehen nicht mehr die Abhängigkeiten und Zusammenhänge zwischen den Variablen, sondern die Zusammenhänge zwischen den betrachteten oder beurteilten Objekten im Vordergrund des Interesses.

Faktorenanalyse und Clusteranalyse können jedoch im Rahmen einer Problemlösung sukzessiv zur Anwendung gelangen, indem die Ähnlichkeit der Objekte nicht anhand sehr vieler originärer Variablen, sondern auf der Basis der durch die Faktoranalyse extrahierten Faktoren und der geschätzten Faktorenwerte gemessen wird.

Dieser Vorgehensweise soll für das Antiquitätenbeispiel aus folgenden Gründen hingegen nicht gefolgt werden:

- Die zu Inhaltsdimensionen verdichteten Einzelmotive sind zu abstrakt und synthetisch, um wichtige Nuancen der Käufermotivation, die u. U. sehr verschiedenartige Verhaltenswirkungen besitzen können, zu erfassen.

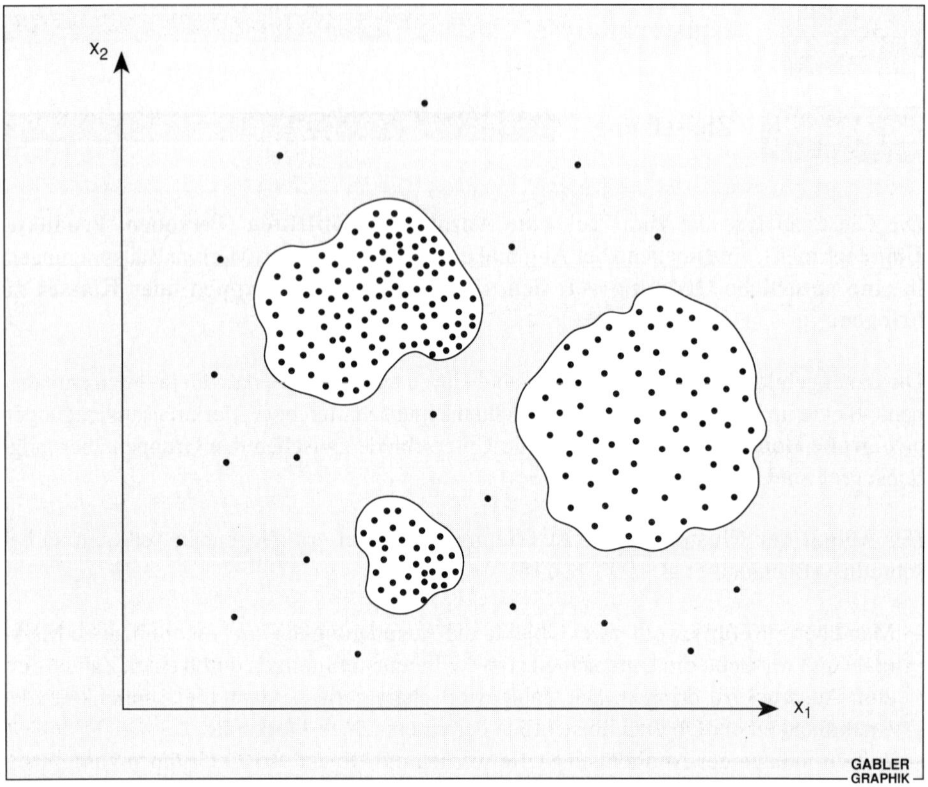

Abbildung 86: Schematische Darstellung drei deutlich differenzierbarer Cluster

- Vor allem aber entsteht mit einem Varianzerklärungsanteil der neun Faktoren von ca. 50 % bei der Verwendung von Faktorenwerten in weiterführenden statistischen Analysemethoden ein Informationsverlust in mindestens gleicher Höhe.

Für die weitere Analyse der Käufermotivation und ihrer Bestimmungsgrößen empfiehlt es sich deshalb, die extrahierten Inhaltsdimensionen zwar als Bezugsrahmen zu nutzen, im übrigen jedoch die Einzelmotivationen isoliert zu untersuchen.

Im Rahmen von Marketingproblemstellungen liefert die Clusteranalyse im wesentlichen Entscheidungshilfen für die Marktsegmentierung. So können auf der Basis von demographischen, psychographischen und/oder Verhaltensmerkmalen der Konsumenten homogene Konsumententypen gebildet werden (z. B. Verlagstypologien). Eine solche Typologie vermag dabei wichtige Informationen für eine zielgruppenspezifische Marktbearbeitung zu liefern.

3.332 Verfahrensgrundlagen

Die zur Durchführung einer Clusteranalyse notwendigen Schritte lassen sich wie folgt einteilen in:

1. Präzisierung der Problemstellung und Auswahl der Objekte und der Variablen zur Clusterbildung

2. Festlegung des Ähnlichkeitsmaßes (Proximitätsmaß)

3. Auswahl der Clustertechnik

4. Interpretation der Cluster

Proximitätsmaß und Clustertechnik stehen dabei im Mittelpunkt der methodischen Betrachtung (vgl. zur Durchführung von Clusteranalysen u. a. Bock 1974; Everitt 1974; Hartigan 1975; Späth 1977; Steinhausen, Langer 1977; Eckes, Roßbach 1980).

Die Wahl eines geeigneten Maßes für die Ähnlichkeit oder Unähnlichkeit zweier Objekte, das in ihrer Nähe oder Entfernung zum Ausdruck kommt, hängt unmittelbar vom Meßniveau der Eingabedaten ab (vgl. Abbildung 87). **Bei nominal oder ordinalskalierten Variablen kommen spezielle Ähnlichkeitsmaße, bei Intervall- oder verhältnisskalierten Inputdaten Distanzmaße wie die Euklidische oder die City-Block-Distanz in Betracht**

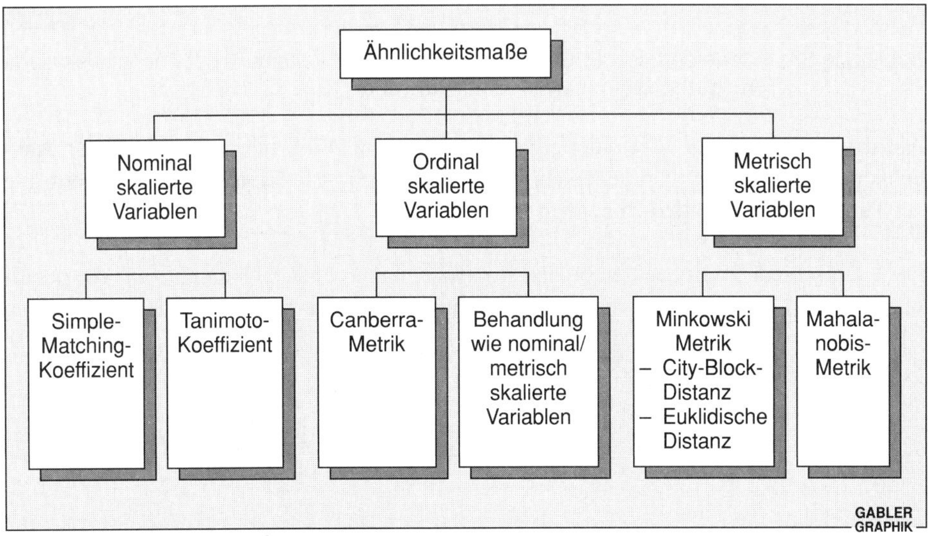

Abbildung 87: Überblick ausgewählter Ähnlichkeitsmaße

(Eckes, Roßbach 1980, S. 42 ff.; Green, Tull 1982, S. 413 ff.; Bleymüller 1989 b, S. 134 ff.; Backhaus et al. 1990, S. 117 ff.).

Bei der **Ähnlichkeitsmessung nominalskalierter Ausgangsdaten** ist es nicht sinnvoll, Merkmalsdifferenzen zu berechnen und zur Konstruktion von Distanzmaßen zu benutzen. Das einzige, worauf sich die Ähnlichkeitsmessung in diesem Fall stützen kann, ist die Überprüfung, ob die Merkmalsausprägungen zweier Objekte übereinstimmen oder nicht. Bei der Überprüfung der Merkmale auf Übereinstimmung werden immer nur zwei Objekte miteinander verglichen. Die möglichen Ergebnisse dieses Vergleichs sind in Abbildung 88 wiedergegeben:

Objekt 1	Objekt 2		Zeilensumme
	Eigenschaft vorhanden (1)	Eigenschaft nicht vorhanden (0)	
Eigenschaft vorhanden (1)	Bei beiden Objekten ist die Eigenschaft vorhanden (a)	Nur Objekt 1 weist die Eigenschaft auf (c)	a + c
Eigenschaft nicht vorhanden (0)	Nur Objekt 2 weist die Eigenschaft auf (b)	Bei beiden Objekten ist die Eigenschaft nicht vorhanden (d)	b + d
Spaltensumme	a + b	c + d	Summe der Kombinationsmöglichkeiten a + b + c + d = m

GABLER GRAPHIK

Abbildung 88: Vierfeldertafel zur Berechnung von Ähnlichkeitsmaßen für nominalskalierte Ausgangsdaten (Quelle: Backhaus et al. 1990, S. 119)

Auf der Grundlage der Vierfeldertafel lassen sich eine Vielzahl unterschiedlicher Ähnlichkeitsmaße ableiten, von denen als wichtigste der **Simple-Matching-Koeffizient** und der **Tanimoto-Koeffizient** zu nennen sind.

Die Unterschiede zwischen den beiden Koeffizienten ergeben sich daraus, wie die positiven Übereinstimmungen (a), die Nicht-Übereinstimmungen (b und c) sowie die negativen Übereinstimmungen (d) behandelt werden (Frank, Green 1971, S. 306 f.; Hüttner 1979, S. 384; Backhaus et al. 1990, S. 118 f.).

So stellt der Simple-Matching-Koeffizient sämtliche positiven und negativen Übereinstimmungen der Gesamtzahl der Kombinationsmöglichkeiten gegenüber:

$$s = \frac{a + d}{a + b + c + d}$$

Der Tanimoto-Koeffizient verzichtet dagegen auf die Einbeziehung der negativen Übereinstimmungen, da diese für inhaltlich belanglos gehalten werden. Folglich ergibt sich hier als Ähnlichkeitsmaß:

$$s = \frac{a}{a + b + c}$$

Ordinalskalierte Daten sind bei Clusteranalysen in der Praxis relativ selten anzutreffen. Ist dies dennoch der Fall besteht einerseits die Möglichkeit, mittels einer Rangziffernbildung spezielle Ähnlichkeitsmaße (z. B. Canberra-Metrik) abzuleiten. Andererseits ist eine **Dichotomisierung** der Daten und damit die Anwendung der Verfahren für Nominaldaten in gleicher Weise möglich. In der Praxis werden die Daten häufig als metrisch skalierte Größen verwendet. Dies unzulässige Vorgehen wird durch Ergebnisse begründet, die für Ähnlichkeitsmaße bei ordinalen und metrischen Daten nur geringe Unterschiede aufweisen (Labovitz 1970).

Wenn die zur Clusterung **herangezogenen Eigenschaften der Objekte ein metrisches Skalenniveau aufweisen**, wird zur Beurteilung der Ähnlichkeit von zwei Objekten ihre räumliche **Distanz** gewählt. Objekte sind sich ähnlich, wenn ihre Distanz sehr klein ist und umgekehrt.

Ausgangspunkt wichtiger Distanzmaße ist die sogenannte **Minkowski-Metrik** (Steinhausen, Langer 1977, S. 61; Backhaus et al. 1990, S. 126):

$$d_{jk} = \sqrt[r]{\sum_{i=1}^{m} \left| x_{ji} - x_{ki} \right|^{r}}$$

wobei

d_{jk} = Distanz zwischen den Objekten (Personen)
j,k = Objekt(Personen)index
i = Variablenindex
r = Metrikparameter

Je nach Wert des Metrikparameters r ergeben sich folgende Distanzmaße:
r = 1 City-Block-Distanz, r = 2 Euklidische Distanz

Für diese beiden Distanzmaße soll beispielhaft die Ermittlung der Distanzmatrix demonstriert werden. Hierzu werden die Befragungsergebnisse von 5 Personen für zwei Motive der Antiquitätenstudie – wie in Abbildung 89 dargestellt – herausgegriffen.

Person	Repräsentation	Wertanlage
1	2	5
2	1	3
3	2	3
4	4	1
5	5	2

GABLER GRAPHIK

Abbildung 89: Befragungsergebnisse von fünf Personen für zwei ausgewählte Motive

Bei der Ermittlung der Ähnlichkeit durch die **City-Block-Distanz** werden für je ein Objektepaar die Unterschiede zwischen den einzelnen Eigenschaftspaaren errechnet und aufaddiert. Die jeweils ermittelten Gesamtsummen stellen die Distanzwerte dar, die in folgender Distanzmatrix zusammengefaßt sind:

$$D = \begin{array}{c} \\ \mathit{1} \\ \mathit{2} \\ \mathit{3} \\ \mathit{4} \\ \mathit{5} \end{array} \begin{array}{ccccc} \mathit{1} & \mathit{2} & \mathit{3} & \mathit{4} & \mathit{5} \\ - & 3 & 2 & 6 & 6 \\ & - & 1 & 5 & 5 \\ & & - & 4 & 4 \\ & & & - & 2 \\ & & & & - \end{array}$$

Rechenbeipiel:

$$d_{13} = |2 - 2| + |5 - 3| = 2$$

$$d_{24} = |1 - 4| + |3 - 1| = 5$$

Dabei zeigt sich, daß sich die Personen 2 und 3 am ähnlichsten sind und die Personen 1 und 4 bzw. 1 und 5 am unähnlichsten, da in diesen Fällen die Distanz jeweils die größte ist.

Bei Verwendung der **Euklidischen Distanz** werden die errechneten Unterschiede je Eigenschaftspaar quadriert und zu einem Distanzwert aufsummiert. Folgende Distanzmatrix ist das Ergebnis:

$$D^2 = \begin{array}{c} \\ \mathit{1} \\ \mathit{2} \\ \mathit{3} \\ \mathit{4} \\ \mathit{5} \end{array} \begin{array}{ccccc} \mathit{1} & \mathit{2} & \mathit{3} & \mathit{4} & \mathit{5} \\ - & 5 & 4 & 20 & 18 \\ & - & 1 & 13 & 17 \\ & & - & 8 & 10 \\ & & & - & 2 \\ & & & & - \end{array}$$

Rechenbeipiel:

$$d_{14} = \sqrt{(2-4)^2 + (5-1)^2} = 4{,}47$$

$$d_{23} = \sqrt{(1-2)^2 + (3-3)^2} = 1$$

Aus der Distanzmatrix wird deutlich, daß sich die Personen 2 und 3 am ähnlichsten sind, während zwischen den Personen 1 und 4 die geringste Ähnlichkeit vorliegt.

Neben den auf der Minkowski-Matrix basierenden Distanzmaßen sei hier noch auf die sogenannte **Mahalanobis-Distanz** hingewiesen, die sich vor allem dadurch auszeichnet, daß sie etwaige Korrelationen zwischen den Variablen rechnerisch ausschaltet (Steinhausen, Langer 1977, S. 58 ff.; Hüttner 1979, S. 383 f.; Bleymüller 1989 b, S. 145 ff.).

Die ermittelten Distanzmatrizen bilden die Grundlage für die anschließend vorzunehmende **Clusterbildung**.

Aus der Vielzahl der möglichen Clustertechniken sollen hier nur zwei Methoden, das **hierarchische** und das **iterative (partitionierende) Verfahren,** exemplarisch in ihren Grundschritten erläutert werden (zu den verschiedenen Techniken der Clusterbildung vgl. Backhaus et al. 1990, S. 113 ff.).

Der grundsätzliche Ablauf des **hierarchischen Verfahrens** ist wie folgt zu skizzieren:

1. Schritt: Man beginnt mit der feinsten nur möglichen Gruppierung, d. h. jedes Objekt bildet ein eigenes Cluster.

2. Schritt: Man berechnet für alle in der Untersuchung berücksichtigten Objekte / Cluster die Distanz.

3. Schritt: Aus der Distanzmatrix werden die beiden Objekte / Cluster gesucht, die sich auf Grund des Distanzwertes am ähnlichsten sind.

4. Schritt: Die beiden Objekte mit der größten Ähnlichkeit werden zu einem neuen Cluster zusammengefaßt. Die Zahl der Cluster verringert sich somit um 1. Aus den Merkmalsausprägungen wird durch Mittelwertbildung der dazugehörige Schwerpunkt des neuen Clusters berechnet.

5. Schritt: Die Distanzen zwischen den neuen und den restlichen Clustern / Objekten werden berechnet. Anschließend wird mit dem 3. Schritt fortgefahren.

Diese Schritte werden grundsätzlich solange wiederholt, bis alle Objekte in einem Cluster zusammengefaßt sind. Die Entscheidung der optimalen Clusterzahl kann sich an sachlogischen oder an Zielkriterien wie der Größe der Innengruppenvarianz orientieren.

Die Clusterung der 151 Befragungspersonen der Antiquitätenstudie unter Heranziehung der 26 Einzelmotive führt zu dem in Abbildung 90 dargestellten Dendogramm. An der Skala unterhalb des Dendogramms ist das Distanzniveau der jeweiligen „Verschmelzungspunkte" als Ausdruck des Heterogenitätszuwachses einer Typenfusion ablesbar.

Der „Schnitt" durch das Dendogramm auf dem Niveau einer 9-Typen-Lösung zeigt, daß bis zu dieser Gruppierungsstufe relativ geringe Heterogenitätszuwächse (z. B. im Verhältnis zu einer 2- oder 3-Cluster-Lösung) bei einer starken Reduzierung der Gruppenzahl auftreten.

Als Vorteile dieses hierarchischen Verfahrens lassen sich festhalten:

- der Verlauf der Clusterbildung bleibt erkennbar
- es ist keine Vorgabe der Clusteranzahl notwendig
- es existiert kein formales Abbruchkriterium.

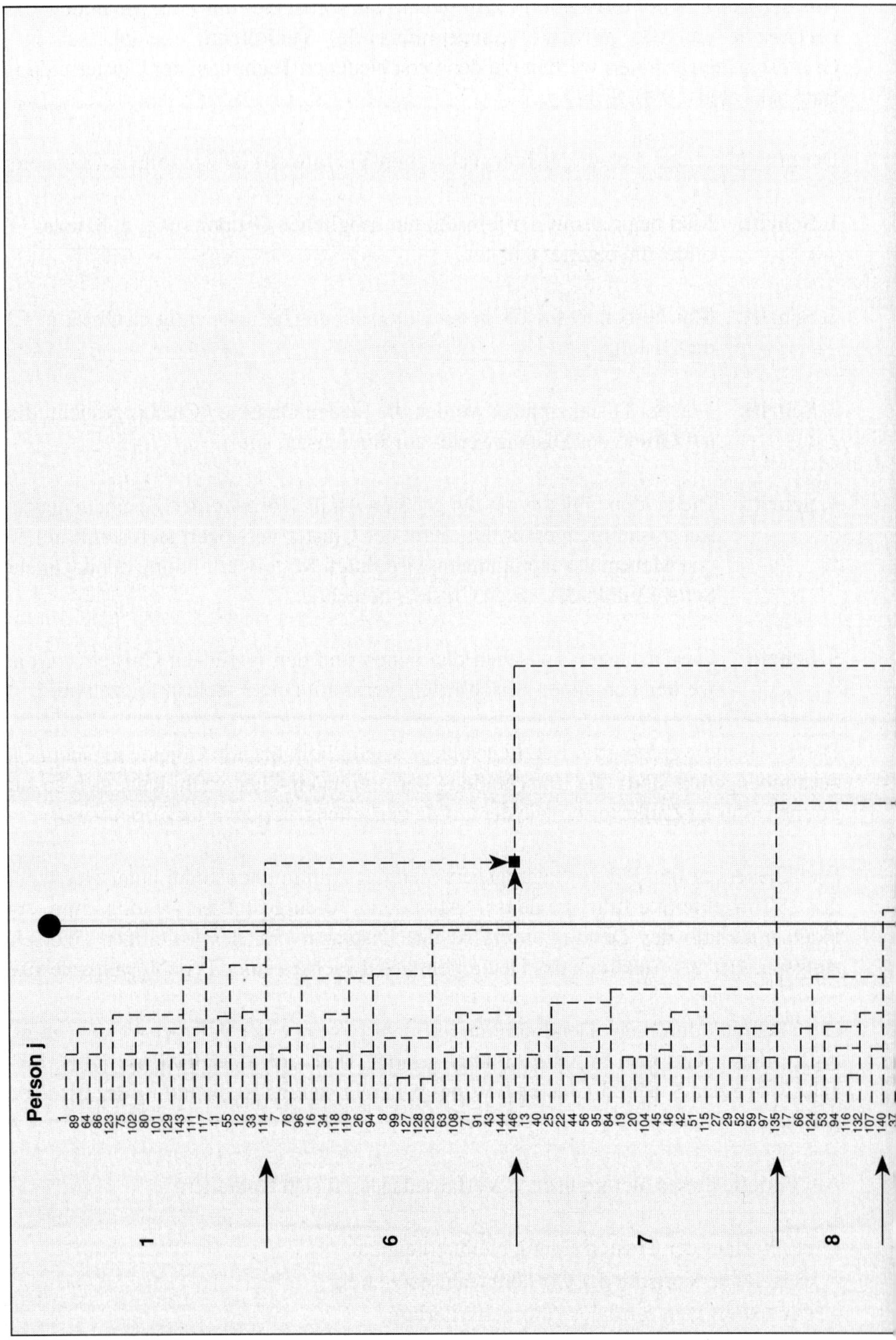
Person j
1
6
7
8

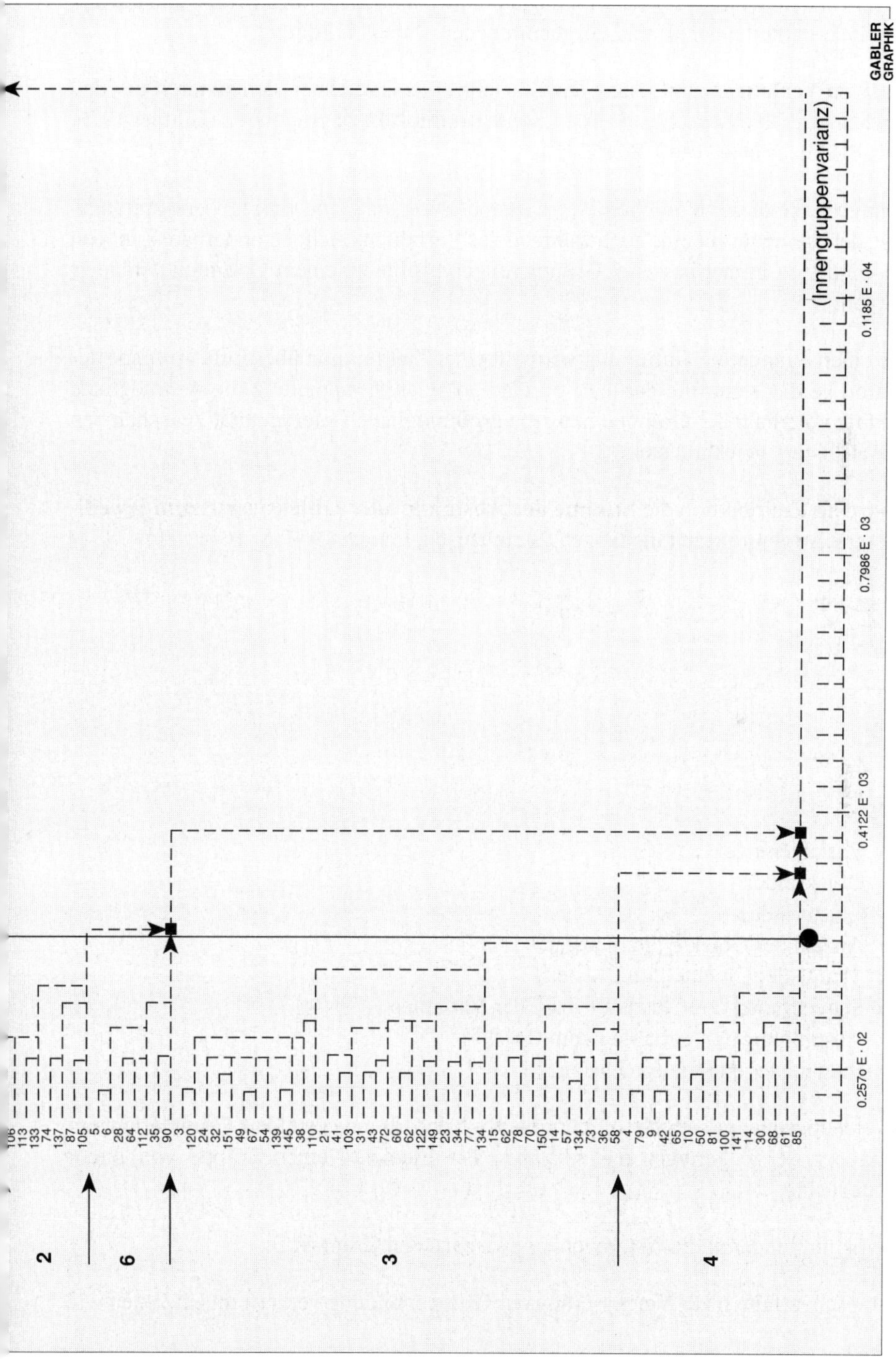

Abbildung 90: Darstellung der einzelnen Schritte zur Clusterbildung in einem Dendogramm

Dem entgegenzuhalten ist die Beschränkung auf eine maximale Fallzahl von Objekten und die Unveränderbarkeit einer einmal vorgenommenen Objektzuordnung.

Die **iterativen Verfahren** zur Lösung des Clusterproblems zeichnen sich dadurch aus, daß sie versuchen, die Objekte nicht sukzessiv, sondern **simultan** zu gruppieren (Hüttner 1979, S. 391 ff.; Backhaus et al. 1990, S. 152 ff.).

Der Grundgedanke dieser Vorgehensweise besteht darin, daß eine vorgegebene Anfangsaufteilung der Elemente auf eine auch während des Verfahrens nicht veränderbare Zahl von Clustern iterativ zu immer besseren Gruppierungen bis hin zu einem Optimum verändert werden kann.

Die Güte einer veränderten Aufteilung wird mit einer Zielfunktion überprüft. Aufgabe der Zielfunktion ist die Kontrolle darüber, ob eine gebildete Gruppierung die bestmögliche Homogenität innerhalb der Gruppen bzw. die größtmögliche Heterogenität zwischen den gebildeten Clustern gewährleistet.

Häufig wird als Zielfunktion die **Summe der Abstände aller Objektwerte zum jeweiligen Clusterschwerpunkt** herangezogen (Steinhausen, Langer 1977, S. 101):

$$SQS = \sum_{l=1}^{k} \sum_{j \varepsilon g_l} \sum_{i=1}^{m} (x_{ij} - \bar{x}_{ig_l})^2 \rightarrow \text{min!}$$

wobei:

$$\bar{x}_{ig_l} = \frac{1}{n_l} \sum_{j \varepsilon g_l} x_{ij}$$

i	=	Variablenindex
j	=	Objektindex
l	=	Clusterindex
n_l	=	Anzahl der Objekte j im Cluster l
g_l	=	Menge der Objekte j im Cluster l
x_{il}	=	Schwerpunkt des Clusters l bzgl. der Variablen i
$\bar{x}_{ig_e}$	=	Ausprägung der Variable i vom Objekt j
SQS	=	Summe der quadrierten Distanzen

Die Abweichungsquadratsumme soll minimiert werden, da eine gebildete Gruppierung um so homogener ist, je geringer die Abstände der Elemente einer Gruppe von ihrem Schwerpunkt sind.

Gleichzeitig nimmt damit die Heterogenität zwischen den Gruppen zu.

Das Austauschverfahren zur Verbesserung der Gruppenbildung verläuft im einzelnen wie folgt:

1. Schritt: Für eine bestimmte Gruppenzahl wird eine Anfangsaufteilung der Elemente vorgenommen.

2. Schritt: Für diese Aufteilung wird der Wert der Zielfunktion errechnet.

3. Schritt: Die durch den Austausch eines einzelnen Objektes ausgelöste Verbesserung des Zielkriteriums wird ermittelt.

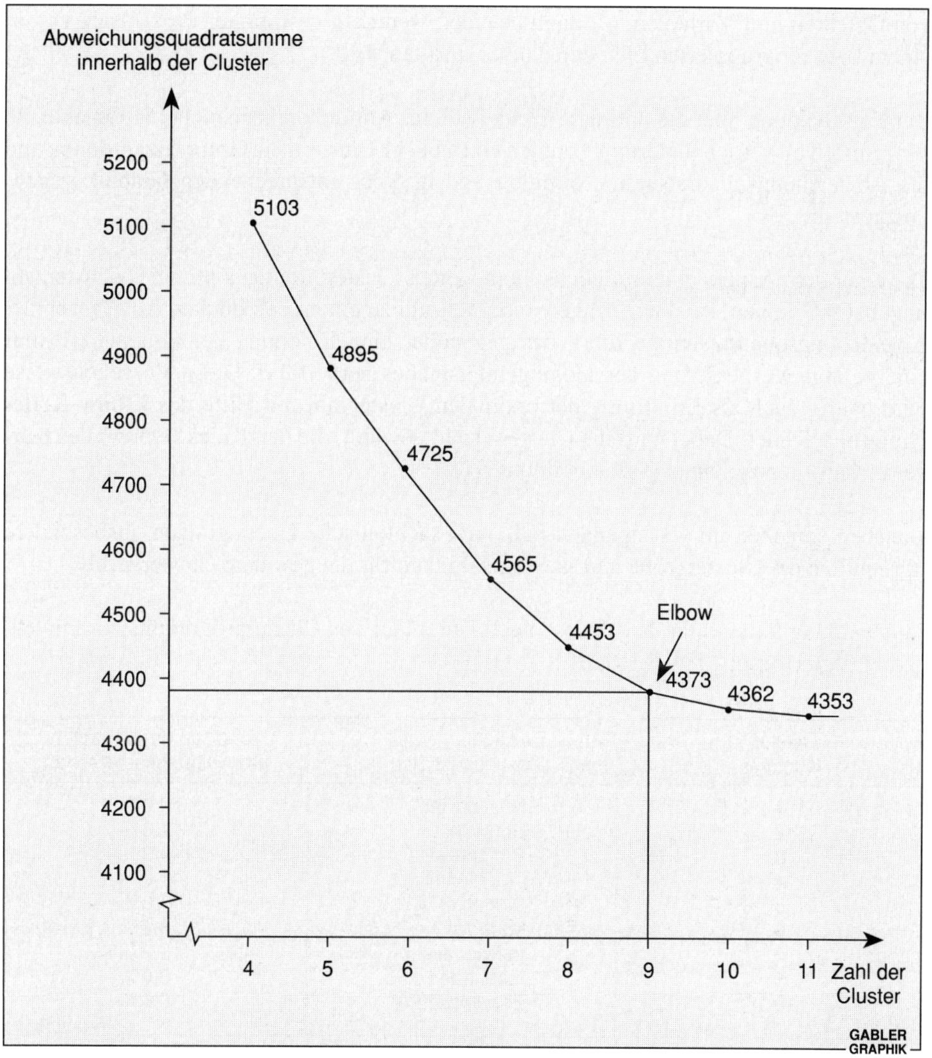

Abbildung 91: Entwicklung der Abweichungsquadratssumme in Abhängigkeit von der Gruppenzahl

4. Schritt: Das Objekt, das eine maximale Veränderung des Zielkriteriums herbeiführt, wird in die entsprechende Gruppe ausgelagert.

5. Schritt: Für abgebende und aufnehmende Gruppen werden die Schwerpunkte neu berechnet.

Das Verfahren wird solange fortgesetzt, bis sich der Wert der Zielfunktion nicht mehr verbessert. Theoretisch bricht der Algorithmus ab, wenn in einem Lauf kein Element mehr ausgetauscht wird. Praktisch wird die Berechnung, insbesondere bei einer großen Anzahl von Objekten und Variablen, oft dann beendet, wenn ein bestimmter Prozentsatz von in einem Lauf umgruppierten Elementen unterschritten wird.

Zur Entscheidung über die optimale Clusterzahl im Antiquitätenbeispiel (151 Objekte, 26 Einzelmotive) werden für Gruppenzahlen von 4 bis 11 Clustern die Gruppenzuordnung und die Abweichungsquadratsumme ermittelt und in einer entsprechenden Graphik gegenübergestellt.

Die unter dem Aspekt einer möglichst homogenen Clusterbildung „optimale" Clusterzahl liegt bei 9 Gruppen, da eine geringere Gruppenzahl zu einem erheblichen Anwachsen der Abweichungsquadratsumme führt, demgegenüber eine Erhöhung der Gruppenzahl nur eine geringe Verbesserung des Homogenitätsmaßes herbeiführt. Diese Vorgehensweise wird häufig auch als Ermittlung der optimalen Clusterzahl mit Hilfe des **Elbow-Kriteriums** bezeichnet. Dabei wird die Clusteranzahl gewählt, die den Knick (elbow) des Kurvenverlaufs kennzeichnet (vgl. Abbildung 91).

Daneben sprechen im vorliegenden Fall auch sachlogische Überlegungen, insbesondere hinsichtlich der Clustergröße und -aussagefähigkeit für die gewählte Clusteranzahl.

In Abbildung 92 sind die Ergebnisse nach Durchlauf des Clusterprogramms zusammengefaßt (vgl. Honsel 1984, S. 182 ff.).

Cluster-Nummer	Bezeichnung der Motivationstypen	Anteil an der befragten Antiquitätenkäuferschaft
1	Nostalgiker	10,0 %
2	Sammler	4,6 %
3	Rationalist	19,9 %
4	Traditionalist	11,3 %
5	Einrichter	7,3 %
6	Materialist	13,2 %
7	Individualist	15,2 %
8	Liebhaber	8,0 %
9	Erlebniskäufer	10,6 %

GABLER GRAPHIK

Abbildung 92: Motivationstypen im Überblick

Die Vergabe von Typennamen kann nicht mittels a priori gegebener oder unmittelbar aus dem Clusterprogramm resultierender Beschreibungsmerkmale erfolgen. Vielmehr basieren sie auf der Clusterinterpretation und sind daher inhaltlich zu begründen.

Wie diese Typenbezeichnungen ermittelt worden sind, läßt sich am Beispiel der Abbildung 93 nachvollziehen. Dabei handelt es sich um eine aufbereitete Ergebnistabelle der Clusteranalyse. Ursprünglich finden sich in der Ergebnistabelle des Analysevorgangs der jeweilige Motivationsmittelwert für jedes Cluster und der dazugehörige Gesamtmittelwert. Da diese Tabelle bei 26 Einzelmotivationen und 9 Clustergruppen jedoch sehr unübersichtlich ist, werden diese Daten, wie in der Legende der Abbildung 93 vorgegeben, zur besseren Interpretation verdichtet. Anhand der verdichteten Daten lassen sich nun mehr oder weniger eindeutige Typenbezeichnungen ermitteln.

Über die Interpretation der clusterbildenden Variablen (hier: Motivationen) hinaus läßt sich für jedes Cluster die Ausprägung sog. clusterbeschreibender Variablen ermitteln. Das sind Variablen, die zwar nicht ursächlich zur Clusterbildung herangezogen wurden, aber im Fragebogen ohnehin erfaßt sind und die zusätzliche Anhaltspunkte zur Clusterinterpretation liefern können. So ließe sich jeder Clustertyp hinsichtlich Durchschnittsalter, Familienstand, beruflicher Tätigkeit, Einkommen, Besitzstand etc. zusätzlich beschreiben (Steinhausen/Steinhausen 1977, S. 32 ff.; Honsel 1984, S. 193 ff.).

Obgleich im Rahmen der vorgestellten Lösung hinsichtlich ihrer quantitativen Marktbedeutung auch kleinere Motivationstypen erfaßt werden, kristallisiert sich andererseits kein Typ als besonders umfangreich bzw. dominant heraus. Dies legt den Schluß nahe, daß es einen vorherrschenden Durchschnittstyp unter den Antiquitätenkäufern anscheinend nicht gibt, sondern im Gegenteil mit sehr differenzierten „Individualtypen" zu rechnen ist.

Abbildung 94 gibt einen abschließenden Überblick über die wesentlichen Ablaufschritte und Entscheidungsprobleme der Clusteranalyse.

3.34 Diskriminanzanalyse

3.341 Zielsetzung

Ziel der Diskriminanzanalyse ist die **Trennung einer Menge von Objekten oder Personen und deren Zuordnung zu vorgegebenen Teilmengen (Gruppen, Klassen) sowie die Erklärung dieser Gruppenzugehörigkeit an Hand unabhängiger, die Gruppen bestmöglich trennender bzw. charakterisierender Variablen** (Morrison 1971, S. 127 ff.; Diller 1975; Crask, Perreault 1977; Backhaus et al. 1990, S. 162 f.).

Motivation	Stärke der Motivation im jeweiligen Cluster im Vergleich zu den anderern Clustern								
	1	2	3	4	5	6	7	8	9
Lösung eines funktionalen Einrichtungsproblems	–	– – –			+++	– –	+	++	
Dekoration der Wohnung	+++	– – –			– –	+	++	–	
Dokumentation von Individualismus	++	– –			– – –	+	+++		–
Wertanlage		–			– – –	+++	++		– –
Spekulation auf Wertzuwachs		– – –	+		– –	+++	++	–	
Wunsch nach Selbstverwirklichung	+++	– – –		–	– –	+	++		
Besitzstreben	+	– – –			– –	+++	++		–
Sammelleidenschaft	++	+++	–		– – –	–		– –	
Bedürfnis nach Ästhetik	++	– – –	– –				+++	+	–
Freude am Schenken			– – –	++	–	+++	++		– –
Reduktion auf modernes Möbeldesign	+++		–	– –	– – –		++	+	
Steuerflucht			– – –	++	– – –	+++	+	–	
Nostalgie	+++	– – –	–	– –			+	++	
Freizeitgestaltung	+	++		– –	– – –	+++		–	
Hoffnung auf Trouvaille	+			– –	– – –	+++	–		++
Spaß am Suchen	++	– –	–		– – –	+			+++
Freude am Einkaufserlebnis	++	– – –		– –	– –	+++			+
Familientradition	++	+	– –	+++		–			– – –
Besitzerstolz	+++	– –		–	– – –	++		+	
Repräsentation	+++	–			– – –	+	++		– –
Bedürfnis nach Ausgleich	+++	– –		– – –	–	+		++	
Empfinden eines kulturellen Auftrags	+++	– –	–		– – –	++		+	
Reaktion auf moderne Kunst	+++	– –	–	–	– – –		++	+	
Bewahrung von Erinnerungen an die Familie	+++		– – –	+			–	++	– –
Liebe zum alten Kunsthandwerk	++		– – –	– –				+++	+
Freude an Naturstoffen			– –	– –	+++	–		++	+

\+ (–) = 3. Stärkste (Schwächste)
++ (– –) = 2. Stärkste (Schwächste)
+++ (– – –) = Stärkste (Schwächste)
} Motivationsausprägung bezogen auf alle Typen

GABLER GRAPHIK

Abbildung 93: Aufbereitete Ergebnistabelle der Clusteranalyse als Grundlage zur Interpretation der Motivationstypen

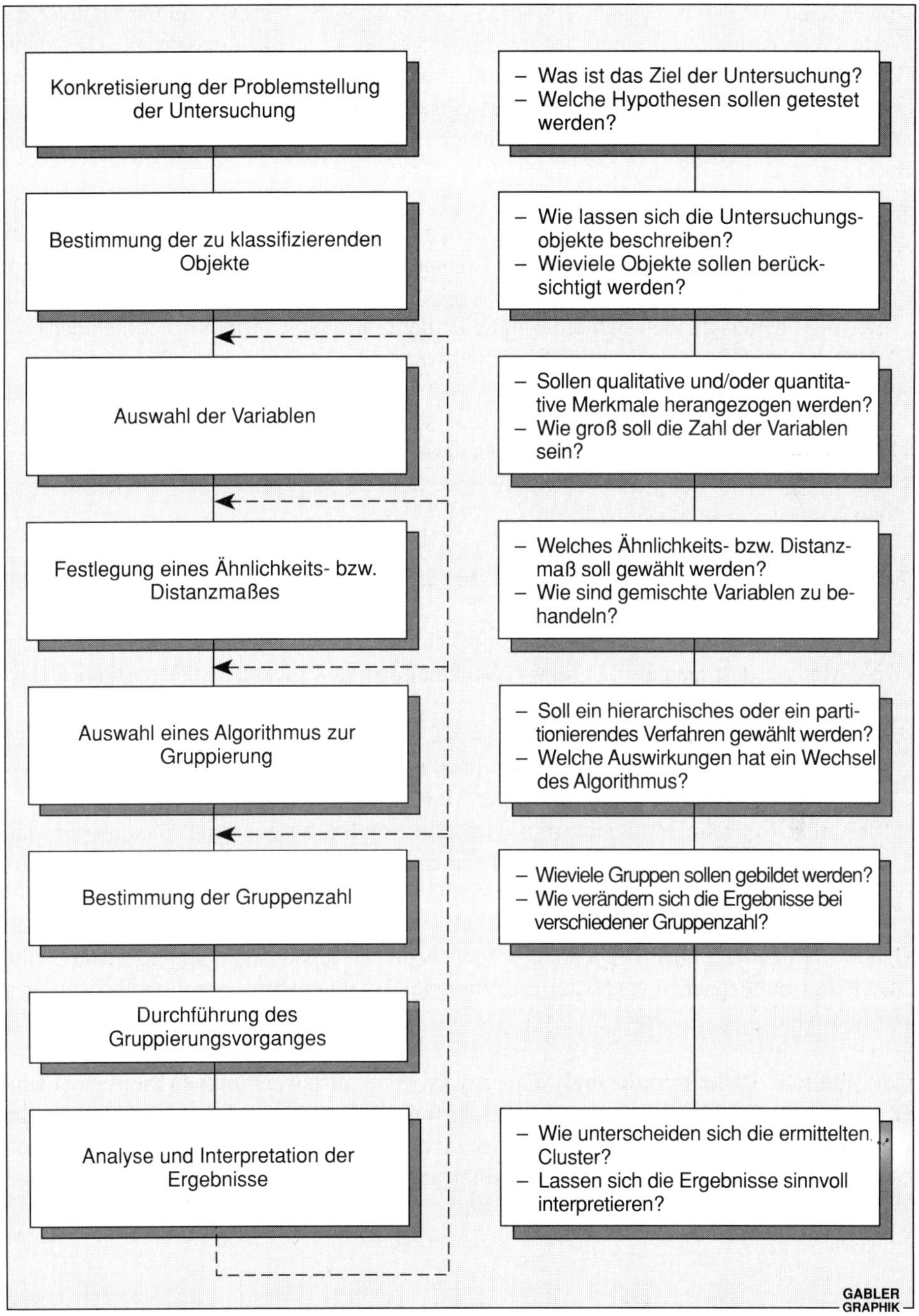

Abbildung 94: Ablaufschritte und Entscheidungsprobleme der Clusteranalyse (Quelle: Backhaus et al. 1990, S. 157)

Abweichend von den bisherigen Verfahren werden daher bei der Diskriminanzanalyse die Werte einer nominalskalierten, abhängigen Variable, d. h. die Zugehörigkeit zu einer Gruppe durch die Werte zweier oder mehrerer metrisch skalierter unabhängiger Variablen erklärt und prognostiziert. Aufbauend auf diese Grundstruktur lassen sich mit Hilfe der Diskriminanzanalyse folgende Fragestellungen beantworten (Green, Tull 1982, S. 356; Backhaus et al. 1990, S. 162 f.):

- **Bestehen zwischen a priori vorgegebenen Gruppen von Elementen signifikante Unterschiede hinsichtlich einzelner Eigenschaften oder Merkmale (unabhängige Variablen)?**
  Beispiel: Unterscheiden sich die Mitglieder der einzelnen Cluster hinsichtlich der Einschätzung der Kaufrelevanz von Einzelmotiven beim Antiquitätenkauf?

- **Mit welcher (Linear-)Kombination von Merkmalen läßt sich eine bestmögliche Trennung der vorgegebenen Gruppen erreichen?**
  Beispiel: Welche der genannten Kaufmotive trennen und charakterisieren die Gruppen am besten?

- **Welche relative Gewichtung kommt den einzelnen Merkmalen bei der Trennung der Gruppen zu?**
  Beispiel: Liefert das Motiv „Besitzerstolz“ einen größeren Beitrag zur Diskriminierung der Motivationstypen als das Motiv „Spekulation“, und in welchem Verhältnis stehen die Bedeutungsgewichte der Motive?

- **Welcher der vorgegebenen Gruppen muß ein neu zu untersuchendes und zu klassifizierendes Element aufgrund seiner Merkmalsstruktur zugeordnet werden?**
  Beispiel: Welchem Motivationstyp wird eine zufällig ausgewählte Person oder eine bestimmte Personengruppe auf Grund seiner Merkmalsausprägungen hinsichtlich bestimmter Kaufmotive beim Antiquitätenkauf wahrscheinlich angehören?

Dabei wird in allen Fällen von a priori vorgegebenen Gruppen ausgegangen, die durch die Menge der einbezogenen unabhängigen Variablen bestmöglich getrennt und beschrieben werden sollen.

Eine **einfache Diskriminanzanalyse** liegt vor, wenn nur zwei Gruppen zu trennen sind (Zwei-Gruppen-Fall). Hier wird nur eine Diskriminanzfunktion als Linearkombination der unabhängigen Variablen berechnet. Wenn mehr als zwei Gruppen vorgegeben sind, handelt es sich um eine **multiple Diskriminanzanalyse**, die i.d.R. die Ermittlung mehrerer Diskriminanzfunktionen erfordert (Green 1978, S. 290 ff.; Aaker, Day 1980, S. 466 ff.).

3.342 Verfahrensgrundlagen

Die Verfahrensgrundlagen der Diskriminanzanalyse sollen zunächst am Beispiel der Trennung zweier vorgegebener Gruppen an Hand von zwei berücksichtigten, unabhängigen Variablen (Zwei-Gruppen-Zwei-Variablen-Fall) aufgezeigt werden, bevor auf die multiple Diskriminanzanalyse am Beispiel der Antiquitätenstudie eingegangen wird.

Die Grundidee der einfachen Diskriminanzanalyse ist in Abbildung 95 dargestellt.

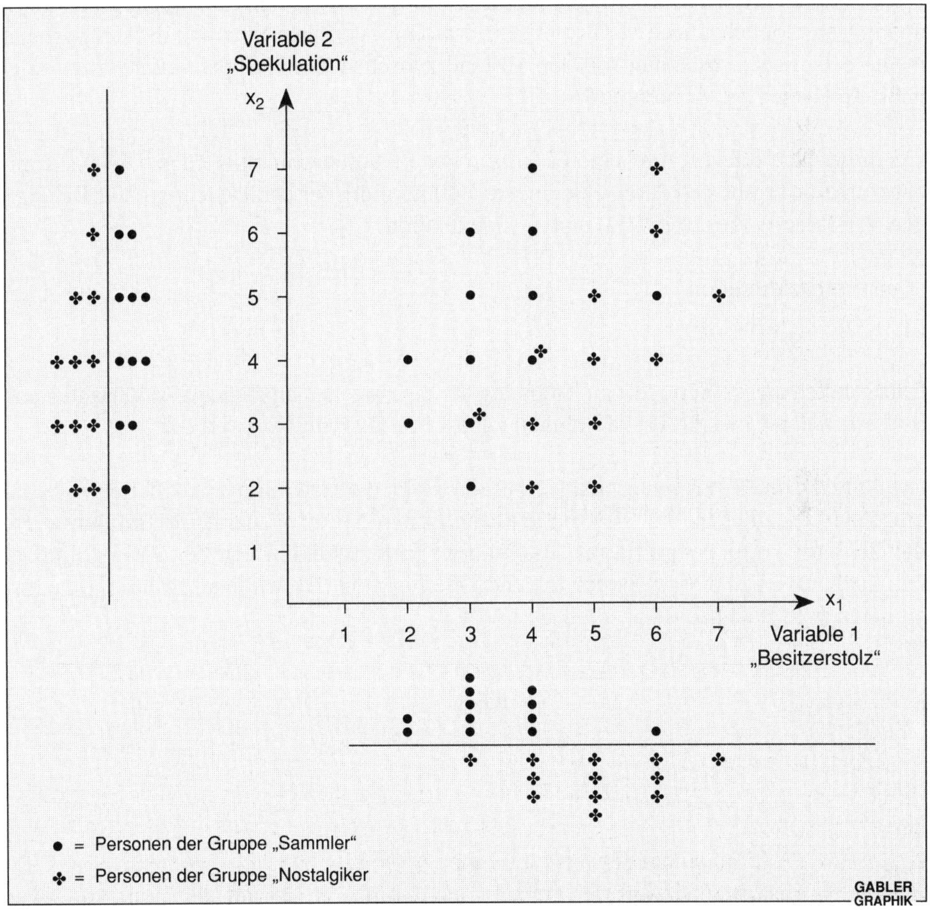

Abbildung 95: Darstellung der Trennfähigkeit einzelner unabhängiger Variablen im Zwei-Gruppen-Zwei-Variablen-Fall (Quelle: Backhaus et al. 1990, S.177)

Das Streudiagramm spiegelt die Beurteilung von zwei Variablen (z. B. die ausgewählten Motive „Besitzerstolz“ und „Spekulation“) durch die Mitglieder zweier Gruppen (z. B. die Motivationstypen „Sammler“ und „Nostalgiker“) wider.

Zweck der Diskriminanzanalyse ist es jetzt, eine Trenngerade so in das Koordinatensystem einzupassen, daß die durch die Eigenschaftsurteile der Personen bestimmten zwei Gruppen bestmöglich getrennt werden.

Im Rahmen der Diskriminanzanalyse interessiert jedoch in erster Linie die senkrecht zur Trenngeraden verlaufende Diskriminanzachse(-funktion). Die auf die Diskriminanzachse projizierten Häufigkeitsverteilungen sollen eine möglichst geringe Überlappung aufweisen und in sich möglichst hoch verdichtet sein, was einer geringen Streuung der Gruppenelemente entspricht. Zusätzlich soll der Abstand zwischen den Gruppenmittelwerten möglichst groß sein (vgl. Abbildung 96).

Um dieses zu erreichen, muß eine Diskriminanzfunktion bestimmt werden. Die Diskriminanzfunktion ergibt sich durch eine lineare Verknüpfung der berücksichtigten unabhängigen Variablen x_1 (Besitzerstolz) und x_2 (Spekulation).

Diskriminanzfunktion
$y = b_1 \cdot x_1 + b_2 \cdot x_2$

Dabei stellen die x_i-Werte die zur Trennung herangezogenen unabhängigen Variablen, die b_i-Werte deren Gewicht für die Trennung und y den Diskriminanzwert dar.

Die Aufgabe der Diskriminanzanalyse besteht darin, die Diskriminanzkoeffizienten b_i dahingehend festzulegen, daß sich die **arithmetischen Mittel $\mathbf{y_k}$ der Diskriminanzwerte der beiden Gruppen signifikant voneinander unterscheiden**. Für den Zwei-Gruppen-Fall (k=A, B) ist zu diesem Zweck folgende Zielfunktion (Diskriminanzkriterium) zu formulieren (vgl. Backhaus et al. 1990, S. 182 ff.):

$$\lambda = \frac{(\bar{y}_A - \bar{y}_B)^2}{\sum_{j=1}^{n_A} (y_{jA} - \bar{y}_A)^2 + \sum_{j=1}^{n_B} (y_{jB} - \bar{y}_B)^2} \rightarrow \text{max!}$$

mit

$\bar{y}_{A\,(B)}$ = Diskriminanzmittelwert für Gruppe A (B)

$\bar{y}_{jA\,(B)}$ = Diskriminanzwert der Person j aus Gruppe A (B) auf der Basis von zwei Merkmalsbeurteilungen

$n_{A\,(B)}$ = Anzahl der Personen in Gruppe A (B)

Da die Diskriminanzwerte in der Zielfunktion nicht bekannt sind, werden sie durch die personenspezifischen Diskriminanzfunktionen ($y_j = b_1 \cdot x_{1j} + b_2 \cdot x_{2j}$) ersetzt, so daß nur

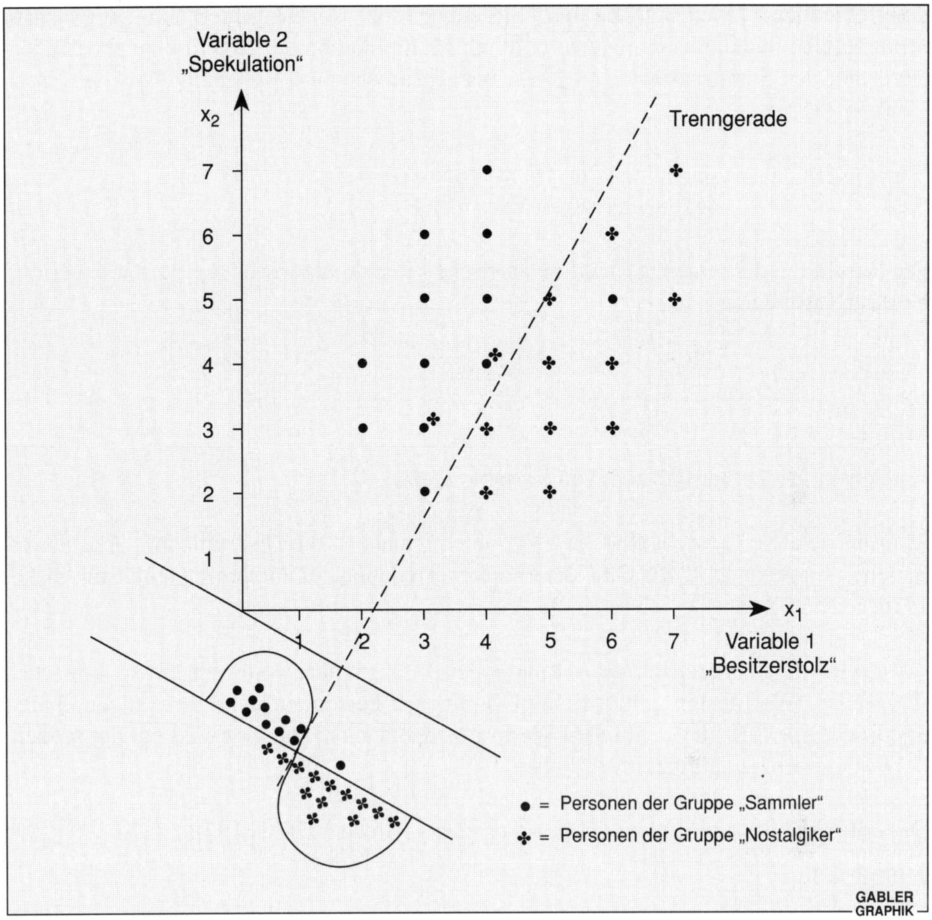

Abbildung 96: Darstellung des Trennproblems der Diskriminanzanalyse im Zwei-Gruppen-Zwei-Variablen-Fall (Quelle: Backhaus et al. 1990, S. 179)

noch die b_i und die vorgegebenen Merkmalswerte x_{ij} in Erscheinung treten. Zur Maximierung der Zielfunktion werden alle partiellen Ableitungen nach b_i gebildet und gleich Null gesetzt, so daß sich letztlich ein System von Normalgleichungen ergibt, aus dem die Diskriminanzkoeffizienten b_i berechnet werden können.

Die Frage nach der relativen diskriminatorischen Bedeutung der unabhängigen Variablen läßt sich durch das Vorzeichen und den absoluten Betrag des Diskriminanzkoeffizienten bestimmen.

Im Falle von **standardisierten Ausgangsdaten** der unabhängigen Variablen können die b_i schon als Bedeutungsgewicht der Variablen herangezogen werden. Eine aufgrund unterschiedlicher Meßeinheiten und Streuungen der Ausgangsmerkmale notwendige nachträgliche Standardisierung erfolgt durch Multiplikation der Diskriminanzkoeffizienten b_i mit den Standardabweichungen s_i der entsprechenden Variablen (Backhaus et al. 1990, S. 187 f.).

$\hat{b}_i = b_i \cdot s_i$ mit $\hat{b}_i =$ standardisierter Diskriminanzkoeffizient der unabhängigen Variablen i

Die Ermittlung der relativen diskriminatorischen Bedeutung der beiden Variablen erfolgt über den Quotienten

$$\frac{|\hat{b}_1|}{|\hat{b}_1| + |\hat{b}_2|} \text{ bzw. } \frac{|\hat{b}_2|}{|\hat{b}_1| + |\hat{b}_2|}$$

= relatives Bedeutungsgewicht von Variable x_1 bzw. x_2.

Über das relative Gewicht einzelner Variablen hinaus ist die Diskriminanzstärke der ermittelten Funktion, d. h. die Güte der erzielten Trennung, zu überprüfen (Johnson, Siskin 1976, S. 356 f.).

Dazu wird durch Vergleich der individuellen Diskriminanzwerte mit einem kritischen (Schwellen-)Wert festgestellt, welcher Gruppe eine Person aufgrund ihres Eigenschaftsurteils und mit Hilfe der ermittelten Werte zuzurechnen ist, und dies wird mit der tatsächlichen Gruppenzugehörigkeit verglichen.

Der kritische Diskriminanzwert bestimmt sich als (Green 1978, S. 157):

$$y_{krit} = \frac{\bar{y}_A + \bar{y}_B}{2}$$

wobei hinsichtlich der nachträglichen Zuordnung der Befragten zu den beiden Gruppen nach folgender Regel verfahren wird:

- wenn $y_{jk} \geq y_{krit}$, dann ist die Person j der Gruppe A zuzuordnen
- wenn $y_{jk} < y_{krit}$, dann ist die Person j der Gruppe B zuzuordnen
  (Die Verfahrensvorschrift ist abhängig vom spezifischen Fallbeispiel.)

Die Zuordnungsregel ist in Abbildung 97 graphisch dargestellt. Auf der Grundlage dieses Zuordnungsverfahrens läßt sich eine **Klassifikationsmatrix** aufstellen, die die Anzahl der richtigen und falschen Klassifikationen darlegt (vgl. Abbildung 98). Aus dem Quotienten der richtigen Klassifikationen mit den Gesamtklassifikationen ist die **Reklassifizierungsquote oder -wahrscheinlichkeit** zu entnehmen (Hüttner 1979, S. 302; Aaker, Day 1980, S. 472).

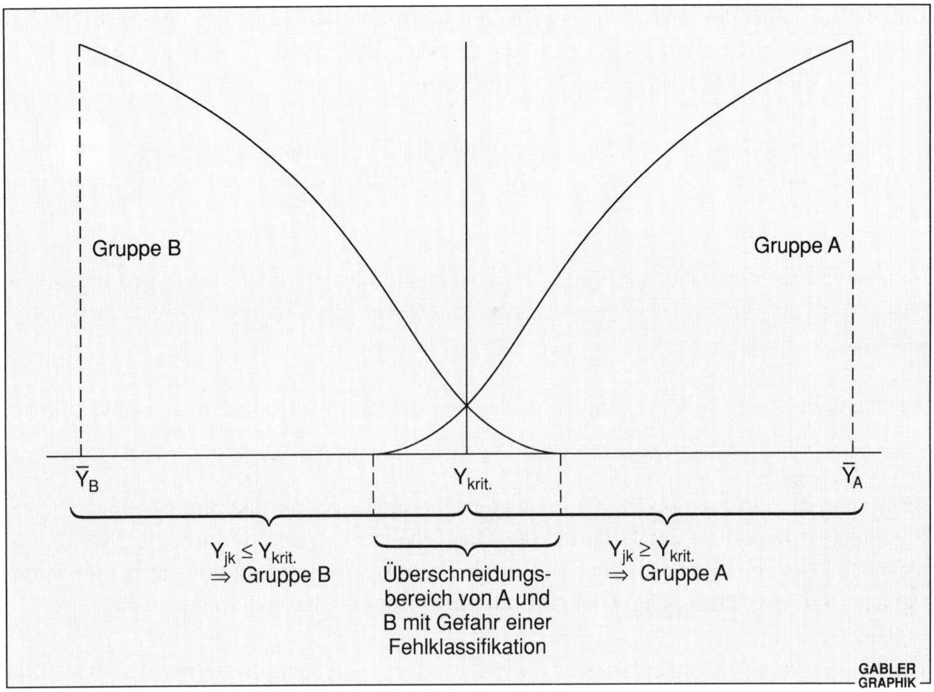

Abbildung 97: Diskriminationsprozeß
(Quelle: Massy 1971, S. 119)

Tatsächliche Gruppenzugehörigkeit \ Nachträglich ermittelte / prognostizierte Gruppenzugehörigkeit der Werte	A	B
A	Richtige Klassifizierung	Falsche Klassifizierung
B	Falsche Klassifizierung	Richtige Klassifizierung

GABLER GRAPHIK

Abbildung 98: Klassifikationsmatrix

Anhand des Vergleichs des kritischen Wertes mit dem Diskriminanzwert neu zu klassifizierender Elemente lassen sich neu aufzunehmende Elemente zuordnen und auf die Richtigkeit ihrer Zuordnung hin überprüfen.

Das Vorgehen bei der multiplen Datenanalyse entspricht im Grundsatz dem bisher dargelegten Vorgehen im Zwei-Gruppen-Fall (Aaker, Day 1980, S. 473 ff.; Green 1978, S. 298 ff.; Bleymüller 1989 b, S. 205 f.; Backhaus et al. 1990, S. 188 ff.).

Im folgenden soll die Anwendung einer multiplen Diskriminanzanalyse auf die clusteranalytisch isolierten neun Motivationstypen des Antiquitätenbeispiels demonstriert werden.

Im Mittelpunkt steht dabei die Frage, ob sich die gefundenen Motivationstypen signifikant hinsichtlich der Gesamtstruktur der typenbildenden Einzelmotive voneinander unterscheiden.

Zur Trennung der neun Motivationstypen isoliert die multiple Diskriminanzanalyse ein Set von 19 aus 26 einbezogenen Einzelmotivationen.

Abbildung 99 gibt einen zusammenfassenden Überblick über die diskriminanzanalytischen Ergebnisse. Hierbei ist aus Gründen der Überschaubarkeit und der anschließenden graphischen Darstellbarkeit der Motivationstypen eine **Beschränkung auf die beiden wichtigsten (von insgesamt acht) Diskriminanzfunktionen** vorgenommen worden.

Das Set der in die Diskriminanzanalyse einbezogenen Einzelmotive erweist sich als sehr gut geeignet, die Motivationstypen voneinander zu trennen. Dies wird durch den niedrigen Wilks-Lambda-Wert von $\lambda = 0{,}0031$ dokumentiert. Je geringer dieser Wert ist, desto besser ist die Diskriminanzstärke der ermittelten Diskriminanzfunktion (vgl. Green 1978, S. 291 ff.).

Zur Ableitung der relativen Bedeutung der einzelnen Motive bezogen auf die Trennung aller Gruppen werden die gewichteten Diskriminanzkoeffizienten herangezogen (zur Berechnung vgl. Backhaus et al. 1990, S. 181 ff.).

Von den Einzelmotiven erweisen sich dabei vor allem die Motive:
- Freizeitgestaltung
- Reaktion auf moderne Kunst
- Besitzerstolz
- Dokumentation von Individualismus und
- Dekoration der Wohnung

als besonders gut zur Typentrennung geeignet. Ihnen kommt eine relative Bedeutung von ca. 33 % bei der Diskrimination zu.

Ansatzpunkte zur Analyse der **Dimensionalität der Typenlösung** bieten die ermittelten (beiden wichtigsten) Diskriminanzfunktionen sowie die in ihnen enthaltenen, standardisierten Diskriminanzkoeffizienten.

Die erste Funktion läßt sich dabei sinnvoll als motivationales **Engagement gegenüber Antiquitäten** interpretieren. Prägende Einzelmotive dieser Strukturdimension sind:
- das zeitliche Engagement („Freizeitgestaltung"; + 0,40)
- das warenbezogene Engagement („Besitzerstolz"; + 0,41)

Die zweite Funktion kann als **„Tradition"** der Motivation interpretiert werden, wie die hohe diskriminatorische Bedeutung der Einzelmotivationen zeigt:
- „Bewahrung von Erinnerungen an die Familie" (+ 0,72)
- „Liebe zum alten Kunsthandwerk" (+ 0,48)
- „Familientradition" (+ 0,48)

Die einzelnen befragten Käufer als auch die Motivationskonfigurationen (Clustercentroide) lassen sich über die Ermittlung der betreffenden Diskriminanzwerte in dem von den beiden Strukturdimensionen „Engagement" und „Tradition" aufgespannten Diskriminanzraum positionieren (vgl. Abbildung 100).

Das empirische Ergebnis zeigt, daß sich über die **Traditionsgebundenheit der Motivationstypen** tendenziell drei Clustergruppen bilden lassen (Honsel 1984, S. 191):

1. „Materialisten", „Individualisten" und „Rationalisten" erweisen sich als eher traditionsunbeeinflußte Gruppen;

2. „Erlebniskäufer", „Sammler" und „Einrichter" können dagegen eher als traditionsneutrale Konfiguration bezeichnet werden, während

3. „Nostalgiker", „Liebhaber" und „Traditionalisten" als stark traditionsgebundene Segmente anzusehen sind.

Hinsichtlich des **motivationalen Engagements** lassen sich zwei Teilgruppen ableiten:

1. „Nostalgiker", „Materialisten", „Individualisten" und „Liebhaber" sind durch ein überdurchschnittliches (starkes) motivationales Engagement gekennzeichnet.

2. Demgegenüber zeichnen sich „Erlebniskäufer", „Rationalisten", „Traditionalisten", „Sammler" und „Einrichter" durch ein unterdurchschnittliches (schwaches) Engagement aus.

Eine gegensätzliche, motivationale Polarisierung ergibt sich demnach:

1. für „Nostalgiker" (hohes Engagement/hohe Traditionsgebundenheit) und „Rationalisten" (schwaches Engagement/schwache Traditionsgebundenheit) sowie

2. für „Traditionalisten" (schwaches Engagement/hohe Traditionsgebundenheit) und „Materialisten" (hohes Engagement/schwache Traditionsgebundenheit).

Motivation	Wilks' Lambda	Standardisierte Diskriminanz-Koeffizienten in der Diskriminanzfunktion 1	2	Relative Bedeutung der Motivation in der Diskriminanzfunktion 1	2	Gewichtete Diskriminanz-Koeffizienten	Relative Bedeutung der Motivationen bei der Diskrimination in %	Rang
Bewahrung von Erinnerungen an die Familie	0,4632	+ 0,11	+ 0,72	2,61	16,12	0,2361	5,77	9
→ Freizeitgestaltung	0,2316	+ 0,40	– 0,12	9,63	2,58	0,2824	6,90	1
→ Dokumentation von Individualismus	0,1413	+ 0,33	– 0,17	8,03	3,72	0,2617	6,40	4
Liebe zum alten Kunsthandwerk	0,0909	+ 0,19	+ 0,48	4,64	10,79	0,2490	6,09	6
Bedürfnis nach Ausgleich	0,0641	+ 0,32	+ 0,09	7,86	2,06	0,2345	5,73	10
Spaß am Suchen	0,0456	+ 0,19	+ 0,19	4,68	4,26	0,1841	4,50	13
Freude an Naturstoffen	0,0340	– 0,02	– 0,23	0,57	5,11	0,1822	4,45	14
Besitzstreben	0,0252	+ 0,15	– 0,15	3,73	3,29	0,1635	4,00	16
Familientradition	0,0196	– 0,11	+ 0,48	2,57	10,64	0,1941	4,75	12
→ Besitzerstolz	0,0152	+ 0,41	+ 0,12	9,93	2,60	0,2687	6,57	3
Hoffnung auf Trouvaille	0,0124	+ 0,31	– 0,19	7,58	4,34	0,2481	6,07	7
Wertanlage	0,0102	+ 0,17	– 0,36	4,19	8,06	0,2004	4,90	11
Lösung eines funktionalen Einrichtungsproblems	0,0085	– 0,07	+ 0,22	1,81	5,01	0,1746	4,27	15

Motivation	Wilks' Lambda	Standardisierte Diskriminanz-Koeffizienten in der Diskriminanzfunktion 1	Standardisierte Diskriminanz-Koeffizienten in der Diskriminanzfunktion 2	Relative Bedeutung der Motivation in der Diskriminanzfunktion 1	Relative Bedeutung der Motivation in der Diskriminanzfunktion 2	Gewichtete Diskriminanz-Koeffizienten	Relative Bedeutung der Motivationen bei der Diskrimination in %	Relative Bedeutung der Motivationen bei der Diskrimination Rang
Sammelleidenschaft	0,0071	+ 0,01	− 0,18	0,21	4,11	0,1625	3,97	17
Empfinden eines kulturellen Auftrags	0,0059	+ 0,26	+ 0,31	6,39	6,95	0,2410	5,89	8
→ Dekoration der Wohnung	0,0050	+ 0,36	− 0,12	8,78	2,70	0,2517	6,15	5
→ Reaktion auf moderne Kunst	0,0042	+ 0,37	− 0,28	9,04	6,36	0,2715	6,64	2
Nostalgie	0,0035	+ 0,19	+ 0,02	4,55	0,39	0,1624	3,97	17
Freude am Schenken	▷ 0,0031	+ 0,13	− 0,04	3,19	0,91	0,1217	2,98	18
						4,0902	100,00	

→ Motivation mit der höchsten relativen Bedeutung insgesamt

▷ Insgesamt erreichter Zielwert Wilks' Lambda

Motivation mit der höchsten standardisierten Diskriminanz-Koeffizienten in der Diskriminanzfunktion 1 und 2

Motivation mit der höchsten relativen Bedeutung in der Diskriminanzfunktion 1 und 2

Motivation mit dem höchsten gewichteten Diskriminanz-Koeffizienten

Motivation mit der höchsten relativen Bedeutung bei der Diskrimination

GABLER GRAPHIK

Abbildung 99: Die Bedeutung von Einzelmotivationen zur Diskrimination von Motivationstypen – Ergebnisüberblick einer multiplen schrittweisen Diskriminanzanalyse (Quelle: Honsel 1984, S. 185 f.)

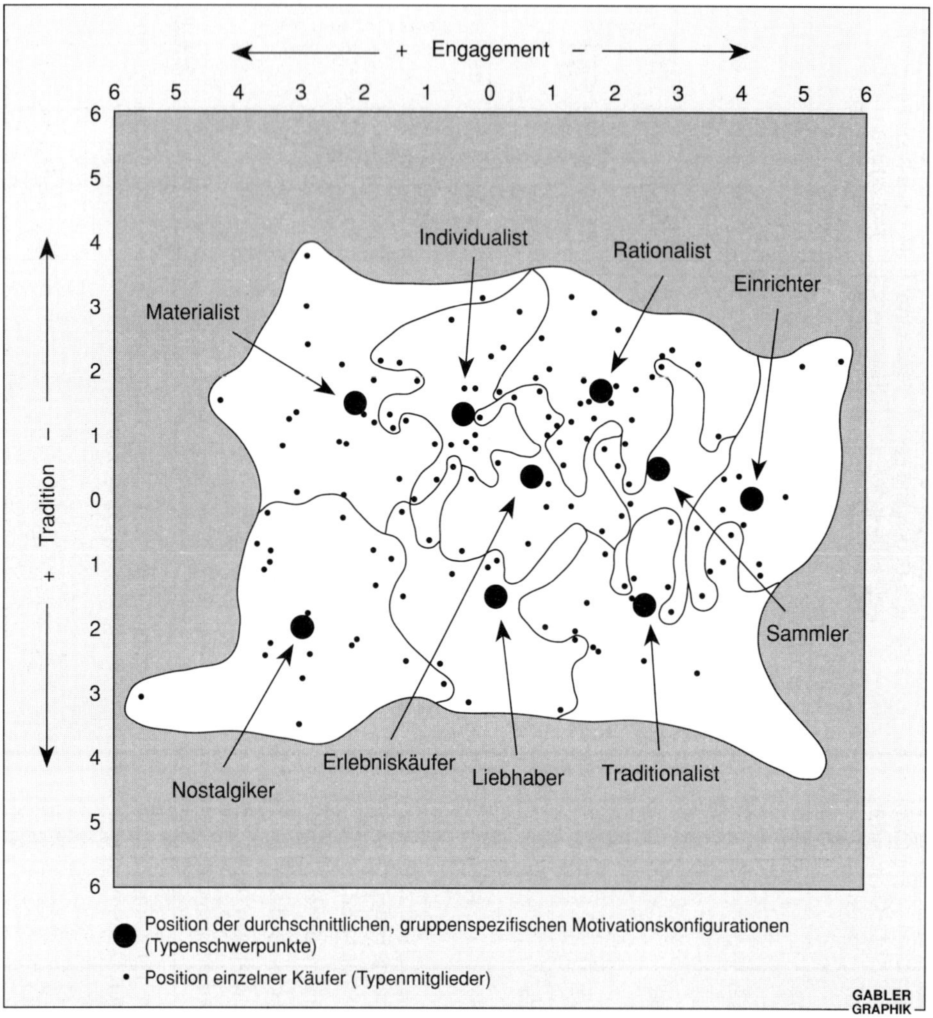

Abbildung 100: Positionierung von Motivationstypen (Quelle: Meffert, Honsel 1983, S. 98)

Die Überprüfung der Eignung der ermittelten (acht) Diskriminanzfunktionen zur Prognose der Typenzugehörigkeit neu zu klassifizierender Elemente zeigt, daß mit 83 % richtig zugeordneter Antiquitätenkäufer unter Berücksichtigung der großen Zahl von Motivationstypen ein sehr gutes Ergebnis erzielt werden kann (vgl. Abbildung 101). Dies gilt insbesondere, da die maximale Zufallswahrscheinlichkeit bei 19,9 % liegt. Sie entspricht dem Umfang des größten Motivationstypen 3 (vgl. Abbildung 92) und ergibt sich, wenn alle Antiquitätenkäufer bei einer zufälligen Zuordnung diesem Cluster zugeteilt werden (vgl. Backhaus et al. 1990, S. 181 ff.).

	Prognostizierte Gruppenzugehörigkeit									
	Motivationstyp	Nostalgiker	Sammler	Rationalist	Traditionalist	Einrichter	Materialist	Individualist	Liebhaber	Erlebniskäufer
Tatsächliche Gruppenzugehörigkeit	Nostalgiker	66,7 %		20,0 %	6,7 %			6,7 %		
	Sammler		85,7 %				14,3 %			
	Rationalist	3,3 %		86,7 %	3,3 %	3,3 %		3,3 %		
	Traditionalist				94,1 %	5,9 %				
	Einrichter				9,1 %	54,5 %	9,1 %	18,2 %	9,1 %	
	Materialist						85,0 %	10,0 %	5,0 %	
	Individualist			8,7 %			8,7 %	82,6 %		
	Liebhaber	8,3 %							91,7 %	
	Erlebniskäufer			12,5 %						87,5 %
	Gesamt richtig klassifizierte Fälle: 82,78 %									

GABLER GRAPHIK

Abbildung 101: Klassifikationsmatrix für Motivationskonfigurationen (Quelle: Honsel 1984, S. 251)

Für das betrachtete Beispiel bleibt somit festzuhalten, daß die typenbildende Clusteranalyse und die typenstrukturierende Diskriminanzanalyse zu einer klaren, in sich geschlossenen Struktur unterschiedlicher Motivationstypen im Antiquitätenmarkt führen.

Abschließend ist auf einen der Diskriminanzanalyse immanenten „Stichprobenfehler" hinzuweisen, der sich aus einer weitgehenden Stichprobengleichheit bei der Ermittlung der Diskriminanzfunktion und der darauf basierenden Prognose von Typenzugehörigkeiten ergibt. Auf der Basis der Daten eines Personenkreises werden zunächst die Trennungsfunktionen ermittelt, um daran anschließend bei den gleichen Personen eine „nachträgliche" Gruppenzuordnung durchzuführen. Im vorliegenden Antiquitätenbeispiel wird der Stichprobenfehler dadurch gemindert, daß in den ersten Analyseschritt aufgrund fehlender Angaben einiger Antiquitätenkäufer (missing values) nur knapp 88 % aller befragten Personen einbezogen werden. Die restlichen 12 % gehen dagegen in die nachträgliche Ermittlung der Gruppenzugehörigkeiten ein und stellen somit eine zusätzliche Stichprobe dar (Honsel 1984, S. 25).

3.35 Multiple Regressionsanalyse

3.351 Zielsetzung

Gerade im Marketing liegt den beobachteten Marktreaktionen vielfach nicht nur eine Ursache, sondern häufig ein ganzer Ursachenkomplex zugrunde. Durch die multiple oder auch Mehrfachregression versucht man die **Abhängigkeit einer Variablen von mehreren unabhängigen Variablen** zu ermitteln (vgl. Kerlinger 1973, S. 603 ff.; Neter, Wasserman 1974; Chatterjee, Price 1977; Bleymüller, Gehlert, Gülicher 1988, S. 163 ff.).

Wiederum wird unterstellt, daß die Beziehungen linearer Natur sind. Die um mehrere unabhängige Variablen erweiterte allgemeine Form der Regressionsfunktion lautet damit

$$y = b_1 + b_2x_2 + b_3x_3 + \ldots + b_kx_k$$

Auch bei der multiplen Regression sind die Parameter b_1, b_2 bis b_k entsprechend der Zielfunktion so zu bestimmen, daß die **Summe der Abweichungsquadrate der nicht erklärten Abweichungen minimiert** wird. Nach der Methode der kleinsten Quadrate werden über die Zielfunktion die Normalgleichungen abgeleitet und die jeweiligen Parameter bestimmt. Häufig sind die Regressionskoeffizienten auf Grund unterschiedlicher Dimensionen der unabhängigen Variablen nicht vergleichbar (z. B. bei Alter in Jahren und Einkommen in DM als Erklärungsvariablen).

Aus diesem Grunde werden die Regressionskoeffizienten vereinheitlicht (**standardisiert**) und damit in ihrer Wirkung auf die abhängige Variable vergleichbar gemacht (Kerlinger 1973, S. 613 f.; Backhaus et al. 1990, S. 20).

Die Standardisierung der Koeffizienten zu sog. **BETA-Gewichten** wird vorgenommen durch

$$BETA_i = b_i \frac{\text{Standardabweichung } x_i}{\text{Standardabweichung } y}$$

Der Vergleich zweier standardisierter Koeffizienten (z. B. von $BETA_1 = 0{,}09$ und $BETA_2 = 0{,}81$) erlaubt den Schluß, daß eine relative Veränderung der Variablen x_2 einen neunmal so großen Einfluß auf die abhängige Variable ausübt wie eine relative Veränderung der Variablen x_1.

Die Güte oder der Erklärungsgehalt der Regressionsfunktion läßt sich wiederum durch das Bestimmtheitsmaß ermitteln. Im bivariaten Fall zeigt das Bestimmtheitsmaß bzw. der Korrelationskoeffizient den Erklärungsbeitrag bzw. die Stärke des Zusammenhangs bei zwei Variablen.

In der multiplen Analyse ist zwischen zwei unterschiedlichen Größen zu unterscheiden (Bleymüller, Gehlert, Gülicher 1985, S. 171 ff.):

- **Das multiple (totale) Bestimmtheitsmaß** bringt zum Ausdruck, inwieweit eine abhängige Variable durch die Gesamtheit der berücksichtigten unabhängigen Variablen bestimmt wird.

- Das **partielle Bestimmtheitsmaß** zeigt dagegen den absoluten Zuwachs des multiplen Bestimmtheitsmaßes an, wenn eine zusätzliche Variable berücksichtigt und als beeinflussende Größe in die Analyse einbezogen wird. Der Koeffizient gibt an, wieviel Prozent der bis dahin noch nicht erklärten Gesamtvarianz durch diese zusätzliche Variable erklärt wird.

Das multiple Bestimmtheitsmaß wird errechnet durch

$$r^2_{Y.23..k} = \frac{\text{Summe der erklärten quadratischen Abweichungen}}{\text{Summe der Gesamtabweichungen}}$$

$$= 1 - \frac{\text{Summe der quadrierten Restabweichungen (Residuen)}}{\text{Summe der Gesamtabweichungen}}$$

Das partielle Bestimmtheitsmaß läßt sich wie folgt kennzeichen

$$r^2_{Yk.23..(k-1)} = \frac{\text{durch } x_k \text{ zusätzlich erklärte Abweichungsquadratsumme}}{\text{durch } x_2 \text{ bis } x_{k-1} \text{ nicht erklärte Abweichungsquadratsumme}}$$

Analog zum Bestimmtheitsmaß lassen sich durch Radizierung auch der multiple und der partielle Korrelationskoeffizient ermitteln.

Die **partielle Korrelation** mißt die im Rahmen einer multiplen Analyse gemessene (einfache) Korrelation zwischen einer unabhängigen und einer abhängigen Variablen unter rechnerischer Ausschaltung des Einflusses der restlichen unabhängigen Variablen.

Bei der **multiplen Korrelation** wird der Zusammenhang zwischen einer abhängigen und mehreren gleichzeitig wirksam werdenden unabhängigen Variablen gemessen.

3.352 Verfahrensgrundlagen

Bei der konkreten Durchführung einer multiplen Regressionsanalyse stellt sich die Frage, welche der theoretisch überhaupt denkbaren, unabhängigen Variablen zur Erklärung der abhängigen Variablen herangezogen werden sollen.

Zur Variablenauswahl existieren in der Literatur eine Vielzahl unterschiedlicher Verfahren wie z. B. (Draper, Smith 1972, S. 163 ff.; Green 1978, S. 76 ff.; Gülicher 1990, S. 4–28 ff.):

- Bestimmung aller **möglicher Regressionen**
- Verfahren der **Rückwärtselimination**
- Verfahren der **Vorwärtsauswahl**
- **schrittweise Regression**

An dieser Stelle soll nur auf das letztere Verfahren eingegangen werden, da es sowohl vom theoretischen Standpunkt her als auch nach praktischen Erfahrungen am besten geeignet erscheint.

Grundlage der Darstellung bildet wiederum die Antiquitätenstudie, wobei in Analogie zur einfachen Regression auch hier die Frage beantwortet werden soll, welche Einzelmotive einen Einfluß auf die Ausgabebereitschaft (Höhe des maximalen Geldbetrages) für antiquarische Einzelstücke haben.

Die schrittweise Regression läuft in folgenden Einzelschritten ab (Green 1978, S. 79 f.; Brown 1980, S. 416 ff.; Gülicher 1990, S. 4–34 ff.):

1. Zunächst wird die unabhängige Variable in die Regression einbezogen, die den **höchsten Wert des einfachen Bestimmtheitsmaßes** aufweist. Im betrachteten Beispiel handelt es sich dabei um das Motiv „Repräsentation" ($r^2 = 0{,}048$).

2. Als nächste aufzunehmende Variable gilt nun die Variable, die das **höchste partielle Bestimmtheitsmaß** aufweist. Die Signifikanz des Betrages wird dabei über den partiellen F-Test gemessen. Im konkreten Fall ist dies das Motiv „Familientradition".

3. Anschließend wird **für die bereits in der Regressionsgleichung befindlichen Variablen ein partieller F-Test** durchgeführt. Dieser dient zur Klärung der Frage, ob eine in einem früheren Stadium des Verfahrens aufgenommene Variable wegen möglicher Korrelation mit anderen, später einbezogenen Variablen noch einen signifikanten Erklärungsbeitrag leistet und damit weiterhin in die Regressionsgleichung einbezogen werden muß.

4. Die Schritte 2 und 3 werden zur Aufnahme weiterer Variablen solange fortgesetzt, bis alle erklärenden Variablen einen kritischen Aufnahmewert (im Beispiel ein Signifikanzniveau von 5 %) nicht mehr erfüllen. Im Beispiel ist dies bereits nach Einbeziehung der Motive „Besitzerstolz" und „Steuerflucht" bei vier Variablen der Fall.

Alle anderen 22 Motive leisten keinen signifikanten Beitrag zur Erklärung der unabhängigen Variablen.

In der Abbildung 102 ist die Abfolge der schrittweisen Regressionsanalyse für das Antiquitätenbeispiel im Überblick dargestellt.

Nach vier Iterationen ergibt sich folgende multiple Regressionsgleichung:

$\hat{y} = 67.993{,}88 - 5.762{,}8\ x_2 - 2.635{,}6\ x_3 + 3.051{,}9\ x_4 - 5.895{,}1\ x_5$

mit

$\hat{y}$ = Schätzwert des Höchstbetrages für Einzelstücke

x_2 = Beurteilung des Motivs „Repräsentation"

x_3 = Beurteilung des Motivs „Familientradition"

x_4 = Beurteilung des Motivs „Besitzerstolz"

x_5 = Beurteilung des Motivs „Steuerflucht"

Durch die Einbeziehung dieser vier Variablen in die Regression kann der erklärte Varianzanteil an der abhängigen Variablen auf 14,79 % gegenüber 4,8 % in der Einfachregession gesteigert werden. Ein Vergleich der standardisierten Regressionskoeffizienten $BETA_i$ zeigt, daß dabei allen abhängigen Variablen ein relativ gleichmäßiges Gewicht bei der Erklärung zukommt.

Insgesamt ist jedoch dieser Varianzanteil zu klein, um darauf weitergehende Interpretationen zu den Erklärungsbeiträgen einzelner Motivationen auf die Preisbereitschaft des Antiquitätenkäufers zu stützen. In der Praxis sind vielmehr Varianzanteile von 40 bis 50 % durchaus realistisch und für fundierte Analysen eher geeignet (vgl. Honsel 1984, S. 252 ff.).

Probleme bei der multiplen Regressionsanalyse treten auf, wenn die Prämissen des Modells verletzt werden. Hier sind insbesondere folgende Aspekte zu berücksichtigen (Backhaus et al. 1990, S. 34 ff.):

- Nichtlinearität
- Multikollinearität
- Autokorrelation
- Heteroskedastizität

Nicht-lineare Beziehungen zwischen zwei Variablen können als Funktionstyp eine Kurve bedingen. Darüber hinaus kann Nichtlinearität im Falle mehrerer unabhängiger Variablen eine nicht additive Verknüpfung erforderlich machen.

Als Lösungsmöglichkeit bietet sich für diese Problematik die **Linearisierung** durch entsprechende Variablentransformationen an (z. B. Logarithmierung) (Hüttner 1979, S. 260 f.).

Multikollinearität liegt vor, wenn eine starke Abhängigkeit unter den unabhängigen Variablen besteht. Der Erklärungsbeitrag für die abhängige Variable wird damit zu hoch ausgewiesen, und die Regressionskoeffizienten und die Standardabweichungen werden falsch geschätzt.

Schritt Nr. k	Neu in die Regression einbezogene Variable	Partielles Bestimmtheitsmaß der neu einbezogenen Variable	Insgesamt in der Regression befindliche Variablen	Regressionskoeffizienten der Variablen in Schritt k			Multiples Bestimmtheitsmaß der Regression $r^2y.23$	Veränderung des Erklärungsbeitrags der Regression zum vorliegenden Schritt %
				b_i	$BETA_i$	b_1 (Konstante)		
1	„Repräsentation"	–	„Repräsentation"	– 4.577,9	– 0,217	34.304,85	4,8 %	–
2	„Familientradition"	18,6 %	„Repräsentation"	– 4.607,8	– 0,218	42.693,79	7,99 %	
			„Familientradition"	– 2.317,3	– 0,182			66,5 % $\left(\frac{7{,}99-4{,}8}{4{,}8}\right)$
3	„Besitzerstolz"	20,7 %	„Repräsentation"	– 6.178,6	– 0,292	41.170,11		
			„Familientradition"	– 2.547,7	– 0,199		11,92 %	49,2 %
			„Besitzerstolz"	3.061,6	0,212			
4	„Steuerflucht"	18,1 %	„Repräsentation"	– 5.762,8	– 0,273	67.993,88	14,79 %	24,08 %
			„Familientradition"	– 2.635,6	– 0,206			
			„Besitzerstolz"	3.051,9	0,212			
			„Steuerflucht"	– 5.895,1	– 0,171			

GABLER GRAPHIK

Abbildung 102: Ablauf einer schrittweisen Regressionsanalyse

Zur Überwindung der Multikollinearität bieten sich entweder eine **Variablenelimination** oder eine **Reduktion der hochkorrelierten Variablen** mittels einer Faktorenanalyse an (Schneeweiß 1974, S. 139 ff.; Backhaus et al. 1990, S. 35 f.).

In der Regressionsanalyse geht man davon aus, daß die Restschwankungen, also die Residuen, voneinander unabhängig sind. Wird diese Bedingung verletzt, spricht man von **Autokorrelation** (Schneeweiß 1971, S. 177 ff.). Die Abweichungen sind von vorhergehenden Abweichungen in der gleichen Zahlenreihe abhängig. Die Zahlenreihe ist also mit sich selbst korreliert.

Bei Vorliegen von Autokorrelation wird der Standardfehler falsch ermittelt. Dies führt zu einer falschen Berechnung der Konfidenzintervalle der Regressionskoeffizienten.

Häufig tritt Autokorrelation in Folge saisonaler bzw. konjunktureller Einflüsse auf. Zur Ermittlung der Autokorrelation liegen spezielle statistische Verfahren wie z. B. der sog. **Durbin-Watson-Test** vor (Backhaus et al. 1990, S. 37 ff.).

Neben der Unabhängigkeit der Residuen untereinander ist die Unabhängigkeit der Residuen von der abhängigen Variablen erforderlich. Das bedeutet, daß die Restschwankung in ihrer Höhe nicht vom Betrag oder von der Reihenfolge der Ausprägungen der abhängigen Variable beeinflußt werden darf. Ist die Streuung der Residuen über die Werte der abhängigen Variablen nicht konstant, liegt **Heteroskedastizität** vor. Eine einfache Methode zur Überprüfung dieser Bedingung stellt die Anfertigung eines Plots dar, der die Residuen in Abhängigkeit von y darstellt. Sind in dieser graphischen Darstellung Zusammenhänge zwischen den Residuen und der abhängigen Variablen erkennbar, ist Heteroskedastizität gegeben (Backhaus et al. 1990, S. 39 ff.).

Von dem Auftreten bzw. der Berücksichtigung und Elimination der genannten Effekte hängt die Aussagekraft der multiplen Regressions- und Korrelationsanalyse ab.

3.36 Varianzanalyse

3.361 Zielsetzung

Das Verfahren der Varianzanalyse verfolgt das Ziel, **den Zusammenhang zwischen Beobachtungswerten (z. B. Absatzmenge) und einer oder mehrerer Einflußgrößenkategorien, auch Faktoren genannt, zu untersuchen** (z. B. Verpackungs- oder Plazierungsalternativen eines Produktes). Der erste Fall wird als **einfache,** der zweite als **mehrfache Varianzanalyse** bezeichnet. Die **unabhängige Variable, der Faktor** (nicht zu verwechseln mit demjenigen der Faktorenanalyse), ist nominal skaliert. Die **abhängige Variable** (Beobachtungswerte) verfügt über ein metrisches Skalenniveau. Die Varianzanalyse dient also letztlich der Prüfung des Unterschiedes der Mittelwerte von Gruppen (Kategorien) verschiedener Personen bzw. Objekte. Statistisch gesehen wird dabei im einfachsten Fall die Hypothese geprüft, ob die Mittelwerte mehrerer Gruppen mehr als zufällig zu erwarten von dem Mittelwert der gemeinsamen Grundgesamtheit abweichen (Hüttner 1979, S. 271 ff.; Green, Tull 1982, S. 324 ff.; Bleymüller, Gehlert, Gülicher 1985, S. 119 ff.; Weis, Steinmetz 1991, S. 179 ff.).

Hinsichtlich dieser gruppenbezogenen Betrachtungsweise unterscheidet sich schließlich die Varianzanalyse von der oben beschriebenen Regressionsanalyse, die ebenfalls den Einfluß einer oder mehrerer unabhängiger Variablen auf eine abhängige Variable untersucht. Ein weiterer Unterschied der beiden genannten Verfahren liegt darin, daß im Rahmen der Varianzanalyse die gleichzeitige Betrachtung mehrerer abhängiger Variablen denkbar ist (vgl. Abbildung 77). Man spricht dann von der **multiplen Varianzanalyse** (Backhaus et al. 1990, S. 51 ff.).

Vorrangig zum Einsatz kommt die Varianzanalyse insbesondere zur Auswertung von Labor- und Feldexperimenten. Denkbare Fragestellungen, die sich mit ihrer Hilfe beantworten lassen, können sein:

- **Sind die Unterschiede in den Absatzzahlen eines Produktes,** welches über mehrere Monate in drei Verpackungsalternativen angeboten wurde, **signifikant oder eher zufälliger Natur?**
- **Hat die Plazierung eines Produktes** auf verschiedenen Ebenen des Regals **einen Einfluß auf seinen Abverkauf?**
- **Welche Kombination aus verschiedenen Medien** (z. B. TV, Publikumszeitschrift und Plakat) **und unterschiedlichen Preislagen eines Produktes bedingt die höchsten Absatzzahlen?**

Zur Verdeutlichung der Vorgehensweise der Varianzanalyse soll im folgenden auf ein Beispiel aus dem Antiquitätenmarkt eingegangen werden:

> *Ein Antiquitätenhändler bewirbt sein Angebot auf Antiquitätenmessen über drei verschiedene Werbeträger, und zwar über eine überregionale Fachzeitschrift (FZ), die örtliche Tageszeitung (TZ) und über einen Handzettel (HZ), den er vor und während der Messe in der Innenstadt verteilen läßt. In jedem Werbeträger wird der Leser aufgefordert, einen Coupon auszuschneiden, um einen kostenlosen Ausstellungskatalog anzufordern. Es werden anläßlich dreier Messen (i = 1, 2, 3) die Anfragen nach Katalogen erfaßt und dem jeweiligen Werbeträger zugeordnet (Annahme: alle Messen finden in Großstädten vergleichbarer Bevölkerungs- und Medienstruktur statt). Die Untersuchungsergebnisse sind in der folgenden Übersicht zusammengefaßt (vgl. Abbildung 103).*
> *Die* ***materielle Marketing-Fragestellung*** *besteht nun darin,* ***ob ein Zusammenhang zwischen der Werbewirksamkeit der Werbeträger und der Anzahl der Anfragen nach Katalogen vorliegt****. Sie ist mit der anfangs erwähnten statisti-*

Anfgeforderte Kataloge x_{ij}		Einflußgrößenkategorien, Faktoren (Stichproben) j = 1, 2, ..., n		
		FZ	TZ	HZ
Beobachtungswerte i = 1, 2 ..., m	Messe 1	10	8	11
	Messe 2	7	9	0
	Messe 3	7	10	1
Stichprobenmittel x_j		8	9	4
Stichprobengesamtmittel x			7	

GABLER GRAPHIK

Abbildung 103: Beispielhafte Ergebnismatrix zur Mehrfachklassifikation

schen Problemstellung identisch, ob die Mittelwerte x_j der als Stichprobe zu interpretierenden Beobachtungswerte x_{ij} homogen sind oder nicht. Bei Homogenität der Stichprobenmittel kann unterstellt werden, daß sie aus einer gemeinsamen Grundgesamtheit stammen, während bei Heterogenität der Stichprobenmittel von verschiedenen Grundgesamtheiten ausgegangen werden muß. Die Aufgabe der Varianzanalyse ist es also, zu prüfen, inwieweit statistische Signifikanz zwischen Unterschieden in durchschnittlichen Wirkungen (Mittelwerten) besteht, die durch kontrollierte Variablen hervorgerufen werden. Dabei gilt es gleichzeitig, zufallsbedingte Wirkungseinflüsse unkontrollierter Variablen zu berücksichtigen.

Es läßt sich ausgehend vom angeführten Beispiel die **Nullhypothese** aufstellen, daß zwischen den Faktoren (der Menge aller kontrollierten Variablen) kein Unterschied besteht. Von den unbekannten Mittelwerten der Grundgesamtheiten (durchschnittliche Anfrage je Werbeträger bezogen auf alle bisher beworbenen Ausstellungen) wird also angenommen, daß $\mu_1 = \mu_2 = \mu_3 = \mu$ ist. Dieser Nullhypothese ist eine **Gegenthese** zugeordnet, daß von den Mittelwerten der j Grundgesamtheiten mindestens zwei Mittelwerte unterschiedlich sind.

Die Varianzanalyse untersucht nun die aus verschiedenen Quellen resultierenden Streuungen dahingehend, ob ein bestimmter Varianzanteil, welcher noch näher zu erläutern ist, größer oder kleiner (gleich) als die entsprechende Erwartung der Nullhypothese ist. Aufgrund dieser Zielsetzungen muß die Varianzanalyse bestimmten statistischen Annahmen genügen, die sich aufgrund des Zufallscharakters der als Stichprobenwerte interpretierten Beobachtungsdaten ergeben (Green, Tull 1982, S. 331):

1. Es wird angenommen, daß die **Elemente der Grundgesamtheiten**, aus denen die Stichproben gezogen werden, **normalverteilt** sind.

2. Weiterhin wird unterstellt, daß die **Varianzen der Grundgesamtheiten homogen** sind.

3. Es wird von **additiven Effekten eines Faktors** (Einfachklassifikation) oder mehrerer Faktoren (Mehrfachklassifikation) **auf die Gesamtvarianz** ausgegangen.

4. Die **Fehler** der Beobachtungswerte sind **normalverteilt**.

5. Die **Beobachtungswerte sind voneinander unabhängig,** d. h. jeder Beobachtungswert wird als unabhängiger Stichprobenwert aus normalverteilten Fehlerverteilungen interpretiert.

3.362 Verfahrensgrundlagen

Bei der Varianzanalyse wird im Fall der Einfachklassifikation die Additivität der Effekte eines Faktors durch folgende Modellgleichung zum Ausdruck gebracht:

(1) $x_{ij} = \mu + \alpha_j + e_{ij}$

In dieser Modellgleichung steht x_{ij} für den i-ten Beobachtungswert (i = 1, 2 ... m) der j-ten (j = 1, 2, ... n) Stichprobe. Durch $\mu_1 = \mu_2 = \mu_3 = \mu$ wird die Nullhypothese berücksichtigt, nach der die Grundgesamtheit-Mittelwerte gleich sind. Mit α_j wird der Effekt in der j-ten Grundgesamtheit bezeichnet. Der Effekt α_j stellt dabei die auf den Faktor zurückzuführende Abweichung zwischen dem Gesamtmittelwert und dem Mittelwert der Grundgesamtheit j dar. Aus der Gleichheit der zu schätzenden Mittelwerte in der Grundgesamtheit folgt, daß $\mu - \mu_j = 0$, so daß definitionsgemäß:

(2) $\sum_j \alpha_j = 0$

(α_j ist nicht mit dem Symbol α für das Signifikanzniveau zu verwechseln!)

Mit e_{ij} wird der Zufallsfehler beim i-ten Beobachtungswert in der j-ten Stichprobe angegeben. Da eine Normalverteilung des Zufallsfehlers angenommen wird, gilt im folgenden:

(3) $\mu(e_{ij}) = 0$

(4) $\text{Var}(e_{ij}) = \delta_j^2$

Um nach Modellgleichung (1) die Varianzanalyse vornehmen zu können, ist es notwendig, die unbekannten Parameter μ, α_j und e_{ij} zu schätzen. Die Varianzanalyse geht dabei in vier Schritten vor.

Im **ersten Schritt** wird die Gesamtsumme der Abweichungsquadrate der Beobachtungswerte in zwei additive Komponenten aufgespalten, und zwar in die Summe der Abweichungsquadrate der Beobachtungswerte vom jeweiligen Stichprobenmittel und in die Summe der Abweichungsquadrate der Stichprobenmittel vom Gesamtmittelwert, multipliziert mit der Anzahl der Stichprobenwerte. Wird mit x_{ij} der Beobachtungswert i in der j-ten Stichprobe, mit $\bar{x}$ der Gesamtmittelwert und mit $\bar{x}_j$ der Mittelwert der j-ten Stichprobe bezeichnet, so gilt folgende Identitätsgleichung:

$$(5) \quad \sum_i \sum_j (x_{ij} - \bar{x}) = \sum_i \sum_j (x_{ij} - \bar{x}_j) + \sum_i \sum_j (\bar{x}_j - \bar{x})$$

Durch Quadrieren von (5) ergibt sich:

$$(6) \quad \sum_i \sum_j (x_{ij} - \bar{x})^2 = \sum_i \sum_j \left[(x_{ij} - \bar{x}_j)^2 + 2 (x_{ij} - \bar{x}_j)(\bar{x}_j - \bar{x}) + (\bar{x}_j - \bar{x})^2 \right].$$

$$\text{Da} \quad \sum_i \sum_j (\bar{x}_j - \bar{x})^2 = m \sum_j (\bar{x}_j - \bar{x})^2$$

und stets gilt: $\sum_j (x_{ij} - \bar{x}_j) = 0$ kann (6) in

$$(7) \quad \sum_i \sum_j (x_{ij} - \bar{x})^2 = \sum_i \sum_j (x_{ij} - \bar{x}_j)^2 + m \sum_j (\bar{x}_j - \bar{x})^2$$

überführt werden.

Der Ausdruck (7) besagt, daß die Gesamtsumme der Abweichungsquadrate (linker Term von (7)) in eine Intragruppen-Abweichungsquadratsumme (erster rechter Term (7)) und eine Intergruppen-Abweichungsquadratsumme multipliziert mit der Anzahl der Beobachtungswerte (zweiter rechter Term von (7)) aufgespalten werden kann:

Gesamtsumme der Abweichungsquadrate	=	Intragruppenabweichungsquadratsumme	+ m ·	Intergruppenabweichungsquadratsumme

Der **zweite Schritt** besteht in der Bestimmung des Freiheitsgrades obiger Abweichungsquadratsummen. Die Gesamtzahl der Beobachtungswerte beträgt $n \cdot m = N$, bei $i = 1, 2, \ldots, m$ und $j = 1, 2, \ldots n$.

Ein Freiheitsgrad geht dadurch verloren, daß die Abweichungsquadrate vom Gesamtmittelwert $\bar{x}$ bestimmt werden. Die Gesamtsumme der Abweichungsquadrate hat somit einen Freiheitsgrad von $N - 1$. Der Freiheitsgrad der Intragruppen-Abweichungsquadrate ist analog als $N - n$ zu ermitteln, so daß der Freiheitsgrad der Intergruppen-Abweichungsquadratsumme aus der Identitätsgleichung

$$(8) \quad N - 1 = (N - n) \cdot (n - 1)$$

bestimmt werden kann.

Im **dritten Schritt** werden die Abweichungsquadratsummen durch die ihnen zugehörigen Freiheitsgrade dividiert, um die Varianzen zu errechnen. Während die Abweichungsquadratsummen noch durch Additivität gekennzeichnet waren, gilt dies nicht mehr für die errechneten Varianzen, da die Freiheitsgrade der Abweichungsquadratsummen hier unterschiedlich sind. Die Gesamtvarianz beträgt somit:

$$(9) \qquad s^2_{gesamt} = \frac{\sum_i \sum_j (x_{ij} - \bar{x})^2}{N - 1}$$

die Intragruppenvarianz

$$(10) \qquad s^2_{intra} = \frac{\sum_i \sum_j (x_{ij} - \bar{x}_j)^2}{N - n}$$

und die Intergruppenvarianz

$$(11) \qquad s^2_{inter} = \frac{m \sum_j (\bar{x}_j - \bar{x})^2}{N - 1}$$

Diese drei Varianzen stellen Schätzwerte für die unbekannten Varianzen der Grundgesamtheit dar.

Will man nun die so gewonnenen Varianzen interpretieren, so ist festzuhalten, daß die Intragruppenvarianz Hinweise ausschließlich auf die unerklärten Abweichungen, verursacht durch Umwelteinflüsse, also auf die Zufallsfehler liefert. Die Intergruppenvarianz hingegen wird in erster Linie durch die Streuung der unabhängigen Variablen geprägt, d. h. durch die auf die Faktoren zurückzuführenden Abweichungen. Zusätzliche Beeinträchtigungen durch Umwelteinflüsse sind dabei aber nicht auszuschließen.

Die Gegenüberstellung beider Größen gibt Aufschluß über die Faktorenwirkung im Vergleich zu den zufallsbedingten Umwelteinflüssen. Ist die Intergruppenvarianz z. B. deutlich größer als die Intragruppenvarianz, so ist von einem Zusammenhang zwischen den Einflußgrößenkategorien und den Beobachtungswerten auszugehen (Backhaus et al. 1990, S. 49 f.).

Zur Präzisierung dieser tendenziellen Aussagen wird im **vierten Schritt** der Varianzanalyse schließlich der F-Quotient aus s^2_{inter} und s^2_{intra} bestimmt:

$$(12) \qquad F^{emp.} = \frac{s^2_{inter}}{s^2_{intra}}$$

Den vorherigen Ausführungen entsprechend, besteht keine Faktorenwirkung, wenn der empirische F-Wert klein ist. Eine Richtlinie zur eindeutigen Entscheidung liefert die theoretische F-Verteilung und das Signifikanzniveau. Ist $F^{emp.}$ größer als $F^{theor.}$, bei vorgegebener Irrtumswahrscheinlichkeit von $F^{theor.}$, so besteht ein Einfluß der Faktoren auf die Beobachtungswerte, m. a. W. die Nullhypothese von der Gleichheit der Mittelwerte μ_j in der Grundgesamtheit ist verworfen und die Alternativhypothese angenommen (Backhaus et al. 1990, S. 50 f.).

Für das einleitend angeführte Beispiel ergibt sich eine Intergruppen-Abweichungsquadratsumme von $3((8-7)^2 + (9-7)^2 + (4-7)^2) = 42$. Der ihr zugehörige Freiheitsgrad $f_1 = n - 1$ beträgt 2. Die Intergruppenvarianz beträgt somit 21. Die Intragruppen-Abweichungsquadratsumme lautet $(10-8)^2 + (7-8)^2 + (7-8)^2 + (8-9)^2 + (9-9)^2 + (10-9)^2 + (11-4)^2 + (0-4)^2 + (1-4)^2 = 82$

Da ihr zugehöriger Freiheitsgrad $f_2 = N - n = 6$ ist, beträgt die Intergruppenvarianz somit 13,33. Für ein Signifikanzniveau von $\alpha = 0{,}05$ und bei den angegebenen Freiheitsgraden läßt sich der theoretische F-Wert wie folgt ermitteln (Bleymüller, Gehlert 1985, S. 140):

$$F^{theor.}_{0,95;\,2,6} = 5{,}143 > F^{emp.} = 1{,}57$$

Er ist größer als der empirische F-Wert, und somit kann die Gegenhypothese nicht angenommen werden. Demnach führt der Einsatz der drei verschiedenen Werbeträger nicht zu unterschiedlichen Responsequoten.

Geschlecht / Motivation	Relative Häufigkeit	Männlich 57,6	Weiblich 42,4	Signifikanzniveau einfacher Varianzanalysen	
Mittelwert[1]	Gesamt	Gruppe 1	Gruppe 2	α	Symbol[2]
Bewahrung von Erinnerungen an die Familie	3,64	3,98	3,22	0,001	****
Wertanlage	3,38	3,11	3,72	0,003	***
Spekulation auf Wertzuwachs	4,26	4,08	4,48	0,007	***
Familientradition	3,58	3,82	3,28	0,022	**
Bedürfnis nach Ästhetik	2,17	2,36	1,93	0,029	**
Repräsentation	4,54	4,44	4,67	0,096	*

1 die Mittelwerte beziehen sich auf eine 5stufige Skalierung von (1) sehr wichtig bis (5) gar nicht wichtig.
2 α = Irrtumswahrscheinlichkeiten
* = $\alpha \le 0{,}10$
** = $\alpha \le 0{,}05$
*** = $\alpha \le 0{,}01$
**** = $\alpha \le 0{,}001$

GABLER GRAPHIK

Abbildung 104: Der Einfluß der „Geschlechtszugehörigkeit" auf die Käufermotivation – Ergebnisüberblick varianzanalytischer Prüfung (Quelle: Honsel 1984, S. 319)

Abbildung 104 verdeutlicht die Ergebnisse einer EDV-gestützten Varianzanalyse. Sie wurde im Rahmen der Auswertung der Studie zum Antiquitätenmarkt mit Hilfe des ANOVA-Verfahrens (**An**alysis **o**f **Va**riance), welches im Programmpaket SPSS implementiert ist, ermittelt.

Aus den Angaben ist zu entnehmen, daß sich weibliche und männliche Antiquitätenkäufer signifikant in der Gewichtung verschiedener Motivationen hinsichtlich des Kaufs oder der Pflege von Antiquitäten unterscheiden. Wenngleich die Signifikanzniveaus unterschiedlich sind, so wird bei allen Motivationen ein Niveau von $\alpha \leq 0{,}10$ erreicht. Aus dem Vergleich der Mittelwerte geht hervor, daß Männer z. B. mehr Wert auf „Wertanlage" oder „Spekulation auf Wertzuwachs" und „Repräsentation" legen als Frauen. Diese hingegen stufen Motivationen wie „Bewahrung von Erinnerungen", „Familientradition" oder „Bedürfnis nach Ästhetik" deutlich wichtiger ein. Mit Hilfe der Varianzanalyse wird also in diesem Fall klar, daß Frauen beim Antiquitätenkauf z. B. anders angesprochen bzw. motiviert werden müssen als männliche Käufer.

3.37 Kausalanalyse

3.371 Zielsetzung

Während andere multivariate Verfahren (z. B. Korrelationsanalyse, Faktorenanalyse, MDS) häufig mit eher explorativem Charakter zum Einsatz kommen, liegt eine der Grundvoraussetzungen der Durchführung von Kausalanalysen in der auf sachlogischen Überlegungen basierenden Hypothesenformulierung. Aufbauend auf den aus derartigen Hypothesengerüsten entwickelten Meß- und Kausalmodellen ist es die Aufgabe der Kausalanalyse zu prüfen, inwieweit die theoretisch aufgestellten Beziehungen mit den empirisch gemessenen Zusammenhängen übereinstimmen. Die Kausalanalyse ist daher den **konfirmatorischen** Analysen zuzurechnen (Hildebrand 1983). Moderne kausalanalytische Verfahren – neben LISREL z. B. PLS oder EQS – bieten somit den Vorteil einer Verknüpfung theoretischer, meßtechnischer und empirischer Aspekte des Forschungsprozesses (zu PLS siehe Lohmöller 1984 und zu EQS Bentler 1982). Ihre hohe Leistungsfähigkeit äußert sich darin, daß sie eingesetzt werden können als:

1. Instrumente zur Entwicklung von Skalen und Indizes sowie zur Ermittlung der Reliabilität von Messungen

2. Verfahren zur Prüfung der Konstruktvalidität in ihren verschiedenen Varianten

3. Methoden zur Konstruktion, Prüfung und Modifikation von Hypothesen, zur Formulierung von Prognosen und zur differenzierten Beurteilung von Ursache-Wirkungs-Beziehungen (Bagozzi 1982; Förster et al. 1984. S. 346).

Zielsetzung dieses Ansatzes ist es, auf der Grundlage eines hypothetischen Kausalmodells Kovarianz- und Korrelationsbeziehungen in simultaner Weise zwischen mehreren theoretischen Konstrukten und ihren Operationalisierungen einschließlich der Meßfehler zu berechnen.

3.372 Verfahrensgrundlagen

Das grundsätzliche Anliegen einer Kausalanalyse mit LISREL (Linear Structural Relations System) ist es, **Beziehungen zwischen latenten, d. h. nicht direkt beobachtbaren Variablen zu überprüfen** (Jörskog 1982; Jörskog, Sörbom 1984; Backhaus et al. 1990). Ausgangspunkt des LISREL-Ansatzes bildet ein als lineares Gleichungssystem formuliertes Kausalmodell, das aus einem Strukturgleichungs- und einem Meßmodell zusammengesetzt ist. Abbildung 105 zeigt beispielhaft die Spezifikation eines vollständigen LISREL-Modells als Pfaddiagramm.

Innerhalb des Strukturmodells geht es um die Erklärung latenter endogener Variablen η_1 durch latente exogene Variablen ξ_1, wobei die Schätzung der Beziehungen zwischen den latenten Größen mit Hilfe der Regressionsanalyse erfolgt. Die Operationalisierung der latenten Variablen bzw. hypothetischen Konstrukte durch beobachtbare Indikatorvariablen werden durch das Meßmodell angegeben. Wie die Abbildung 105 zu erkennen gibt, sind für die endogenen und exogenen latenten Variablen zwei getrennte Meßmodelle zu spezifizieren. Die Beziehungen zwischen den latenten Variablen und den Indikatorvariablen werden mit Hilfe von Faktorenanalysen bestimmt. Insofern stellt der LISREL-Ansatz eine Integration von zwei Faktorenmodellen und einem Regressionsmodell dar. Die Erfassung von Residualgrößen und Meßfehlern der Indikatorvariablen x_1, x_2 und y_1 und der latenten endogenen Variablen erfolgt in dem Modell durch die Parameter σ_1, σ_2 und ε_1.

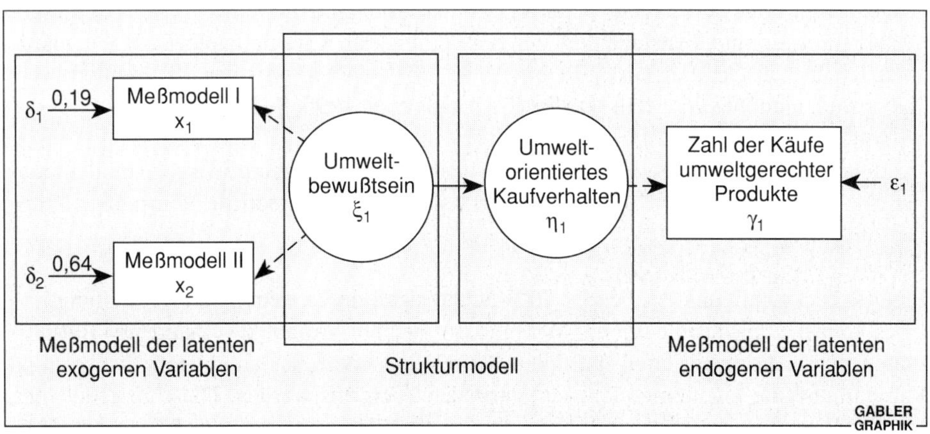

Abbildung 105 : Spezifikation eines vollständigen LISREL-Modells

Voraussetzung für eine eindeutige Schätzung der durch das Modell spezifizierten Beziehungsstrukturen ist die **Identifizierbarkeit** des Kausalmodells. Hierbei stellt sich die Frage, ob die empirischen Daten ausreichen, um die unbekannten Parameter des Kausalmodells zu schätzen. Allgemeingültige Kriterien zur Bestimmung des Identifikationsgrades von LISREL-Modellen liegen bisher nicht vor. Eine notwendige, jedoch keine hinreichende Bedingung für die Identifikation eines LISREL-Modelles bildet die Ungleichung:

$$t \leq \frac{(p+q)(p+q+1)}{2}$$

wobei:

t = Anzahl der zu schätzenden Parameter
p = Anzahl der y-Variablen
q = Anzahl der x-Variablen

Die Lösbarkeit eines LISREL-Modells erfordert somit, daß die Zahl der Freiheitsgrade größer oder gleich Null ist.

Das Programmpaket LISREL enthält **iterative und nicht iterative Verfahren** zum Schätzen der Modellparameter. Vielfach wird in der Anwendung auf iterative Schätzverfahren zurückgegriffen, wobei der Benutzer zwischen

- der Methode der kleinsten Quadrate (unweighted least squares, ULS)
- der Methode der verallgemeinerten kleinsten Quadrate (generalized least squares, GLS)
- der Maximum-Likelihood-Methode (ML)

wählen kann. Gegenüber den GLS- und ML-Verfahren erfordert das ULS-Verfahren keine Normalverteilung der Ausgangsvariablen und ist damit unter weit allgemeineren Bedingungen in der Lage, konsistente Schätzer hervorzubringen. Allerdings können bei diesem Verfahren bestimmte Teststatistiken zur Beurteilung des Kausalmodells (z. B. Standardschätzfehler, Chi-Quadrat-Test), die bei den GLS-Verfahren oder der ML-Methode verfügbar sind, nicht bereitgestellt werden (Backhaus et al. 1990, S. 273).

Zur Beurteilung der Parameterschätzungen und der Anpassungsgüte zwischen modelltheoretischer und empirischer Korrelationsmatrix stehen unterschiedliche Beurteilungskriterien zur Verfügung.

Unter Berücksichtigung der bei der ULS-Schätzmethode verwendbaren Beurteilungskriterien können zunächst die mit der Messung der latenten Variablen verbundenen **Reliabilitäten** durch die quadrierten multiplen Korrelationskoeffizienten für jede beobachtete Variable und die latenten endogenen Variablen überprüft werden. Diese Koeffizienten können Werte zwischen 0 und 1 annehmen. Bei Verwendung von ML- und GLS-Schätzverfahren können darüber hinaus **Standardfehler** für die einzelnen Parameterschätzungen berechnet werden. Sie geben an, mit welcher Streuung bei den Parameterschätzungen zu rechnen ist.

Für die endogenen Variablen des Kausalmodells sind die **multiplen Korrelationskoeffizienten** ein Maß für die Stärke der Kausalbeziehungen in den Strukturgleichungen. Der **Determinationskoeffizient (DTC)** gibt als Bestimmtheitsmaß die Stärke der Kausalbeziehungen für alle spezifizierten Strukturgleichungen an.

Fehlspezifikationen im Modell können durch unsinnige Werte, wie z. B. negative Varianzen, quadrierte multiple Korrelationskoeffizienten, Determinationskoeffizienten oder Werte größer 1 identifiziert werden.

Zur Beurteilung der Anpassungsgüte des Gesamtmodells stehen im Programmpaket LISREL bei Verwendung des ULS-Verfahrens drei spezielle Maße, der **„goodness-of-fit-index"** (GFI), der **„adjusted GFI"** (AGFI) und das **„root mean square residual"**-Maß (RMR) zur Verfügung.

Der GFI ist ein Maß für den Anteil der durch das Modell insgesamt erklärbaren Stichprobenvarianz und entspricht dem Bestimmtheitsmaß im Rahmen der Regressionsanalyse. Der Index kann Werte zwischen 0 und 1 annehmen. Je näher die Werte bei 1 liegen, desto besser ist der Fit bzw. die Anpassungsgüte des Modells anzusehen. Der AGFI stellt einen für die Anzahl der Freiheitsgrade des Modells angepaßten GFI dar und nimmt ebenfalls Werte zwischen 0 und 1 an, wobei Werte angenähert 1 eine gute Anpassungsgüte darstellen. Der RMR-Index ist ein Maß für die durchschnittliche Restvarianz, die durch das Modell nicht erklärt werden kann. Je näher die Werte dieses Indexes bei 0 liegen, desto geringer ist die im Modell nicht erklärte Restvarianz und um so höher ist die Anpassungsgüte des Modells zu bewerten.

Bei Anwendung des GLS- und ML-Schätzverfahrens steht darüber hinaus ein **Chi-Quadrat-Testwert** zur Verfügung, mit dem die Validität des Modells überprüft werden kann.

Während die vier Beurteilungskriterien über die Anpassungsgüte des Gesamtmodells Auskunft geben, sind für die Anpassung einzelner Teilstrukturen weitere Kriterien heranzuziehen. Unter Verwendung des ULS-Schätzverfahrens und der Korrelationsmatrix als Eingabematrix zur Berechnung der modelltheoretischen Korrelationsmatrix gibt die **Beurteilung der Residuen**, die im Modell nicht erklärt werden können, Hinweise über eine gute oder unbefriedigende Anpassung in einzelnen Teilstrukturen des Modells. Bei Schätzverfahren, die eine Normalverteilung erfordern, können darüber hinaus weitere Beurteilungskriterien wie die normalisierten Residuen und T-Werte für alle im Modell geschätzten Parameter herangezogen werden.

In Abbildung 106 ist ein Kausalmodell zur Erklärung des umweltorientierten Kaufverhaltens spezifiziert (Monhemius 1992):

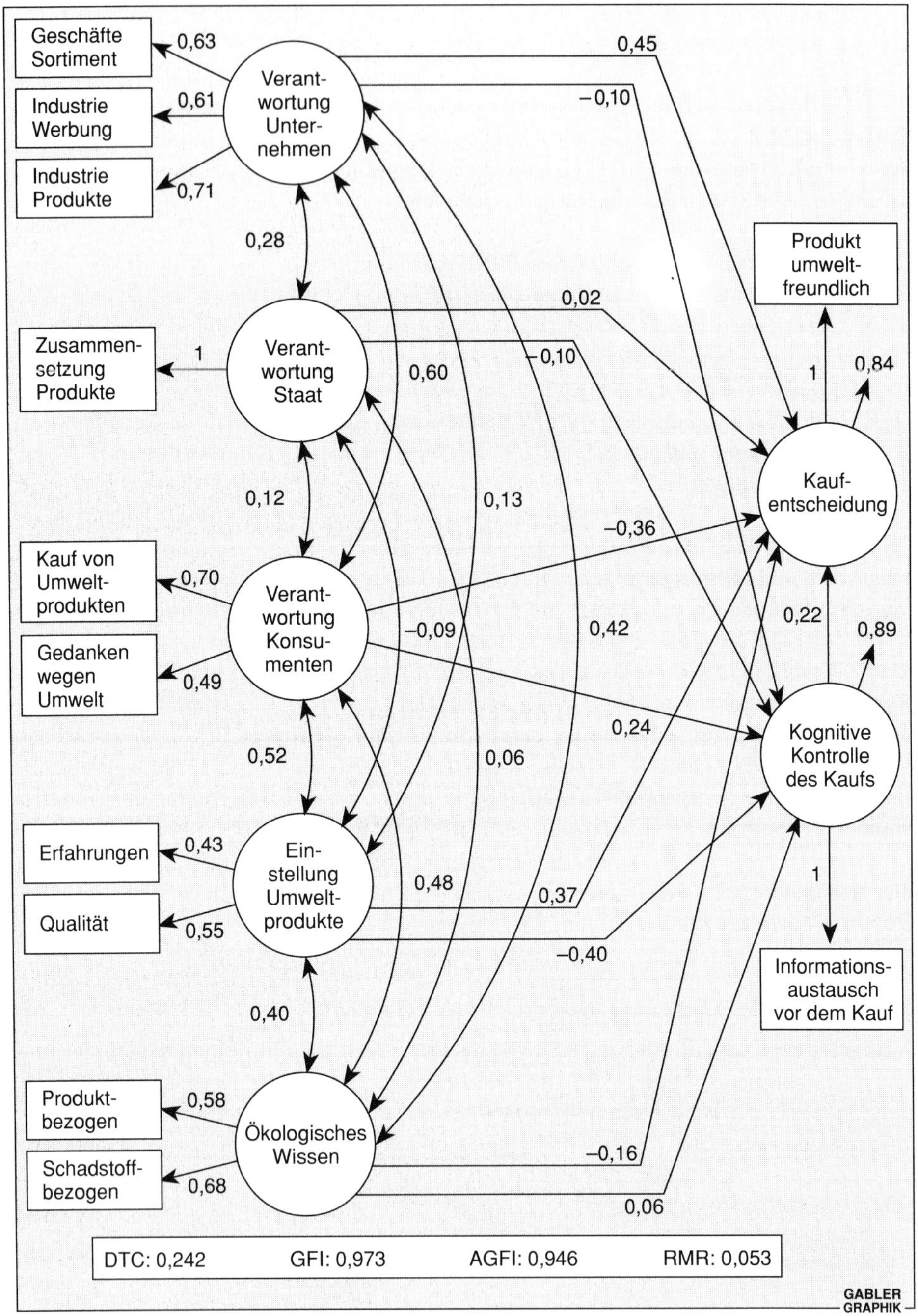

Abbildung 106: Kausalanalytisches Basismodell des umweltbewußten Kaufverhaltens (Quelle: Monhemius 1992)

Im Mittelpunkt steht die ***Analyse des Umweltbewußtseins als Einflußgröße des Kaufverhaltens****. Dieses Modell weist eine gute Anpassungsgüte auf (GFI = 0,973; RMR = 0,053). Das Bestimmtheitsmaß des Modells (DTC = 0,242) deutet auf einen eher schwachen Kausalzusammenhang zwischen Umweltbewußtsein und Kaufverhalten hin. Der Erklärungsbeitrag des Umweltbewußtseins für das Kaufverhalten ist insgesamt als gering einzustufen. So werden lediglich 16 % der Varianz der umweltverträglichen Kaufentscheidung und 11 % der kognitiven Kontrolle des Kaufs durch das Umweltbewußtsein erklärt.*

Betrachtet man die im Strukturmodell gekennzeichneten Beziehungen zwischen den ***Komponenten des Umweltbewußtseins*** *und dem Kaufverhalten, so geht der stärkste* ***Einfluß auf die Kaufentscheidung*** *von der Verantwortung der Industrie und des Handels aus (Pfadkoeffizient 0,45). Anscheinend vertrauen Konsumenten darauf, daß die Unternehmen ihrer ökologischen Verantwortung durch ein umweltverträgliches Produktangebot nachkommen und beurteilen dementsprechend die gekauften Produkte als umweltverträglicher. Demgegenüber ist der Pfadkoeffizient hinsichtlich der staatlichen Verantwortung (0,02) als ein nicht vorhandener Einfluß auf die Kaufentscheidung zu werten. Dem genannten positiven Richtungszusammenhang, der von den Marktteilnehmern ausgeht, steht die gegenläufige Beziehung der Eigenverantwortlichkeit gegenüber (–0,36). Es scheint, daß die gefühlsmäßige Verpflichtung, sich mit den konsumbedingten Umweltproblemen und deren Lösung auseinanderzusetzen, zu einer kritischen Beurteilung umweltverträglicher Produkte führt. Wesentliche Gründe hierfür liegen einerseits in Produktbezeichnungen wie „biologisch" oder „ökologisch" verankert, die nicht erläutert werden und im Konsumenten ein gewisses Mißtrauen wecken. Andererseits ist von einer individuellen Unsicherheit auszugehen, wie Produkte ohne jeglichen Hinweis auf ihre Umweltverträglichkeit diesbezüglich beurteilt werden sollen. Zur Stabilisierung des eigenen Urteilsvermögens kann der Konsument in der Kaufsituation auf seine Einstellung zu ökologischen Produkten zurückgreifen. Der Einfluß dieser Komponente auf die Kaufentscheidung wird durch den Pfadkoeffizienten 0,37 gekennzeichnet.*

Zusammenfassend ist für das Basismodell umweltbewußten Kaufverhaltens festzustellen, daß die Komponenten des Umweltbewußtseins nicht unabhängig voneinander sind und der kaufverhaltensbezogene Einfluß des Einstellungskonstrukts insgesamt gering ist. Die stärksten Einflüsse auf die Kaufentscheidung gehen von den Verantwortungskomponenten aller Marktteilnehmer sowie der Einstellung zu ökologischen Produkten aus, wobei diese Komponente gleichzeitig zur kognitiven Entlastung beim Einkauf führt. Demgegenüber ist der Einfluß der Wissendimension auf das Kaufverhalten eher unbedeutend.

Denkbare weitere Fragestellungen, die mit Hilfe der LISREL-Kausalanalyse beantwortet werden können, sowie die dazugehörigen Variablenstrukturen und Indikatoren sind in der Abbildung 107 exemplarisch wiedergegeben.

Fragestellung	Latente Variable(n)		Indikatoren
Welche Auswirkungen besitzen Familie und Schule auf die Schulleistung eines Kindes?	Familie Schule	exogene Variable	Beruf des Vaters Schulbildung des Vaters Schulbildung der Mutter Ausmaß an Nachhilfe Ausbildungsniveau des Lehrers
	Schulleistung	endogene Variable	Wissenstest Interessenstest
Beeinflussen Einstellungen und Bezugsgruppen die Verhaltensintentionen gegenüber Zeitschriften?	Einstellung Bezugsgruppe	exogene Variable	Einstellungsmodelle: – Ideal-Konzept-Modell – Meßmodell der Einstellung zum Handeln – Erwartungs-x-Wert-Modell Kollegeneinfluß Freundeseinfluß
	Verhaltens-intention	endogene Variable	Wahrscheinlichkeit eine Zeitschrift zu lesen Wahrscheinlichkeit eine Zeitschrift zu kaufen
Inwieweit ist die Berücksichtigung von Warentestinformationen bei produktpolitischen Marketing-Entscheidungen abhängig von der Branchenzugehörigkeit, der Organisationsgröße un der Konkurrenzintensität eines Industrieunternehmen?	Branchenzuge-hörigkeit Organisations-größe Konkurrenz-intensität	exogene Variable	Branche (Nominalskala) Jahresumsatz Anzahl der Beschäftigten Wahrgenommener Wettbewerbsdruck
	Produktentwicklung mit Testkriterien Produktänderung aufgrund von Testkriterien	endogene Variable	Häufigkeit der Berücksichtigung von Testkriterien Ausmaß der Berücksichtigung von Testkriterien Ausmaß in dem Testkriterien zu Produktänderungen beitragen
Inwieweit nehmen Rollenunsicherheit und Arbeitsmotivation eines Verkäufers Einfluß auf seine Selbstwertschätzung, seine Berufszufriedenheit und den erzielten Umsatz?	Rollen-verständnis Arbeitsmotivation	exogene Variable	Meßmodell 1 Meßmodell 2 Meßmodell 1 Meßmodell 2
	Selbst-wertschätzung Berufszufrieden-heit Leistung	endogene Variable	Meßmodell 1 Meßmodell 2 Meßmodell 1 Meßmodell 2 Umsatz
Messen unterschiedliche Konzepte zur Beurteilung des Risikos bei Auslandsinvestitionen nur die Dimensionen „Wirtschaftliche und politische Stabilität des Landes“ und „Zahlungsfähigkeit des Landes“?	Stabilität Zahlungs-fähigkeit	exogene Variable	Alternative Risikokonzepte zur Beurteilung des Länderrisikos bei Auslandsinvestitionen wie z. B. der BERI-Index

GABLER GRAPHIK

Abbildung 107: Typische Fragestellungen des LISREL-Ansatzes der Kausalanalyse (Quelle: Backhaus et al. 1990, S. 226)

3.38 Multidimensionale Skalierung

3.381 Zielsetzung

Bei der Multidimensionalen Skalierung (MDS) handelt es sich um eine **Gruppe von Verfahren, deren Ziel es ist, Objekte wie z. B. Marken oder Einkaufsstätten als Punkte in einem möglichst niedrig dimensionierten Raum derartig zu positionieren, daß die geometrische Nähe die Ähnlichkeit der Objekte wiedergibt** (Green, Wind 1973, S. 47; Dichtl, Schobert 1979, S. 1).

Ausgangspunkt der Entwicklung dieser Methoden waren die Unzulänglichkeiten und Probleme metrischer Verfahren zur Messung subjektiver Wahrnehmungen und Präferenzstrukturen, die bis dahin zugunsten einer mathematisch-statistischen Auswertung des Datenmaterials hingenommen werden mußten. So wird bei der Imagemessung mittels herkömmlicher mehr oder weniger modifizierter semantischer Differentiale, die auch die Datenbasis für multivariate Analysetechniken wie Faktoren- oder Diskriminanzanalyse liefern, von folgenden Voraussetzungen ausgegangen (Backhaus et al. 1990, S. 317 f.):

1. **Es werden alle** für die Imagebildung beim Konsumenten **relevanten Objektmerkmale** (z. B. Produkt- oder Geschäftsstätteneigenschaften) **erfaßt.**

2. **Die Variablen** (Eigenschaften) **werden durch eindimensionale Intervallskalen reproduziert** bzw. sind bei den Befragten in dieser Weise zu operationalisieren.

3. **Alle Variablen**, d. h. Statements der Befragung, **sind gleichbedeutend** für das Objektimage.

4. **Die erfaßten Objektmerkmale sind unabhängig voneinander** und damit zu mehrdimensionalen Image-Konstrukten additiv verknüpfbar.

Hinsichtlich dieser genannten Voraussetzungen müssen jedoch Einschränkungen angeführt werden. So erscheint es denkbar, daß durch die Vorgabe bestimmter Merkmale der Beurteilungsprozeß der Befragten insofern gelenkt wird, als sie auf Eigenschaften der Beurteilungsgegenstände aufmerksam werden, die sie unter anderen Umständen als unbedeutend erachtet oder ganz vernachlässigt hätten. Mit der Operationalisierung über eindimensionale Intervallskalen dürfte eine eindeutige Überforderung der Befragten verbunden sein, während die Annahme einer Gleichgewichtung der Beurteilungskriterien in dieser Weise nicht haltbar scheint. Empirische Untersuchungen, in denen Gewichtungen explizit erfragt wurden, bestätigen dies. Die letzte Annahme schließlich kann nur dann gelten, wenn die Unabhängigkeit der Objektmerkmale zunächst durch entsprechende Verfahren überprüft wurde.

Zur Umgehung dieser Probleme bieten sich nun die Verfahren der nichtmetrischen Multidimensionalen Skalierung an. Die **grundlegenden Unterschiede** zu den übrigen multivariaten Verfahren liegen dabei in den folgenden beiden Punkten:

Erstens werden keine spezifizierten Merkmale vorgegeben, sondern lediglich Ähnlichkeitsurteile über die gesamten Beurteilungsgegenstände gefordert. Dies führt zu einer Ähnlichkeitsrangskala der Untersuchungsobjekte, welche die Datenbasis für die Auswertung darstellt.

Zweitens treten an die Stelle einer Vielzahl von eindimensionalen Variablen nicht explizit bestimmte, sondern dem Differenzierungsvermögen der Befragten überlassene, zunächst **unbekannte mehrdimensionale Beurteilungskriterien**.

Vor diesem Hintergrund können denkbare Fragestellungen, die sich mit Hilfe der MDS beantworten lassen, wie folgt gekennzeichnet werden (Hammann, Erichson 1990, S. 288 f.):

- **Wo sind** aus der Sicht eines Befragten **die Objekte eines Teilmarktes** im mehrdimensionalen Positionierungsmodell **zu lokalisieren**? Wo stehen z. B. bedeutende Markenartikel im Marktmodell?
- **Welches sind die möglichen Kriterien, anhand derer die Befragten die vorhandenen Objekte unterscheiden** und beurteilen? Werden z. B. verschiedene Geschäftsstätten mit Hilfe ihres Preisniveaus oder ihrer Atmosphäre differenziert?
- **Wie attraktiv sind die einzelnen Objekte für den Konsumenten?** Welche Produkte oder Einkaufsstätten präferiert er beispielsweise oder wo ist das ideale Produkt bzw. die ideale Einkaufsstätte angesiedelt?

3.382 Verfahrensgrundlagen

Das **Grundprinzip der MDS** besteht in der **räumlichen Darstellung unterschiedlicher Ähnlichkeitsrelationen von Objekten.** Sehr ähnliche Beurteilungsgegenstände werden so im geometrischen Raum angeordnet, daß sie durch geringe Distanzen getrennt sind. Stark unähnliche Gegenstände weisen große Distanzen auf.

Die Ähnlichkeits- bzw. Unähnlichkeitsrelationen werden über Paarvergleiche, Tripelvergleiche, Paare von Paarvergleichen etc. erhoben. Die Beurteilung von fünf Produktmarken (A, B, C, D, E) führt beispielsweise zu einer Ähnlichkeitsrangordnung: AB CD AE .. .. (lies: AB ähnlicher CD ähnlicher AE), die man vereinfacht in Matrixform darstellen kann:

$$\begin{array}{c|ccccc|} & A & B & C & D & E \\ \hline A & - & & & & \\ B & 1 & - & & & \\ C & 4 & 7 & - & & \\ D & 8 & 5 & 2 & - & \\ E & 3 & 10 & 6 & 8 & - \end{array}$$

Aus dieser Ähnlichkeitsmatrix ist z. B. zu entnehmen, daß die Produktpaare AD und DE als gleich ähnlich empfunden werden. Aufgrund dessen wird der Rang 8 zweimal und der Rang 9 nicht vergeben. Das aus Sicht der oder des Befragten ähnlichste Produktpaar AB erhält auf diese Weise den Rang 1 zugewiesen, das zweitähnlichste Paar CD den Rang 2 usw., bis die

$$\frac{n\,(n-1)}{2} = \binom{n}{2}$$

möglichen Ränge vergeben sind.

Die $\binom{n}{2}$ Ähnlichkeitsschätzungen schränken die Freiheitsgrade zur geometrischen Positionierung der Produkte in einem möglichst gering dimensionierten Raum so stark ein, daß im allgemeinen nur eine einzige Punktkonfiguration ermittelt werden kann, deren Distanzen die Ähnlichkeiten korrekt wiedergeben. Diese Punktkonfiguration ist das Resultat der MDS-Verfahren, die dabei mehrere Schritte durchlaufen, in denen das Ergebnis sukzessive verbessert wird. Eine vollständige Übereinstimmung der räumlichen Darstellung und der Ähnlichkeitsdaten ist dann erreicht, wenn die **Rangordnung der Distanzen** zwischen den Produkten und die Rangordnung der empirisch ermittelten Ähnlichkeiten gleich ist.

Dies wird – mathematisch betrachtet – dadurch gewährleistet, daß die Relationen der Distanzen d_{ij} zwischen den Positionen der Produkte i und j und der Ähnlichkeitsränge S_{ij} eine Funktion bilden, die monoton steigt. Diese sogenannte **Monotoniebedingung** kann an Hand eines Streudiagramms, wie in Abbildung 108 dargestellt, überprüft werden.

Der Verlauf der Funktion zeigt, daß die Monotoniebedingung in diesem Fall noch nicht voll erfüllt ist, da den ähnlicheren Paaren AC bzw. CE größere Distanzen zugewiesen werden als den weniger ähnlichen Paaren BD bzw. BC. Außerdem weisen die von den Versuchspersonen als gleichrangig erachteten Produktpaare AD und DE unterschiedliche Distanzen auf. Die gestrichelte Linie gibt den anzustrebenden korrekten, d. h. der Monotoniebedingung voll gerecht werdenden Funktionsverlauf wieder.

Die einem monotonen Funktionsverlauf entsprechenden Distanzränge werden als Disparitäten $\hat{d}_{ij}$ bezeichnet. Die Abstände zwischen den d_{ij}- und den $\hat{d}_{ij}$-Werten zeigen somit die Abweichung von der vollkommenen Lösung an. Als Gütemaß für die Übereinstimmung von tatsächlich empfundenen und durch das Positionierungsmodell wiedergegebenen Ähnlichkeiten läßt sich schließlich der sog. Streßwert S berechnen:

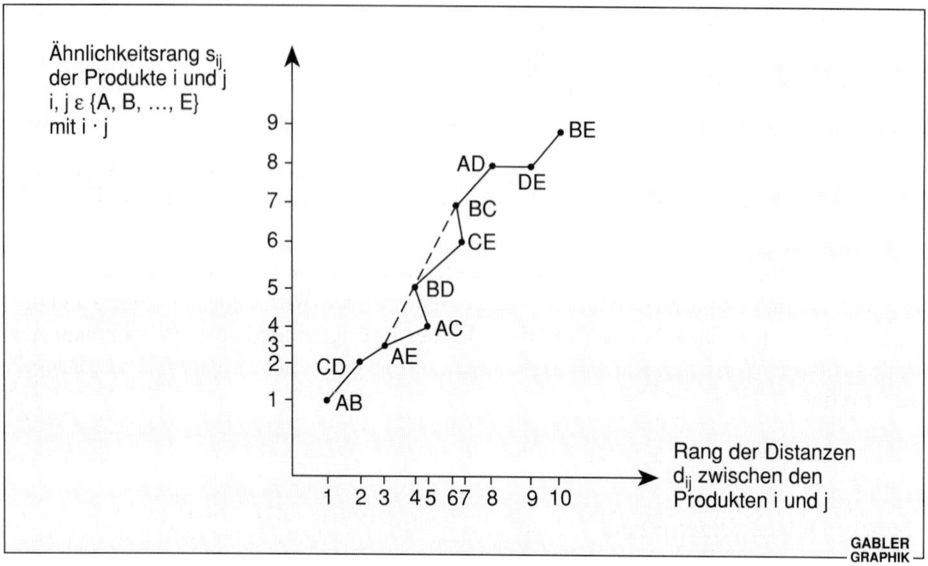

Abbildung 108: Streudiagramm einer unvollkommen monotonen Funktion zwischen Distanz- und Ähnlichkeitsrängen (Quelle: Dichtl, Schobert 1979, S. 2)

$$S = \sqrt{\frac{\sum_{ij} (d_{ij} - \hat{d}_{ij})^2}{\sum_{ij} d^2_{ij}}}$$

Die durch den Streß S angezeigten Übereinstimmungsqualitäten werden aufgrund umfangreicher empirischer Erfahrungen wie folgt kategorisiert (Dichtl, Schobert 1979, S. 3):

$S > 0{,}2$	schlechte Übereinstimmung
$0{,}2 \geq S > 0{,}1$	befriedigende Übereinstimmung
$0{,}1 \geq S > 0{,}05$	gute Übereinstimmung
$0{,}05 \geq S > 0{,}025$	hervorragende Übereinstimmung
$0{,}025 \geq S \geq 0{,}00$	vollkommene Übereinstimmung

Nach der Darlegung der methodischen Grundlagen kann die Vorgehensweise der MDS weiter konkretisiert werden. Die Berechnung der gesuchten monotonen Funktion sowie der Koordinaten der Objektpositionen erfolgt über eine iterative Computerprozedur. Bekannte Programmversionen sind z. B. MRSCAL (**M**et**r**ic **Scal**ing) oder MINISSA (**M**ichigan **Is**rael **N**etherlands **I**ntegrated **S**mallest **S**pace **A**nalysis) zur Analyse metrisch bzw. nichtmetrisch skalierter Daten. Sie gehören zur Programmbibliothek des Software-Paketes MDS (X) von Coxon (Coxon 1981). Diese Prozeduren arbeiten, grob skizziert, mit folgendem Programmablauf (vgl. Backhaus et al. 1990, S. 332 ff.):

1. Zunächst wird für die n Objekte eine willkürliche Startkonfiguration eingegeben oder vom Programm selbst erstellt, d. h. die Koordinatenwerte aller Objekte werden in einem maximal n – 1 dimensionalen Raum bestimmt. I. d. R. wird mit höchstens fünf bis zehn Dimensionen – je nach Anzahl der Objekte – begonnen.

2. Es werden die Distanzen zwischen den Punkten nach Euklid oder je nach Vorgabe mit Hilfe einer anderen Minkowski-Metrik berechnet und in eine Rangfolge gebracht.

3. Durch Vergleich der Distanzrangfolge mit der Ähnlichkeitsrangfolge wird in der oben beschriebenen Art der Streßwert S berechnet.

4. Der errechnete Streßwert wird mit einem vorgegebenen, als ausreichend erachteten Streßwert (z. B. 0,001) verglichen. Liegt der aktuelle Wert höher als der Abbruchwert, wird eine neue Iteration eingeleitet.

5. Die Verbesserung der Konfiguration erfolgt über ein Gradientenverfahren, das im einzelnen an dieser Stelle nicht vertieft werden soll. In die Berechnung des Gradientenvektors fließen u. a. der Streßwert der vorangegangenen Iteration, Richtungs-, Skalen- und Schrittweitefaktoren ein, die ihrerseits wiederum aus den aktuellen Daten der vorangegangenen Iteration errechnet werden.

6. Erstellung der neu errechneten Konfiguration und Fortsetzung mit Schritt 2.

Wird für die vorgegebene Dimensionszahl ein bestimmtes Abbruchkriterium (ausreichender Streß, maximale Zahl von Interationen, lokales Minimum) erfüllt, vermindert das Programm die Anzahl der Dimensionen um eine und beginnt von neuem mit dem dargestellten Iterationsprozeß.

Aus den schließlich für verschiedene Dimensionszahlen vorliegenden Lösungskonfigurationen gilt es daraufhin, die optimale auszuwählen. Dabei ist zu berücksichtigen, daß die Anpassungsgüte, d. h. die Höhe des Streßwertes, in einem engen Zusammenhang mit der Anzahl der Dimensionen der Lösungskonfiguration steht. Somit zeichnet sich folgender Konflikt ab. **Einerseits** sinkt der Streß mit wachsender Dimensionszahl, da die zunehmende Zahl der Freiheitsgrade eine bestmögliche Reproduktion der vielschichtigen Ähnlichkeitsbeziehungen erleichtert. **Andererseits** ist eine komprimierte Darstellung der Positionen mit möglichst geringer Dimensionalität erstrebenswert (Naber 1979, S. 55 f.).

Die Lösung dieses Dilemmas läßt sich über die graphische Darstellung der Beziehung zwischen Dimensionszahl und Streßwert ermitteln. Als bestmögliche Dimensionszahl bietet sich diejenige an, die den Kurvenknick (elbow) kennzeichnet, bei der also eine weitere Verringerung der Dimensionen zu einer überproportionalen Zunahme des Streßwertes führen würde. Wegen der Analogie dieser Vorgehensweise zu der des „Elbow-Kriteriums“ der Clusteranalyse sei auf eine explizite graphische Darstellung verzichtet (vgl. Kapitel III 3.332).

Das Resultat des Verfahrens für das vorliegende Beispiel äußert sich in der Positionierung der 5 betrachteten Produktmarken im zweidimensionalen Raum, wie er in Abbildung 109 wiedergegeben ist (Dichtl, Schobert 1979, S. 8).

Der Vergleich der Distanz- und Ähnlichkeitsränge und die dabei z. T. feststellbaren Abweichungen deuten darauf hin, daß der Streßwert der gefundenen Konfiguration in jedem Fall ungleich Null ist. Auf eine aus den vorliegenden Angaben mögliche, explizite Berechnung des Streßwertes sei jedoch verzichtet.

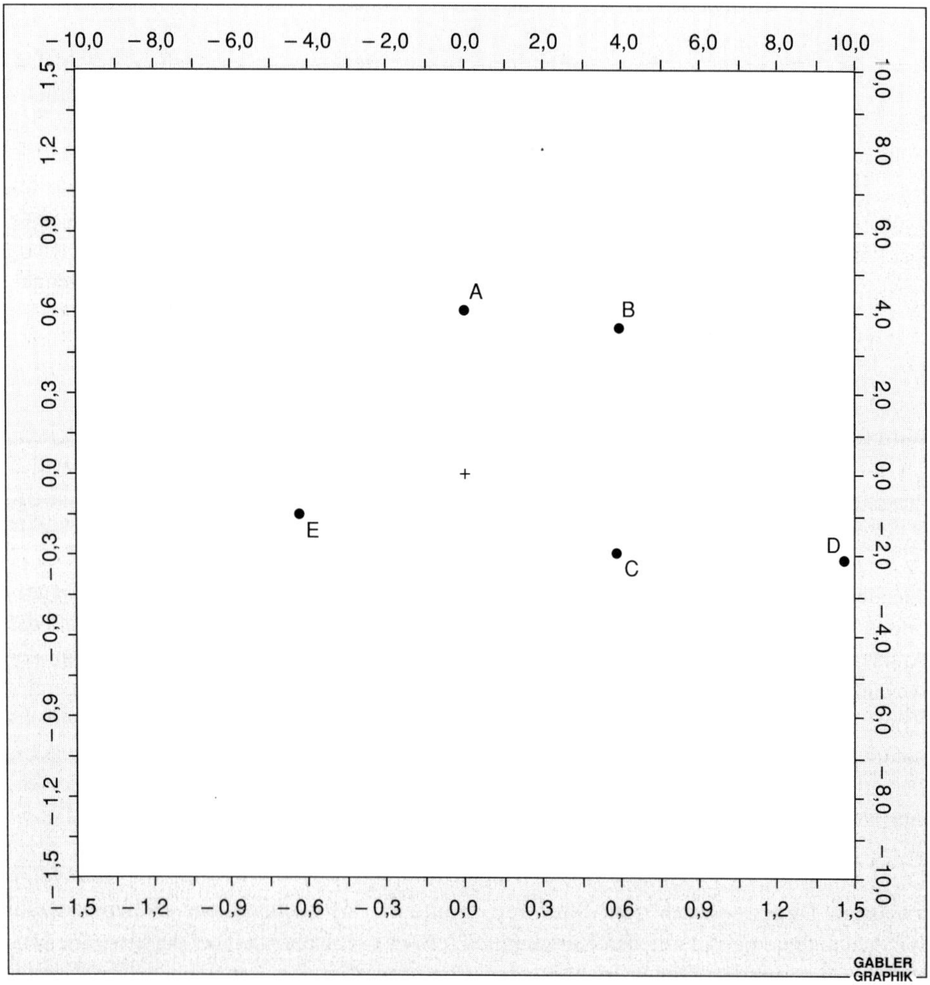

Abbildung 109: Positionierung von Produktmarken im zweidimensionalen Raum

Greift man das bei den anderen Verfahren durchgängig herangezogene Antiquitätenbeispiel auf, so ist denkbar, daß es sich bei den auf diese Art positionierten Objekten beispielsweise auch um verschiedene Antiquitätengeschäfte einer Großstadt handeln könnte, die von Antiquitätenkäufern auf ihre Ähnlichkeit hin verglichen wurden. Die Betrachtung der räumlichen Anordnung dieser Geschäfte verdeutlicht nun, daß sie allein noch wenig aussagefähig ist. Es kommt vielmehr darauf an, geeignete Dimensionen zu finden, die bei der Interpretation des gefundenen Raumes eine Hilfestellung geben könnten. Zu diesem Zweck lassen sich drei Vorgehensweisen unterscheiden:

1. **Festlegung von Dimensionen** durch Expertenbeurteilungen.

2. Verfahrenstechnische **Ermittlung von Eigenschaftsvektoren**, die auf der Objektbeurteilung hinsichtlich verschiedener Kriterien durch die Befragten aufbauen.

3. Verfahrenstechnische **Ermittlung von Präferenzvektoren** oder Idealpunkten, die die Präferenzstrukturen der Befragten widerspiegeln.

zu 1.: In diesem Fall wird der Marketingforscher aus seiner Kenntnis des Marktes heraus versuchen, die Dimensionen des Positionierungsmodells zu interpretieren. Denkbar ist auch, daß er auf Expertenunterstützung zurückgreift, wie etwa im Antiquitätenbeispiel auf den denkbaren Auftraggeber einer solchen Untersuchung, den Inhaber eines der Antiquitätengeschäfte.

Weitergehend und der eingangs erläuterten Zielsetzung der MDS besser gerecht werdend stellen sich die folgenden Vorgehensweisen dar:

zu 2.: Nach einer Beurteilung der Objektähnlichkeiten wird von den Auskunftspersonen im späteren Verlauf der Befragung die Bewertung ausgewählter Objekteigenschaften erhoben. Im vorliegenden Beispiel könnten die Geschäfte etwa hinsichtlich Beratung, Eleganz, Auswahl, Verkäuferqualifikation, Preisniveau vom jeweiligen Befragten in eine Rangordnung gebracht worden sein.

Auf Basis dieser Daten versucht nun das sog. PROFIT-Verfahren (**Pro**perty **Fit**ting) des MDS (X) Programmpaketes von Coxon, Vektoren in den Objektraum einzupassen, die zur Interpretation des Raumes beitragen sollen. Das Vorgehen dabei soll anhand des Antiquitätenbeispiels erläutert werden.

Abbildung 110 zeigt neben den Positionen von 5 Antiquitätengeschäften einen Ursprungsvektor. Seine Richtung wurde zunächst willkürlich festgelegt. Weiterhin sind in der Abbildung die Lote eingezeichnet, die von den einzelnen Positionen auf den Vektor gefällt wurden. Diese Projektion des Geschäftes i auf den Vektor wird dabei als h_i bezeichnet. y_i ist der Wert, den das Geschäft i auf einer Ratingskala oder in einer Rangfolge hinsichtlich eines vorgegebenen Beurteilungskriteriums wie

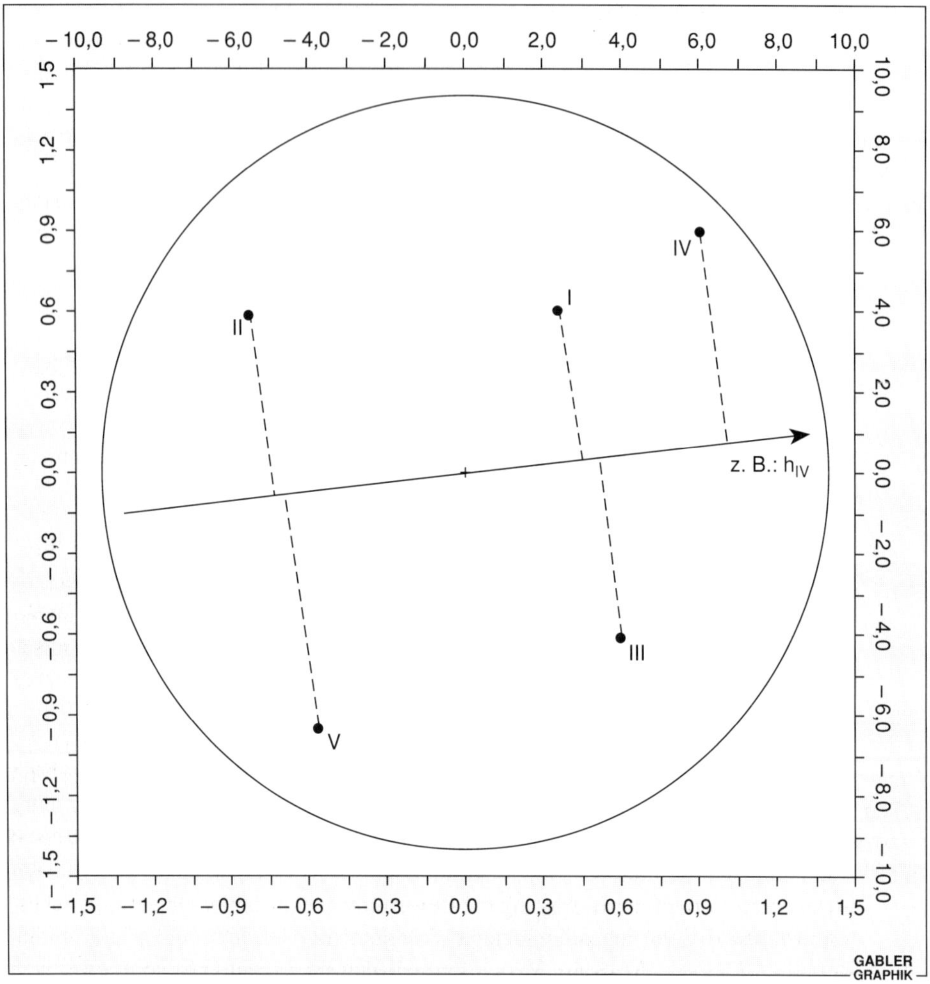

Abbildung 110: Einpassung eines Vektors zur Interpretation des Raumes

z. B. Beratung oder Preisniveau erhalten hat. Der Vektor ist wie folgt zu interpretieren: Ein Geschäft ist hinsichtlich der Eigenschaft, die der Vektor repräsentiert, hier beispielsweise „geringes Preisniveau“, um so besser zu beurteilen, je näher die Projektion des Geschäfts i an der Spitze des Vektors liegt. In der vorliegenden Abbildung würde sich bei dieser Lage des Vektors aus der Positionierung ergeben, daß Geschäft IV vor III und I das preisgünstigste ist, während Geschäft II vor Geschäft V das höchste Preisniveau zugeordnet wird.

Die zentrale Fragestellung lautet nun, inwieweit stimmen die Projektionen der Geschäfte auf den Ursprungsvektor mit den Skalenwerten der Geschäfte überein? Denn entgegen den Angaben des zufällig eingepaßten Vektors haben die Befragten vielleicht tatsächlich das Geschäft III, gefolgt von V, I und IV als das preisgünstigste eingestuft, d. h. $y_I = 3$, $y_{II} = 5$, $y_{III} = 1$, $y_{IV} = 4$, $y_V = 2$. Der lineare Zusammenhang zwischen den Projektionen h_i und den Skalenwerten Y_i läßt sich durch den Produktmomentkorrelationskoeffizient r ausdrücken, der wie folgt berechnet wird (Naber 1979, S. 86 ff.):

$$r = \frac{n\sum_{i=j}^{n} y_i h_i - \left(\sum_{i=j}^{n} y_i\right)\left(\sum_{i=l}^{n} h_i\right)}{\sqrt{\left[n\sum_{i=j}^{n} y_i^2 - \left(\sum_{i=j}^{n} y_i\right)^2\right]\left[n\sum_{i=l}^{n} h_i^2 - \left(\sum_{i=l}^{n} h_i\right)^2\right]}}$$

Wird nun der willkürlich eingepaßte Vektor wie ein Uhrzeiger einmal um 360° gedreht, so wären damit alle möglichen Richtungen im zweidimensionalen Raum einmal durchlaufen worden. Gesucht wird jedoch derjenige aller möglichen Vektoren, der den maximalen Korrelationskoeffizienten und damit die optimale Reproduktion der Skalenwerte aufweist.

Dieser Vektor kann infolge der Analogie der Aufgabenstellung mit Hilfe des gleichen Verfahrens bestimmt werden, wie es auch bei der multiplen linearen Regression zur Anwendung gelangt (vgl. Kapitel III 3.352). Die Prozedur zur Einpassung von Eigenschafts-Vektoren ist unter dem Namen Max-r-Verfahren (Maximierung des Korrelationskoeffizienten r) bekannt und wurde in das PROFIT-Programm implementiert. Das Ergebnis des PROFIT-Verfahrens ist somit der jeweilige Vektor mit dem maximalen Korrelationskoeffizienten.

Wenngleich damit der optimale Vektor gefunden wurde, so kann nicht unmittelbar davon ausgegangen werden, daß der Vektor geeignet ist, die Konfiguration zu erklären. Zur Beantwortung dieser Frage ist die Stärke der Korrelation zu prüfen. In der Literatur findet sich keine Abstufung (ähnlich der des Streß), nach der die Güte von eingepaßten Vektoren beurteilt werden könnte. Naber berücksichtigt z. B. alle Vektoren, die Korrelationen mit $r > 0{,}6$ aufweisen (Naber 1979, S. 94 f.). Empirische Erfahrungen deuten jedoch darauf hin, daß Vektoren mit Korrelationskoeffizienten von $r < 0{,}9$ meist schon Rangreihenfolgen anzeigen, die von den Originalratings nicht unerheblich abweichen. Es ist daher empfehlenswert, die Qualität von Vektoren mit $0{,}6 < r < 0{,}9$ jeweils zusätzlich anhand individueller Vergleiche zwischen Real- und reproduzierter Skala zu überprüfen. Vektoren mit einem $r < 0{,}6$ können grundsätzlich von der Betrachtung ausgeschlossen werden, während Vektoren mit $r > 0{,}9$ in jedem Fall einzubeziehen sind.

Mit Hilfe des PROFIT-Verfahrens mögen im vorliegenden Beispiel der Antiquitätenstudie die in Abbildung 111 eingetragenen Vektoren ermittelt worden sein. Alle vier Vektoren verfügen über ein r > 0,9. Fünf weitere Beurteilungskriterien konnten wegen zu geringer Korrelationskoeffizienten nicht berücksichtigt werden.

Demnach werden die fünf Geschäfte u. a. hinsichtlich ihrer Eleganz, ihrer kompetenten Beratung, ihres Preisniveaus und ihrer verschiedenen Stilrichtungen vom Antiquitätenkäufer unterschieden. Der Überwachung dieser Geschäftseigenschaften muß der Inhaber folglich besondere Aufmerksamkeit schenken, will er die Positionierung seines Geschäfts pflegen oder vielleicht verbessern.

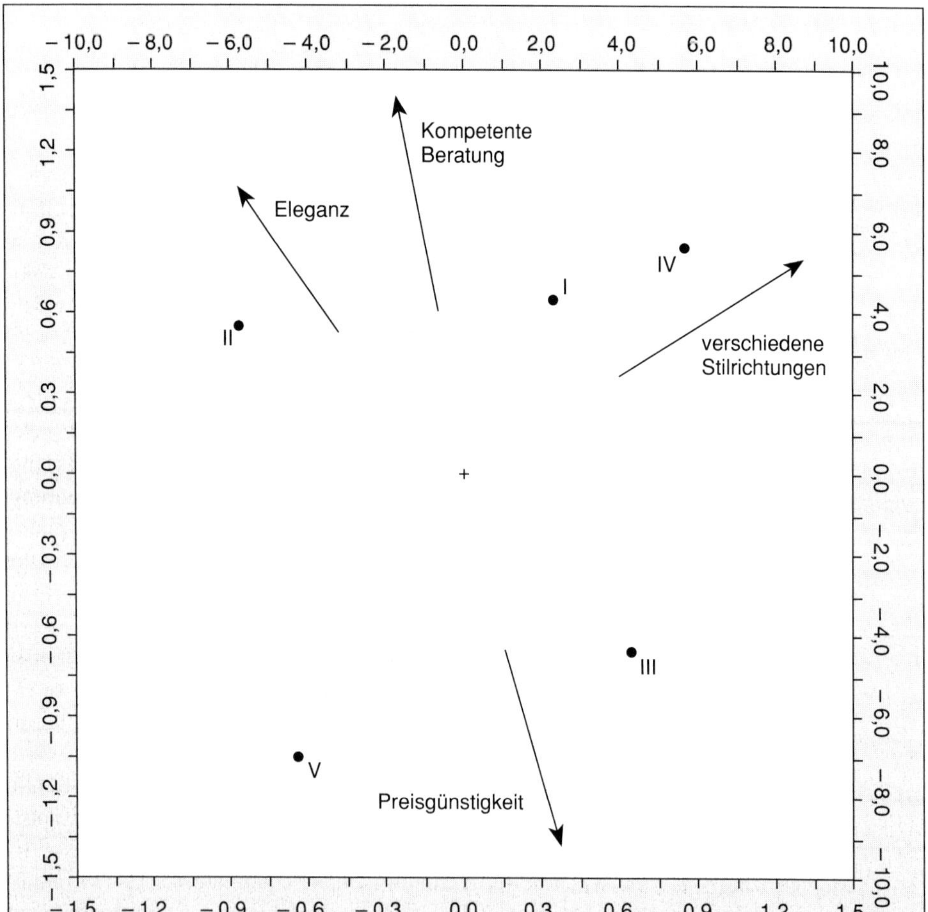

Abbildung 111: Positionierungsraum von Antiquitätengeschäften mit eingepaßten Eigenschaftsvektoren

Die vier ermittelten Eigenschaften lassen sich im folgenden zu zwei Grunddimensionen zusammenfassen, die schließlich Anhaltspunkte zur Interpretation des Raumes liefern:

- die „Preis-Atmosphäre“-Dimension“ und
- die „Auswahl“-Dimension.

So ist beispielsweise festzustellen, daß Geschäft IV über eine gute, weil eindeutige Position verfügt. Es ist die Nr. 1 bzgl. Auswahl und ebenfalls führend hinsichtlich der kompetenten Beratung. Geschäft I hingegen ist weniger profiliert. Es steht sowohl in puncto Auswahl als auch in bezug auf die Atmosphäre nur an zweiter bzw. dritter Stelle.

Soweit zur Interpretation der ermittelten Objektkonfigurationen mit Hilfe von Eigenschaftsvektoren.

zu 3: Eine weitere Möglichkeit, gefundene Positionierungsräume zu interpretieren, bieten sog. Präferenzvektoren. Sie werden ähnlich den Eigenschaftsvektoren in den Raum eingepaßt. Der Unterschied liegt lediglich darin begründet, daß die Objekte (hier Geschäfte) nicht hinsichtlich verschiedener Eigenschaften in eine Rangreihenfolge gebracht werden, sondern daß in diesem Fall die Antiquitätenkäufer nach ihrer Präferenzrangfolge für die verschiedenen Antiquitätengeschäfte befragt wurden.

Derartige Präferenzvektoren werden mit Hilfe der sog. PREFMAP-Prozedur (**Pre**ference **Map**ing) ermittelt, welche ebenso wie die zuvor angeführten Verfahren Bestandteil der MDS (X) Programmbibliothek ist. PREFMAP erlaubt jedoch nicht nur die Einpassung von Präferenzvektoren, sondern ermöglicht auf Basis dieser Präferenzdaten gleichermaßen die Ermittlung von Idealpunkten. In einem derartigen Punkt-Punkt-Modell (im Gegensatz zu den zuvor erläuterten Punkt-Vektor-Modellen) beschreibt der Idealpunkt beispielsweise das hypothetische Idealgeschäft, das den Wunschvorstellungen der Antiquitätenkäufer entspricht. Der Idealpunkt ist somit der Ort der höchsten Präferenz. Die anderen Geschäfte werden vom Käufer um so stärker präferiert, je geringer ihre Euklidische Distanz zum Idealgeschäft ist (Naber 1979, S. 99 ff.).

So zeigt Abbildung 112, daß das ideale Geschäft in den Augen der Befragten ein Fachgeschäft mit wenig verschiedenen Stilrichtungen (schmales, aber tiefes Sortiment) und mit gediegener Eleganz und kompetenter Beratung ist (entsprechend den in Abbildung 111 ermittelten Dimensionen). Das vom Käufer am stärksten präferierte Geschäft ist somit das Antiquitätengeschäft Nr. II vor I und IV.

Anzumerken ist dabei insbesondere, daß der Idealpunkt nicht über eine explizite Frage nach dem idealen Geschäft operationalisiert wird, wodurch der Befragte leicht überfordert würde, sondern daß die Position des Idealgeschäftes mittels des Berechnungsalgorithmus des PREFMAP-Verfahrens aus Präferenzdaten gewonnen wird.

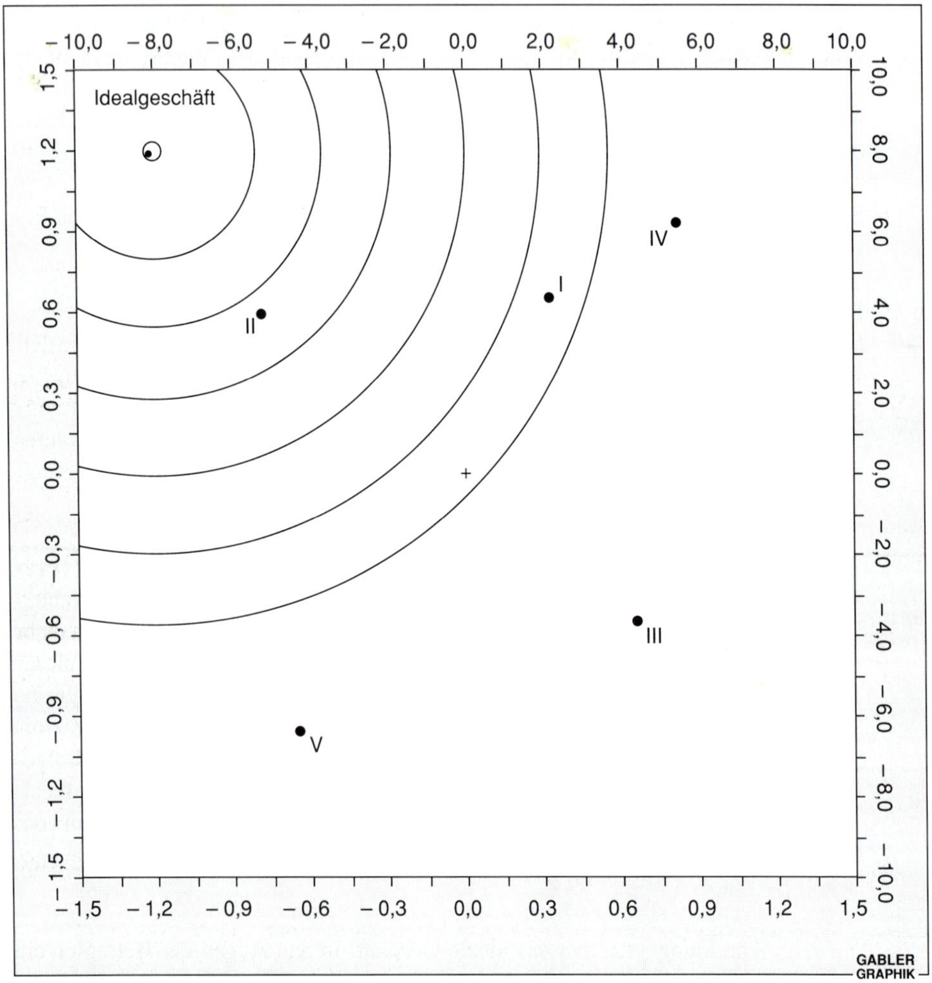

Abbildung 112: Positionierungsraum von Antiquitätengeschäften mit eingepaßtem Idealgeschäft

3.39 Conjoint Analyse

3.391 Zielsetzung

Mit dem Begriff Conjoint-Analyse oder auch Conjoint Measurement bezeichnet man eine Gruppe psychometrischer Verfahren (Thomas 1979, S. 199). Es handelt sich um empirische Verfahren, welche die **Nutzenvorstellungen bzw. Präferenzen von Testpersonen ermitteln**. Im Gegensatz zu anderen Verfahren werden beim Conjoint Measurement nicht Einzelurteile über spezifische Eigenschaften, z. B. eines Produktes, zu einer Gesamtbeurteilung zusammengesetzt (kompositioneller Ansatz). Es werden vielmehr Gesamturteile erhoben, aus denen der Beitrag einzelner Eigenschaften zu diesem Urteil errechnet wird (dekompositioneller Ansatz) (Mazanec 1976, S. 14; Backhaus et al. 1990, S. 346). Das Ergebnis ist also ein Set von Nutzenwerten, die jeweils einem Attribut zugeordnet werden (Parasuraman 1986, S. 717).

3.392 Verfahrensgrundlagen

Die Grundannahme der Conjoint Analyse besteht darin, daß die empirisch erhobene globale Präferenz (abhängige Variable) für ein komplexes Beurteilungsobjekt in merkmalspezifische Teilpräferenzbeiträge (Teilnutzenwerte) zerlegt werden kann. In der Regel wird dabei davon ausgegangen, daß sich die Gesamtpräferenz additiv aus den Teilpräferenzbeiträgen zusammensetzt (Hüttner 1989, S. 258; Backhaus et al. 1990, S. 346 f.).

Die Ausgangsfrage der Conjoint Analyse ist also, wie groß der Beitrag einzelner Eigenschaften zu der Gesamtbeurteilung ist. Als Antwort darauf erhält man zwei Resultate. Die relativen Präferenzwerte der Eigenschaften und die Teilpräferenzen einzelner Eigenschaftsausprägungen (z. B. Preis als Eigenschaft; 1,– DM/1,50 DM/2,– DM als Ausprägung) (Green, De Sarto 1978, S. 58). Es gibt Ansätze, mit denen nicht nur stufenweise Teilpräferenzen errechnet, sondern kontinuierliche Präferenzfunktionen erstellt werden (Pekelmann, Subrata 1979, S. 263 ff.). Das Conjoint Measurement als empirisches Verfahren bedient sich der Regressions-, der Varianz- oder der kanonischen Analyse als Auswertungsverfahren (Böcker 1985, S. 35; Nieschlag, Dichtl, Hörschgen 1991, S. 787 f.). Die Methode erbringt auch bei einer Reliabilitätsprüfung durchaus konsistente Ergebnisse (Reibstein, Bateson, Boulding 1987).

Mit der Conjoint Analyse wird aus den Präferenzurteilen einer Testperson für eine Menge von Beurteilungsobjekten (z. B. Produktalternativen) der Präferenzbeitrag einzelner Objekteigenschaften (z. B. Preis, Verpackung, Größe) ermittelt. Sie wird aber z. B. auch nur zur Preisfindung (Kucher, Simon 1987, S. 28 ff.) oder zur Untersuchung von Einstellungen (Hubel 1988, S. 22 ff.) eingesetzt.

Die Beurteilungsobjekte werden dabei durch systematische Variationen diskreter Ausprägungsstufen relevanter Produktmerkmale konstruiert (vgl. Green, Wind 1973, S. 54 ff.; Green, Srinivasan 1978, S. 103 ff.; Schweikel 1985, S. 39). Die Conjoint Analyse ist aufgrund ihres dekompositionellen Charakters vergleichbar mit der MDS. Ähnlich der MDS bietet sie deutliche Vorteile gegenüber einer isolierten Erhebung prädisponierter Einzelurteile in Form semantischer Differentiale. Damit ist auch bei der Conjoint Analyse das faktorielle Design vom Befragten kaum zu durchschauen. Im Gegensatz zur MDS, mit deren Hilfe meist lediglich strategische Stoßrichtungen abgeleitet werden, kann sie durch die ermittelten Präferenzbeiträge konkrete Handlungsanweisungen für die Marketingpolitik geben. Die Anforderungen an das Ausgangsdatenmaterial sind zudem vergleichsweise gering. Dadurch wird die Art der Abfolge (z. B. Rangreihung von Produktalternativen) vom Befragten positiver aufgenommen als das Rating herkömmlicher Itembatterien (semantische Differentiale). Eines der Hauptverwendungsgebiete der Conjoint Analyse ist in der (Neu-)Produktplanung zu sehen.

Die für die empirische Conjoint Analyse typische **Ausgangssituation und Problemstellung** läßt sich wie folgt konkretisieren (Thomas 1979, S. 200):

Gegeben sind:

a) Mindestens ordinal skalierte, individuelle Werte der globalen Präferenz für vorgegebene Beurteilungsobjekte, interpretierbar als das Ergebnis der gemeinsamen (joint) Wirkungen der Objekteigenschaften.

b) Das faktorielle Design, nach dem die Objekte durch Eigenschaftskombinationen konstruiert werden.

Gesucht werden:

a) Eine Verknüpfungsregel (Meßmodell), die geeignet ist, die kognitive und affektive Verarbeitung der wahrgenommenen Eigenschaftskombination zu repräsentieren.

b) Intervallskalierte Skalenwerte mit derselben Maßeinheit für alle Eigenschaften bzw. deren Ausprägung und für die abhängige Variable, wobei letztere in einer monotonen Beziehung zu den entsprechenden empirischen Werten stehen sollen.

Die Conjoint Analyse durchläuft vereinfacht gesehen die folgenden Phasen (Dichtl, Thomas 1986, S. 27 ff.; Backhaus et al. 1990, S. 348, S. 346 f.):

1. **Festlegung der berücksichtigten Eigenschaften**. Dabei werden vorab die zentralen Objekteigenschaften festgelegt, die zur Beschreibung der Objektalternativen herangezogen werden. Sie können im Rahmen von Pretests gewonnen werden (z. B. Markennamen, Verpackungsart, Preis).

2. **Auswahl von relevanten Eigenschaftsausprägungen** (z. B. Markenname: Coca Cola, Pepsi Cola; Verpackungsart: Glasflasche, Dose; Preis: 0,48 DM, 0,65 DM).

3. **Spezifikation des faktoriellen Erhebungsdesigns.** Durch die Festlegung der Eigenschaften und Auswahl der Eigenschaftsausprägungen ergibt sich eine Anzahl von (fiktiven) Objektalternativen aus der Kombination der Eigenschaftsausprägungen (z. B. Produkt I: Coca Cola, Glasflasche, 0,48 DM; Produkt II: Pepsi Cola, Glasflasche, 0,48 DM; Produkt III: Coca Cola, Dose, 0,48 DM etc. Es ergeben sich bei diesem Beispiel insgesamt 2 x 2 x 2 = 8 Produktalternativen).

4. **Bewertung der Objektalternativen.** Die Versuchsperson wird dabei aufgefordert, entsprechend ihrer subjektiven Präferenzstruktur (Nutzenvorstellung) eine Rangordnung über die Objekte zu bilden (z. B.: Rang 1: Produkt V; Rang 2: Produkt III etc.), Kaufabsichten zu verbalisieren o. ä. (Aaker, Day 1986, S. 493).

5. **Schätzung der Präferenzbeiträge** (Nutzenwerte). Die zuvor gewonnene Rangreihe stellt die Grundlage zur Ableitung von Teilpräferenzen für die einzelnen Eigenschaftsausprägungen dar. Aus den ordinalen Gesamtpräferenzen werden durch die Conjoint Analyse also metrische Teilpräferenzbeiträge errechnet. Durch die Addition dieser Teilpräferenzbeiträge lassen sich schließlich zusätzlich auch metrische Gesamtpräferenzen ermitteln (z. B. Teilpräferenzbeiträge: Coca Cola = 0,48, Pepsi Cola = 0,12, Glasflasche = 0,06 etc.; Gesamtpräferenz: Produkt V = 4,89, Produkt III = 4,10 etc.).

Die Conjoint Analyse kann für jeden einzelnen Befragten oder auf aggregiertem Niveau vollzogen werden. Bei marketingorientierten Fragestellungen wird sich in der Regel eine aggregierte Analyse empfehlen. Diese kann wiederum Ausgangspunkt einer clusteranalytischen Weiterverarbeitung sein. Deren Anliegen ist es, auf Basis der ermittelten Präferenzstrukturen Segmente mit möglichst verschiedenen Produkt- oder Eigenschaftspräferenzen zu identifizieren.

In der Praxis wird mit Hilfe des Conjoint Measurement z. B. bei der Neuproduktplanung die Untersuchung einzelner Attribute eines Produktes, wie z. B. des Preises oder der „Geld-zurück-Garantie" durchgeführt. Dabei werden grundsätzlich zwei verschiedene Datenerhebungsmethoden benutzt (Green, Srinivasan 1978, S. 10 ff.). Die eine Methode besteht in der Durchführung von Paarvergleichen. Bei der anderen Methode müssen die Testpersonen komplette multifaktorielle Designs bewerten. Dabei besteht allerdings die Gefahr, daß die Informationsfülle die Testperson überfordert, weil sehr viele mögliche Kombinationen zu bewerten sind.

Um dem Problem der Überforderung der Testpersonen zu begegnen, werden „orthogonal arrays" oder auch „square arrays" gebildet (Green 1978, S. 61 ff.). Dabei wird die Anzahl der zu bewertenden Alternativen reduziert. Die orthogonalen Felder bestehen aus einigen zu beurteilenden Alternativen, die die Attribute und Abstufungen in einer ausgewogenen Relation beinhalten.

Als Beispiel soll das „orthogonale Feld" der Untersuchung bezüglich der Produktgestaltung eines Teppichreinigers dienen (Green, Wind 1975, S. 108 ff.). Der Teppichreiniger wurde auf die Präferenzwerte von fünf Attributen untersucht:

1. Das Verpackungsdesign mit drei Abstufungen
2. Der Markenname mit drei Abstufungen
3. Das „Good-Housekeeping"-Siegel mit zwei Abstufungen
4. Der Preis mit drei Abstufungen
5. Die Geldrückgabegarantie mit zwei Abstufungen

Daraus würden sich 2^2 mal 3^3 mögliche Produktalternativen konstruieren lassen. Von diesen 108 Alternativen müssen die Testpersonen nur 18 bewerten, um die Teilpräferenzen für die Eigenschaften und ihre Ausprägungen zu ermitteln (siehe Abbildung 113).

Alternativen	Packungs-design	Markenname	Preis	„Good-House-keeping"-Siegel	Geldrück-garantie
1	A	K2R	1,19	nein	nein
2	A	Glory	1,39	nein	ja
3	A	Blizzel	1,59	ja	nein
4	B	K2R	1,39	ja	ja
5	B	Glory	1,59	nein	nein
6	B	Blizzel	1,19	nein	nein
7	C	K2R	1,59	nein	ja
8	C	Glory	1,19	ja	nein
9	C	Blizzel	1,39	nein	nein
10	A	K2R	1,59	ja	nein
11	A	Glory	1,19	nein	ja
12	A	Blizzel	1,39	nein	ja
13	B	K2R	1,19	nein	nein
14	B	Glory	1,39	ja	nein
15	B	Blizzel	1,59	nein	ja
16	C	K2R	1,39	nein	nein
17	C	Glory	1,59	nein	nein
18	C	Blizzel	1,19	ja	ja

GABLER GRAPHIK

Abbildung 113: Orthogonales Feld einer Neuproduktuntersuchung mittels Conjoint Measurement
(in Anlehnung an Green, Wind 1975, S. 108)

3.4 Fragen und Aufgaben

1. Kennzeichnen Sie die zentralen auswertungstechnischen Aktivitäten und Detailentscheidungen!

2. Worin besteht der Unterschied zwischen uni-, bi- und multivariaten statistischen Auswertungsverfahren und welche Beispiele kennen Sie dazu?

3. Wie lautet die Zielsetzung der Regressionsanalyse und welche Fragestellungen lassen sich mit ihr beantworten?

4. Welche Funktionstypen der Regressionsanalyse kennen Sie?

5. Erläutern Sie kurz, warum das Vorgehen bei der Regressionsanalyse als Methode der kleinsten Quadrate bezeichnet werden kann!

6. Ein Hersteller von Pfeifentabak will den Zusammenhang zwischen Tabakverbrauch pro Kopf und durchschnittlichem Konsum feststellen. Führen Sie hierzu eine Regressionsanalyse durch! Gehen Sie dabei von einer linearen Funktion der Form $y = b_1 + b_2x$ aus!

Jahr	Tabakverbrauch pro Kopf (y_i)	Konsum (x_i) DM
1983	1,0 kg	2.020,–
1984	1,2 kg	2.070,–
1985	1,5 kg	2.250,–
1986	1,8 kg	2.370,–
1987	2,0 kg	2.450,–
1988	2,2 kg	2.680,–
1989	2,3 kg	2.870,–
1990	2,5 kg	2.920,–

   a) Wie lautet die Regressionsfunktion?
   b) Berechnen Sie den Korrelationskoeffizienten! Welche Größe gibt darüber Auskunft, welche Streuung durch die Regressionsfunktion erklärt wird? Interpretieren Sie den Korrelationskoeffizienten!

7. Wie lassen sich die multivariaten Analysemethoden systematisieren?

8. Skizzieren Sie das Hauptziel und Vorgehen der Faktorenanalyse!

9. Was besagt das Fundamentaltheorem der Faktorenanalyse?

10. Erläutern Sie den Begriff „Kommunalität“!

11. Als Ergebnis einer Faktorenanalyse erhalten Sie 4 Faktoren, die 20 Variablen verdichten. Die Eigenwerte der Faktoren stellen sich wie folgt dar:
    Faktor 1 = 2,43
    Faktor 2 = 2,01
    Faktor 3 = 1,21
    Faktor 4 = 1,02

    a) Ermitteln Sie die Gesamtkommunalität!
    b) Wieviel Prozent der Gesamtvarianz können durch die vier Faktoren erklärt werden?
    c) Wie beurteilen Sie die Güte dieser Faktorenanalyse?

12. Charakterisieren Sie kurz das Kaiser-Kriterium!

13. Erläutern Sie anhand eines selbst entworfenen Beispiels, wie ermittelte Faktoren mit Hilfe des rotierten Faktorenmusters inhaltlich interpretiert und beschrieben werden!

14. Skizzieren Sie die Abfolgeschritte der Faktorenanalyse!

15. Wie lautet die Zielsetzung der Clusteranalyse?

16. In welche Schritte läßt sich die Durchführung der Clusteranalyse einteilen?

17. Erklären Sie die Minkowski-Metrik und die daraus hervorgehenden Distanzmaße!

18. Wie sieht der grundsätzliche Ablauf des hierarchischen Verfahrens der Clustertechnik aus?

19. Wodurch zeichnen sich die interaktiven Verfahren zur Clusterbildung aus und in welchen Schritten verlaufen sie im einzelnen?

20. Wie lautet die Zielfunktion der iterativen Verfahren und was besagt sie?

21. In welchem Zusammenhang findet das Elbow-Kriterium Anwendung?

22. Wie sieht eine Ergebnistabelle der Clusteranalyse aus, und wie läßt sie sich zur besseren Interpretation aufbereiten?

23. Wie lautet die Zielsetzung der Diskriminanzanalyse und welche Fragestellungen lassen sich mit ihrer Hilfe beantworten?

24. Erläutern Sie graphisch die Grundidee der einfachen Diskriminanzanalyse!

25. Wie bestimmt sich der kritische Diskriminanzwert y_{krit} und wozu wird er herangezogen?

26. Skizzieren Sie eine Klassifikationsmatrix!

27. Was versteht man unter der „maximalen Zufallswahrscheinlichkeit" hinsichtlich der Klassifikation bei der Diskriminanzanalyse und wozu dient dieser Wert?

28. Welcher „Stichprobenfehler" ist der Diskriminanzanalyse immanent?

29. Was bringt das multiple bzw. das partielle Bestimmtheitsmaß der multiplen Regressionsanalyse zum Ausdruck?

30. In welchen Einzelschritten läuft die schrittweise Regression ab?

31. Welche Probleme können bei der multiplen Regressionsanalyse auftreten und welche Lösungsmöglichkeiten bieten sich an?

32. Kennzeichnen Sie das Hauptanliegen der Varianzanalyse und nennen Sie denkbare Fragestellungen, die sich mit ihr beantworten lassen!

33. Nennen Sie die statistischen Annahmen, denen die Varianzanalyse genügen muß!

34. Ein Markenartikelhersteller möchte wissen, ob die Plazierung seines Produktes im Regal einen Einfluß auf den Abverkauf hat. Dazu wählt er drei Geschäfte, die sich im Sortiment, in der Kundenstruktur und im Umsatzvolumen ähneln, aus und plaziert sein Produkt einmal in einer oberen, einmal in einer mittleren und einmal in einer unteren Regalreihe. Die in fünf verschiedenen Wochen erzielten Abverkaufszahlen sind der folgenden Tabelle zu entnehmen:

Woche	Regalplatz		
	oben	Mitte	unten
1	15	9	3
2	7	8	6
3	8	9	6
4	8	9	7
5	7	10	3

Überprüfen Sie die Hypothese, daß die Plazierung im Regal keinen Einfluß auf die Abverkaufszahlen des Markenartikels hat (Signifikanzniveau $\alpha = 0{,}05$).

35. Kennzeichnen Sie die Zielsetzung der Kausalanalyse und die Grundstruktur eines LISREL-Modells.

36. Wie ist die Zielsetzung der Verfahren der Multidimensionalen Skalierung zu beschreiben?

37. Von welchen Voraussetzungen geht die Imagemessung mittels herkömmlicher Verfahren aus und wie sind diese zu beurteilen?

38. Für die in Kapitel III 3.382 erwähnten fünf Produktmarken ist auf Basis der angegebenen Ähnlichkeitsmatrix mit Hilfe des MINISSA-Verfahrens eine räumliche Positionierung der Produkte vorgenommen worden. Dabei konnte jedoch die Monotoniebedingung nicht voll erfüllt werden. Es treten die Disparitäten $d_{AC} = 4{,}5$, $d_{BD} = 4{,}5$, $d_{CE} = 6{,}5$, $d_{BC} = 6{,}5$ auf. Berechnen Sie den Streßwert der Konfiguration und bewerten Sie ihn!

39. Skizzieren Sie die Grundannahmen der Conjoint Analyse!

40. Worin liegt der Hauptunterschied zwischen der Conjoint Analyse und der Multidimensionalen Skalierung?

41. Beschreiben Sie den grundsätzlichen Ablauf der Conjoint Analyse!

4. Absatzprognosen

4.1 Begriff und Gegenstand der Absatzprognosen

Die Vorausschätzung des Absatzes ist traditionell ein zentraler Gegenstand der Marketingforschung. Unter **Absatzprognose** versteht man allgemein **eine auf die Empirie gestützte Vorhersage des zukünftigen Absatzes von Produkten oder Dienstleistungen einer Unternehmung an ausgewählte Käuferschichten (Abnehmer) in einem bestimmten Zeitabschnitt und bei einer bestimmten absatzpolitischen Instrumentekombination.**

Gegenstand von Absatzprognosen sind vor allem der zukünftige Zustand bzw. die Entwicklung des Markt- und Absatzpotentials, des Markt- und Absatzvolumens sowie des Marktanteils.

1. **Marktpotential** ist die Gesamtheit möglicher Absatzmengen eines Marktes für ein bestimmtes Produkt (Aufnahmefähigkeit des Marktes).

2. **Absatzpotential** ist die Absatzmenge, die ein Unternehmen im Rahmen seiner Möglichkeiten glaubt, maximal erreichen zu können (Zielsetzung).

3. **Marktvolumen** ist die gegenwärtig realisierte Absatzmenge der Produktgattung einer ganzen Branche.

4. **Absatzvolumen** ist die Gesamtheit der Absatzmenge des Produktes einer Unternehmung.

5. **Marktanteil** ist das Verhältnis von Absatzvolumen zu Marktvolumen in Prozent.

Abbildung 114 zeigt eine idealtypische Entwicklung von Marktpotential, Marktvolumen und Absatzvolumen bei einer gleichzeitigen Neuprodukteinführung mehrer Unternehmen.

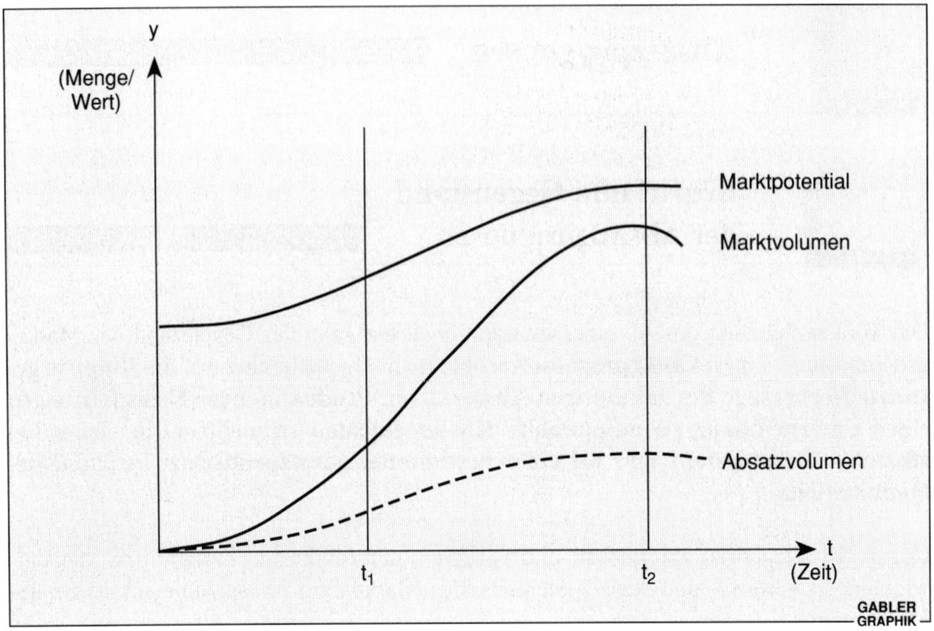

Abbildung 114: Entwicklung von Marktpotential, Marktvolumen und Absatzvolumen im Zeitablauf

4.2 Arten und Aufbau von Prognosen

4.21 Systematisierungskriterien

Absatzprognosen finden sich in Theorie und Praxis in den verschiedensten Ausprägungsformen (Lewandowski 1974; Bruckmann 1977; Mertens 1981; Berekoven, Eckert, Ellenrieder 1989). Von besonderer Bedeutung sind hier drei Systematisierungskriterien:

1. Zunächst ist zwischen Entwicklungs- und Wirkungsprognosen zu trennen. **Entwicklungsprognosen** zeigen die zu prognostizierende Größe (z. B. Umsatz, Marktanteil) in Abhängigkeit von Variablen, die die Unternehmungen nicht direkt kontrollieren (z. B. Zeit, Indikatoren). In **Wirkungsprognosen** wird demgegenüber die zu prognostizierende Größe durch kausale Variablen bestimmt, die die Unternehmungen direkt kontrollieren (z. B. absatzpolitisches Instrumentarium). Zur kombinierten Wirkungs- und Entwicklungsprognose vergleiche die Abbildung 115.

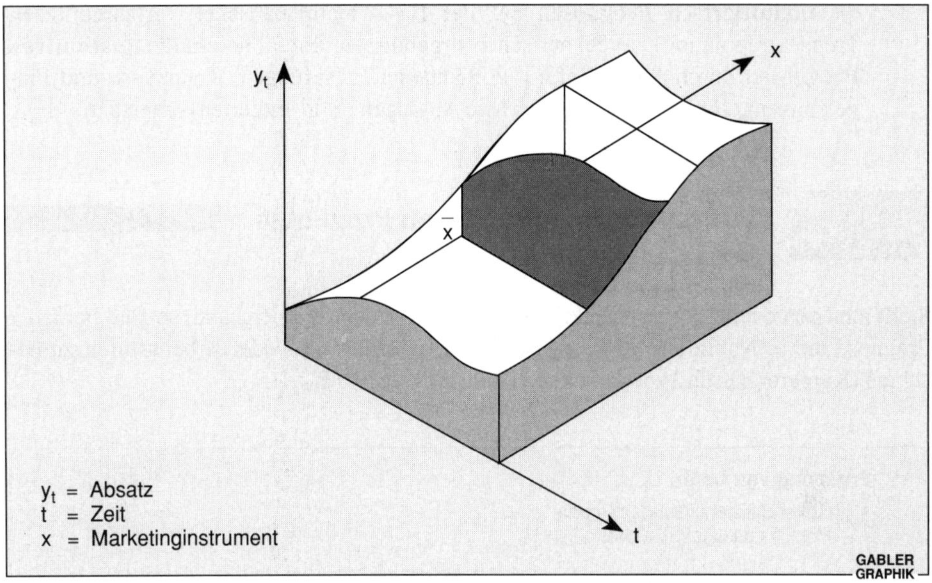

Abbildung 115: Kombinierte Wirkungs- und Entwicklungsprognosen

Bei beiden Prognosetypen handelt es sich um stochastische Abhängigkeitsrelationen. In derartigen Funktionen tritt neben dem festen Wert f(t) ein Zufallsglied (Störglied, zufälliges Restglied, latente Variable) u_t auf.

Beispiel einer Funktionsform der Entwicklungsprognose:
$y_t = f(t) + u_t$ y_t = Absatz;
t = Zeit

Beispiel einer Funktionsform der Wirkungsprognose:
$y_t = f(x) + u_t$ y_t = Absatz;
x = verursachende Variable (Marketinginstrument)

2. Nach dem Prognosezeitraum sind kurz- und langfristige Prognosen einander gegenüberzustellen (Bidlingmaier, Knapp 1971, S. 9 f.). **Kurzfristige Absatzprognosen** reichen bis zu einem Jahr. Im Mittelpunkt steht die Vorhersage von Wochen- bzw. Monatswerten. Von besonderer Bedeutung ist die Frage nach dem Gewicht einzelner Beobachtungswerte. Bei der **langfristigen Prognose** (10 Jahre und mehr) ist demgegenüber der Charakter eines Zeitreihenverlaufs von besonderem Interesse. Es ist zu untersuchen, ob und in welcher Form die Absatzwerte beispielsweise einen Trend widerspiegeln bzw. welche Gestalt die Regressionsfunktion aufweist, die der Regelmäßigkeit in der Entwicklung der Beobachtungswerte am besten entspricht.

3. Nach der Art der Vorhersage kann darüber hinaus zwischen quantitativen (exakten) und qualitativen (inexakten, intuitiven) Methoden unterschieden werden. Während

die **quantitativen Prognosen** auf der Basis mathematischer Verfahren (z. B. Trendextrapolation) zu rechnerischen Ergebnissen führen, liefern die **qualitativen Prognosen** durch Ausschöpfung vorhandener Erfahrungen, Kenntnisse und Fingerspitzengefühl überwiegend verbale Aussagen (z. B. Expertenvorhersage).

4.22 Durchführungsstufen von Prognosen

Stellt man den quantitativen Aspekt von Prognosen in den Vordergrund, so sind bei jeder Prognose die in Abbildung 116 dargestellten Durchführungs- oder Arbeitsstufen zu beachten (Kapferer, Disch 1966; Höcker, Luling 1992, S. 40 ff.).

1. Erhebung von Daten
- 1.1 Sekundärstatistisches Material
- 1.2 Primärstatistisches Material

2. Auswertung und Interpretation der Daten
- 2.1 Datenanalyse zur Ermittlung von Gesetzmäßigkeiten in der Absatzentwicklung
  - 2.11 Trendkomponente
  - 2.12 Konjunktur- und Saisonkomponente
  - 2.13 Zufallskomponente
- 2.2 Datenanalyse zur Ermittlung von Zusammenhängen zwischen dem Absatz und seinen Einflußgrößen
  - 2.21 Wahl des Funktionstyps
  - 2.22 Schätzung der Strukturparameter
  - 2.23 Messung der Stärke der Korrelation
  - 2.24 Überprüfung des statistischen und kausalen Zusammenhanges

3. Prüfung der Übertragung der Regelmäßigkeit von der Vergangenheit in die Zukunft

4. Ableitung der Prognose

GABLER GRAPHIK

Abbildung 116: Durchführungsstufen von Prognosen

Zu 1:
Im Vordergrund steht die Auswertung interner und externer sekundärstatistischer Quellen. Primärstatistische Untersuchungen werden in erster Linie als Ergänzungen zu den Analysen aus vorhandenem Datenmaterial durchgeführt. Sind aus den Sekundärstatistiken nur die bisherige Absatzentwicklung exakt zu entnehmen sowie Anhaltspunkte über die Kauffähigkeit der Endverbraucher zu gewinnen, so ergeben sich aus Befragungen von Händlern und Endverbrauchern sowie aus Markttests zumindest Anhaltspunkte über Kaufwilligkeit und Kaufpläne der Abnehmer. Das gilt in besonderem Maße für die kurzfristige Absatzprognose.

Zu 2.1:
Zur Feststellung von Gesetzmäßigkeiten im zeitlichen Verlauf der Absatzentwicklung, die als Grundlage einer Prognose dienen können, bedient man sich des Instrumentariums der Zeitreihenanalyse.

In der Regel lassen sich bei Zeitreihen drei charakteristische Komponenten erkennen, die in variierender Intensität vorhanden sind, von denen aber auch einzelne in manchen Reihen fehlen können (Abbildung 117). Es sind dies im einzelnen (Boot, Cox 1970, S. 437 ff.):

- die Trendkomponente (d. h. die unabhängig von Schwankungen beobachtete Grundrichtung einer Zeitreihe)

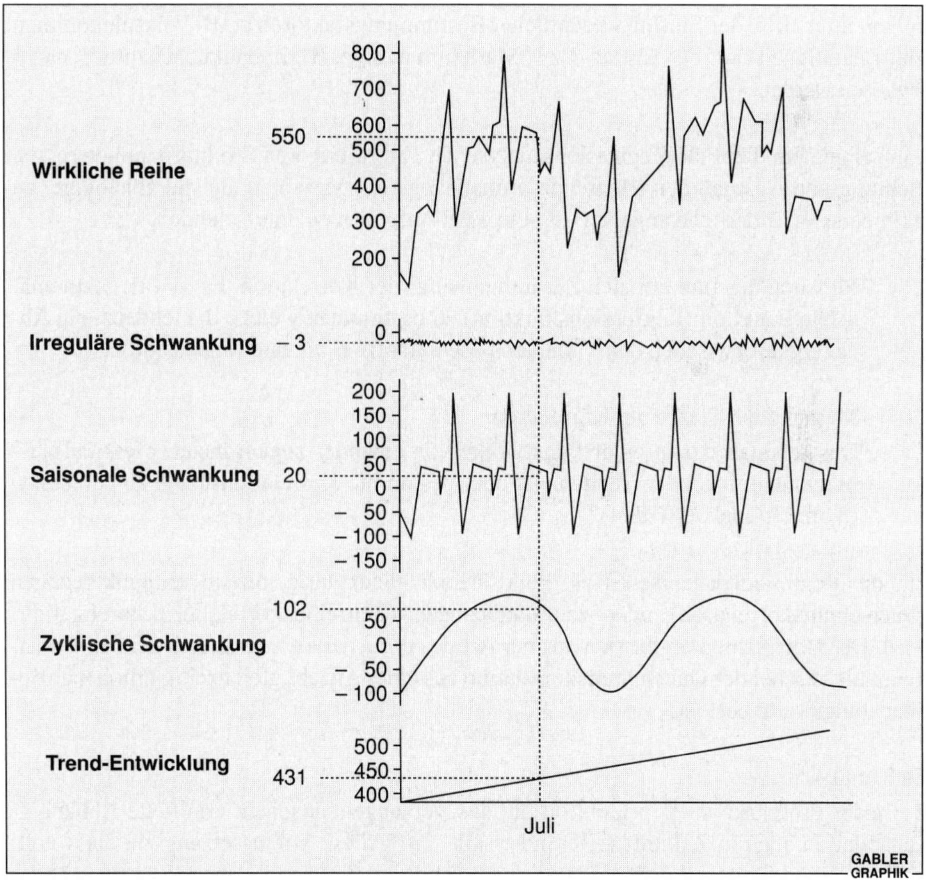

Abbildung 117: Komponenten einer Zeitreihe: Das additive Modell (Quelle: Boot, Cox 1970, S. 444)

- die Konjunktur- und Saisonkomponente (d. h. die gesamtwirtschaftlich oder branchenbedingten zyklischen Änderungen einer Zeitreihe)

- die Zufallskomponente (d. h. die unregelmäßigen Schwankungen einer Zeitreihe).

Die einzelnen Komponenten überlagern sich und können zu einem relativ kompliziert zu beschreibenden Gesamtverlauf einer Reihe führen. Die Abbildung 117 zeigt die additive Verknüpfung der Komponenten einer Zeitreihe.

Zu 2.2:
Zur Ermittlung von Zusammenhängen zwischen dem Absatz und seinen Einflußgrößen bedient man sich der Korrelations- und Regressionsanalysen. Im Falle der Absatzprognose soll mit ihrer Hilfe der Einfluß wesentlicher Bestimmungsfaktoren (z. B. Volkseinkommen oder Bautätigkeit) auf das Absatz- bzw. Marktvolumen (z. B. Einbauküchenabsatz) nachgewiesen werden.

Ganz allgemein dient die Regressionsanalyse der Ermittlung von Strukturparametern, die Richtung und Ausmaß der erklärenden (unabhängigen) Variablen auf die abhängige, zu erklärende Veränderliche angeben. Es sind zwei Aufgaben zu unterscheiden:

1. Messung des funktionalen Zusammenhangs der Korrelation. Es ist eine mathematische Funktion (Regressionsfunktion) zu bestimmen, welche die tendenzielle Abhängigkeit zwischen den Variablen beschreibt (z. B. lineare Regression).

2. Messung der Stärke der Korrelation
   Das Ausmaß der in einer Punktwolke von einander zugeordneten Merkmalsausprägungen liegenden Tendenz ist über bestimmte Korrelationsmaße zu berechnen (Korrelationskoeffizient).

Für die Regressionsanalyse ist es grundsätzlich gleichgültig, ob sie zeitpunktbezogen (Querschnittskorrelation) oder zeitraumbezogen (Zeitreihenkorrelation) durchgeführt wird. Der Unterschied ergibt sich aus der Art des der Analyse zugrundeliegenden Datenmaterials, das bei der Querschnittskorrelation aus einer Anzahl gleichzeitig erhobener Beobachtungswerte besteht.

Zu 3. und 4.:
Bei jeder Prognose ist zu prüfen, ob die aus Vergangenheitsdaten ermittelte Abhängigkeitsrelation auch in Zukunft unverändert gilt. Trifft diese Voraussetzung zu, dann vollzieht sich die Ableitung der Prognose in zwei Schritten. Erstens sind die zukünftigen Werte der unabhängigen Variablen zu bestimmen. In einem zweiten Schritt sind die ermittelten Werte der unabhängigen Variablen in die als gültig angesehene und numerisch bestimmte Abhängigkeitsrelation einzusetzen. Das Ergebnis der Rechnung ergibt den Prognosewert.

4.3 Quantitative Prognosemethoden

Aus der Vielzahl von Methoden zur Entwicklungs- und Wirkungsprognose werden zunächst Glättungsverfahren zur kurzfristigen Prognose sowie Trend- und Indikatorenverfahren zur langfristigen Prognose dargestellt. Anschließend werden im Rahmen der Wirkungsprognosen Möglichkeiten der Modellierung von Marktreaktionsfunktionen unter besonderer Berücksichtigung von Konkurrenzaktivitäten und der dynamischen Wirkung von Marketinginstrumenten behandelt.

4.31 Kurzfristige Absatzprognosen

Ausgangspunkt einer Vielzahl von **Entwicklungsprognosen** ist ein konstantes Zeitreihenmodell, das einen konstanten Erwartungswert der Prognosevariablen im Zeitablauf unterstellt (vgl. Abbildung 118). Da Trends, konjunkturelle und saisonale Schwankungen keine Berücksichtigung finden, lautet der Funktionsverlauf:

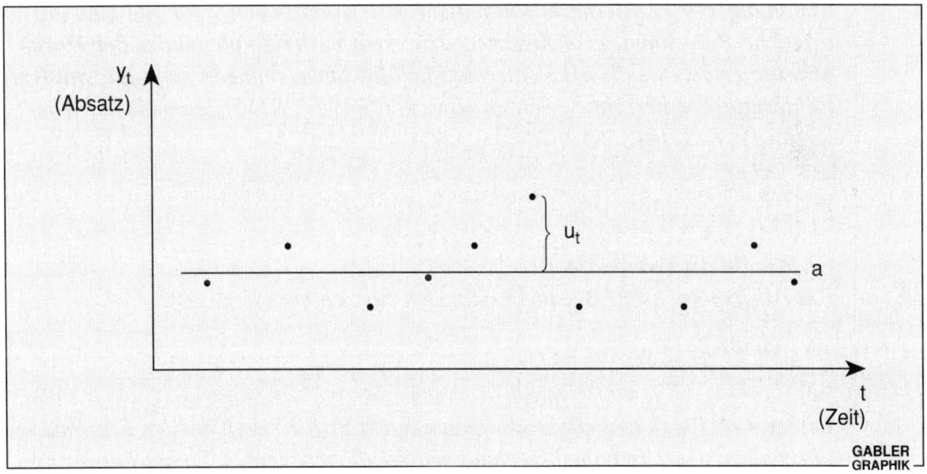

Abbildung 118: Grundgedanke der Kurzfristprognose

$$y_t = a + u_t \qquad (t = 1, \ldots, T)$$

Der beobachtete Wert y_t resultiert gemäß dieser Annahmen aus dem „wahren", über die Zeit konstanten Wert a und einer zufälligen Abweichung u_t. Zur Schätzung des Erwartungswertes, der als Prognosewert für die kommende Periode gewählt wird, sind unterschiedliche Schätzmethoden entwickelt worden. Die meisten dieser Verfahren weichen implizit von der Prämisse des konstanten Erwartungswertes ab, indem ältere Beobachtungswerte überhaupt nicht oder nur mit geringem Gewicht in der Prognose berücksichtigt werden. Hier sollen die Methoden der gleitenden Durchschnitte sowie der exponentiellen Glättung vorgestellt werden (vgl. auch Weber 1990, S. 185 ff.).

4.311 Methoden gleitender Durchschnitte

Die Methoden **gleitender Durchschnitte** berechnen aus den letzten n Beobachtungswerten einen Mittelwert, der als Schätzer für den Erwartungswert a und damit als Prognosewert $\hat{y}_{t+1}$ für die folgende Periode herangezogen wird.

$$\hat{y}_{t+1} = \hat{a}_t = \frac{y_t + y_{t-1} + y_{t-2} + \ldots + y_{t-n+1}}{n}$$

Die Bezeichnung „gleitender" Durchschnitte ist darauf zurückzuführen, daß bei Vorliegen eines neuen Beobachtungswertes dieser an die erste Stelle tritt. Dafür rücken die übrigen Werte nun eine Zeiteinheit zurück und der älteste Wert (y_{t-n+1}) fällt aus der Berechnung. Allen Daten wird somit das gleiche Gewicht 1/n = w zugeordnet.

Beispiel:
*Abbildung 119 zeigt eine Absatzstatistik mit Monatswerten, für die eine nachträgliche Berechnung von Absatzschätzwerten mit Hilfe **gleitender 5er Durchschnitte** erfolgen soll. Als Fehlermaß für die Abweichungen kann das **mittlere Fehlerquadrat** berechnet werden (Brockhoff 1977, S. 55; Makridakis, Wheelwright 1978, S. 19):*

$$F = \frac{\sum_t (\hat{y}_t - y_t)^2}{p}$$

p = Anzahl der Wertpaare
Für das hypothetische Beispiel ergibt sich ein Fehler von

$$F = \frac{5.585{,}2}{11} = 507{,}7$$

Dieser Wert für sich allein ist wenig aussagekräftig. Er muß mit den Ergebnissen alternativer Durchschnittsberechnungen verglichen werden. So beträgt der Fehler bei gleitendem

3er Durchschnitt F = 485,2
4er Durchschnitt F = 571,8
5er Durchschnitt F = 507,4
6er Durchschnitt F = 538,4
7er Durchschnitt F = 537,1

Nach dem Ergebnis der Fehleranalyse reproduziert der gleitende 3er Durchschnitt am besten die vorliegende Zeitreihe.

t	Monat	y_t (1000 Stck)	Gleitender 5er Durchschnitt $\hat{y}_t$	$(\hat{y}_t - y_t)^2$	Gewogener 5er Durchschnitt	$(\hat{y}_t - y_t)^2$
1	April	32	–	–	–	
2	Mai	47	–	–	–	
3	Juni	69	–	–	–	
4	Juli	57	–	–	–	
5	Aug.	89	–	–	–	
6	Sept.	66	58,8	51,8	72,8	46,2
7	Okt.	48	65,6	309,8	71,8	566,4
8	Nov.	36	65,8	888,0	58,7	515,3
9	Dez.	65	59,2	33,6	47,1	320,4
10	Jan.	79	60,8	331,2	55,3	561,7
11	Feb.	82	58,8	538,2	67,9	198,8
12	März	105	62,0	1.849,0	75,1	894,0
13	April	96	73,4	510,8	90,8	27,0
14	Mai	109	85,4	557,0	95,3	187,7
15	Juni	72	94,2	492,8	101,9	894,0
16	Juli	88	92,8	23,0	88,2	0,0
17	Aug.	–	94,0	–	86,3	–
Summe				5.585,2		4.211,5

GABLER GRAPHIK

Abbildung 119: Beispiel zur Methode gleitender und gewogener 5er Durchschnitte

Üblicherweise haben jüngere Daten eine größere prognostische Relevanz als weiter zurückliegende Werte. Durch Einführung spezieller Gewichte (w) erreicht man meist eine höhere Güte der Anpassung, insbesondere dann, wenn trendähnliche Tendenzen zu vermuten sind. Ein Verfahren, das dies berücksichtigt, wird als **„gewogener gleitender Durchschnitt"** bezeichnet:

$$\hat{y}_{t+1} = \hat{a}_t = w_t y_t + w_{t-1} y_{t-1} + w_{t-2} y_{t-2} + \ldots + w_{t-n+1} y_{t-n+1}$$

In der Regel gilt für die Einzelgewichte:

(1) $w_t > w_{t-1} > w_{t-2} > \ldots > w_{t-n+1}$

(2) $\sum_{i=0}^{n-1} w_{t-i} = 1$

> ***Beispiel:***
> *Mit den Zahlen der Abbildung 120 wird ein gewogener 5er Durchschnitt berechnet. Als Gewichtungsfaktoren wurden angenommen:*
> $w_t = 0{,}5;\ w_{t-1} = 0{,}3;\ w_{t-2} = 0{,}1;\ w_{t-3} = 0{,}075;\ w_{t-4} = 0{,}025;$
>
> *Der F-Wert beträgt:* $F = \frac{4.211{,}5}{11} = 382{,}9$

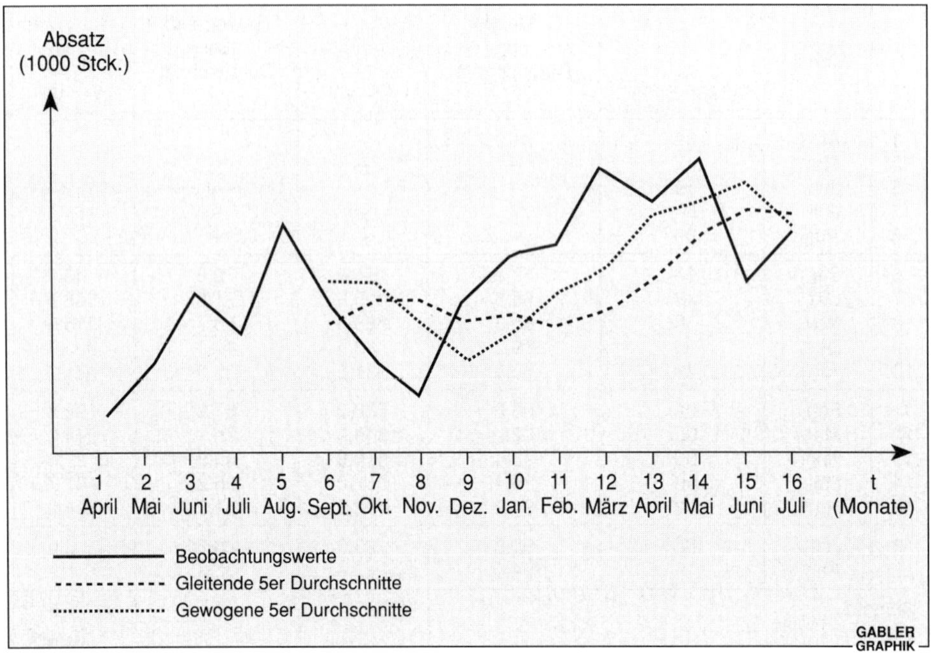

Abbildung 120: Absatzprognosen nach den Methoden gleitender und gewogener 5er Durchschnitte

Damit ist in diesem konkreten Fall der gewogene dem gleitenden Durchschnitt überlegen. Allerdings ist kritisch zu hinterfragen, ob noch ein konstanter Prozeß unterstellt werden kann.

Eine graphische Darstellung der Prognosen zeigt Abbildung 120. Sie veranschaulicht, daß Prognosen mit gewogenen gleitenden Durchschnitten in der Regel zu besseren Ergebnissen führen, wenn der Prozeß gewisse Niveausprünge aufweist. Das Hauptproblem beim gewogenen Durchschnitt stellt die Bestimmung der **Gewichtungskoeffizienten** dar. Sie werden entweder subjektiv oder nach dem Kriterium der Reproduktionsfähigkeit historischer Werte mittels **Fehlerminimierung** aufgestellt. Eine Gewichtung der Beobachtungswerte wird ebenfalls bei einem anderen von der Praxis bevorzugten Verfahren, der exponentiellen Glättung, durchgeführt.

4.312 Methode der exponentiellen Glättung

Das Prognoseverfahren der **exponentiellen Glättung** (exponential smoothing) gilt als eine Weiterentwicklung des gewogenen Durchschnitts. Es gehört zum Standardprogramm in computergestützten Prognoserechnungen der Praxis. Auch bei diesem Verfahren wird unterstellt, daß die **aktuellsten Werte** eine **höhere prognostische Relevanz** aufweisen und damit stärker zu gewichten sind als weiter zurückliegende Werte (Hüttner 1982, S. 97 f., Hansmann 1983, S. 28; Hammann, Erichson 1990, S. 310 ff.).

Die Grundformel der exponentiellen Glättung lautet:

$$\hat{y}_{t+1} = \alpha\ y_t + (1 - \alpha)\ \hat{y}_t \qquad 0 \leq \alpha \leq 1$$

$\hat{y}_{t+1}$ = Prognosewert
$\hat{y}_t$ = Schätzwert für Periode t
y_t = Beobachtungswert für Periode t
α = Gewichtungskoeffizient

Die Gleichung läßt sich dahingehend interpretieren, daß der Prognosewert $\hat{y}_{t+1}$ sich aus α % des letzten Beobachtungswertes und aus $(1 - \alpha)$ % des von dieser Zeitreihe bislang berechneten Mittelwertes zusammensetzt.

> ***Beispiel:***
> *Für die beispielhafte Berechnung von Prognosewerten mittels der exponentiellen Glättung werden in Abbildung 121 die Ausgangsdaten der Abbildung 119 zugrundegelegt. Es werden zwei alternative Berechnungen durchgeführt mit $\alpha = 0,1$ und $\alpha = 0,3$. Um mit der Rechnung beginnen zu können, muß ein Startwert vor-*

t	Monat	y_t (1000 Stck)	Exponentielles Glätten	
			$\alpha = 0,1$ $\hat{y}_t$	$\alpha = 0,3$ $\hat{y}_t$
1	April	32	(49,3)	(49,3)
2	Mai	47	47,6	44,1
3	Juni	69	47,5	45,0
4	Juli	57	49,7	52,2
5	Aug.	89	50,4	53,6
6	Sept.	66	54,3	64,2
7	Okt.	48	55,4	64,8
8	Nov.	36	54,7	59,7
9	Dez.	65	52,8	52,6
10	Jan.	79	54,0	56,3
11	Feb.	82	56,5	63,1
12	März	105	59,1	68,8
13	April	96	63,7	79,7
14	Mai	109	66,9	84,6
15	Juni	72	71,1	91,0
16	Juli	88	71,2	85,9
17	Aug.	–	72,9	86,5

GABLER GRAPHIK

Abbildung 121: Beispiel zur Methode des exponentiellen Glättens bei alternativen Gewichtungen

gegeben werden. Hier bieten sich der erste Vergangenheitswert der Zeitreihe oder das arithmetische Mittel der ersten 3 oder 5 Beobachtungswerte an. In Abbildung 121 ist das arithmetische Mittel aus den ersten drei Werten gewählt worden. Die Berechnung des mittleren Fehlerquadrates liefert folgende Werte bei:

$$\alpha = 0{,}1 \qquad F = \frac{9.476{,}7}{16} = 592{,}3$$

$$\alpha = 0{,}3 \qquad F = \frac{6.605{,}5}{16} = 412{,}8$$

Abbildung 122 verdeutlicht den Prognoseverlauf für $\alpha = 0{,}1$ und $\alpha = 0{,}3$.

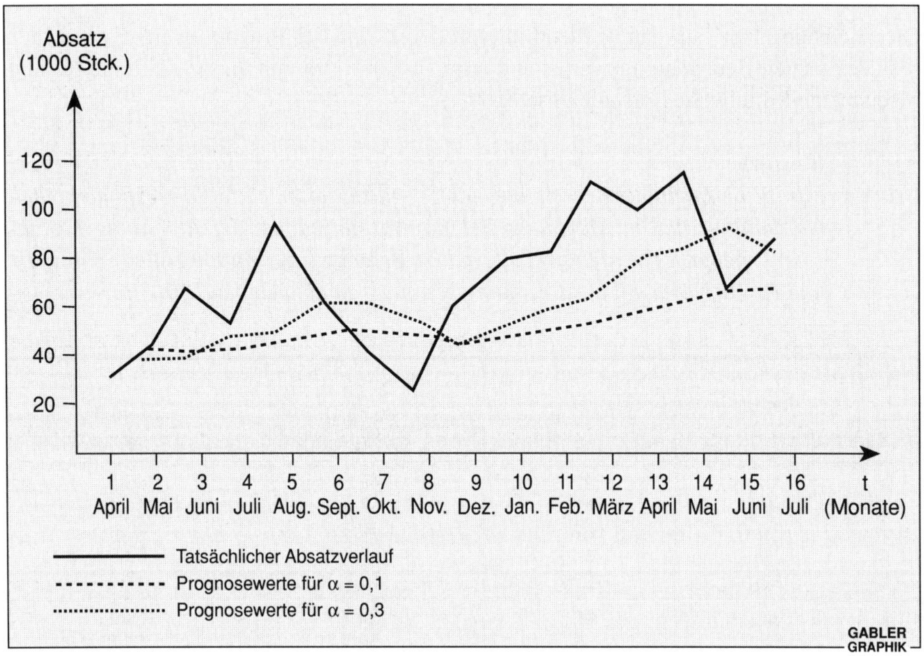

Abbildung 122: Absatzprognosen nach der Methode der exponentiellen Glättung

4.313 Kritische Würdigung und weiterführende Verfahren

Unter der Annahme eines tatsächlich über die Zeit konstanten Erwartungswertes ist es sinnvoll, eine möglichst große Zahl Beobachtungen in die Mittelwertberechnung einfließen zu lassen. Mit steigender Anzahl sinkt die Varianz und die Genauigkeit des Prognosewertes steigt.

In aller Regel werden jedoch aktuelle Beobachtungen einen höheren Aussagewert für die Prognose besitzen als weit zurückliegende Werte. Hier zeichnet sich besonders die exponentielle Glättung durch eine hohe Adaptivität aus, so daß gute Prognoseergebnisse auch in Situationen erzielt werden können, in denen trendähnliche Tendenzen oder sogar Strukturbrüche vorliegen. Aufgrund der einfachen Modellimplementierung, der unkomplizierten Anwendung und der häufig guten Ergebnisse hat sich das Verfahren der exponentiellen Glättung zu einem beliebten Praxisverfahren entwickelt (vgl. Schröder 1973, S. 32 ff.; Steffenhagen 1977, S. 94 ff.; Hansmann 1983, S. 43 ff.; Tull, Hawkins 1987, S. 590 f.)

Neben den hier dargestellten klassischen Glättungsmodellen sind neuere Methoden der Kurzfristprognose getreten. Zu diesen, in den letzten Jahren verstärkt diskutierten Verfahren, gehören die **Filtermodelle** und der **Box-Jenkins-Ansatz**.

Filter haben die Aufgabe, Erwünschtes von Unerwünschtem zu trennen. So werden etwa mit Hilfe gleitender Durchschnitte die Zufallsschwankungen geglättet oder „gefiltert“. Gewogene gleitende Durchschnitte verlieren ihre glättende Wirkung, wenn die Gewichte sowohl positive als auch negative Vorzeichen haben. Bei unterschiedlichen Vorzeichen werden die Beobachtungswerte nicht mehr ausgeglichen, sondern die vorliegenden Kontraste verstärkt. Das Verfahren des Glättens und der Kontrastverstärkung wird als Filterung und die Gewichte $w_1, ..., w_n$ als Filter bezeichnet (vgl. Mertens 1981, S. 265 ff.).

Im Gegensatz zu dem gewogenen und exponentiellen Glätten werden bei der speziellen **Methode der adaptiven Filter** die Filterkoeffizienten durch Minimierung der mittleren quadratischen Abweichung nachträglich bestimmt (vgl. Makridakis, Wheelwright 1978b, S. 276 ff.; Hansmann 1983, S. 98 ff.).

Der **Box-Jenkins-Ansatz** analysiert ähnlich der Spektralanalyse die Komponenten einer Zeitreihe. Aufbauend auf den Autokorrelationen einer Datenreihe wird in einem komplizierten Stufenmodell eine Prognose abgeleitet (vgl. Box, Jenkins 1970; Brockhoff 1977, S. 104 ff.; Makridakis, Wheelwright 1978b, S. 328; Hansmann 1983, S. 65 ff.).

Die Verfahren des adaptiven Filters und das Box-Jenkins-Modell haben in der Praxis nur eine begrenzte Resonanz gefunden, da der mit diesen Methoden verbundene Aufwand wesentlich höher ist als bei vergleichsweise einfachen Methoden wie z. B. der exponentiellen Glättung.

4.32 Langfristige Absatzprognosen

Im Unterschied zu den Kurzfristprognosen, die nur einen Prognosewert für die jeweils folgende Periode ermitteln, ist es das Ziel langfristiger Vorhersagen, eine zeitliche Abfolge unterschiedlicher Prognosewerte zu berechnen. Zu diesen Modelltypen zählen primär **Trend- und Indikatorprognosen**. Sie ermitteln aus historischem Datenmaterial Gesetzmäßigkeiten über die Entwicklung der Prognosegröße.

4.321 Trendmodelle

Der Grundgedanke aller Trendverfahren ist die Verknüpfung der Beobachtungswerte mit der Zeit. Zwar unterliegt die Entwicklung einer Zeitreihe der Wirkung einer Vielzahl von Ursachen (z. B. Instrumenteeinsatz, Käuferverhalten), jedoch wird bewußt auf die Analyse der einzelnen Komponenten verzichtet. Sie werden als ein **Ursachenkomplex** aufgefaßt, bei dem die in der Vergangenheit festgestellte Wirkung (Gesetzmäßigkeit) auch für die Zukunft unterstellt wird. Die Wirkung dieses Ursachenkomplexes soll als Trend erkannt und prognostiziert werden (Trendextrapolation).

Dies kann einmal auf graphischem Wege erfolgen. Trägt man in einem Diagramm, dessen Abszisse die Zeit und die Ordinate den Absatz repräsentiert, einander zugeordnete Werte ein, kann versucht werden, durch die so entstehende Punktwolke der Beobachtungswerte zeichnerisch eine Trendkurve zu legen. Sie muß der Bedingung genügen, daß die Abweichungen oberhalb und unterhalb der Trendlinie gleich groß sind. Freilich unterliegt diese Methode der subjektiven Willkür und ist recht ungenau.

Zur Ermittlung der Parameter einer Funktion sind deshalb **analytische Verfahren** vorzuziehen. Gewöhnlich bedient man sich der Methode der „kleinsten Quadrate" oder der „Maximum-Likelihood"-Methode (Menges 1972, S. 298 ff.). Da bei beiden Verfahren der Funktionstyp vorher bestimmt sein muß, wird zunächst auf graphischem Wege der Funktionstyp bestimmt (linear, nicht-linear) und anschließend mit Hilfe analytischer Methoden die Parameter geschätzt.

Die Wahl des Funktionstyps bei der Ermittlung der Trendfunktion ist von besonderer Bedeutung. Unterschieden werden lineare, exponentielle und logistische Trends (vgl. Abbildung 123).

Die Gleichung des **linearen Trends (I)** lautet:

$$y_t = a + b \cdot t + u_t$$

Dieser Trendtyp findet am häufigsten Verwendung, da er rechnerisch einfach zu handhaben ist und eine leichte Bestimmung des Prognosewertes durch eine einfache Verlängerung der Trendgeraden erlaubt. Darüber hinaus lassen sich oft nicht-lineare Trends in lineare Teilgrößen zerlegen oder im ganzen linearisieren. Der lineare Trend ist durch gleichbleibende absolute Zuwächse oder Abnahmen pro Zeiteinheit gekennzeichnet. Im Falle einer Absatzfunktion schließt ein linear ansteigender Trend eine Marktsättigung aus.

Für den **exponentiellen Trend (II)** ergibt sich die folgende Gleichung:

$$y_t = a \cdot b^t + u_t$$

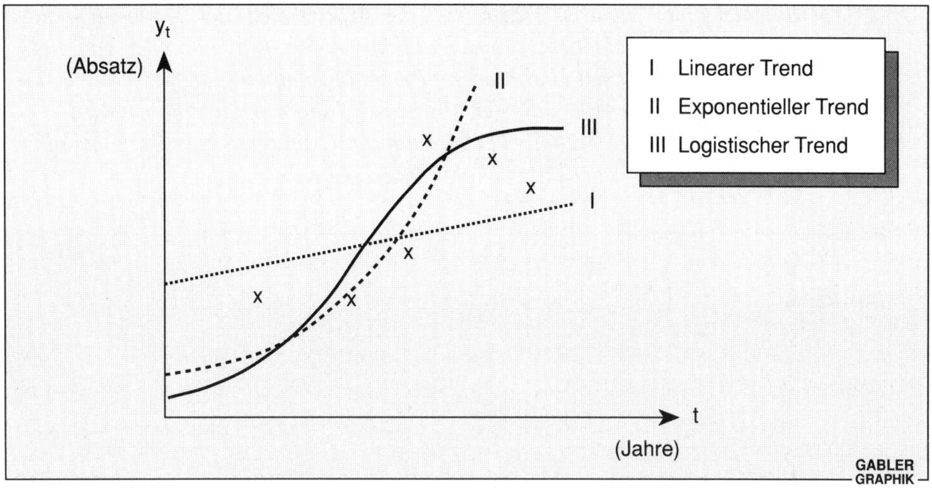

Abbildung 123: Grundformen von Trendfunktionen

Die Zuwachsrate pro Zeiteinheit der zu prognostizierenden Variablen ist konstant. Das exponentielle Modell ist besonders dann geeignet, wenn Bestands- oder Absatzentwicklungen in zunehmend steigender Weise erfolgen (z. B. zu Beginn des Lebenszyklus eines Produktes). Diese exponentielle Trendfunktion läßt sich durch Logarithmieren linearisieren, so daß die Standardmethoden der Parameterschätzung angewendet werden können (Linearisierung durch $\log \hat{y}_t = \log a + t \cdot \log b$) (vgl. Rogge 1972, S. 46; Lilien, Kotler 1983, S. 77 f.; Schlittgen, Streitberg, 1987, S. 13 ff.).

Die Gleichung für den **logistischen Trend (III)** lautet:

$$y_t = \frac{s}{1 + e^{a - bt}} + u_t$$

y_t	= abhängige Variable (Prognosegröße Absatz)
t	= Perioden (t=1, …, T)
a, b	= Strukturparameter
s	= Sättigungsgrenze für y
e	= Basis der natürlichen Logarithmen
u_t	= Störglied, zufälliges Restglied

Der logistische Trend berücksichtigt für die Prognosegröße y_t ein Marktsättigungsniveau s, das vom Modellbenutzer vorgegeben werden muß. Die logistische Kurve zeigt die Entwicklung des Marktpotentials vom Zeitpunkt der Markteinführung bis zur Sättigung. Die Funktion verläuft zunächst bis zu ihrem Wendepunkt progressiv steigend, um dann in eine degressive Entwicklung überzugehen. Sie eignet sich besonders für die Prognose der Bestandsentwicklung langlebiger Produkte (Haushaltsgeräte, Autos, Computer).

*Am **Beispiel** eines linearen Trends soll die Arbeitsweise der Trendextrapolationsverfahren in 5 Schritten veranschaulicht werden. Ein Hersteller von elektronischen Geräten ist seit 11 Jahren mit Personal Computern auf dem Markt. Zu prognostizieren ist die Höhe, die der Absatz in 3 Jahren erreicht haben wird.*

(1) Zunächst wird ein Streudiagramm aufgestellt, um erste Anhaltspunkte über den Trendverlauf zu erhalten (Abbildung 124):

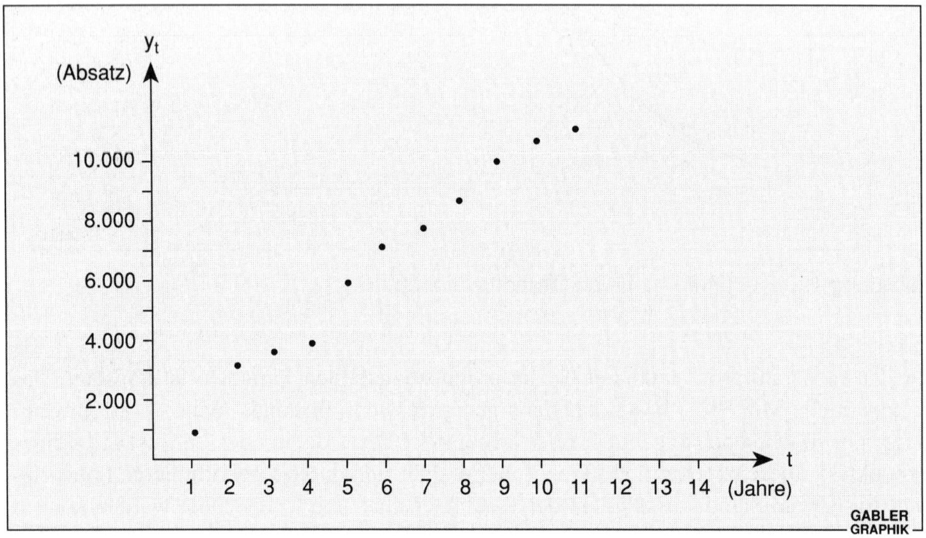

Abbildung 124: Streudiagramm zur Trendberechnung

(2) Der optische Eindruck läßt vermuten, daß es sich um eine lineare Trendfunktion der Form $y_t = a + b_t + u_t$ handelt. Gemäß der Methode der kleinsten Quadrate ist diese derart zu bestimmen, daß die Summe der quadrierten Abweichungen der tatsächlichen Absatzwerte y_t von den durch die Trendfunktion gelieferten Schätzwerten $\hat{y}_t$ minimiert wird:

$$\sum_t (y_t - \hat{y}_t)^2 = \sum_t (y_t - a - bt)^2 \rightarrow min!$$

Durch partielle Differentiation der Summe nach a und b und Auflösung der Normalgleichungen erhält man:

$$a = \frac{\sum t^2 \sum y_t - \sum t \sum y_t t}{n \sum t^2 - (\sum t)^2}, \quad b = \frac{n \sum t y_t - \sum t \sum y_t}{n \sum t^2 - (\sum t)^2}$$

(3) Zur Berechnung der Summen wird eine Arbeitstabelle angelegt (Abbildung 125).

Als Trendfunktion ergibt sich:

$\hat{y}_t = 572{,}55 + 997{,}45 \cdot t$

Jahre	t	Zahl der abgesetzten Taschenrechner y_t	$t \cdot y_t$	t^2	y_t^2
	1	950	950	1	902.500
1982	2	3.120	6.240	4	9.734.400
1983	3	3.570	10.710	9	12.744.900
1984	4	3.910	15.640	16	15.288.100
1985	5	5.880	29.400	25	34.574.400
1986	6	7.100	42.600	36	50.410.000
1987	7	7.800	54.600	49	60.840.000
1988	8	8.400	67.200	64	70.560.000
1989	9	9.820	88.380	81	96.432.400
1990	10	10.600	106.000	100	112.360.000
1991	11	10.980	120.780	121	120.560.400
Summe	66	72.130	542.500	506	584.407.100

GABLER GRAPHIK

Abbildung 125: Arbeitstabelle zur Trendberechnung

(4) *Als Maß für die Stärke des Zusammenhanges zwischen abhängiger und unabhängiger Variablen (y_t und t) läßt sich der Korrelationskoeffizient berechnen. Er ist nach Bravais/Pearson wie folgt definiert:*

$$r_{yt} = \frac{n \sum t\, y_t - \sum t \sum y_t}{\sqrt{n \sum t^2 - (\sum t)^2} \cdot \sqrt{n \sum y_t^2 - (\sum y_t)^2}}$$

Für das Beispiel berechnet sich der Wert aus:

$$r_{yt} = \frac{11 \cdot 542.500 - 66 \cdot 72.130}{\sqrt{11 \cdot 506 - 66^2} \cdot \sqrt{11 \cdot 584.407.100 - 72.130^2}} = 0{,}99$$

Der hohe Korrelationskoeffizient weist darauf hin, daß bei gleichbleibenden Bedingungen eine Prognose mit der Variablen Zeit als sehr zuverlässig bezeichnet werden kann.

Die Berechnung des Bestimmtheitsmaßes r^2 erlaubt schließlich eine Aussage über die Stärke des Einflusses der unabhängigen Variablen Zeit auf die abhängige Variable Absatz. In diesem Fall (r^2=0,982) stammen 98,2 % der Einflüsse auf den Absatz von der erklärenden Variablen Zeit und 1,8 % von anderen Faktoren.

(5) *Aufgrund des strammen Zusammenhanges kann die Trendfunktion zur Prognose herangezogen werden. Für t = 14 ergibt sich ein Schätzwert von:*

$$\hat{y}_{14} = 572{,}55 + 997{,}45 \cdot 14 = 14.536{,}85$$

Im Jahre 1994 kann somit ein Absatz von ca. 14.537 Personal Computern erwartet werden.

Die Bedeutung der Wahl des richtigen Funktionsmodells und der relevanten Zahlenreihe zeigen die Abbildungen 126 und 127. Bei Verwendung unterschiedlicher Funktionstypen ergeben sich erheblich voneinander abweichende Prognosewerte:

Kurventyp	Perioden	Bestimmtheitsmaß	Prognostizierter Verkauf von Personal Computern in Periode 14
$y_t = a + b \cdot t$	6 – 11	0,984	13.866
$y_t = a + b \cdot t$	1 – 11	0,982	14.537
$y_t = a + b \cdot \ln t$	1 – 11	0,922	11.065
$y_t = a \cdot b^t$	1 – 11	0,825	27.012
$y_t = \frac{s}{1 + e^{a-bt}}$	1 – 11	0,923	14.091

GABLER GRAPHIK

Abbildung 126: Beispiele für verschiedene Funktionsverläufe

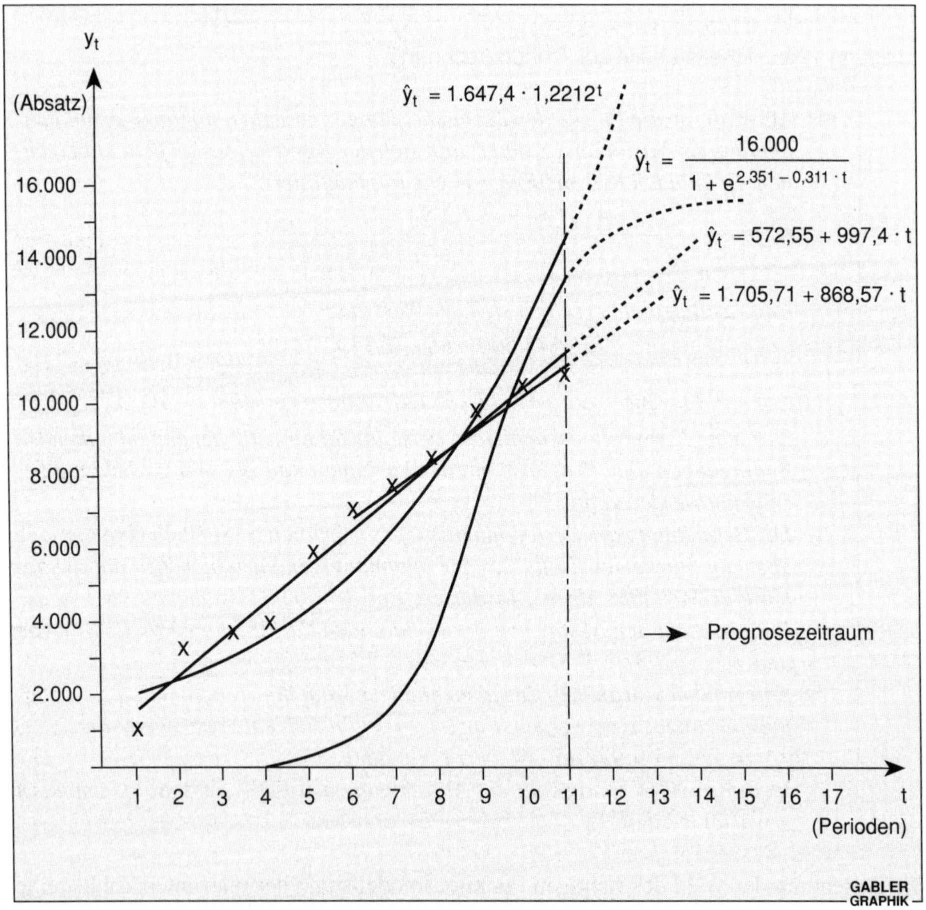

Abbildung 127: Beispiele für Trendextrapolationen

Probleme bei der Bestimmung des Funktionstyps und die unbefriedigende „Erklärungs"-größe Zeit als unabhängige Variable führen dazu, daß häufig Indikatorprognosen anstelle von Trendextrapolationen durchgeführt werden.

4.322 Indikatormodelle

Als Indikatormodelle werden Entwicklungsprognosen bezeichnet, bei denen die Vorhersage aus einem statistisch gesicherten Zusammenhang zwischen der Prognosegröße und einer oder mehreren beeinflussenden Variablen (Indikatoren) abgeleitet wird. **Indikatoren** sind Variablen, auf die die Unternehmung nur einen geringfügigen Einfluß hat, von denen die Entwicklung des Absatzes jedoch wesentlich bestimmt wird.

Zur Anwendung von Indikatorprognosen sind zwei Voraussetzungen notwendig:

1. Eine hohe Korrelation zwischen der Entwicklung der Indikatoren und der zu prognostizierenden Variablen

2. Eine leichte und sichere Vorausschätzung der Indikatoren.

Unter diesen Bedingungen hat die Indikatorprognose gegenüber der Trendextrapolation den großen Vorteil, daß die bisherige Entwicklungsrichtung nicht beibehalten werden muß (vgl. Hansmann 1983, S. 104 ff.).

> *Ein einfaches Beispiel mag den Unterschied zwischen der Trendextrapolation und einer Indikatorprognose illustrieren. Es wird unterstellt, daß ein Indikator für den Unternehmensabsatz bekannt ist, der eine hohe Korrelation aufweist und dem Absatz 5 Perioden vorausläuft (vgl. Abbildung 128). Eine reine Trendextrapolation würde zu falschen Ergebnissen führen, da der Strukturbruch, den der Indikator anzeigt, nicht antizipiert wird. Eine auf dem Trendmodell basierende Planung würde erhebliche negative Folgen für die Unternehmung implizieren.*

Indikatoren haben unterschiedliche sachliche Beziehungen zu Prognosevariablen. Neben makroökonomischen Variablen sind institutionelle oder technische sowie soziodemographische oder sozioökonomische Größen als Indikatoren denkbar.

Als **makroökonomische Indikatoren** gelten beispielsweise das Bruttosozialprodukt bzw. das Volkseinkommen, das Geschäftsklima, der Index der industriellen Nettoproduktion oder das disponible persönliche Einkommen. Diese hochaggregierten gesamtwirtschaftlichen Kennzahlen haben sich in der Praxis vielfach bewährt.

Indikatoren auf der Basis **institutioneller oder technischer Relationen** haben zumeist einen direkten Bezug zur Prognosegröße. So kann etwa der Absatz eines Komplemen-

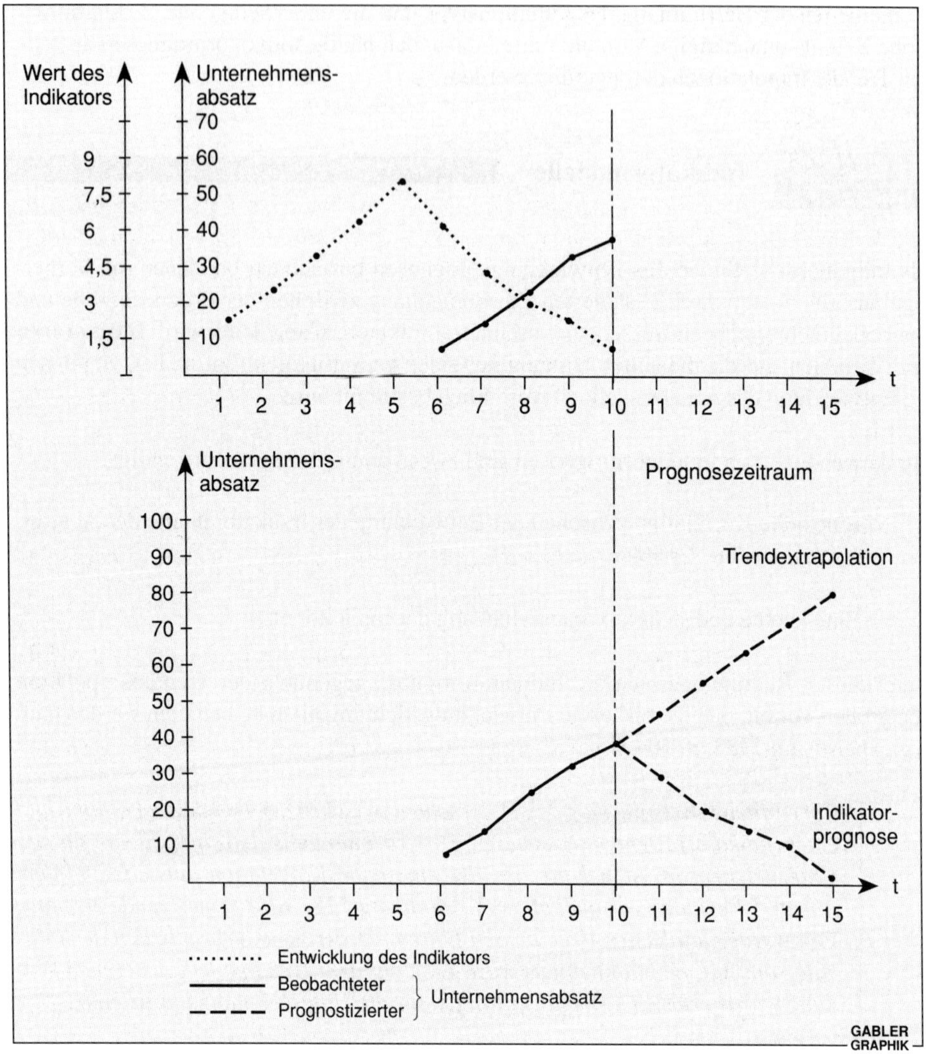

Abbildung 128: Vergleich der Wirkungsweise von Trendextrapolationen und Indikatorprognosen an einem Beispiel

tärgutes ein Indikator für die Absatzentwicklung des entsprechenden Produktes sein. Voraussetzung ist dabei, daß entweder der Absatz des Komplementärgutes mit einem größeren „lead" der Prognosevariable vorauseilt oder zuverlässiger prognostiziert werden kann.

Beispiele für Indikatoren und abhängige Variablen:

Bestand von Kfz	⟶	Verkauf von Ersatzteilbedarf
Zahl der Baugenehmigungen	⟶	Bau- und Einrichtungsnachfrage
Verkauf von Videorecordern	⟶	Bedarf an Videokassetten

Besonders für langfristige Entwicklungsprognosen des Markt- und Absatzvolumens eignen sich **sozio-demographische** und **sozio-ökonomische Indikatoren**. Dazu zählen etwa die Bevölkerungsentwicklung, der Altersaufbau, die Haushaltsstruktur oder die Konsumentenstimmung.

Über die Verfahren der Indikatorprognosen soll an dieser Stelle nur ein kurzer Überblick gegeben werden (vgl. im Detail: Gerfin 1964, S. 40 ff.; Meffert, Steffenhagen 1977, S. 78 ff.; Makridakis, Reschke, Wheelwright 1980, S. 129 ff.). Gemeinsam ist den Verfahren, daß sie auf regressionsanalytische bzw. ökonometrische Ansätze zurückgehen.

1. **Zeitreihenverfahren**
Das Zeitreihenverfahren beruht auf der linearen Einfachregression. Die zugrundeliegende Funktion lautet:
$y_t = a + b \cdot x_{t-n} + u_t$
x_{t-n} stellt den Indikator mit dem „lead" von n Perioden dar. Im Beispiel der Abbildung 128 ergibt die Prognose für t = 11 bei einem Lead von 5:
$\hat{y}_{11} = a + b \cdot x_{11-5}$ wobei $x_{11-5} = x_6 = 6{,}0$
Die Parameter a und b können mit dem bekannten Verfahren der kleinsten Abweichungsquadrate geschätzt werden.
Ein spezifisches Problem des Zeitreihenverfahrens ist, daß die Vorlaufzeit des Indikators gegenüber der zu prognostizierenden Zeitreihe nicht konstant ist. Daraus resultieren bei der Prognose häufig systematische Fehler.

2. **Stufenweise Regression**
Bei der stufenweisen Regression wird die zu prognostizierende Größe y nicht durch einen alleinigen Indikator, sondern durch mehrere, miteinander kausal verknüpfte Indikatoren erklärt. Zur Prognose von Möbelbezugsstoffen ist beispielsweise folgende Beziehung denkbar:

$\hat{x}_3 = f_4(x_4)$	Zahl der Neubauten	=	f_4 (Baugenehmigungen)
$\hat{x}_2 = f_3(\hat{x}_3)$	Möbelnachfrage	=	f_3 (Zahl der Neubauten)
$\hat{x}_1 = f_2(\hat{x}_2)$	Möbelproduktion	=	f_2 (Möbelnachfrage)
$\hat{y} = f_1(\hat{x}_1)$	Bedarf für Bezugsstoffe	=	f_1 (Möbelproduktion)

3. **Komponentenmodell**
Geht die Gesamtnachfrage nach einem Produkt von verschiedenen heterogenen Käuferschichten aus, so empfiehlt es sich, den Gesamtbedarf in einzelne homogene Komponenten zu zerlegen.

Durch Prognosen in diesen Segmenten und die anschließende Summierung der Einzelergebnisse $\hat{y}_m$ erhält man eine höhere Prognosegenauigkeit (Komponentenmodell):

$$\hat{y}_m = f_m(x_m) \qquad \hat{y} = \sum_{m=1}^{M} \hat{y}_m$$

Soll beispielsweise eine Absatzprognose von Walzstahl erstellt werden, so ist eine Aufteilung der Gesamtnachfrage in folgende Komponenten denkbar:

y_1 = Verbrauch von Walzstahl in der Nahrungsmittelindustrie
y_2 = Verbrauch von Walzstahl in der Maschinenindustrie
y_3 = Verbrauch von Walzstahl in der Bauwirtschaft
y_4 = Verbrauch von Walzstahl in der Automobilindustrie
y_5 = Verbrauch von Walzstahl in den übrigen Industriezweigen

Die Gesamtprognose ergibt sich aus:

$$\hat{y} = \sum_{m=1}^{5} \hat{y}_m$$

Der Vorteil dieses Verfahrens liegt in der expliziten Berücksichtigung von Nachfrageänderungen in einzelnen Bereichen. Demgegenüber steigt der Informationsbedarf erheblich an.

4. **Multiple Regression**

Mit Hilfe der multiplen Regression läßt sich der Einfluß mehrerer Indikatoren auf die abhängige Variable gleichzeitig erfassen:

$\hat{y} = f(x_1, x_2, x_3, \ldots, x_n)$

Beispiel:

Es sollte eine langfristige Prognose für das Absatzvolumen einer Landmaschine in der Bundesrepublik erstellt werden. Als Indikatoren wurden anfangs u. a. ausgewählt (Heckmann, Schemmel 1971, S. 42 ff.):

I_1 = *Anzahl der landwirtschaftlichen Betriebe ab 15 ha Nutzfläche*
I_2 = *Anzahl der landwirtschaftlichen Vollarbeitskräfte*
I_3 = *Jährliche Verkaufserlöse der Landwirtschaft mit einem time-lag von einem Jahr*
I_4 = *Zahl der Zulassungen landwirtschaftlicher Schlepper als Zeittrend für die Mechanisierung*
I_5 = *Jährliche Stromerzeugung*

Von den als Indikatoren vermuteten Variablen reichten schließlich drei aus (I_1, I_2, I_5), um die Zeitreihe der Prognosevariablen ausreichend gut zu reproduzieren. Die Regressionsfunktion lautet:

$\hat{y} = 4643{,}80 + 6{,}81\, I_1 - 1{,}22\, I_2 + 1{,}78\, I_5$

d. h. je größer die Anzahl der Betriebe ist, je mehr Strom erzeugt wird und je weniger landwirtschaftliche Arbeitskräfte beschäftigt werden, umso größer ist das Absatzvolumen der Landmaschine.

Die Wahl eines bestimmten regressionsanalytischen Modells kann nicht allgemeingültig empfohlen werden. Letztlich muß in der konkreten Entscheidungssituation anhand von sachlogischen Überlegungen und der statistischen Güte der Modellanpassung an das vorliegende Datenmaterial entschieden werden, ob eine Einfachregression, eine stufenweise Regression, ein Komponentenmodell oder eine multiple Regression gewählt wird.

Unter der Voraussetzung, daß sinnvolle, gut prognostizierbare **Einflußvariablen** vorliegen, ist die Indikatorprognose den Trendextrapolationen vorzuziehen. Bei den Indikatormodellen entfallen die Probleme, Funktionsverläufe oder Sättigungsgrenzen subjektiv schätzen zu müssen. Darüber hinaus ist die Benutzerfreundlichkeit höher, da dem Modellbenutzer die Möglichkeit eröffnet wird, einen intersubjektiv nachvollziehbaren sachlogischen Zusammenhang zwischen Prognosegröße und Indikatoren aufzustellen.

4.33 Wirkungsbedingte Absatzprognosen

Wirkungsbedingte Absatzprognosen beruhen auf **Marktreaktionsfunktionen**. Sie zeigen den Verlauf ökonomischer und psychographischer Zielvariablen (z. B. Umsatz, Absatz, Bekanntheitsgrad, Einstellungen) in Abhängigkeit von den jeweils veränderten Aktionsparametern bzw. Aktivitätsniveaus der Marketinginstrumente (z. B. bestimmte Ausprägungen der Produktqualität, des Preises, des Kundendienstes, der Werbung) (Meffert, Steffenhagen 1977; Steffenhagen 1978). Die evaluativ-prognostische Verwendung von Marktreaktionsfunktionen ermöglicht es, bei unterschiedlichen Reaktionsannahmen des Konkurrenzverhaltens die Wirkungen einzelner oder mehrerer Marketinginstrumente auf ihre voraussichtliche Absatzwirkung vorherzusagen. Damit wird eine wesentliche Voraussetzung geschaffen, ein optimales Marketingmix zu planen (Schmidt, Topritzhofer 1978, S. 228 f.; Lilien, Kotler 1983, S. 66 ff.; Lilien 1986, S. 9 ff.; Hanssens et al. 1990).

4.331 Grundstrukturen wirkungsbedingter Absatzprognosen

Wirkungsprognosen, die zur Erklärung von Änderungen des Absatzvolumens nur ein einziges Marketinginstrument als veränderliche Größe berücksichtigen, werden als **monoinstrumentale** Modelle bezeichnet. Die monoinstrumentale Marktreaktionsfunktion läßt sich darstellen als:

$$y_t = f(x_{1t}, \bar{x}_{it}, S_t) + u_t$$

d. h. der Unternehmensabsatz y im Zeitpunkt t hängt ab von der Veränderung des Aktivitätsniveaus des Marketinginstrumentes x_1 bei gleichzeitiger Konstanthaltung der übrigen Instrumente x_i und unter Zugrundelegung der Umweltsituation S. Da S_t normalerweise bezüglich t als konstant betrachtet wird, soll diese Einflußgröße unberücksichtigt bleiben. Desweiteren wird die Störgröße u_t aus Übersichtlichkeitsgründen nicht mehr explizit in die folgenden Reaktionsfunktionen aufgenommen.

Zu den klassischen monoinstrumentalen **Marktreaktionsmodellen** gehören die Werbewirkungsfunktionen sowie die aus der Mikroökonomie stammenden **Preis-Absatz-Funktionen**. Darüber hinaus hat man versucht, auch für die Gesamtheit der Marketinginstrumente eine einzige Größe zu finden. Zu diesem Zweck werden die Einzelaktivitäten (i = 1, … n) der Instrumente x_{it} in Geldeinheiten gemessen und zu der Gesamtgröße des Marketingbudgets X_t addiert:

$$X_t = \sum_{i=1}^{n} x_{it} \qquad (i = 1, \ldots, n)$$

Das Absatzvolumen ist damit eine Funktion der Summe aller instrumentespezifischen Budgets (Meffert, Steffenhagen 1977, S. 163):

$$y_t = f(X_t)$$

Ähnlich wie bei den Trend- und Indikatormodellen ergibt sich bei den Wirkungsprognosen das Problem der relevanten Form der Marktreaktionsfunktion. Zu den beiden Grundformen zählen die konkave und die S-förmige Budget-Absatz-Funktion (Meffert, Steffenhagen 1977, S. 164):

(a) Bei der **konkaven Budget-Absatz-Funktion** wird unterstellt, daß die erste DM des Marketingbudgets in der effizientesten Weise ausgegeben wird und daß die folgenden Ausgaben eine sukzessiv geringere Wirkung auf das Absatzvolumen haben (Abbildung 129).

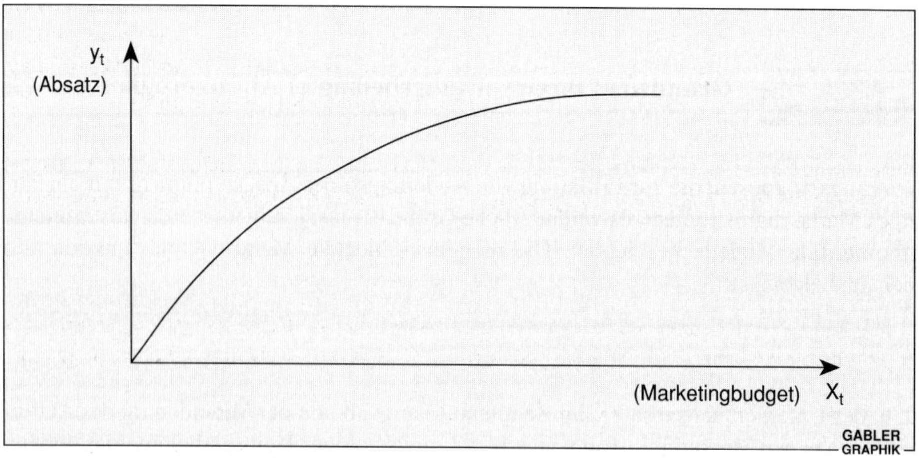

Abbildung 129: Konkave Marktreaktionsfunktion

(b) Die **S-förmige Budget-Absatz-Funktion** unterstellt erst einen progressiven, dann nach dem Wendepunkt einen degressiven Verlauf der Marktreaktionsfunktion. Die Degression wird u. a.auf einen wachsenden Marktwiderstand (Sättigungstendenzen) zurückgeführt (Abbildung 130).

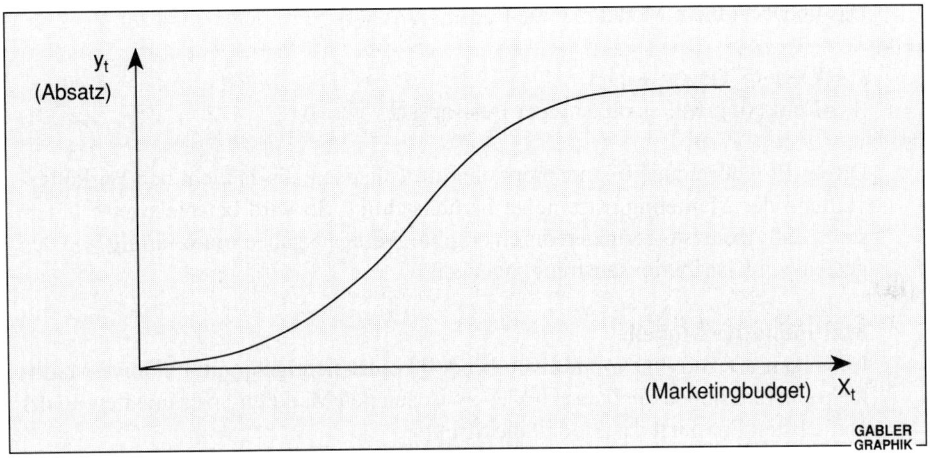

Abbildung 130: S-förmige Marktreaktionsfunktion

Welche von den beiden Marktreaktionskurven zur Wirkungsprognose sinnvoller ist, kann nicht allgemeingültig beantwortet, sondern muß im Einzelfall unter Berücksichtigung der jeweiligen Umweltsituation entschieden werden.

Der Nachteil der gesamtbudgetabhängigen Marktreaktionsfunktion leuchtet unmittelbar ein. Sie erlaubt es nicht, die Wirkungen einzelner Marketinginstrumente abzuschätzen. Darüber hinaus ist insbesondere die Annahme der vollständigen Substitution kritisch zu beurteilen. So ist es höchst unwahrscheinlich, daß sich ein bestimmtes Marketingbudget X_t identisch auf den Absatz auswirkt, unabhängig davon, ob es sich z. B. zu 80 % aus Werbe- und zu 20 % aus Distributionsausgaben zusammensetzt oder umgekehrt.

Diese Probleme lassen sich durch die explizite Berücksichtigung jedes einzelnen Instrumentes vermeiden. Man spricht in diesem Fall von einer **polyinstrumentalen** Modellierung:

$$y_t = f(x_{1t}, x_{2t}, \dots x_{nt})$$

d. h. der Unternehmensabsatz ist eine Funktion des Aktivitätsniveaus der einzelnen Marketinginstrumente x_i wie z. B. Produktqualität (q), Preis (p), Kommunikation (w) oder Distribution (d).

Bevor die Parameter der Funktion geschätzt werden können, muß der Manager angeben, in welcher Form wechselseitige Wirkungen zwischen den Instrumenten vorliegen. Diese

Beziehungen haben Auswirkungen auf die funktionale Verknüpfung der Instrumente im Modell. Es werden drei Möglichkeiten des Modellaufbaus unterschieden (Schmidt, Topritzhofer 1978, S. 195 ff.).

1. **Linear-additive Modelle**

   Das linear-additive Modell hat die Form:

   $$y_t = k + a \cdot p_t + b \cdot w_t + c \cdot d_t$$

   (k = Marketing-Mix unabhängiger Basisabsatz)

   Dieses Prognosemodell ist insofern eher unrealistisch, als es nicht den Wirkungsverbund der Marketinginstrumente berücksichtigt. So wird beispielsweise unterstellt, daß Absatzsteigerungen durch erhöhte Werbeausgaben **unabhängig** von den geleisteten Distributionsanstrengungen sind.

2. **Multiplikative Modelle**

   Im Gegensatz zum linear-additiven Modell berücksichtigen multiplikative Marktreaktionsfunktionen die Interaktionen zwischen den Marketinginstrumenten. In der einfachsten Form hat das Modell die Struktur:

   $$y_t = a \cdot p_t \cdot b \cdot w_t \cdot c \cdot d_t$$

   Die partielle, marginale Absatzwirkung jedes Instrumentes hängt von der Intensität der übrigen Instrumente ab. Diesen Sachverhalt zeigt beispielsweise die werbebedingte marginale Absatzmenge (1. Ableitung von y_t nach w_t):

   $$\frac{\partial y_t}{\partial w_t} = a \cdot p_t \cdot b \cdot c \cdot d_t$$

   Der **nicht-lineare Ansatz** des multiplikativen Modells hat den Vorteil, daß sich die Parameter a, b, c als Nachfrageelastizitäten interpretieren lassen (Meffert, Steffenhagen 1977, S. 167):

   $$y_t = k \cdot p_t^{a} \cdot w_t^{b} \cdot d_t^{c}$$

   Diese Funktion läßt sich auch als transformierte lineare Funktion beschreiben:

   $$\ln y_t = \ln k + a \cdot \ln p_t + b \cdot \ln w_t + c \cdot \ln d_t$$

Die Problematik der multiplikativen Modelle liegt darin, daß jedes Instrument eine Ausprägung größer als 0 haben muß. Andernfalls nimmt der gesamte Ausdruck den Wert 0 an. Wird beispielsweise die Werbung einmal ganz ausgesetzt, würde der Absatz sofort auf Null sinken. Diesen modellimmanenten Nachteil überwinden gemischt-verknüpfte Modelle.

3. **Gemischt-verknüpfte Modelle**
Gemischt-verknüpfte Marktreaktionsmodelle enthalten neben linearen auch multiplikative Elemente. Es wird davon ausgegangen, daß nur ein Teil der Instrumente in einem wechselseitigen Wirkungsverbund steht:

$$y_t = k + a \cdot p_t + b \cdot w_t + c \cdot d_t + f(w_t \cdot d_t) + g(p_t \cdot d_t)$$

Die Interaktionsfunktionen $f(w_t \cdot d_t)$ und $g(p_t \cdot d_t)$ berücksichtigen den Wirkungsverbund zwischen Werbung und Distribution sowie zwischen Preis und Distribution. In seiner Konzeption kommt die gemischt-verknüpfte Marktreaktionsfunktion der Realität am nächsten. Jedoch ist es bislang nicht gelungen, Kriterien oder Verfahren aufzustellen, die die linear und multiplikativ verknüpften Variablengruppen identifizieren. Eine grob heuristische Vorgehensweise wird von Balachandran und Gensch vorgeschlagen (Balachandran, Gensch 1974, S. 160 ff.).

Generell wird bei diesen statischen Betrachtungen vernachlässigt, daß Instrumente nicht nur zu dem Zeitpunkt ihres Einsatzes wirken, sondern auch darüber hinaus (sog. Carry-over-Effekt). Zudem bleiben bislang die Auswirkungen von Konkurrenzaktivitäten unberücksichtigt. Diese Effekte lassen sich in komplexeren Modellstrukturen abbilden.

4.332 Einbeziehung der Wirkungsdynamik von Instrumenten und Konkurrenzaktivitäten

Die Wirkungsdynamik von Marketinginstrumenten wird als **Carry-over-Effekt** bezeichnet. Unter dem Begriff des Carry-over-Effektes versteht man einerseits die zeitliche Verzögerung zwischen Instrumenteeinsatz und seiner Wirkung („delayed response effect") sowie andererseits die Nachwirkungen bzw. zeitlichen Ausstrahlungseffekte des Instrumenteeinsatzes („customer holdover effect") (Steffenhagen 1978, S. 18 f.; Lilien, Kotler 1983, S. 80 ff.; Langkamp 1984, S. 14 ff.; Simon 1985, S. 45 ff.).

In Marktreaktionsmodellen lassen sich diese Carry-over-Effekte durch **Lag-Variablen** darstellen. Dazu wird ein variierender Zeitindex gewählt. Am Beispiel eines Instrumentes (Werbung) soll die Modellierung dieses Effektes veranschaulicht werden:

Den Ausgangspunkt bildet die Werbewirkungsfunktion:

$$y_t = f(w_t, w_{t-1}, w_{t-2}, \ldots, w_{t-n})$$

d. h. der Absatz y hängt nicht nur von den aktuellen Werbeaktivitäten w in t ab, sondern auch von den Werbemaßnahmen der Vorperioden (t–1, …, t–n). Diese Struktur läßt sich auf alle Modelltypen der Marktreaktionsfunktionen anwenden. Ein monoinstrumentaler, linearer Ansatz gehorcht demzufolge folgender Funktion:

$$y_t = k + \sum_{i=0}^{n} a_i \, w_{t-i}$$

(Dabei bezeichnet k eine Konstante und a_i die Wirkungskonstante der zeitindizierten Werbung).

Generell ergeben sich bei dem dynamischen Ansatz eine Reihe von Problemen. Im Vordergrund stehen die Schwierigkeiten der regressionsanalytischen Schätzung der Parameter a_i, die Gefahr der Multikollinearität (Wechselwirkungen) zwischen den erklärenden Variablen sowie die Bestimmung der relevanten Perioden. Aus diesen Gründen wurden theoretische Verteilungen entwickelt, die der Modellierung zugrundegelegt werden (Meffert, Steffenhagen 1977, S. 169; Steffenhagen 1978, S. 230 ff.; Schmidt, Topritzhofer 1978, S. 217 ff.; Lewandowski 1980, S. 210 ff.).

Das bekannteste Modell dieser Art stammt von **Koyck** (Koyck 1954). Dieser Ansatz geht davon aus, daß die Struktur der Koeffizienten zeitlich verzögerter Instrumentevariablen einer geometrischen Folge entspricht, wie sie in ähnlicher Art bei der Methode des exponentiellen Glättens Anwendung findet. Nach Koyck lautet die Funktion

$$(1) \qquad y_t = k + a \sum_{i=0}^{\infty} \lambda_i \cdot w_{t-i} \qquad\qquad 0 < \lambda < 1$$

wobei λ als Verzögerungsrate bezeichnet werden kann und i der Index der zeitlichen Verzögerung ist. Die sogenannte Koyck-Transformation (Multiplikation von y_{t-1} mit λ und Subtraktion des Ergebnisses von (1)) erlaubt eine einfache regressionsanalytische Bestimmung der Parameter (vgl. Lilien, Kotler 1983, S. 83; Assemacher 1990, S. 170 f.):

$$(2) \qquad y_t = k' + a \cdot w_t + \lambda \cdot y_{t-1}$$

wobei

$$k' = (1 - \lambda) \cdot k$$

Der Carry-over-Effekt wird durch den Ausdruck $\lambda \cdot y_{t-1}$ erfaßt.

t	y_t (in 1000 Stück)	y_{t-1} (in 1000 Stück)	w_t (in Mio. DM)
1	20	–	1,8
2	30	20	2,5
3	35	30	3,0
4	40	35	3,4
5	50	40	5,1
6	60	50	6,3

GABLER GRAPHIK

Abbildung 131: Beispiel zum Koyck-Modell

Beispiel:
In der Abbildung 132 sind die Absatzwerte y_t eines Produktes und die Werbeausgaben w_t einer Unternehmung aufgeführt.
Nach der Methode der kleinsten Quadrate (Zweifachregression) berechnet sich folgende Prognosefunktion:
$y_t = 10{,}061 + 5{,}488 \cdot w + 0{,}305 \cdot y_{t-1}$
Bei einem geplanten Werbeetat in t = 7 von 7 Mio. DM wird ein geschätzter Absatz erzielt von:
$y_7 = 10{,}061 + 5{,}488 \cdot 7\ 0{,}305 \cdot 60 = 66{,}78$ *(1000 Stck.)*
Ein hoher Wert von λ bedeutet, daß der Absatz primär von den Produkterfahrungen (Markentreue) bestimmt wird. Ein geringer λ-Wert spricht für eine stärkere Abhängigkeit vom betrachteten Instrumenteeinsatz (hier: Werbung).
Das Koyck-Modell wurde empirisch zahlreich angewandt (vgl. Hilse 1970; Meffert, Steffenhagen 1977, S. 169 f.). So wurde beispielsweise für einen Markenartikel der Nahrungs- und Genußmittelbranche folgendes empirische Ergebnis ermittelt:
$\hat{y}_t = 10.059{,}75 + 1{,}995\ w_t - 9.823{,}976\ p_t + 0{,}883\ y_{t-1}$
Der Korrelationskoeffizient beträgt r = 0,9841. Der hohe Wert von λ ist ein Indiz dafür, daß für die Kaufentscheidung der Konsumenten in diesem Produktbereich insbesondere die Markentreue ausschlaggebend ist.

Beurteilt man abschließend den Koyck-Ansatz, so sind zwei Kritikpunkte anzuführen (Parsons, Schultz 1976):

1. Bei mehreren Marketinginstrumenten als unabhängige Variablen setzt die Koyck-Transformation voraus, daß alle demselben Gewichtungsschema folgen.

2. Die Wirkungskoeffizienten müssen nicht – wie hier unterstellt – monoton fallen. (Modifikationen, die dies berücksichtigen, sind jedoch vorhanden (vgl. Lewandowski 1980, S. 217 ff.)).

Angesichts der starken Oligopolisierung auf vielen Konsumgütermärkten (z. B. Zigaretten, Waschmittel, Haushaltsgeräte) bekommen die Konkurrenzaktionen und -reaktionen für die Absatzprognose ein immer stärkeres Gewicht (Lilien, Kotler 1983, S. 657 ff.). Das bedeutet, daß die **Konkurrenzaktivitäten** als nicht-kontrollierte Variable in die Marktreaktionsfunktion aufgenommen werden muß:

$$y_t = f(p_{it}, w_{it}, d_{it})$$

$i = 1, \ldots, n$ = Herstellerindex; (i=1 ist die betrachtete Unternehmung)

Aus Vereinfachungsgründen werden im folgenden die Lag-Variablen nicht berücksichtigt. Um die zu schätzende Parameterzahl gering zu halten, werden:

1. die Aktivitäten der n–1 Konkurrenten innerhalb gleichartiger Instrumente zusammengefaßt,
2. die aggregierten Aktivitäten in Beziehung zu den Aktivitätsniveaus der betrachteten Unternehmung i=1 gesetzt und
3. als Maßgröße der Marktreaktion der Marktanteil (als Beziehung zwischen Marktvolumen und Absatzvolumen der Unternehmung i) zugrundegelegt.

Der Marktanteil m_1 als relative Größe hat den Vorteil, daß Umwelteinflüsse, die alle Unternehmen gleichermaßen betreffen wie Saisoneffekte, Trends und Inflation unberücksichtigt bleiben können.

Unter Berücksichtigung des Konkurrenzverhaltens nimmt das multiplikative Modell die folgende Form an:

$$m_1 = \left(\frac{p_1}{\bar{p}}\right)^a \cdot \left(\frac{w_1}{\sum w_i}\right)^b \cdot \left(\frac{d_1}{\sum d_i}\right)^c$$

Die Koeffizienten a, b, c bezeichnen in diesem Modell die Marktanteilselastizitäten und $\bar{p}$ den Durchschnittspreis. Dabei ist kritisch anzumerken, daß für alle Unternehmen identische Elastizitäten unterstellt werden. Modellerweiterungen heben diese Prämisse auf (Meffert, Steffenhagen 1977, S. 172).

Beispiel:
In einer empirischen Untersuchung wurde die folgende Marktreaktionsfunktion für den Benzinmarkt ermittelt:

$$m_{1,t} = m_{1,t-1}^{0,775} \cdot \left(\frac{ss_{1,t}}{\sum_i ss_{i,t}} \right)^{0,032} \cdot \left(\frac{ds_{1,t}}{\sum_i ds_{i,t}} \right)^{0,157} \cdot \left(\frac{w_{1,t}}{\sum_i w_{i,t}} \right)^{0,022}$$

$ss_{i,t}$ = *Anzahl der Service-Stationen des Anbieters i in t*
$ds_{i,t}$ = *Anzahl anderer Distributionsstellen des Anbieters i in t*
$w_{i,t}$ = *Werbeaufwand des Anbieters i in t*
$m_{1,t-1}$ = *Lag-Variable*

Die geringe Elastizität des Marktanteils in Bezug auf die relativen Werbeausgaben zeigt der Wert c von 0,022.

Würdigt man zusammenfassend die wirkungsbedingten Absatzprognosen, so sind folgende Aussagen zu treffen:

1. Insgesamt bedienen sich die Modelle eines handhabbaren methodischen Instrumentariums (regressionsanalytische Untersuchungen).

2. Primär bei den Modellerweiterungen (Lag-Analyse, Konkurrenzaktivitäten) ergeben sich Probleme der Validierbarkeit. Es ist beispielsweise nicht nur die Marktreaktion auf den eigenen Instrumenteeinsatz, sondern auch auf den der Konkurrenz abzuschätzen. Die hierzu benötigten Informationen sind in aller Regel nur sehr schwer – möglicherweise überhaupt nicht – zu beschaffen.

3. Über den Bewährungsgrad liegen bisher nur wenige Informationen vor. Die meisten Studien werden zur Untersuchung neuer Schätzmethoden oder Modellstrukturen durchgeführt und nicht für prognostische Zwecke verwandt. Es fehlen somit noch ausreichende Erfahrungswerte aus der Praxis.

4.4 Qualitative Absatzprognosen

Neben den quantitativen Prognosen, die auf der Basis von Vergangenheitsdaten den Absatz der Zukunft vorausberechnen, haben in der Unternehmenspraxis die **qualitativen oder intuitiven Absatzprognose** eine sehr große Bedeutung gefunden (Hüttner 1988, S. 290 f.). Zur Absatzentwicklung können die Geschäftsführung und die Verkaufsorganisation sowie der Handel und die Endverbraucher Vorausschätzungen abgeben. Eine gewisse Sonderstellung nehmen hierbei Expertenbefragungen ein.

Nach der „Jury of Executive Opinion Method“ wird die **Prognose von der Geschäftsführung** bzw. dem Management durchgeführt (Rogge 1972, S. 30; Lilien, Kotler 1983, S. 329). Die Bereichsmanager treten zusammen und äußern ihre Vermutungen über die Verkaufsentwicklung der Produkte oder Produktgruppen. Der Prognosewert ergibt sich aus der Summierung und anschließenden Mittelung der Ergebnisse.

Die besonderen Vorteile dieses Verfahrens liegen in der raschen Durchführung, der Nutzung langfristig gewonnenen Expertenwissens und dem besonderen Urteilsvermögens der Experten. Die Gefahr unrealistischer Prognosen resultiert beispielsweise aus Eigeninteressen einzelner Bereichsmanager, die zur Sicherung zukünftiger Ressourcen überhöhte Schätzungen abgeben.

Eine große Zahl von Firmen erstellt ihre Prognosen durch die **Befragung des Außendienstes** (sog. „Sales Force Composite Method“) (Eby, O’Neill 1977, S. 23 ff.; Lilien, Kotler 1983, S. 329; Hüttner 1988, S. 39 ff.). Danach werden die Verkäufer aufgefordert, den zukünftig zu erwartenden Absatz in ihrem Bereich zu schätzen. Die so ermittelten Prognosen werden von den Verkaufsleitern gesammelt, u. U. korrigiert und schließlich an übergeordnete Stellen weitergegeben. Das Verfahren ist schnell durchzuführen, verursacht geringe Kosten und bietet den Vorteil, von Personen mit spezifischen Marktkenntnissen erstellt worden zu sein. Falls Fehler in den Einzelurteilen auftreten, werden sie durch die große Zahl der Befragten ausgeglichen.

Die Sales Force Composite Methode birgt jedoch mehrere Gefahren in sich. Der Verkäufer muß damit rechnen, daß seine Prognose in die Sollvorgabe der nächsten Periode eingeht und möglicherweise mit einer Änderung der Provisionssätze verbunden ist. Er gerät in einen Interessenkonflikt, der ihn dazu verleiten mag, eine zu niedrige Prognose abzugeben. Darüber hinaus fehlt dem einzelnen Verkäufer vielfach die Übersicht, um Tendenzen zu erkennen oder die Wirkung des geplanten Marketinginstrumenteeinsatzes antizipieren zu können. Die Einzelprognosen können schließlich auch deshalb falsch sein, weil das zeitraubende Ausfüllen von Außendienstberichten nicht sorgfältig durchgeführt wird.

Befragungen von Händlern werden vor allem dann durchgeführt, wenn die Prognose auf die Geschäftspolitik des Handels selbst gerichtet ist (Neuaufnahme von Produkten in das Sortiment, ihre Förderung usw.). Bedenklich ist die Anwendung des Verfahrens, wenn auf diesem Wege Informationen über das Verbraucherverhalten als Basis der Prognose gewonnen werden sollen. Der Händler steht zwar im engen Kontakt mit dem Kunden, seine Beobachtungen sind aber eher zufällig und lückenhaft. Ferner können Angaben häufig durch massive Eigeninteressen gefärbt sein (überhöhte Angaben bei Produkten mit lukrativen Spannen).

Durch die Aggregation der Kaufabsichten der einzelnen Abnehmer lassen sich durch **Kundenbefragungen** Absatzprognosen aufstellen. In Abhängigkeit von der Branche treten dabei allerdings erhebliche Probleme auf (Meffert 1986, S. 232). Für den Investitionsgüterbereich ist die Abnehmerbefragung noch am ehesten durchführbar. Ist der Abnehmerkreis überschaubar, sind seine Investitionsvorhaben bis hin zur Einkaufsentscheidung spezifiziert sowie die einkaufsentscheidenden Personen bekannt und auskunftswillig, dann stellt die Befragungsmethode ein ideales Prognoseverfahren dar. Diese Voraussetzungen sind jedoch nur in den wenigsten Fällen gleichzeitig erfüllt. Problematischer sind Abnehmerbefragungen im Konsumgüterbereich. Da der Kreis der Konsumenten fast immer sehr groß und anonym ist, besteht die Notwendigkeit, sich auf eine bestimmte Stichprobe zu konzentrieren. Neben den hiermit einhergehenden Einschränkungen hinsichtlich der Repräsentanz der Aussagen liegen weitere Probleme in der mangelnden Auskunftsbereitschaft und den hohen Erhebungskosten (vgl. Kapitel III 2.33). Sieht man von diesen Problemen ab, so bleibt die Frage, ob die Kaufvorhaben der Konsumenten über den Prognosezeitraum soweit festgelegt sind, daß sie sich als konkrete Kaufentscheidungen erfragen lassen. Der Informationsbedarf der Unternehmung bezieht sich primär auf eine bestimmte Marke, während die Verbraucher vielfach nur Angaben über eine Produktgattung machen können. Somit liegen zwar direkte Informationen aus dem Markt vor, die auch die Konsumentenstimmung wiedergeben, jedoch haben diese Informationen in der Regel nur einen geringen Konkretisierungsgrad.

In der Abbildung 132 sind die Vor- und Nachteile der einzelnen qualitativen Prognosevorgehensweisen zusammengefaßt. Als Ergebnis bleibt festzuhalten, daß die Methoden der Befragung nur in seltenen Fällen eine gesicherte Basis für die Absatzprognose darstellen. Bewährt haben sich allenfalls die unternehmensinternen Befragungen bei Kurzfristprognosen. Im Rahmen von Langfristprognosen werden häufig **Expertenprognosen** bevorzugt. Im übrigen erhalten Befragungen dann einen gewissen Wert, wenn sie mit den Methoden der quantitativen Prognose gekoppelt und zur Interpretation quantitativer Ergebnisse herangezogen werden.

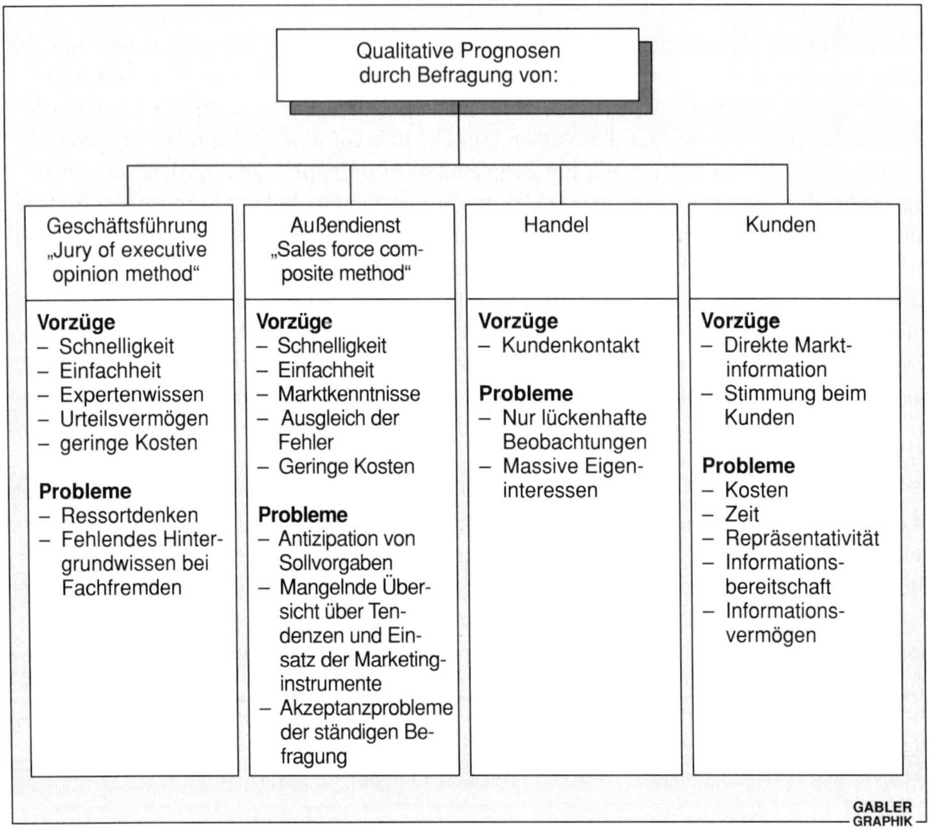

Abbildung 132: Vor- und Nachteile qualitativer Prognosen

4.5 Fragen und Aufgaben

1. Erläutern Sie die einzelnen Verfahrensschritte zur Erstellung einer Prognose. Welche Probleme ergeben sich auf den einzelnen Stufen?

2. Das Statistische Jahrbuch weist die folgenden Zahlen für die Neuzulassung der Kraftfahrzeuge in den Jahren 1974–1990 aus:

Jahr	Neuzulassungen (in Stück)
1974	1.888.000
1975	2.323.000
1976	2.572.000
1977	2.832.000
1978	2.986.000
1979	2.972.000
1980	2.791.000
1981	2.763.000
1982	2.578.000
1983	2.847.000
1984	2.739.000
1985	2.671.000
1986	3.105.000
1987	3.199.000
1988	3.100.000
1989	3.133.000
1990	3.387.000

GABLER GRAPHIK

Entwicklung der Kraftfahrzeugzulassungen

Berechnen Sie nachträglich, welche Prognosen Sie nach dem Verfahren der gleitenden Durchschnitte (3er-5er Durchschnitte) ermittelt hätten! Welche Durchschnittsberechnung führt zur besten Prognose? Wieviele Neuzulassungen erwarten Sie für das Jahr 1991?

3. Zur Prognose des zukünftigen Absatzes soll eine Trendextrapolation durchgeführt werden. Diskutieren Sie geeignete Funktionstypen und deren zugrundeliegenden Prämissen!

4. Erläutern Sie Unterschiede und Gemeinsamkeiten von Trend- und Indikatormodellen!

5. Ihre Absatzstatistik zeigt die folgenden Absatzmengen für die Jahre 1982–1991:

Jahr	Absatzmenge (in Stück)
1982	4.000
1983	5.000
1984	7.000
1985	8.000
1986	9.000
1987	12.000
1988	20.000
1989	25.000
1990	30.000
1991	27.000

GABLER GRAPHIK

Ausgangswerte zur Trendextrapolation

Prognostizieren Sie den Absatz für die Jahre 1992–1994 mit Hilfe des Trendexplorationsverfahrens! Wie stark ist der von Ihnen ermittelte Zusammenhang zwischen der Zeit und dem Absatz?

6. Begründen Sie den Verlauf einer s-förmigen Budget-Absatzfunktion! Charakterisieren Sie Situationen, in denen eine konkave Budget-Absatzfunktion besser zur Beschreibung der Marktreaktion geeignet wäre!

7. Erläutern Sie die Modellierung dynamischer Marktreaktionsfunktionen! Welche Annahmen liegen dem Koyck-Modell zugrunde? Führen Sie eine Koyck-Transformation durch!

8. Welche Unterschiede bestehen zwischen quantitativen und qualitativen Prognosemethoden? Welche Informationsquellen eignen sich zur qualitativen Prognose? Diskutieren Sie Möglichkeiten des kombinierten Einsatzes quantitativer und qualitativer Prognosen!

Kapitelübersicht

Viertes Kapitel

Spezialaspekte der Marketingforschung

1. Entscheidungs- und Organisationsprobleme der Marketingforschung

1.1 Bewertung von Informationen

Marketingforschungs-Informationen erweisen sich nur dann als vorteilhaft, wenn sie helfen, das Risiko einer Entscheidung zu reduzieren und gleichzeitig die Kosten der Informationsbeschaffung geringer sind als der durch die verbesserte und sichere Entscheidung verursachte zusätzliche Nutzen (Böhler 1985, S. 28; Berekoven, Eckert, Ellenrieder 1989, S. 22).

Daher sollten bei jedem Entscheidungsproblem **Art, Qualität und Umfang der zu beschaffenden Informationen**, von denen das einzusetzende Methodeninstrumentarium bestimmt wird, unter dem **Kosten-/Nutzenaspekt** festgelegt werden.

Abbildung 133 zeigt beispielhaft eine Gegenüberstellung der skizzierten Informationsnutzen- bzw. -ertrags-Funktion und einer progressiv verlaufenden Kostenfunktion.

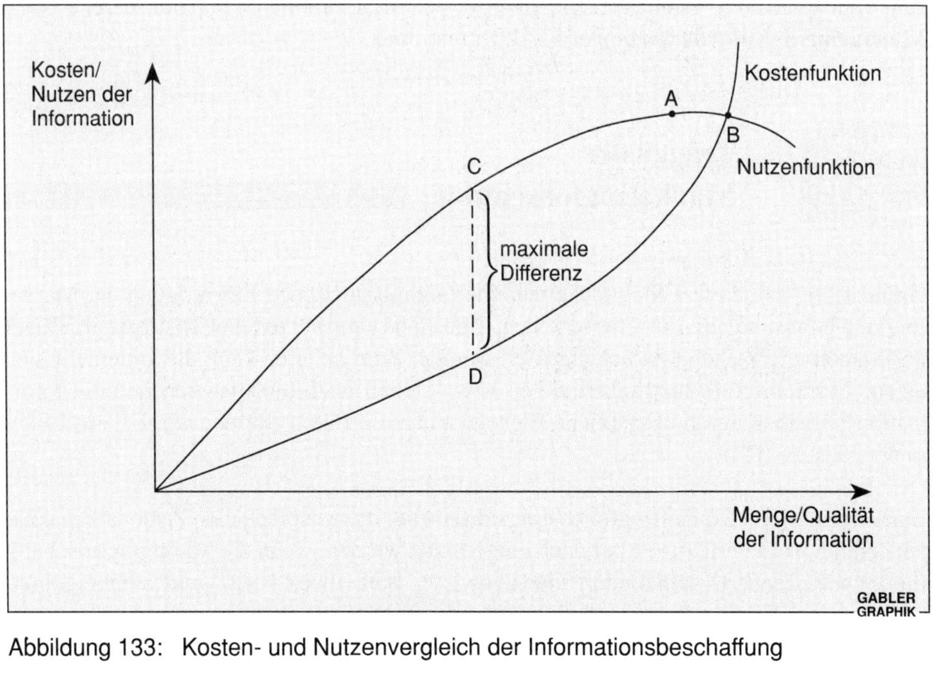

Abbildung 133: Kosten- und Nutzenvergleich der Informationsbeschaffung

Grundsätzlich gilt, daß sowohl im Einzelfall als auch bei einer Gesamtbetrachtung der Informationsnutzen bei zunehmender Menge und steigender Qualität bis zu einem maximalen Wert – mit allerdings abnehmenden Zuwächsen – ansteigen und ab diesem Punkt absolut absinken wird (Irniger 1972, S. 12 f.; Hammann, Erichson 1990, S. 43 f.).

Bis zum Punkt B erbringt die Beschaffung von Informationen einen höheren Ertrag/Nutzen als zusätzliche Kosten verursacht werden. Ab Punkt B erweist sich die Beschaffung oder Verbesserung der Information auf Grund der Kosten/Nutzen-Relation als unvorteilhaft. Die Linie C/D zeigt die Informationsmenge (-qualität) an, die den höchsten Mehrertrag erbringt.

Dieses Vorgehen verlangt, daß nicht nur die Kosten der Informationen, sondern auch die Vorteile, die durch Entscheidungsverbesserung zu erwarten sind, a priori wertmäßig ausgedrückt werden.

Da Unsicherheitsaspekte zu berücksichtigen und erhebliche sachliche und zeitliche Abgrenzungs- und Zuordnungsprobleme zu lösen sind, kann nur begrenzt auf ein Meßinstrumentarium zurückgegriffen werden. Von den **quantitativen Methoden** zur Beurteilung des Informationsnutzens hat sich der **„Bayesian approach"** auf der Basis des Entscheidungsbaumverfahrens als der bislang tragfähigste Ansatz erwiesen (Aaker, Day 1986, S. 33 ff.; Berekoven, Eckert, Ellenrieder 1989, S. 26 ff.; Hammann, Erichson 1990, S. 45 ff.).

Eine rein **qualitativ orientierte Bewertung** der Informationen beinhaltet bereits deren **Management-Anforderungsprofil** an Informationen.

1.2 Träger der Marketingforschung

Grundsätzlich sind zwei Möglichkeiten einer organisatorischen Bewältigung der Marketingforschungsaufgaben zu unterscheiden. Zum einen kann auf **externe Institute** als Träger der Marketingforschung zurückgegriffen werden. Zum anderen kann die Unternehmung eigene Marketingforschungsabteilungen bzw. -stellen institutionalisieren und die Informationsaufgaben durch betriebliche Eigenleistungen erfüllen (Berekoven, Eckert, Ellenrieder 1989, S. 32 ff.).

Eine **betriebliche Marketingforschungsabteilung**, die entsprechende Personalkapazitäten bedingt, sollte prinzipiell nur dann eingerichtet werden, wenn die Marketingforschung für die betreffende Unternehmung einen gewissen Stellenwert besitzt und wenn regelmäßige und vom Umfang bedeutende Marketingforschungsaufgaben anstehen.

Diese Faktoren bestimmen letztendlich auch über die organisatorische Eingliederung der Marketingforschung in die Unternehmenshierarchie und über die interne Organisation der Abteilung. Bei der aufbauorganisatorischen Anbindung lassen sich primär drei Alternativen anführen (Schäfer, Knoblich 1978, S. 55 ff.; Kress 1979, S. 333; Hammann, Erichson 1990, S. 34 f.):

1. Einrichtung einer **Stabsstelle**, die je nach Aufgabenschwerpunkt – Unterstützung der Unternehmens- oder Marketing-Entscheidungsfindung – der Unternehmensleitung oder Marketing-Leitung unterstellt ist.

2. Einrichtung (selbständiger) **dezentraler Abteilungen im Marketingbereich**.

3. Der Marketingforschungsbereich als **zentrales Service-Cost-Center**, das die Marketingforschung für alle Unternehmensbereiche durchführt und koordiniert.

Die im Vergleich zur Institutsmarketingforschung dominanten Stärken und Schwächen der betrieblichen Marketingforschung sind weitgehend unabhängig von der Art der organisatorischen Eingliederung.

Vorteile der Eigenforschung sind besonders in der Nutzung der subjektiven Informationen der Entscheidungsträger des Unternehmens, in der besseren Vertrautheit mit den spezifischen Problemen als auch dessen Einbindung in einen Gesamtzusammenhang und in der stärkeren Kontrolle und Koordination aller Marketingforschungsaktivitäten begründet.

Fehlende Methodenkenntnis, eng begrenztes Methoden- und Verfahrensspektrum, „Betriebsblindheit“, mögliche Ergebnisbeeinflussung und erhebliche Fixkostenbelastungen zählen zu den gravierendsten Nachteilen der betrieblichen Marketingforschung.

Die Vorzüge der Fremdforschung liegen in erster Linie in der größeren Objektivität der Forschung, der speziellen Methodenkenntnis, dem vorhandenen Methodenspektrum und in den vorhandenen Erfahrungen der Institutsspezialisten.

Demgegenüber sind die Gefahren der Indiskretion und der Fehlgewichtung von Problemen und die nicht unerheblichen Kommunikationsprobleme als Nachteile anzuführen (McGrown 1979, S. 33 ff.; Pope 1981, S. 245 ff.; Berekoven, Eckart, Ellenrieder 1989, S. 37).

In der Praxis werden betriebliche und Institutsmarketingforschung nicht als konträre Alternativen gesehen. Je nach Art und Umfang des Informationsproblems und je nach internen und externen Problemlösungsmöglichkeiten kommt es zu wechselnden Formen der Zusammenarbeit.

2. Computergestützte Entscheidungsunterstützung

In der betrieblichen Praxis dient die Analyse von Daten letztendlich der Gewinnung von Informationen und wird deshalb auch als Vorstufe der Entscheidungsunterstützung betrachtet (Zentes 1991, S. 194). Im Hinblick auf die historische Entwicklung von EDV-Systemen ist die Abgrenzung dieser beiden Phasen deshalb relevant, weil der Entscheidungsträger in der Vergangenheit in aller Regel keinen direkten Kontakt mit dem EDV-System hatte. Berichte und Analysen wurden überwiegend von EDV-Spezialisten erstellt und dem Entscheidungsträger in schriftlicher Form übermittelt. Aufgrund der Verfügbarkeit von Computern am Arbeitsplatz und ihrer mittlerweile einfachen Handhabung ist eine Trennung von Analyse und Entscheidung nicht mehr nötig. Die **Interaktion zwischen Entscheidungsträger und Computer** ermöglicht eine sukzessive Analyse der Daten mit dem Vorteil, daß Zwischenergebnisse in den Entscheidungsprozeß einfließen und die weiteren Analyseschritte entsprechend angepaßt werden können. Diese interaktive Form der Datenanalyse wird sich in Zukunft auch in den obersten Unternehmensebenen durchsetzen. Hierzu wurden in den letzten Jahren sogenannte **Executive Information Systems (EIS)** entwickelt, die speziell Entscheidungsträgern höherer Ebenen auf eine besonders anwenderfreundliche Art den direkten Zugriff auf die von ihnen benötigten Daten ermöglichen.

Bei den entscheidungsunterstützenden Systemen lassen sich drei grundlegende, zeitlich aufeinanderfolgend entwickelte Ansätze identifizieren, die ihre Anwendung in entsprechenden Softwaresystemen finden. Wie Abbildung 134 verdeutlicht, handelt es sich um informationsorientierte, modellorientierte und wissensorientierte Ansätze (Gaul, Both 1990, S. 42 ff.).

2.1 Informationsorientierte Ansätze

Der Schwerpunkt **informationsorientierter Ansätze** liegt in der Versorgung unterschiedlicher Unternehmensebenen mit unternehmensexternen und -internen Informationen. Die in diesem Bereich eingesetzten Softwaresysteme werden als **Management Information Systems (MIS)** oder auch als Marketing Information Systems (MAIS) bezeichnet. Der Leistungsumfang dieser Systeme sowie die Abgrenzung zu Decision Support Systems (DSS) wird in der Literatur sehr unterschiedlich dargestellt. Er reicht von der Bereitstellung und Verdichtung der Informationen bis zum Einsatz von quantitativen Entscheidungsmodellen (Gaul, Both 1990, S. 165).

In Anlehnung an Turban (1988, S. 5) sollen hier mit MIS/MAIS computergestützte Systeme bezeichnet werden, die Daten aus unterschiedlichen Quellen selektieren, integrieren

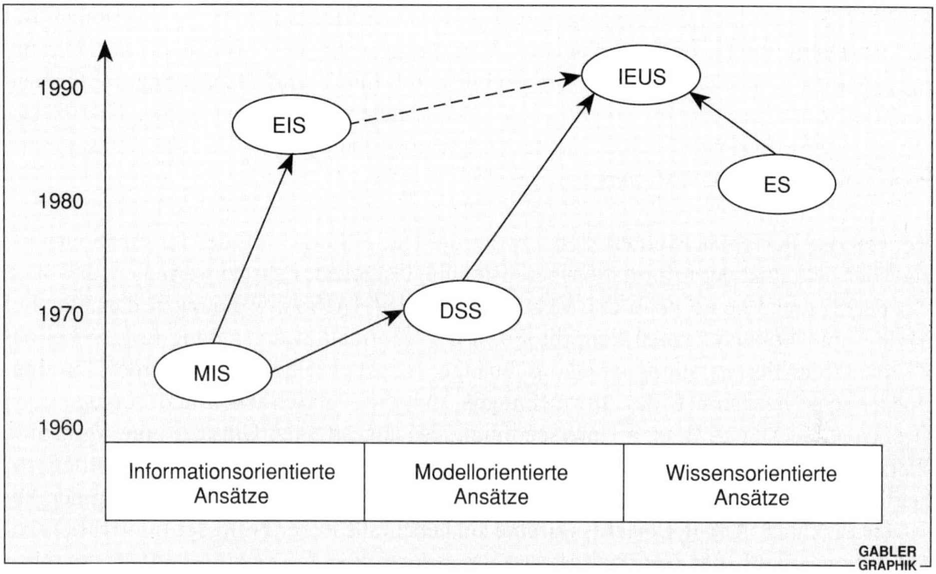

Abbildung 134: Zeitliche Entwicklung computergestützter Ansätze der Entscheidungsunterstützung (in Anlehnung an Both 1989, S. 280)

und aggregieren. **MIS/MAIS verändern das zugrundeliegende Datenmaterial nicht, sondern stellen es lediglich in einer den Anforderungen des Informationsnachfragers entsprechenden Form dar.** Zur Selektion und Aggregation der Daten stehen i. d. R. eine Vielzahl von Auswahlkriterien wie Perioden, Produkt-, Kundengruppen und Absatzgebiete zur Verfügung. Der Verdichtungsgrad der Information orientiert sich an der Unternehmensebene. Während auf unteren Ebenen Detailinformationen benötigt werden, konzentriert sich das Informationsbedürfnis oberer Hierarchieebenen auf hochaggregierte Daten (Heinzelbecker 1985, S. 92 f.).

Ein Anwendungsbeispiel eines MIS/MAIS findet sich in der von der GfK entwickelten Software INMARKT, mit deren Hilfe Daten aus mehreren Quellen wie Handelspanel, Verbraucherpanel und IMP-Anzeigenanalyse (eine bundesweite Auswertung von Handelswerbung in Tageszeitungen, Anzeigenblättern, Handzetteln und Kundenzeitschriften) abgerufen und durch eine Vernetzung der Marktinformationen aufeinander abgestimmt werden können. Die Abstimmung von Daten aus historisch voneinander unabhängig gewachsenen Quellen stellt bei der Entwicklung eines integrierten Systems eine zentrale Herausforderung dar. Neben der Notwendigkeit einheitlicher Definitionen für regionale Gebiete, Geschäftstypen, Key Accounts und Produktgruppen ergibt sich das Problem der unterschiedlichen Erfassungsmethoden und -zeitpunkte. Während beim Verbraucherpanel die Wareneinkäufe der Konsumenten kontinuierlich erfaßt werden, beschränkt sich das Handelspanel auf einen Stichtag innerhalb der zweimonatigen Berichtsperiode (GfK 1990, S. 3 ff.).

MIS/MAIS lassen sich in die Kategorien Berichts- und Auskunftssysteme unterteilen. **Berichtssysteme** stellen die grundlegende Ausprägungsform von MIS/MAIS dar. Die bereitgestellten Informationen sind im Hinblick auf Inhalt und Darstellung weitgehend strukturiert und basieren im wesentlichen auf unternehmensinternen Quellen. Hierbei lassen sich starre Berichtssysteme, Melde- und Warnsysteme sowie Abruf-Berichtssysteme voneinander abgrenzen (Meffert 1975, S. 25).

Bei starren Berichtssystemen sind sowohl die Darstellungsform der Informationen als auch der Zeitpunkt der Informationsbereitstellung festgelegt. Es ist zu vermuten, daß diese Art der Systeme heute noch die Mehrheit der MIS/MAIS-Anwendungen darstellt. Bei **Melde-** und **Warnsystemen** liegt die Form der Informationsdarstellung fest, wobei der Zeitpunkt der Bereitstellung situationsabhängig ist. Als Meldesysteme werden Informationssysteme bezeichnet, die Abweichungen zwischen tatsächlichen und vorgegebenen Größen aufdecken, z. B. eine Unterschreitung des angestrebten Umsatzes pro Verkäufer. Warnsysteme dagegen reagieren auf Abweichung zwischen tatsächlichen und prognostizierten Größen, beispielsweise auf eine unerwartet problematische Entwicklung der Absatzentwicklung. **Abruf-Berichtssysteme** sind ebenfalls in der Form der Informationsbereitstellung fixiert, der Abrufzeitpunkt kann jedoch vom Informationsempfänger selbst gewählt werden (Gaul, Both 1990, S. 173 ff.).

Während bei Berichtssystemen keine Interaktion zwischen Computer und Informationsempfänger vorgesehen ist, tritt der Benutzer beim **Auskunftssystem** direkt oder über einen sogenannten Informationsbroker mit dem Computer in einen Dialog. Hierbei können die gewünschten Informationen interaktiv erfragt werden. Hinsichtlich der Flexibilität der Abfragen werden Auskunftssysteme mit standardisierten und solche mit freien Abfragen unterschieden. Der Benutzer ist bei Systemen mit freien Abfragen in der Lage, individuelle Informationswünsche zu realisieren. Zu diesem Zweck stehen ihm Abfragesprachen zur Verfügung, die Grundbestandteil von Datenbanken sind. Die Ausgabe der Daten in der gewünschten Berichtsform läßt sich vom Anwender mit Hilfe von sogenannten Report-Generatoren verwirklichen. Ein Report-Generator verfügt über eine eigene, leicht verständliche Sprache, die alle Anweisungen zur Erstellung selbst komplexer Berichte umfaßt.

Wichtige Entscheidungen werden zunehmend in Entscheidungsgremien getroffen, denen die notwendigen Informationen in möglichst einfacher und schnell zu verstehender Form zur Verfügung gestellt werden müssen. Neben dem Inhalt der Information kommt damit der Art der Darstellung eine wichtige Bedeutung zu. Klassische Darstellungsformen sind Tabellen und Graphiken. Computergestützte Systeme ermöglichen es, vorhandene Daten mit geringem Aufwand in professionelle Graphiken umzusetzen, die nicht nur der Übersichtlichkeit dienen, sondern auch die Aufmerksamkeit des Betrachters erhöhen. Präsentationen und Berichte, die in der Vergangenheit umfangreiche personelle und zeitliche Ressourcen in Anspruch nahmen, lassen sich heute mit Hilfe sogenannter Desktop Publishing Programme (DTP) innerhalb kurzer Zeit realisieren. Diese sind in der Lage, Texte, Graphiken und Tabellen miteinander zu verbinden, beliebig zu modifizieren und druckfertige Vorlagen zu liefern.

Neuere Ansätze der Informationsdarstellung arbeiten an der automatischen Interpretation und Umsetzung des Datenmaterials in verbal formulierte Berichte. Ziel derartiger Ansätze ist es, dem Informationsnachfrager die aus den Daten zu gewinnenden Informationen klar und übersichtlich in Textform zur Verfügung zu stellen. Entsprechende Programme stammen aus dem Bereich der Expertensysteme und werden als „Expertisesysteme“ bezeichnet (Mertens 1989, S. 835 ff.).

2.2 Modellorientierte Ansätze

Modellorientierte Ansätze der Entscheidungsunterstützung streben eine formale Behandlung der zugrundeliegenden Entscheidungssituation an. Hierzu wird ein vereinfachtes, aber strukturgleiches Abbild der Realität geschaffen, in dem die relevanten Variablen und die zwischen ihnen bestehenden Beziehungen spezifiziert und die verfolgten Zielsetzungen explizit formuliert werden (Kotler, Lilien 1983, S. 10, Gaul, Both 1990, S. 68).

Ein wesentliches Problem modellgestützter Entscheidungsunterstützungssysteme besteht in der mangelnden Akzeptanz seitens des Entscheiders, für den die Wirkungsbeziehungen innerhalb komplexer Modelle häufig nicht transparent sind. Wesentlich zur Akzeptanzsteigerung von Modellanalysen beigetragen hat Little mit seinem Konzept des **Decision Calculus**, das die subjektiven Urteile und Erfahrungen des Managers bei der Modellbildung berücksichtigt (Little 1979, S. 122). Das Decision Calculus Konzept bildete die Grundlage für zahlreiche Modellentwicklungen in der Folgezeit.

Ein Beispiel ist CALLPLAN, ein computergestütztes Dialogsystem, mit dessen Hilfe die zur Verfügung stehende Vertreterzeit effizient auf aktuelle und potentielle Kunden aufgeteilt werden soll. Als Eingabegrößen verwendet CALLPLAN die von Verkäufern vorgenommenen, subjektiven Schätzungen bezüglich der Erfolgsbeiträge unterschiedlicher Besuchsstrategien (Lodish 1977, S. 162; Meffert, Steffenhagen 1977, S. 180).

Modelle sind ein wesentlicher Bestandteil der sogenannten **Decision Support Systems (DSS)**. Die konzeptionellen Grundlagen für DSS wurden 1970 von Morton entwickelt. Er verstand unter einem DSS ein interaktives, computergestütztes System, **das dem Entscheidungsträger durch die Bereitstellung von Daten und Modellen hilft, unstrukturierte Probleme zu lösen** (Abbildung 135). Ein DSS kann durch die folgenden Eigenschaften charakterisiert werden (Turban 1988, S. 8):

1. Ein DSS beinhaltet Daten, Methoden und Modelle. Zu den Methoden zählen statistische Methode sowie Methoden zur Optimierung.

2. Aufgabe eines DSS ist die Unterstützung des Managers bei der Lösung unstrukturierter oder semistrukturierter Probleme.

3. DSS ersetzen nicht die Fähigkeit des Managers, Entscheidungen zu treffen, sondern unterstützen ihn lediglich bei der Entscheidungsfindung.

Ein „klassisches" Anwendungsbeispiel eines DSS stellt das Marketing Support System EXPRESS von der zur Unilever gehörenden Union Deutsche Lebensmittelwerke dar. EXPRESS bietet einen verbesserten und schnelleren Zugriff auf eine Vielzahl von Daten, unterstützt die Entwicklung von Marketingmodellen und ermöglicht hierdurch letztendlich eine Simulation der Auswirkungen unterschiedlicher Marketingstrategien. Der Zugriff auf die in einem Datenbanksystem gespeicherten Daten erfolgt über eine einfach zu handhabende Abfragesprache. Die gewonnenen Informationen lassen sich anschließend sowohl in tabellarischer als auch in graphischer Form darstellen. Zur modellorientierten Analyse der Daten verfügt EXPRESS über eine Modell- und Methodenbank in der grundlegende Responsefunktionen sowie Methoden zur Schätzung der zugehörigen Parameter gespeichert sind (Zentes 1987, S. 266 ff.).

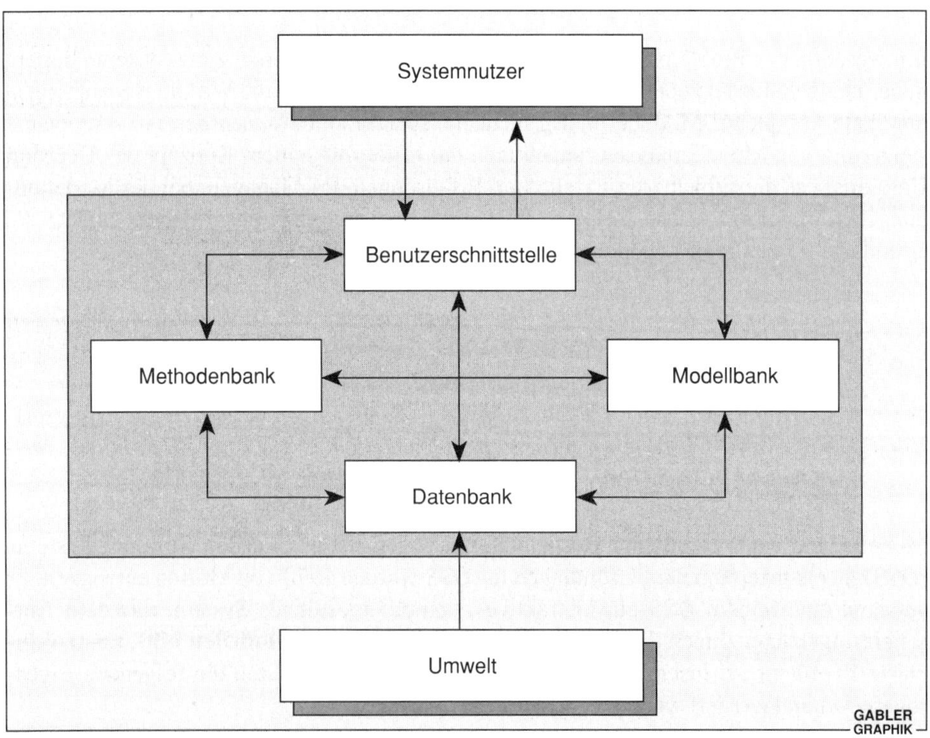

Abbildung 135: Aufbau eines Decision Support Systems (DSS)

2.3 Wissensorientierte Ansätze

Ein anderer Weg der Entscheidungsunterstützung wird mit **wissensorientierten Systemen** beschritten. Unter diesem Begriff werden Ansätze subsumiert, die auf die Entwicklung computergestützter Systeme abzielen, mit deren Hilfe menschliche Fähigkeiten der Problemlösung bis zu einem gewissen Grad nachgebildet werden können. Ziel dieser auch als **Expertensysteme (ES)** bezeichneten Systeme ist es, dem Benutzer das Wissen eines Experten zur Verfügung zu stellen. Expertensysteme sind in der Lage, **komplexe Probleme aus eng abgegrenzten Bereichen zu lösen und dabei das Problemlösungsverhalten eines Experten zu simulieren** (Gaul, Both 1990, S. 207 ff.).

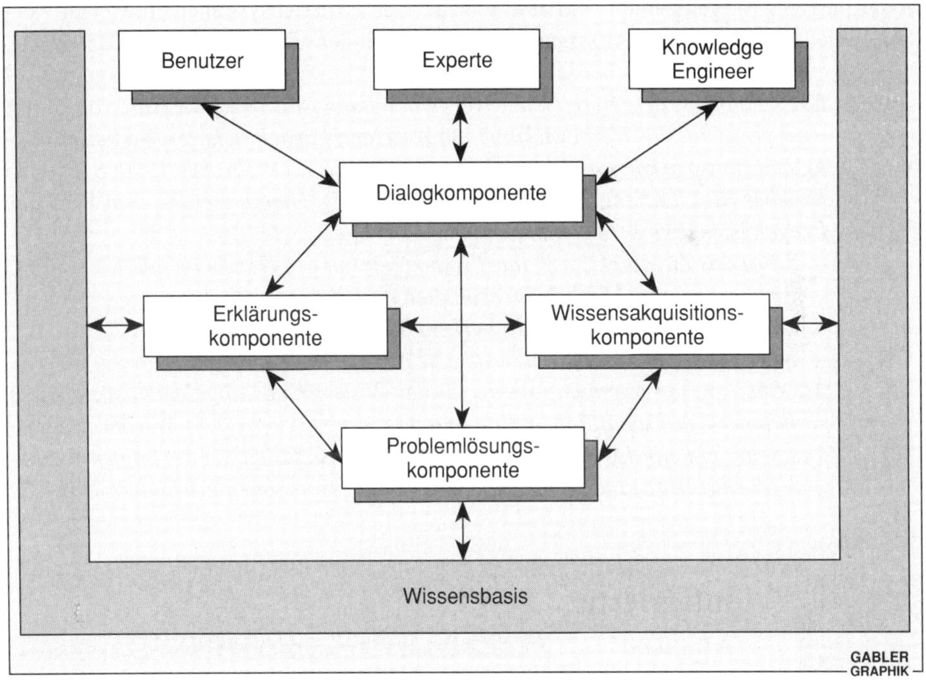

Abbildung 136: Aufbau eines Expertensystems
(in Anlehnung an Zentes 1988, S. 246)

Der Aufbau eines Expertensystems läßt sich wie folgt charakterisieren (Abbildung 136):

1. Die Wissensbasis bildet das Kernstück des Expertensystems. Dort wird das Expertenwissen abgelegt, das vom Experten selbst oder von einem sogenannten Knowledge Engineer eingegeben wird.

2. Die Dialogkomponente bildet die Schnittstelle zwischen dem Benutzer, dem Experten und dem Knowledge Engineer auf der einen und dem System auf der anderen Seite.

3. Die Wissensakquisitionskomponente ermöglicht es dem Experten das vorhandene Wissen zu erweitern, ohne daß hierbei Programmierkenntnisse vorhanden sein müssen.

4. Die Problemlösungskomponente wendet das in der Wissensbasis gespeicherte Wissen auf die vom Benutzer spezifizierte Problemstellung an.

5. Die Erklärungskomponente erhöht die Transparenz des Systems, indem es Fragen des Nutzers hinsichtlich der Gründe für die getroffenen Entscheidungen beantwortet.

In der jüngeren Vergangenheit sind eine Vielzahl von Expertensystemen entwickelt worden, die jedoch nur langsam Akzeptanz in der Praxis finden (Decker, Gaul 1990, S. 257).

Ein System aus dem Bereich der Werbeforschung ist ESWA. Mit Hilfe von ESWA wird versucht, die Werbewirkung von Anzeigen hinsichtlich der Werbeziele Aktualisierungswirkung und Kaufabsicht zu ermitteln. (Neibecker 1990, S. 250 ff.; Kroeber-Riel, Larson, Neibecker 1992, S. 91 ff.). Hierzu werden dem Benutzer Fragen bezüglich der zu analysierenden Werbung gestellt, wie z. B.:
- *Führt das Zielobjekt, z. B. das Produkt, eine aktive Handlung aus?*
- *Werden wichtige Markeneigenschaften visuell dargestellt?*
- *Ist der Markenname frühzeitig erkennbar?*
- *Wie ist die emotionale, z. B. erotische Ausstrahlung der Anzeige?*

Auf Basis dieser Angaben und der in der Wissensbasis abgelegten sozial- und verhaltenswissenschaftlichen Erkenntnisse der theoretischen Werbewirkungsforschung erstellt das System eine Prognose hinsichtlich der verfolgten Werbeziele, die mit Hilfe einer graphischen Erklärungskomponente erläutert wird.

2.4 Integrierte Ansätze

Während Decision Support Systems als „Intelligenzverstärker" eingesetzt werden, mit deren Hilfe die Fähigkeiten des Entscheidungsträgers erhöht werden sollen, dienen Expertensysteme als „Intelligenzmultiplikatoren", indem sie die Verbreitung personengebundenen Fachwissens erleichtern. In der jüngsten Vergangenheit ist eine Entwicklung zu erkennen, die bislang voneinander getrennten Forschungsaktivitäten in den Bereichen der DSS und der Expertensysteme zu einem Gesamtkonzept, den **integrierten entscheidungsunterstützenden Systemen (IEUS)** zu verbinden.

Hierbei lassen sich zwei **Integrationsprinzipien** voneinander abgrenzen. Zum einen können Funktionen des Expertensystems an die einzelnen Komponenten eines DSS angebunden werden. Zum anderen kann ein Expertensystem als weitere DSS-Komponente eingesetzt werden. (Both 1989, S. 280 ff.).

Durch die **Anbindung von Funktionen** eines Expertensystems an die einzelnen Komponenten eines DSS wird der Entscheidungsträger in seiner interaktiven Arbeit mit dem System unterstützt. So kann ein Expertensystem beispielsweise Vorschläge im Hinblick auf die Auswahl von statistischen Verfahren generieren. Die Hinzunahme eines Expertensystems als weitere **DSS-Komponente** ermöglicht es dem Benutzer, in Abhängigkeit von der Aufgabenstellung, sowohl modell- als auch wissensorientiert zu arbeiten. Dabei können die Ergebnisse der Modellanalyse als Eingabedaten für die wissensorientierte Komponente dienen bzw. diese kann Vorschläge für die Modellanalyse liefern.

> *Das Datenanalyse-Expertensystem DANEX ist ein Beispiel für die Möglichkeit der Integration von informationsorientierten, modellorientierten und wissensbasierten Ansätzen der Entscheidungsunterstützung (Gaul, Both 1990, S. 266 ff.). Hierdurch sollen auch solche Personen in die Lage versetzt werden, Datenanalysen mit multivariaten Verfahren durchzuführen, die nicht über die entsprechenden Kenntnisse im Hinblick auf die zugrundeliegenden Modelle, die Datenanforderungen und die eingesetzten statistischen Methoden verfügen. DANEX beinhaltet eine Datenverwaltungs-, eine Methodenverwaltungs- und eine wissensorientierte Komponente.*
> *Die Datenverwaltungskomponente stellt zahlreiche Funktionen zur Handhabung der zu untersuchenden Datenstrukturen bereit. So lassen sich beispielsweise zweidimensionale Datenmatrizen erstellen. Liegen die Daten vor, so wird zu Beginn der Konsultation von DANEX die wissensorientierte Komponente aktiviert. Der Benutzer wird nach seinen Auswertungs- und Darstellungswünschen sowie nach den Charakteristika der zu analysierenden Daten befragt. Auf Basis dieser Angaben wird von DANEX festgestellt und dem Nutzer begründet dargelegt, welche multivariaten Verfahren eingesetzt werden können. Bei der sich anschließenden Analyse kommuniziert der Benutzer schließlich mit dem Datenanalyseprogramm mittels verfahrensspezifischer Schnittstellen. Zusätzlich notwendige Parameter werden dabei von DANEX automatisch erfragt.*

In einem Ausblick auf die Zukunft scheinen integrierte Systeme in der Lage zu sein, die Akzeptanz computergestützter Datenanalyse und entscheidungsunterstützender Systeme seitens der Praxis zu erhöhen, indem sie dem Benutzer interaktiv das notwendige Wissen für eine sachgerechte Handhabung dieser Systeme vermitteln (Both 1989, S. 400).

3. Ethik der Marketingforschung

Die Diskussion ethischer Gesichtspunkte in der Marketingforschung stellt bislang einen stark vernachlässigten Bereich dar, obwohl ihm in letzter Zeit eine zunehmend bedeutendere Rolle zukommt. Hierfür sprechen im wesentlichen folgende Aspekte (Tybout, Zaltman 1974, S. 357; Kress 1979, S. 335):

1. Erfordert die **Ausweitung des Marketingkonzeptes auf nichtkommerzielle Bereiche** (Universitäten, Schulen, Theater, Verwaltungen) die Berücksichtigung der jeweils geltenden ethischen Vorstellungen.

2. Setzen sich Forscher zunehmend Erklärungen und Prognosen zum Ziel ihrer Aktivitäten, was zu einem verstärkten Einsatz von experimentellen Versuchsanlagen zur Informationsgewinnung führt. Damit einhergehend treten auch für den Marketingforscher verstärkt Fragen über die **ethische Zulässigkeit solcher Forschungsmethoden** in den Vordergrund, wie sie bislang eher Psychologen oder Soziologen betrafen.

3. Zwingt die **zunehmende Bedeutung kritischer Konsumenten** zu einer verstärkten Beachtung ethischer Fragestellungen.

Gegenwärtig existieren nur wenige ethische Richtlinien, an denen sich Marketingforscher orientieren können. Die Aufstellung eines allgemeingültigen Katalogs ethischer Richtlinien erweist sich vor allem deshalb als schwierig, weil ethische Aspekte der Marketingforschung jeweils im **speziellen Kontext** zu sehen und zu beurteilen sind. Die Allgemeingültigkeit wird zusätzlich dadurch in Frage gestellt, daß jede Person bestimmte Marketingforschungsaktivitäten unter der Perspektive des **persönlichen Wertesystems** hinsichtlich der ethischen Zulässigkeit oder Unzulässigkeit beurteilt.

Damit kann es an dieser Stelle nur Aufgabe sein, mögliche Bereiche in der Marketingforschung zu identifizieren, in denen potentiell ethische Probleme existieren können.

Unter Beachtung der bei der Durchführung von Marketingforschungsstudien involvierten Personenkreise lassen sich ethische Aspekte der Marketingforschung unter folgenden Perspektiven diskutieren (Zaltman, Burger 1975, S. 615; Tull, Hawkins 1987, S. 715 ff.):

1. Behandlung der Untersuchungspersonen durch den Marketingforscher

2. Behandlung des Auftraggebers durch den Marketingforscher.

Der ersten Betrachtungsperspektive kommt in der Diskussion die größte Bedeutung zu. Es kann die Hypothese aufgestellt werden, daß die **Berücksichtigung ethischer Gesichts-**

punkte bei der Behandlung der Untersuchungsteilnehmer grundlegende Voraussetzung für die Sicherstellung qualitativ hochwertiger Untersuchungsergebnisse ist.

Im einzelnen sollten den Untersuchungspersonen folgende Rechte zugesichert werden (Tybout, Zaltman 1974, S. 358 ff.; Kress 1979, S. 338 f.; Kinnear, Taylor 1983, S. 67 ff.):

1. **Recht auf Wahlfreiheit**
   Es muß den Untersuchungsteilnehmern freigestellt sein, an einer Untersuchung teilzunehmen oder nicht. Das Recht, frei zu wählen, kann in dreifacher Hinsicht verletzt werden:
   - Den Untersuchungsteilnehmern ist ihr **Verweigerungsrecht nicht bekannt**.
   - Die Untersuchungsteilnehmer sind **über die Ziele der Marktforschungsaktivität zu wenig informiert**, um eine fundierte Entscheidung treffen zu können.
   - Den Untersuchungsteilnehmern wird **keine Gelegenheit gegeben, sich zu entscheiden**.

   Das Verweigerungsrecht kann auf verschiedene Weise unterlaufen werden. So werden Untersuchungsteilnehmer nicht auf ihr Verweigerungsrecht hingewiesen oder sie werden durch Ausübung von äußerem Druck (z. B. durch Marketingforscher oder die Untersuchungsgruppe) davon abgehalten, ihr Verweigerungsrecht in Anspruch zu nehmen. Darüber hinaus kann die Untersuchungsperson auf ihr Verweigerungsrecht auf Grund einer subjektiv empfundenen Expertenstellung des Marketingforschers verzichten, die es ihr verbietet, den Forschungsinhalt in Frage zu stellen. Neben der grundsätzlichen Entscheidung zur Teilnahme an einer Untersuchung muß es der Person ebenfalls freigestellt sein, eine Teilnahme jederzeit ohne Ausübung von äußerem Druck vorzeitig beenden zu können.

2. **Recht auf Sicherheit**
   In diesem Zusammenhang ist der Schutz der Anonymität von Untersuchungsteilnehmern sowie der Schutz vor psychischen Belastungen (Streß) und vor Täuschungen angesprochen.

   Während sich der **Schutz der Anonymität** sowohl auf die Person als auch auf die abgegebenen Informationen des Untersuchten erstrecken soll, wird mit dem **Schutz vor Belastungen** beabsichtigt, Untersuchungspersonen vor unnötigen Streßsituationen mit eventuellen Folgeschäden zu bewahren. Streßsituationen können beispielsweise darin bestehen, daß der Person unangenehme persönliche oder nicht beantwortbare Fragen gestellt werden, die u. U. dazu führen können, daß der Teilnehmer an den eigenen Fähigkeiten zu zweifeln beginnt.

   Eine mit am häufigsten diskutierte Frage ist die der **Täuschungen** in Marketingforschungsstudien. Täuschungen der Untersuchungsteilnehmer hinsichtlich der Zielsetzungen, des Aufbaus und der Inhalte von Studien können in hohem Maße zu Schädigungen führen. Zum einen können sie dadurch verletzend wirken, daß sie die Untersuchten daran hindern, sich rational für oder gegen die Teilnahme an einer Untersuchung zu entscheiden. Außerdem können Täuschungen, insbesondere im Rahmen psychologischer Tests und projektiver Verfahren, den Teilnehmer dazu bringen, mehr aus seiner Privatsphäre preiszugeben, als er eigentlich bereit ist. Daneben können Täuschungen auch zu psychologischem Streß führen, indem die Untersuchungsperson z. B. für sie unangenehme Informationen erhält. Es zeigt sich, daß Täuschungen zu einer erheblichen Belastung des Vertrauensverhältnisses zwischen Marketingforscher und Untersuchten führen können, was sich letztlich auch in einer verminderten Qualität der Ergebnisse niederschlagen kann.

3. **Recht auf Information**

   Den Teilnehmern an Untersuchungen sollte das Recht gewährt werden, über alle Aspekte der Untersuchung informiert zu sein. Die Forderung schließt sowohl Erläuterungen zum **Untersuchungsaufbau** während und nach Durchführung der Untersuchung als auch die Bekanntgabe der **Untersuchungsergebnisse** ein.

   Das Gefühl einer umfassenden Information gibt dem Untersuchungsteilnehmer die Möglichkeit, negative Effekte aus Täuschungen oder Streß auszugleichen oder zu reduzieren und sich durch das vorhandene Wissen vor den Aktivitäten der Auftraggeber von Forschungen zu schützen.

Neben der Beachtung ethischer Gesichtspunkte auf der Seite der Untersuchungspersonen hat der Marketingforscher auch ethische **Verpflichtungen gegenüber dem Auftraggeber** zu erfüllen. Folgenden Richtlinien sollte dabei Rechnung getragen werden (Tull, Hawkins 1987, S. 722 ff.):

1. Der Marketingforscher sollte seine **Expertenstellung nicht zum Schaden der auftraggebenden Unternehmung ausnutzen**.

2. Er ist zur **Anwendung effizienter und für die Problemstellung adäquater Methoden zur Datengewinnung und -auswertung** verpflichtet.

3. Die gewonnenen **Untersuchungsergebnisse müssen in objektiver Form präsentiert werden**. Mögliche Schwachstellen der Studie (z. B. hinsichtlich Validität und Reliabilität) sind offenzulegen, um so schwerwiegende Fehlentscheidungen auf der Grundlage der gewonnenen Ergebnisse zu vermeiden.

4. Es sollten keine Marketingforschungsaufträge für solche Bereiche angenommen werden, für die **bereits qualifizierte Studien** vorliegen, die den gleichen Zweck erfüllen.

5. Das Marketingforschungsunternehmen ist dazu verpflichtet, die **Anonymität seiner Auftraggeber** zu wahren.

6. Das Datenmaterial von Marketingforschungsstudien sowie die daraus abgeleiteten Schlußfolgerungen und Interpretationen sollten **ausschließlich dem Auftraggeber zugänglich** sein.

7. Die **gleichzeitige Durchführung von Studien für miteinander in Konkurrenz stehende Unternehmen sollte vermieden werden**, da sonst die Vertrauensposition zwischen Marketingforschungsunternehmen und Auftraggeber gefährdet wird.

Neben den beiden aufgezeigten Betrachtungsperspektiven ethischer Aspekte der Marketingforschung ist darüber hinaus mit ethischen Problemen bei der **weiteren Verwendung von Marketingforschungsergebnissen durch den Auftraggeber** zu rechnen. Beispielsweise sollten die Ergebnisse nicht aus dem Kontext herausgelöst oder unzulässig generalisiert werden, um lediglich erwünschte Aussagen für das Unternehmen ableiten zu können.

4. Fragen und Aufgaben

1. Skizzieren und erläutern Sie den Kosten-/Nutzenvergleich der Informationsbeschaffung!

2. Kennzeichnen Sie die Gründe, die für eine Eigenforschung bzw. für die Fremdforschung sprechen!

3. Erläutern Sie Ansätze der computergestützten Entscheidungsunterstützung! Wie lassen sich die Ansätze zu einem integrierten System verbinden?

4. Diskutieren Sie Möglichkeiten zur Verbesserung der Akzeptanz modellgestützter Analysen!

5. Stellen Sie den Aufbau eines Expertensystems dar, und beschreiben Sie kurz die einzelnen Elemente!

6. Welche Rechte sind Untersuchungspersonen im Rahmen ethischer Überlegungen zur Marktforschung zuzusichern?

7. Zeigen Sie die ethischen Verpflichtungen des Marktforschers gegenüber dem Auftraggeber auf!

Kapitelübersicht

Fünftes Kapitel

Fallstudien zur Marketing- und Käuferverhaltensforschung

1. Fallstudie „Soft AG“ zur Marketing- und Käuferverhaltensforschung

Die SOFT AG ist einer der bedeutendsten Markenartikelhersteller im Bereich der Haushaltsreiniger und Weichspüler. Nach einer Mitte der 60er Jahre einsetzenden, langandauernden Wachstumsphase befindet sich der Markt für Weichspüler seit Beginn der 80er Jahre in einer Stagnationsphase. Neben der Behauptung im Wettbewerbsumfeld sieht die Geschäftsführung der SOFT AG es als eine der wichtigsten Aufgaben an, die zu befürchtende Umweltschutzdiskussion über die chemischen Inhaltsstoffe und Verpackungsrückstände bei Weichspülern als unternehmerische Chance zu nutzen.

1.1 Markt- und Konkurrenzsituation

Der Markt für Weichspüler befindet sich seit Anfang der 80er Jahre in einer Stagnationsphase. Auf dem Weichspülermarkt in der Bundesrepublik Deutschland wurden im Jahr 1989 400 Mio. DM Umsatz getätigt. Dies entspricht einem Marktvolumen von 80 Mio. Flaschen (Standardflasche 5 Liter). Aufgrund bislang regelmäßig durchsetzbarer Preiserhöhungen stellt sich die wertmäßige Marktentwicklung mit einem Wachstum von 1 % p. a. bei stagnierendem Absatzvolumen derzeit noch positiv dar. Für die nächsten drei Jahre wird weiterhin mit einer Stagnationsphase gerechnet.

Alle Wettbewerber konzentrieren sich im Rahmen ihrer Marketingstrategie auf die traditionellen Produktvorteile von Weichspülern (vgl. Abbildung 137). Eine Profilierung im Wettbewerb durch die Besetzung neuer kaufrelevanter Produkteigenschaften erfolgte bisher nicht. Die Focussierung aller Wettbewerber auf wenige, austauschbare Nutzendimensionen führte zu einer hohen Wettbewerbsintensität und zu abnehmender Markentreue. Der Wettbewerb wurde zunehmend auf der preislichen Ebene ausgetragen. Die starke Preisorientierung bei ständig steigendem Werbedruck führte alle Unternehmen der Branche in

Grundnutzen	– Weichheit/Griff der Wäsche (Gute Trageeigenschaften und Pflege der Wäsche)
Zusatznutzen	– Duft/Frische – Verringerte elektrostatische Aufladung – Bügelzeitersparnis – Trockenzeitersparnis

GABLER GRAPHIK

Abbildung 137: Produktvorteile traditioneller Weichspüler

eine prekäre Preis-Kosten-Schere. Trotz der hohen Wettbewerbsintensität konnte SOFTI seine Marktführerposition gegenüber den Hauptwettbewerbern WEICHMACHER und FEDERWEICH bei einem Marktanteil von 45 % stabilisieren. Als Resultat einer konsequenten Preisführerschaft von SOFTI lag der wertmäßige Marktanteil bei fast 50 %. Aufgrund dieser dominanten Position richten die Wettbewerber ihr Verhalten in hohem Maße an demjenigen von SOFTI aus.

Besondere Gefahren sehen alle Wettbewerber im Weichspülmarkt in der sich verschärfenden Umweltschutzdiskussion. Vor dem Hintergrund einer gegenüber Umweltproblemen sensibilisierten Öffentlichkeit und verschärften Umweltschutzgesetzen wurden im letzten Jahr Weichspüler aufgrund ihrer chemischen Inhaltsstoffe (kationische Tenside) und ihrem Verpackungsmüll (große Kunststofflaschen) bereits häufiger von Umweltschutzgruppen kritisiert. Bisher hat jedoch noch kein Wettbewerber eine umweltgerechte Problemlösung am Markt angeboten.

Aufgrund der dominanten Marktposition steht die SOFT AG besonders schnell, stellvertretend für die Branche, im Blickpunkt der Öffentlichkeit. Erfahrungen der Vergangenheit zeigen, daß Ansprüche von Verbraucherorganisationen und Medienberichterstattungen vielfach ihr Augenmerk auf das Verhalten des Marktführers der Branche richten.

1.2 Konsumentensituation

Von der SOFT AG durchgeführte Marktforschungsuntersuchungen im Weichspülermarkt deuten darauf hin, daß trotz unverändert wahrgenommener Produktvorteile Kaufhemmnisse existieren. Es zeigt sich, daß aufgrund des gestiegenen Umweltbewußtseins insbe-

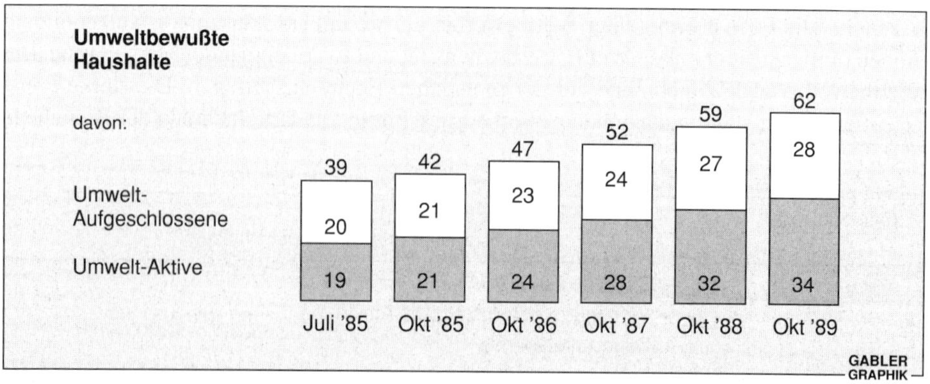

Abbildung 138: Entwicklung des Umweltbewußtseins und umweltorientierten Kaufverhaltens bundesdeutscher Haushalte

sondere die voluminösen Kunststofflaschen für Weichspüler im Hausmüll zu einem negativen Wahrnehmungsanker geworden sind. Im Gegensatz zu der Gewässerbelastung, die zwar vom Gesetzgeber zunehmend in die Umweltschutzdiskussion gebracht wird, aber vom Verbraucher nicht unmittelbar wahrgenommen werden kann, führen die leeren Flaschen zu einer direkten Betroffenheit der einzelnen Haushalte.

Das Umweltbewußtsein der bundesdeutschen Haushalte ist in den letzten Jahren deutlich angestiegen (vgl. Abbildung 138). Bisher weist aber nur ein geringer Anteil an Haushalten sog. „Umweltaktive Haushalte" ein dementsprechendes umweltorientiertes Kauf- und Verbrauchsverhalten auf. Die Zahl der umweltaktiven Haushalte wird 1989 auf 34 % beziffert, wobei jedoch produktspezifische Differenzierungen zu berücksichtigen sind. Untersuchungen bei der Zielgruppe der Weichspüleranwender zeigen, daß bisher etwa 24 % zu den „Umweltaktiven Haushalten" zählen. Sie neigen in hohem Maße dazu, den Weichspülerverbrauch einzuschränken, wenn keine umweltfreundlicheren Alternativen am Markt angeboten werden. Sofern Produkte einen umweltorientierten Nutzenvorteil bieten, sind diese Haushalte auch bereit, einen deutlich höheren Preis für diese Produkte zu entrichten. Es zeigt sich, daß das Segment der „Umweltaktiven Haushalte" generell und in der Zielgruppe der heutigen Weichspüleranwender wachsen wird. Die Abbildung 139 zeigt die geschätzte Entwicklung der Segmente „Umweltaktive Haushalte" und „Nicht umweltaktive Haushalte" bei den Weichspüleranwendern mit den entsprechenden Wachstumsraten (w_t) für die nächsten drei Jahre.

		1991	1992	1993
Nicht umweltaktive Haushalte	Zielgruppenanteil	70 %	65 %	50 %
	Marktvolumen (S_t) (in Mio. Stck.)	56	52	40
	Absatzvolumen SOFTI bei 45 % Marktanteil	25,2	23,4	18
Umweltaktive Haushalte	Zielgruppenanteil	30 %	35 %	50 %
	Wachstumsrate Basis 1991 (W_t)	1	1,167	1,67
	Marktvolumen (in Mio. Stck.)	24	28	40
Marktvolumen Weichspüler (in Mio. Stck.)		80	80	80

GABLER GRAPHIK

Abbildung 139: Prognosen über die Entwicklung des Anteils „Umweltaktiver Haushalte" und „Nicht umweltaktiver Haushalte" bei den Anwendern von Weichspülern

1.3 Handelssituation

Weichspüler werden nahezu über alle Betriebsformen des Handels vertrieben, um eine möglichst hohe Distributionsdichte zu erzielen. Der Handel sieht sich generell sinkenden Flächenproduktivitäten gegenüber und steht der Einführung neuer Marken oder Zweitmarken für Produktvarianten der Markenartikelindustrie kritisch gegenüber. Die Akzeptanzprobleme verstärken sich, wenn keine deutlichen Produktvorteile erkennbar sind, Kannibalisierungseffekte mit bestehenden Marken im Sortiment zu befürchten sind und keine ausreichende Handelsspanne erwirtschaftet werden kann.

Der überwiegende Teil des Handels, in dem Weichspüler vertrieben werden, sieht der Diskussion um eine Rücknahmeverpflichtung von Verpackungsrückständen mit Besorgnis entgegen. Von seiten des Handels ist allerdings auch ein verstärktes Nachfrageverhalten nach umweltgerechten Produktvarianten spürbar. In einer Studie „Handel 2000" wurde festgestellt, daß in den nächsten Jahren die sog. „Umweltaktiven Haushalte" jene Betriebsformen beim Einkauf von Haushaltsreinigern und Waschmittel bevorzugen werden, die eine entsprechende Beratung bieten, umweltgerechte Sortimente führen und Rücknahmesysteme für Problemabfälle sowie Verpackungs- und Produktrückstände zur Verfügung stellen. Einige LH-Fachmärkte und Drogerien beginnen bereits, ihre Sortimente an diesen Zielgruppen auszurichten.

Die Abbildung 140 zeigt die prozentuale Verteilung des Absatzvolumens der Marke SOFTI auf die einzelnen Betriebsformen. Die Zusammensetzung des Deckungsbeitrages differenziert nach Betriebsformen zeigt, daß der DB-Anteil je Weichspüler-Flasche bei Drogeriemärkten und LH-Fachgeschäften deutlich über dem der Großabnehmer liegt. Gegenüber den Discountmärkten wird SOFTI in diesen Betriebsformen auch in deutlich geringerem Umfang für Sonderpreisaktionen „mißbraucht".

Betriebstypen	Verteilung des Absatzvolumens von SOFTI 1989	Anteil am Gesamt-DB 1989	Betriebstypenspezifisches Wachstum im Segment „Umweltaktive Haushalte" (jährlich)
– Verbrauchermärkte	40%	35%	– 6%
– Warenhäuser	10%	12%	– 6%
– Discounter	30%	20%	– 12%
– Drogeriemärkte	6%	10%	+ 12%
– LH-Fachhandel	8%	12%	+ 6%
– Sonstige	6%	11%	+ 1%
	100%	100%	

GABLER GRAPHIK

Abbildung 140: Vertriebsschwerpunkte der Marke SOFTI differenziert nach Betriebsformen des Handels

1.4 Unternehmenssituation

Die SOFT AG rechnet in den nächsten Jahren mit einer weiteren Verschärfung und Emotionalisierung der Verpackungsmülldiskussion und befürchtet bei zunehmendem öffentlichen Druck Eingriffe des Staates, sofern keine Problemlösungen von seiten der Industrie angeboten werden. Die SOFT AG sieht sich aufgrund ihrer Forschungskompetenz in der Lage, ab 1991 einen umweltgerechteren Weichspüler ÖKO-SOFT als „Pionierleistung" auf den Markt zu bringen, um erstmalig die Dimension „Umweltqualität" im Weichspülermarkt zu besetzen. Sowohl die Zusammensetzung des neuen Weichspülerkonzentrats als auch die flexible Nachfüllpackung mit Dosierspender bieten einen Umweltnutzen bei der Herstellung, dem Vertrieb, dem Kauf und Verbrauch von Weichspülern sowie der Entsorgung der Verpackungsrückstände. Als Marktführer glaubt die SOFT AG, die Produktkonzeption dem Konsumenten glaubhaft nahezubringen, da SOFTI bisher als Marke mit hoher Bekanntheit bei vielen Anwendern einen Vertrauensbonus erlangt hat.

Das Unternehmen ist überzeugt, daß Konsumenten, die den sog. „Umweltaktiven Haushalten" zuzuordnen sind, mit dieser Produktkonzeption in besonderer Weise angesprochen werden können. Der Zeitaufwand beim Nachfüllen geleerter Verpackungen wird durch die Produktvorteile, wie 75 % Gewichtersparnis gegenüber SOFTI (Bequemlichkeit beim Kauf), Raumersparnis, wiederverwendbarer Dosierspender, 70 % Verpackungsersparnis und erhebliche Reduzierung der Wasserbelastung kompensiert. Die nicht umweltaktiven Haushalte wissen diese Vorteile noch nicht zu schätzen und sehen bei solchen Bio-Waschmitteln eine Beeinträchtigung des Grund- und Zusatznutzens.

Die Geschäftsführung hat sich entschlossen, SOFTI und das neue ÖKO-SOFT für die nächsten drei Jahre gemeinsam am Markt anzubieten (duale Markenstrategie), um sowohl das bisher noch relativ kleine, aber wachsende Segment der „Umweltaktiven Haushalte" mit ÖKO-SOFT als auch das Segment der „Nicht umweltaktiven Haushalte" mit SOFTI zu bedienen. Man geht davon aus, daß die traditionelle Produktvariante SOFTI nach drei Jahren zurückgezogen werden kann, weil dann der überwiegende Teil der Haushalte zu den umweltaktiven Haushalten zählen werde.

Bis dahin ist es das erklärte Ziel der Geschäftsführung, den Marktanteil von 45 % im kleiner werdenden Segment der „Nicht umweltaktiven Haushalte" in den nächsten drei Jahren mit dem traditionellen SOFTI unbedingt zu erhalten. Weiterhin sollte versucht werden, im wachsenden Segment der „Umweltaktiven Haushalte" mit dem neuen ÖKO-SOFT ebenfalls 45 % Marktanteil zu erreichen.

Im Gegensatz zur Marke SOFTI will man bei ÖKO-SOFT die Vertriebsschwerpunkte auf diejenigen Betriebsformen des Handels legen, bei denen die umweltaktiven Haushalte in den nächsten Jahren verstärkt einkaufen werden.

Der Marketingleiter der SOFT AG weist die Geschäftsführung darauf hin, daß diese Ziele in dem stagnierenden Weichspülermarkt in hohem Maße nur durch einen hohen Werbedruck für beide Marken erreicht werden kann. Angesichts der sich abzeichnenden Preis-Kosten-Schere in der Branche genehmigt die Geschäftsführung für die nächsten drei Jahre ein jährlich einzuhaltendes Werbebudget für beide Marken von zusammen 13 Mio. DM als absolute Obergrenze. Der Marketingleiter hält diesen Betrag für viel zu niedrig, um die angestrebten Marktanteilsziele in beiden Segmenten zu erzielen. Aufgrund von in der Vergangenheit durchgeführten Werbe-Wirkungsanalysen bei der Marke SOFTI und Markttestergebnissen für die neue Marke ÖKO-SOFT hat er für das Segment der „Nicht umweltaktiven Haushalte" und der „Umweltaktiven Haushalte" folgende Werbewirkungsfunktionen ermittelt:

Werbewirkung für SOFTI im Segment „Nicht umweltaktive Haushalte":

$$Y_t = S_t - \frac{S_t}{\sqrt{0{,}5\, X_t}} \qquad \text{für } 3 < X_t < 13$$

Werbewirkung für ÖKO-SOFT im Segment „Umweltaktive Haushalte":

$$Y_t^* = 3\, W_t + 2\sqrt{X_t^*} \qquad \text{für } 3 < X_t^* < 10$$

Legende:

Y_t	=	Absatzvolumen SOFTI im Jahr t
X_t	=	Werbebudget SOFTI im Jahr t
S_t	=	geschätztes Marktvolumen traditioneller Weichspüler im Jahr t
Y_t*	=	Absatzvolumen ÖKO-SOFT im Jahr t
X_t*	=	Werbebudget ÖKO-SOFT im Jahr t
W_t	=	Wachstumsrate des Segments „Umweltaktiver Haushalte" im Jahr t

Die Werbewirkungsfunktion für ÖKO-SOFT wurde in einem Testmarkt ermittelt und für die Bundesrepublik hochgerechnet. Im Testmarkt wurde das Absatzvolumen von ÖKO-SOFT mit den gleichen Vertriebsschwerpunkten wie die Marke SOFTI (vgl. Abbildung 140) vertrieben. Hierbei ergab sich bereits ohne Berücksichtigung der Werbung ein Basisumsatz, der bundesweit für 1991 mit 3 Mio. Stück des neuen ÖKO-SOFT in der Werbewirkungsfunktion berücksichtigt wurde. Der Preis für ÖKO-SOFT wurde im Testmarkt auf das gleiche Niveau wie das traditionelle SOFTI festgesetzt. Obwohl der Testmarkt als repräsentativ für die Bundesrepublik gilt (Soziodemographie, Handelsstruktur), verzeichnet die SOFT AG mit traditionellen Produkten gegenüber dem Gesamtmarkt einen unterdurchschnittlichen Bekanntheitsgrad.

1.5 Fragen zur Fallstudie „Soft AG“

1. Führen Sie eine Chancen/Risiken- und Stärken/Schwächenanalyse für die SOFT AG vor dem Hintergrund der Umweltprobleme durch! Erstellen Sie hierbei eine absatzmittlerorientierte Portfolioanalyse (Wachstum der Betriebstypen bei der Zielgruppe „Umweltaktive Haushalte“/Vertriebsanteil von SOFTI)!

2. Welche Erklärungsansätze können aus der Kaufverhaltenstheorie zur Begründung von Divergenzen zwischen Umweltbewußtsein und umweltorientiertem Kaufverhalten herangezogen werden?

3. (a) Welches jährliche Werbebudget müßte die SOFT AG in den drei Jahren für den traditionellen Weichspüler SOFTI planen, damit die Marktanteilsziele im Segment der „Nicht umweltaktiven Haushalte“ erreicht werden?

   (b) Reicht das verbleibende Werbebudget aus, um für die neue Marke ÖKO-SOFT die angestrebten Marktanteilsziele im Segment „Umweltaktive Haushalte“ in den nächsten drei Jahren zu erreichen? Nennen Sie Gründe dafür, warum die Werbewirkung bei ÖKO-SOFT gegenüber der im Testmarkt ermittelten Werbewirkung bei der Gesamtmarkteinführung höher sein kann.

4. Bisher ist die Geschäftsführung der SOFT AG davon ausgegangen, daß der neue Weichspüler ÖKO-SOFT für den gleichen Preis angeboten werden sollte wie SOFTI. Angesichts neuerer Erkenntnisse des Marketingleiters der SOFT AG über Möglichkeiten eines dynamischen Preismanagements wird darüber nachgedacht, für ÖKO-SOFT eine Penetrations- oder Skimmingpreisstrategie vorzusehen. Weiterhin besteht die Idee, die Marke SOFTI zunächst drei Jahre im Preis zu halten und sie danach bei Einschränkung der Werbung kräftig im Preis anzuheben. Somit kann die Marke aus dem Marktsegment „herausgepreist“ werden, um dann möglichst schnell mit der Marke ÖKO-SOFT den Gesamtmarkt zu bedienen. Diskutieren Sie die Vor- und Nachteile der preisstrategischen Optionen! Berücksichtigen Sie hierbei mögliche Interdependenzen zwischen den Preisstrategien der beiden Marken.

2. Fallstudie „Flughafen AG“ zum Design und zur Konzeption einer empirischen Untersuchung

2.1 Aktuelle Herausforderungen an das Marketing für Verkehrsflughäfen

Die weiterhin zunehmende Industrialisierung in den westlichen Industrienationen, aber auch in Osteuropa und in den Entwicklungsländern führt zu einem immensen Bedeutungszuwachs der Transportsysteme. Dabei erhält der Luftverkehr aufgrund der wachsenden Diversifizierung der industriellen Fertigungsstandorte und der steigenden Bedeutung des Produktionsfaktors „Zeit“ besondere Entwicklungsimpulse. So ist für die Bundesrepublik Deutschland im Jahr 1988 ein Zuwachs im Fluggastaufkommen von 7 % zu verzeichnen.

Diese positive Entwicklung wird von verschiedenen Experten für die nächsten Jahre fortgeschrieben. Insbesondere wird in einem gemeinsamen europäischen Binnenverkehrsmarkt nach 1992 eine Neubewertung von Standortvorteilen und -nachteilen einzelner Wirtschaftszweige erwartet, bei der die verkehrstechnische Infrastruktur, besonders im Bereich Luftfahrt immer größere Bedeutung für den Marktzugang und die Marktpflege heimischer Industrien erhält. Gleichzeitig wird eine Liberalisierung des innereuropäischen Luftverkehrs und in dessen Folge eine weitere Wettbewerbsverschärfung zwischen den verschiedenen Fluggesellschaften erwartet.

Der Wettbewerb im Luftverkehr konzentriert sich dabei vor allem auf die Einrichtung und den Betrieb von Fluglinien und damit auf die Nutzung von Flughäfen als Anschlußknoten im Luftverkehr.

Hierbei stellt Flughafen-Marketing die Planung, Koordination und Kontrolle aller auf die aktuellen und potentiellen Märkte ausgerichteten Aktivitäten des Flughafens dar. Dabei kann analog zu einem Marketing für Investitions- und Konsumgüter ein beschaffungs- und absatzgerichtetes Marketing unterschieden werden (vgl. Abbildung 141).

Das Beschaffungsmarketing der Verkehrsflughäfen richtet sich in erster Linie an die Behörden und Kommunen, die als Eigentümer die entsprechenden Ressourcen wie technische Einrichtungen, Flugbetriebsrechte und regionale Verkehrsanbindungen zur Verfügung stellen. Andererseits müssen die Flughäfen – je nach Auslastungsgrad – die Fluggesellschaften überzeugen, „ihren“ Flughafen als Verkehrsanschlußpunkt zu nutzen.

Die Nachfrage kann vom Flughafen durch ein aktives Absatzmarketing beeinflußt werden. Dabei „vermarktet“ der Flughafen sein Angebot an geschäftliche und private Kunden. Im

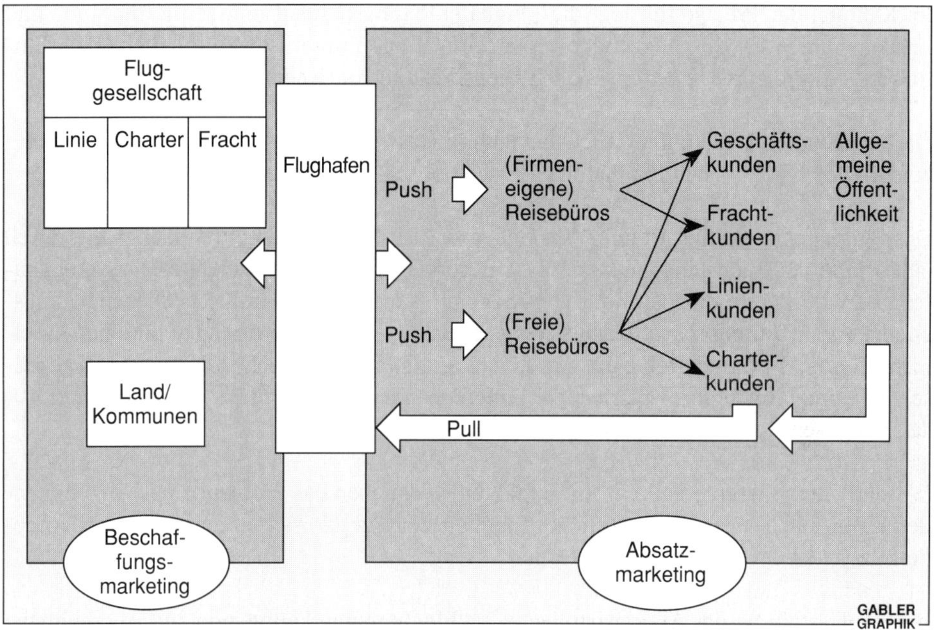

Abbildung 141: Bezugsrahmen des Flughafen-Marketing

geschäftlichen Bereich sind dabei als zentrale Zielgruppen Geschäftsreisende (i. d. R. Linienflieger) und Luftfrachtkunden und im Touristik-Bereich Charter- und Linienkunden zu identifizieren.

Eine besondere Stellung kommt dabei im Absatzmarketing den Absatzmittlern (Reisebüros) zu, die eine entscheidende Rolle bei der Vermittlung der Flughafenleistung einnehmen. Nicht zuletzt aufgrund der zunehmend im Zusammenhang mit Flughäfen aufkommenden Umweltschutzdiskussion wird die „allgemeine Öffentlichkeit" zu einem immer wichtigeren Partner bei der Gestaltung der Absatzpolitik.

Als Aktionsparameter im Flughafenmarketing können insbesondere drei Gestaltungsfelder herausgearbeitet werden. Zum einen versucht der Flughafen in Zusammenarbeit mit den Fluggesellschaften und Reiseveranstaltern eine bedürfnisgerechte Bündelung des Flugangebotes (Wegsicherung für Personen und Fracht) zu verwirklichen. Die unabhängige Gestaltungsmöglichkeit des Flughafens liegt aber zum anderen vor allem in einem marktgerechten Angebot von Serviceleistungen (Abfertigung von Flugzeugen, Flughafenrestaurant, Parkplätze etc.). Einen dritten Schwerpunkt bei den Aktionsparametern stellt die kommunikative Umsetzung des Flughafenangebotes in Flugplan, Flughafenzeitung, Sonderveranstaltungen etc. dar.

Im Rahmen der Preispolitik legt die Flughafenleitung beschaffungsseitig die Start- und Landegebühren für die Flugzeugbewegungen fest und nimmt, soweit möglich, auch Einfluß auf das Preisniveau der ansässigen Dienstleistungsunternehmen.

Das Distributionsmix umfaßt alle Maßnahmen des Flughafens gegenüber aktuellen und potentiellen Nutzern, den Flughafen physisch optimal zu erreichen.

Das Flughafenmarketing ist dabei im Gegensatz zur Vermarktung von Sachgütern durch eine Reihe von dienstleistungstypischen Besonderheiten gekennzeichnet. Das „Flughafenprodukt" ist kein monostrukturiertes Sachgut, sondern ein komplexes Dienstleistungsbündel zur Erfüllung verschiedener Wegsicherungs- und Abfertigungsfunktionen. Vielmehr führen Verbundeffekte in der Leistungserstellung zwischen Luftverkehrsgesellschaften und Flughäfen zu einer starken Interdependenz zwischen Beschaffungs- und Absatzprozessen.

Wesentliches Charakteristikum für Flughäfen ist daneben das Problem einer vorzuhaltenden Kapazitätsreserve als eigentliche Angebotsleistung, die sich in einer geringen Angebotselastizität der Nachfrage manifestiert.

Bei der Gestaltung der Aktionsparameter im Flughafenmarketing sind zudem erhebliche staatliche Einflußnahmen zu beobachten. Man denke nur an die Regulierung der Flugrouten, das Nachtflugverbot oder das spezifische Zielsystem eines öffentlichen Unternehmens, welches zumindest partiell durch gemeinwirtschaftliche Elemente gekennzeichnet ist.

Vor diesem Hintergrund beschäftigte sich die Flughafenleitung eines kleinen Flughafens in Norddeutschland mit der:

- Erweiterung eines Marketingkonzeptes für den Verkehrsflughafen

- Identifizierung relevanter Zielgruppen und deren Wahrnehmung und Beurteilung des Dienstleistungsangebotes des Flughafens.

Hierzu wurde zunächst einer Situationsanalyse des Flughafens auf der Basis sekundärstatistischer Daten durchgeführt. Diese bildete die Grundlage für die Entwicklung eines Befragungskonzeptes der zentralen Zielgruppen „Firmen", „Absatzmittler" und „Fluggäste", mit der die Marketingabteilung des Flughafens die Wahrnehmung und Beurteilung des Dienstleistungsangebots erfassen will.

2.2 Situationsanalyse für den Flughafen

2.21 Entwicklung des Verkehrsaufkommens

In den letzten Jahren hat sich in der Bundesrepublik Deutschland ein deutlicher Trend abgezeichnet, bei dem das Flugzeug als Verkehrsmittel immer mehr an Bedeutung gewonnen hat. Alle 12 internationalen Flughäfen der Bundesrepublik Deutschland konnten in den letzten Jahren einen deutlichen Aufschwung verzeichnen. Insgesamt wurden 1988 68 Mio. Passagiere auf deutschen Flughäfen abgefertigt, was eine Steigerung von 7 % gegenüber dem Vorjahr darstellt.

Dieser Trend schlug auch auf den norddeutschen Flughafen durch, der in den letzten Jahren sogar durchgehend zweistellige Wachstumsraten (1988: 11,3 %) zu verzeichnen hatte (Abbildung 142).

In absoluten Zahlen bedeutet dies für den Flughafen eine Steigerung um 22.782 Passagiere im Gesamtfluggastaufkommen auf 223.532 Passagiere. Nicht zuletzt haben auch die 1988 neu eingerichteten Linienstrecken nach Stuttgart und München zu dieser Entwicklung beigetragen.

Den größten Anteil an der Steigerung hält allerdings der Pauschalflugverkehr. Hier wurde ein Plus von 42,7 % erreicht.

Interessant ist in diesem Zusammenhang, daß die Flugbewegungen 1988 trotz steigender Fluggastzahlen um 6,2 % auf 52.317 Starts und Landungen abgenommen haben. Dieses wurde durch den Einsatz von modernerem und größerem Fluggerät erreicht. Durch diese Entwicklung konnten darüber hinaus die Lärmemissionen abgebaut werden. Auch für das Jahr 1989 wird mit einer anhaltenden positiven Verkehrsentwicklung gerechnet.

2.22 Technisch-infrastrukturelle Ausstattung des Flughafens

Die umfassenden technischen Einrichtungen des Flughafens entsprechen den hohen Anforderungen eines internationalen Verkehrsflughafens. Das gesamte Flughafengelände von 160 ha ist dabei nur z. T. ausgebaut. Die Länge der Hauptstart- und Landebahnen von 2.170 m ist so angelegt, daß auch größtes, modernes Fluggerät starten und landen kann. Dieses gilt insbesondere für Flugzeugmuster wie den Airbus A 300 oder die Boeing 747, die den Flughafen ebenso angeflogen haben wie das Überschallflugzeug „Concorde“.

	Bewegungen 1988 im Vergleich zu 1987				Fluggastaufkommen 1988 im Vergleich zu 1987			
	1988	1987	Diff. abs.	Diff. %	1988	1987	Diff. abs.	Diff. %
1. Gewerblicher Verkehr davon:	23.965	26.766	2.801	– 10,5	205.676	176.150	29.526	+ 16,8
Linienverkehr	7.056	6.342	714	+ 11,3	141409	129.154	12.255	+ 9,5
Pauschalflugreise-verkehr	507	356	151	+ 42,4	57.940	40.595	17.349	+ 42,7
Transit (in Pauschal-reiseverkehr enthalten)	–	–	–	–	7.410	3.067	4.343	+ 141,6
Tramp- u. Anforderungs-verkehr	51	70	19	– 27,1	3.848	3.796	52	+ 1,4
Bedarfsflüge zu festen Zeiten, Taxiflüge, gewerbliche Schulflüge, übrige gewerbl. Flüge	16.351	19.998	3.647	– 18,3	2.522	2.605	83	– 3,2
2. Nichtgewerblicher Verkehr	28.352	29.035	683	– 2,4	17.813	24.600	6.787	– 27,6
Gesamt:	52.317	55.801	3.484	– 6,2	223.532	200.750	22.782	+ 11,3

Abbildung 142: Jahresübersicht der Verkehrsergebnisse

Der Flughafen ist technisch auch für den Schlechtwetterbetrieb zugelassen. Präzisionsflüge werden über das Instrumenten-Landesystem (ILS) abgewickelt. Die Flugsicherung im Kontrollturm wird von Lotsen der Bundesanstalt für Flugsicherung gewährleistet.

2.23 Leistungsangebot des Flughafens

1. Flugangebot
   Das Flugangebot i. S. v. Ziel- und Anflugdestinationen wird von den Linien- und Reiseverkehrsgesellschaften festgelegt und liegt damit nur bedingt im aktiven Gestaltungsbereich des Flughafens. Zur Zeit werden die in Abbildung 143 gekennzeichneten Destinationen im Linien- und Charterflug direkt angeflogen (Stand: 1988).
   Seit kurzem bietet der Flughafen auch die Möglichkeit des Luftfrachtversandes an. 1989 wurde der Flughafen zudem in das Nachtflugnetz der Deutschen Bundespost integriert.

2. Serviceleistungen
   Am Flughafen werden zahlreiche Dienstleistungen durch die Flughafen GmbH wie auch durch angesiedelte Firmen erbracht.

So werden zahlreiche Abfertigungs- und Hilfsfunktionen für die Fluggesellschaften erbracht (Betankung der Flugzeuge, Check-in, Check-out der Fluggäste etc.). Außerdem werden verschiedenartigste Bedürfnisse der Flughafenbenutzer befriedigt. So bietet das Flughafengelände Parkmöglichkeiten für mehr als 1.000 PKW. Autovermietungsfirmen bieten ebenso ihre Dienste an wie Kurierdienste, die mit Pkw und Kleinbussen den Transfer zu naheliegenden Ballungsgebieten sicherstellen.

Direktverbindung Inland:	Berlin Frankfurt München Stuttgart
Direktverbindung Europa:	Glasgow Manchester London
Touristik Charterflüge:	Gran Canaria Ibiza Mallorca

GABLER GRAPHIK

Abbildung 143: Angeflogene Ziele im Linien- und Charterverkehr

Im Flughafengebäude reicht die Dienstleistungspalette von Buchungs- und Check-in-Service von Fluggesellschaften über Hotel-Direkt-Rufanlagen bis hin zu EC-Geldautomaten und einem Duty-Free-Shop. Abgerundet wird das Bild durch gastronomische Betriebe.

2.3 SWOT-Analyse des Flughafens

Ein erster wesentlicher Schritt zur Erstellung einer Marketing-Konzeption ist die Erfassung der zentralen Chancen und Risiken sowie der Stärken und Schwächen und ihrer Gegenüberstellung im Rahmen einer sekundärstatistischen SWOT-Analyse (vgl. Abbildung 144).

2.31 Chancen-Risiken-Analyse

Wie eingangs erwähnt, werden die ökonomischen Chancen des Luftverkehrsmarktes durchaus positiv bewertet. Steigende wirtschaftliche Verflechtungen in den westlichen Industrienationen begünstigen den Anstieg im gewerblichen Personen- und Luftfrachtverkehr. Im Charterverkehr kann bei steigendem Freizeitangebot für die Bürger und einem wachsenden Tourismusmarkt ebenfalls eine steigende Lufttransportnachfrage prognostiziert werden. Diese positiven Trends werden unterstützt durch allgemeine gesellschaftliche Entwicklungen wie einer zunehmenden „Vertrautheit" mit dem Transportmedium Flugzeug und der damit einhergehenden Attraktivitätssteigerung des Fliegens.

Positive Impulse werden vor allem von dem gemeinsamen Binnenmarkt Europa '92 ausgehen. Einerseits werden neue Flugverbindungen zwischen den europäischen Metropolen geschaffen. Andererseits wird die zu erwartende Deregulierung des Luftverkehrs nach amerikanischem Vorbild zu einer steigenden Konkurrenz der Verkehrsknotenpunkte führen.

Technisch-strukturelle Chancen werden vor diesem kompetitiven Hintergrund vor allem kleineren (internationalen) Verkehrsflughäfen eingeräumt, die nicht – wie die großen Airports – überlastet sind.

Gleichzeitig begünstigen im Bereich des Flugzeugbaus erfolgreiche Entwicklungen von kleineren, aber dennoch hohen Reisekomfort gewährleistenden Turboprop-Maschinen des Kurz- und Mittelstreckenverkehrs die Regionalisierungsbestrebungen der Fluggesellschaften. Diese Entwicklungstendenzen im Flugzeugbau sind vor allem eine Reaktion auf die wachsende Nachfrage der Airlines nach kleineren Flugzeugen für die Bedienung von Tagesrandverbindungen („morgens hin und abends zurück").

Chancen	Risiken
– Anstieg im gewerblichen Personen- und Luftfrachtverkehr – Wachsender Tourismusmarkt – Binnenmarkt Europa 1992 – Deregulierung des Luftverkehrs – Neue Entwicklungen im Flugzeugbau	– Neue schienengebundene Transportsysteme (ICE, Transrapid) – Konzentration der Fluglinien – Anwachsen der Wartezeiten – Sicherheitsrisiko beim Fliegen – Umweltbeeinträchtigungen – Rohölpreisentwicklung
Stärken	**Schwächen**
– Technische Ausstattung – Fehlendes Nachtflugverbot – Attraktive räumliche Lage – Kurze Check-in/out-Zeiten – Offene Slots – Förderung durch Luftverkehrskonzept des Bundes	– Fehlendes technisches Personal – Fehlende Kenntnis über das Fluggastpotential – Preisaufschlag bei Flugvermittlung – „Ländlich-provinzielles Image" – Niedriger Bekanntheitsgrad bei Reisebüros

GABLER GRAPHIK

Abbildung 144: Beispielhafte SWOT-Analyse eines Flughafens

Den Chancen im Luftverkehrsmarkt stehen allerdings auch eine Reihe von Risiken gegenüber (vgl. Abbildung 144).

In wirtschaftlicher Hinsicht werden neue schienengebundene Transportsysteme (ICE, Transrapid etc.) zu einem ernstzunehmenden Konkurrenten auf Kurzstrecken. Im Bereich der Mittelstreckenflüge besteht darüber hinaus die Gefahr einer Konzentration der Fluglinien auf renditeträchtige innereuropäische Verbindungen, die vor allem Flughäfen außerhalb der großen Finanz- und Industriemetropolen in eine nachteilige Position bringen würde.

In technisch-struktureller Hinsicht ist mit zunehmender Flugintensität ein rapides Anwachsen der Wartezeiten auf den Flughäfen zu erwarten. Ein zweiter Problembereich betrifft das Sicherheitsrisiko von immer komplexeren Flughafensystemen durch technische Defekte, menschliches Versagen und Terrorismus.

Zunehmende Risiken bergen aber auch die Umweltbeeinträchtigungen des Flugzeugs, die sich besonders in der Umgebung der jeweiligen Flughäfen konzentrieren. Dies gilt sowohl für die Luftverschmutzung als auch für die Lärmbelästigung. Starke Unsicherheiten für die ökonomisch-ökologische Zukunft des Luftverkehrmarktes gehen darüber hinaus von der Entwicklung des Rohölpreises aus.

Vor dem Hintergrund dieser kurz skizzierten Chancen und Risiken sind die spezifischen Stärken und Schwächen des Flughafens herauszuarbeiten.

2.32 Stärken-Schwächen-Analyse

Die Stärken bzw. Schwächen des Flughafens (vgl. Abbildung 144) können beschaffungs- und absatzmarktorientiert betrachtet werden.

Auf dem Beschaffungsmarkt ist zunächst die solide technische Basis des Flughafens mit seiner Start- und Landeausstattung, aber auch der Gebäudeausstattung zu sehen, wobei der derzeitig in Bau bzw. Planung befindliche Neubau des Towers und der Abfertigungshalle mit in die Analyse einbezogen wird.

Als einer der wenigen internationalen Flughäfen in Deutschland verfügt der Flughafen noch über offene SLOTS, d. h. nicht ausgeschöpfte Start- und Landekapazitäten bzw. -rechte. Ein fehlendes Nachtflugverbot in Verbindung mit einer attraktiven räumlichen Lage im norddeutschen Raum bietet günstige Voraussetzungen für zahlreiche neue Flugverbindungen.

Absatzmarktbezogen führt die nahegelegene Autobahn und das große, kostengünstige Parkplatzangebot sowie die vergleichsweise großzügige Ausstattung mit Servicepersonal zu kurzen Check-in/Check-out-Zeiten. Das ländliche Umfeld des Flughafens und noch große ungenutzte Flächen lassen darüber hinaus Raum für zukünftige Expansion, ohne zu sehr in ökologische Ressourcen des Umlandes einzugreifen.

Im Bereich der Marketing-Mix-bezogenen Stärken ist vor allem auf eine hohe und positive Pressefrequenz im Rahmen der Öffentlichkeitsarbeit hinzuweisen, die sich in zahlreichen redaktionellen Beiträgen niederschlägt.

In enger Verbindung dazu ist auf der Meinungsführer- und Entscheiderposition bei den Kommunen ein hoher „good will" festzustellen. Dies gilt auch für das Land, vertreten durch den dortigen Wirtschaftsminister, der die Förderung des Flughafen im Luftverkehrskonzept ausdrücklich vorsieht und weitere Investitionszusagen gemacht hat.

Als zentrale Schwächen sind beschaffungsseitig vor allem das Fehlen technischen Personals zur Wartung von Flugzeugen und das Fehlen entsprechender Reparaturhallen zu kritisieren.

Übernachtungsmöglichkeiten für Crews sind ebenfalls nicht gegeben. Als Kernproblem bei der Akquisition von neuen Fluglinien stellt sich zudem immer wieder heraus, daß keine gesicherten Kenntnisse über das Fluggastpotential im engeren und erweiterten Einzugsgebiet kommuniziert werden können.

Absatzseitig werden zahlreiche Schwächen in einem unbefriedigenden Serviceangebot vermutet. Dies betrifft sowohl die Qualität und den Standard der Gastronomieeinrichtungen am Flughafen wie auch – bei längeren Aufenthalten – das Fehlen von Übernachtungs-, Tagungs- und Konferenzmöglichkeiten. Eine nur rudimentär entwickelte Einkaufslandschaft ist dabei nicht in der Lage, dem Fluggast einen flughafentypischen Erlebnisbeitrag zu vermitteln.

Im Marketing-Mix, speziell der Preispolitik, wird der Flughafen bei Linien- wie auch Charterflügen zudem mit einem Preisaufschlag durch die Fluggesellschaften vergleichsweise benachteiligt.

In der Distributionspolitik und eng verbunden damit in der Kommunikationspolitik kann bei den Reisebüros ein niedriger Bekanntheitsgrad und dementsprechend geringer Vermittlungswille vermutet werden. Ein niedriger Bekanntheitsgrad bzgl. des Flugangebotes und der Serviceleistungen des Flughafens wird auch bei der allgemeinen Öffentlichkeit erwartet. Hinzu kommt, daß bei dieser Zielgruppe ein „ländlich-provinzielles" Image des Flughafens als Hinderungsgrund für die Wahl als Ziel- und Abflughafen von der Marketingleitung vermutet wird.

Allgemein bemängelt die Flughafenleitung einen geringen empirisch abgesicherten Informationsstand in Marketingfragen bzgl. des Flughafens. Dabei kristallisierten sich drei zentrale Fragenkomplexe heraus:

1. Wie ist der Informations- und Entscheidungsprozeß (Buchung) der Zielgruppen bei der Wahl des Flughafens?

2. Wie wird der Flughafen als Ganzes mit seinem Image, seinem Flugangebot und seinen Serviceleistungen wahrgenommen (Servicequalität)?

3. Wo ergeben sich neue Angebots- und Dienstleistungspotentiale?

2.4 Konzeption, Durchführung und Auswertung der Befragung relevanter Zielgruppen des Flughafens

2.41 Konzeptioneller Aufbau der Befragung

Ausgangspunkt eines jeden empirischen Projektes ist die Entwicklung eines Bezugsrahmens der Befragung. Hierbei ist insbesondere festzulegen,
- wer befragt werden soll und
- welche Inhalte/Themenkomplexe abgefragt werden sollen.

Darüber hinaus ist für jede Teilbefragung eine Befragungsstrategie festzulegen, d. h. eine Bestimmung von Befragungsform, Stichprobengröße, Befragungstaktik etc.

Um eine möglichst effiziente Durchführung des empirischen Projektes zu verwirklichen, sind schließlich die statistische Datenerfassung und Methoden der Auswertung aufeinander abzustimmen.

Der Bezugsrahmen einer empirischen Untersuchung sollte zweckmäßigerweise die Faktoren beschreiben und abbilden, die auf den Flughafen einwirken. Er muß darüber hinaus den absatzpolitischen Handlungsspielraum des Flughafens aufzeigen, d. h. der gesuchte Bezugsrahmen sollte die Position des Flughafens im Beziehungsgeflecht seiner Umwelt zeigen (vgl. Abbildung 145).

In einem ersten Schritt sind die für die Befragung relevanten Zielgruppen zu identifizieren. Darauf aufbauend können sie in einen Beziehungsrahmen zum Flughafen gesetzt werden.

Den Ausgangspunkt des Bezugsrahmens bildet der Flughafen. Über jeder Geschäftshandlung des Flughafens steht die Unternehmensphilosophie, durch die neben Finanzierung und Verwaltung auch das Marketing determiniert wird.

Im Marketingbereich sind besonders die Kommunikationspolitik, die Distributions- und die Angebotspolitik für einen Flughafen von großer Bedeutung. Sie stehen in direkter Wechselbeziehung mit der Hardware, worunter z. B. die Bebauung und die Einrichtungen des Flughafens verstanden wird, sowie mit der Software, die z. B. die Dienstleistungen und Werbemittel umfaßt. Zwischen Software und Hardware existieren enge Interdependenzen.

Außerdem steht der Flughafen in Verbindung mit der Umwelt (Verkehrsanbindung, Nähe), den Zulieferern (Flugangebot, Frachtangebot) und der Konkurrenz (andere Flughäfen, andere Verkehrsmittel). Durch diese Faktoren wird der Wert des Flughafens für die jeweiligen Zielgruppen beeinflußt.

Alle bisher aufgeführten Bezugspunkte haben direkte Auswirkungen auf die identifizierten relevanten Zielgruppen (Kundengruppen), bei deren Untersuchung verschiedene Schwerpunkte gesetzt wurden. Relevante Zielgruppen bedeutet in diesem Zusammenhang, daß diese Zielgruppen

- durch ihr Verhalten wesentlich die Beziehung des Flughafens zu seiner Umwelt prägen
- im Rahmen der geplanten Befragung erreichbar sind
- für den Flughafen durch seine Kommunikations-, Kontrahierungs- und Angebotspolitik erreichbar sind
- sich aus der Sicht des Flughafens als Nachfrager präsentieren.

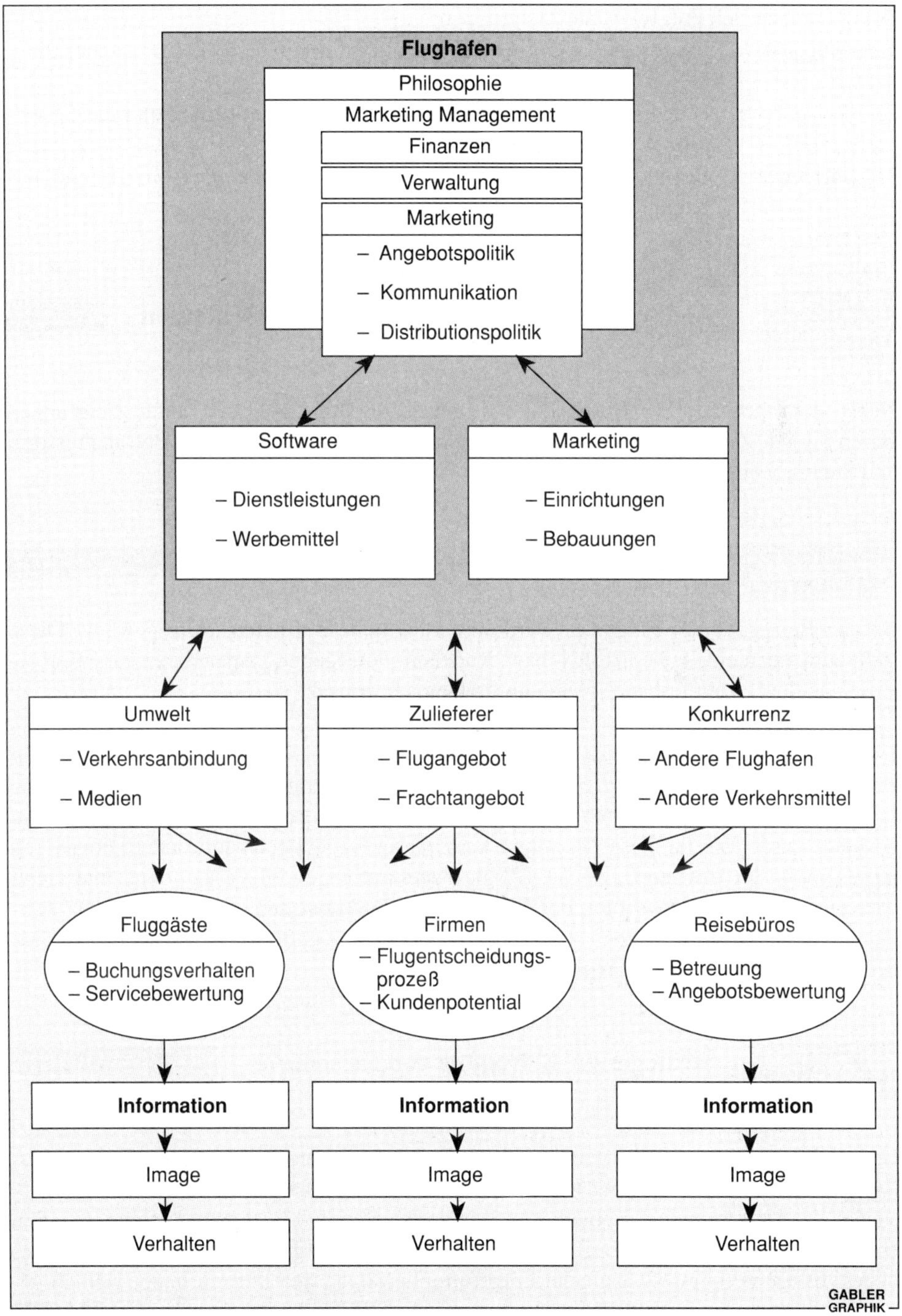

Abbildung 145: Bezugsrahmen des Flughafens

Somit ergeben sich drei relevante Zielgruppen:

1. „Fluggäste“: Interessant ist hierbei das Buchungsverhalten und das Image des Flughafens.
2. „Reisebüros“: Hier interessierten besonders die Angebotsbewertung und die Bewertung der Betreuung durch den Flughafen.
3. „Firmen“: Besonders interessierte hier der Flugentscheidungsprozeß und das Kundenpotential.

2.42 Zielgruppenspezifische Befragungsstrategien

Neben dem theoretischen Bezugsrahmen und der Identifikation relevanter Zielgruppen waren für jede Zielgruppe Befragungsstrategien zu formulieren, in denen Befragungsform und Stichprobenumfang festgelegt wurden.

2.421 Strategie zur Befragung von Fluggästen

Bei der Befragung der Fluggäste wurde die mündliche Befragungsform gewählt. Diese stellt zum einen eine hohe Erfolgs- bzw. Rücklaufquote sicher, zum anderen garantiert sie eine schnelle Durchführbarkeit und unmittelbares Feedback.

Die Grundgesamtheit wurde als Summe aller Fluggäste des Flughafens definiert, die zur Zeit der Befragung eine Flugreise vom Flughafen aus antraten. Der Stichprobenumfang sollte 230 bis 250 Personen betragen, wobei als Auswahlverfahren das Zufallsprinzip angewandt wurde. Der für diese Zielgruppe konzipierte Fragebogen wurde auf 10 Fragen mit insgesamt bis zu 16 Unterfragen ausgelegt. Insgesamt waren im Verlauf eines Interviews bei vollständiger Beantwortung des Fragebogens 76 Antworten zu geben. Um die Auswertung zu erleichtern, wurden standardisierte Interviews geführt. Der Fragebogen wurde bei 30 Fluggästen in einer Vorstudie getestet.

2.422 Strategie zur Befragung von Reisebüros

Grundlage der Strategie zur Befragung von Reisebüros war die schriftliche Befragungsform. Diese Art der Befragung war bei dieser Zielgruppe die geeignete Befragungsform, da sich das Untersuchungsproblem stark standardisieren und systematisieren ließ. Zudem ermöglichte die schriftliche Befragung die Erfassung eines größeren geographischen Gebietes. Es wurden bewußt einfache Frageformulierungen gewählt mit hauptsächlich geschlossener Fragestellung in Form von Rating-(Skala-)Fragen. Der Fragebogen enthielt 20 Fragen und drei Unterfragen.

Um die Verständlichkeit des Fragebogens zu überprüfen, sind bei 4 ausgewählten Reisebüros Test-Befragungen durchgeführt worden.

Als Grundgesamtheit wurden alle Reisebüros definiert, bei denen aufgrund der geographischen Entfernung zum Flughafen eine prinzipielle Vermittlungsbereitschaft bestehen könnte. Die postalischen Adressen der Reisebüros wurden der Adressen-Datenbank des Flughafens entnommen. Nach dem Zufallsprinzip wurden 290 Adressen ausgewählt. Insgesamt ergab sich somit ein Rücklauf von 49 verwertbaren Fragebögen (16,9 %).

2.423 Strategie zur Befragung von Firmen

Bei der Firmenbefragung handelte es sich ebenfalls um eine schriftliche Befragung.

Bei den befragten Firmen handelte es sich um Unternehmen, die im Umkreis von 200 km um den Flughafen angesiedelt sind. Die Adressendatei stellten die Industrie- und Handelskammern zur Verfügung. Ausgewählt wurden solche Firmen, die bei der IHK-Registrierung internationale Geschäftsbeziehungen als Unternehmenskennzeichen angegeben hatten. Analog zur Reisebürobefragung wurden die Firmen mit hauptsächlich geschlossenen, rating-skalierten Fragestellungen befragt.

Insgesamt wurden 350 Fragebögen verschickt. Der Rücklauf betrug 36,6 % der Bögen (128), was eine hohe Rücklaufquote bedeutet.

2.43 Prozeßorientierte Hypothesengenerierung

Für die Durchführung einer empirischen Befragung ist es notwendig, die gewünschten Themengebiete in Hypothesen zu fassen („wenn-dann-Beziehungen"), die dann mit adäquaten statistischen Verfahren überprüft werden können.

Bei komplexen Befragungsprojekten erweist es sich darüber hinaus als sinnvoll, die Hypothesen in ein aufbauendes Hypothesengerüst zu integrieren. Im vorliegenden Fall bot es sich an, die Hypothesengenerierung prozeßorientiert am realen ökonomischen Vorgang der Flughafenwahl, -vermittlung und -nutzung auszurichten. Dabei ergaben sich für alle Zielgruppen fünf aufeinander aufbauende Themengebiete (vgl. Abbildung 146).

Bei den Fragen zum Entscheidungsverhalten wurde untersucht, nach welchen Kriterien sich die Zielgruppen für die Wahl des Flugzeuges, des Flughafens als An- und Abflugdestination entscheiden. In engem Zusammenhang dazu steht der konkrete Buchungsvorgang einer Reise entweder durch den Reisenden selbst („Selbstentscheider") oder auf Vermitt-

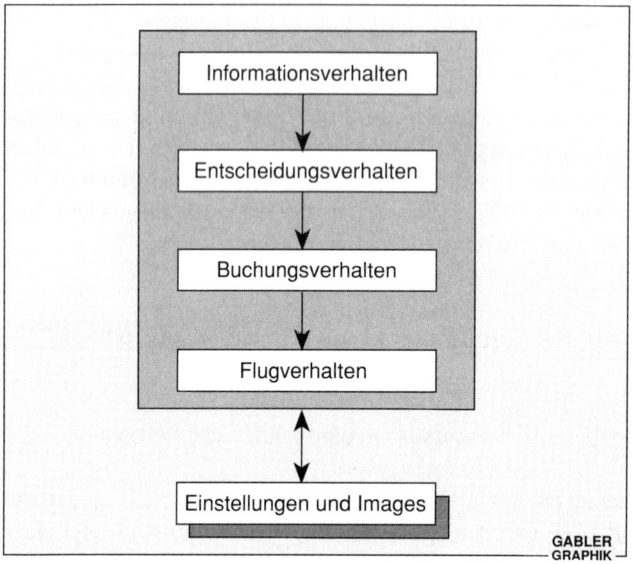

Abbildung 146: Prozeßorientierte Hypothesengenerierung

lung eines Reisebüros. Die im ökonomischen Prozeß letzte Stufe stellt das Flugverhalten dar, d. h. die tatsächliche Inanspruchnahme des Flughafens. Daneben stehen Einstellungen und Images in starker Interdependenz zum Informations-, Entscheidungs-, Buchungs- und Flugverhalten.

2.5 Fragen zur Fallstudie „Flughafen AG“

1. Diskutieren Sie auf der Grundlage der Situationsanalyse das geplante Befragungskonzept und den Fragebogenentwurf für die „Fluggäste“! Inwieweit muß der Fragebogen für die zwei weiteren Zielgruppen „Firmen“ und „Reisebüros“ modifiziert werden? Entwickeln Sie hierfür zwei Fragebogenentwürfe!

2. Welche Probleme können bei der geplanten mündlichen und schriftlichen Befragung grundsätzlich auftreten und welche Möglichkeiten der Verbesserung bestehen?

2.6 Fragebogenentwurf zur mündlichen Fluggastbefragung

Interviewer/in:	Datum:	Fragebogen-Nr.:	Dauer:

1. Sind Sie privat oder geschäftlich unterwegs?

privat	O
geschäftlich	O

2. Wohin fliegen Sie, und wo steigen Sie ggf. um?
nach ____________________ über ____________________

3a. Wie oft fliegen Sie von diesem Flughafen?

mehrmals in einer Woche	O
einmal in der Woche	O
einmal im Monat	O
einmal im halben Jahr	O
einmal im Jahr	O
seltener	O

3b. Wenn Sie eine Flugreise buchen, bestimmen Sie dann selbst, von wo Sie abfliegen, oder richten Sie sich nach den Empfehlungen Ihres Reisebüros?

bestimme selbst	O
Reisebüro	O

3c. Ich zähle Ihnen nun einige Gründe auf, die dafür sprechen, von diesem Flughafen aus zu fliegen. Bitte sagen Sie mir wie wichtig jeder Grund im einzelnen für Sie ist!

	sehr wichtig 1	ziem-lich 2	etwas 3	kaum 4	gar nicht 5	weiß nicht 0
räumliche/geographische Nähe	O	O	O	O	O	O
guter Gesamtservice	O	O	O	O	O	O
preisgünstige Parkmöglichkeiten	O	O	O	O	O	O
attraktives Flugangebot	O	O	O	O	O	O
wenig Flugausfälle	O	O	O	O	O	O
kurze Check-in Zeiten	O	O	O	O	O	O

4. Mit welchem Verkehrsmittel erreichen Sie diesen Flughafen für gewöhnlich?

mit dem eigenen PKW	O
mit dem PKW gebracht	O
mit dem Taxi	O
mit dem Bus	O

5a. Auf jedem Flughafen wird eine Vielzahl von Dienstleistungen angeboten. Wie wichtig wären Ihnen persönlich die folgenden Einrichtungen auf diesem Flughafen, unabhängig davon, ob diese Dienstleistungen hier angeboten werden?

	sehr wichtig 1	ziemlich 2	etwas 3	kaum 4	gar nicht 5	weiß nicht 0
Coffee shop	O	O	O	O	O	O
Restaurant	O	O	O	O	O	O
bequeme Warte- und Aufenthaltsmöglichkeiten	O	O	O	O	O	O
Bücher-/Zeitschriftenstand	O	O	O	O	O	O
Supermarkt	O	O	O	O	O	O
EC-Geldautomat	O	O	O	O	O	O
Wechselstube	O	O	O	O	O	O
Postamt für Luftfracht	O	O	O	O	O	O
Fundbüro	O	O	O	O	O	O
VIP-Raum	O	O	O	O	O	O
Konferenzräume	O	O	O	O	O	O
Autovermietung	O	O	O	O	O	O
Buchungsmöglichkeiten	O	O	O	O	O	O
Babywickelraum	O	O	O	O	O	O
behindertengerechte Einrichtungen	O	O	O	O	O	O
Übernachtungsmöglicheiten am FMO	O	O	O	O	O	O
moderne Kommunikationsmöglichkeiten (z.B. Btx, Telefax)	O	O	O	O	O	O

5b. Einige dieser Einrichtungen können Sie auch an diesem Flughafen nutzen. Bitte beurteilen Sie nun, ob die folgenden Einrichtungen gut sind!

	sehr wichtig 1	ziemlich 2	etwas 3	kaum 4	gar nicht 5	weiß nicht 0
attraktives Restaurant	O	O	O	O	O	O
vielfältiger Kiosk/Snack Bar	O	O	O	O	O	O
gut sortierter Duty free shop	O	O	O	O	O	O
leistungsstarke Autovermietung	O	O	O	O	O	O

Nun einige Fragen zum Flugangebot:

6a. Sind Sie der Auffassung, daß die bisher angeflogenen Flughäfen öfter in der Woche von diesem Flughafen aus angeflogen werden sollten?

	ja	nein	weiß nicht
Charterflüge	O	O	O
Linienflüge	O	O	O

(Falls „ja“)

6b. Welche Flughäfen wären dies Ihrer Meinung nach? Und wie häufig würden Sie sich diese Verbindung wünschen?

Charterflüge:	______________________
Linienflüge:	______________________

6c. Welche Flughäfen sind für Sie zusätzlich wünschenswert?

		keine
Charterflüge:	______________________	O
Linienflüge:	______________________	O

7. Haben Sie schon einmal in den folgenden Medien Werbung für diesen Flughafen gesehen oder gehört?

	mehr als einmal	einmal	noch gar nicht
Tageszeitung	O	O	O
Illustrierte	O	O	O
Fachzeitschrift	O	O	O
Radio	O	O	O
Prospekte/Plakate	O	O	O

8a. Bisher habe ich Sie zu einzelnen Bereichen dieses Flughafens befragt. Bitte sagen Sie mir nun, wie wichtig die folgenden Eigenschaften für Sie an diesem Flughafen wären!

	sehr wichtig 1	ziem-lich 2	etwas 3	kaum 4	gar nicht 5	weiß nicht 0
Gutes Parkplatzangebot	O	O	O	O	O	O
Gute verkehrstechnische Anbindung	O	O	O	O	O	O
Attraktives Flugangebot	O	O	O	O	O	O
Ausgewogenes Preis-Leistungs-verhältnis	O	O	O	O	O	O
Guter Service	O	O	O	O	O	O
Freundliches und kompetentes Personal	O	O	O	O	O	O
Zuverlässige Einhaltung der Flugtermine	O	O	O	O	O	O
Gute Übersichtlichkeit	O	O	O	O	O	O
Angenehme Atmosphäre	O	O	O	O	O	O
Positive öffentliche Meinung über den Flughafen	O	O	O	O	O	O
Geringe Umweltbelastung	O	O	O	O	O	O
Umfassende Informationen über den Flughafen	O	O	O	O	O	O
Hoher Sicherheitsstandard	O	O	O	O	O	O
Regionaler Charakter	O	O	O	O	O	O

8b. Bitte sagen Sie mir, inwieweit die folgenden Punkte auf diesen Flughafen zutreffen!

	sehr wichtig 1	ziem-lich 2	etwas 3	kaum 4	gar nicht 5	weiß nicht 0
Gutes Parkplatzangebot	O	O	O	O	O	O
Gute verkehrstechnische Anbindung	O	O	O	O	O	O
Attraktives Flugangebot	O	O	O	O	O	O
Ausgewogenes Preis-Leistungs-verhältnis	O	O	O	O	O	O
Guter Service	O	O	O	O	O	O
Freundliches und kompetentes Personal	O	O	O	O	O	O
Zuverlässige Einhaltung der Flugtermine	O	O	O	O	O	O
Gute Übersichtlichkeit	O	O	O	O	O	O
Angenehme Atmosphäre	O	O	O	O	O	O
Positive öffentliche Meinung über den Flughafen	O	O	O	O	O	O
Geringe Umweltbelastung	O	O	O	O	O	O
Umfassende Informationen über den Flughafen	O	O	O	O	O	O
Hoher Sicherheitsstandard	O	O	O	O	O	O
Regionaler Charakter	O	O	O	O	O	O

9a. Alter der Befragten:

bis 25	26 – 35	36 – 50	51 – 65	über 65
○	○	○	○	○

9b. Geschlecht:

weiblich	○
männlich	○

9c. Welcher der folgenden Berufsgruppen gehören Sie an?

Selbständiger	○
Angestellter	○
Beamter	○
Arbeiter	○
Hausfrau	○
Schüler/Student	○
Azubi	○
nicht erwerbstätig	○
Rentner	○

9d. In welcher Stadt wohnen Sie? ____________________________________

10a. Wenn Sie diesen Flughafen mit all seinen Leistungen bewerten sollten, welche Schulnote würden Sie dem Flughafen dann geben?

sehr gut 1	gut 2	befriedigend 3	ausreichend 4	mangelhaft 5	weiß nicht 0
○	○	○	○	○	○

10b. Abschließend haben Sie die Möglichkeit, spontan positive oder negative Kritik zu äußern.

3. Fallstudie „Style-GmbH" zur Anwendung von statistischen Auswertungsmethoden in der Marketing- und Käuferverhaltensforschung

Die Style-GmbH ist ein Fachgeschäft für Damenoberbekleidung mit insgesamt 11 Filialen in Südwestdeutschland. Das Gesamtunternehmen realisierte 1991 einen Umsatz von 83 Mio. DM. Der Gewinn betrug 930.000 DM und hat sich in den letzten Jahren ständig verringert. Aus diesem Grunde stellt die Geschäftsleitung der Style-GmbH Überlegungen an, wie in Zukunft höhere Gewinne auf der Basis eines intensivierten Einsatzes der Marketing-Mix-Instrumente erzielt werden können. Um diese Entscheidungen abzusichern, werden erhebliche Anstrengungen im Bereich der Marktforschung unternommen.

1. Hubert K., Geschäftsführer der Style-GmbH, hat auf einem Seminar verschiedene multivariate Verfahren kennengelernt. Er wünscht eine kurze Charakterisierung der Regressions- und Korrelationsanalyse.

   a) Zeigen Sie die wesentlichen Unterschiede dieser Verfahren auf und nennen Sie je ein Anwendungsbeispiel aus dem Bereich der Style-GmbH! Gehen Sie dabei auch auf das erforderliche Skalenniveau der Daten ein!

   b) Gleichzeitig hat Herr K. von verschiedenen Anwendungsproblemen der Regressionsanalyse gehört. Nennen Sie mindestens drei mögliche Anwendungsprobleme und ihre Auswirkungen auf das jeweilige Ergebnis!

2. Für eine Diskriminanzanalyse im Rahmen einer standortspezifischen Imageanalyse zur Trennung der Kunden bzw. Nichtkunden der Style GmbH ergeben sich folgende Diskriminanzwerte für die Gruppenmittel:
   $\bar{d}_1 = -0{,}26$ für die Käufer
   $\bar{d}_2 = 1{,}32$ für die Nichtkäufer

   a) Ermitteln Sie den kritischen Wert (d_k) und ordnen Sie die folgenden drei Personen der Gruppe der potentiellen Käufer bzw. Nichtkäufer zu!
   Person A $d_a = 0{,}49$
   Person B $d_b = -0{,}15$
   Person C $d_c = 0{,}67$

   b) Eine ergänzende Untersuchung zur Abgrenzung verschiedener Textilgeschäfte erbrachte folgende Diskriminanzfunktionen mit standardisierten Koeffizienten:
   $d_1 = 0{,}25\,x_1 - 0{,}09\,x_2 + 0{,}18\,x_3 \qquad \lambda_1 = 0{,}68$
   $d_2 = -0{,}07\,x_1 + 0{,}36\,x_2 - 0{,}22\,x_3 \qquad \lambda_2 = 0{,}23$
   Die Funktion d_1 trennt die Kunden von Style und Fashion, die Funktion d_2 trennt die Kunden von Fashion und Sandy blue.

Die diskrimierenden Variablen sind:
x_1 = Preisgünstigkeit
x_2 = gute Qualität
x_3 = modisches Angebot.
Sie wurden jeweils auf der Basis einer Notenskala (1 = sehr gut bis 6 = ungenügend) erfaßt.
Welche relative Bedeutung haben die Funktionen bei der Trennung der drei Kundengruppen?

c) Welche der unabhängigen Variablen hat die größte Diskriminanzkraft?

d) Kennzeichnen Sie kurz die unterschiedlichen Vorgehensweise bei der simultanen und der stufenweisen Diskriminanzanalyse und diskutieren Sie ihre Vor-/Nachteile bzgl. ihrer Anwendung in der Marketingforschung!

3. Im Rahmen einer Sortimentsanalyse hat Herr K. in einer repräsentativen Geschäftsstätte eine Untersuchung über die Beurteilung verschiedener Modemarken durchführen lassen. Dabei wurden insgesamt elf unterschiedliche Items zur Befragung herangezogen. Herr K. möchte demnächst erneut eine Befragung durchführen, die aber aus Kostengründen auf einer geringeren Anzahl von Variablen beruhen soll. Aus diesem Grunde wurde zur Reduktion der Daten eine Faktorenanalyse (Durch die Faktoren werden 87,3 % der Varianz erklärt) gerechnet, die folgende Ergebnisse erbracht hat (vgl. Abbildung 147):

	F_1	F_2	F_3
Modisch	0,86	0,55	0,08
Solide	0,31	0,77	– 0,38
Große Auswahl in einer Größe	0,22	0,81	0,13
Angemessene Preise	0,34	0,19	0,74
Aktuell	0,90	0,62	0,28
Gute Verarbeitung	– 0,13	0,89	– 0,47
Sonderangebote	0,27	– 0,13	0,69
Stil	0,73	0,51	– 0,11
Gute Auswahl zu gehobenen Preisen	0,31	0,56	– 0,41
Qualität	0,49	0,93	– 0,66
Niedrige Preise	– 0,28	– 0,44	0,84

GABLER GRAPHIK

Abbildung 147: Rotierte Faktorenmatrix
(Skala für alle Items 1 = trifft sehr zu bis 5 = trifft gar nicht zu).

a) Beurteilen Sie die Eignung dieser Faktorenanalyse zur Datenreduktion! Nennen Sie weitere multivariate Verfahren, die sich zur Datenreduktion einsetzen lassen!

b) Geben Sie anhand der Faktorladungen an, wie die Faktoren zu interpretieren sind!

4. Von dem bekannten Marktforschungsinstitut BEB hat sich Herr K. für 60.000,– DM eine standortspezifische Imageanalyse für eines seiner Textilgeschäfte anfertigen lassen. Aus dieser Imageanalyse möchte er Ansätze für eine segmentspezifische Marktbearbeitung ableiten. Dazu sollen mit Hilfe einer Clusteranalyse wahrnehmungshomogene Gruppen hinsichtlich der Bewertung der Eigenschaften von Textilgeschäften ermittelt werden. Das Marktforschungsinstitut liefert Herrn K. eine 7-Cluster-Lösung (vgl. Abbildung 148). Da die Erläuterung jedoch äußerst kurz gehalten ist (vgl. Abbildung 149), bittet Herr K. Sie, ihm noch einmal bei der Interpretation behilflich zu sein.

	Cl. 1 9%	Cl. 2 6%	Cl. 3 7%	Cl. 4 15%	Cl. 5 37%	Cl. 6 12%	Cl. 7 14%
1 Modisches Angebot	1,21	1,21	1,52	1,30	2,15	1,52	2,70
2 Aktuelles Angebot	1,10	1,12	1,60	1,83	2,99	3,02	3,34
3 Funktionales Angebot	1,62	1,22	1,58	2,56	2,78	3,13	2,02
4 Große Auswahl	1,43	1,68	1,55	1,20	2,23	2,01	2,20
5 Gute Qualität	3,02	3,34	1,18	1,93	2,21	1,08	3,53
6 Preisgünstigkeit	1,82	1,45	3,03	2,08	2,02	3,38	1,21
7 Sonderangebote	1,93	1,53	3,20	1,98	1,80	3,01	1,18
8 Aufmerksame Bedienung	2,83	3,02	1,89	2,45	2,02	1,38	2,23
9 Angenehme Atmosphäre	1,45	1,99	1,30	2,28	2,58	1,21	3,20

Abbildung 148: Clustermittelwerte bezüglich der Gewichtung unterschiedlicher Kaufmotive
(Skala für alle Items 1 = wichtig bis 4 = unwichtig)

	Cl. 1	Cl. 2	Cl. 3	Cl. 4	Cl. 5	Cl. 6	Cl. 7
Alter	16–24 J.	16–24 J.	25–44 J.	25–44 J.	35–60 J.	35–60 J.	40–60 J.
Größe	36–38	36–38	38–42	38–42	40–44	42–46	40–48
Einkommen	∅	unter ∅	über ∅	∅	unter ∅	über ∅	unter ø
Berufstätigkeit	stark	stark	stark	∅	unter ∅	unter ∅	unter ø
Geschlecht	Es wurden nur weibl. Zielpersonen im Alter zwischen 16–65 J. interviewt						

Abbildung 149: Soziodemographische Mittelwerte der Cluster

a) Versuchen Sie, die Typen der Cluster jeweils kurz zu charakterisieren (bis 6 Schlagworte höchstens) und versuchen Sie jeweils einen griffigen Oberbegriff zu prägen (etwa: der „Jeanstyp")!

b) Wo liegt der Unterschied zwischen sog. clusterbildenden und clusterbeschreibenden Variablen, und nennen Sie jeweils Variablen, die sich dafür anbieten!

c) Insgesamt scheint die Aufbereitung des Ergebnisses der Clusteranalyse nicht optimal. Es wäre übersichtlicher, die Abweichungen der Cluster vom jeweiligen Mittelwert der jeweiligen Eigenschaft aufzuführen. Zeigen Sie für die erste Eigenschaft, daß Sie diese Werte auch nachträglich mit Hilfe Ihres Taschenrechners ermitteln können.

d) Auch Herr K. hat Kritik anzubringen. Nach seiner Meinung wäre es unbedingt erforderlich gewesen, die Eigenschaftsdaten zu standardisieren. Teilen Sie diese Ansicht?

e) Halten Sie die gewählte Anzahl der Cluster, die laut Auskunft der BEB nach den elbow-Kriterium optimiert wurde, für brauchbar? Skizzieren Sie Umsetzungsprobleme der Praxis!

5. Die BEB ist stolz darauf, als erstes Marktforschungsinstitut der Bundesrepublik, die MDS anbieten zu können. Herr K. war von den Argumenten der BEB für dieses Verfahren so überzeugt, daß er es auch für seine Imageanalyse heranzog.

a) Erläutern Sie anhand der Abgrenzung zu anderen multivariaten Verfahren kurz, welche Argumente die BEB vorgebracht haben könnte!

b) Herr K. fragt Sie, ob er gut damit beraten war, die Ähnlichkeitsdaten mit Hilfe der Ankerpunktmethode zu erheben. Erläutern Sie kurz die Vorgehensweise dieser Methode und ihre Vor- und Nachteile!

Kennzeichnen Sie ein anderes Verfahren zur Messung von Ähnlichkeiten und nennen Sie seine Vorzüge!

c) Die BEB hat das Verfahren der MDS in Zusammenhang mit der Clusteranalyse angewandt, d. h. es hat für einzelne Segmente aus Aufgabe 4 die Wahrnehmungsräume der Geschäfte ermittelt und Eigenschaftsvektoren eingepaßt. Für das Cluster 1 wurde eine Positionierung der Textilgeschäfte am Standort ermittelt (vgl. Abbildung 150):

Dazu können Sie folgende Angaben aus dem Original-Output entnehmen:

	RHO	PROPERTY
1	0,9951	Modisches Angebot
2	0,9992	Aktuelles Angebot
3	0,9538	Funktionales Angebot
4	0,8444	Große Auswahl
5	0,5321	Gute Qualität
6	0,9293	Preisgünstigkeit
7	0,9011	Viele Sonderangebote
8	0,5821	Aufmerksame Bedienung
9	0,9823	Angenehme Atmosphäre

Welche Eigenschaften würden Sie zur Interpretation des gefundenen Raumes heranziehen?

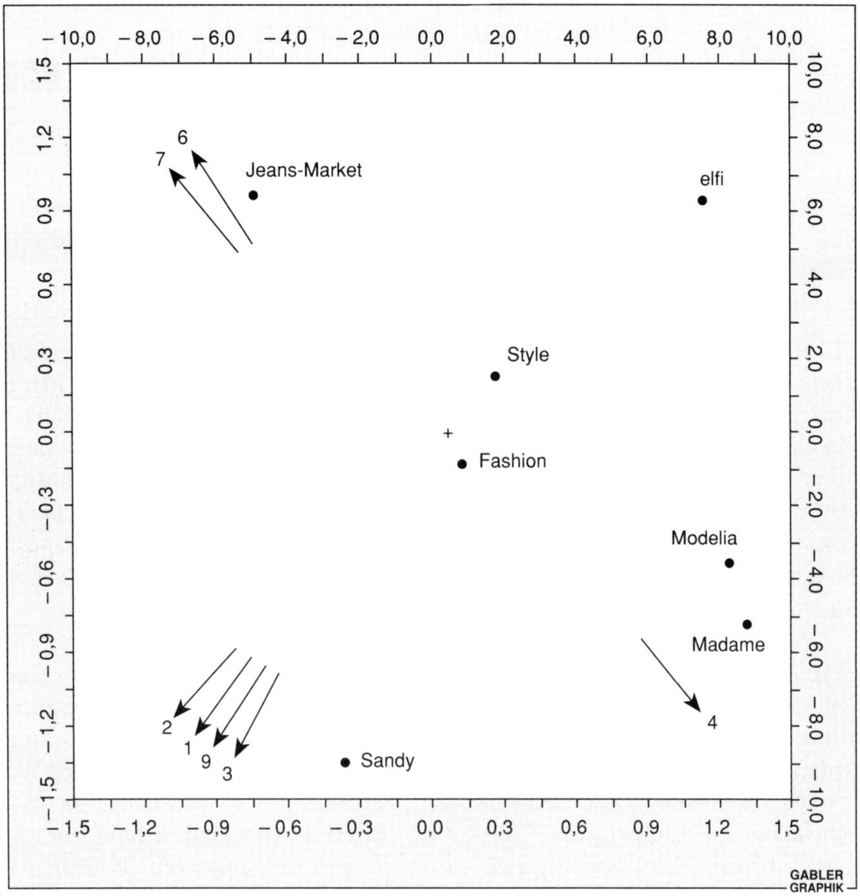

Abbildung 150: Positionierungsraum von Textilgeschäften mit eingepaßten Eigenschaftsvektoren

d) Der Berater der BEB äußert die Meinung, daß in diesem Fall die MDS (die Ergebnisse für die anderen Segmente bestätigen dies ebenfalls) in nahezu vollem Einklang mit den Resultaten der Clusteranalyse für Segment 1 steht, ja diese quasi verifiziere, was ansonsten nicht immer der Fall sei. Sind Sie der gleichen Ansicht?

e) Sehen Sie in dem Plot Ansatzpunkte, die die schlechter werdende wirtschaftliche Situation der Style GmbH erklären könnten (Annahme: Segment 1 gehört mit zur Hauptzielgruppe von Style)?

f) Der Berater der BEB sprach von einer „Marktlücke", auf die die MDS in diesem Fall hindeute. Herr K. fragt Sie, ob Sie eine Vorstellung haben, was er damit meinen könnte (Annahme: wie unter e))?

4. Fallstudie zur empirischen Untersuchung im Antiquitätenmarkt

4.1 Ziele und Bezugsrahmen der empirischen Untersuchung

Die heutige Vielfalt von Antiquitätenhandlungen, Auktions- und Messeveranstaltungen sowie eine anhaltend hohe Medienpublizität spiegeln anschaulich das breite Interesse der Konsumenten an Antiquitäten wider (Honsel 1983). Während in der Vergangenheit die Marktperspektive des Antiquitätenhandels vorwiegend auf das Problem der Warenakquisition verengt war, fordern die fortschreitende Marktsättigung und der zunehmende Wettbewerbsdruck im Antiquitätenmarkt ein Umdenken in Richtung absatzpolitischer Kundenakquisitionen. Unabdingbare Voraussetzung eines in diesem Sinne erfolgversprechenden Antiquitätenmarketing ist ein gesichertes Grundlagenwissen über das Kaufverhalten im Antiquitätenmarkt.

Es ist daher sinnvoll, die Wünsche und Bedürfnisse aktueller und potentieller Kunden an den Ausgangspunkt einer gezielten Gestaltung angestrebter Austauschprozesse zu stellen. Mit dem Kauf von Antiquitäten können die unterschiedlichsten Nutzenerwartungen und Bedürfnisse verbunden sein (z. B. soziale Selbstdarstellung, Dekoration der Wohnung, Vermögenssicherung). Die Annahme, daß individuelle Verhaltensunterschiede auf den motivational-psychologischen Hintergrund einzelner Antiquitätenkäufer zurückgeführt werden können, impliziert zugleich die Frage nach den empirisch erfaßbaren Bestimmungsfaktoren einzelner Motivationsarten, ihrer Erscheinungsstrukturen und Ausprägungen.

Vor diesem Hintergrund liegt dem folgenden Fragebogen die zentrale Zielsetzung zugrunde, die Motivationen des Antiquitätenkaufs, ihre Bestimmungsfaktoren sowie ihre Beziehungen zu kognitiven und konativen Verhaltensmerkmalen des Antiquitätenkäufers zu analysieren. Aus diesem übergreifenden Untersuchungsziel leiten sich folgende Forschungsschwerpunkte der empirischen Untersuchung ab (Honsel 1983, S. 16 f.):

1. Exploration und Beschreibung antiquitätenspezifischer Einzelmotivationen und Motivationsdimensionen (Motivationsfaktoren) durch die Bestimmung ihrer personalen, situationalen und warenbezogenen Determinanten sowie Analyse ihrer Einflußrichtung und -stärke.

2. Untersuchung des Erklärungsbeitrags von Motivationen des Antiquitätenkäufers zu ausgewählten kognitiven und konativen Verhaltensaspekten.

3. Ermittlung verhaltenswirksamer Motivationskonfigurationen durch Aggregation von motivationsähnlichen Antiquitätenkäufern zu abgrenzbaren waren- und marktspezifischen Motivationstypen bzw. -clustern.

4. Beschreibung der Typenlösung sowie diskriminatorische Analyse der Bestimmungsfaktoren und Dimensionalität der Typenzugehörigkeit.

5. Untersuchung des Erklärungsbeitrags von Motivationskonfigurationen (Typenzugehörigkeit) für ausgewählte kognitive und konative Verhaltensweisen von Antiquitätenkäufern.

Zur Verdeutlichung des methodischen Vorgehens und zur Abgrenzung der wichtigsten inhaltlichen Problemkreise dient der in Abbildung 151 dargestellte Bezugsrahmen der Motivationsanalyse. Im Sinne eines programmatischen Leitfadens spiegelt er zugleich Aufbau und Ablauf der empirischen Analyse wieder. Ausgehend von der Einordnung der Käufermotivation in den Kontext problemrelevanter Merkmale von Antiquitätenkäufern entsteht ein richtungsgebundenes Beziehungsgefüge von abhängigen und unabhängigen Variablen. Motivationale Anreize warenbezogener und situativer Art bestimmen und beeinflussen die Käufermotivation, welche ihrerseits die motivationsgeleiteten Verhaltensweisen lenkt. Die Motivation selbst wechselt als das zentrale Konstrukt des Erklärungsansatzes ihre Rolle als abhängige und unabhängige Variable.

Analog zu den Forschungsschwerpunkten stellt sich zunächst die Aufgabe, Einzelmotivationen der Antiquitätenkäufer auf der Grundlage eines umfassenden „Motivationskatalogs" zu explorieren und ihre durchschnittliche Bedeutung bei den Antiquitätenkäufern zu ermitteln. Zur Verdichtung von Einzelmotivationen auf eine geringere Anzahl übergeordneter und statistisch unabhängiger Motivationsdimensionen bietet sich unter methodischen Gesichtspunkten die Faktorenanalyse an.

Darauf aufbauend wird ein tiefergehendes Verständnis der erhobenen Einzelmotivationen von der Bestimmung der spezifischen Motivationsdeterminanten erwartet. Dabei ist zu klären, in welcher Richtung und Intensität die jeweiligen Kaufmotivationen in ihrer Kaufbedeutung verstärkt bzw. gehemmt werden. Zur Analyse eines überschaubaren Sets von Bestimmungsfaktoren, das unter Berücksichtigung gegenseitiger Abhängigkeiten die wichtigsten Einflußgrößen jeder Einzelmotivation umfaßt, wird die multiple, stufenweise Regressionsanalyse angewandt.

Die Analyse von Einzelmotivationen trägt in erster Linie zu einem partiell-inhaltlichen Verständnis des Motivationskonstrukts bei, ist jedoch angesichts ihrer impliziten Annahme eines ausschließlich monothematisch motivierten Antiquitätenkäufers nur wenig realitätsnah. Es ist vielmehr davon auszugehen, daß Antiquitätenkäufer eine Vielzahl unterschiedlicher Beweggründe besitzen, die im gegenseitigen Wechselspiel das Verhalten initiieren. Je nach dem inneren Verhältnis der Motive zueinander läßt sich eine Motivstruktur der Käufer ermitteln, die zu warenspezifischen Struktur- bzw. Motivationstypen mittels der Clusteranalyse verdichtet werden können.

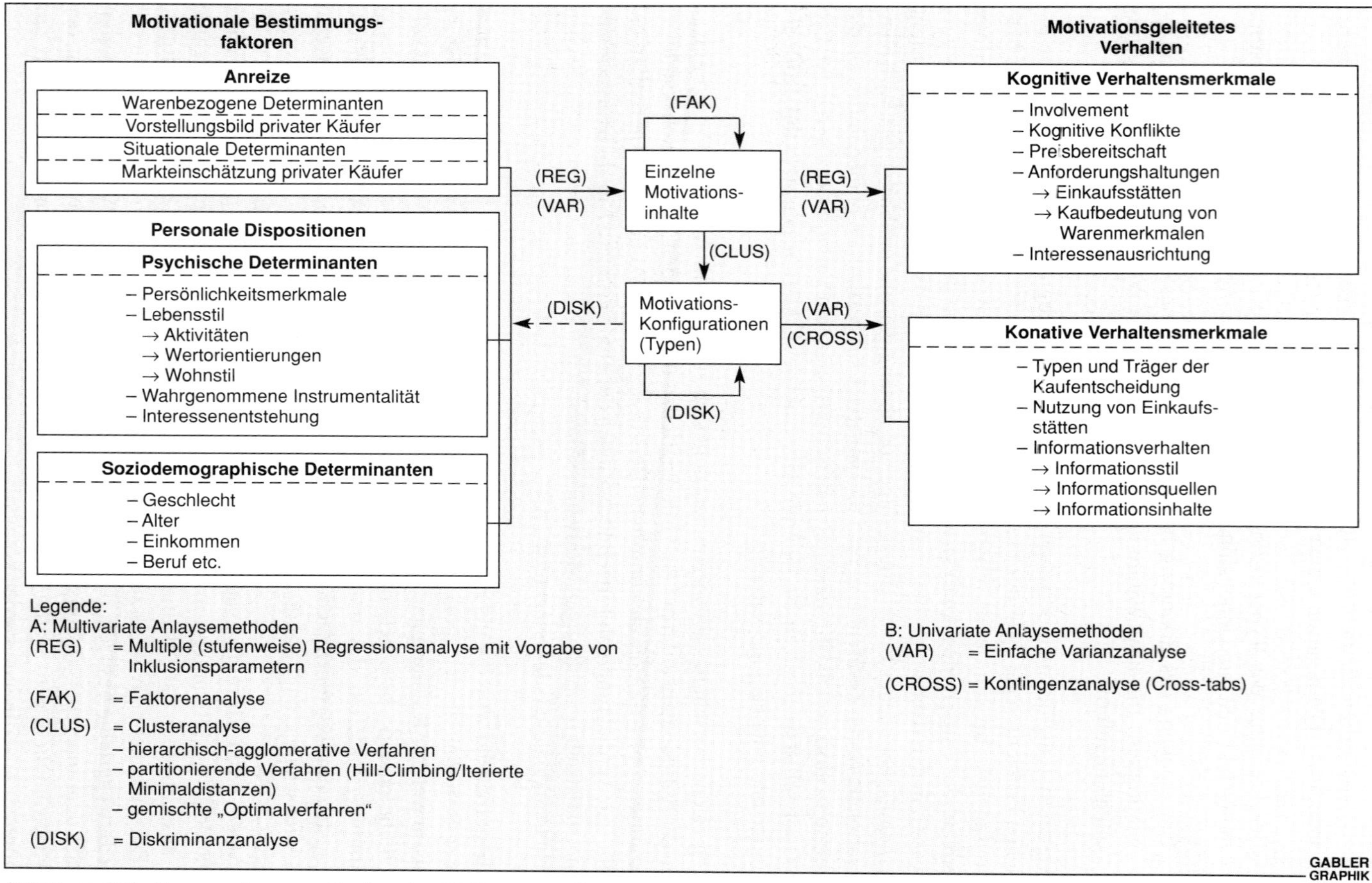

Abbildung 151: Bezugsrahmen motivationaler Erklärungsansätze

Zur Bestimmung der Motivationsdeterminanten gilt es, dasjenige Set von Bestimmungsfaktoren zu isolieren, durch welches – unter Berücksichtigung bestehender Abhängigkeiten – die ermittelten Typen am eindeutigsten voneinander abgegrenzt werden können. Methodisch handelt es sich um eine Aufgabenstellung der multivariaten, stufenweisen Diskriminanzanalyse.

Insgesamt dient die Analyse und Exploration von Einzelmotiven und Motivationskonfigurationen der Beantwortung der Frage nach den wichtigsten motivationalen Determinanten des Verhaltens von Antiquitätenkäufern. Als hypothetisch motivationsgeleitete Verhaltensmerkmale werden sowohl kognitive als auch konative Verhaltensbereiche angesehen (Entscheidungs- und Informationsverhaltens sowie Einkaufsstättenwahl).

4.2 Fragen zur empirischen Untersuchung im Antiquitätenmarkt

1. Erläutern Sie anhand des vorliegenden Fragebogens die Vor- und Nachteile der schriftlichen Befragung gegenüber einer mündlichen und telefonischen Befragungsform!

2. Untersuchen Sie die Art der Formulierung und die Gestaltung des Fragebogens!
   a) Welche Probleme können sich bei einer direkten bzw. indirekten sowie bei einer offenen bzw. geschlossenen Fragestellung im Hinblick auf die Datenauswertung ergeben?
   b) Ordnen Sie die Fragestellungen den unterschiedlichen Fragetypen (Einleitungs-, Sach-, Kontrollfragen und Fragen zur Person) zu!
   c) Welche Möglichkeiten bieten sich an, die vorliegenden Fragen besser zu gestalten, um eine hohe Akzeptanz und Antwortbereitschaft bei den Befragten zu erzielen?

3. Welche multivariaten Analyseverfahren lassen sich mit den durch die schriftliche Befragung gewonnen Daten durchführen, die ein Nominal- bzw. ein Ordinalskalenniveau besitzen? Diskutieren Sie die dabei in den jeweiligen statistischen Auswertungsverfahren auftretenden Probleme?

4.3 Fragebogen zur schriftlichen Befragung von Antiquitätenkäufern

1. Welches war der Grund für Ihren Besuch auf der Antiquitätenmesse in München (Essen/Münster)?

   Antwortmöglichkeiten (Mehrfachnennungen möglich):

   - Ich wollte mich ganz allgemein über das heutige Angebot informieren
   - Ich war auf der Suche nach einem ganz speziellen Stück
   - Mich interessierte der Stand eines bestimmten Händlers
   - Ich wollte mir eigentlich nur mal wieder schöne Antiquitäten ansehen
   - Ich hatte mir vorgenommen, etwas zu kaufen
   - Ich habe tatsächlich eine Antiqutität bzw. einen Kunstgegenstand gekauft
   - Ich bin mit Bekannten bzw. meiner Familie auf der Messe gewesen

2. Mit Antiquitäten kann man die unterschiedlichsten Vorstellungen verbinden. Bitte nennen Sie uns, wenn möglich, drei **Begriffe**, die Ihnen ganz spontan einfallen, wenn Sie an Antiquitäten denken.

   Offene Fragestellung

3. Wie stark ist Ihr **Interesse** an den folgenden Antiquitäten und Kunstgegenständen?

   Antwortmöglichkeiten skaliert[1] (sehr/ziemlich/etwas/kaum/gar nicht) für:

   Gemälde, Graphik, Silber, Teppiche, Bücher, Schreibmöbel, Truhen/Kommoden, Sitzmöbel, Tische, Schränke/Vitrinen, Kleinmöbel, Schmuck, Porzellan, Uhren, Ostasiatika, Sonstiges

4. Es gibt die unterschiedlichsten Anstöße, die das Interesse für Antiquitäten wecken können. Wie war das bei Ihnen? Wer hat Ihr persönliches Interesse für Antiquitäten geweckt bzw. wie sind Sie das erste Mal mit Antiquitäten in Berührung gekommen?

   Offene Fragestellung

5. Es gibt verschiedene Gründe, sich Antiquitäten zu kaufen. Wir nennen Ihnen im folgenden eine Reihe solcher Gründe. Bitte geben Sie an, wie wichtig diese Gründe für Sie persönlich bei einem Antiquitätenkauf sind!

---

1 Im Originalfragebogen wurden sämtliche skalierten Antwortmöglichkeiten in Form von Skalen vorgezeichnet, so daß die Befragten durch Ankreuzen antworten konnten.

Antwortmöglichkeiten skaliert (sehr wichtig/ziemlich wichtig/etwas wichtig/kaum wichtig/gar nicht wichtig) für die Statements:

- Für mich sind Antiquitäten Einrichtungsgegenstände, die ich gebrauchen und nutzen möchte
- Ich kaufe Antiquitäten als Dekorationsstücke für meine Wohnung
- Ich kaufe Antiquitäten, weil sie zu meiner Person passen und mir eine individuelle Note verleihen
- Für mich sind Antiquitäten eine beständige und krisensichere Wertanlage
- Ich spekuliere mit dem hohen Wertzuwachs von Antiquitäten
- Antiquitäten bedeuten für mich ein Stück Selbstverwirklichung
- Ich habe einfach den Wunsch, Antiquitäten zu besitzen
- Ich bin leidenschaftlicher Sammler
- Ich kaufe Antiquitäten aus meinem persönlichen Bedürfnis, von ästhetischen Dingen umgeben zu sein
- Ich kaufe Antiquitäten als Geschenke, mit denen ich anderen eine Freude bereiten möchte
- Ich kaufe Antiquitäten, weil mir die heutigen Möbel nicht zusagen
- Antiquitäten bieten steuerliche Vorteile, die ich auch gerne nutzen möchte
- Ich kaufe Antiquitäten, weil ich mit ihnen Wertvorstellungen verbinde, die früher noch von Bedeutung waren, aber in der heutigen Zeit verlorengegangen sind
- Ich kaufe Antiquitäten, weil sie für mich ein Hobby, eine Freizeitbeschäftigung sind
- An einem Antiquitätenkauf reizt mich besonders die Chance, eine Trouvaille bzw. ein „Schnäppchen" zu machen
- Den größten Spaß beim Antiquitätenkauf macht mir die Suche nach einem Stück
- Ich kaufe Antiquitäten, weil mich die Atmosphäre bzw. die Art und Weise, wie man sie einkauft, anspricht
- Die Vorliebe für Antiquitäten hat in unserer Familie Tradition
- Ich kaufe Antiquitäten, weil man auf qualitätvolle Stücke mit Recht stolz sein kann
- Ich kaufe Antiquitäten, weil ich in einer beruflichen bzw. gesellschaftlichen Stellung bin, in der eine repräsentative Wohnungseinrichtung mit dazu gehört
- Antiquitäten bieten mir einen Ausgleich für das Übermaß von Technik, Perfektion und Streß in meiner Umgebung
- Antiquitäten zu kaufen empfinde ich als eine wichtige Aufgabe, da ich damit Kultur- bzw. Kunstgegenstände bewahren helfe
- Ich kaufe Antiquitäten, da mir die meisten der anderen Ausdrucksformen der modernen Kunst verschlossen bleiben
- Mit Antiquitäten verbinde ich Erinnerungen an meine Eltern und Großeltern
- Ich kaufe Antiquitäten, da die heutige Handwerkskunst zu gleichen Leistungen nicht mehr fähig ist
- Ich kaufe Antiquitäten, da sie aus schönen und wertvollen Naturstoffen gefertigt sind

6. Im folgenden haben wir einige Fragen zu Ihrem persönlichen Antiquitätenbesitz.

   (a) Denken Sie zunächst ganz allgemein an Ihre Antiquitäten. Es gibt da unterschiedliche Möglichkeiten wie Ihre Antiquitäten zusammengestellt sein können. Welche der folgenden Aussagen trifft auf Sie persönlich zu?

   Antwortmöglichkeiten (Einfachnennung):

   - Ich besitze keine Antiquitäten
   - Ich besitze Antiquitäten nur eines einzigen und zusätzlich nach bestimmten Kriterien eng eingegrenzten Sachgebiets
   - Ich besitze Antiquitäten eines einzigen, aber nicht weiter eingegrenzten Sachgebiets
   - Ich besitze Antiquitäten mehrerer und jeweils zusätzlich nach bestimmten Kriterien eng eingegrenzter Sachgebiete
   - Ich besitze Antiquitäten mehrerer, aber jeweils nicht weiter eingegrenzter Sachgebiete
   - Ich besitze Antiquitäten unterschiedlichster Art

   (b) Wenn Sie nun einmal an eines Ihrer antiken Möbel denken, wie würden Sie dieses Stück beurteilen? Wenn Sie kein antikes Möbel haben, wozu auch alle Arten von Kleinmöbeln wie Schatullen, Kästchen, Ständer, Tischchen etc. gehören, wählen Sie bitte eine andere Antiquität aus Ihrem Besitz.

   Antwortmöglichkeiten skaliert (trifft sehr zu/trifft ziemlich zu/trifft etwas zu/trifft kaum zu/trifft gar nicht zu) für die beschreibenden Merkmale:

   dekorativ, qualitätvoll, gebrauchsfähig, selten, wertbeständig, exklusiv, anziehend, zeitlos, individuell, originell, wertvoll, schön, repräsentativ, solide gearbeitet, künstlerisch bedeutend, ausdrucksstark, ausgefallen, stilecht, wiederverkäuflich, mobil, alt, funktional/praktisch

   (c) Was für eine Antiquität haben Sie gerade für Ihre Beurteilung herangezogen?

   Offene Fragestellung

   (d) Welchen genauen Platz hat das betrachtete Stück in Ihrer Wohnung?

   Offene Fragestellung

7. Es gibt die unterschiedlichsten Möglichkeiten, wie es zu einem Antiquitätenkauf kommen kann. Bitte sagen Sie uns, in welchem Ausmaß die folgenden Aussagen auf Ihr persönliches Verhalten zutreffen.

   Antwortmöglichkeiten skaliert (trifft sehr zu/trifft ziemlich zu/trifft etwas zu/trifft kaum zu/trifft gar nicht zu) für die Statements:

   - Ich plane einen Antiquitätenkauf ganz gezielt und informiere mich vorher gewissenhaft
   - Ich entschließe mich meist spontan zum Kauf, wenn ich ein zusagendes Stück finde

- Eine Antiquität wird nur dann gekauft, wenn auch die anderen Familienmitglieder einverstanden sind
- Ich entscheide in der Regel allein, wenn eine Antiquität angeschafft werden soll
- Auch wenn ich eigentlich nicht die Absicht hatte, etwas zu kaufen, kommt es schon vor, daß ich eine Antiquität mit nach Hause bringe

8. Ein Antiquitätenkauf kann von unterschiedlichen Gefühlen und Gedanken begleitet werden. In welchem Ausmaß entsprechen die folgenden Aussagen Ihren persönlichen Erfahrungen?

   Antwortmöglichkeiten skaliert (trifft sehr zu/trifft ziemlich zu/trifft etwas zu/trifft kaum zu/trifft gar nicht zu) für die Statements:

   - Ich habe beim Kauf öfter das Gefühl, daß eine ähnlich gute Gelegenheit so schnell nicht wieder kommt
   - Wenn man bei einer Antiquität, die einem gefällt, nicht sofort zugreift, wird sie einem meist vor der Nase weggeschnappt
   - Antiquitäten muß man jetzt kaufen, denn das Angebot wird ständig geringer, und die Preise steigen schnell
   - Nach dem Kauf von Antiquitäten habe ich schon mal das Gefühl gehabt, doch nicht ganz das richtige Stück gekauft zu haben
   - Gerade nach einem Kauf fallen mir ähnliche Antiquitäten bei anderen Händlern besonders auf, und ich vergleiche sie mit meiner eigenen

9. Beim Kauf einer Antiquität kann man seine Auswahl nach verschiedenen Gesichtspunkten treffen. Bitte geben Sie jeweils an, wie wichtig die im folgenden genannten Merkmale für Sie persönlich sind.

   Antwortmöglichkeiten skaliert (sehr wichtig/ziemlich wichtig/etwas wichtig/kaum wichtig/gar nicht wichtig) für die Merkmale:

   Dekorationswert, Qualität, Gebrauchsfähigkeit, Seltenheit, Wertbeständigkeit, Exklusivität, Anziehungskraft, Zeitlosigkeit, Individualität, Originalität, Wert, Schönheit, Repräsentativität, solide Verarbeitung, künstlerische Bedeutung, Ausdrucksstärke, Ausgefallenheit, Stilechtheit, Wiederverkäuflichkeit, Mobilität, Alter, Funktionalität/Praktikabilität

10. Es gibt unterschiedliche Einkaufsquellen für Antiquitäten. Wo haben Sie bisher Ihre Antiquitäten gekauft?

    Antwortmöglichkeiten (Mehrfachnennungen möglich):

    - auf Kunst- und Antiquitätenmessen
    - auf Auktionen durch schriftliches Gebot
    - auf Auktionen durch persönliches Gebot
    - von anderen Privatleuten
    - in einem Kunst- und Antiquitätengeschäft, welches sich auf Kunstgegenstände meines persönlichen Interesses spezialisiert hat

- in einem Kunst- und Antiquitätengeschäft, welches Kunstgegenstände unterschiedlichster Art führt
- in einem Fachgeschäft, welches überwiegend andere Dinge wie z. B. Einrichtungsgegenstände und nur nebenbei Kunstgegenstände verkauft
- im Trödelladen
- auf Antiquitätenmärkten
- beim Versandhandel durch Katalogbestellung
- auf Trödel- und Flohmärkten

11. Worauf legen Sie persönlich beim Einkauf Ihrer Antiquitäten besonderen Wert? Bitte beurteilen Sie die folgenden Aussagen, inwieweit sie auf Ihre eigenen Wünsche und Anforderungen an ein Antiquitätengeschäft bzw. Auktionshaus zutreffen.

    Antwortmöglichkeiten skaliert (sollte sehr zutreffen/sollte ziemlich zutreffen/sollte etwas zutreffen/sollte kaum zutreffen/sollte gar nicht zutreffen) für die Statements:

    - sichere und verläßliche Beratung bieten
    - elegant und großzügig wirken
    - breite Auswahl in einem Spezialgebiet bieten
    - hohe fachliche Qualifikation der Verkäufer garantieren
    - beim Preis mit sich handeln lassen
    - einen bekannten Namen und einen guten Ruf besitzen
    - ohne viel Zeitaufwand und Mühe erreichbar sein
    - die Chance bieten, auch einmal ein „Schnäppchen" zu machen
    - Antiquitäten unterschiedlichster Art führen
    - die Möglichkeit geben, selbst herumzustöbern
    - ohne große Umstände ein spezielles Stück besorgen können
    - den Antiquitätenkauf selbst schon zum Erlebnis werden lassen
    - ein Stück, das mir nicht mehr gefällt, zurücknehmen
    - nur Stücke von Spitzenqualität führen
    - eine etwas verstaubte und liebevolle Atmosphäre besitzen
    - die Richtigkeit der gemachten Angaben über die Verkaufsstücke garantieren
    - zu jeder Antiquität eine Expertise geben
    - auch Kleinigkeiten, die sich als Geschenke eignen, anbieten
    - beim Aufbau einer Sammlung beraten können

12. Wieviel Geld würden Sie höchstens für eine einzelne Antiquität ausgeben?

    Offene Frage mit der Nennung eines DM-Betrages

13. Es gibt verschiedene Möglichkeiten, sich über Antiquitäten zu informieren. In welchem Ausmaß nutzen Sie die nachfolgend genannten Informationsmöglichkeiten?

    Antwortmöglichkeiten skaliert (regelmäßig/häufig/gelegentlich/selten/nie) für:

Fachbücher, Fachzeitschriften, Tageszeitungen, Auktionskataloge, Auktionsbesuche, Messebesuche, Museumsbesuche, Ausstellungskataloge, Kleinanzeigen, Auslagen der Fachgeschäfte, Gespräche mit Fachhändlern, Gespräche im Freundes- oder Bekanntenkreis, Besuch von Antiquitäten-Märkten, Besuch von Trödel- und Flohmärkten

14. Wie informieren Sie sich im allgemeinen über Antiquitäten? Welche der genannten Aussagen trifft für Sie persönlich zu?

Antwortmöglichkeiten skaliert (trifft sehr zu/trifft ziemlich zu/trifft etwas zu/trifft kaum zu/trifft gar nicht zu) für die Statements:

- Ich suche intensiv nach Informationen über Antiquitäten
- Ich überlasse es dem Zufall, Neues über Antiquitäten zu erfahren
- Ich benutze einen Großteil meiner Freizeit, um mich über Antiquitäten zu informieren
- Ich unternehme gezielt Reisen in andere Städte, um mich über Antiquitäten zu informieren
- Ich unternehme gezielt Reisen ins Ausland, um mich über Antiquitäten zu informieren
- Mich interessieren Informationen über Antiquitäten nur am Rande

15. Welchen Themen schenken Sie im Zusammenhang mit Antiquitäten und dem Antiquitätenmarkt Ihre besondere Aufmerksamkeit?

Antwortmöglichkeiten skaliert (siehe Frage 14) für die Statements:

Was man im Moment wo kaufen kann/Preise und Preisentwicklungen/Ausstellungs- und Messetermine/kunstwissenschaftliche Abhandlungen/Abbildungen und Beschreibungen schöner Antiquitäten/Monographien über Künstler/steuerrechtliche Fragen/Antiquitäten als Kapitalanlage/was momentan stark gefragt ist/Sammeln mit Gewinn/Dokumentationen über Antiquitäten, die den eigenen möglichst ähnlich sind

16. Man kann sein Leben in sehr vielfältiger Weise gestalten. Wir nennen Ihnen im folgenden einige Aktivitäten; bitte geben Sie an, in welchem Ausmaß Sie diese persönlich ausüben.

Antwortmöglichkeiten skaliert (regelmäßig/häufig/gelegentlich/selten/nie) für die Aktivitäten:

aktiv Sport treiben/Museums-, Theater- und Konzertbesuche machen/private Auslandsreisen unternehmen/gut und exklusiv Essen gehen/gehobene Literatur lesen/an gesellschaftlichen Ereignissen teilnehmen/dem persönlichen Hobby nachgehen/mit der Familie etwas unternehmen/Tageszeitung lesen/Freunde und Bekannte treffen/die Wohnung neu gestalten

17. Jeder Mensch hat bestimmte Vorstellungen, Wünsche und Ziele. In welchem Ausmaß stimmen Sie den folgenden Aussagen zu?

Antwortmöglichkeiten skaliert (trifft sehr zu/trifft ziemlich zu/trifft etwas zu/trifft kaum zu/trifft gar nicht zu) für die Statements:

- Ich möchte als Person von anderen anerkannt und gemocht werden
- Ich möchte mich deutlich vom Durchschnittsmenschen abheben
- Ich möchte mehr als bisher aus meinem Leben machen
- Ich möchte gern meinen Freundeskreis erweitern
- Ich möchte mein eigenes Leben führen, was andere dabei von mir denken, ist mir egal
- Ich möchte mein Leben genießen und mich nicht mit den Sorgen von morgen belasten
- Ich möchte mehr materielle Sicherheit erlangen
- Ich möchte eine unverwechselbare Persönlichkeit darstellen
- Ich möchte, daß sich meine Freunde und Bekannte auch bei mir Zuhause wohlfühlen
- Ich möchte intensiver meinen Hobbys nachgehen
- Ich möchte als eine gepflegte Erscheinung mit sicherem Auftreten gelten
- Ich möchte beruflich weiterkommen
- Ich möchte mehr von der Welt sehen
- Ich möchte gern für meine Zukunft und die meiner Kinder vorsorgen
- Ich möchte mich in meiner Wohnung besser als bisher einrichten

18. Antiquitäten sind oft Gegenstand von Gesprächen mit Freunden und Bekannten. Welche Beobachtungen haben Sie persönlich bei solchen Gesprächen gemacht? Bitte geben Sie uns an, in welchem Ausmaß Sie aus eigenen Erfahrungen den folgenden Aussagen zustimmen.

Antwortmöglichkeiten skaliert (trifft sehr zu/trifft ziemlich zu/trifft etwas zu/trifft kaum zu/trifft gar nicht zu) für die Statements:

- Wir führen in unserem Freundes- und Bekanntenkreis oft Gespräche über Antiquitäten
- Ich habe Freunde bzw. Bekannte, auf deren Urteil ich bei Antiquitätenkäufen großen Wert lege
- Ich habe bei Freunden bzw. Bekannten das Interesse für Antiquitäten geweckt
- Ich glaube, meine Freunde bzw. Bekannten beneiden mich ein wenig um meine Antiquitäten
- Ich habe den Ruf, über Antiquitäten gut Bescheid zu wissen und werde oft um meine Meinung gefragt
- Ich kenne Leute, die in Gesprächen ganz schön mit ihren Antiquitäten prahlen

19. Welche Eigenschaften verbinden Sie in Ihrer persönlichen Vorstellung ganz allgemein mit Antiquitäten?

Antwortmöglichkeiten skaliert (siehe Frage 18) für die Eigenschaften:

dekorativ, qualitätsvoll, gebrauchsfähig, selten, wertbeständig, exklusiv, anziehend, zeitlos, individuell, original, wertvoll, schön, repräsentativ, solide gearbeitet, künstlerisch bedeutend, ausdrucksstark, ausgefallen, stilecht, wiederverkäuflich, mobil, alt, funktional/praktisch

20. Wir nennen Ihnen nun einige Eigenschaften, mit denen man einen Antiquitätenkäufer beschreiben kann. Welche dieser Eigenschaften treffen nach Ihrer Meinung für Sie persönlich eher zu? Bitte entscheiden Sie für jedes Eigenschaftspaar, wo Sie Sich selbst tendenziell einordnen.

Antwortmöglichkeiten im Polaritätenprofil für:

Pessimistisch – optimistisch/risikofreudig – risikoscheu/introvertiert – extravertiert/impulsiv – planend/entscheidungsfreudig – entscheidungsschwach/rational – emotional/kontaktfreudig – kontaktscheu/geschmackssicher – geschmacklich unsicher/musisch – nicht musisch/konservativ – progressiv/selbstsicher – unsicher/kritisch – unkritisch/fortschrittlich – traditionsbewußt/gefühlsarm – gefühlsbetont/angepaßt – individualistisch

21. Sie finden im folgenden eine Reihe von Aussagen, die man von Antiquitätenkäufern hören kann. Bitte geben Sie an, in welchem Ausmaß Sie persönlich jeweils diesen Aussagen zustimmen.

Antwortmöglichkeiten skaliert (trifft sehr zu/trifft ziemlich zu/trifft etwas zu/trifft kaum zu/trifft gar nicht zu) für die Statements:

- Antiquitäten sind eine ebenso sichere Geldanlage wie ein Sparbuch
- Antiquitäten sind genauso Spekulationsobjekte wie unsichere Aktien
- Antiquitäten dienen vielen Menschen ebenso wie Häuser, Autos oder teurer Schmuck als Statussymbol
- Teuere Antiquitäten sollte man sich erst leisten, wenn man sonst alles Notwendige hat
- Antiquitäten erinnern die Menschen an die gute alte Zeit
- Antiquitäten passen zu jeder Einrichtung
- Antiquitäten verleihen ihrem Besitzer eine individuelle Note
- Ich werde gern auf meine Antiquitäten angesprochen
- Es macht Spaß, auch ab und zu ein Stück wieder mit Gewinn zu verkaufen
- Menschen, die sich teure Antiquitäten leisten können, sind zu beneiden
- Beim Antiquitätenkauf besteht auch heute noch die Chance, Trouvaillen zu machen
- Nur Spitzenstücke finden auch in schlechten Zeiten einen Käufer
- Ohne Fachkenntnisse kommt man beim Antiquitätenkauf nicht aus
- Im Moment gibt es eine regelrechte Antiquitätenmode

- Antiquitätenkäufer sind ein ganz bestimmter Typ von Menschen
- Ein Antiquitätenkauf bleibt immer ein finanzielles Wagnis
- Wenn man Antiquitäten erst einmal besitzt, kann man sich nur sehr schwer wieder davon trennen
- Antiquitäten haben einen großen „Schwarzmarkt"
- Mit Antiquitäten ist zumeist auch eine Geschichte verbunden, wie man sie erworben hat
- Mit Antiquitäten kann man sich wohltuend von einer „normalen" Wohnungseinrichtung abheben
- Antiquitäten demonstrieren einen kultivierten Lebensstil
- Antiquitäten sind Ausdruck eines Kunstverständnisses ihres Besitzers
- An Nachahmungen und Replikaten kann man sich genauso freuen wie an Originalen
- Im Antiquitätenmarkt kommt es immer wieder zu spektakulären Preisentwicklungen
- Der Preis einer Antiquität wird ausschließlich durch seine Qualität bestimmt
- Die Preise für Antiquitäten regulieren sich durch das Zusammenspiel von Angebot und Nachfrage
- Es gibt viele Antiquitätenkäufer, die ohne Sachverstand kaufen, aber mit ihren Antiquitäten angeben

22. Es gibt vielfältige Möglichkeiten, Wohnstile und Wohnatmosphären zu beschreiben. Wir nennen Ihnen hierzu im folgenden eine Reihe von Eigenschaftswörtern. Bitte geben Sie jeweils an, in welchem Ausmaß diese Eigenschaften auf Ihre eigene Wohnung zutreffen.

    Antwortmöglichkeiten (trifft sehr zu/trifft ziemlich zu/trifft etwas zu/trifft kaum zu/trifft gar nicht zu) für die Eigenschaften:

    nüchtern, elegant, individuell, dezent, unkonventionell, verspielt, gemütlich, praktisch/funktionell, exklusiv, rustikal, repräsentativ, modern, aufwendig, dekorativ, zeitlos, schön, ausgefallen

Fragen zur Soziodemographie

1. Geschlecht

2. Wie alt sind Sie?

3. Welcher beruflichen Tätigkeit gehen Sie nach?

Selbständig in Handel, Gewerbe, Industrie	O
Selbständig in einem freien Beruf (z. B. Arzt, Anwalt)	O
Angestellter/e	O
Beamter/e	O
Facharbeiter/in, Arbeiter/in	O
Hausfrau	O
Schüler/in	O
Auszubildender/e	O
Student/in	O
Rentner/in	O

4. Wieviel Personen leben ständig in Ihrem Haushalt, Sie selbst eingeschlossen?

5. Welche abgeschlossene Schulbildung besitzen Sie?

Volks-, Hauptschule ohne abgeschlossene Lehre	O
Volks-, Hauptschule mit abgeschlossener Lehre	O
weiterführende Schule ohne Abitur	O
Abitur, Reifeprüfung	O
Studium	O

6. Wie ist Ihr Familienstand?

7. Welcher Konfession gehören Sie an?

8. Wieviel Personen haben in Ihrem Haushalt ein eigenes Einkommen?

9. Wenn Sie einmal zusammenrechnen: wie hoch ist dann das monatliche Netto-Einkommen Ihres gesamten Haushaltes?

unter 1.000 DM	O
1.000 bis unter 2.000 DM	O
2.000 bis unter 3.000 DM	O
3.000 bis unter 4.000 DM	O
4.000 bis unter 5.000 DM	O
5.000 bis unter 6.000 DM	O
6.000 und mehr	O

10. Wie groß ist der Ort oder die Stadt, in der Sie leben?

unter 10.000	O
10.000 bis unter 100.000	O
100.000 bis unter 500.000	O
500.000 bis unter 1.000.000	O
1.000.000 und mehr	O

Literaturverzeichnis zum ersten und zweiten Kapitel

Abel, B. (1977), Problemorientiertes Informationsverhalten, Darmstadt 1977.

Adlwarth, W. (1983), Formen und Bestimmungsgründe prestigegeleiteten Verhaltens, München 1983.

Adlwarth, W., Wimmer, F. (1986), Umweltbewußtsein und Konsumverhalten – Ergebnisse einer Verbraucherpanel-Studie, in: Jahrbuch der Absatz- und Verbrauchsforschung, Nr. 2, 1986, S. 166–192.

Ahlert, D. (1985), Distributionspolitik, Stuttgart, New York 1985.

Ajzen, I., Fishbein, M. (1980), Understanding Attitudes and Predicting Social Behavior, Englewood Cliffs 1980.

Albaum, G., Richardson, F. (1967), Human Interaction: Key to Sales Success, in: Arizona Review, Vol. 16, Nr. 4, 1967, S. 1–3.

Allvine, F. C. (1966), The Patronage Decision-Making Process, unveröffentl. Diss., Bloomington, Indiana 1966.

Alwitt, L. F., Mitchel, A. A. (Hrsg.) (1985), Psychological Processes and Advertising Effects: Theory, Research and Applications, Hinsdale, N. J. 1985.

Amstutz, A. E. (1967), Computer Simulation of Competitive Market Response, Cambridge, Mass., London 1967.

Anastasi, A. (1973), Angewandte Psychologie, Weinheim, Basel 1973.

Anderson, R. E. (1973), Consumer Dissatisfaction: The Effect of Disconfirmed Expectancy on Perceived Product Performance, in: Journal of Marketing Research, Vol. 10, Nr. 2, 1973, S. 30–44.

Andreasen, A. R. (1977), A Taxonomy of Consumer Satisfaction/Dissatisfaction Measures, in: Journal of Consumer Affairs, Vol. 2, No. 2, 1977, S. 11–24.

Andreasen, A. R., Best, A. (1977), Consumer Complain – Does Business Respond?, in: Harvard Business Review, Vol. 55, Nr. 4, S. 93–101.

Andreasen, A. R., Ratchford, B. T. (1974), The Effects of Role Structure, Decision Type and Household Characteristics on Consumer Information Source Use under Conditions of Limited Experience, Working Paper No. 181, College of Commerce and Business Administration, Urbana-Champaign 1974.

Andrews, F. M., Withey, St. B. (1974), Developing Measures of Perceived Life Duality, in: Social Indicators Research 1974, S. 1–26.

Andritzky, K. (1976), Die Operationalisierbarkeit von Theorien zum Konsumentenverhalten, Berlin 1976.

Arndt, J. (1970), Methodisches Beispiel einer Untersuchung über Mundwerbung, in: Handbuch der Werbung, Hrsg.: Behrens, K. Chr., Wiesbaden 1970, S. 1103–1125.

Arndt, J. (1975), Methodisches Beispiel einer Untersuchung über Rundfunkwerbung, in: Handbuch der Werbung, Hrsg.: Behrens, K. Chr., 2. Aufl., Wiesbaden 1975.

Arndt, J. (1979), Family Life Cycle as a Determinant of Size and Composition of Household Expenditures, in: Advances in Consumer Research, Vol. 6, 1979, S. 128–132.

Assael, H. (1981), Consumer Behavior and Marketing Action, Boston 1981.

Atkinson, J. W. (1975), Einführung in die Motivationsforschung, Stuttgart 1975.

Backhaus, K. (1974), Direktvertrieb in der Investitionsgütertheorie, Wiesbaden 1974.

Backhaus, K. (1990), Investitionsgütermarketing, 2. Aufl., München 1990.

Backhaus, K., Günter, B. (1976), A Phase – Differentiated Interaction Approach to Industrial Marketing Decisions, in: Industrial Marketing Management, Vol. 5, 1976, S. 255–270.

Bacon, R. W. (1971), An Approach to the Theory of Consumer Shopping Behavior, in: Urban Studies, Vol. 8, Nr. 1, 1971, S. 55 ff.

Bänsch, A. (1986), Käuferverhalten, 2. Aufl., München, Wien 1986.

Bänsch, A. (1989), Käuferverhalten, 4. Aufl., München, Wien 1989.

Bagozzi, R. P., (1982), A Field Investigation of Causal Relations Among Cognitions, Affect, Intentions and Behavior, in: Journal of Marketing Research, Vol. 19, 1982, S. 562–583.

Balderjahn, I. (1986), Das umweltbewußte Konsumentenverhalten, Berlin 1986.

Bandura, A. (1976), Lernen am Modell, Stuttgart 1976.

Bandura, A. (1981), Verstärkerbedingungen des Modells und deren Auswirkungen auf das Lernen imitativer Verhaltensweisen, in: Experimente zur Sozialpsychologie, Hrsg.: Herkner, W., Bern u. a. 1981, S. 13–26.

Banning, Th. E. (1987), Lebensstilorientierte Marketing-Theorie. Analyse und Weiterentwicklung modelltheoretischer und methodischer Ansätze der Lebensstil-Forschung, Heidelberg 1987.

Barabba, V., Zaltman, G. (1991), Hearing the Voice of the Market. Competitive Advantage through Creative Use of Market Information, Boston, Mass. 1991.

Barker, R. G., Wicker, A. W. (1975), Commentaries on Belk. Situational Variables and Consumer Behavior, in: Journal of Consumer Research, Vol. 2, 1975, S. 165–167.

Bartos, R. (1991), Die Rolle der Frau als Konsumentin, Wien 1991.

Bauer, H. H. (1980), Die Entscheidung des Handels über die Aufnahme neuer Produkte, Berlin 1980.

Bauer, R. A. (1976), Consumer Behavior as Risk Taking, in: Marketingsoziologie. Soziale Interaktionen als Determinanten des Marktverhaltens, Hrsg.: Specht, K.-G., Wiswede, G., Berlin 1976, S. 207–217.

Baumol, W. J., Ide, E. A. (1961), Variety in Retailing, in: Mathematical Models and Methods in Marketing, Hrsg.: Bass, F. M. et al., Homewood, Ill. 11, 1961, S. 128 ff.

Beckwith, N. E., Lehmann, D. R. (1975), The Importance of Halo Effects in Multi Attribute Attitude Models, in: Journal of Marketing Research, Vol. 12, 1975, S. 265–275.

Behrens, G. (1991), Konsumentenverhalten, Frankfurt a. M. 1991.

Belk, R. W. (1975), Situational Variables and Consumer Behavior, in: Journal of Consumer Research, Vol. 2, 1975, S. 154–164.

Belk, R. W., Mayer, R., Driscoll, A. (1984), Children's Recognition of Consumption, Symbolism in Children's Products, in: Journal of Consumer Research, Vol. 10, No. 4, 1984, S. 386–397.

Belonax, J. A., Mittelstaedt, R. A. (1978), Evoked Set Size as a Function of Number of Choice Criteria and Information Variability, in: Advances in Consumer Research, Vol. 5, Hrsg.: Hunt, H. K., Provo, Utah 1978, S. 48 ff.

Berekoven, L., Eckert, W., Ellenrieder, P. (1989), Marktforschung. Methodische Grundlagen und praktische Anwendungen, 4. Aufl., Wiesbaden 1989.

Berelson, B., Steiner, G. (1974), Menschliches Verhalten, Bd. 1, 3. Aufl., Weinheim 1974.

Berger, S. (1977), Ladenverschleiß (Store Erosion). Ein Beitrag zur Theorie des Lebenszyklus von Einzelhandelsgesellschaften, Göttingen 1977.

Bergler, R. (1963), Psychologie des Marken- und Firmenimages, Göttingen 1963.

Berkman, H. W., Gilson, Chr. (1981), Consumer Behavior. Concepts and Strategies, 2. Aufl., New York 1981.

Bervert, B., et al. (1978), Plädoyer für eine neue Verbraucherpolitik, Wiesbaden 1978.

Bettman, J. R. (1974), Decision-Net Models of Buyer Information Processing and Choice: Findings, Problems and Prospects, in: Buyer/Consumer Information Processing, Hrsg.: Hughes, G. D., Ray, M., Chapel Hill 1974, S. 59–74.

Bettman, J. R. (1979), An Information Processing Theory of Consumer Choice, Los Angeles 1979.

Bettman, J. R., Zins, M. A. (1977), Constructive Processes in Consumer Choice, in: Journal of Consumer Research, Vol. 4, 1977, S. 75–85.

Bevelson, B., Steiner, G. A. (1974), Menschliches Verhalten Band I. Forschungsmethoden, Individuelle Aspekte, Weinheim 1974.

Bleicker, U. (1983), Produktbeurteilung der Konsumenten, Würzburg, Wien 1983.

Bloch, P. H., Bruce, G. D. (1984), Product Involvement as Leisure Behavior, in: Advances in Consumer Research, Vol.11, Hrsg.: Kinnear, Th. C., Association for Consumer Research, Provo, Utah 1984, S. 197–202.

Blum, M. L., Stewart, J. B., Wheatley, E. W. (1974), Consumer Affairs: Viability of the Corporate Response, in: Journal of Marketing, Vol. 38, No. 2, 1974, S. 13–19.

Böcker, F. (1987), Die Bildung von Präferenzen für langlebige Konsumgüter in Familien, in: Marketing ZFP, Nr. 1, 1987, S. 16–24.

Böcker, F. (1988), Preis-Typen, in: Absatzwirtschaft, Nr. 1, 1988, S. 92–97.

Böcker, F., Thomas, L. (1983), The Impact of Children's Preferences and its Mothers Preferences. Assessment and Validation, Preliminary Version presented at the EMAC Annual Conference Grenoble 1983.

Böhler, H. (1977), Methoden und Modelle der Marktsegmentierung, Stuttgart 1977.

Bonfield, E. H. (1978), Perceptions of Marital Roles in Decisions Processes Replication and Extension, in: Advances in Consumer Research, Vol. 5, Hrsg.: Hunt, K. E., Ann Arbor 1978, S. 300–307.

Bornewasser, M., et al. (1986), Einführung in die Sozialpsychologie, 3. Aufl., Frankfurt/Wiesbaden 1986.

Bost, E. (1987), Ladenatmosphäre und Konsumentenverhalten, Heidelberg 1987.

Bower, G. H., Hilgard, E. R. (1981), Theories of Learning, 5. Aufl., Englewood Cliffs, N. J. 1981.

Brand, G. T. (1972), The Industrial Buying Decision, London 1972.

Brand, H. W. (1978), Die Legende von den geheimen Verführern, Weinheim 1978.

Braun, G. E. (1988), Ziele in öffentlicher Verwaltung und privatem Betrieb, Baden-Baden 1988.

Bredenkamp, J., Wippich, W. (1977), Lern- und Gedächtnispsychologie, Bd. 2, Stuttgart u. a. 1977.

Brisoux, J. E., Laroche, M. (1980), A Proposed Consumer Strategy of Simplification for Categorizing Brands, in: Evolving Marketing Tought for 1980. Proceedings of the Annual Meeting of the Southern Marketing Association, Hrsg.: John D., Summey, R. D. Taylor, Carbandale, Ill. 11, 1980, S. 112–114.

Bruhn, M. (1978), Das soziale Bewußtsein von Konsumenten. Theoretische Erklärungsansätze und Ergebnisse einer empirischen Untersuchung in der Bundesrepublik Deutschland, Wiesbaden 1978.

Bruhn, M. (1982), Konsumentenzufriedenheit und Beschwerden, Erklärungsansätze und Ergebnisse einer empirischen Untersuchung in ausgewählten Konsumbereichen, Frankfurt a. M. 1982.

Bruhn, M. (1985), Marketing und Konsumentenzufriedenheit, in: Das Wirtschaftsstudium, 14. Jg., Nr. 6, 1985, S. 300–307.

Budäus, D. (1981), Betriebswirtschaftslehre öffentlicher Unternehmen und Verwaltungen – Ansätze und Probleme eines Bezugsrahmens einzelwirtschaftlicher Analyse und Gestaltung öffentlicher Leistungsprozesse, in: Zeitschrift für öffentliche und gemeinwirtschaftliche Unternehmen, 4. Jg., 1981, S. 395–419.

Burnkrant, R. E., Cousineau, A. (1975), Informational and Normative Social Influence in Buyer Behavior, in: Journal of Consumer Research, Vol. 2, 1975, S. 206 ff.

Büttner, H. (1986), Die segmentorientierte Marketingplanung im Einzelhandelsbetrieb, Göttingen 1986.

Cardozo, R. N. (1965), An Experimental Study of Consumer Effort, Expectation and Satisfaction, in: Journal of Marketing Research, Vol. 2, 1965, S. 244–249.

Certekrette, E. G., Friedman, M. P. (Hrsg.) (1973), Handbook of Perception, Bd. 1–10, New York 1973–1978.

Choffray, J.-M., Lilien, G. L. (1978), Assessing Response to Industrial Marketing Strategy, in: Journal of Marketing, Vol. 42, 1978, S. 20 ff.

Corsten, H., Meier, B. (1982), Konsumentenverhalten in unterschiedlichen Kaufsituationen – Entwurf eines Modells auf verhaltenswissenschaftlicher Grundlage, in: Jahrbuch der Absatz- und Verbrauchsforschung, Nr. 2, 1982, S. 112–136.

Cox, D. F. (Hrsg.) (1967), Risk Taking and Information Handling in Consumer Behavior, Boston 1967, S. 604 ff.

Crane, E. (1965), Marketing Communications: A Behavioral Approach to Men, Messages and Media, New York 1965.

Crisand, F. (1985), Psychologie der Persönlichkeit, 4. Aufl., Arbeitshefte zur Führungspsychologie, Nr. 1, Hrsg.: Bienert, W. Q., Crisand, E., Heidelberg 1985.

Crow, L. E., Lindquist, J. D. (1985), Impact of Organizational and Buyer Characteristics on the Buying Center, in: Industrial Marketing Management, Vol. 14, 1985, S. 49–58.
Cunningham, S. M. (1961), Customer Loyality to Store and Brand, in: Harvard Business Review, Vol. 39, 1961, S. 127 ff.
Cunningham, S. M. (1967a), Perceived Risk and Brand Loyality, in: Taking and Information Handling in Consumer Behavior, Hrsg.: Cox, D. F., Boston 1967a, S. 507–523.
Cunningham, S. M. (1967b), The Major Dimensions of Perceived Risk, in: Risk Taking and Information Handling in Consumer Behavior, Hrsg.: Cox, D. F., Boston 1967b, S. 82–108.
Czepiel, J. A., Rosenberg, L. J., Akerle, A. (1975), Perspectives on Consumer Satisfaction, in: Marketing's Contribution to the Firm and to Society, 1974 Combined AMA Proceedings, Hrsg.: Curhan, R. C., Chicago 1975, S. 119–123.
Dahlhoff, H.-D. (1980), Kaufentscheidungsprozesse von Familien – Empirische Untersuchung zur Beteiligung von Mann und Frau bei der Kaufentscheidung, Frankfurt 1980.
Dahlhoff, H.-D. (1981), Wertorientierungen von Verbrauchern, in: Handbuch der angewandten Psychologie, Bd. 3: Markt und Umwelt, Hrsg: Haase, H., Molt, W., Landsberg am Lech 1981, S. 130–152.
Dahrendorf, R. (1967), Pfade aus Utopia, München 1967.
Davis, H. L. (1970), Dimension of Marital Roles in Consumer Decision Making, in: Journal of Marketing Research, Vol. 8, 1970, S. 168–177.
Davis, H. L. (1976), Decision Making within the Household, in: Journal of Consumer Research, Vol. 2, 1976, S. 241–260.
Davis, H. L., Rigaux, B. (1974), Perception of Marital Roles in Decision Processes, in: Journal of Marketing Research, Vol. 1, 1974, S. 51–62.
Day, R. L. (Hrsg.) (1977), Consumer Satisfaction, Dissatisfaction and Complaining Behavior, Indiana University, School of Business, Bloomington 1977.
Day, R. L., Hunt, H. K. (1979), New Dimensions of Consumer Satisfaction and Complaining Behavior, Indiana University, School of Business, Bloomington 1979.
Deimel, K. (1989), Grundlagen des Involvement und Anwendung im Marketing, in: Marketing ZFP, Nr. 3, 1989, S. 153–161.
Derrick, F. W., Lehfeld, A. K. (1980), The Family Life Cycle: An Alternative Approach, in: Journal of Consumer Research, Vol. 7., Nr. 2, 1980, S. 214–217.
Dichtl, E. (1974), Die Multivariatenanalyse im Dienste der Verhaltensforschung, in: Computergestützte Marketing-Planung, Hrsg.: Hansen, H. R., München 1974, S. 74 ff.
Dietrich, M. (1986), Konsument und Gewohnheit – Eine theoretische und empirische Untersuchung zum habituellen Kaufverhalten, Heidelberg 1986.
Diller, H. (1978), Verbesserungsmöglichkeiten der Verbraucherinformation durch Berücksichtigung verhaltenstheoretischer Erkenntnisse, in: Zeitschrift für Verbraucherpolitik, 1978, S. 24 ff.
Diller, H. (1988), Die Preis-Qualitäts-Relation von Konsumgütern im 10-Jahres-Vergleich, in: Die Betriebswirtschaft, 48. Jg., 1988, S. 195–200.
Diller, H. (1991), Preispolitik, 2. Aufl., Stuttgart 1991.
Diller, H., Kusterer, M. (1986), Erlebnisbetonte Ladengestaltung im Einzelhandel, in: Handelsforschung 1986, Hrsg.: Trommsdorff, V., Heidelberg 1986, S. 105–123.
Douglas, S. P. (1983), Examining Family Decision-Making Processes, in: Advances in Consumer Research, Hrsg.: Bagozzi, R. P., Tybout, A. M., Vol. 10, 1983, S. 451–453.
Downs, A. (1968), Ökonomische Theorie der Demokratie, Tübingen 1968.
Draper, J. E., Nolin, L. H. (1964), A Markov Chain Analysis of Brand Preferences in: Journal of Advertising Research, Vol. 4, 1964, S. 33 ff.
Ekman, P., Friesen, W. V. (1969), The Repertoir of Nonverbal Behavior – Categories, Origins, Usage and Coding, Semiotica 1969, S. 49–98.
Emis, B. J., Paul, G. W. (1970), „Store Loyalty“ as a Basis for Market Segmentation, in Journal of Retailing, Vol. 46, 1970, S. 42 ff.

En, E. (1972), Die Beschaffungsentscheidung – Ein Beitrag zur integrativen Betrachtung interorganisationaler Beschaffungs- und Absatzaktivitäten, Diss., München 1972.
Engel, J. F. et al. (1986), Consumer Behavior, New York 1986.
Engel, J. F., Kollat, D. T., Blackwell, R. D. (1978), Consumer Behavior, 3. Aufl., Hinsdale 1978.
Euler, H. A., Mandl, H. (1983), Emotionspsychologie, München u. a. 1983.
Evans, F. (1963), Selling as a Dydactic Relationship – A New Approach, in: The American Behavioral Scientist, 1963, S. 76–79.
Faehsler, B. (1986), Emotionale Grundhaltungen als Einflußfaktoren des Käuferverhaltens. Eine Analyse der Beziehungen zwischen emotionalen Grundhaltungen und ausgewählten Konsumstrukturen, Frankfurt a. M. 1986.
Fast, J. (1970), Body Language, New York 1970.
Fast, J. (1979), Körpersprache, Reinbek 1979.
Festinger, L. (1978), Die Lehre von der kognitiven Dissonanz, in: Grundfragen der Kommunikationsforschung, 3. Aufl., Hrsg.: Schramm, München 1978, S. 27–38.
Fishbein, M. (1966), The Relationship between Beliefs, Attitudes and Behaviour in: Cognitive Consistency, Hrsg.: Feldmann, S., New York u. a. 1966.
Fishbein, M. (1967), A Behavior Theory Approach to the Relations between Beliefs about an Object and the Attitude toward the Object, in: Readings in Attitude Theory and Measurement, Hrsg.: Fishbein, M., New York u. a. 1967, S. 389 ff.
Ford, D. (1990), Understanding Business Markets: Interaction, Relationships and Networks, London 1990.
Fornell, C. (1976), Consumer Input for Marketing Decisions: A Study of Corporate Departments for Consumer Affairs, New York u. a. 1976.
Forschungsgruppe Konsum und Verhalten (Hrsg.) (1983), Innovative Marktforschung, Bd. 3, Würzburg 1983.
Fourt, L., Woodlock, I. (1960), Early Prediction of Market Success for New Grocery Products, in: Journal of Marketing, Vol. 25, 1960, S. 31–38.
Frederiksen, N., Jensen, O., Beaton, A. E., Bloxom, B. (1973), Prediction of Organizational Behavior, New York 1973.
Freter, M. (1976), Mehrdimensionale Einstellungsmodelle im Marketing. Interpretation, Vergleich und Aussagewert, Arbeitspapier Nr. 12 des Instituts für Marketing der Universität Münster, Münster 1976.
Freter, M. (1983), Marktsegmentierung, Stuttgart 1983.
Frey, D. (Hrsg.) (1978), Kognitive Theorien der Sozialpsychologie, Bern, Stuttgart u. a. 1978.
Garl, W., Bote, M. (1990), Computergestütztes Marketing, Heidelberg 1990.
Geise, W. (1984), Einstellung und Marktverhalten. Analyse der theoretisch-empirischen Bedeutung des Einstellungskonzeptes im Marketing und Entwicklung eines alternativen Forschungsprogrammes aus alltagstheoretischer Perspektive, Frankfurt a. M. 1984.
Gemünden, H. G. (1979), Transaktionsmarketing, Diss.. Saarbrücken 1979.
Gemünden, H. G. (1981), Innovationsmarketing, Tübingen 1981.
Gemünden, H. G. (1985), Wahrgenommenes Risiko und Informationsnachfrage, in: Marketing ZFP, Nr. 7, 1985, S. 27–38.
Gemünden, H. G. (o. J.), Entscheidungsproblem und Informationsnachfrage. Eine kritische Bestandsaufnahme der empirischen Befunde, Manuskripte aus dem Institut für BWL an der Universität Kiel, o. J.
GfK (Hrsg.) (1982), GfK-Bekleidungsstile – Präsentationsmanuskript I, Nürnberg 1982.
Gilly, M. C., Enis, B. M. (1982), Recycling the Family Life Cycle: A Proposal for Redefinition, in: Advances in Consumer Research, Hrsg.: Mitchell, Vol. 9, 1982, S. 271–276.
Green, P. E., Rao, V. R. (1972), Configural Synthesis in Multidimensional Scaling, in: Journal of Marketing Research, Vol. 9, 1972, S. 65–68.
Green, P. E., Tull, D. S. (1982), Methoden und Techniken der Marketingforschung, 4. Aufl., Stuttgart 1982.

Gröne, A. (1977), Marktsegmentierung bei Investitionsgütern, Schriftenreihe Unternehmensführung und Marketing, Hrsg.: Meffert, H., Bd. 9, Wiesbaden 1977.

Gröne, A., Dahlhoff, H. D. (1977), Das Käuferverhalten einer Stadtbevölkerung – Empirische Studie zum Kauf von Damenoberbekleidung am Beispiel Münsters, Projektarbeit des Instituts für Marketing, Münster 1977.

Gruner + Jahr (1990), Dialoge 3, Hamburg 1990.

Grunert, K. G. (1982), Informationsverarbeitungsprozesse bei der Kaufentscheidung, Frankfurt, Bern 1982.

Guillet de Monthaux, P. (1975), Organizational Marketing and Industrial Marketing Conservatism. Some Reasons why Industrial Marketing Managers Resist Marketing Theory, in: Industrial Marketing Management, Vol. 4, 1975, S. 25–36.

Gutenberg, E. (1950, 1976, 1979), Grundlagen der Betriebswirtschaftslehre, Bd. 2, Der Absatz, 1. Aufl. 1950, 15. Aufl. 1976, 16. Aufl. 1979, Berlin, Heidelberg u. a. 1950, 1976, 1979.

Haas, R. W. (1986), Industrial Marketing Management, 3. Aufl., Boston 1986.

Haedrich, G., Adam, M., Kreilkamp, E., Kuß, A. (1984), Werbewirkung bei Kindern – Ergebnisse einer experimentellen Untersuchung zur Fernsehwerbung, in: Jahrbuch der Absatz- und Verbrauchsforschung, 1984, S. 21–40.

Hakansson, H., Östberg, C. (1975), Industrial Marketing: An Organizational Problem, in: Industrial Marketing Management, Vol. 4, 1975, S. 113–124.

Halavacek, J. D. Jr., Diener, B. J., Luis, V. D., Stanton, G. C. (1981), Industrial Marketing Perspectives. A Reader, AMA, Chicago 1981.

Hammann, P., Erichson, B. (1990), Marktforschung, 2. Aufl., Stuttgart, New York 1990.

Hansen, F. (1972), Consumer Choice Behavior, New York, London 1972.

Hansen, F. (1976), Psychological Theories of Consumer Choice, in: Journal of Consumer Research, Vol. 3, 1976, S. 117–142.

Hansen, U. (1979), Verbraucherabteilungen als Frühwarnsysteme, in: Zeitschrift für Betriebswirtschaft, Ergänzungsheft 1: Planung in der Praxis, 1979, S. 120–134.

Hansen, U., Stauss, B. (1979), Verbraucherabteilung in Unternehmen – eine Chance für Unternehmen und/oder Verbraucher?, in: Zeitschrift für Verbraucherpolitik, 1979, S. 86–91.

Hansen, U. (1990), Absatz- und Beschaffungsmarketing des Einzelhandels. Eine Aktionsanalyse, Göttingen 1990.

Harris, R. J. (1983), Information Processing Research in Advertising, Hillsdale, N. J. 1983.

Hay, C. (1987), Die Verarbeitung von Preisinformationen durch Konsumenten, Heidelberg 1987.

Heemeyer, H. (1981), Psychologische Marktforschung im Einzelhandel, Wiesbaden 1981.

Heinemann, G. (1989), Betriebstypenprofilierung und Erlebnishandel, Wiesbaden 1989.

Heinemann, M. (1974), Einkaufsstättenwahl und Firmentreue des Konsumenten. Verhaltenswissenschaftliche Erklärungsmodelle und ihr Aussagewert für das Handelsmarketing, Diss., Münster 1974.

Heinen, E. (1974), Käufersouveränität, in: Handwörterbuch der Absatzwirtschaft, Hrsg.: Tietz, B., Stuttgart 1974, Sp. 951–966.

Heinen, E. (1978), Betriebswirtschaftliche Führungslehre, Ein entscheidungsorientierter Ansatz, Wiesbaden 1978.

Hensmann, J. (1980), Neuere Forschungsansätze zum Problem der interpersonallen Kommunikation von Konsumenten, in: Die Betriebswirtschaft, Jg. 40, 1980, S. 387–414.

Hilgard, E. R., Bower, G. H. (1973), Theorien des Lernens, Bd. 1, 3. Aufl., Bd. 2, 2. Aufl., Stuttgart 1973.

Hilger, H. (1981), Informationsbedarf und Informationsbeschaffung jugendlicher Konsumenten beim Kauf langlebiger Güter, in: Informationsverhalten des Konsumenten, Hrsg.: Raffée, H. et al., Wiesbaden 1981, S. 143 ff.

Hill, R., Hillier, T. J. (1977), Organizational Buying Behavior, London, Basingstoke 1977.

Hillmann, K. H. (1971), Soziale Bestimmungsgründe des Konsumentenverhaltens, Stuttgart 1971.

Hirschmann, A. O. (1974), Abwanderung und Widerspruch, Tübingen 1974.

Hofstätter, P. (1973), Einführung in die Sozialpsychologie, 5. Aufl., Stuttgart 1973.
Holm, K. (1970), Zuverlässigkeit von Skalen und Indices, in: Kölner Zeitschrift für Soziologie und Sozialpsychologie, 1970, S. 356 ff.
Holzmüller, H. H. (1986), Grenzüberschreitende Konsumentenforschung, in: Marketing ZFP, Nr. 8 1986, S. 45–54.
Hormuth, St. E. (Hrsg.) (1979), Sozialpsychologie der Einstellungsänderung, Königstein/Taunus 1979.
Houston, M. J., Rothschild, M. L. (1978), Conceptual and Methodological Perspectives of Involvement, in: Research Frontiers in Marketing: Dialogues and Directions, 1978 Educators Proceedings, Hrsg.: Jain, S. C., AMA, Chicago 1978, S. 184–187.
Howard, J. A. (1977), Consumer Behavior: Application of Theory, New York, Düsseldorf 1977.
Howard, J. A., Sheth, J. N. (1969), The Theory of Buyer Behavior, New York 1969.
Hubel, W. (1986), Der Einfluß der Familienmitglieder auf gemeinsame Kaufentscheidungen, Berlin 1986.
Hüttner, M. (1982), Markt- und Absatzprognosen, Stuttgart 1982.
Hüttner, M. (1989), Grundzüge der Marktforschung, 4. Aufl., Berlin, New York 1989.
Hughes, D. G., Ray, M. L. (1974), Buyer/Consumer Information Processing, Chapel Hill 1974.
Hughes, G. D. (1974), Buyer/Consumer Information Processing: An Overview where Researches have been and where they should be going, in: Buyer/Consumer Information Processing, Hrsg.: Hughes, G. D., Ray, M. L., Chapel Hill 1974, S. 3 ff.
Hummrich, U. (1976), Interpersonelle Kommunikation im Konsumgütermarketing. Erklärungsansätze und Steuerungsmöglichkeiten, Bd. 8 der Schriftenreihe Unternehmensführung und Marketing, Hrsg.: Meffert, H., Wiesbaden 1976.
Hunt, H. K. (Hrsg.) (1977), Conceptualization and Measurement of Consumer Satisfaction and Dissatisfaction, Marketing Science Institute, Cambridge, Mass. 1977.
Hunt, H. K., Day, R. L. (Hrsg.) (1980), Refining Concepts and Measures of Consumer Satisfaction and Complaining Behavior, Indiana University, School of Business, Bloomington 1980.
Institut für Freizeitwirtschaft (1979), Das Freizeitgeschäft bis 1985, in: Marketing Journal, Nr. 2, 1979, S. 107–112.
Izard, C. E. (1981), Die Emotionen des Menschen. Eine Einführung in die Grundlagen der Emotionspsychologie, Weinheim, Basel 1981.
Jackson, D. W., Keith, J. E. Jr., Burdick, R. K. (1985), Purchasing Agents Perceptions of Industrial Buying Center Influence: A Situational Approach, in: Journal of Marketing, Nr. 4, 1985.
Jeck-Schlottmann, G. (1987), Anzeigenbetrachtung bei geringem Involvement, in: Marketing ZFP, Nr. 10, 1987, S. 33–43.
Johnston, W. J., Bonoma, T. V. (1981), Purchase Process for Capital Equipment and Services in: Industrial Marketing Management, Vol. 10, 1981, S. 253–264.
Joost, N. (1978), Die Phasen des Entscheidungsprozesses, in: Wirtschaftswissenschaftliches Studium, 7. Jg., 1978, S. 428–431.
Kaas, K. P. (1973), Diffusion und Marketing. Das Konsumentenverhalten bei der Einführung neuer Produkte, Stuttgart 1973.
Kaas, K. P., Runow, H. (1984), Wie befriedigend sind die Ergebnisse der Forschung zur Verbraucherzufriedenheit?, in: Die Betriebswirtschaft, 44. Jg., Nr. 3, 1984, S. 453–460.
Kapferer, J. N., Laurent, G. (1985), Consumer's Involvement Profile: New Empirical Results, in: Advances in Consumer Research, Hrsg.: Hirschmann, E. C., Holbrook, M. B., 12. Jg., Provo, Utah 1985, S. 290–295.
Kassarjian, H., Robertson, Th. (1968), Perspectives in Consumer Behavior, Glenview, Ill. 1968.
Katona, G. (1968), Das Verhalten der Verbraucher und Unternehmer, Tübingen 1968.
Katz, R. (1983), Informationsquellen der Konsumenten. Eine Analyse der Divergenzen zwischen der Beurteilung und Nutzung, Schriftenreihe Unternehmensführung und Marketing, Hrsg.: Meffert, H., Bd. 17, Wiesbaden 1983.

Keitz, B. v. (1986), Wahrnehmung von Informationen, in: Konsumentenpsychologie und Markenartikel, Hrsg.: Unger, F., Heidelberg, Wien 1986, S. 97–140.
Keller, J. A. (1981), Grundlagen der Motivation, München u. a. 1981.
Kern, E. (1987), Der Interaktionsansatz im Investitionsgütermarketing, Arbeitspapier Nr. 9 des Betriebswirtschaftlichen Instituts für Anlagen und Systemtechnologien, Hrsg.: Backhaus, K., Münster 1987.
Kern, E. (1990), Der Interaktionsansatz im Investitionsgütermarketing, Berlin 1990.
Kieser, A. (1981), Organisationstheoretische Ansätze, München 1981.
Kieser, A., Kubicek, H. (1976), Organisation, Berlin, New York 1976.
Kieser, A., Kubicek, H. (1978), Organisationstheorien II, Stuttgart u. a. 1978.
Kimmeskamp, G. (1976), Die Erfassung der Bedeutung kaufrelevanter Informationsquellen als Problem der Marketingforschung – dargestellt am Beispiel langlebiger Konsumgüter, Diplomhausarbeit (unveröffentlicht), Münster 1976.
Kirchler, E. (1989), Kaufentscheidungen im privaten Haushalt, Göttingen u. a. 1989.
Kirsch, W. (1977), Einführung in die Theorie der Entscheidungsprozesse, 2. Aufl. der Bände 1–3, Wiesbaden 1977.
Kirsch, W., Kutschker, M., Lutschewitz, H. (1980), Ansätze und Entwicklungstendenzen im Investitionsgütermarketing, 2. Aufl., Stuttgart 1980.
Klenger, F., Krautter, J. (1972), Simulation des Käuferverhaltens, Bd. 10, in: Computermodell des Käuferverhaltens, Hrsg.: Pack, L., Wiesbaden 1972.
Kluckhohn, C. (1961), The Study of Values, in: Values in America, Hrsg.: Barret, D. N., Notre Dame, Ind. 1961, S. 17–46.
Kluckhohn, C. (1962), Values and Value-Orientation in the Theory of Action, in: Towards a General Theory of Action, Hrsg.: Parsons, T., Shils, E. A., Cambridge 1962, S. 388–433.
Koch, F.-K. (1987), Verhandlungen bei der Vermarktung von Investitionsgütern – Eine Plausibilitäts- und Explorationsanalyse, Diss., Mainz 1987.
Koeppler, K.-F. (1972), Unterschwellig wahrnehmen – unterschwellig lernen, Stuttgart, u. a. 1972.
Köhler, R. (1976), Marktkommunikation, in: Wirtschaftswissenschaftliches Studium, 1976, S. 164 ff.
Köhler, R. (1986), Entwicklungsperspektiven der Marktforschung aus Sicht des strategischen Managements, in: Zukunftsaspekte der anwendungsorientierten Betriebswirtschaftslehre, Festschrift Erwin Grochla, Hrsg.: Gaugler, E., Meissner, H. G., Thom, N., Stuttgart 1986, S. 111–138.
Koinecke, J. (Hrsg.) (1978), Handbuch Marketing, Bd. 1, Gernsbach 1978.
Kotler, Ph. (1974), Marketing Management, 2. Aufl., Stuttgart 1974.
Kotler, Ph. (1988), Marketing Management. Analysis, Planning, Implementation and Control, 6. Aufl., Englewood Cliffs, N. J. 1988.
Krais, A. (1977), Lernpsychologie und Markenwahl. Lernpsychologische Grundlagen des Konsumgütermarketing, Frankfurt a. M., Thun 1971.
Kratz, J. (1975), Der Interaktionsprozeß beim Kauf von einzeln gefertigten Investitionsgütern, Diss., Bochum 1975.
Kroeber-Riel, W. (1975), Konsumentenverhalten, München 1975.
Kroeber-Riel, W. (1983), Wirkung von Bildern auf das Konsumentenverhalten, in: Marketing ZFP, Nr. 5, 1983, S. 153–160.
Kroeber-Riel, W. (1984), Emotional Product Differentiation by Classical Conditioning (with Consequences for the Low-Involvement Hierarchy), in: Advances in Consumer Research, Hrsg.: Kuinear, Th., Vol. 11, 1984, S. 528–543.
Kroeber-Riel, W. (1986), Die inneren Bilder des Konsumenten, in: Marketing ZFP, Nr. 8, 1986, S. 81–96.
Kroeber-Riel, W. (1990) Konsumentenverhalten, 4. Aufl., München 1990.
Kroeber-Riel, W., Meyer-Hentschel, G. (1982), Werbung – Steuerung des Konsumentenverhaltens, Würzburg 1982.

Kroeber-Riel, W., Trommsdorff, V. (1973), Markentreue beim Kauf von Konsumgütern – Ergebnisse einer empirischen Untersuchung, in: Konsumentenverhalten und Marketing, Hrsg.: Kroeber-Riel, W., Opladen 1973, S. 57–82.

Krugmann, H. E. (1965), The Impact of Television Advertising: Learning without Involvement, in: Public Opinion Quarterly, Vol. 29, 1965, S. 349–356.

Kuehn, A. (1968), Consumer Brand Choice as a Learning Process, in: Journal of Advertising Research, Vol. 2, 1968, S. 10 ff.

Kuehn, A. (1972), Die Produktwahl des Konsumenten als Lernprozeß, in: Marketingtheorie, Hrsg.: Kroeber-Riel, W., Köln 1972, S. 156–170.

Kuhlmann, E. (1970), Das Informationsverhalten der Konsumenten, Freiburg 1970.

Kuhlmann, E. (1980), Kaufrisiko, in: Grundbegriffe der Wirtschaftspsychologie, Hrsg.: Hoyob, C. Graf, Kroeber-Riel, W., Rosenstiel, L. von, Strümpel, B., München 1980, S. 522–533.

Kumpf, M. (1983), Bezugsgruppen und Meinungsführer, in: Marktpsychologie, 1. Halbbd.: Marktpsychologie als Sozialwissenschaft, Hrsg.: Irle, M., Göttingen u. a. 1983, S. 282–330.

Kupsch, P., Hufschmied, P. (1979), Wahrgenommenes Risiko und Komplexität der Beurteilungssituation als Determinaten der Qualitätsbeurteilung, in: Konsumentenverhalten und Information, Hrsg.: Meffert, H., Steffenhagen, H., Freter, H., Wiesbaden 1979, S. 225–257.

Kupsch, P., Hufschmied, P., Mathes, H. D., Schöler, K. (1978), Die Struktur von Qualitätsurteilen und das Informationsverhalten von Konsumenten beim Kauf langlebiger Gebrauchsgüter, Opladen 1978.

Kuß, A. (1987), Information und Kaufentscheidung, Berlin 1987.

Kuß, A. (1991), Käuferverhalten, Stuttgart 1991.

Kutschker, M., Kirsch, W. (1978), Verhandlungen in multiorganisationalen Entscheidungsprozessen, München 1978.

Lastovicka, J. L., Gardner, D. M. (1978), Low Involvement versus High Involvement Cognitive Structures, in: Advances in Consumer Research, Hrsg.: Hunt, H. K., 5. Jg., Ann Arbor 1978, S. 87–92.

Lavington, M. R. (1972), Ein Mikrosimulationsmodell der Nachfragereaktion beim Konsumgütermarketing, in: Marketingtheorie – Verhaltensorientierte Erklärung von Marktreaktionen, Hrsg.: Kroeber-Riel, W., Köln 1972, S. 332 ff.

Lewin, K. (1967), The Psychology of Success and Failure. Occupations, Vol. 14 (1936), S. 926–930, wiederabgedruckt in: Readings in Managerial Psychology, Hrsg.: Leavitt, H. J., Pondy, C. R., 4. Aufl., Chicago, London 1967.

Linden, F. (1973), The Consumers' View of Value, in: The Conference Board Record, Vol. 10, 1973, S. 6–11.

Lindsay, P. H., Norman, D. A. (1972), Human Information Processing. An Introduction to Psychology, 2. Aufl., New York u. a. 1972.

Lindsay, P. H., Norman, D. A. (1973), Human Information Processing, New York, London 1973.

Lindsay, P. H., Norman, D. A. (1981), Einführung in die Psychologie, Berlin 1981.

Luck, H. E. (1976), Testen und Messen von Eigenschaften und Einstellungen, in: Techniken der empirischen Sozialforschung, Bd. 5, Testen und Messen, Hrsg.: Koolwijk, J. v., Wieken-Mayser, M., München 1976, S. 77 ff.

Lutz, R. J., Kakkar, P. (1975), The Psychological Situation as a Determinant of Consumer Behavior, in: Advances in Consumer Research, Hrsg.: Schlinger, M. J., Vol. 2, 1975, S. 439–454.

Lutz, R. J., Kakkar, P. (1976), Situational Influence in Interpersonal Persuasion, in: Advances in Consumer Research, Hrsg.: Anderson, B. B., Vol. 3, Association for Consumer Research 1976, S. 370–378.

Lutz, Th. (1983), Der Einfluß von Kindern auf Produktpräferenzen ihrer Mütter, Berlin 1983.

Mäding, H. (1987), Haushaltsplanung, Haushaltsvollzug, Haushaltskontrolle. 11. Konstanzer Verwaltungsseminar, Baden-Baden 1987.

Magnusson, P. (1975), Testtheorien, 2. Aufl., Wien 1975.

Markin, R. J. (1974), Consumer Behavior – A Cognitive Orientation, New York, London 1974.

Marty, I. (1991), „Harte“ und „weiche“ Daten verknüpfen, in: IAA-GfM News, Nr. 3, 1991, S. 13–16.

Maslow, A. M. (1943), A Theory of Human Motivation, in: Psychological Review, 1943, S. 370–396.

Maslow, A. M. (1975), Motivation and Personality, in: Theoretical Readings in Motivation: Perspections on Human Behavior, Hrsg.: Levine, F. M., Chicago 1975, S. 358–379.

Mayer, H. (1987), Personendarstellungen in der Werbung, in: Werbeforschung und Praxis, Nr. 32, 1987, S. 77–83.

Mayer, H., Boor, W. (1988), Familie und Konsumentenverhalten, in: Jahrbuch der Absatz- und Verbrauchsforschung, Nr. 2, 1988, S. 120 ff.

McGuire, W. J. (1976), Some Internal Psychological Factors Influencing Consumer Choice, in: Journal of Consumer Research, Vol. 2, 1976, S. 302–319.

McNeal, J. U. (1969), Consumer Satisfaction: The Measure of Marketing Effectiveness, in: MSU Business Topics, Summer 1969, S. 31–35.

McNeal, J. U., Lamb, Ch. W. Jr. (1979), Consumer Satisfaction as a Measure of Marketing Effectiveness, in: Akron Business and Economic Review, Vol. 10, No. 2, 1979, S. 41–45.

Meffert, H. (1971), Marketing, in: Management-Enzyklopädie, Bd. 4, München 1971, S. 383–413.

Meffert, H. (1975a), Marketing heute und morgen. Eine Einführung des Herausgebers, in: Marketing heute und morgen – Entwicklungstendenzen in Theorie und Praxis, Hrsg.: Meffert, H., Wiesbaden 1975a, S. 11 ff.

Meffert, H. (1975b), Konsumerismus – Merkmale, Forderungen, Auswirkungen, in: Marketing heute und morgen – Entwicklungstendenzen in Theorie und Praxis, Hrsg.: Meffert, H., Wiesbaden 1975b, S. 459 ff.

Meffert, H. (1975c), Marketing und Konsumerismus, in: Zeitschrift für Betriebswirtschaft, Jg. 45, Nr. 2, 1975c, S. 69–90.

Meffert, H. (1976), Interpersonelle Kommunikation als Problem der Marketingtheorie, in: Interpersonelle Kommunikation im Konsumgütermarketing, Hrsg.: Hummrich, U., Wiesbaden 1976, S. 13 ff.

Meffert, H. (1978a) Marketing im Wandel – Zukunftsperspektiven des Marketing in der Bundesrepublik Deutschland, Schriftenreihe der Norddeutschen Landesbank, Bd. 3, Hannover 1978a.

Meffert, H. (1978b), Marketing und soziale Verantwortung von Unternehmen, in: Das soziale Bewußtsein von Konsumenten, Hrsg.: Bruhn, M., Wiesbaden 1978b.

Meffert, H. (1979), Die Beurteilung und Nutzung von Informationsquellen beim Kauf von Konsumgütern. Empirische Ergebnisse und Prüfung ausgewählter Hypothesen, in: Konsumentenverhalten und Information, Hrsg.: Meffert, H., Steffenhagen, H., Freter, H., Wiesbaden 1979, S. 39–65.

Meffert, H. (1980), Perspektiven des Marketing in den 80er Jahren, in: Die Betriebswirtschaft, 40. Jg., 1980, S. 59 ff.

Meffert, H. (1986), Marketing. Grundlagen der Absatzpolitik, 7. Aufl., Wiesbaden 1986.

Meffert, H., Bruhn, M. (1978), Die Beurteilung von Konsum- und Umweltproblemen durch Konsumenten, in: Die Betriebswirtschaft, 38. Jg., 1978, S. 371–382.

Meffert, H., Bruhn, M. (1979), Griesgram im Griff, in: Absatzwirtschaft, Nr. 3, 1979, S. 106–108.

Meffert, H., Bruhn, M. (1981), Ansatzpunkte zur Messung der Konsumentenzufriedenheit, Münster 1981.

Meffert, H., Dahlhoff, H.-D. (1979), Kollektive Kaufentscheidungsprozesse von Konsumenten, in: Handelsforschung heute, Festschrift zum 50jährigen Bestehen der Forschungsstelle für den Handel, Berlin 1979, S. 193–205.

Meffert, H., Kirchgeorg, M. (1992), Marktorientiertes Umweltmanagement, Stuttgart 1992.

Meffert, H., Pfeiffer, S. (1979), Die Akzeptanz von Produktinnovationen im Handel – Ergebnisse einer empirischen Untersuchung, unveröffentlichtes Vortragsmanuskript, Münster 1979.

Meffert, H., Steffenhagen, H. (1977), Marketing-Prognosemodelle, Stuttgart 1977.

Meffert, H., Steffenhagen, H., Freter, H. (Hrsg.) (1979), Konsumentenverhalten und Information, Wiesbaden 1979.

Meffert, H., Windhorst, K.-G. (1984), Sieben Werttypen auf der Spur, in: Absatzwirtschaft, Nr. 9, 1984, S. 116–124.

Mehrabian, A., Russel, J. A. (1974), An Approach to Environmental Psychology, Cambridge 1974.

Mitchell, A. A. (1979), Involvement: A Potentially Important Mediator of Consumer Behaviour, in: Advances in Consumer Research, Hrsg.: Wilkie, W. L., 6. Jg., Ann Arbor 1979, S. 191–196.

Monhemius, K. Ch. (1990), Divergenzen zwischen Umweltbewußtsein und Kaufverhalten – Ansätze zur Operationalisierung und empirische Ergebnisse, Arbeitspapier Nr. 38 des Instituts für Marketing, Münster 1990.

Monhemius, K. Ch. (1992), Umweltbewußtes Kaufverhalten von Konsumenten. Ein Beitrag zur Operationalisierung, Erklärung und Typologie des Verhaltens in der Kaufsituation, Frankfurt a. M. u. a. 1992.

Moriarty, R. S., Reibstein, D. J. (1986), Benefit Segmentation in Industrial Markets, in: Journal of Business Research, Vol. 14, 1986, S. 463–486.

Mühlbacher, H. (1986), An Involvement Model of Advertising Information Acquisition and Processing Motivation, in: Contemporary Research in Marketing, Hrsg.: Möller, K., Paltschik, M., Helsinki 1986.

Müller-Hagedorn, L. (1978), Bevorzugte Betriebsformen des Einzelhandels und das Lebenszykluskonzept, in: Zeitschrift für betriebswirtschaftliche Forschung, 30. Jg., 1978, S. 51–70.

Müller-Hagedorn, L. (1986), Das Konsumentenverhalten, Wiesbaden 1986.

Nakanishi, M. (1974), Decision-Net Models and Human Information Processing, in: Buyer/ Consumer Information Processing, Hrsg.: Hughes, G. D., Ray, M., Chapel Hill 1974, S. 75–89.

Narayana, Ch. L., Markin, R. L. (1975), Consumer Behavior and Product Performance: An Alternative Conceptualization, in: Journal of Marketing, Jg. 39, Nr. 4, S. 1–6.

Nicosia, F. M., Mayer, R. (1977), Towards a Sociology of Consumption, in: Selected aspects of consumer behavior, Hrsg.: Ferber, R., US National Science Foundation, Washington 1977, S. 435–447.

Nie, N. H. et al. (1975), Statistical Package for the Social Sciences, New York u. a. 1975.

Nieschlag, R., Dichtl, E., Hörschgen, H. (1991), Marketing, 16. Aufl., Berlin 1991.

Oettle, K. (1985), Die Willensbildung in öffentlichen Unternehmen, in: Schriften des Vereins der Sozialpolitik, Bd. 88, Berlin 1985.

Olshavsky, R. (1983), Perceived Quality in Consumer Decision Making: An Integrated Theoretical Perspective, Paper präsentiert auf der Konferenz: „Consumer Perception of Merchandise and Store Quality", 29./30. September 1983, New York 1983.

Oppitz, G., Rosenstiel, L. v. (1983), Wandel der Lebensstile?, Bedeutung von Kindern und Konsum für junge Ehepaare, in: Marketing, ZFP, Nr. 4, 1983, S. 263–270.

o. V. (1977), Frauentypologie 3, Marktkenntnis, Produktinteresse und Kaufverhalten von Frauen zwischen 14 und 64 Jahren, Hrsg.: Brigitte, Gruner + Jahr AG & Co., Hamburg 1977.

o. V. (1984), Image-Transferkonzepte. Spalier für den Markenstar, in: Absatzwirtschaft, Nr. 6, 1984, S. 48–53.

Park, C. W., McClung, G. W. (1986), The Effect of TV Program Involvement on Involvement with Commercials, in: Advances in Consumer Research, Hrsg.: Lutz, R. J., 13. Jg., Provo, Utah 1986, S. 544–548.

Percy, L., Rossiter, J. R. (1980), Advertising Strategy: A Communication Theory Approach, New York 1980.

Perry, M. (1975), The Conceptualisation Problem of Multi-Attribute Attitude Models, in: European Research, 1975, S. 105 ff.

Pervin, L. A. (1978), Definitions, Measurements and Classifications of Stimuli Situations and Environments, in: Human Ecology, Nr. 1, 1978, S. 71–105.

Petty, R. E., Ostrom, Th. M., Brock, T. C. (1981), Cognitive Responses in Persuasion, Hillsdale, N. J. 1981.

Pfeiffer, S. (1981), Die Akzeptanz von Neuprodukten im Handel. Eine empirische Untersuchung zum Innovationsverhalten des Lebensmittelhandels, Wiesbaden 1981.

Plutchik, R. (1980), Emotion. A Psychoevolutionary Synthesis, New York u. a. 1980.
Porter, M. E. (1985), Competitive Advantage, New York 1985.
Raaij, W. F. v. (1976), A Contingency Approach to Consumer Information Processing, Tilburg Paper No. 13 on Consumer Evaluation Processes, Tilburg University, June 1976.
Raffée, H. (1969), Konsumenteninformation und Beschaffungsentscheidung des privaten Haushalts, Stuttgart 1969.
Raffée, H. (1979), Marketing und Umwelt, Stuttgart 1979.
Raffée, H. (1984), Die Bedeutung von Werten und Wertewandel für das Verhalten von Konsumenten, in: Wertewandel und Konsumentenverhalten. Dokumentation des Workshops vom 29. Juni 1983, Arbeitspapier Nr. 20 der Wissenschaftlichen Gesellschaft für Marketing und Unternehmensführung e. V., Hrsg.: Meffert, H., Wagner, H., Münster 1984.
Raffée, H., Sauer, B., Silberer, G. (1973), Theorie der kognitiven Dissonanz und Konsumgüter-Marketing, Wiesbaden 1973.
Raffée, H., Silberer, G. (1981), Informationsverhalten des Konsumenten. Ergebnisse empirischer Studien, Wiesbaden 1981.
Raffée, H., Wiedmann, K. P. (1986), Wertewandel und Marketing, Arbeitspapier Nr. 49 des Instituts für Marketing, Universität Mannheim 1986.
Rao, T. R. (1969), Consumer's Purchase Decision Process: Stochastic Models, in: Journal of Marketing Research, Vol. 6, 1969, S. 321 ff.
Ray, M. L., Ward, S. (1976), The Relevance of Consumer Information Processing Studies to Consumer Research, in: Communicating with Consumers, Hrsg.: Ray, M. L., Ward, S., Beverly Hills, London 1976, S. 5 ff.
Ray, M. L., Ward, S. (Hrsg.) (1976), Communicating with Consumers – The Information Processing Approach, Beverly Hills 1976.
Reykowski, J. (1973), Psychologie der Emotionen, Donauwörth 1973.
Richter, E. (1972), Informationsverhalten und kognitives Gleichgewicht – theoretische Ansätze und absatzwirtschaftliche Anwendungen, Arbeitspapier Nr. 16 des Instituts für Konsum- und Verhaltensforschung an der Universität des Saarlandes, Saarbrücken 1972.
Rieger, F. H. (1983), Unternehmen und öffentliche Verwaltungsbetriebe, Berlin 1983.
Rigaux, B. (1977), L'influence des enfants dans les decisions economiques de la famille, in: Revue francaise du Marketing, nov./dec. 1977, S. 33–43.
Robbins, St. P. (1983), Organizational Behavior. Concepts, Controversies and Applications, Englewood Cliffs 1983.
Robertson, T. S., Zielinski, J. (1981), New Sociological Perspectives for Consumer Behavior Research, unveröffentlichtes Manuskript, 1981.
Robinson, L. M. (1979), Consumer Complaint Behavior: A Review with Implications for Further Research, in: New Dimensions of Consumer Satisfaction and Complaining Behavior, Hrsg.: Day, R. L., Hunt, H. K., Indiana University, School of Business, Bloomington 1979, S. 41–50.
Robinson, P. J., Stidsen, B. (1967), Personal Selling in a Modern Perspective, Boston 1967.
Robinson, P. J., Faris, C. W., Wind, Y. (1957), Industrial Buying and Creative Marketing, Boston 1967.
Rogers, E. M. (1962), Diffusion of Innovations, New York 1962.
Rogge, H.-J. (1981), Marktforschung, München, Wien 1981.
Rokeach, M. (1968), Beliefs, Attitudes and Values, San Francisco 1968.
Roloff, S. (1972), Darstellung eines Mikrosimulationsmodells nach M. R. Lavington, Saarbrücken 1972.
Rosenstiel, L. v. (1969), Psychologie der Werbung, Rosenheim 1969.
Rosenstiel, L. v., Ewald, G. (1979), Marktpsychologie, Bd. I, Konsumverhalten und Kaufentscheidung, Stuttgart, Berlin 1979.
Rosenstiel, L. v., Ewald, G. (1983), Methoden und Ergebnisse labor- und feldexperimenteller marktpsychologischer Forschung, in: Marktpsychologie, 2. Halbbd., Methoden und Anwendungen in der Marktpsychologie, Hrsg.: Irle, M., Göttingen, Toronto 1983, S. 174–246.

Rothschild, M. L. (1979), Advertising Strategies for High and Low Involvement Situations, in: Attitude Research Plays for High States, Hrsg.: Maloney, J. C., Silverman, B., 8th Attitude Research Conference, Chicago 1979.
Rüttinger, B., Rosenstiel, L. v., Molt, W. (1974), Motivation des wirtschaftlichen Verhaltens, Stuttgart 1974.
Ruge, H. D. (1988), Die Messung bildhafter Konsumerlebnisse, Heidelberg 1988.
Ruhfus, R. (1976), Kaufentscheidungen von Familien. Ansätze zur Analyse des kollektiven Entscheidungsverhaltens im privaten Haushalt, Schriftenreihe Unternehmensführung und Marketing, Bd. 7, Hrsg.: Meffert, H., Wiesbaden 1976.
Russel, J. A., Mehrabian, A. (1976), Environmental Variables in Consumer Research, in: Journal of Consumer Research, Vol. 3, 1976, S. 62–63.
Sandell, R. G. (1968a), Effects of Attitudinal and Situational Factors on Reported Choice Behavior, in: Journal of Marketing Research, Vol. 4, 1968a, S. 405–08.
Sandell, R. G. (1968b) The Effects of Attitude Influence and Representational Conditioning on Choice Behavior, The Economic Research Institute, Stockholm School of Economics, Stockholm 1968b.
Sauer, K. (1982), Das Einkaufs-Entscheidungsverhalten im genossenschaftlichen Lebensmitteleinzelhandel – eine empirische Untersuchung, Göttingen 1982.
Schäfer, E., Knoblich, H. (1978), Grundlagen der Marktforschung, 5. Aufl., Stuttgart 1978.
Schaminger, Ch. M., Sciglimpaglia, D. (1981), The Influence of Cognitive Personality Traits and Demographics on Consumer Information Acquisition, in: Journal of Consumer Research, Nr. 8, 1981, S. 208–216.
Scheuch, F. (1975), Investitionsgütermarketing, Opladen 1975.
Schmedlitz, P. (1985), Einstellungen und soziale Beeinflussungen als Bedingungen von Kaufabsichten, Frankfurt a. M., Bern 1985.
Schmidt-Atzert, L. (1981), Emotionspsychologie, Stuttgart u. a. 1981.
Schmölders, G. (1966), Psychologie des Geldes, Reinbek 1966.
Schnetkamp, G. (1982), Einstellungen und Involvement als Bestimmungsfaktoren des sozialen Verhaltens, Frankfurt a. M., Bern 1982.
Scholz, Chr. (1987), Strategisches Management. Ein integrativer Ansatz, New York 1987.
Schroder, H. M., Driver, M. J., Streufert, S. (1975), Menschliche Informationsverarbeitung. Die Strukturen der Informationsverarbeitung bei Einzelpersonen und Gruppen in komplexen sozialen Situationen, Weinheim, Basel 1975.
Schulte-Frankenfeld, H. (1985), Vereinfachte Kaufentscheidungen von Konsumenten, Frankfurt a. M. u. a. 1985.
Schulz, R. (1972), Kaufentscheidungsprozesse von Konsumenten, Wiesbaden 1972.
Schuster, H. (1989), Möglichkeiten unbewußt wirkender Industriegüter-Werbung, Diss., Berlin 1989.
Schweiger, G. (1984), Verwendung von gleichen Markennamen für unterschiedliche Produktgruppen (Imagetransfer), in: Planung und Analyse, Nr. 4, 1984, S. 260–264.
Schweiger, G., Mazanec, J. (1981), Improved Marketing Efficiency through Multi-Product Brand Names? An Empirical Investigation of Image Transfer, in: European Research, 1981, S. 32–44.
Schweiger, G., Mazanec, J., Wiegele, O. J. (1976), Das Modell des „erlebten Risikos" („perceived risk"): Struktur und Operationalisierungskonzepte, in: Der Markt, Nr. 60, 1976, S. 93–102.
Schweiger, G., Mazanec, J., Wiegele, O. J. (1977), Das erlebte Risiko als Determinante der Sparentscheidungen privater Anleger: Empirische Befunde zur Nutzung höherer Sparformen in der österreichischen Bevölkerung, Arbeitspapier Nr. 9 der Wirtschaftsuniversität Wien, Wien 1977.
Sheth, J. N. (1973), A Model of Industrial Buyer Behavior, in: Journal of Marketing, Nr. 10, 1973, S. 50–56.
Sheth, J. N. (Hrsg.) (1974), A Theory of Family Buyer Decisions, in: Models of Buyer Behavior, New York u. a. 1974.
Sheth, J. N., Raju, P. (1979), Wahlentscheidungen und Prozeßmodelle des Informationsverhaltens von Konsumenten, in: Konsumentenverhalten und Information, Hrsg.: Meffert, H., Steffenhagen, H., Freter, H., Wiesbaden 1979, S. 147–159.

Shuptrine, F. K., Samuelson, G. (1976), Dimensions of Marital Roles in Consumer Decision Making: Revisited, in: Journal of Marketing Research, Vol. 13, 1976, S. 87–91.

Sieben, F., Goetzke, W. (1976), Der Entscheidungsfindungsprozeß in nicht erwerbswirtschaftlichen Betrieben als Problem der Betriebswirtschaftslehre, in: Gemeinwirtschaftliche Betriebe und öffentliche Verwaltungen, Hrsg.: Haeseler, R., Zeitschrift für betriebswirtschaftliche Forschung, 1976, Sonderheft 5, S. 41–58.

Silberer, G. (1979), Die Verwendung von Gütertestinformationen im Konsumgüterbereich, in: Konsumentenverhalten und Information, Hrsg.: Meffert, H., Steffenhagen, H., Freter, H., Wiesbaden 1979, S. 85–112.

Silberer, G. (1981a), Das Informationsverhalten des Konsumenten beim Kaufentscheid – Ein analytisch-theoretischer Bezugsrahmen, in: Informationsverhalten des Konsumenten. Ergebnisse empirischer Studien, Hrsg.: Raffée, H., Silberer, G., Wiesbaden 1981a, S. 27–60.

Silberer, G. (1981b), Zur Kenntnis, Beurteilung und Nutzung neutraler Informationsquellen im Konsumentenbereich unter besonderer Berücksichtigung der Verbraucherberatung – Ergebnisse einer Telefonumfrage, in: Informationsverhalten des Konsumenten, Hrsg.: Raffée, H., Silberer, G., Wiesbaden 1981b, S. 261–281.

Silberer, G. (1983), Einstellungen und Werthaltungen, in: Marktpsychologie, 1. Halbbd., Marktpsychologie als Sozialwissenschaft, Hrsg.: Irle, M., Göttingen, Toronto 1983, S. 533–603.

Silberer, G. (1987), Dissonanz bei Konsumenten, in: Wirtschaftspsychologie in Grundbegriffen, Hrsg.: Hoyos, C. Graf et al., 2. Aufl., München 1987.

Silberer, G. (1990), Werteforschung und Werteorientierung, Stuttgart 1990.

Simon, H. (1982), Adpuls: An Advertising Model with Wear out and Pulsation, in: Journal of Marketing Research, Vol. 19, 1982, S. 352 ff.

Simon, L., Freimer, M. (1970), Analytical Marketing, New York 1970.

Solomon, M. R. (Hrsg.) (1985), The Psychology of Fashion, Lexington, Mass., Toronto 1985.

Specht, G. (1979), Die Macht aktiver Konsumenten, Stuttgart 1979.

Spekman, R. E., Wilson, D. T. (Hrsg.) (1982), Issues in Industrial Marketing: A View of the Future, AMA, Chicago 1982.

Spiegel, B. (1970), Werbepsychologische Untersuchungsmethoden. Experimentelle Forschungs- und Prüfverfahren, 2. Aufl., Berlin 1970.

Spiegel-Verlag (Hrsg.) (1982), Der Entscheidungsprozeß bei Investitionsgütern. Beschaffung, Entscheidungskompetenzen, Informationsverhalten, Hamburg 1982.

Spiegel-Verlag (Hrsg.) (1986), Outfit – Einstellungen, Stilpräferenzen, Markenorientierung, Kaufverhalten, Soziale Milieus, Hamburg 1986.

Sprowls, R. C., Asimow, M. (1962), A Model of Customer Behavior for the Task Manufacturing Corporation, in: Management Science, Vol. 8, April 1962, S. 311 ff.

Standop, D., Hesse, H.-W. (1985), Zur Messung der Kundenzufriedenheit mit Kfz-Reparaturen, Arbeitspapier des Fachbereichs Wirtschaftswissenschaften der Universität Osnabrück, Osnabrück 1985.

Stark, H. (1973), Beschaffungsführung – Grundlagen marktkonformen und zielorientierten Verhaltens in der Beschaffung, Stuttgart 1973.

Stauss, B. (1987), Ein bedarfswirtschaftliches Marketingkonzept für öffentliche Unternehmen, Baden-Baden 1987.

Steffenhagen, H. (1975), Industrielle Adoptionsprozesse als Problem der Marketingforschung, in: Marketing heute und morgen, Hrsg.: Meffert, H., Wiesbaden 1975, S. 107–126.

Steffenhagen, H. (1978), Wirkungen absatzpolitischer Instrumente. Theorie und Messung der Marktreaktionen, Stuttgart 1978.

Steffenhagen, H. (1991), Marketing. Eine Einführung, 2. Aufl., Stuttgart 1991.

Steinhausen, J., Der Staat als Auftrag- und Arbeitgeber, in: Das Wirtschaftsstudium, 1976, S. 473–477 u. 521–525.

Stern, (1982), Profile 4, Medien – Märkte – Konsumenten, Hamburg 1982.

Stiksrud, A. (Hrsg.) (1984), Jugend und Werte, Weinheim, Basel 1984.

Strothmann, L.-H. (1979), Investitionsgütermarketing, München 1979.
Strümpel, B. (1987), Psychologie gesamtwirtschaftlicher Prozesse, in: Wirtschaftspsychologie in Grundbegriffen, Hrsg.: Hoyos, C. Graf et al., 2. Aufl., München 1987.
Swasy, J. (1982), A Perspektive on Adopting, Industrial Solesforce's Responses to a Changing Environment, in: Issues to Industrial Marketing: A View to the Future, Hrsg.: Spekman, R. E., Wilson, D. T., Chicago 1982, S. 69–73.
Swoboda, F. (Hrsg.) (1974), Werbepolitik, Wien u. a. 1974.
Szybillo, G. J., Sosannie, A. (1977), Family Decision Making: Husband, Wife and Children, in: Advances in Consumer Research, Hrsg.: Perreault, W., Vol. 4, Atlanta 1977, S. 46–49.
Tauchnitz, J., Emotionale Werbung mit Musik, in: Werbeforschung und Praxis, Nr. 3, 1985, S. 113–115.
Thieme, W., Der Haushaltsvollzug in der Verwaltungswissenschaft, in: Haushaltsplanung – Haushaltsvollzug – Haushaltskontrolle, Hrsg.: Mäding, H., Baden-Baden 1987.
Thomae, H. (Hrsg.) (1983), Enzyklopädie der Psychologie, Bonn 1983.
Thorelli, H. B., Becker, M., Engledow, J. (1975), The Information Seekers – An International Study of Consumer Information and Advertising Image, Cambridge, Mass. 1975.
Thorelli, H. B., Thorelli, S. V. (1977), Consumer Information Systems and Consumer Policy, Cambridge, Mass. 1977.
Tietz, B., (1981), Die Werbung, Bd. 1, Landsberg a. L. 1981.
Tietz, B. (1982), Die Wertedynamik der Konsumenten und Unternehmer in ihren Konsequenzen auf das Marketing, in: Marketing ZFP, Nr. 4, 1982, S. 91–102.
Tietz, B. (1985), Der Handelsbetrieb, Grundlagen der Unternehmenspolitik, München 1985.
Tietz, B. (1989), Marketing, 2. Aufl., Düsseldorf 1989.
Topritzhofer, E. (1971), Einige elementare Überlegungen zur Struktur stochastischer Prozesse und ihrer Eignung für die Darstellung des Käuferverhaltens, in: Die Unternehmung, 25. Jg., 1971, S. 329–338.
Topritzhofer, E. (1974), Absatzwirtschaftliche Modelle des Kaufentscheidungsprozesses unter besonderer Berücksichtigung des Markenwahlaspektes, Wien 1974.
Topritzhofer, E. (1977), Entwicklungsstand und Zukunftsperspektiven der Kaufverhaltensforschung, in: Die Betriebswirtschaft, 37. Jg., 1977, S. 147–159.
Tostmann, Th. M. (1982), Konsument und Kaufentscheidung. Untersuchung zur praktischen Brauchbarkeit von Kaufprozeßmodellen, Bielefeld, Köln 1982.
Treis, B., Lademann, R. (1981), Das Beschaffungsverhalten von Einzelhändlern in kooperativen Gruppen. Eine verhaltenstheoretische Analyse, in: Marketing ZFP, Nr. 3, 1981, S. 169–180.
Triandis, H. C. (1975), Einstellungen und Einstellungsänderungen, Weinheim, Basel 1975.
Triandis, H. C. (1980), Values, Attitudes and Interpersonal Behavior, in: Nebraska Symposium on Motivation 1979, Beliefs, Attitudes and Values, Hrsg.: Page, M. M., Lincoln, London 1980, S. 195–259.
Trommsdorff, V. (1975), Die Messung von Produktimages für das Marketing – Grundlagen und Operationalisierung, Köln 1975.
Trommsdorff, V. (1986), Wertewandel und Wandel im Handel, in: Handelsforschung 1986, Hrsg.: Trommsdorff, V., Heidelberg 1986, S. 3–16.
Trommsdorff, V. (1989), Konsumentenverhalten, Stuttgart 1989.
Trommsdorff, V., Schuster, H. (1981), Die Einstellungsforschung für die Werbung, in: Die Werbung, Bd. 1, Hrsg.: Tietz, B. 1981, S. 717–766.
Ulich, D. (1982), Das Gefühl – Eine Einführung in die Emotionspsychologie, München u. a. 1982.
Unger, F. (Hrsg.) (1986), Konsumentenpsychologie und Markenartikel, Heidelberg, Wien 1986.
Veblen, Th. (1958), Die Theorie der feinen Leute, Köln, Berlin 1958.
Vershofen, W. (1959), Die Marktentnahme als Kernstück der Wirtschaftsforschung, Berlin 1959.
Vinson, D. E., Scott, J. E., Lamont, L. M. (1977), The Role of Personal Values in Marketing and Consumer Behavior, in: Journal of Marketing, 41. Jg., Nr. 4, 1977, S. 44–50.

Wachendorff, R. (1985), Alternative Vertragsgestaltung bei öffentlichen Aufträgen – Eine ökonomische Analyse, Frankfurt a. M. 1985.

Wagner, J., Sherman, H. (1983), The Effectiveness of Family Life Cycle, (S. 36 ff.), Variables in Consumer Expenditure Research, in: Journal of Consumer Research, Vol. 10, No. 3, Dec. 1983, S. 36 ff. u. S. 281 ff.

Walters, L. G., Paul, G. W. (1970), Consumer Behavior. An Integrated Framework, Homewood, Ill. 1970.

Ward, S., Wackman, D. (1972), Children's Purchase Influence Attempts and Parental Yielding, in: Journal of Marketing Research, Vol. 9, 1972, S. 316 ff.

Weber, J. (1984), Informationsbedarf bei Make-or-buy-Entscheidungen in öffentlichen Institutionen, in: Zeitschrift für öffentliche und gemeinwirtschaftliche Unternehmen, 7. Jg., 1984, S. 503–521.

Webster, F. E. (1975), Perceptions of the Industrial Buyer, in: Industrial Marketing Management, Vol. 4, 1975, S. 257 ff.

Webster, F. E., Wind, Y. (1972a), Organizational Buying Behavior, Englewood Cliffs, N. J. 1972a.

Webster, F. E., Wind, Y. (1972b), A General Model for Understanding Organizational Buying Behavior, in: Journal of Marketing, April 1972b, S. 12 ff.

Wegner, R. (1976), Ratingmethoden, in: Techniken der empirischen Sozialforschung, Hrsg.: Koolwijk, J. v., Wieken-Mayser, M., Testen und Messen, Bd. 5, München 1976, S. 103 ff.

Weidling, E. (1988), Zur Messung des Involvements, in: Werbeforschung & Praxis, Nr. 5, 1988, S. 165–166.

Weinberg, P. (1977), Die Produkttreue der Konsumenten, Wiesbaden 1977.

Weinberg, P. (1980), Vereinfachung von Kaufentscheidungen bei Konsumgütern, in: Marketing ZFP, Nr. 2, 1980, S. 87–94.

Weinberg, P. (1981), Das Entscheidungsverhalten der Konsumenten, Paderborn u. a. 1981.

Weinberg, P. (1983), Beobachtung des emotionalen Verhaltens, in: Forschungsgruppe Konsum und Verhalten, 1983, S. 45–62.

Weinberg, P. (1986), Erlebnisorientierte Einkaufsstättengestaltung im Einzelhandel, in: Marketing ZFP, Nr. 8, 1986, S. 97–102.

Weinberg, P., Behrens, G. (1978), Produktqualität. Methodische und verhaltenswissenschaftliche Grundlegung, in: Wirtschaftswissenschaftliches Studium, 7. Jg., 1978, S. 15–18.

Weinberg, P., Gottwald, W. (1980), Impulsive Kaufentscheidungen von Konsumenten, Arbeitspapiere des Fachbereichs Wirtschaftswissenschaft der Gesamthochschule Paderborn, Paderborn 1980.

Weinberg, P., Zwicker, E. (1973), Ansatzpunkte zur Messung und interaktionstheoretischen Interpretation der Macht – dargestellt an Machtbeziehungen in Absatzwegen, in: Konsumentenverhalten und Marketing, Hrsg.: Kroeber-Riel, W., Opladen 1973, S. 125–136.

Wells, W. D. (1985), Attitudes and Behavior: Lessons from the Needham. Life Style Study, in: Journal of Advertising Research, Vol. 25, Nr. 1, 1985, S. 40–44.

Wells, W. D., Tijert, D. J. (1971), Activities, Interests and Opinions, in: Journal of Advertising Research, Vol. 11, 1971, S. 27–35.

Wesley, J. J., Bonoma, T. V. (1981), The Buying Center: Structure and Interaction Patterns, in: Journal of Marketing, Vol. 45, 1981, S. 143–156.

Wilkie, W. L. (1973), How Consumers Use Product Information, Report prepared for National Science Foundation, Washington 1973.

Wilkie, W. L., Pessemier, E. A. (1973), Issues in Marketing's Use of Multi-Attribute Attitude Models, in: Journal of Marketing Research, Vol. 10, 1973, S. 428 ff.

Wilson, D. (1977), Dyadic Interactions, in: Consumer and Industrial Buying Behavior, Hrsg.: Woodside, A., Sheth, J., New York 1977, S. 355–365.

Wimmer, F. (1981), Mangelnde Einkaufseffizienz einkommensschwacher Verbraucher – eine empirische Überprüfung und inhaltliche Erweiterung der These „Die Armen zahlen mehr“ für die BRD, in: Zeitschrift für Verbraucher, Nr. 5, 1981, S. 64–87.

Wind, Y. (1978), Organizational Buying Center: A Research Agenda, in: Organizational Buying Behavior, Hrsg.: Zaltman, G., Bonoma, T. V., AMA, Chicago 1978.

Windhorst, K.-G. (1985), Wertewandel und Konsumentenverhalten. Ein Beitrag zur empirischen Analyse der Konsumrelevanz individueller Wertvorstellungen in der Bundesrepublik Deutschland, Münster 1985.

Wiswede, G. (1975), Motivation zur Information – Determinanten konsumrelevanter Informationssuche, in: Jahrbuch der Absatz- und Verbrauchsforschung, 1975, S. 221 ff.

Wiswede, G. (1976), Rollenstruktur des Haushalts, in: Marketing-Soziologie, Hrsg.: Specht, G., Berlin 1976, S. 187 ff.

Witte, E. (1973), Organisation für Innovationsentscheidungen – Das Promotorenmodell, Göttingen 1973.

Witte, E. (Hrsg.) (1972), Das Informationsverhalten in Entscheidungsprozessen. Empirische Theorie der Unternehmung, Tübingen 1972.

Wöhlken, E., Filip, J. (1984), Einfluß der Kinderzahl je Ehepaar auf die Lebensmittelnachfrage in privaten Haushalten, in: Jahrbuch der Absatz- und Verbrauchsforschung, Nr. 4, 1984, S. 381–388.

Wright, P. L. (1974), Analyzing Media Effects on Advertising Responses, in: Public Opinion Quarterly, Summer 1974, S. 192–205.

Yuille, J. (Hrsg.) (1983), Imagery, Memory and Cognition, Hillsdale, N. J. 1983.

Zaichkowsky, J. L. (1985), Measuring the Involvement Construct, in: Journal of Consumer Research, Vol. 12, 1985, S. 341–352.

Zajonc, R. B. (1968), Attitudinal Effects of Mere Exposure, in: Journal of Personality and Social Psychology, Vol. 9, 1968, S. 1–27.

Zajonc, R. B. (1980), Feeling and Thinking. Preferences Need No Inferences, in: American Psychologist, Vol. 35, 1980, S. 151–175.

Zaltman, G., Bonoma, Th. (1977), Organizational Buying Behavior: Hypotheses and Directions, in: Industrial Marketing Management, Vol. 6, 1977, S. 53–60.

Zaltman, G., Wallendorf, M. (1977), Sociology: The Missing Chunk or how we have Missed the Boat, in: Contemporary Marketing Thought, Hrsg.: Greenberg, B. A., Bellenger, D. N., 1977 Educator's Proceeding, AMA, Chicago, Ill. 1977, S. 235–238.

Zaltman, G., Wallendorf, M. (1979), Consumer Behavior. Basic Findings and Management Implications, New York u. a. 1979.

Zeithaml, V. A. (1987), Defining and Relating Price, Perceived Quality and Perceived Value, Report No. 87–101, MSI, Cambridge, Mass. 1987.

Zimbardo, P. G., Ellesen, E. B., Maslach, C. (1977), Influencing Attitudes and Changing Behavior, London u. a. 1977.

Literaturverzeichnis zum dritten und vierten Kapitel

Aaker, D. A., (Hrsg.) (1986), Multivariate Analysis in Marketing: Theory & Application, Belmont 1971.
Aaker, D. A., Day, G. S. (1986), Marketing Research, 3. Aufl., New York u. a. 1986.
Adlwarth, W., Wimmer, F. (1986), Umweltbewußtsein und Konsumverhalten – Ergebnisse einer Verbraucherpanel-Studie, in: Jahrbuch der Absatz- und Verbrauchsforschung, Nr. 2, 1986, S. 166–192.
Arminger, G. (1978), Einstellungen von Meistern zu Faktoren beruflichen Aufstiegs, Mitwirkung und Mitbestimmung, in: Die Betriebswirtschaft, Jg. 38, 1978, S. 609–619.
Assemacher, W. (1990), Einführung in die Ökonometrie, 3. Aufl., München, Wien 1990.
Atteslander, P., Kneubühler, H. U. (1975), Verzerrungen im Interview, Opladen 1975.
Backhaus, K. et al. (1990), Multivariate Analysemethoden, 6. Aufl., Berlin u. a. 1990.
Bagozzi, R. (1982), Introduction to Special Issue in Causal Modeling, in: Journal of Marketing Research, Vol. 19, 1982, S. 403.
Bagozzi, R. et al. (1981), Canonical Correlation Analysis as a Special Case of a Structural Relations Model, Working Paper, University of Michigan 1981.
Balachandran, V., Gensch, D. H. (1974), Solving the „Marketing Mix" Problem Using Geometric Programming, in: Management Science, Vol. 21, 1974, S. 160–171.
Batz, G. (1985), Die Abschätzung des Markterfolges neuer Produkte, in: Planung und Analyse, Nr. 11, 1985, S. 513–517.
Bauer, E. (1981), Produkttests in der Marketingforschung, Göttingen 1981.
Becker, W. (1973), Beobachtungsverfahren in der demoskopischen Marktforschung, Stuttgart 1973.
Behrens, G. (1983), Magnitudeskalierung, in: Innovative Marktforschung, Hrsg.: Forschungsgruppe Konsum und Verhalten, Würzburg, Wien 1983, S. 125–139.
Behrens, K. C. (Hrsg.) (1974), Handbuch der Marktforschung, Wiesbaden 1974.
Bentler, P. M. (1982), Confirmatory Faktor Analysis via Noniterative Estimation: A Fast, Inexpensive Method, in: Journal of Marketing Research, Vol. 19, 1982, S. 417–424.
Berekoven, L., Eckert, W., Ellenrieder, P. (1989), Marktforschung. Methodische Grundlagen und praktische Anwendung, 4. Aufl., Wiesbaden 1989.
Bernhard, U. (1983), Das Verfahren der Blickaufzeichnung, in: Innovative Marktforschung, Hrsg.: Forschungsgruppe Konsum und Verhalten, Würzburg, Wien 1983, S. 105–122.
Bidlingmeyer, J., Knapp, H. G. (1971), Probleme und Methoden kurz- und langfristiger Absatzprognosen, Teil 1, in: Der Markt, 1971, S. 8 ff.
Blair, E. et al. (1978), How to Ask Questions About Drinking and Sex: Response Effects in Measuring Consumer Behavior, in: Readings in Survey Research, Hrsg.: Ferber, R., Chicago 1978.
Bleymüller, J. (1989a), Stichprobenverfahren für Wirtschaftswissenschaftler, unveröffentlichtes Manuskript, Münster 1989a.
Bleymüller, J. (1989b), Multivariate Analyse für Wirtschaftswissenschaftler, unveröffentlichtes Manuskript, Münster 1989b.
Bleymüller, J., Gehlert, G. (1985), Statistische Formeln und Tabellen, München 1985.
Bleymüller, J., Gehlert, G., Gülicher, H. (1988), Statistik für Wirtschaftswissenschaftler, 5. Aufl., München 1988.
Bock, H. H. (1974), Automatische Klassifikation. Theoretische und praktische Methoden zur Gruppierung und Strukturierung von Daten, Göttingen 1974.
Böcker, F. (1985), Multivariate-Analyse, in: Marktforschung, Nr. 1, 1985, S. 35–42.
Böcker, F., Kieselbach, B. (1974), Formale Feldexperimente als Instrumente der Absatzforschung, Arbeitspapier Nr. 25 des Betriebswirtschaftlichen Instituts der Universität Erlangen-Nürnberg, Erlangen-Nürnberg 1974.

Böhler, H. (1975), Multivariate Datenanalysen – Methoden und Anwendungsbereiche im Marketing – Teil I, Arbeitsbericht Nr. 10 des Instituts für Wirtschaftswissenschaften der RWTH Aachen, Aachen 1975.

Böhler, H. (1991), Marktforschung, 2. Aufl., Stuttgart u. a. 1991.

Boot, C. G., Cox, E. B. (1970), Statistical Analysis for Managerial Decisions, New York u. a. 1970.

Borsel, Th. (1990), Stichprobenverfahren in der Marktforschung, München 1990.

Both, M. (1989), Computergestützte Entscheidungshilfe im Marketing, Diss., Frankfurt a. M. u. a., 1989.

Brepohl, K. (1982). Telematik. Die Grundlage der Zukunft, Bergisch-Gladbach 1982.

Breyer, H.-J., Stroschein, F.-R. (1985), Marketingforschung im Dienste erfolgreichen Marketings, in: Planung und Analyse, Nr. 7/8, 1985, S. 315–319.

Brockhoff, K. (1977), Prognoseverfahren für die Unternehmensplanung, Wiesbaden 1977.

Brockhoff, K. (1988), Produktpolitik, 2. Aufl., Stuttgart, New York 1988.

Brown, F. E. (1980), Marketing Research. A Structure for Decision Making, Reading, Mass. 1980.

Bruckmann, G. (Hrsg.) (1977), Langfristige Prognosen, Würzburg 1977.

Büning, H. et al. (1981), Operationale Verfahren der Markt- und Sozialforschung, Berlin, New York 1981.

Caudill, M., Buttler, C. (1990), Naturally Intelligent Systems, Cambridge, Mass. 1990.

Chatterjee, S., Price, B. (1977), Regression Analysis by Example, New York u. a. 1977.

Cox, E. P. (1979), Marketing Research, New York u. a. 1979.

Cox, E. P., Enis, B. M. (1972), The Marketing Research Process, Pacific Palisades 1972.

Coxon, A. P. M. (1981), The MDS (X) Series of Multidimensional Scaling Programs, Report No. 51, University of Edingburgh, Program Library Unit, Edingburgh 1981.

Crask, M. R., Perreault, W. A. (1977), Validation of Discriminant Analysis in Marketing Research, in: Journal of Marketing Research, Vol. 19, 1977, S. 60–68.

Decker, R., Gaul, W. (1990), Einige Bemerkungen über Expertensysteme für Marketing und Marktforschung, in: Marketing ZFP, Nr. 4, 1990, S. 257–271.

Dichtl, E., Bauer, H. H., Schobert, R. (1980), Die Dynamisierung mehrdimensionaler Marktmodelle am Beispiel des deutschen Automobilmarktes, in: Marketing ZFP, 2. Jg., 1980, S. 163–177.

Dichtl, E., Müller, S. (1986), Anspruchsinflation und Nivellierungstendenz als meßtechnisches Problem, in: Marketing ZFP, Nr. 4, 1986, S. 233–236.

Dichtl, E., Schobert, R. (1979), Mehrdimensionale Skalierung – Methodische Grundlagen und betriebswirtschaftliche Anwendungen, München 1979.

Dichtl, E., Thomas, U. (1986), Der Einsatz des Conjoint Measurement im Rahmen der Verpackungsmarktforschung, in: Marketing ZFP, Nr. 1, 1986, S. 27–33.

Diebold Deutschland GmbH (Hrsg.) (1983), Proceedings 1983, Frankfurt 1983.

Diller, H. (1975), Die Diskriminanzanalyse als Analyseinstrument des Marktforschers, in: Marktforscher, Nr. 6, 1975, S. 123–132.

Draper, N. R., Smith, H. (1972), Applied Regression Analysis, New York u. a. 1972.

Dubke, H.-P. (1984), Bildschirmtext: Möglichkeiten der Online-Marktforschung, in: Neue Informations- und Kommunikationstechnologien in der Marktforschung, Hrsg.: Zentes, J., Berlin u. a. 1984, S. 67–83.

Eby, F. H. Jr., O'Neill, W. J. (1977), The Management of Sales Forecasting, Lexington 1977.

Eckes, T., Robach, H. (1980), Clusteranalysen, Stuttgart 1980.

Erickson, B. (1979, 1980), Prognose für neue Produkte, in Marketing ZfP, 1979, S. 255–266, 1980, S. 49–52.

Everitt, B. (1974), Cluster Analysis, London 1974.

Ferber, E. (Hrsg.) (1978), Readings in Survey Research, Chicago 1978.

Forschungsgruppe Konsum und Verhalten (Hrsg.) (1983), Innovative Marktforschung, Würzburg, Wien 1983.

Förster, F. et al. (1984), Der LISREL-Ansatz der Kausalanalyse und seine Bedeutung für die Marketing-Forschung, in: Zeitschrift für Betriebswirtschaft, 54. Jg., Nr. 4, 1984, S. 346–367.

Frank, R. E., Green, P. E. (1971), Numerical Taxonomy in Marketing Analysis: A Review Article, in: Multivariate Analysis in Marketing: Theory & Application, Hrsg.: Aaker, D. A., Belmont 1971, S. 300–321.

Gaul, W., Both, M. (1990), Computergestütztes Marketing, Heidelberg 1990.

Gaul, W., Förster, F., Schiller, H. (1986), Typologisierung deutscher Marktforschungsinstitute, Ergebnisse einer empirischen Studie, in: Marketing ZFP, Nr. 3, 1986, S. 163–172.

Gerfin, H. (1964), Langfristige Wirtschaftsprognose, Tübingen 1964.

GfK (1988), GfK-Behaviorscan, Experimenteller Mikro-Testmarkt mit Targetabel TV zur Optimierung des Marketing Mix – Detailbeschreibung, Nürnberg 1988.

GfK (1990), Panel System Forschung, User Manual, Nr. 7, Nürnberg 1990.

Glagow, H. (1984), Interview-Computer: Rechnergestützte Datenerhebung, in: Neue Informations- und Kommunikationstechnologien in der Marktforschung, Hrsg.: Zentes, J., Berlin u. a. 1984, S. 42–66.

Green, P. E. (1978), Analysing Multivariate Data, Hinsdale 1978.

Green, P. E., De Sarto, W. (1978), Additive Decomposition of Perceptions Data via Conjoint Analysis, in: Journal of Consumer Research, Vol. 5, 1978, S. 58–72.

Green, P. E., Srinivason, V. (1978), Conjoint Analysis in Consumer Research: Issues and Outlook, in: Journal of Consumer Research, Vol. 5, 1978, S. 103–123.

Green, P. E., Tull, D. S. (1982), Methoden und Techniken der Marketingforschung, 4. Aufl., Stuttgart 1982.

Green, P. E., Wind, Y. (1973), Multiattribute Decisions in Marketing – A Measurement Approach, Hinsdale 1973.

Green, P. E., Wind, Y. (1975), New Way to Measure Consumers' Judgements, in: Harvard Business Review, Vol 53, 1975, S. 107–117.

Green, P. E., Tull, D. S., Albaum, G. (1988), Research for Marketing Decisions, 5. Aufl., Englewood Cliffs 1988.

Grings, W. W., Dawson, M. E. (1978), Emotions and Responses, New York u. a. 1978.

Groves, R. M., Kahn, R. L. (1979), Surveys by Telephone – A National Comparison with Personal Interviews, New York 1979.

Gruner + Jahr (Hrsg.) (o. J.), Brigitte-Typologie, Hamburg o. J.

Gülicher, H. (1990), Statistik für Fortgeschrittene III, unveröffentlichtes Manuskript, Münster 1990.

Gutjahr, G. (1981), Preispsychologie: Strategien an der Schwelle, in: Absatzwirtschaft, Nr. 3, 1981, S. 82–89.

Gutjahr, G. (1985), Psychologie des Interviews in Praxis und Theorie, Heidelberg 1985.

Hafermalz, O. (1976), Schriftliche Befragung – Möglichkeiten und Grenzen, Wiesbaden 1976.

Hammann, P., Erichson, B. (1981), Marktforschung. Arbeitsbücher, Stuttgart, New York 1981.

Hammann, P., Erichson, B. (1990), Marktforschung, 2. Aufl., Stuttgart, New York 1990.

Hansen, J. (1982), Das Panel. Zur Analyse von Verhaltens- und Einstellungswandel, Opladen 1982.

Hansmann, K. W. (1979), Heuristische Prognoseverfahren, in: Das Wirtschaftsstudium, 1979, S. 229–233.

Hansmann, K. W. (1983), Kurzlehrbuch Prognoseverfahren, Wiesbaden 1983.

Hanssens, D. M., Parsons, L. J., Schulz, R. L. (1990), Market Response Models. Econometric and Time Series Analysis, Boston 1990.

Harmann, H. H. (1973), Modern Factor Analysis, Chicago 1973.

Hartigan, J. A. (1975), Clustering Algorithmus, New York 1975.

Hartung, J., Elpelt, B. (1989), Multivariate Statistik: Lehr- und Handbuch der angewandten Statistik, 3. Aufl., München, Wien 1989.

Heckmann, N., Schemmel, F. (1971), Die Anwendung der Regressionsrechnung zur Entwicklung quantitativer Prognosemodelle – ihre Möglichkeiten als Hilfsmittel der Unternehmensplanung, in: Zeitschrift für betriebswirtschaftliche Forschung, 1971, S. 42–54.

Hehl, K. (1986), Scanner-Marktforschung, in: Werbeforschung & Praxis, 31. Jg., Nr. 4, 1986, S. 161–164.

Heinzelbecker, K. (1985), Marketing-Informationssysteme, Stuttgart u. a. 1985.
Hensmann, J. (1974), Art. Weltmarktbeobachtungen, in: Handwörterbuch der Absatzwirtschaft, Hrsg.: Tietz, B., Stuttgart 1974, Sp. 2202–2211.
Hildebrandt, L. (1983), Konfirmatorische Analysen von Modellen des Konsumentenverhaltens, Berlin 1983.
Hildebrandt, L. (1984), Kausalanalytische Validierung in der Marketingforschung, in: Marketing ZfP, Nr. 1, 1984, S. 41–51.
Höcker, H., Luling, L. (1992), Assortment-Optimierung, Ein Verfahren zur Absatzprognose für die mittelständische Bekleidungsindustrie, in Marketing ZFP, Nr. 1, 1982, S. 37–44.
Hoffmann, K. (1979), Wie man Flop-Raten reduziert, München 1979.
Holm, K. (1975), Die Befragung, Bd. 1, München 1975.
Honomichl, J. J. (1986), Honomichl in Marketing Research, Lincolnwood 1986.
Honsel, J. (1984), Das Kaufverhalten im Antiquitätenmarkt, Frankfurt, u. a. 1984.
Hossinger, H. P. (1982), Pretests in der Marktforschung, Würzburg, Wien 1982.
Hubel, W. (1988), Der Einsatz von Conjoint Measurement bei Unternehmensimageanalysen, in: Planung und Analyse, Nr. 1, 1988, S. 22–27.
Hull, C. H., Nie, N. H. (1981), SPSS Update 7–9, New Procedures and Facilities for Release 7–9, New York u. a. 1981.
Hüttner, M. (1979), Informationen für Marketing-Entscheidungen, München 1979.
Hüttner, M. (1982), Markt- und Absatzprognosen, Stuttgart u. a. 1982.
Hüttner, M. (1986), Die Kohortenanalyse als Instrument der strategischen Marktforschung, in: Realisierung des Marketing, Hrsg.: Belz, C., Bd. 1, St. Gallen 1986, S. 309–327.
Hüttner, M. (1989), Grundzüge der Marktforschung, 4. Aufl., Berlin, New York 1989.
Hüttner, M., Czenskowsky, T. (1986), Strategische Orientierung der Marktforschung und ihre Konsequenzen, in: Marktforschung, Nr. 3, 1986, S. 74–78.
Irniger, J. (1972), Pretesting und Testmarkt, Frankfurt 1972.
Johnson, R. A., Siskin, B. R. (1976), Quantitative Techniques for Business Decisions, Englewood Cliffs 1976.
Jörskog, K. G. (1982), LISREL Approach to Causal Model-Building in the Social Sciences, in: Systems under indirect Observations: Causality, Structure, Prediction, Hrsg.: Jörskog, K. G., Wold, H., Amsterdam 1982.
Jörskog, K. G., Sörbom, S. (1984), LISREL VI: Analysis of Linear Structural Relationships by the Method of Maximun Likelihood, Instrumental Variables and Least Squares Methods, 3. Aufl., University of Uppsala 1984.
Jörskog, K. G., Wold, H. (1982), Systems under indirect Observations: Causalty, Structure, Prediction, Amsterdam 1982.
Kaas, K. P. (1982), Zeitbezogene Untersuchungspläne. Neue Analysemethoden der Marktforschung, in: Marketing ZFP, 4. Jg., 1982, S. 237–245.
Kaas, K. P. (1983), Zeitbezogene Untersuchungspläne. Neue Analysemethoden der Marktforschung, in: Innovative Marktforschung, Hrsg.: Forschungsgruppe Konsum und Verhalten, Würzburg, Wien 1983, S. 161–178.
Kapferer, C., Disch, W. K. A. (1966), Absatzprognose, Köln, Opladen 1966.
Kerlinger, F. N. (1973), Foundations of Behavioral Research, London 1973.
Kinnear, T. C., Taylor, J. R. (1983), Marketing Research. An Applied Approach, 2. Aufl., New York 1983.
Koeppler, K. (1974), Werbewirkungen definiert und gemessen, Braunschweig, Velbert 1974.
Köhler, R. (1986), Entwicklungsperspektiven der Marktforschung aus der Sicht des strategischen Managements, in: Zukunftsaspekte der anwendungsorientierten Betriebswirtschaftslehre, Hrsg: Gaugler, E., Meissner, H. G., Thom, N., Festschrift Erwin Grochla, Stuttgart 1986, S. 111–138.
Kotler, Ph. (1988), Marketing Management. Analysis, Planning, Implementation and Control, 6. Aufl., Englewood Cliffs 1988.

Koyck, L. R. (1954), Distributed Lags and Investment Analysis, Amsterdam 1954.
Kress, G. (1979), Marketing Research, Reston, Virginia 1979.
Kreyszig, E. (1979), Statistische Methoden und ihre Anwendungen, Göttingen 1979.
Kroeber-Riel, W. (1983), Analyse des nicht-kognitiven Konsumentenverhaltens, in: Innovative Marktforschung, Hrsg.: Forschungsgruppe Konsum und Verhalten, Würzburg, Wien 1983, S. 13–44.
Kroeber-Riel, W. (1985), Weniger Information, mehr Erlebnis, mehr Bild, in: Absatzwirtschaft, Nr. 3, 1985, S. 84–97.
Kroeber-Riel, W. (1990), Konsumentenverhalten, 4. Aufl., München 1990.
Kroeber-Riel, W., Neibecker, B. (1983), Elektronische Datenerhebung: Computergestützte Interviewsysteme, in: Innovative Marktforschung, Hrsg.: Forschungsgruppe Konsum und Verhalten, Würzburg, Wien 1983, S. 193–208.
Kroeber-Riel, W., Larson, T., Neibecker, B. (1992), Expertensysteme in der Werbung, in: Die Betriebswirtschaft, Nr. 1, 1992, S. 91–108.
Kucher, E., Simon, H. (1987), Durchbruch bei der Preisentscheidung: Conjoint Measurement, eine neue Technik zur Gewinnoptimierung, in: Harvard Manager, Nr. 3, 1987, S. 28–36.
Langkamp, P. (1984), Die Erfassung von Carry-Over-Effekten im Marketing, Frankfurt a. M. u. a. 1984.
Lehmeier, H. (1979), Grundzüge der Marktforschung, Stuttgart u. a. 1979.
Leven, W. (1986), Werbewirkungsanalyse mittels Blickregistrierung, in: Jahrbuch der Absatz- und Verbrauchsforschung, Nr. 1, 1986, S. 71–89.
Lewandowsky, R. (1974), Prognose- und Informationssysteme und ihre Anwendungen, Bd. 1, Berlin, New York 1974.
Lewandowsky, R. (1980), Mittelfristige Prognose- und Marketingsysteme, Bd. 2, Berlin 1980.
Liddell, F. D. K., Mc Donald, J. C., Thomas, D. C. (1977), Methods of Cohort Analysis: Appraisal by Application to Asbestos Mining, in: Journal of the Royal Statistical Society, A 140, 4, 1977, S. 469–491.
Lilien, G. L. (1986), Marketing-Mix-Analysis with Lotus 1-2-3, Redwood City, Ca. 1986.
Lilien, G. L., Kotler, P. (1983), Marketing Decision Making: A Model-Building Approach, New York 1983.
Little, J. D. C. (1977), Modelle und Manager: Das Konzept des Decision Calculus, in: Entscheidungshilfen im Marketing, Hrsg.: Köhler, R., Zimmermann, H. J., Stuttgart 1977, S. 122–147.
Little, J. D. C. (1979), Decision Support Systems for Marketing Managers, in: Journal of Marketing, Nr. 3, 1979, S. 10 ff.
Litzenroth, H. A. (1986), GfK-Behaviorscan: Experimentelle Messung der Auswirkungen klassischer Werbung auf das effektive Kaufverhalten, in: Werbewirkungsforschung ex ante und ex post, Hrsg.: Holm, K. F., 1. Bd., Hamburg 1986, S. 137–151.
Lodish, L. M. (1977), CALLPLAN: Ein Dialogsystem zur Verkäufereinsatzplanung, in: Entscheidungshilfen im Marketing, Hrsg.: Köhler, R., Zimmermann, H. J., Stuttgart 1977, S. 162–181.
Lohmöller, G. B. (1984), Path Models with Latent Variables and Partial Least Squares (PLS) Estimation, Würzburg 1984.
Magen, K. (1964), Was kann die Image-Forschung für die Praxis leisten, in: Der Marktforscher, Nr. 3, 1964, S. 56 f.
Makridakis, S., Reschke, H., Wheelwright, S. C. (1980), Prognosetechniken für Manager, Wiesbaden 1980.
Makridakis, S., Wheelwright, S. C. (1978a), Interactive Forecasting, 2. Aufl., San Francisco 1978a.
Makridakis, S., Wheelwright, S. C. (1978b), Forecasting: Methods and Applications, Santa Barbara 1978b.
Massy, W. F. (1971), Discriminant Analysis of Audience Characteristics, in: Multivariate Analysis in Marketing: Theory & Application, Hrsg.: Aaker, D. A., Belmont 1971, S. 117–127.

Mathy, A. (1983), Statistik mittels Bildschirmtext, in: Proceedings 1983, Hrsg.: Diebold Deutschland GmbH, Frankfurt 1983.

Mayntz, R., Holm, K., Hübner, P. (1974), Einführung in die Methoden der empirischen Soziologie, 4. Aufl., Opladen 1974.

Mazanec, J. (1976), Die Schätzung des Beitrages einzelner Produkteigenschaften zur Marktpräferenz als Problem der polynominalen Verbundmessung, Arbeitspapier Nr. 6 der absatzwirtschaftlichen Institute der Wirtschaftsuniversität Wien, Wien 1976.

Mc Grown, C. (1979), Marketing Research, Cambridge, Mass. 1979.

Meffert, H. (1974), Produktivgüter-Marketingforschung im System des Marketing, in: Der Markt, 1974, S. 6–17.

Meffert, H. (1975), Computergestützte Marketing-Informationssysteme. Konzeptionen, Modellanwendungen, Entwicklungsstrategien, Wiesbaden 1975.

Meffert, H. (1985a), Marketing und Neue Medien, Stuttgart 1985a.

Meffert, H. (Hrsg.) (1985b), Marktorientierte Unternehmensführung und Innovation. Neue Kommunikationstechnologien als Herausforderung an das Marketing, Münster 1985b.

Meffert, H. (1986), Marketing. Grundlagen der Absatzpolitik, 7. Aufl., Wiesbaden 1986.

Meffert, H. (1988) Strategische Unternehmensführung und Marketing, Beiträge zur marktorientierten Unternehmenspolitik, Wiesbaden 1988.

Meffert, H. (1989), Marktanalyse, in: Handwörterbuch der Planung, Hrsg.: Szyperski, N., Stuttgart 1989, Sp. 1020–1030.

Meffert, H., Althans, J. (1982), Internationales Marketing, Stuttgart 1982.

Meffert, H., Honsel, J. (1983), Neue Konzepte für einen alten Markt, in: Absatzwirtschaft, Nr. 3, 1983, S. 92–100.

Meffert, H., Steffenhagen, H. (1977), Marktprognosemodelle, Stuttgart 1977.

Meffert, H., Wagner, H. (1986), Einsatz von Personal Computern im Marketing, Arbeitspapier Nr. 33 der Wissenschaftlichen Gesellschaft für Marketing und Unternehmensführung e. V., Hrsg.: Meffert, H., Wagner, H., Münster 1986.

Menges, G. (1972), Grundriß der Statistik, Teil 1: Theorie, 2. Aufl., Opldaden 1972.

Mertens, P. (Hrsg.) (1981), Prognoserechnung, 4. Aufl., Würzburg 1981.

Mertens, P. (1989), Expertisesysteme als Variante der Expertensysteme zur Führungsinformation, in: Zeitschrift für betriebswirtschaftliche Forschung, Nr. 4, 1989, S. 835–854.

Mertens, P., Backert, K. (1981), Vergleich und Auswahl von Prognoseverfahren für betriebswirtschaftliche Zwecke, in: Prognoserechnung, Hrsg.: Mertens, P., 4. Aufl., Würzburg 1981.

Meyer, J. A. (1991), Marketing Informatik: Grundlagen und Perspektiven der Computerintegration, Wiesbaden 1991.

Milde, H. (1986), Neues aus der Scanning-Marktforschung, in: Marktforschung, Nr. 3, 1986, S. 91–93.

Monhemius, K. Ch. (1992), Umweltbewußtes Kaufverhalten von Konsumenten, Ein Beitrag zur Operationalisierung, Erklärung und Typologie des Verhaltens in der Kaufsituation, Frankfurt a. M. u. a. 1992.

Montgomery, D. C. (1976), Design and Analysis of Experiments, New York u. a. 1976.

Morrison, D. G. (1971), On the Interpretation of Discriminant Analysis, in: Multivariate Analysis in Marketing: Theory & Application, Hrsg.: Aaker, D. A., Belmont 1971, S. 127–142.

Naber, A. (1979), Multivariate Analyse von Produktmärkten. Ein Beitrag zur Konzeption und Durchführung einer multivariaten Produktmarktanalyse – dargestellt am Beispiel des Biermarktes, Diss., Münster 1979.

Neibecker, B. (1985), Konsumentenemotionen, Messung durch computergestützte Verfahren, Würzburg, Wien 1985.

Neibecker, B. (1990), Wissensbasierte Werbewirkungsanalyse mit ESWA, in: Marketing ZFP, Nr. 4, 1990, S. 250–256.

Neter, D. A., Wasserman, W. (1974), Applied Linear Statistical Models, Homewood 1974.

Neubacher, H. (1987), Datenbanken – eine sinnvolle Ergänzung herkömmlicher Informationsquel-

len, in: Planung und Analyse, Nr. 3, 1987, S. 109–111.
Nie, N. H., et al. (1975), SPSS-Statistical Package for the Social Sciences, New York u. a. 1975.
Nieschlag, R., Dichtl, E., Hörschgen, H. (1991), Marketing, 16. Aufl., Berlin 1991.
Nötzel, R. (1987), Erfahrungen mit der schriftlichen Befragung, in: Planung und Analyse, Nr. 4, 1987, S. 151–155.
Parasuraman, A. (1986), Marketing Research, Reading, Mass. u. a. 1986.
Parsons, L. D., Schultz, R. L. (1976), Marketing Models and Econometric Models, New York 1976.
Pekelman, D., Subrata, K. (1979), Measurement and Estimation of Conjoint Utility Functions, in: Journal of Consumer Research, Vol. 5, 1979, S. 263–271.
Pope, J. L. (1981), Practical Marketing Research, New York 1981.
Porter, M. E. (1985), Competitive Advantage, New York 1985.
Pümpin, G. B. (1973), Information and Marketing, St. Gallen 1973.
Rehorn, H. (1977), Markttests, Neuwied 1977.
Rehorn, H. (1988), Werbetests, Neuwied 1988.
Reibstein, D., Bateson, J. E. G., Boulding, W. (1987), Conjoint Analysis Reliability: Empirical Findings, MSI-Technical Working Paper, Report Nr. 87–102, Cambridge, Mass. 1987.
Rentz, J. O., Reynolds, F. D., Stout, R. G. (1983), Analyzing Changing Consumption Pattern with Cohort Analysis, in: Journal of Marketing Research, Vol. 20, 1983, S. 12–20.
Revenstorf, D. (1976), Lehrbuch der Faktorenanalyse, Stuttgart 1976.
Reynolds, F. D., Rentz, J. O. (1981), Cohort Analysis: An Aid to Strategic Planning, in: Journal of Marketing, Vol. 45, 1981, S. 62–70.
Rogge, H. J. (1972), Methoden und Modelle der Prognose aus absatzwirtschaftlicher Sicht, Berlin 1972.
Rogge, H.-J. (1981), Marktforschung, München, Wien 1981.
Ruge, H. D. (1988), Die Messung bildhafter Konsumerlebnisse, Heidelberg 1988.
Rupping, U. (1986), Der Produkttest, in: Planung und Analyse, Nr. 4, 1986, S. 148–150.
Sachs, L. (1973), Angewandte Statistik, Berlin u. a. 1973.
Salcher, E. F. (1978), Psychologische Marktforschung, Berlin, New York 1978.
Schaefer, W. (1987), Positive Erfahrungen mit schriftlichen Umfragen, in: Planung und Analyse, Nr. 4, 1987, S. 148–150.
Schäfer, E., Knoblich, H. (1978), Grundlagen der Marktforschung, 5. Aufl., Stuttgart 1978.
Schaich, E. (1977), Schätz- und Testmethoden für Sozialwissenschaften, München 1977.
Schlittgen, R., Streitberg, B. H. J. (1987), Zeitreihenanalyse, 2. Aufl., München, Wien 1987.
Schmidt, B., Topritzhofer, E. (1978), Reaktionsfunktionen im Marketing: Zum Problem der Quantifizierung von Nachfrage- und Konkurrenzreaktionen, in: Marketing, Neue Ergebnisse aus Forschung und Praxis, Hrsg.: Topritzhofer, E., Wiesbaden 1978, S. 195–238.
Schnedlik, P. (1986), Aktuelle Trends in der internationalen Marktforschung, in: Marktforschung Nr. 2, 1986, S. 52–57.
Schneeweiß, H. (1974), Ökonometrie, 2. Aufl., Würzburg, Wien 1974.
Schoner, B., Uhl, K. P. (1975), Marketing Research, 2. Aufl., New York u. a. 1975.
Schröder, M. (1973), Einführung in die kurzfristige Zeitreihenprognose und Vergleich der einzelnen Verfahren, in: Prognoserechnung, Hrsg.: Mertens, P., Würzburg, Wien 1973, S. 21–72.
Schröder, S. (1986), Das Buy-System bietet mehr: Vom Werbemitteltest zum Packungstest, in: Planung und Analyse, Nr. 4, 1986, S. 153–156.
Schulte-Hillen, G. (1986), Handbuch der Wirtschaftsdatenbanken 1986, Darmstadt 1986.
Schweikel, H. (1985), Computergestützte Präferenzanalyse mit individuell wichtigen Produktmerkmalen, Berlin 1985.
Seldmeyer, K.-J. (1983), Panelinformation und Marketing-Entscheidung, München 1983.
Simon, H. (1985), Goodwill und Marketingstrategie, Wiesbaden 1985.
Späth, H. (1977a), Cluster-Analyse-Algorithmen zur Objektklassifizierung und Datenreduktion, München, Wien 1977a.

Späth, H. (Hrsg.) (1977b), Fallstudien Cluster-Analyse, München 1977b.
Spiegel, B. (1970), Werbepsychologische Untersuchungsmethoden, 2. Aufl., Berlin 1970.
Sprengel, F. (1984), Informationsbedarf strategischer Entscheidungshilfen, Thun, Frankfurt 1984.
Steffenhagen, H. (1978), Wirkungen absatzpolitischer Instrumente – Theorie und Messung der Marktreaktion, Stuttgart 1978.
Steidl, P. (1977), Experimentelle Marktforschung, Berlin 1977.
Steinhausen, D., Langer, K. (1977), Clusteranalyse – Einführung in Methoden und Verfahren der automatischen Klassifikation, Berlin, New York 1977.
Steinhausen, D., Steinhausen, J. (1977), Clusteranalyse als Instrument der Zielgruppendefinition in der Marktforschung, in: Fallstudien Cluster-Analyse, Hrsg.: Späth, H., München 1977, S. 9–36.
Stoffels, I. (1989), Der elektronische Minimarkttest, Wiesbaden 1989.
Strobel, K. (1983), Die Anwendbarkeit der Telefonumfrage in der Marktforschung, Frankfurt a. M. 1983.
Terpstra, V. (1978), International Marketing, 2. Aufl., Hinsdale 1978.
Thomas, L. (1979), Conjoint Measurement als Instrument der Absatzforschung, in: Marketing ZfP, Nr. 3, 1979, S. 199–211.
Tietz, B. (1975), Die Grundlagen des Marketing, Bd. I: Die Marketing-Methoden; Bd. II.1: Die Marketingpolitik I; Bd. II.2: Die Marketingpolitik II, 2. Auflage, München 1975.
Trommsdorff, V. (1989), Konsumentenverhalten, Stuttgart u. a. 1989.
Tull, D. S., Hawkins, D. J. (1987), Marketing Research, New York 1987.
Turban, E. (1988), Decision Support and Expert Systems, New York 1988.
Tybout, A. M., Zaltman, G. (1974), Ethics in Marketing Research: Their Practical Relevance, in: Journal of Marketing Research, Vol. 11, 1974, S. 357–368.
Überla, K. (1972), Faktorenanalyse, Berlin u. a. 1972.
Unger, F. (1988), Marktforschung, Heidelberg 1988.
Venkatesan, M., Holloway, R. J. (1971), An Introduction to Marketing Experimentation, New York 1971.
Weber, K. (1990), Wirtschaftsprognostik, München 1990.
Weede, E. (1977), Hypothesen, Gleichungen und Daten, Kronberg/Ts. 1977.
Weinhold-Stünzi, H. (1974), Grundlagen wirtschaftlicher Absatzführung, 2. Aufl., Bern, Stuttgart 1974.
Weis, H., Steinmetz, P. (1991), Marktforschung, Ludwigshafen 1991.
Weissman, A. (1983), Verbraucherpanel – Informationen als Grundlage für Marketingentscheidungen im Einzelhandel, München 1983.
Wettschurek, G. (1974), Grundlagen der Stichprobenbildung in der demoskopischen Marktforschung, in: Handbuch der Marktforschung, Hrsg.: Behrens, K.-C., Wiesbaden 1974, S. 173–205.
Wolf, J. (1988), Marktforschung: Praktische Anwendung mit zahlreichen Arbeitsblättern, Checklisten und Fallbeispielen, Landsberg a. L. 1988.
Yamane, T. (1976), Statistik. Ein einführendes Lehrbuch, Frankfurt 1976.
Zaltman, G., Burger, P. C. (1975), Marketing Research, Hinsdale 1975.
Zentes, J. (1981), Mediendynamik und Marketing, Perspektiven für Marktforschung und Marketing-Entscheidungen, in: Wirtschaftswissenschaftliches Studium, Nr. 1, 1981, S. 19–25.
Zentes, J. (Hrsg.) (1984), Neue Informations- und Kommunikationstechnologien in der Marktforschung, Berlin u. a. 1984.
Zentes, J. (1987), EDV-gestütztes Marketing, Berlin u. a. 1987.
Zentes, J. (1988), Neuere Entwicklungen in der Marktforschung: Datenanalyse, in: Marketing ZFP, Nr. 3, 1988, S. 241–248.
Zentes, J. (1991), Informationssysteme im Marketing, in: Marketing ZFP, Nr. 3, 1991, S. 191–195.
Zentes, J., Schröer, P. (1984), Intelligente Datenbanksysteme – Neue Wege des Wissens- und Technologietransfers, in: gdi-Impuls, 2. Jg., Nr. 3, 1984, S. 63–73.
Zepp, R. M. (1986), Telerim-Härtetest für Marketing, in: Werbewirkungsforschung ex ante und ex post, Hrsg.: Holm, K.-F., 1. Bd., Hamburg 1986, S. 115–130.

Stichwortverzeichnis